中国科学基金年鉴

（1993）

中国科学基金研究会　编

科学出版社
1994

（京）新登字 092 号

内 容 简 介

本书汇编了 1991，1992 两年来全国科学基金的发展概况，记录了科学基金事业的成就及其沿着具有中国特色科学基金制前进的足迹，为科学基金制理论、方法研究和管理经验交流提供了系统、完整的依据。内容包括文献与专论、工作概况与进展、基金会章程及工作条例、资助项目获奖成果、大事记、基金会名录、附录七部分。

本书可供科学基金工作者、科研管理干部、研究人员，以及大专院校教师，研究生参考。

中国科学基金年鉴
（1993 ）
中国科学基金研究会　编
责任编辑　马素卿
科学出版社出版
北京东黄城根北街 16 号
邮政编码：100717
冶金印刷总厂印刷
新华书店北京发行所发行　各地新华书店经售
*
1994 年 12 月第　一　版　开本：787×1092　1/16
1994 年 12 月第一次印刷　印张：42 1/2　插页 2
印数：1—2 545　字数：1 180 000
ISBN 7-03-004533-5/Z・247
定价：59.00 元

成功的实践
显著的成绩

为国家自然科学基金制
实施十周年而题

李鹏

一九九二年五月十日

完善基金制度促

進自然科学發展

温家寶 一九九三年元月

深望各学科的基础性研究都选定战略目标、瞄准前沿、攀高峰、出成果、出人才。

宋健

一九九二年三月十八日

希望全社会重视
关心支持基础性
研究使众多的成果
尽快转化为生产力

朱光亚
一九九五年五月廿七日

支持基础科学是国家基本国策

一九九二年

武衡

庆祝国家自然科学基金制诞生十周年

功在未來

清华大学敬贺

一九九二年五月

《中国科学基金年鉴》

顾问 胡兆森

主编 袁海波 副主编 商玉生

编辑 商玉生 刘 燕

主要撰稿、审稿和资料提供者（以姓氏笔画为序，不含署名文章的作者）

丁瑞麟	王子豪	王可寰	王安宁	王 岩	王战营	王家琪
王 逸	王镇华	邓 文	卢永文	白 英	白 鸽	包国华
冯政光	田野冬	刘世元	刘广峰	刘 卫	刘廷春	刘 波
刘春台	刘玺书	刘容光	刘培育	刘淑琴	刘瑄德	刘 燕
关光伟	孙凤英	孙承志	孙桂芳	朱 奎	乔爱婷	汤展球
吕蓓蕾	毕 贺	李乃湘	李 立	李念祥	吴学汉	杨廷双
杨兴科	杨 萍	迟伦民	汪平忠	阿 牧	张一尘	张 宏
张经彦	张知非	张学勤	张高潮	陈完璞	陈宜明	陈葆原
宋 涛	邵 新	武长白	易定芬	房立民	金 炎	金学明
罗金辉	周素贞	胡世大	胡兆森	郝观玮	赵学文	宣晓冬
郭师曾	郭昭平	夏树人	韩 宇	袁海波	耿振生	高 峰
徐振明	商玉生	黄文昆	黄 明	章 杰	崔寿福	董博玲
程义慧	谢良安	靳晓明	蔡曙山	翟永琪	黎 雪	薛洪俊

编者的话

《中国科学基金年鉴》(1990)出版后，受到全国广大科学基金工作者和读者的欢迎和好评。本卷《中国科学基金年鉴》(1993)继续以简明的文字、直观清晰的图表，提供1990—1992年期间中国科学基金的有关资料、数据及进展情况。

至1992年，我国科学基金制已走过了10个春秋。10年来，我国科学基金从无到有，不断开拓壮大，不断发展完善。在全国已建立了包括国家、行业(部门)、地方、民间、基层等多种类型的科学基金组织。各基金组织充分发挥自身特点，开展了多种卓有成效的科学基金工作，使我国基础研究和应用基础研究，以及科技人才培养工作呈现出勃勃生机。科学基金已成为支持我国基础性研究的一个主要渠道，科学基金制已成为资助基础性研究的一个行之有效的科学、民主的管理模式。在科学基金的支持下，我国一批奋发有为的科研工作者在科学技术的前沿拼搏、攀登，并取得了丰硕的成果，特别是一批富有才华的中青年科技人才脱颖而出，茁壮成长。

本卷《年鉴》是我们奉献给科学基金制10周年的一份礼物，愿改革大潮中诞生的中国科学基金制这颗明星更加灿烂光亮。

未及在上卷《年鉴》收入的内容，本卷做了一些补充，因各种原因而未收入本卷的，仍可在今后的《年鉴》中给予补充。

本卷《年鉴》的出版得到国家自然科学基金委员会以及各基金组织的大力支持和帮助，在此表示衷心的感谢。

1994年6月

目　　录

第Ⅲ部分　基金会概况与工作进展

第Ⅳ部分 基金会章程、条例与管理办法

第Ⅴ部分　科学基金资助项目获奖研究成果及出版物

第Ⅵ部分　中国科学基金大事记

第Ⅶ部分　基金会名录

第Ⅷ部分　附录

第 I 部分

文献与讲话

推动科技进步是全党全民的历史性任务*

江 泽 民

（1989 年 12 月 19 日）

同志们：

今天，我们在这里隆重举行国家科学技术奖励大会，表彰为我国科学技术进步做出突出贡献的科学家和专家，同时也是对我国近年来所取得的优秀科技成果的一次检阅。我代表党中央、国务院、中央军委，向获奖的同志，向到会的代表，向全国各条战线的科技工作者，表示热烈的祝贺和崇高的敬意！

我国已经有一支近千万人的科技大军，他们同其他知识分子一道，构成工人阶级的重要组成部分。这支大军，继承、发扬革命先辈和老一辈科学家的优良传统，忠于祖国、忠于人民、忠于社会主义事业，具有为祖国强盛而艰苦奋斗的献身精神，具有实事求是的科学态度，具有勇攀高峰、能打硬仗的可贵品格。这支大军，经历了长期斗争的考验，是真正属于中华民族的精英。我们为有这样一支素质好、水平高的科技队伍而骄傲。

奖励科学技术进步，是我们党和政府长期坚持的一项重要制度，是促进科技事业的一项重要政策。当然，获得奖励的毕竟只是少数同志，大量科技工作者的赤子之心和辛勤劳动，都作为无名英雄的珍贵贡献，融汇于我们党和人民的伟大事业之中。每一位科技工作者的功绩，无论是否获得奖励，都将铭记在人民心中，永远载入祖国进步的光辉史册。

我想借此机会，就科技工作讲几点意见，同大家一起商讨。

一、科技进步在社会主义现代化建设中的关键作用

科学技术是人类的伟大实践之一，是一种在历史上起推动作用的革命的力量。在现代，科技进步对社会生产力发展越来越具有决定性的作用，并且正在人类社会生活的各个领域发生广泛而深刻的影响。全球面临的资源、环境、生态、人口等重大问题的解决，都离不开科学技术的进步。世界范围的经济竞争、综合国力竞争，在很大程度上表现为科学技术的竞争。科学技术长期落后的国家和民族，不可能繁荣昌盛，不可能自立于世界民族之林。

11 年前，在我们党号召全国人民为实现四个现代化而奋斗的时候，邓小平同志在全国科学大会上，发表了具有深远意义的讲话，精辟地阐述了科学技术是生产力的马克思主义观点。他强调指出："四个现代化，关键是科学技术现代化。没有现代科学技术，就不可能建设现代农业、现代工业、现代国防。"小平同志的这篇讲话，为我国在新时期制定发展科学技术的基本方针和政策，奠定了思想理论基础。最近，小平同志在谈到经济发展时又一

* 在国家科学技术奖励大会上的讲话。

再指出：科学技术是第一生产力；科学是了不起的事情，要重视科学，最终可能是科学解决问题。这些论断，进一步阐明了科学技术的重要地位和巨大作用。

我国还是一个发展中国家，人口多，底子薄，人均资源少，经济文化比较落后，这些都是经济和社会发展中的长期制约因素。我们在这种历史条件下进行社会主义现代化建设，要大幅度提高劳动生产率，提高人民群众的物质文化生活水平，必须在推动科学技术的进步上付出艰苦的努力。现代科学技术正在经历着深刻的革命，大力发展我国的科学技术，从总体上逐步缩短同发达国家的差距，努力接近和赶上世界先进水平，是摆在全党全国各族人民面前的一项紧迫任务。我们要坚持把科学技术放在优先发展的战略地位，坚持依靠科技进步来提高经济效益和社会效益。只有发展科技，才能事半功倍。党和政府根据我国国情和当代科学技术发展的趋势确定的这项国策，必须在各级干部的思想上牢固树立起来，切实贯彻执行，长期坚持下去。

40年来，特别是十一届三中全会以来，我国经济和社会发展的巨大成就，在很大程度上是依靠科技进步取得的。新中国成立前，我国科学技术人员不超过5万人，其中专门从事科学研究工作的不到500人，专门的科学研究机构只有30多个，科学研究工作主要是结合中国自然条件和资源特点的分类研究；工业生产技术十分陈旧；农业生产一直停留于几千年的传统落后方式；现代科学技术几乎是空白。新中国成立后，我们培养出一支960万人的科技队伍，其中有高级职称的约70万人，已建立起学科门类比较齐全的科学技术体系，独立科研机构发展到5200多个，企业和高等院校所属科研机构5000多个。近10年来，我们在组织重大科技课题攻关，应用和推广科技成果，推动企业和农村的科技进步，开展高技术研究，发展高新技术产业，加强基础性研究工作，以及发展国际科技合作交流等方面，都取得了显著进展。现在，我国科技工作已初步形成了面向经济建设主战场、跟踪高技术研究并推动其产业发展、加强基础性研究三个层次的布局，科技工作的机制和格局发生了深刻变化，活力大为增强，促进了科技与经济的结合，促进了科技事业本身的发展。我们已具有较强的科技攻关实力，在一些领域已接近或达到世界先进水平，基本具备了依靠自己力量解决经济建设、国防建设中重大科技问题的能力。我们的科技进步，为我国当前的现代化建设做出了巨大贡献，更为今后的发展奠定了坚实基础。

回顾40年来的巨大成就，我们深切缅怀已故的老一代革命家毛泽东、周恩来、刘少奇、朱德、陈毅、李富春等同志和科学家郭沫若、李四光、竺可桢、茅以升、华罗庚等同志，衷心感谢健在的老一代革命家邓小平、聂荣臻等同志和科学家严济慈、周培源、钱学森等同志。我们全体科技工作者和全国各族人民，永远记着他们为开创新中国科技事业建立的卓著功勋。

二、我国发展科学技术的主要经验

社会主义制度使科学技术摆脱了私有制的桎梏而获得解放，由剥削阶级压迫人民、聚敛财富的手段，变成真正为最广大人民群众造福的事业，因此也成为无上光荣的事业。科学技术同社会主义制度结合，同人民群众历史首创精神结合，同改造自然和社会的实践结合，就获得蓬勃发展的生机，产生出创造人间奇迹的伟大力量。

我国40年来特别是近10年来科学技术的发展，有哪些主要经验呢？

第一，坚持科学技术工作面向经济建设、经济建设依靠科学技术的战略方针。科学技术门类众多，服务对象广泛，但是为经济建设服务，要摆在首要的地位。经济建设要解决的一切重大问题，都离不开科技进步。科学技术也只有同经济建设密切结合，才能充分发挥作用和具有广阔的前景。我们要真正做到从实际出发，按照客观规律办事，取得经济和社会各项事业发展的成功，就必须充分听取科技工作者的意见。这是保证决策、规划、管理和实施的科学性的基本一环。

第二，坚持自力更生为主、国际合作为辅。我们坚信中华民族科技工作者的智慧和创造才能，努力弘扬民族自尊心、自信心，提倡集体主义、爱国主义精神和社会主义、共产主义思想，在独立自主的基础上坚持改革开放，积极吸取世界各国科学技术发展的先进成果、先进经验，引进技术、引进人才，从我国实际出发，进行消化、吸收、提高、创新。正是坚持这一原则，才使我国自己的科技力量得以健康成长、发展壮大。

第三，坚持科学组织力量，加强宏观指导和合理配置，分别轻重缓急，实行集体攻关。在社会主义制度下，我们完全有条件统筹规划，协同配合，集中集体智慧，发挥个人专长，完成国民经济和国防建设中提出的重大科技任务。我们正是通过卓有成效的组织工作，使我国核技术及人造卫星和运载火箭技术，从无到有，逐步发展，赶上了世界先进水平。

第四，坚持把改革和发展密切结合起来，以改革促进发展，在发展中深化改革。十一届三中全会以来，在改革和完善科技领导体制、科技管理体制方面，在发展科技事业方面，党中央、国务院做出了一系列重大决定，颁布了一系列方针、政策、法规，要继续贯彻执行并进一步加以完善。

第五，坚持科技人员同实践相结合，同工人、农民相结合，坚持提高和普及相结合，坚持专家、技术人员的研究工作和群众性技术革新、技术改造相结合，在这一过程中，集中群众经验和创造以提高科学技术水平，推广科技成果和普及科学知识以提高全民族科学文化素质。这是我们党的群众路线在科技工作中的生动体现。

第六，坚持“百花齐放、百家争鸣”的方针，为科技进步创造良好的环境和气氛。鼓励和支持科技人员在实事求是基础上提出新理论、创立新学说、探索新领域，提倡不同学派、不同学术观点的争鸣，开展同志式的切磋讨论，共同推进科学技术的繁荣。我们反对用行政手段干预学术自由，对学术问题妄加评判，擅作结论。科学领域的真伪和是非，最终要靠实践去检验。

我这里只是简要地列举了一些主要经验。这些经验，是广大科学技术工作者劳动心血的结晶，是党、科技工作者和全国人民的共同创造。当然，我并不是说，40年来我们一切都做得很好。我们有过成功的欢乐，也有过遭受挫折的痛苦。但是，当我们依照上述经验去做的时候，我们的科学技术事业和经济建设，就能够比较顺利地发展。历史证明，这些经验是正确的。我们要在新的实践中继续坚持和不断丰富这些经验。

三、当前科技工作为经济建设服务的主要任务

科技工作为经济建设服务，要立足现在，着眼未来。我们要组织科技力量，全力以赴，为完成十三届五中全会确定的进一步治理整顿和深化改革的各项任务做出贡献。同时，要为实现我国经济发展的第二步、第三步战略目标，积蓄力量，创造条件。

要依靠科技进步振兴农业。各地应根据经济文化发展水平、自然条件和耕作特点，紧紧抓住科技进步这个环节，在提高农业劳动生产率，增加农作物单位面积产量和有效利用资源上下功夫。一方面，要大力加强先进适用科技成果的推广应用，尽快形成规模效益；另一方面要加强重大科技项目的研究开发，确保农业和农村经济的发展后劲。农村科技工作的重点，要转到先进适用科技成果的引进、示范、推广上来，建立和健全多种形式的农业技术推广服务组织，进一步稳定和壮大农村科技队伍。努力开辟资金来源，增加科技投入。要推动农村生产向适度规模经营以及专业化、社会化方向发展，引导广大农民群众走科技致富和共同富裕的社会主义道路。

要依靠科技进步提高工业的技术水平和经营管理水平。要发挥国家计划的指导作用，组织精干科技力量，解决全局性的重大工程技术问题。要继续推动工业企业的技术进步。大中型企业和企业集团，应建立和完善厂长领导下由总工程师负责的技术开发和生产技术管理体系，建立和健全技术开发机构。小企业和乡镇企业也应以多种方式形成自己的技术依托。各部门和地方要根据行业特点，建立企业技术进步的考核指标，严格进行考核。要在国家产业政策的指导下，统筹规划，大力加强技术改造，改变低水平扩大生产能力、分散重复铺摊子的状况，提高综合经济效益和整体技术水平。要重点推广对能源、交通、原材料等基础工业的发展有重大影响的科技成果，并努力促进节能降耗、提高产品质量、减少环境污染。技术引进要加强宏观指导和管理，克服重设备轻技术、重生产使用轻消化吸收，以及盲目引进和不必要的重复引进等现象。必须组织科技力量，做好引进项目特别是重大项目的可行性研究，做好引进技术的消化吸收和国产化工作，在高起点上创新，增强自主开发能力。要鼓励科研机构、高等院校和大中型企业发挥自己的科技优势，互相联合，协同工作。

要依靠我国科技力量，大力研究开发高新技术，用高新技术改造传统产业，有计划有组织地发展高新技术产业。这对于调整产业结构，推动传统产业技术改造，大幅度提高劳动生产率，增强国际竞争能力，具有重大意义。要从资金、物资上支持高新技术产业发展计划的实施，继续扶植现有高新技术产业开发试验区的发展。鼓励科研机构、高等院校与企业结合；有条件的单位，可以兴办科技开发型企业，生产高新技术产品。有关方面应紧密配合，努力促进高新技术产业走国际化的发展道路，为高新技术产品进入国际市场创造条件。同时，要密切注视和跟踪世界科技发展趋势，认真实施并不断完善高新技术研究发展计划。

要支持基础性科学研究，增强科技发展后劲。这项工作虽然暂时看不到经济效益，但是势必对科技和经济的长远发展产生重大影响，一定要始终给予高度重视，实行保证其持续稳定发展的政策。要切实增加基础性科学研究的投资强度，确保中长期的探索性科研工作的稳定性。有重点地支持一批基础性科学研究机构，并进一步办好国家实验室和博士后流动站。要鼓励科研单位、高等院校、企业间科技人员的交流，抓紧培养新一代学术带头人。

科技要发展，人才是关键。要尽可能创造条件，鼓励科技人员坚韧不拔地向现代科学技术的深度和广度进军，继续攀登世界科技发展的高峰。要抓好科技普及工作，积极开展群众性技术革新和创造发明活动，提高广大劳动者的科学技术素质。要从青少年抓起，在全国各族人民中，造成和保持爱科学、学科学、用科学的浓厚空气，造就有社会主义觉悟的、用现代科学技术知识武装起来的浩浩荡荡的科技后备大军。

四、加强和改善党对科技工作的领导

社会主义现代化建设为科学技术事业的发展和繁荣开辟了广阔的天地。加强和改善党对科技工作的领导，制定和实施正确的政策，充分发挥科技人员的积极性和创造性，运用一切科学技术成果为人民服务、为社会主义事业服务，是我们党必须履行的历史责任。

各级党政部门要把科技工作列入重要议事日程，及时了解和掌握本部门、本地区科技发展的情况，经常讨论科技发展政策、计划和措施，研究和解决科技发展中遇到的问题和困难，总结和推广科技发展的好经验、好典型。要坚持尊重知识、尊重人才，在全社会形成这种良好的风尚。

各级党政领导要组织有关部门和有关单位，密切配合，协调一致，共同促进科技进步。科技主管部门要加强综合管理；计划部门要加强科技计划工作，并使其与经济、社会发展计划相协调；财政部门要在力所能及的范围内逐步增加对科技的投入；金融部门要努力解决科技成果转化为直接生产能力所必需的资金问题；税务部门要进一步制定鼓励科技进步的税收政策。要努力提高人力、财力、物力的使用效益。

要继续抓好科技队伍的建设，不断提高科技工作者的思想政治水平和业务水平。全心全意地依靠工人阶级，理所当然地也包括作为工人阶级一部分的知识分子。我们的科技工作者，要努力成为精通业务的专家，自觉坚持四项基本原则，坚持改革开放，把自己的事业同社会主义现代化建设，同民族的命运、国家的前途紧密联系起来，肩负起自己的历史使命。我们要根据科学技术工作的特点，热情地关心科技人员的成长和进步，鼓励他们在科学技术实践中，掌握马列主义、毛泽东思想的认识论和方法论。要继续从优秀科技人员中发展党员，选拔干部。各级党政领导干部，要经常倾听科技工作者的建议、意见和呼声，认真解决他们学习、工作和生活中存在的实际问题，尊重他们，理解他们，爱护他们，做他们的知心朋友。

同志们，党和政府重视科学技术事业，全国各族人民热切地期待科学技术进步，对全国科技工作者寄予厚望。我们相信，一切热爱祖国的科学家、专家、技术人员，一定会在党的基本路线指引下，为我国经济的繁荣，为社会的全面进步，为中华民族的振兴，为人民的共同幸福，做出新的越来越大的贡献！

在全国基础研究和应用基础研究工作会议上的讲话

李　鹏

（1989年2月15日）

同志们：

全国基础研究和应用基础研究工作会议今天胜利闭幕。我代表党中央和国务院祝贺会

议成功，并向获得第三次国家自然科学奖的科学家们表示热烈的祝贺！

党的十一届三中全会以来，在党中央、国务院关于"经济建设必须依靠科学技术，科学技术工作必须面向经济建设"的方针指导下，我国科技工作的面貌发生了很大的变化。科技体制改革已经初见成效。科技工作正在逐步转向适应有计划的社会主义商品经济发展的轨道。科学技术对经济和社会发展的巨大作用，已逐步被更多的人所认识，尊重知识、尊重人才的社会风尚，正在逐步形成。改革、开放促进了科学技术事业的发展。正负电子对撞机电子对撞成功、气象卫星上天、潜艇水下发射运载火箭、黄淮海低产田的改造研究取得的新成就等，都标志着我国科学技术在不少领域内已经跨入世界先进的行列。

全面安排好科学技术工作不但是保证我国科学技术本身，也是保证国民经济健康发展的重要条件。一般地讲我国科技工作可以分为三个层次。首先是直接为本世纪末国民生产总值翻两番这个战略目标服务的研究和开发工作。第二是高技术的研究与跟踪，推动高技术产业的形成和发展。第三是基础性研究工作。这三个层次的工作是相互促进的、有机联系的整体，缺一不可。我们虽然要把大部分科技力量投入到直接为经济建设服务的主战场，广大科技人员应在这个主战场上大显身手。但是，间接的或较长时期才能发生作用的基础研究工作，也必须作出必要的安排。重大的研究课题可以从经济建设中提出，也可以从学科发展中提出。有一些探索性课题，虽然一时或目前还看不出应用价值，并不直接满足当前生产建设的需要，但它使人类对于自然规律的认识大大加深一步，对于生产和社会发展具有长远的指导意义，我们应该积极地给予支持。要防止对面向经济作狭隘的理解。国务院已决定组织力量，制定国家中长期科技发展纲领，力求把技术开发工作、应用研究、基础研究有机地结合起来，统筹兼顾，协调发展，最有效地发挥科学技术的整体作用，推进我国经济、社会的发展，进而为世界科学技术的繁荣做出我们的一份贡献。

基础性研究的进展，高技术产业的兴起，自然科学成果广泛应用于经济建设和社会发展的各个领域，这是构成一个国家综合国力的重要方面并日益成为当今世界竞争中的重要因素。如果我们中国不能吸收世界最新科学思想和科学成就，在重要的科技领域缺乏应有的能力，就不可能实现现代化，更不可能屹立于世界民族之林。因此，我们必须在保证科学技术为经济建设主战场直接服务的同时，继续加强基础性研究工作，使之得到持续稳定的发展，为下个世纪储备技术和人才，迎接21世纪世界经济和技术的挑战。

近40年来，我国的基础研究和应用基础研究工作有了很大的发展，已经拥有了一批较强的科研机构，形成了门类比较齐全的学科体系，建立了一支优秀的研究队伍。我们的科学家、专家、技术人员，勇于开拓、勇于创新，任劳任怨，埋头苦干，数十年如一日地坚持在研究工作的第一线，献身于社会主义科学事业，取得了不少具有国际先进水平的成果。赢得了全社会的尊敬和支持。最近几年，国家已经逐步增加了，并将继续增加对国家自然科学基金的拨款。我们已建成了一批大型的科学工程和装置，建设了一批重点实验室。我国的科学研究工作进入了一个新的发展时期。

应该看到，我们是一个发展中国家，当前又处在治理整顿时期，国家还有不少困难，一时难以大幅度增加对科学研究的投入。但是，随着我国经济的发展，我们将进一步增加对科学研究的投入。我们也希望有关部门和地方，尤其是大中型企业集团，要在重视开发工作的同时对基础性研究给予必要的支持。

同志们，我们中华民族在世界科学史上曾经有过光辉的篇章。今天，我们中华民族应该努力赶上世界科技的进步，并争取做出应有的贡献。改革、开放的政策和良好的国际环境为我们发展科技事业提供了有利的条件。党中央和国务院殷切希望中国的科学家、科技工作者努力奋斗。为发展中国的科技和振兴中华的事业作出自己应有的贡献！

继续加强对基础性研究的支持*

宋 健

（1991年1月23日）

国家自然科学基金委员会从1986年2月成立五年来，认真贯彻党中央、国务院的方针政策，在唐老、师老和兆森、国定、栋材、王仁、黄坚以及各位委员的领导下，在执行国家科技三个层次的总体布局，促进基础性研究持续、稳定和协调发展，建立民主科学的管理方法，不断完善和发展具有中国特色的科学基金制等方面，付出了很多的心血，取得了很大成绩，做出了开创性贡献。在工作条件十分困难的条件下艰苦奋斗，开拓了中国科学事业的一个新方向，走出了一条新的道路，树立了公正、严谨、认真和一丝不苟的科学作风，为广大科技工作者树立了良好风范。你们的工作，得到了全国科技界同行的理解和支持，在国内外都产生了很好的影响，受到中央领导同志的赞扬。对此，我向你们，并通过你们向基金会的全体工作人员表示深切的感谢！

经国务院决定，基金会的领导班子已完成了换届任务。新班子由张存浩同志任主任，他是一位深受大家尊敬的，很有成就的物理化学家，对应用科学也有丰富的经验。他是大连化物所所长，这个所是我国最有科学技术实力和取得过杰出成就的研究机构之一。胡兆森、梁栋材、孙枢、陈佳洱、金国藩同志任副主任。这是一个比较年轻、有实力的班子。相信换届以后，新班子必能进一步发扬这届委员会良好的工作作风，取得更大成绩。希望唐老、师老也能继续帮助他们，把科学基金工作搞得更好。

科学基金制是适应科学事业发展的需要和科技体制改革的产物，实践证明它是成功的，是符合我国国情的，这项改革的方向是正确的，取得了很大的成功。“七五”期间以大约6亿多元的资金，支持了大约8万名科技工作者，其中有约2万名研究生参加了科学基金项目工作，这极大地推动了基础科学的进步，培养了数以万计的青年科学家。科学基金制通过高水平评审及其竞争机制，激发了科技人员奋发进取的积极性，打破了部门的界限和大锅饭，提高了经费的使用效益，促进了出成果、出人才、特别有利于培养青年科技人才。

国家自然科学基金委员会已经为发展我国科学事业，提高科技水平，培养科学人才，开辟了一条新的广阔的道路，做出了历史性贡献。领导换届，标志着基金会的进一步成长和壮大。老干喜看新枝起，前波未远后波生。90年代，成千上万的科学家将在基金会及其工作的抚育和影响下成长起来。他们将继承和发展老一代科学家所开创的事业，为中华民族的振兴，为科学事业的进步和逼近世界科学前沿做出更大的贡献。他们的积极进取，也将是对老一代科学家和中国现代科学事业的奠基者们的崇高献身精神，及其科学工作风范和

---

* 这是国务委员、国家科委主任宋健同志1991年1月23日在国家自然科学基金委员会第六次全体委员会议开幕式上的讲话摘要。

提携后来人的学长风格所作的最好报答。下面，请允许我对下一届自然科学基金委员会提几点希望。

第一，十三届七中全会通过的《中共中央关于制订国民经济和社会发展十年规划以及“八五”计划的建议》，是一个纲领性文件，是90年代振兴中华民族的行动纲领。希望基金会的领导同志和全体工作人员能认真学习这个文件，深刻理解十一届三中全会以来逐渐形成的一个中心、两个基本点这条基本路线，及其对中华民族的前途，对中国科技事业的发展的极端重要性。经济不发达，国家实力上不去，科学发展的势头也不可能强大。改革开放对一个民族的进步是绝对必要的条件。只有在开放的环境中，与外界交换能量、物质、信息、人才，才能向更高的方向发展。我认为，四项基本原则所确定的坐标系，是保障中国政治安定，社会持续、稳定和协调发展的最优参照系。比起世界其它国家所遵循的参照系——价值标准，要强得多，至少是毫不逊色。中国过去40余年的成就，特别是在科学技术事业上的伟大成就，完全证明了这一点。世界上过去几年和现在还在发生和发展的重大事件，增强了我们对中国人民所选取的坐标系的更强烈的信念。

我们希望，新一届基金委员会的领导和全体同志，在学习七中全会文件过程中，要牢固地掌握基本路线，坚持第一届委员会的传统精神，在创造性地执行基本路线上做出新的成绩。

第二，认真总结经验，把科学基金工作水平提高一步。五年来，基金会执行了党中央所确定的方针政策，建立了一整套关于依靠专家、发扬民主、择优支持、公正合理的富有竞争性的工作规范，形成了在支持基础性研究中，打破部门、行业界限的工作体制，有效使用有限财力，支持重点学科和选题，从而在达到提高效益的目标等方面，取得了重要的经验和成就。对此，请你们要做系统的总结，让大家知道科学基金工作情况，这将会推动深化科技体制改革的进程，动员各级政府和企业重视基础性科学研究工作并增加投入。

第三，要充分注意基础性研究成果向产业方面的转化。这几年科学基金会已经建立了一套前期管理制度和办法，实践证明是可行的，是好的；对科学基金资助项目后期管理和成果管理，也做了不少工作，今后要进一步加强和完善。科学基金项目所取得的成果，是中华民族的一笔重要财富，应与有关单位密切配合，特别与产业部门密切配合，采取切实可行的办法，管好，用好。对于有实用价值的成果，要及时转到有关部门和民间，加以利用。

当代科技发展趋势是科学发现与技术发明之间的周期正日益缩短，科技成果转化为商品、转化为产业，从而取得经济效益的周期也日益缩短。在一些发达国家，更新产品一般只需5—8年，某些先进产品只需2—3年。向商品转化的速度日愈显得重要。日本汽车和钢铁工业之所以能赶超美国，重要原因之一在于它比美国更早更普遍地应用计算机和机器人。现在普遍认为，科技竞争的战略不仅在实验室，更是在市场，是以科学研究成果大规模商品化来论科技竞争之胜败。这是值得注意的动向。事实上，基础理论研究积累的成果越多，物化为技术手段，促成生产力的周期就越短。所以，希望基金会要在推动发展基础理论研究工作，提高学术水平的同时，充分重视对具有明显应用前景的科研成果，促其迅速转化为商品。我们的方针是科研成果要商品化，商品要产业化，产业要国际化。希望基金会为执行这一方针提供支持。

第四，基金会五年成就很大。建议基金会与新闻界密切合作，加强这方面的报道和传播。争取社会各界对基金会工作的进一步理解和支持。

第五，坚决加强对基础性研究工作的支持。过去科学基金在我国主战场、高技术、基础研究方面，都发挥了重要作用。今后，仍然要以支持对基础研究为主要目标，从而加强对第三层次的引导和促进工作。许多学科都有不少前沿热点。扶持热点，基金已做了不少工作，起了很大作用，可以继续在学科前沿起引导作用。在这方面，科学基金会的任务是很艰巨的，要加强紧迫感和使命感。

现在，世界范围的科技竞争十分剧烈。为21世纪科技竞争的超前准备，就是加强前沿基础科技，重视教育和争夺人才。各国为了提高未来竞争能力，都特别重视抢先占领前沿科研阵地。一向靠获取别国基础性研究成果起家的国家，也在进行科技战略调整，80年代以来大力加强基础科研。人们说，21世纪的产业技术革命性质要取决于今天的基础科技水平和新理论的发现。与这种科技战略思考相适应，出现两个值得注意的动向：一个是基础性研究领域的民族主义色彩正在增强，谁也甭想不经自己的艰辛和付出，而坐收渔翁之利。另一个是在世界范围内，展开了一场科技人才争夺战。在发展基础性研究和争夺人才这两个方面，科学基金会都可以、而且应该发挥重要的作用。我们决不能在世界性竞争面前退缩，更不能无所作为，而要采取切实有效的措施和办法。对此，请基金会多做些工作。

去年第三世界南方国家科学院委内瑞拉会议后，会议主席给我们送来一份材料，说现在全世界从事R&D人数在每百万人口中，发达国家达到2000—3000人，而第三世界平均只有200人，我们统计是1017人。该会议呼吁，第三世界要在五年内提高三倍，达到每百万人中有600—700人。据此，发展中国家在今后10年里，从事R&D人数应该翻番才行。这也是一项十分艰巨的任务。这样，企业必须养一部分，科学基金也要养一部分，因为科学基金是从事R&D的最有效的途径之一。

90年代，中国科技界面临巨大的挑战，要在主战场上提高经济能力，特别要增强大中企业和农村经济的活力，又要提高科学前沿的水平，要以有限投入缩短与发达国家的差距。我们的任务是繁重和艰巨的。国家自然科学基金委员会在这些方面都负有重要的责任和义务，各学科都有许多工作等待你们去推动，去完成。让我们加紧工作，团结奋斗。我们要十分珍惜90年代这个历史给予我们的机会，为振兴中国科学事业，发展中国经济，发挥社会主义制度的优越性和繁荣整个科技事业，而努力工作，取得新的成绩，做出更大的贡献。愿国家自然科学基金会在90年代更加兴旺发达。

发展科技　振兴中华

——中国科技事业的回顾和展望

宋　健

(1991年9月16日)

中华民族在五千年的历史上曾经为人类科学技术事业的发展作出过伟大贡献。只有近代200年左右才大大地落后了。从1840年鸦片战争英帝国主义侵略中国开始，中华民族经历了一百多年的屈辱和抗争，无数先烈为中华民族的生存和振兴，为争取科学和民主，抛头颅、洒热血，壮烈牺牲。各种模式的尝试，都没有成功。唯社会主义制度焕发了中华民族的青春，也为现代科学技术事业的建立和发展开辟了广阔的道路。

1949年新中国建立以后，在毛主席、周总理、陈毅元帅、聂荣臻元帅等老一辈无产阶级革命家的指挥下，在老一代科学家们的领导下，我国现代科学技术取得了举世公认的辉煌成就。特别是党的十一届三中全会以来，邓小平同志从世界社会、政治、经济发展的战略高度出发，结合改革开放的新形势，深刻揭示了科学技术作为第一生产力的社会历史地位和作用，并且指明了发展我国科学技术的基本方针、方向和政策。党的十三届四中全会以来，以江泽民同志为核心的中央领导集体，十分重视科学技术工作，当前，正在领导我们向新科技革命进军。我们坚信，在实现我国现代化建设第二步战略目标的历史进程中，我国的科学技术事业必将取得更大的进展，在推动经济建设和改革开放方面将进一步显示出巨大的威力。

一

新中国成立以来，我国的科学技术事业获得突飞猛进的发展，科学技术在社会主义现代化建设中的地位越来越重要，作用越来越强大。

1. 在全国范围形成了独立完整的科学体系，培养和造就了一支宏大的科技队伍

1949年以前，中国可谓一穷二白，独立科研机构只有30多个，从事科学技术研究的人员不到500人，科技事业极端落后。经过40多年的艰苦努力，科技事业的面貌如同整个人民共和国一样，发生了翻天覆地的变化。在全国范围内已形成了从基础科学、应用科学、公益性科学到工程设计、开发研究、科学试验等门类和学科齐全的科学技术体系。据1990年的统计，全国全民所有制单位自然科学领域的科技人员达1080.8万人，是建国初期（1952年）的25.4倍。其中，工程技术人员510万人，占47.2%；农业技术人员55.1万人，占5.1%；卫生技术人员272万人，占25.2%；科学研究人员29.1万人，占2.7%；教学人员214.6万人，占19.8%。1990年，平均每万名职工中有科技人员1045人。在科技人员总数中受到高等教育的占47.9%，高级科技人员为53.8万人，占5.6%，中级科技人员为24.55万人，占25.8%。这说明，我国科技队伍无论是数量还是质量都有了历史性的可喜变化。

与此同时，研究与开发机构也有了空前的扩大。1990年底，我国有县以上（不含县级，下同）独立的科学研究与技术开发机构（含科技情报文献机构）5819个，拥有职工103.7万人，其中，科学家和工程师45.1万人，占43.5%。在5819个研究与开发机构中，属自然科学领域的有5477个，职工101.5万人，科学家和工程师43.6万人；属社会科学与人文科学领域的有342个，职工22.2万人，科学家和工程师有1.5万人。这套科学技术体系，几乎覆盖了全部现代科学技术领域，已成为国家经济、科学技术和社会发展的支撑体系。

大中型企业的技术开发工作也得到显著加强。到1990年底，在全国13475个大中型工业企业中，科技工作者有工程技术人员194.3万人，占职工总数的6.5%；从事技术开发活动的为77.1万人，其中科学家和工程师有31.4万人，占40.7%，平均每万名职工中有科

学家和工程师104人；已有7289个大中型工业企业设立了8116个技术开发机构，科技人员达33.3万人，其中科学家和工程师14.8万人，平均每个机构拥有科学家、工程师18人。

高等学校一直是我国科技事业的一支重要方面军。1990年，79.5%的理、工、农、医专业高等学校（636所）建立了科技研究与开发制度，从事研究与开发的人员为24.8万人，占全部教学、科研人员的34%。全国高等学校共成立了研究与开发机构1666个，其中研究所864个，研究室802个；按学科门类分，理科256个，占15.4%，工程与技术科学691个，占41.5%，农业科学253个，占15.2%，医学科学424个，占25.4%，跨学科门类的综合机构42个，占2.5%。

现有的科学研究开发机构和科技队伍，同社会主义现代化建设的要求相比还很不适应，同发达国家的整体水平相比还有不小的差距。但放在我国近百年的历史天平上衡量，同本世纪初和建国初期的微弱基础相比，不能不说是一个巨大的划时代的进步。

2. 取得大批科技成果，为实现社会主义现代化提供了技术保障

我国在原子能技术、空间技术、高能物理、生物科学、计算机科学技术、通讯技术等尖端科学技术领域，已经达到和接近国际先进水平。1964年10月16日，第一颗原子弹爆炸成功。1965年9月，在世界上首次用人工方法合成了有生物活力的牛胰岛素。1967年6月17日，第一颗氢弹爆炸成功。1970年4月24日，我国第一颗人造地球卫星上天。“两弹一星”的成功，大壮军威、国威，大大提高了我国的国际地位。1981年11月，我国又最先完成了酵母丙氨酸转移核糖核酸的人工合成，标志着我国在人工合成生物大分子的研究方面，继续居于世界先进地位。1970年到1990年，我国成功地发射了30颗人造地球卫星，其中12颗按预定计划成功地返回地面，成为继美国、原苏联、法国之后第四个掌握“一箭多星”技术的国家。另外，潜艇导弹、洲际运载火箭、“长征二号”大推力火箭的发射成功，正负电子对撞机的对撞成功，“银河”巨型电子计算机的研制成功，以及在现代生物科学、医药卫生、地学、化学、数学等重要学科领域，取得了一系列具有世界先进水平的成就，说明我国已经和正在成为一个科学技术大国。40多年来，我们已取得数十万项科技成果，仅1980年至1990年10月间取得的重大科技成果就达11万项，其中获国家奖励的近万项，实施专利5万多项，推广了一大批重大科技成果，使农业和传统产业的技术水平和经济效益成倍提高。

亿万人民赖以生存的农业，由于科技成果的大面积推广应用，已取得举世公认的成就。50年代中期，我国培育成功的世界上第一批水稻矮秆良种，使每亩增产50—150公斤。到70年代，我国又在世界上首次培育成籼型水稻雄性不育系、保持系和恢复系，实现了三系配套，培育成了一大批高产杂交组合水稻，使亩产增加50公斤以上。在化肥、机械、植保、病虫害防治，以及林、牧、水产业等方面，科学技术的应用也有了长足的进步。在农业生产中，电力与机械化、半机械化的比重逐年上升，“绿色和白色革命”方兴未艾，先进适用技术的利用率大幅度提高。据测算，科学技术在农业增产中的比率已经占到35%以上。整个农业生产已经走上传统技术与现代技术相结合的发展轨道，使粮食总产量由1949年的1.7亿吨增加到1990年的4.35亿吨，肉类产量从220万吨增加到2504万吨，棉花、油料、水果、水产等农副产品产量也成十倍增长。农业科学技术的进步和普及，使8亿人口的农村温饱问题已经基本解决，这不论在中国历史上还是在世界范围内，都是一个壮举。

我们的方针是自力更生。我们主要依靠自己的研究、开发设计和制造能力，建立起了一个独立的、比较完整的工业体系。在我国科学家独创的石油地质和油田开发理论指导下，发现和建立了大庆等一系列新的石油基地，甩掉了贫油国的帽子，使石油年产量从解放前的30万吨增加到1990年的1.38亿吨，增长460倍。在煤炭、地矿、电力、交通、轻工、通讯、机电、冶金、化工等主要基础工业领域，已基本掌握了现代生产技术和成套设备制造技术。我国自行研制的第一座核电站-秦山核电站，即将投入运行。高钛型钒钛磁铁矿的高炉冶炼技术，在60年代中期就已取得突破，解决了大型多金属共生矿综合利用的难题，随后又解决了从铁水中提钒、铌的技术问题，由此而使我国由钒的进口国变为出口国。自行研制和生产的30万吨合成氨、24万吨尿素单元机组、1.7米热连轧机、1000—3000万吨大型露天煤矿成套设备、50万伏高压输变电设备，不仅可以满足国内的生产需要，而且还可以出口。

40多年来，我国科学技术事业取得的成就繁若皓星，不胜枚举。昔日那种“洋货”充斥市场的局面，早已成为历史。短短的40年的成就足以说明，社会主义制度是改变中国贫穷落后的根本保证；科学技术这个第一生产力，是建设社会主义的强大支柱。

3. 焕发了科学技术的活力，成为社会经济发展的推力

根据“经济建设必须依靠科学技术，科学技术工作必须面向经济建设”的指导方针，从1985年起，围绕贯彻《中共中央关于科学技术体制改革的决定》精神，进行了一系列改革。单一统得过死的管理体制得到改变，科技与经济脱节的问题开始解决，计划管理与市场调节相结合的运行机制开始形成，从而进一步解放了科技生产力，推动了全社会科技进步的进程。

在管理体制方面，实行了承包经营责任制、分类管理、优化科研生产要素组合的招标制、聘任制等一系列改革，使科研机构焕发了生机。拨款制度的改革，改变了科研机构经费单一靠国家包揽、缺乏自我发展活力的局面，使一大批技术开发型科研机构转变运行机制，走出封闭状态，主动奔赴经济建设主战场，加强与大中企业的联合，以多种形式进入、长入经济，从单纯的科研型向科研、生产、经营一体化的技术实体发展。截止1990年，全国已有一大批技术开发型科研机构进入企业或企业集团，与企业结成科研、生产联合经营体1万多个，科研机构创办独资、合资技术经济实体3500多家，有力地促进了科研与经济的结合，大大增强了科研机构的经济实力。1990年全国科研机构就创收86.5亿元，其中技术性收入52.2亿元。现在，全国县以上自然科学领域的研究与开发机构5074个，其中不再要国家事业费的研究机构1186个，占1983个技术开发类型机构的60%。在基础研究方面，建立了自然科学基金制，于1986年2月成立的国家自然科学基金委员会，正在发挥着越来越大的作用。

技术市场在“放开、搞活、扶植、引导”的方针指导下日益壮大。随着经济、科技体制改革的深化，逐步进入依法管理的轨道。以科技成果由无偿转让到有偿转让为突破口，使我国的技术交易金额规模逐年增大。科技成果推广应用率也大有提高，改变了科技与经济脱节的弊端，打破了长期以来技术只进口不出口的局面。1990年实施《国家科技成果重点推广计划》后，有近50个省市和部门制定了地方和行业推广计划，把一批量大面广、节能降耗、提高质量、增加品种、提高经济和社会效益显著的科技成果，大面积地推广应用到传统产业中。过去作为样品、展品、礼品的大量科技成果，如今已从实验室、展览馆释放了出来，大规模地输入到经济建设第一线，形成了可观的经济效益和社会效益。

科技人员管理制度的改革，促进了人才流动和竞争机制的形成，进一步发挥了科技人员的创造性和工作热情。全国1000万自然科学人员中，有400多万投身于工农业生产主战场上奋斗，数十万科技人员对中小企业、乡镇企业进行智力支援。在改革的大潮中悄然崛起的民办科技机构，正以蓬勃的气势在全国发展壮大。据不完全统计，民办科技机构全国已达8523家，从业人数约20多万人。一些民办科技机构已成为年产值上10亿元、上亿元的集团公司，有的已向海外扩展，或与大中型国营企业以多种形式联合、带动了传统产业的技术进步。民办科技已成为我国科技队伍中的一支生力军。

二

我国的科技工作正在三个层次的纵深上展开，在几大计划中实施。

1. 第一个层次

面向经济建设主战场，迅速提高工农业生产技术水平，推动传统产业的技术进步，为实现我国经济和社会发展的战略目标服务。在这个层次上，主要是组织实施“科技攻关计划”、“丰收计划”、“星火计划”、“国家科技成果重点推广计划”和“燎原计划”等。

科技攻关计划的主要目标是解决那些对国民经济和社会发展有重大影响的技术问题。“七五”期间，经过10多万科技人员的艰苦努力，取得了一批重大成就。国家计划安排的76个项目、384个课题绝大部分已按期完成，80%的项目可达到80年代世界先进水平，建成了中间试验线400多条，工业试验装置400多个，提供新技术、新工艺300多项，开发出700多个重大新产品。另外，42个省市及计划单列市所安排的2.5万个地方科技攻关项目，取得1.9万项成果，年获经济效益250多亿元。如农业方面的种质资源的收集、评价，农作物良种优育，中低产田的区域综合治理；工业方面的冶金、能源、交通运输、医药、化工等重大技术装备的研制，微电子、计算机、生物工程、新材料等新型技术的开发等重要技术成果，都对提高传统产业的整体技术水平，促进国民经济的发展产生重大的影响，并将创造出日益显著的经济和社会效益。

丰收计划的主要目标是大力推广农业增产的先进适用技术。我国90%的国土、80%的人口在农村，很多地区尚未摆脱自然经济、半自然经济的落后状态。如不使农村经济腾飞，而只靠大中型企业拖动来实现工业化，将是一个十分漫长而代价高昂的过程。依靠科技进步促进农村商品经济的发展，是一项不容置疑的历史性任务。十几年来，科技兴农工作逐步展开，硕果累累。据统计，全国60%的县和乡镇分别配备了科技副县、乡（镇）长，每年参加科技兴农的科技人员达50万人，各类技术承包组织已发展到6000多个，以科技服务为基础的服务体系正在广大农村建立起来。各类技术经济合作组织发展到12.2万个，覆盖近200万农户，促进了农村统分结合双层经营体制的建立和发展。以优良品种和先进植保技术为主的农业科技成果推广已初见成效。1990年我国粮食平均亩产从1979年的150—250公斤提高到400—600公斤，总产达到4.35亿吨，农村社会总产值达16 000多亿元。科技扶贫工作也已收到显著成效，90%以上的贫困农民基本解决了温饱问题。

实施“星火计划”的目的是推进农业和乡镇企业的技术进步，而“燎原计划”的着眼点则是开发和培训农村技术人才。

实施改革开放政策后，乡镇企业异军突起，1990年产值超过9000亿元，成为农村经济发展的支柱、工业领域不可忽视的成份。在治理整顿、紧缩银根时期，80%以上的乡镇企业的产值和利税仍以两位数的势头递增。乡镇企业之所以能取得如此迅速的发展，在很大程度上归功于以“星火计划”为代表的各项科技计划的实施。自1985年以来，全国星火计划累计安排了27 877项，已完成的近15 000项，推出技术装备302项。仅据11个省、7个计划单列市统计，技术装备已推广14万套（台），新增产值339亿元，新增利税81.25亿元。在“星火”和“燎原”等计划实施中，为农村培训各类技术人才达650万人，他们已成为发展农村商品经济的新型农民。

“七五”期间，国防科技战线在致力于军用科技研究、提高国防装备技术水平的同时，努力转向国民经济建设。国家安排军转民开发项目582项，为民用部门攻克技术难点2000多个，军转民技术达3万多项次，技术合同成交额达17亿元。

早在500年前的明代，即1492年哥伦布发现美洲时，中国已有了6000万人口。今天，作为经济建设主战场一个重要任务是控制人口增长，增强人口素质，合理开发利用资源，环境治理和保护，提高人民健康水平。

2. 第二个层次

跟踪世界高科技的发展趋势，选准有限目标，集中力量攻关，力争有所突破，发展高新技术及其产业。在这个层次上，主要是组织实施“863计划”和“火炬计划”。

我国自1987年起开始组织实施了发展高科技的“863”计划。重点选择了生物技术、航天技术、信息技术、激光技术、自动化技术、能源技术和新材料7个领域，确立了15个主题，组织了1万多名优秀科学家协同作战，攻克难关。经过短短4年多的努力，仅在五个领域就取得400多项阶段性成果。两系法亚种间杂交水稻，智能机器人，基因工程，乙肝疫苗，水稻、玉米联合固氮，试管牛犊，非线性光学晶体和可调谐激光晶体，汉字识别和汉语语音识别系统，计算机集成制造系统等50多项成果，已领先或接近世界先进水平，充分展示了我国高科技发展的广阔前景。

为推动高技术成果商品化，促进高新技术产业迅速形成并逐步走向世界，我国1988年组织实施了发展高新技术产业的“火炬计划”。三年时间共安排国家级“火炬计划”项目579项，加上各省市自己实施项目，共计近2000项。全国已有27个大中城市和沿海开放城市建立了国家级的高技术产业开发区，进入开发区的高新技术企业已近1690家。靠国家优惠政策的大力扶持和广大科技工作者的努力，高技术产业以旺盛的生命力茁壮成长，显示了宏大的发展气势。据统计北京市开发区，连续三年总收入的年增长速度超过40%；不少开发区在用高新技术改造传统产业方面正在发挥作用。

3. 第三个层次

继续推进基础研究和应用研究。在这方面，我国除继续保持一些传统领域的优势外，在一些新兴领域的研究中，也取得突破性进展。目前，投入基础性研究的科技人员有10万多人，“七五”期间安排研究课题2万多项，其中国家自然科学基金每年资助近3000项，部分地方和部门还自行筹集资金，支持了3000多个基础性研究项目。由国家投资建成了63个重点实验室和近百个开放实验室。1989年2月，国务院召开了全国基础性研究工作会议，增加了基础性研究投入的比例。自然科学基金会向基础研究的投入每年都有较大增长。这些都为加强基础性研究工作创造了良好的条件。近年来，我国基础性研究工作在某些领域取得了举世瞩目的成就，如相继建立的北京正负电子对撞机、兰州重离子加速器、合肥同步辐射装置、太阳磁场望远镜等一批实验装置，均达到国际先进水平；在高温超导研究方面，我国一直处在世界的前列；在材料科学、生命科学等领域也涌现了一批具有世界先进水平的成果。

80年代，软科学研究在我国迅速崛起，蓬勃发展，至今全国已有近千个研究机构、近3万人的研究队伍，取得600多项研究成果。科技咨询业也在健康发展，据不完全统计，注册登记的咨询机构已达3万多家。软科学研究和科技咨询在为决策服务和经济建设中都发挥了作用。我国近年来加强了科技立法工作，颁布实施了“专利法”、“技术合同法”等，“科技进步法”也正在制定中，这就从法律上保证了科技进入经济的各种渠道的畅通。

除以上三个层次、几大计划而外，作为我国对外开放战略一个重要内容的国际科技合作与交流工作空前活跃，官方、民间、双边、多边、多渠道、多层次、多形式的科技合作交流广泛展开。我国先后与108个国家和地区建立了合作关系，同57个国家缔结了政府间科技合作和经济技术合作协定，在联合国系统30多个科技机构中取得了合法席位，参加国际学术组织达280多个。“七五”期间，每年政府间和民间对外合作与交流项目达1万多项，比1978年增加了8倍。国际科技合作与交流为我国科技发展和经济建设做出了重要贡献，为打破某些国家对我国的制裁，促进外交和外贸工作发挥了积极作用。近年来，我国技术出口贸易大幅度增长，1990年技术出口额达9.8亿美元，比1985年增加了30多倍。

目前，科技第一生产力的巨大的作用，科技进步的重要意义，逐步被各级领导所理解、所认识，全社会科技进步的新机制正在形成。全国已有20个省和自治区、200多个大小城市提出了科技兴省、兴市的发展战略，不少行业做出了科技兴行业的部署，财政、金融、税收、工商、人事等部门对科技进步工作都给予了大力支持。科技人才的教育培养、科技知识普及工作日益兴旺，全社会“尊重知识、尊重人才”，重视科技进步的风尚正在形成。

在党中央、国务院的正确领导下，我国科技工作的成就、实力和结构已经为90年代和下一世纪初科技、经济和社会的进一步发展，打下了良好的基础。当然，我们没有理由盲目乐观，在科技发展的道路上还有不少困难。我国的工农业技术水平、科技进步在经济发展中所占的份额，与世界先进国家相比较还相差甚远，对科学技术的投入占国民生产总值的比例还较低，科技作为第一生产力的作用还远没充分发挥。坚决大力发展科学技术，真正依靠科技进步促进经济和社会发展，仍是我们所面临的一项十分艰巨迫切的任务。

三

20世纪90年代对中华民族是一个关键的历史时期。科技界必须和全国人民一起，为实现到本世纪末国民生产总值再翻一番，大幅度提高全社会的劳动生产率和提高全民族的科学技术水平这一历史性任务而竭力奋斗，为下世纪上半叶赶上中等发达国家创造条件。

从本世纪50年代以来，世界各国对于科学技术，尤其是对高科技愈来愈重视。由国家和政府出面，组织协调科技力量，投入巨资，实施庞大的国家级科技计划，这已成为世界各国的普遍作法。各国都期望通过科学技术的突破性成就，提高综合国力，在新一轮国际竞争中占领制高点。以信息技术和生物技术为先导的新技术革命已经来临；早期工业时代靠“拼资源、拼资金、拼体力”的旧的经济发展模式，已逐步改变；现在，商品价值的高低，取决于物化在商品中知识和智慧投入的多少。科学技术、知识、智慧和奋斗精神是赢得未来的根本保证。

我国是一个人均自然资源相对贫乏的发展中大国，同时又是拥有丰富智力资源的大国。由于历史、经济、社会的各种原因，我国的综合国力同发达国家比较还有很大的差距，现阶段经济发展的水平与我国所拥有的科技实力也不相称。一方面，我们的教育事业尚不够发达，全社会绝大多数劳动者的素质比较低；科学技术知识远没有普及，还没有成为劳动者认识和改造自然、改造社会的锐利武器。另一方面，还没有完全建立起科技与经济有效结合的运行机制，经济建设还没有真正转入依靠科学技术进步的轨道。科技成果的推广应用率仅20%左右，科技在经济增长中的贡献只占30%左右。我国科学界和技术界的巨大智力资源潜力，还远没有释放出来。迅速改变这种状况，是摆在我们面前的一个重要任务。对改革开放政策的正确执行，对我国经济社会的发展和民族的振兴，都具有深远的意义。因此，努力发展科学技术，坚定地把经济建设的重点转向依靠科学技术，进而为实现第二步战略目标和为实行第三步战略目标创造根本条件，是我们90年代光荣而又艰巨的历史使命。

依靠科技、振兴中华，是我们现代化建设的一项基本方针。党中央和国务院对发展我国科学技术事业已经作出部署，提出明确的奋斗目标。归纳起来，在90年代和以后一个时期内，我国的科学技术工作必须继续在以下5个方面取得突破。

1. 确立科学技术是第一生产力的指导思想

中华民族要自立于世界民族之林，就必须进一步解放思想，强化全民族的科技意识，提高全民族劳动者的素质，最大限度地发挥科学技术的作用，迅速提高劳动生产率，发展新的生产力，把国民经济和社会发展真正转移到依靠科学技术的轨道。为此，首先必须在全党确立科学技术是第一生产力的指导思想，把发展科学技术纳入各级党委和政府的重要议事日程，掌握科技工作在整个社会经济发展中的主动权，精心领导，统筹部署，全力实施。

2. 在三个层次上合理配置科技力量，充分发挥科研机构和人员的作用

在主战场、高技术和基础研究这三个层次上合理配置科技力量，积极稳妥地推进组织结构调整，使不同层次、类型的科研机构和人员都能在某个层次上发挥作用，各得其所，充分施展才干。要继续保持一支精干的、具有活力的研究力量，承担重大基础性、综合性、长远性科研任务。充分发挥高等院校的作用。社会公益性研究机构要实现结构的网络化和功能的社会化。技术开发型科研机构，要向科研、生产、经营一体化的方向发展，继续努力进入和长入经济，加强与大中型企业的结合，根据各自的特点和具体条件，在政府计划的引导和支持下，以市场为舞台、以发展经济为目标，在竞争中求得自身的发展，找到最能发挥作用的位置。要加强引导、管理，鼓励和支持各种以公有制、股份制为主体的民办科技机构的发展，使之成为我国科技事业的重要的有机组成部分。在各类科研机构中，按科学技术水平和对经济、社会发展的贡献，择优选择一批，重点予以支持。也要根据国家发展的需要和各机构发展情况，作出必要的调整。同时，要进一步对科技工作分类指导。这些年来的实践已经证明，三个层次、诸项科技计划的部署和目标，是符合中国当前的具体实际，90年代应该全面地、更好地执行下去，做到有所发展、有所突破、有所前进。在农业和农村科技工作方面，要通过实施“星火计划”、“扶贫计划”、“丰收计划”、“燎原”等计划和多种形式的科技开发和推广活动，使现有农业（包括林、水、牧、副）科技成果的推广率达到60%以上。在所有工业领域，要广泛普及运用电子信息和自动化技术（如数控技术、柔性加工、计算机集成制造等等）改造传统产业，特别要提高制造业的科技水平，大力推广应用现有成熟、先进、适用的科技成果，在大范围内形成规模效益，使传统产业生产技术和装备现代化、经营管理科学化。高技术及其产业已成为影响经济、国防、科技和社会发展的关键所在。要抓好“863计划”的实施，努力实现高技术的产业化、商品化和国际化，切实抓好国务院批准的27个高新技术产业区的建设和发展。

历史的经验提示我们，必须把确保基础性研究持续稳定发展作为我国科技工作的一项长期坚持的基础方针。今后10年，基础研究工作的主要任务是在若干重要的基础研究方面要进入国际先进行列，紧紧围绕农业、能源、材料、信息等国民经济发展的战略重点及人口、医药、资源、生态环境、自然灾害等重大问题，开展多学科综合性研究，提供解决中华民族发展中重大问题的理论依据和技术基础，力争取得一批达到国际先进水平的重大成果。“八五”期间，将大幅度地增加对基础研究的资金投入，使其在财政拨款中的比重由目前的6%增加到8%以上，“九五”达到10%以上。今后5年，国家还将投资再建成一批重点实验室和重大工程实验中心。继续支持科学家自由选题，特别要支持那些对国民经济、社会发展有重大和广泛应用前景的基础性研究课题。根据经济建设、科技进步和社会发展的需要，国家将组织实施重大基础研究和科技工程项目，逐步建立一支高水平的国家基础性研究队伍和一些具有现代装备水平的试验基地。培养和造就一大批优秀的中青年科学家在一些重点领域拼搏，使我国有越来越多的基础性研究占领世界科学前沿，力争有重大突破，为我国和世界科学事业做出贡献。

3. 努力增加科技投入

科技投入是科技发展的重要条件。世界经济发展的历史经验表明，一个国家在经济起飞的过程中，必须大幅度增加对科技的直接和间接投资。为保证各项科技计划的顺利进展，必须大幅度增加全社会对科技的投入，形成国家财政拨款、企业自筹和金融机构贷款组成的科技投入三大支柱。同时，积极吸引民间和海外资金，建立多层次、多渠道的科技投入体系。目前，我国科技投入在国民生产总产值中所占的比例，不仅低于发达国家，也低于一些发展中国家。在今后10年，应采取切实有效的措施，保证财政科技经费的增长高于财政收入增长和国民生产总产值增长的幅度，使我国研究与发展经费与国民生产总值之比，由1990年的0.7%左右，分别提高到1995年和2000年的1%和1.35%以上，预计每年平均增长13%左右。此外，还要引导、推动企业和金融机构，在资金投入上向科技开发、科研和推广倾斜。中国人民银行和专业银行都应开设科技信贷科目，创办风险投资，争取到“八五”末期，使年度科技贷款规模达到100亿元以上。企业和企业集团应以销售额的相当比例投入研究开发。只有这样才能保证科技投入较低的问题得到较好解决。

4. 继续深化科技体制改革

科技体制改革是一个复杂的系统工程。要真正建立起一个适应计划经济与市场调节相结合、实现科技与经济结合的新体制，还需要一个相当长的时期，需要经济体制改革与科技体制改革双管齐下，才能完成。要在继续深化、完善已有改革工作的基础上，加大前进步伐，建立和完善有利于科技进步、有利于经济繁荣和社会发展、充满生机和活力的新机制，充分发挥计划管理和市场调节的综合优势，使我国科技工作从主要依附于行政的状况，转向扎根于经济，与经济发展形成相互促进的良性循环。要充分发挥现有科技队伍的积极性，鼓励和支持科研机构、高等院校中的科技人员，到国民经济主战场推广科技成果、进行技术攻关、兴办高新技术产业、创办各种类型的新技术企业，用高新技术改造传统产业，为建立节能、降耗、省水、省地的资源节约型经济而奋斗。到本世纪末，力争技术进步对我国经济增长的贡献率提高到50%左右，高新技术产品年产值达到千亿元以上，出口额占全国出口贸易总额的比例应大为提高。

在科研机构的管理和发展模式方面，对能够搞活的部分，要先行一步，逐步带动全体。对于那些规模较大、综合性较强的科研机构，应对优秀人才、先进设备集中重组，重点保证重大攻关项目，实行优惠扶持政策和新的管理办法，发挥科技群体优势。应选择一批科技型企业进行股份制试验。有条件的基础性、社会公益性科研机构，应探索新的管理体制，使其工作能更好地为科学进步和社会发展服务。国家级科研机构，要重点支持，赋予参与国际科技合作和对外技术经济的合作权限。积极鼓励有条件的科研机构的研究成果和产品走向国际技术市场。积极吸引国外、境外机构或个人在我国合作建立科研机构。要增强科研机构的管理经营权，扩大科研机构自主权，逐步实现科研机构的社会化。

要进一步采取切实措施，强化和完善行业、企业的科技进步机制。各有关部门应大力协同配合，推动和激励企业的技术进步，使企业逐步成为技术开发工作的主体和技术开发的投资主体。各产业部门应根据行业特点，建立企业的科技进步考核指标体系，纳入厂长任期目标责任制、企业承包责任制和企业升级考核指标。应建立健全厂长领导下的总工程师和研究开发部门的责任制，明确规定总工程师的职权，进一步完善企业技术开发和生产技术管理体系。大中型企业和企业集团都要通过吸收独立科研机构或自建等方式建立自己的开发机构，小型企业，乡镇企业要有自己的技术依托。要加强对企业技术改造的宏观管理，运用行政、经济、法律等多种手段，推动企业科技进步。

现代科学技术的迅速发展和广泛应用，使得当今世界已经成为一个开放的大系统。科学技术只有在开放的条件下，在相互竞争、相互吸收经验的情况下才能较快地发展。充分利用一切有利条件，全方位地推进国内外合作与交流，应当成为我国发展科学技术事业的一项长期的方针。我们要努力保持和发展过去10多年来已经形成的对外开放局面，堂堂正正、不卑不亢，在平等互利的原则下；在一切有优势的领域里主动出击，领衔发起各种形式的国际合作。要培养大批中国高级科技人才参与国际大合作，引导新兴的高技术产业走上国际市场。高科技产业只有在大市场的支撑下才能生存和发展，中国的科技事业也只有在国际大协作和竞争中才能有大的发展。要进一步创造有利于科学技术进步的法律环境和社会秩序，运用社会主义法制的威力和调控手段，发展和完善科技体制改革的成果，促进决策的科学化、民主化，保障科学技术与经济、社会协调发展。健全科技法制建设是九十年代科技工作的一项重要内容。要加强和重视软科学的研究工作，加强科技法规的研究工作和加速立法进程，抓紧制定科技进步法、研究所法和科技奖励法等重要的科技法律。认真做好科技政策法规的宣传普及工作，使之成为指导科技活动的政策规范。

5. 进一步发挥广大知识分子的积极性

综合国力的竞争，归根结底是人才和智力的竞争。发展科技、振兴经济，人才是根本。我们必须把加强我国科技队伍建设和提高劳动者素质这项任务，放在国家建设的首要地位。要继续采取得力措施，解决科技人员数量不足和分布不合理问题。要有计划地组织和吸引科技工作者承担国民经济重大建设中的科技攻关任务，参与企业科技工作，充实和加强轻工、纺织、商业和第三产业中的科技力量。要实行特殊政策，有计划地组织和吸引科技人员到人才奇缺的新兴领域和地方去创业，贡献自己的才华。大力吸引出国学习进修的青年科技人员回国工作，充分发挥他们的作用，逐步成为学术骨干和学术带头人。应特别重视加强对在国内工作的青年科技人员的培养，大胆使用，使他们在实践中增长才干，尽快成长。要切实改善和提高科技人员的工作条件和生活待遇，要逐步改革工资制度同时还要鼓励、支持科研机构和科技人员用为科技、经济、社会发展做贡献的劳动所得，改善自身的工作条件和生活条件。对长期坚持在艰苦条件下工作的科技人员，要给以特殊的奖励，切实为他们解决后顾之忧。对有突出贡献的科技人员应给以重奖。各级领导机关要善于发现人才、培养人才、吸引人才、不拘一格使用人才。要创造优秀青年科技人员脱颖而出的良好环境，从制度上和机制上逐步解决人尽其才的问题。要继续改革教育体制，要围绕国家经济、科技、社会发展目标，有计划地大量培养基础学科人才、应用人才和管理人才。培养造就能忠于基本路线又受过充分科学训练的人才，建立符合基本路线又能激励人们不断进取的机制，是今后10年内科技和教育工作的中心任务。

加强基础性研究　攀登科学技术高峰*

宋　健

（1992年7月22日）

今天，“攀登计划实施大会”胜利召开，听了几位同志的发言我们大家都感到非常高兴。我们能够宣布攀登计划的启动和实施，清楚地说明，在科学技术的整体发展中，基础性研究工作受到党和国家高度的重视和关怀。

借此机会，我就当前科技工作的形势和进一步加强基础性研究工作的问题向大家作一简要说明。

自从小平同志视察南方的谈话发表以来，全国各族人民在党中央和国务院的领导下，进一步解放思想，加快改革开放的步伐，各条战线呈现出生机勃勃、欣欣向荣的景象。事实

* 宋健同志1992年7月22日在攀登计划实施大会上的讲话。

证明，经过几年治理整顿以后，我国已具备进一步加快发展的条件，正处在一个千载难逢的重要历史发展时期。我们面临的任务是：坚定不移地全面贯彻执行党的基本路线，牢牢把握经济建设这个中心，坚持四项基本原则，坚持深化改革和扩大开放，大力发展社会生产力。全体科技界的同志们将和全国人民一起，为实现这一战略方针做出历史性贡献。这是当代最高的战略目标，其它各方面工作都要服从这一目标。

党中央把发展科学技术列为我国经济和社会发展战略的重点，多次强调要把国民经济切实转移到依靠科技进步的轨道上来。在当前全国加快改革开放，尽快地把经济建设搞上去的新形势下，国家对科学技术工作提出了更高的要求。科技战线已经积极行动起来，加快科技体制改革的步伐，动员广大科技工作者更好地面向经济建设主战场，引导经济和社会发展；与此同时，要努力稳住和加强基础性研究和大力发展高新技术，攀登科学技术高峰，提高科技创新和自主开发的水平，增强科技实力和后劲，使科技在我国经济建设和社会发展中发挥更大的作用。简单地说就是两句话：一是“面向、依靠、攀高峰”，二是：“加强一头，放开一片”。

“面向、依靠”，就是坚决贯彻党中央“经济建设必须依靠科学技术，科学技术工作必须面向经济建设”的战略方针，加快科技体制改革的步伐，发展和提高全民族科学技术水平，促进科技与经济的紧密结合，鼓励广大科技工作者直接为推动企业科技进步，加快高技术产业开发区的建设、加强农业科技服务、合理开发资源、推动社会进步和保护生态环境等各方面贡献力量。

“攀高峰”，就是小平同志在视察南方的谈话中说的，“搞科技，越高越好，越新越好。越高越新，人民高兴，国家高兴。”

攀登科学技术高峰，首先是我国社会主义现代化建设和社会进步的需要，只有创造出大量的、高水平的研究成果，才能更有力地推进国民经济发展和社会主义文明的建设。

攀登科学技术高峰也是科学技术自身发展的需要。近几十年来，科学技术以前所未有的速度向深度和广度迅猛发展，新思想、新概念，新发现层出不穷。加强知识产权保护和我国争取恢复在关贸总协定中的地位这种新形势也对我国的科技工作的创新能力提出了更高的要求。只有树立雄心壮志，在各层次上勇攀科技高峰，才能不断提高科技工作水平，为中华民族在世界科技前沿领域占有一席之地建功立业。

总之，“攀登科学技术高峰”是新形势下为更好地贯彻“面向、依靠”的战略方针的一部分，是国家对科技工作提出的要求。这是指科技工作的各个方面包括攻关、高技术、基础性研究三个层次，研究、开发、建立产业等各项工作，理论、实验、工程技术各类专家，各个学科都要有自己的目标，努力创新、提高研究开发工作的水平。

在我国科学技术工作中基础性研究的发展具有十分重要的意义。它不仅为人类利用和改造自然提供必要的知识基础，是新技术、新发明的先导的源泉；而且是培养高水平科技人才的摇篮。因此，确保基础性研究持续稳定地发展应是我国长期坚持的一项基本方针。建国以来，在毛主席、周总理等老一辈无产阶级革命家的关怀下，我们建立了一大批研究机构，形成了多种学科的基础科学研究体系，为社会主义建设作出了历史性的贡献。党的十一届三中全会召开以后，我国采取了一系列重要措施推动基础性研究的发展。例如：

1980年，中国科学院学部恢复了活动。

1981年，国家恢复了博士研究生制度。1985年7月，经国务院批准，我国开始办博士后科研流动站，试行博士后研究制度。

1986年2月，国务院决定成立国家自然科学基金委员会。

1987年，国家科委组织了对全国基础研究和应用基础研究现状及发展情况的调查研究。

1989年2月，经国务院批准，国家科委召开了全国基础研究和应用基础研究工作会议，会议明确指出，基础性研究是我国科技发展战略部署中的三个层次之一，对促进国民经济、社会发展和国防建设等具有重大意义。

近十多年来我国先后建立的北京正负电子对撞机、兰州重离子加速器、合肥同步辐射加速器、高功率激光实验装置、受控热核反应HT-6H实验装置、长基线干涉仪、大型光学望远镜和毫米波射电望远镜、太阳磁场望远镜、中国环流器一号、低温核供热实验堆、串列静电加速器等十多项大型科学工程；建立了77个国家重点实验室和近100个部门开放实验室。增拨了实验室运行补助经费，为这些实验室更好地发挥作用和改善基础性研究的学术环境创造了条件。

今年，国家进一步增加对基础性研究的投入，国家自然科学基金有了较大幅度的增加，又拨出专款支持“攀登计划”的实施。这对于加强基础性研究，攀登科学技术高峰，具有重要的支撑意义。

随着对基础性研究重要性认识的提高，国家对基础性研究更加重视和支持，工作条件还将逐步得到改善。十多年来，我国科学家奋战在基础科学研究各前沿领域，学术水平不断提高，国际地位逐渐上升。如高临界温度超导体的研究，计算机科学的理论研究，若干人工功能晶体的理论和实验发现，微分动力系统等数学理论研究，分子轨道图形理论方法，以酵母丙氨酸转移核糖核酸的人工全合成，蛋白质功能基因的修饰与其生物活性之间的定量关系等为代表的生物科学方面的新成就都处于世界先进行列；我国科学家对东亚大气环流、大地构造、成矿（成油）理论的研究，对新疆、青藏高原的考察，以及对雄性不育杂种优势、固氮基因的结构与调节，中国植物和动物分类编目等研究都取得了世界瞩目的成就，为我国资源勘探开发、自然灾害防治、环境保护提供了科学依据，为我国面临的与人口问题相关联的农业、医药、卫生等重大社会问题的解决开辟了道路，也为世界科学技术的繁荣做出了贡献。“七五”期间，我国共有238项成果荣获国家自然科学奖，其中有一批荣获国际上高层次科学奖。与此同时，基础性研究的成果应用于社会和生产的速度大大加快。

事实表明，我国基础性研究工作已经进入一个持续稳定发展的新阶段。

但是我们也要看到当前我国基础性研究与国际前沿水平相比还有较大差距和面临着许多困难。例如，首创性不够，经费不足，仪器设备陈旧，课题分散，新秀培养不够等。还要预计到在加快改革开放的过程中，由于社会主义市场经济的发展和各方面的新变化，基础性研究还可能受到一定的冲击。因此，我们要采取果断措施，加强对基础性研究的指导，决心投入必要的人力物力，以求在力所能及的范围内，对重要的科学前沿和保证中华民族持续发展的最重要的基础科学方面，造就和保持一支有战斗力的精干队伍，务求取得第一流成就，为中国的发展和社会进步提供支持，为世界科学事业作出我们应有的贡献。在增加基础性研究经费，逐步改变目前投资偏低的状况的同时，要采取强有力的措施，发挥各方面的积极性，开创基础性研究的新局面。

在新的形势下加强基础性研究，我们特别要注意以下四个方面的问题：

第一，基础性研究要强调创新，强调高水平。基础性科学研究的主要目的是探索自然界的本质，发现自然界变化、发展的规律，提高我们对自然界的理性认识水平和深度。因此，对基础性研究的要求是要创新，要创造新思想、新方法，要争世界先进水平。有的科学家讲，基础研究只有第一，没有第二。事实证明，在当代科技发展中谁有更多的创新、有更高的水平，有更大的突破，谁就处于主动地位，就掌握了后来居上的机遇。基础性研究工作一定要坚持高标准，出突破性的成果，出高水平的人才，才能攀上新的高峰。这对提高一个国家科技创新和自主开发的能力是非常关键的。

第二，基础性研究项目要精选。在现代社会中，基础性研究已不仅仅是科学家的个人兴趣和行为问题，已成为一个有一定社会规模的科学事业。由政府或科学机构直接组织和推动基础性研究重大项目是当前世界科学技术发展的趋势。因此，国家在通过科学基金等方式支持科学家根据自己的特长和意向提出的自选课题和从学科发展的优先领域中选取重点课题的同时，还要组织实施一些对国家的发展和科学技术的进步具有全局性和带动性、为我国科技界所公认的基础性研究重大关键课题。

根据这样的考虑，从1989年开始到现在，经科学界的认真讨论研究后遴选了30个国家基础性研究重大关键课题，构成了“攀登计划”的首批课题，受到科技界广泛关注和欢迎。攀登计划的制订和实施，有利于完善我国科技工作的纵深部署；有利于吸引培养和造就新的学术带头人，形成高水平的科学家队伍；有利于集中力量，提高投资强度，在一些有优势和对国家长远发展有重大意义的重要领域取得突破，在世界科技发展的竞争中树立起中国的旗帜。对我国科技事业和国民经济的长远发展具有十分重大的意义。

第三，队伍要精干。中国是发展中国家，财力有限，不可能全面出击，要选择重点，组织一支精干的基础性研究队伍，集中兵力打歼灭战。我们衷心希望老科学家们的作用得到更多更好的发挥，更希望年轻一代科学家迅速成长。青年人思想活跃，精力充沛，容易冲破旧思想的束缚，始终是推动基础研究不断发展的生力军。要创造条件，让年轻的学术带头人在国际科学前沿拼搏；同时也要注意根据实际需要和个人特长，使优秀的人才及时开辟新的研究领域。要鼓励研究人员带着已经取得的成果参与应用研究和科技开发方面的工作。只有这样，才能使基础性研究队伍始终充满活力，使基础性研究的成果和人才不断推向应用技术领域，为经济建设和社会进步服务。

第四，基础性研究工作要创造一个宽松、民主、有利于新思想产生和优秀人才脱颖而出的环境和条件。首先，我们要加强从事基础性研究的科研机构，建设和运行好已建成的各种大型科学工程、国家重点实验室和部门开放实验室，使它们在向国内外开放的大环境中，逐步形成具有自己特色的，在国际学术前沿努力拼搏的基础性研究的科学基地。我们还要加强科学数据积累工作，建立科学数据库，促进国际国内数据交换。为科学研究、经济建设和社会发展提供确切、快速、方便的信息服务。

我们要继续大力倡导尊重科学，尊重人才的社会风尚，要求科学界遵守科学道德规范。基础性研究是艰苦的探索性劳动，具有较大的不确定性。它需要科学家们数年，数十年、甚至毕生的探索，经过无数次失败后，才有可能取得进展。在少数成功者的后面，有很多科学家默默无闻的奉献。他们的工作应该得到人们的理解和全社会的支持，他们的成就应该得到政府和社会的鼓励和尊敬，这是尊重科学、尊重人才的社会风尚的一个重要组成部分。

要尽可能为科学工作者创造较好的工作和生活条件，以利于更好地发挥他们的聪明才智。

随着改革开放的深入进行，我国的基础性研究已经步入持续稳定发展的新阶段，展现出更加美好的前景。攀登计划的出台，在我国科学界受到了广泛重视和热情支持。这对稳定基础性研究队伍，落实“加强一头，放开一片”的方针，为基础性研究多出成果，多出人才，攀登科学高峰，必将产生深远的影响。我们希望有幸从事基础性研究的科学工作者，能密切关注我国经济建设和社会发展，从中抽象出新问题，新学科，组织力量加以研究。我们还希望从事基础性研究的同志们，能够尽力支持战斗在经济第一线的同行们，热诚地帮助他们，鼓励他们，分享他们的成就和喜悦。为了国家的未来，为了中华民族的前途，让我们一切从事基础性研究、技术开发和向产业转化的科技工作者，团结一致，相互支持，互相帮助，共同努力，为把我国科技工作提高到世界先进水平而奋斗。

在纪念国家自然科学基金十周年座谈会上的讲话

温　家　宝

（1992 年 5 月 27 日）

今天，我有机会参加纪念国家自然科学基金十周年座谈会，感到十分荣幸。方才，张存浩主任的讲话，李政道教授、杨炳麟教授的发言，以及王大珩等几位专家的发言都很好，我听了很受启发，深得教益。国家自然科学基金实行十多年来，特别是国家自然科学基金委员会成立六年来，这项工作在贯彻执行党和政府关于发展科学技术的方针政策和规划，有效地运用科学基金，指导、协调和资助基础研究和部分应用研究，发展、培养和引进人才，促进科学技术进步和经济、社会发展等方面取得了显著的成绩。我谨向为建立国家自然科学基金作出贡献的老一辈科学家，向卓有成效地进行工作的两届国家自然科学基金委员会的领导成员和全体工作人员表示感谢和敬意！借此机会，我还要向一贯关心和支持中国科技事业发展的李政道教授和其他朋友们表示感谢和敬意！

自然科学基金制是科技体制改革的产物，是科学民主管理方法在自然科学管理上的成功运用。实践证明，实行科学基金制的试验是成功的，这一新生事物具有强大的生命力。实行科学基金制有利于加强基础研究工作；有利于打破部门分离和条块分割，集中力量，保证重点，提高经费使用效益；有利于激发科学家的开拓进取和创造精神，促进优秀人才脱颖而出；有利于提高科技水平，多出成果，快出成果。实行科学基金制，为发展我国科技事业开辟了一条新路。

自然科学基金主要是支持基础科学研究的。自然科学基础研究是整个自然科学体系的一个重要的层次。正如李政道教授刚才讲的，没有今日的基础科学，就没有明日的科技应用。确实，基础科学研究是新技术、新发明的源泉和先导，是现代科技和经济发展的支撑和后盾，是培养科技人才的学校和基地。实践表明，自然科学基金委员会把工作的重点放在支持基础科学研究上，坚持攀登、赶超和创新的方向，是完全正确的。它不仅有利于基础科学研究的稳定和发展，而且也有利于基础研究、应用开发和高科技三个层次的紧密结合，相互促进。

党和政府是非常重视基础科学研究的，是十分支持自然科学基金委员会工作的。随着经济的发展，国家对基础科学研究的资助和投入会逐步有所增加。最近，邓小平同志在南方视察时，进一步强调了“科学技术是第一生产力”，指出要使经济发展的快一点，必须依靠科技和教育。在加快改革开放和经济发展的新形势下，自然科学基金委员会要贯彻落实小平同志重要讲话精神，认真总结经验，继续大胆探索，深化改革，不断完善和改进科学基金工作，为出成果、出人才，使我国的基础科学研究和高科技在世界占有一席之地，作出新的贡献。自然科学基金事业是年轻的事业。我相信在党和政府的关怀下，经过大家的努力，这项事业一定能够得到更大的发展。

百尺竿头，更进一步。

攀登：发展的需要

——一论加强基础性研究

《科技日报》评论员

随着科学技术的迅速发展，基础性研究对国民经济和社会发展的巨大推动作用及战略意义，越来越引起人们的重视，并将逐步成为全社会共识。在全国广大科技工作者根据党中央的统一部署，积极奔向经济建设主战场的新形势下，我们再次强调重视和加强基础性研究，注意安排好基础性研究工作，对于努力攀登科学技术高峰，多出成果，多出人才，在现代化建设中彻底解放和充分发挥科学技术第一生产力作用具有十分重要的意义。

加强基础性研究，首先是我国经济发展的需要。无数的事实证明，基础性研究的突破性进展常常对社会的发展、对新技术、新产业的形成产生革命性的影响。原子核结构的研究导致了人类利用原子能时代的到来；半导体的发现、晶体管的发明带动了计算机、通迅、控制技术的飞速发展；陆相地层生油的认识使我国石油及天燃气的勘探出现突破……尤其是在当代，基础性研究与应用研究、技术开发的关系愈来愈密切，基础性研究成果转化为商品的周期愈来愈短，有些基础性研究可以立即为当前的经济建设服务，而经济建设中许多重大问题又往往迫切要求基础性研究开拓新领域，在新原理、新方法上取得根本的突破。

加强基础性研究，也是科学技术自身发展的需要。近几十年来，科学技术正以前所未有的速度向其深度和广度迅猛发展。许多学科相互交叉、渗透、形成具有旺盛生命力的新学科、新领域；异常灵敏的科学仪器和高速计算、分析的计算机，为科学研究创造了十分优越的条件；诸多新思想、新概念、新发现、新进展层出不穷。我国的科技工作要不断提高水平，勇攀科技高峰，必须在许多基础性研究领域创造出更多的高水平成果，才能更好地“面向”经济建设和社会发展，才能使中华民族在世界科技前沿领域占领一席之地。

加强基础性研究，又是世界加强知识产权保护的严峻形势对我国发明、创造性工作提出的要求。中国是一个大国，在世界经济飞速发展，国际竞争日趋激烈的形势下，中国要自立于世界民族之林，并要为人类作出应有的贡献，必须要有自己的基础性研究力量和队伍，想要仅仅依靠引进生产线，利用廉价劳动力和有限的资源是无法缩短同世界强国的差距的。而历史也已经反复证明，最新的技术就是花再高的代价也难以引进。在科学技术上只有靠我们自己去努力开拓、进取、攀登，才能创造出大量的、高水平的研究成果，增强我国产业创新和竞争的能力。只有这样，我们才能在国际间的竞争中造成一种“你中有我，我中有你”犬牙交错的局面，你想“封闭”我，我是“封不死”“关不住”的。

基础性研究在整个科技事业和经济社会发展中的重要地位和作用，决定了我国基础性研究持续稳定发展的基本方针。所以加强基础性研究，又是科技体制改革的重要内容。国务院负责同志在阐述我国科技发展的总体布局时强调，“要稳住一头，放开一片。”基础性研究和重大工程、重大任务这一头要稳住，要稳住这方面的科研骨干，特别是那些不能置换的或者暂时不能置换的骨干。对于大部分技术开发、高新技术企业化和社会公益型的科技工作这一头，则要大胆地放。

总之，加强基础性研究，意义重大，目的明确。没有高水平的基础性研究队伍，没有先进的现代化科学研究手段，没有突破性的科学研究成果，不仅我国的科学技术本身的发展会受到直接的限制，而且对我国的经济的发展，国力的增强都会受到很大的影响。在动员广大科技工作者奔向经济建设“主战场”的同时，我们一定要努力做好“稳住一头”的工作，开创我国基础性研究的新局面。

（《科技日报》，1992 年 5 月 26 日）

创新：时代的呼唤

——二论加强基础性研究

《科技日报》评论员

邓小平同志视察南方时指出，发展科学技术，越高越好，越新越好，越高越新，人民高兴，国家高兴，在科学上勇攀高峰，锐意创新，是时代的呼唤，事业的需求，也是基础性研究本身的职能和生命力。

当今时代，科学技术的发展奇迹迭出，迅猛非常。人们认识世界的深度和广度，超过了历史上的任何时期。大量新兴学科不断涌现。科技成果转化为生产力的速度迅速提高。国际科技赛场上，千帆竞发，万马齐奔，发展态势日新月异。因此，一个国家在科学事业上如果不能登高远望，不能刻意创新，就会永远落后于人，在国际科技竞争中，很难找到本民族的一席之地。

攀登高峰，锐意创新，是基础性研究本身的职能。基础性研究的本职使命就是探究大自然中物质运动的客观规律，科学家的任务就是去发现并把握反映客观规律的知识。在科学发展史上，量子论、相对论、遗传密码，……无不是科学巨匠们在艰苦的基础性研究过程中跨越的一座座科学高峰。

攀登高峰，锐意创新，是基础性研究的生命力，也是科学的生命力。没有创新，就不存在基础性研究。因袭、模仿，如同吃别人嚼过的馒头，在基础性研究的世界中，没有任何学术上的地位和价值。从事基础性研究的人，只有在崎岖的科学征途上，不畏艰难险阻，勇敢地去探索，去攀登，才有希望到达科学光辉的顶点。

攀登高峰，锐意创新，要恰当地选择目标，形成局部优势。基础性研究的特点之一是，对何时、何地、何人将在什么问题上有突破性的发现，难以做出准确的预测，因此，必须保持一定的面，允许科学家自由选题。但是，当前的主要倾向是过于分散，低水平重复现象普遍。科学技术飞速发展到今天，科学研究的方式也有了急剧改变。中世纪那样的靠科学家一个人在实验室里观察、分析、判断的情况，已不再是最重要的科研方式。人类求知、把握物质运动规律已不再是某个人的单独活动，而是社会文化活动的一个重要组成部分。因此，在当前财力有限的情况下，根据我国经济建设和社会发展的需要，瞄准科学前沿，选择好有限目标，选准优秀的学术领导人，配备较好的装备条件，创造良好的作风和学术环境，经过适当的组织，造成局部优势，是攀登高峰、创新突破的重要条件。这应该成为科技管理人员和科学家的共识。

攀登高峰，锐意创新，需要相应的条件和环境。为攀高、创新的科学家提供必需的条件，创造合适的环境，是国家和社会的责任。在全社会形成尊重知识、尊重人才的局面。特别要尊重老中青三代科学家，尊重他们的卓有成效的劳动。要改善他们的待遇和工作、生活条件。对有重大贡献者，应予表彰和重奖。在条件允许的情况下，要从经费上给基础性研究以大力支持，尤其要鼓励工矿企业增加对基础性研究的投入。对于出国留学的人，要欢迎他们回来，回来后要给予妥善安排，同时创造一种来去自由的社会环境。

我们面对更加开放的国际竞争大环境。无疑，这对我国科技工作提出了更高要求，同时，也对我国科技及产业带来冲击和挑战。历史证明，没有创造力的民族，是落后的民族。科学的新发现和技术上的重大发明，常给历史发展造成新的机遇。一个经济相对落后的国家，要想赶上去，必须巧辟蹊径，敢于创新，制定适合自己的战略，迎头赶上。亦步亦趋，步别人后尘，永远摆脱不了落后。我们中华民族是一个有创造能力和传统的民族，在当前的经济和科技竞争中，定能把握机会，迎头赶上去。

（《科技日报》，1992 年 5 月 27 日）

紧迫：历史的责任

——三论加强基础性研究

《科技日报》评论员

建国以来，党和国家一直是以高瞻远瞩的战略眼光，重视和关怀着我国基础性研究工作的发展。四十多年来，虽然经历一些曲折，但从全局看，基础性研究还是不断进步，成绩是显著的。特别是改革开放以来，我国的基础性研究工作出现了活跃的新局面，在一些重要的学科领域，得到了较快的发展，取得了举世瞩目的成绩；一大批有应用价值的基础性研究成果，在国民经济建设和社会发展中，产生了重大的经济效益和社会效益。

但是，我们更应该清醒地看到，在我国的基础性研究工作中，还存在着一些亟待解决的问题，我国和世界先进水平还有很大的距离，面临着严峻的挑战。赶上世界发达国家要有紧迫感，要切实做好和加强促进基础性研究健康发展的各项工作。

——继续充分发挥自然科学基金的作用。我国基础性研究经费紧张、投资强度不够，使一些从事基础性研究的人员难以发挥作用，甚至影响着开放实验室、建好的大型科学工程的运行和维护，大批超期服役多年的仪器设备无力更新。今后除争取国家财政增加基础性研究的投入外，发挥自然科学基金的作用，将会促进从总体上安排好我国的基础性研究工作。国家自然科学基金，一些部门建立的青年科学基金和某些学科的专项研究基金，不少省、市、大中企业也建立了自然科学基金和青年科学基金，这对基础性研究的发展起到了重要的推动作用。今后要继续坚持和做好这种多渠道支持基础性研究的工作。

——抓好国家基础性研究的重大关键项目。我国基础性研究还存在着低水平重复、分散现象严重等问题。基础性研究鉴别的标准只能是国际的标准，选题必须重视创新和突破。同时，基础性研究在现代社会中已经成为一个有一定规模的事业。由政府直接组织和推动基础性研究重大项目，是当前世界科学技术发展的趋势。因此，对于基础性研究中对国家的发展和科学技术的进步具有全局性和带动性的重大关键项目，应由国家直接进行组织，给予持续稳定的支持，以保证实现科技发展的纵深部署，吸引一批学术带头人，形成高水平的研究队伍，集中力量在一些有优势的重要领域取得突破。

——充实和加强基础性研究，重点开放实验室、建设基础性研究基地、加强一批从事基础性研究的科研机构。我国已经建成一些诸如北京电子对撞机等大型科学工程和国家重点实验室、部门开放实验室，这对我国基础性研究的发展，培养高质量的科技人才，参与国际合作和竞争，具有重大意义。现在的问题是，要增加运行和维护的费用，充分发挥它们的作用。对于基础性科学研究机构，不在量多，要高质量、水平高。在基础性研究方面，全面赶上发达国家是很困难的，至少是在较长一段时间内困难很大。因此，在基础性科学研究机构方面，要根据我们自己的特色，像选择研究项目一样，也要重点设立，发挥优势，切不可分散力量。

——加强科学数据积累的工作，建立全国科学数据库网络和息信系统。对于基本科学数据库进行考察、采集、鉴定，并进行综合分析、探索基本规律的工作是基础性科学研究的重要组成部分。而在现代科学技术的发展中，迅速增长的科学数据、信息以及网络系统的建立和运转，是支撑科学技术发展的重要条件。我们要加强对其重要性的认识以及基础建设工作，包括组织力量进行重点数据的采集和理论计算，收集整理国内外的有关数据进行编辑、评价并建立数据库。制定符合国际标准的各种规范，促进国际国内数据交换以及联网工作，为科学研究、经济建设和社会发展提供确切、快速、方便的数据服务。

——加强基础性研究高级人才的培养。研究队伍老化，年轻科研人员难以保持相对稳定，这是我们在基础性研究人才队伍建设方面存在的主要问题。要把大力培养中青年学术带头人的工作作为一项紧迫的战略任务认真抓好。培养第一流的人才，既要靠选拔，更要靠激励。要创造优良的研究环境，使科技人员能集中精力做出成绩。要尽力做到研究人员结构层次和分工的合理性；努力做到后勤服务工作逐渐社会化；创建宽松、民主的学术气氛，建立符合基础性研究特点的管理制度和方法，以利产生新的学术思想的萌芽，并使其能够得到支持。

努力做好上述各方面的工作，是关系到能否开创我国基础性研究新局面的大问题，也是历史赋予我们的责任。90年代，我国社会主义建设对科学技术的需求将超过以往任何时期，困难和机遇并存，只有我们紧紧抓住机遇，把基础性研究搞上去，曾为人类古代文明创造过辉煌业绩的中华民族，在走向21世纪的时刻，定会在科学技术的发展上大有作为，对人类的发展做出更加辉煌的贡献。

（《科技日报》，1992年5月29日）

呼唤：来自主战场

——四论加强基础性研究

《科技日报》评论员

坚定不移地贯彻执行党中央关于“经济建设必须依靠科学技术，科学技术工作必须面向经济建设”的方针，动员和吸引更多的科技力量奔向经济建设主战场，解放和发展科技第一生产力，把我国经济建设搞上去，这是我国当前科技工作的主导方向。在这样的形势下，加强基础性研究，努力攀登科学高峰，多出成果，快出人才，不仅是科学技术自身发展的需要，也是经济建设发展的迫切需求。

把经济建设搞上去，首先要把科技搞上去，振兴经济首先要振兴科技，科技兴则国兴。基础性科学代表一个国家整体科学水平，是现代科技和经济发展的后盾和先导。邓小平同志说：搞科技，越高越好，越新越好，越高越新，人民高兴，国家高兴。根深才能叶茂，只有基础性研究上去了，繁荣了，才能保证有更多更好的新成果、新技术、新发明来为经济建设服务。因此，我们必须把加强基础性研究作为与“面向，依靠”方针相辅相成、有机结合的对科技工作的整体要求予以强调。

加强基础性研究是深化科技体制改革的重要内容之一。90年代科技体制改革的核心是根本解决科技面向经济建设主战场问题，建立科技与经济、计划与市场有机结合的新机制。要做好这篇大文章，离不开基础性研究的支撑，离不开高水平的成果和人才。在当前深化科技体制改革中，要坚持“稳住一头、放活一片”的原则，确保一批基础性研究机构和人才，并予以重点扶持，使科学技术始终充满着实力和后劲，更好地促使科技与经济的结合。

加强基础性研究更是国民经济建设的需求，是主战场的呼唤。2000年，我们要达到工农业生产总产值翻两番的目标，任务十分艰巨。改革开放十多年来，我国经济取得举世瞩目的成就，但应当看到，我国经济增长基本上还是走外延发展的道路。科技进步在经济增长中的比重远远低于发达国家，甚至低于周边的发展中国家和地区。作为经济建设主战场的工农业生产一线，技术设备落后、人才奇缺、产品质量差、能源和材料消耗高、经济效益低的现象依然相当严重。我国底子薄弱、人口众多、人口素质不高，人均资源量相对不足等成为我国现实和未来经济振兴的严重制约因素。凡此种种，迫切要求科技力量的大量投入，在主战场上开展科技攻关、成果转化、开发新产品、创办新产业，等等，以促进我国经济向着低消耗、高效益转化、提高劳动生产率和国际竞争力。特别是在能源、交通、信息、材料等国民经济发展的战略重点领域和人口、资源、生态、环境、自然灾害等关系到国计民生的许多重大问题，更需要基础性研究从理论到方法上有所突破，开拓新的研究领域，带动整个国民经济的全面振兴。主战场紧迫需求的形势和繁重的任务为科学技术、为基础性研究提供了前所未有的用武之地。

基础性研究与经济建设关系越来越紧密是当代社会发展的一个趋势。基础性研究成果到工业化生产周期大为缩短，在许多领域研究与开发几乎同步进行。基础性研究已成为现代工业发展的直接推动力。从我国工业化进程中可以看出，某个领域基础性研究达到一定的水平，这个领域的工业技术创新能力、产品竞争能力也相应较高；而基础性研究薄弱的领域，工业化水平和技术创新能力较低，即使花钱买到先进的生产设备，也改变不了落后被动的局面。随着我国经济和科技发展走向国际规范化，必须增强我国工业自主开发和创新能力，才能参与世界经济竞争。因此，加强基础性研究，创造出更多更好的高水平成果，对我国经济社会发展尤为重要。

农业是我国国民经济的基础。我国以占世界7%的耕地养活占世界22%的人口，科学技术发挥了重要作用。我国农业面临着人口逐年递增，而耕地逐年递减的矛盾，2000年我国人均粮食占有量要达到400公斤。解决这个矛盾，要靠科学技术，要向农业大力推广先进适用的科技成果，促进向生产力转化，但农业发展的出路最终要靠基础性研究的突破，靠生物工程、靠尖端技术。

世纪之交是我国各项事业飞速发展的时代，科技工作者肩负着振兴经济和攀登科技新高峰的历史使命。只要我们坚定方向，真抓实干，无论是在广阔的经济建设主战场，还是在基础性研究领域，我们一定能创造更加辉煌的成绩，为中华民族的腾飞做出更大的贡献。

（《科技日报》，1992年6月18日）

知识：力量的源泉

——五论加强基础性研究

《科技日报》评论员

在当今世界上，基础性研究已成为许多国家发展决策中的一个重大问题。发达国家用于基础性研究的投资显著增加。例如，近10年来，美国政府基础性研究拨款增加了60%，德国增加了1倍，日本增加了2倍。这种情况充分说明，愈来愈多的人认识到，要在激烈的世界经济和科技竞争中另辟捷径，赢得时间，必须依靠自己强劲的基础性研究。为了了解这种历史性的变化，深入研究当代基础性研究的特点是十分必要的。

“知识就是力量”这句有名的格言早已家喻户晓。随着时代的进步，知识在构成武力、财富、知识中的作用逐渐扩大。没有现代的科学知识，就掌握不了现代化的武器，就打不赢现代化的战争，就不能出奇制胜地发挥“武力”的作用；没有现代的科学知识，有限的资源和财富有可能很快就消耗殆尽。基础科学作为人类认识自然和自然规律的知识体系正在发挥愈来愈大的作用。

从科学技术发展的历史来看，60年代以来，基础性研究的新发现、新发明比过去2千多年发现、发明的总和还要多，由此产生的新材料、新工艺、新技术层出不穷。科学理论知识和技术，几乎每天都在更新。20年前的新技术，现在已有30%过时了。尤其是计算机、通信等行业，发展非常快。没有一定的基础性研究作基础，技术上就不可能有根本性质的进步和革新。要想在经济和市场竞争上占优势，就必须掌握更多更新的知识，就必须加强基础性研究。

由于工业技术的发展、研究人员素质的提高，基础性研究成果转化为商品的速度大大加快了。从基础性研究的新发现，新发明到形成商品，18世纪约需100年，19世纪初约需60—80年，第一次世界大战期间为30年，19世纪50年代为5年，现在为2—3年。这充分说明，过去认为从事基础性研究是“远水不解近渴”的说法现在早已不适合了。基础性研究与当前社会经济建设、社会发展的关系愈来愈紧密，已成为推动当前经济发展的重要环节之一。现代基础性研究的涵义也已经大大扩展。由于基础性研究与实际应用的关系愈来愈密切，当代的基础性研究不仅包括各门自然科学中的纯基础研究，也包括有一定应用背景的定向性研究，即应用基础研究。我国以基础性研究这个词来概括纯基础研究和应用基础研究是有其深刻背景的。一方面，以有无直接应用目的来划分研究的性质在现代已愈来愈困难；另一方面，中国是一个发展中的国家，中国科学家的首要任务是振兴国民经济。基础性研究的选题也应以解决国民经济中提出的重大科学问题为重点。

现代基础性研究的研究方式也发生了很大的变化。19世纪是以科学家个人相对孤立研究的时代。20世纪初已出现了企业界组织科学研究活动的热潮。到了二次大战期间，政府开始组织大规模的科学研究。现今由政府甚至跨国界组织基础性研究，已成为一个重要的趋势。由于理论方法和实验仪器的现代化，计算机的广泛应用，通信系统的发达发挥了科学家群体的作用，加强了科学家的合作，从而为基础性研究的进一步迅速发展创造了良好的条件。

总之，当代的基础性研究从发展速度、研究内容、研究方式发生的深刻的变化，使基础性研究对社会的发展、经济的腾飞具有愈来愈巨大的影响。在当前形势下，强调加强基础性研究，对于安排好我国科技工作的整体布局，使科学技术在经济建设中充分发挥第一生产力的作用具有重大的意义。

（《科技日报》，1992年7月）

根深才能叶茂

——论加强基础性科学研究

《人民日报》社论

邓小平同志巡视南方发表的重要谈话，极大地鼓舞全党和全国各族人民加快改革开放步伐，集中精力把经济建设搞上去，沿着有中国特色的社会主义道路继续前进。小平同志在谈话中再次强调要充分发挥科学技术这个第一生产力的作用，明确指出："搞科技，越高越好，越新越好。越高越新，人民高兴，国家高兴。"这是新形势下对科学技术工作提出的高标准、高要求。科技战线要积极行动起来，加快科技体制改革的步伐，实行人才分流，强化科技向生产力的转化，更好地面向经济建设主战场，同时，要努力稳住和加强基础性研究，加强重大科学工程的建设，提高科技创新和自主开发的水平，增强科技实力和后劲，使科学技术在我国经济建设和社会发展中发挥更大的作用。

基础性科学研究的主要目的是探索自然界的本质，发现自然界演变、发展的规律，增加人类对自然界的理性认识，为改造自然提供强大的理论武器和方法。在现代，科学认识的进展和先进技术的进步相辅相成，并驾齐驱，科学日新月异，促进了技术欣欣向荣。谁在科技发展中有更多的创新、更高的水平、更大的突破，谁就处于主动地位。中国这样一个大国要在国际科技竞争中占一席之地，就必须具备科技创新和自主开发的能力，而自主开发必须要有自己的基础科学研究力量和队伍，必须依靠基础性研究产生的新思想、新概念、新发现、新技术和新方法。所以，基础科学研究，对于国民经济和社会发展具有巨大的推动作用，意义十分深远。

建国以来，党中央和国务院一直以高瞻远瞩的战略眼光，重视和关怀着基础性研究工作的发展。经过40年多的艰苦努力，我国已经拥有了一批较强的基础科研机构，建立了一支优秀的研究队伍，取得了一批举世瞩目的重要成果。我国科技工作已经形成了三个层次的战略布局，即"直接面向经济建设"、"高技术发展"和"基础性研究"。目前，我国科技发展的总体布局是要"稳住一头，放开一片"，也就是说要在动员广大科技工作者奔向经济建设主战场的同时，积极、持续地加强基础科学研究，努力攀登世界科技高峰。

要开创基础性研究的新局面，除了要从一个新的高度来认识这项工作的重大意义，并使全社会形成共识外，还要采取一系列强有力的措施，包括完善和制定有利基础科学研究的政策，增加必要的研究经费，更多地提供现代化的研究手段，等等，为基础研究工作创造一个宽松、民主、有利于新思想产生和优秀人才脱颖而出的稳定的环境和条件。目的只有一个：出突破性的成果，出高水平的人才，攀登新的高峰，为加速经济发展服务。

由政府直接组织和推动基础性研究重大项目，是当前世界科学技术发展的趋势。因此，国家一方面要通过科学基金等方式，支持科学家（个人或集体）根据自己的特长和意向提出的自选课题和从学科发展的优先领域中选取的重点课题，同时要组织实施一些对国家的发展和科学技术的进步具有全局性和带动性，为我国科技界所公认的基础性研究重大关键项目。这些重大项目的实施，有利于实现科技工作的纵深部署，有利于培养和造就一批学术带头人，组成高水平的研究队伍，有利于集中力量在一些有优势的重要领域取得突破。

加强一批从事基础性研究的科研机构，建设和运行好北京正负电子对撞机等大型科学工程，一批国家重点实验室和部门开放实验室，形成在国际学术前沿努力拼搏的国家级基础研究的基地，对我国基础性研究的发展和长远的经济建设与社会进步都具有重大意义。要加强科学基础数据积累工作，建立系统的科学数据库，促进国际国内数据交换及联网，为科学研究、经济建设和社会发展提供确切、快速、方便的科学数据和信息服务。

要充分发挥老中青三代科学家的作用，尊重他们卓有成效的劳动。老一辈科学家表现的攻关胆略和人梯精神，应该成为代代相传的精神财富。要重视发挥中青年人思想活跃、精力充沛、容易冲破旧思想束缚的长处，保持一支能不断更新的精锐队伍，成为推动基础研究不断发展的生力军。要创造条件，让年轻的学术带头人在国际科学前沿努力拼搏；同时也要注意根据实际需要和个人志趣，使优秀的人才及时开辟新的研究领域，或参与应用研究和科技开发方面的工作。国际科技发展的经验告诉我们，一定要形成一支精干的基础性研究队伍，使这支队伍了解和接触国内外的最新信息，加强交流，不断吸收新的知识，始终充满活力，使基础性研究的成果和人才不断推向应用技术领域，为经济建设和社会进步服务。

根深才能叶茂。一个民族，只有站在最新科学思想和科学成就的高度上观察和处理问题，才能从根本上摆脱愚昧落后，才能解放和发展生产力，从而屹立于世界民族之林。我们的祖先曾经以四大发明在人类文明史上写下光辉的一页。今天，在中国共产党领导下，在小平同志谈话精神的鼓舞下，我们一定能以现代科学最新的成就为中国的发展、世界的繁荣做出更大的贡献。

（《人民日报》，1992 年 7 月）

基础性研究要攀登高峰

《中国科学报》评论员

基础性研究是科学技术的基础，也是科学技术的最高层次。这以研究和发现新现象、新规律、建立新概念、新理论、探索新的应用前景为目的，为人们正确认识世界，成功地改造世界，提供了根本性的理论依据。现代基础性研究，不仅包括各门自然科学中的纯基础研究，也包括广大应用科学和应用技术领域里的应用基础研究或基础应用研究。

建国以来，党和国家以高瞻远瞩的战略眼光，重视和关怀我国基础性研究的发展，建立了一批以基础性研究为主的科研机构，建成了正负电子对撞机等高水平的科研工程和研究设施。经过 40 年的努力，我国已经具有一支高水平的研究队伍，在一些主要领域，形成了门类比较齐全的学科体系，取得了像人工合成牛胰岛素、哥德巴赫猜想研究、高温超导等举世瞩目的重大研究成果，为我们国家和民族赢得了荣誉，为我国社会主义建设作出了积极贡献。

最近小平同志视察南方时指出："搞科技，越高越好，越新越好，越高越新，人民高兴，国家高兴。"这是在改革开放的新时期，对我国科技界和全国人民发出的攀登科学高峰的伟大号召。

攀登高峰，是国家发展的需要，一个国家和民族，如果不能跟上现代科学发展的前进步伐，用科学的态度观察世界，处理事务，就很难在国际科技和经济的激烈竞争中，立足于世界民族之林。

攀登高峰，对基础性研究是最根本和最重要的要求，基础性研究必须瞄准科学发展的前沿，努力进行探索，获得新的知识，新的发现。基础性研究的价值就在于创新。这就要求从事基础性研究的科学工作者，必须牢固地树立起国际竞争意识，积极参与国际交流，博采各家之长，汲取新思想，不断提高研究工作水平，努力拼搏，勇于攀登世界科学高峰。

攀登高峰，必须对那些我们具有优势，经过努力可望取得重大突破的研究领域，给以重点扶植，大幅度地增加经费的投资强度，继续改善研究工作的物质条件，提高研究工作的起点，鼓励和支持我国科学家在国际科学前沿上拼搏。

攀登高峰，关键是人才。多年来我国培养了一支相当数量的富有才华、学术水平高的研究队伍，这是我们国家的宝贵财富。还有一大批掌握现代科学知识的青年科技人员，他们之中有的人已经进入科学研究的前沿，取得了优异的成绩。世界各国的许多事例都表明，基础性研究的重大发现往往出自于青年人。

因此要特别重视发现和培养年轻的学术带头人，创造条件让他们在国际科学前沿上竞争和锻炼，成为我国攀登科学高峰的有生力量和骨干队伍。要吸引和接受在国外学有专长的留学生回国参加研究工作。

攀登高峰，要加强科学研究的规划和组织。由政府直接组织和推动基础性研究的重大项目，是当前世界科学发展的一大趋势，因此，既要尊重和支持科学家根据学科的发展和个人研究积累的经验所提出的基础性研究的自选课题，又要组织和驱动对国家的发展及科学技术的进步具有全局性、带动性，经过科学论证所确认的，需要国家有组织有计划开展的攀登科学高峰的重大项目。既要鼓励科学家的个人思考、刻苦钻研和创新精神，又要重视科学家群体的作用，开展广泛的学术讨论与交流，进行密切的合作，有计划，有组织地攀登世界科学高峰。

（《中国科学报》1992 年 7 月 29 日）

基金会管理办法

（1988 年 9 月 27 日，中华人民共和国国务院令第 18 号发布）

第一条　为了加强对基金会的管理，以利于基金会的健康发展，制定本办法。

第二条　本办法所称基金会，是指对国内外社会团体和其他组织以及个人自愿捐赠资金进行管理的民间非营利性组织，是社会团体法人。

基金会的活动宗旨通过资金资助推进科学研究、文化教育、社会福利和其他公益事业的发展。

由国家拨款建立的资助科学研究基金会和其他各种专项基金管理组织，不适用本办法。

第三条　建立基金会，必须具备下列条件：

（一）性质、宗旨和基金来源符合本办法第二条的规定；

（二）有人民币10万元（或者有与10万元人民币等值的外汇）以上的注册基金；

（三）有基金会章程、管理机构和必要的财务人员；

（四）有固定的工作场所。

第四条　基金会可以向国外热心于其活动宗旨的企业事业单位、社会团体和其他组织及个人募捐以筹集资金，但必须是捐赠者出于自愿，严禁摊派。

第五条　基金会的领导成员，不得由现职的政府工作人员兼任。

基金会应当实行民主管理，建立严格的资金筹集、管理、使用制度，定期公布收支帐目。

第六条　基金会的基金，应当用于资助符合其宗旨的活动和事业，不得挪作他用。基金会不得经营管理企业。

第七条　基金会可以将基金存入金融机构收取利息，也可以购买债券、股票等有价证券，但购买某个企业的股票额不得超过该企业股票总额的20%。

第八条　基金会对接受资助者使用资助资金的情况有权进行监督。如果发现不按原定的协议使用资金，基金会有权减少、停止或者收回资助资金。

第九条　基金会工作人员的工资和办公费用，在基金利息等收入中开支。

第十条　国外捐赠给基金会的外汇，归基金会所有，允许开立外汇存款帐户。

国外捐赠给基金会的物资，免征关税，归基金会所有；基金会有权将其作为资助，无偿转让给与其宗旨有关的其他单位或者个人，但不得出售。

第十一条　建立基金会，由其归口管理的部门报经人民银行审查批准，民政部门登记注册发给许可证，具有法人资格后，方可进行业务活动。

全国性的基金会，报中国人民银行审查批准，向民政部申请登记注册，并向国务院备案。地方性的基金会，报中国人民银行的省、自治区、直辖市分行审查批准，向省、自治区、直辖市人民政府的民政部门申请登记注册，并向省、自治区、直辖市人民政府备案。

基金会改变名称、合并或者撤销，按照申请成立的程序办理。

第十二条　基金会应当每年向人民银行和民政部门报告财务收支和活动情况，接受人民银行、民政部门的监督。

基金会的活动违反本办法时，人民银行有权给予停止支付、冻结资金、责令整顿的处置，民政部门有权给予警告、吊销许可证的处罚。

第十三条　本办法由中国人民银行和民政部负责实施，并可制定相应的实施细则。

第十四条　本办法自发布之日起施行。

中国人民银行关于基金会存款利率问题的通知

（1988 年 4 月 22 日，银发［1988］111 号）

现就有关社会福利基金会、科学奖励基金会的存款利率问题通知如下：

1. 凡属于资助残疾人、老人、儿童等社会福利基金会和科学技术发明与学术研究奖励基金会的存款利率，均按现行同档次储蓄存款利率执行。

2. 凡不属于社会福利和科研奖励的其他性质的基金会的存款利率，仍按企、事业单位存款利率执行。

3. 对基金会性质的划分。由各省、自治区、直辖市分行和计划单列城市分行及经济特区分行具体掌握。

上述规定执行过程中如遇利率调整，按新调整的利率执行。

本通知自 1988 年 6 月 21 日起执行，存款实行分段计息的办法。

国家自然科学基金资助项目财务管理办法

（财政部　国家科委　［1992］财文字第 807 号）

一、总　则

第一条　为了加强国家自然科学基金（以下简称科学基金）资助项目经费的财务管理，有效合理地使用资助基金，保证研究工作的顺利进行，根据国家财政财务制度的有关规定，结合科学基金的特点，特制定本办法。

第二条　国家自然科学基金委员会（以下简称科学基金委员会）有关部门和受资助单位应加强资助项目经费的财务管理，既要方便科研工作，又要维护国家财经法规。

第三条　科学基金资助项目经费的申报和使用，应本着勤俭节约，精打细算的原则，充分利用现有工作条件和协作条件，讲求基金使用效益。

第四条　科学基金主要来源于国家财政拨款及部分联合资助经费以及国内外捐助，用于支持基础研究和应用基础研究工作。受资助单位应严格执行本办法，不得自立章程和任意截留、挪用。同时，要接受上级财政、审计部门的监督、检查。

第五条　科学基金资助项目经费按项目一次审定，分年拨款，年度结余经费结转使用，资助项目完成后，其拨入经费列决算核销。

二、经费开支范围

第六条 科学基金资助项目经费必须用于资助项目研究工作。其主要开支范围包括：

（一）科研业务费

测试、计算、分析费；国内调研和学术会议费；业务资料费；论文印刷费。

（二）实验、材料费

原材料、试剂、药品等消耗器购置费；实验动植物的购置、种植、养殖费；标本、样品的采集加工费和包装运输费。

（三）仪器设备费

专用仪器设备购置、运输、安装费；自制专用仪器设备的材料、配件购置费和加工费。但交通运输设备，声像录放设备、复制打印设备、冷藏空调设备及行政办公设备等费用不得列入基金开支。个别项目确需声像录放设备、冷藏空调设备作研究专用设备的，申请项目时可列入经费预算内，根据项目评审批准结果，经受资助单位领导批准，按专控商品规定报批购买。

（四）实验室改装费

为改善资助项目研究的实验条件，对实验室进行简易改装所开支的费用，实验室扩建、土建、房屋维修等费用不得列入科学基金开支。

（五）协作费

指外单位协作承担资助项目研究试验工作开支的科研经费。

（六）项目组织实施费（管理费）

受资助单位可按每年项目（或课题）获得的实际拨款额度提取10%作为项目组织实施费（管理费）。但每个面上项目（即自由申请项目等，不同）累计提取得最高限额为1万元；重点项目每个二级课题累计提取最高限额为1.5万元；不设二级课题的重点项目累计提取最高限额为4万元；重大项目每个二级课题累计提取最高限额为2万元。主要用于：

1. 本项目研究工作所需水、电、气等费用的补贴；

2. 本项目组织实施中开展评议、验收和其他管理活动开支的资料费用；

3. 按有关规定支付项目聘用人员（包括评议、验收人员）的劳务酬金。

各受资助单位必须按当年实际拨款额和规定比例提取，不得超前提取、层层重复提取或提高限额。

第七条 本办法规定的开支范围，不包括国际合作交流经费。如确实需要与国外进行合作研究交流的项目，须向科学基金委员会有关部门另行申请。批准后，由科学基金委员会国际合作与交流经费另行资助。但根据资助项目研究工作需要，接待来华顺访的外籍科学家短期讲学交流的在华费用，累计每年不超过7人天（重大、重点项目按课题计算人天）的，可经单位领导批准，在项目科研业务费中列支。

三、拨 款

第八条 科学基金面上资助项目和重点项目经费按项目拨至受资助单位（重点项目也

可按课题拨至受资助单位）；重大项目经费按课题拨至受资助单位。

第九条　科学基金面上资助项目经费第一次拨款，须依照《国家自然科学基金面上资助项目管理办法》（以下简称《面上资助项目管理办法》）第四条规定，在按规定的时间报送《国家自然科学基金资助项目研究计划》后统一拨款，一般在批准年度的十二月份进行。第二次及以后的拨款，应依照《面上资助项目管理办法》的第八、第九条规定，在按时报送《进展报告》和《管理报告》后统一拨款，一般在第一季度末进行。

第十条　重点项目经费的拨款每年一次，均在第一季度末统一进行。重大项目经费的拨款每年四次，于每季度最后一个月的下旬进行。

第十一条　资助项目协作经费，由受资助单位依据与项目协作单位签订的协作合同转拨。

第十二条　因故中止计划实施和撤销的资助项目，停止拨款。

四、管理与监督

第十三条　受资助单位必须指定专门银行帐号，按项目单独建帐，专款专用，按照本办法进行管理核算。

第十四条　项目负责人在本单位财务、科学基金项目管理部门的指导下，按计划自主支配使用资助经费，任何单位、个人无权截留、挪用。

第十五条　受资助单位应指定专人负责科学基金的财务管理工作，按项目并依据开支范围设立多栏式经费支出帐目。

第十六条　受资助单位或受资助项目负责人不按规定要求报送各类科学基金管理报表，或违反科学基金管理规定的，视情节可缓拨单位资助经费或资助项目经费。按规定予以纠正补报后，下半年补拨。逾期不补报、不纠正的，停止拨款。

第十七条　面上资助项目结束后3个月内，项目负责人应抓紧清理历年帐目，核实拨款与支出数字，严格按国家有关财政财务制度和本办法规定的开支范围，认真编报《国家自然科学基金项目资助经费决算表》，报受资助单位科学单位科学基金项目管理部门、财务部门审核，并由审计部门审计签署意见。

科学基金项目管理部门根据审核后的项目决算表，如实汇总编报《国家自然科学基金项目资助经费决算汇总表》（以下简称《汇总表》）逐项签署审核意见报送科学基金委员会综合计划局批复决算。经科学基金委员会审核批复后，每年资助项目的《国家自然科学基金项目资助经费决算表》必须存入项目结题档案，以备检查。

重大、重点项目结束后6个月内，课题负责人认真编报《国家自然科学基金项目资助经费决算表》一式两份报所在单位科学基金项目管理部门、财务部门、审计部门审核，审计签署意见盖章后，一份存入课题结题档案，一份送项目负责从统一汇总编报项目决算《汇总表》并签字报送科学基金委员会综合计划局审核批复后予以核销。不设课题的重点项目，按面上项目编报决算程序执行。

第十八条　经科学基金委员会批准中止、撤销和提前结题的资助项目，受资助单位应及时清理帐目。自批准之日起3个月内，按第十七条要求和程序填写报送财务决算。

第十九条　项目完成后，要按基金项目管理办法验收考核，在确认保质保量完成研究计划，并经决算批复后，其项目结余经费可提取40%的劳务酬金，根据贡献大小发给从事该项目的科技人员和科学基金管理人员，但提取最高限额不得超过实拨总经费的10%（国家另有规定的按有关规定执行）。其余用于受资助项目负责人的其他科学基金资助项目的研究。如无其他科学基金资助项目，可用于其他研究工作。未完成研究计划的项目，不得从结余经费中提取奖励基金，结余经费由受资助单位收回，用于支持其他科学基金项目研究工作。中止、撤销的项目，不得从结余经费中提取奖励基金。

第二十条　资助项目组成员、协作者所在单位，均应严格执行国家财务制度和本办法规定。对于弄虚作假、截留、挪用、挤占基金资助经费等违反财经纪律的行为，单位财务部门有权抵制和越级反映。科学基金委员会根据情节轻重，采取通报批评、停止拨款、撤销资助、不受理当事人或所在单位再次申请科学基金等措施。情节严重者，提交有关部门追究有关人员的责任，触犯法律的，应追究法律责任。

第二十一条　资助项目经费的使用情况，须接受科学基金委员会财务审计部门和所在单位审计部门的定期审计或专项审计。科学基金委员会每年将有重点地进行检查，受资助者和所在单位须积极配合，如实反映情况，提供有关资料。

五、附　则

第二十二条　本办法适用于科学基金委员会资助的各类项目（国际合作交流项目除外）经费管理。

第二十三条　本办法自发布之日起实行。1988年9月15日颁布的《国家自然科学基金资助项目财务管理暂行办法》同时废止。以往发布的有关规定与本办法相抵触的，执行本办法。

第二十四条　本办法由国家自然科学基金委员会负责解释。

第 Ⅱ 部分

报告与总结

在改革中不断前进
把科学基金工作提高到新水平*

张 存 浩

（国家自然科学基金委员会主任）

我国科学基金制是改革的产物。科学基金制实施10年来，逐步走上了健康发展的道路，作用和影响不断扩大，受到科技界和中外学者的广泛赞扬。证明科学基金制是符合我国国情，适应基础性研究发展规律的，是有生命力的，是科技体制改革的一项显著成果。

一、

国家自然科学基金委员会自1986年2月成立以来，运用国家拨给的平均每年一亿多元，主要做了三方面工作：

(1) 按照面上项目、重点项目和重大项目三个层次，以及自由申请项目、青年科学基金项目、高技术新概念新构思探索项目、地区科学基金项目、重点项目、重大项目、国际合作项目、天元数学基金项目、基金委员会主任基金项目和学部主任基金项目等10种项目类型，累计批准资助2万多个面上项目，600多个重点项目，84个重大项目（含568个子课题），总经费近8亿元（加上1982—1985年间中国科学院代管的国家自然科学基金资助金额，总经费近10亿元）。平均面上项目单项资助强度3万多元（3年），资助率为25%。“八五”第一批19个重大项目已经立项。

(2) 按照国务院赋予的“接受委托”工作职责，承担国家有关部门的一些科技工作的评审任务。例如，从1987年开始的三次国家自然科学奖的复审、国家重点实验室的评估和某些重点实验室的跟踪管理，以及国家重点实验室和部门开放实验室运行补助费的评议工作等。

(3) 建立了由2万多名学术、管理人员组成的规模较大、水平较高、作风较好的专家评审系统，确立和坚持“依靠专家，发扬民主，择优支持，公正合理”的16字评审原则和评审回避制度，逐步建立了一套适合我国国情的科学基金资助层次、类型，以及相应的工作制度和管理办法等等。

主要成绩可以归结为以下三个方面。

1. 获得大批科研成果

据不完全统计，得到科学基金资助的项目，现已评议鉴定成果近4000项，获省部级以

* 原载《中国科学基金》1992年第3期。

上奖励 2700 多项，其中获国家自然科学奖 116 项，在国内外重要会议和主要学术刊物发表论文约 10 万篇，出版专著近 2000 部。从取得的成果来看，资助工作取得的成效主要表现在：第一，瞄准了世界学科前沿，推动了学科发展，有一批成果进入国际先进行列和领先地位，如计算机证明理论、非线性晶体、扬振宁-Baxter 方程、半导体超晶格微结构、准晶的结构与性能、量子化学研究和高温超导研究等等；第二，配合国家科技工作三个层次布局，解决了国家经济建设和社会、科技发展中一些关键的科学问题，产生重要经济和社会效益，如传质分离与化学反应工程、机械强度与振动、水稻育种抗寒剂、光敏核不育水稻、甘蓝型油菜、离子注入水稻诱变育种生物效应研究、直接掺氮直拉硅单晶性能的探讨、1991 年我国洪涝灾害预报、我国中长期食物发展战略研究等等；第三，进行基本科学数据的积累，为确定土地、资源、环境优化方案，提供了某些重要依据，例如与国家科委等 11 个部委联合支持的“材料环境腐蚀数据积累及防护研究”等。这大大提高了我国的国际学术地位，促进了国际的科技合作与交流。

2. 稳定地支持高水平科技人才，促使中青年科技人才的成长和提高

由于科学基金制的建立，使大量基础性研究课题得以进行，数以万计的高水平科技人才得以顺利地开展工作。现在，我国从事基础性研究工作人员中，不同程度地得到科学基金资助的，累计大约有 8 万多名科技人员，其中包括 3 万多名硕士、博士、数百名博士后和数千名归国留学生。这有利于科研人员的稳定和水平的提高，有利于发现和培养青年科技人才，有利于吸引国外留学生回国参加建设。科学基金经费的 60% 多资助了我国高等院校，“七五”期间获基金较多的 50 所大学合计获基金达 3 亿元，这有利于高校有特色的研究工作持续稳定地进行，对于促进教学与科研、理论与实践的结合、培养德才兼备的科技接班人，也产生了深远的影响。在从事科学基金项目工作中，一批 40 岁上下的科学家已成长起来，成为各分支学科的带头人，涌现出一批科技骨干和上万名优秀青年科技人才，从而有利于科技主战场和高技术工作的正常进行。一些 40 多岁新当选的学部委员，如清华大学的赵玉芬，中国科学院大连化物所的朱清时、物理所的李家明，都曾在基金项目工作中取得了突出的成绩。

3. 产生了广泛的社会影响和辐射作用，为国家科技体制改革做出了有益的探索

科学基金的竞争机制以及各有关受资助单位利用这一机制所采取的一系列激励措施，成为鼓舞科研人员，特别是中青年学者奋发向上、献身科学的动力之一。随着具有良好科研素质和有发展前途的科学工作者大量涌现，一些项目参加者晋升了级别和职称，知名度不断提高，国际交往竞争力增强，更促使受助单位和受助人员的积极性提高，争取做一流工作，创一流业绩的现象更加普遍，奋发进取的空气更加浓烈，形成很好的良性循环。在基础性研究领域实施科学基金制，采用依靠专家、择优资助等一系列措施和办法，具有发挥跨部门优势，提高经费使用效率，调动各有关方面积极性等优越性，这已成为科技界的广泛共识。与此同时，在科学基金制和科学基金工作的影响和推动下，全国各地区、各部门已先后建立起科学基金组织近 50 多个，合计每年总经费达 1 亿多元，产生了广泛和深刻的社会影响，推进了科技体制改革的深化和健康发展。

二、

国家自然科学基金委员会6年来取得的基本经验，大致可概括如下。

1. 把提高认识，加强使命感，作为搞好科学基金工作的基本动力

我们认为：第一，科学技术是第一生产力，发展科学技术和推动科技进步，是关系到综合国力提高、世界范围内竞争成败、社会主义存亡的大问题。第二，科学技术是一个有机的整体，增强科技意识，应当包括增强基础性研究的意识；基础性研究作为科技工作的第三层次，不仅是高新技术的后盾、源泉和先导，而且与前两个层次动态相关，相辅相成，犬牙交错，难解难分。作为第三层次的基础研究的地位应予以提高，要争取使我国基础研究在世界上有一席之地。第三，1982年起实施的面向全国的科学基金制的尝试，对于稳定、发展基础研究具有明显效果和优越性，应予以充分的肯定，并使其健康发展。第四，科学基金经费投入的多少和是否有效，很大程度上影响我国基础研究以及培养高水平科技人才的规模和质量。科学基金委员会要高举基础研究的旗帜，把大力支持基础性研究，争取增加和充分有效地运用科学基金，培养和发现高水平科技人才，攀登科学高峰，作为自己的主要工作任务。

2. 把实施面上项目、重点项目和重大项目三个层次，七种基本项目类型和若干专项的点面结合的资助格局，作为适应基础性研究的特点，满足学科发展的不同层次的需要

面上项目，是科学基金项目中最主要的、基本的类型，经费支出占70%。它的组织规模较小、数量较多、涉及面广、学科布局比较合理，几乎能覆盖自然科学领域的所有分支学科，它有利于不拘一格选拔人才，为科学家提供比较广阔的用武之地。重点项目的学科性强，是联系面上项目和重大项目的桥梁，很多重点项目就是在面上项目多年探索的基础上的深化和扩展，对学科的深入发展有重要作用，也为重大项目提供了很好的来源。重大项目适应了基础性研究既高度分化，又高度综合，并向组织规模化、集约化的趋势发展，对边缘学科和综合性学科的发展有较大的推动作用，不少领域有与经济建设紧密结合的特点，能充分发挥社会主义制度的优越性，集中有限的人力、物力、财力，取得重大的科研突破。这三个层次的资助格局，有利于有效地使用科学基金，充分调动不同层次科技工作者的积极性。

3. 把“五坚持”作为科学基金工作的指导思想

这是搞好科学基金各项工作的保证：坚持把“依靠专家，发扬民主，择优支持，公正合理”16字的评审原则，作为科学基金工作不断取得活力和信誉的源泉，确保经过专家系统评审批准资助的项目，是水平较高的国家级科研项目，具有攀登科学高峰的意义；坚持争取与有关部门和地区联合资助，增强科学基金的粘合作用和总体功效；坚持与国家科技攻关计划，高技术研究发展计划以及国家重点实验室、重点学科建设的配合衔接，发挥“第一个馒头”的作用，同时促进成果向生产力的转化；坚持发挥我国基础研究的特点和优势，积极开展国际学术合作交流，促进基金项目水平和质量的提高；坚持全面加强科学基金管理，完善管理办法和规定等，以保证资助工作有条不紊，促进尽快出成果、出人才。

三、

我们设想今后一个时期工作总的指导思想是：全面贯彻党的“一个中心，两个基本点”的基本路线，高举“科学技术是第一生产力”的旗帜，贯彻执行“面向、依靠”的方针，深化改革，大但探索，发展有中国特色的社会主义科学基金事业，为攀登科学技术高峰，多出成果，快出人才作出更大贡献。

1. 不断提高认识，大力宣传，把提高对科学技术、基础研究和科学基金工作地位和作用的认识，作为搞好科学基金各项工作的基本动力，充分发挥科学基金制在我国科技进行中的作用

过去几年，我们认真学习贯彻小平同志提出的“科学技术是第一生产力”的科学论断，贯彻党中央、国务院有关发展科学技术的方针政策，把科学基金工作放在配合国家科技工作三个层次布局，促进基础研究的发展，提高科学技术的整体水平的高度来认识。1992年恰逢国家自然科学基金实施10周年，国家自然科学基金委员会成立6周年，我们准备利用这一机会开展必要的纪念活动，一方面争取各级领导和全社会对于基础研究和自然科学基金工作更多的了解和更大的支持，另一方面，听取各方面对科学基金工作应当如何深化改革的建议。

2. 保持和发扬科学基金制的良好信誉，不断为提高科学基金工作和科学技术界的精神文明和道德素质作贡献

公正性是过去科学基金工作取得赞誉和得到科学家信赖的主要原因。这方面我们过去积累了不少好的经验和成绩，各方面的反映也是好的，今后要继续发扬。要把坚持“依靠专家，发扬民主，择优支持，公正合理”的评审原则，作为科学基金工作不断取得活力的重要环节。要不断改进同行评议，做好学科评审组换届工作，提高基金项目的专家评审水平。我们注意到学科评审组有越分越细，成员不断增加的倾向，这次换届尽可能作了压缩，不使其太大膨胀。从今年开始，我们拟进一步组织专题研究，争取经过两年工作，拿出一个较为科学的学科评审组组建方案与办法，以指导下一届学科评审组的换届工作。并正在组织“同行专家评议”的专项研究，以便提高同行评议的水平和质量。同时，我们也准备结合宋健同志来信精神，在队伍建设和思想工作上、在工作制度和运转程序上，进行改进。

1991年7月9日，国家自然科学基金委员会第二届一次全委会议召开期间，宋健同志写信提出要“在全民族建立起真正的马克思主义的科学精神”。随后，中央办公厅以正式函件形式，把信转发我们。对此，我们十分重视，当即与新闻界密切配合，作了必要的宣传，同时，组织有关人员翻译有关巴尔的摩事件的资料和书写有关文章，进行了报道。今后，我们准备继续抓好这件事，并把办好这件事同改进科学基金工作结合起来。我们正在组织关于在科学研究中弄虚作假的判断准则和处理办法的专项研究，并拟对科学基金项目和自然科学奖励等方面的工作，加强管理和检查，一旦发现有弄虚作假和不公正的现象，经调查核实以后，将要严肃处理。

3. 在健全和完善三个资助层次，坚持自由申请和全面安排的同时，进一步加强宏观指导，强化项目指南的引导作用，加强对边缘学科、重点学科和重点领域的支持

今后将继续把面上项目作为基金项目最主要的、基本的类型，使其约占现有总经费70%，并在保持资助率基本不变的情况下，使资助强度不断有所增加。这样做，将可以在全国持续稳定地支持一支少而精的基础性研究队伍，约占全国149万科技队伍的3—5%，即5—7万人，形成一支基础研究攀高峰的中坚力量，并为其他两个层次源源输送前期成果和精干的人才。科学研究，尤其基础性研究是难以预测的，一些科学的新思想往往就出在面上项目。以往我们组织的重大和重点项目，效果也是好的，其经费一共约占总经费的20%多。“八五”期间，拟组织35个重大项目和300个重点项目。

同时，在新形势下准备采取一些新的措施。例如，在基金经费的布局上，以后增加的经费，将不简单地采用向学部、学科切块的分配方法，而是考虑建立一级学科级的学术委员会，统一掌握，实施宏观调控，以加强对边缘学科、重点学科和重点领域的支持。在这方面，数学天元基金有很好的经验。在高技术、新概念、新构思探索项目方面，我们拟加强创新概念研究。对“863”已设立的七个领域内，再开辟几个当今高科技发展的前沿或热点予以支持，以便使高新技术研究，在创新的基础上攀登，更快地跨过“跟踪”，向“领先”迈进。

4. 重视国际争夺科技人才的挑战，充分发挥科学基金的优势，对优秀科技人才，特别是年轻人才，采取倾斜资助措施

我国科技发展中的人才问题值得重视。80年代我国14万留学人员中，至今回归者只有4万，而今仍在源源外流。我们打算利用基金工作的优势，也在人才争夺方面，更多地作一些工作。例如：通过精心组织“八五”重大和重点项目，对参与“七五”科学基金重大项目的1.5万人，这支从事我国基础性研究最精干的队伍，要设法给予持续、稳定的支持。在继续做好青年科学基金项目工作，不断提高其质量和水平的同时，对年轻优秀人才的资助要进一步采取倾斜措施。经过一年多的酝酿和反复研究，最近我们拟订了《国家自然科学基金优秀年轻人才资助试行办法》，拟对45岁以下，获得一、二、三等国家自然科学奖和其他重要奖励的优秀年轻人才，提供特别资助。并正在研究试行，拟开辟少量基金，联合有关部门，为暂时滞留国外的我国高水平留学人员回国短期工作，共同提供资助。

5. 更加充分利用科学基金资助工作和委托评估实验室工作的有利条件，促进国家重点实验室、部门开放实验室和工程研究中心的建设和发展

国家重点实验室和部门开放实验室是从事基础性科学研究的重要力量，它集中了国家十分宝贵的财力、物力和科技人才，国家已经并将继续给予相当大的投资，能否办好这些实验室，关系国家科技发展的全局。国家自然科学基金委员会受托从事这些实验室的定期评估，不仅有利于了解科技发展信息，更好地开展科学基金资助工作，有利于资助项目的统筹安排和有机结合，而且有利于促进国家重要的科技财力、物力和人才更好地结合在一起，充分发挥科学基金专家系统的作用，提高其权威性。今后，我们要进一步通过科学基金资助工作和评估工作，加强同国家重点实验室、部门开放实验室和工程研究中心的联系与合作。并经过试点，选择几个有希望在国际上取得领先，成为学科新的生长点和热点，在解决国民经济重大问题上有潜力的领域，进行合作支持；或采取“双优”措施，即把优先资助有良好实验室条件的项目，同实验室优先为其他基金项目提供良好的条件，结合起来，并尽快提出一个可以实施的办法和程序。我们最近制定了《国家自然科学基金中关村地区教育与科研示范网专项资助管理办法》，拟对中关村地区教育与科研示范网提供专项资助，就是要发挥科学基金制的优越性，推进整个科技工作前进的一种新尝试。

6. 更好地贯彻“面向、依靠”的方针和攀登科学高峰的战略要求，使更多的基金项目成为科技发展的后盾、源泉和先导，加强联合资助，努力解决国家一批重大的科技问题

我们正在研究采取措施，把国家自然科学基金资助项目，与国家高技术计划、“八五”攻关计划和重大基础研究项目计划衔接起来，与国家各部门、全国各地区的科学资助工作联系和配合起来。我们打算：

（1）为增强知识产权方面的竞争能力，强化创新研究机制，对涉及知识产权的重点学科领域，如医药、农药等方面，加强支持。

（2）努力使“八五”基金重点项目和重大项目形成自己的特色，逐步改变重大项目切块分配经费的办法，使重大项目能在解决学科发展前沿和国民经济发展的重大科技问题上，切实发挥作用。

（3）进一步发挥科学基金的粘合剂作用，积极扩大与国家各部委、各省区的行业和地方科学基金的合作，实行联合资助。

这几年，我们与建设部、地矿部、国家海洋局有联合资助的协议，与铁道部、地震局、环保局、国家教委和科学院等单位在一些项目上也实行了联合资助。“七五”期间共获匹配投资1600多万元，效果很好。例如与建设部联合资助的“高层超高层钢结构建筑的建造”，把基础研究、应用研究紧密结合起来，创造了体现一个国家的建筑科技水平的成果，结束了我国依赖国外技术设计施工这类结构的历史。“八五”联合资助的形式更好，“八五”重大和重点项目计划吸收匹配投资达5000多万元；第一批立项的18个重大项目，有关部委已表示对其中6个项目予以联合支持。如与石油天然气总公司联合资助的“陆相薄互层油储”项目，实际上是把这类科学技术问题，从基础、应用到开发形成了一个有机的整体，具有重要的科学意义和经济价值。

7. 积极主动地扩大国际合作与交流

宋健同志在科技工作会议上的总结报告，把开展国际科技合作提高到新的认识高度，把全面推进国际科技合作交流，扩大对外开放，作为发展我国科技事业的一项长期方针。国家自然科学基金委员会是改革开放的产物，在科技领域继续坚持改革开放方针，负有很大的责任。1991年以来，随着我国外交工作总的形势越来越好，我们国际合作工作，在原来与15个国家、地区的基金组织合作交流的基础上，又有了新的进展。我们与周边国家如印度、韩国、泰国、澳大利亚，与欧共体如荷兰、挪威、葡萄牙等国家，与以色列的合作交流关系，都有较大进展，已签协议或即将签订协议。为了充分利用科学基金这个有利的渠道，搞好国际科技交流与合作，我们拟使基金国际合作经费，比基金总经费有更大的增长比例；按去年经费增长的比例规划，1992年拟从1991年的500万元增加到700万元。同时，争取使有关国家和地区的科学交往有重要突破，努力开拓与海外科技合作、交流工作的新局面。

8. 转变观念，开拓多渠道、多层次的成果转化方式，促进基金科研成果转化为生产力

建立科技与经济的结合机制，把科技三个层次拧成一股绳，促进成果向现实生产力转化，是科技体制改革的中心任务，也是我们基金工作的重要责任之一。过去几年，我们在科技成果转化方面初步取得一些成绩，获得一定效益，其中一部分已划入了基金。去年，为了加强成果转化工作，又经国家科委批准成立了方德公司，半年多来工作也较有起色。今后，我们要在继续抓好上述工作的同时，进一步强化成果转化意识，既要重视基金科研成果的学术价值，又要增强成果的社会经济价值观念。要结合科学基金工作的特点，加速科技成果转化工作。我们将采取必要措施，开展成果转化和新产品开发，以使一些有重要应用开发背景，具有重大推广价值的基金成果，能及时进行有偿的推广利用。这不但有利于促进基础性研究的发展，使其更好地为经济建设服务，还有可能不断为基金开辟新财源，进一步搞活基金工作。

9. 开展科学基金制软课题研究，不断探索和实施新的政策和办法

最近，宋健同志给我们题词说："深望各学科的基础性研究都选定战略目标，瞄准前沿，攀高峰，出成果，出人才。"为此，我们要进一步加强学科发展战略研究，加强对科学基金的宏观指导和科学管理。为此，

（1）要继续抓好已经进行了两年多的学科发展战略研究工作，提高"学科发展战略研究基础丛书"的质量和水平。这是试图在研究国内外科技发展态势和我国国民经济发展需要的基础上，确立适合我国国情的学科优先发展领域和学科发展政策，以指导申请和评审工作。

（2）组织了"同行专家评议系统"软课题研究，旨在逐步建立和健全基础性研究评价指标体系和可操作的同行专家库，促进新概念、新构思和新的学术观点的涌现，促进在国际上有竞争力的高水平科技人才，特别是中青年科技人才迅速成长。

（3）开展有关学科布局的研究工作，以期根据国际科技发展趋势和我国科技工作三个层次，按一级学科发展需要和有利于交叉学科发展的前提下，逐步调整现有学科设置和专家评审系统，确立学科评审组组建方案，努力为科学基金工作的科学化和规范化建设，创造良好的环境条件。此外，我们考虑与有关出版部门联系，采取必要措施，支持科学基金优秀专著的出版，以缓解专著出版难的局面。

10. 把深化改革同转变工作作风结合起来，充分调动工作人员的积极性

科学基金工作是在人少、事多、工作生活条件未有较大改善的条件下进行的，但工作人员任劳任怨，艰苦奋斗，做出了成绩，其精神是可贵的，进一步保护和发挥他们的积极性，是十分必要的。我们要按照党中央的要求和国家机关党工委的部署，以学习和贯彻小平同志重要讲话为动力，发动群众，为全面贯彻党的一个中心、两个基本点的基本路线，进一步解放思想。要发扬党的优良传统，警惕官僚主义、形式主义等坏作风的侵蚀，大力提倡务实作风，减少会议和文件，一切从实际出发，深入调查研究，切实解决思想和工作问题，从思想上、工作上、生活上加强全体同志的凝聚力。

我们相信，在党中央、国务院的领导下，在科学界和社会各界的大力支持下，团结一致，振奋精神，齐心协力，努力奋斗，今后我们的各项工作一定能搞得更好。

深化改革　扩大开放　团结奋斗
把科学基金工作提高到新的水平*

胡　兆　森

（国家自然科学基金委员会副主任）

在全党全国人民认真学习贯彻党的十四大精神的大好形势下，召开这次由主要受资助单位代表和科学基金先进工作者出席的全国科学基金管理工作会议，对于完善发展科学基金制，推进基础性研究工作，将产生巨大作用。

一、国家自然科学基金制的发展与国家自然科学基金委员会的工作

我国的科学基金制度，是一项与我国改革开放同步兴起与发展的制度，也是一项与我国基础性研究命运密切相连的制度。迄今，它已度过了十个春秋，大体经历了两个发展阶段：即 1982—1985 年的酝酿和试验阶段，1986—1991 年的发展和提高阶段。

1982 年，中国科学院 89 位学部委员，联名向中央提出建议，期望设立面向全国的自然科学基金，促进基础性研究持续稳定的发展。国务院接受了这项建议，遂决定在中国科学院建立基金局，成立由卢嘉锡等 23 位各界专家学者组成的基金委员会，实行自由申请，专家评审，择优支持的原则。从 1982—1985 年 4 年中，该基金共批准资助 4426 个项目，批准资助经费 1.7 亿元（截止 1985 年 8 月拨款 8900 万元，占 53%）。中国科学院进行的科学基金试点工作，证明科学基金制对于稳定我国基础性研究队伍，促进了基础性研究的发展起了重要作用，这为国家自然科学基金委员会的成立和中国科学基金制的发展奠定了良好的基础。1985 年 3 月，中共中央《关于科学技术体制改革的决定》，对这一基金制度给予充分肯定，并决定设立国家自然科学基金委员会，以期使它更加健全和健康发展。1986 年 2 月国务院发出通知，正式成立了国家自然科学基金委员会，我国科学基金制进入了发展和提高的第二阶段。

国家自然科学基金委员会成立 7 年来，其工作归纳为以下四个方面。

1. 资助工作

这是国家自然科学基金委员会的最主要的工作。7 年间，按照逐步形成的面上项目、重

---

* 1992 年 12 月 16 日国家自然科学管理工作会议文件。

点项目和重大项目三个层次，自由申请项目、青年科学基金项目、高技术新概念新构思探索项目、地区科学基金项目、重点项目、重大项目、国际合作项目等七种基本类型以及数学天元基金项目、基金委员会主任基金项目和学部主任基金项目等若干专项，累积批准资助了 10.2 亿元人民币，其中面上项目 23 000 多个，支出经费占总经费 70%；“八五”期间用于重点项目经费约占 15%，重大项目占 7.5%，国际合作交流经费占 3.5%。长期以来，面上项目单项平均资助强度 3 万多元（3 年），从 1992 年开始上升到 5 万元（3 年），资助率一直维持在 25%左右。“七五”重点项目是作为面上项目进行重点管理，“八五”开始作为一个层次单列经费，近两年来已批准了 198 个重点项目，资助强度大约 50 万元到 80 万元人民币；“八五”期间拟组织 300 个重点项目。“七五期间共组织了 84 个重大项目，568 个课题，参加单位 350 个，科技人员 1 万人次，取得了令人瞩目的成果。“八五”拟组织 35 个重大项目，须经国家自然科学基金委员会全体委员会议审批，现已有 30 个批准立项，资助强度大约为 200—250 万元人民币，跨学部重大项目经费占同期重大项目的 30%。

2. 建立了专家评审系统和科学民主的管理制度

成立了由 26 位专家组成的全委会，建立了包括 2.5 万人的同行通讯评议专家、58 个学科组的 677 位学科评审组专家以及委员会内部 100 多位学术和管理专家组成的评审系统，这是当前我国人数多、水平高、声誉好的科学评审系统之一；还建立了一套适合我国国情、适应不同资助层次、不同项目类型的工作制度和管理办法等等。

3. 接受委托性工作

我们在完成上述各项工作的同时，还按国务院赋予的“接受委托”工作职责，承担对科技重大问题提供咨询，对国家有关部门的某些重要科技任务从事评审工作。例如，接受国家科委委托的国家自然科学奖的复审，1987 年，1989 和 1991 年已组织了 3 次；接受国家计委委托的、由世界银行 1.2 亿美元贷款和国家 7 亿人民币投资建设的国家重点实验室的评审和跟踪管理，以及“六五”、“七五”已投资了 10 多亿元的国家重点实验室的评估工作，主办《自然科学进展——国家重点实验室通讯》这一综合性一级学术刊物；接受国家科委委托的国家重点实验室和部门开放实验室运行补助费（每年数千万）发放的评议工作等等。

4. 开展国际合作与交流工作

迄今已先后同 22 个国家、地区的 25 个科学基金及科研管理机构签署了合作协议或谅解备忘录，合作交流的范围和规模正不断扩大，1989—1991 年连续每年合作交流数在 500 项左右，今年预计达 750 项，已取得了一批重要成果。1992 年由我们协调组织的第一批大陆杰出科学家访台引起强烈反响。前不久我们发起召开了发展与完善科学基金制国际讨论会，取得了很好的效果，成为中国科学基金制走向世界的一个重要标志。

上述工作取得的成绩主要表现在：

（1）涌现出大批科研成果。据不完全统计，得到科学基金资助的项目，现已评议鉴定成果 4000 多项，获省部级以上奖励 2700 多项，其中获国家自然科学奖 116 项，在国内外重要会议和主要学术刊物发表论文 10 万余篇，出版专著近 2000 余部，这与科学基金每年实际投入数额较少相比，在全国属产出高的。反映科学基金资助项目水平的获奖比例增长较快，1987年获自然科学奖178项中，不同程度得到科学基金资助的项目有53项，占30%；1989年59项中有29项，占50%；1991年53项中有33项，占62%。这些成果提高了我国的国际学术地位，促进了国际的科技合作与交流。

(2) 有利于稳定基础性研究队伍，促使中青年科技人才的成长和提高。我国从事基础性研究工作人员中，累计大约有6万多名科技人员，3万多名硕士、博士生，数百名博士后，数千名归国留学生，不同程度地得到科学基金的资助。科学基金资助经费60%以上为高等院校获得，“七五”期间获基金较多的50所大学合计获全部基金近半数，这对于促进教学与科研、理论与实践的结合，支持研究生制度，培养大批科技接班人，产生了十分深远的影响。在科学基金项目工作中，一批40岁上下的科学家已成长起来，成为各分支学科的带头人，涌现出一批世纪之交的科技骨干和上万名优秀青年科技人才，从而有利于科技主战场和高技术工作的正常进行。

(3) 产生了广泛的社会影响和辐射作用，为国家科技体制改革做出了有益的探索。科学基金制的强烈竞争性、高水平的评审和获得基金资助的荣誉感，成为鼓舞科研人员，特别是中青年学者奋发向上、献身科学的动力之一。有关受资助单位利用科学基金的竞争机制采取了一系列激励措施，鼓励科研人员申请，促进良好的科研素质和有发展前途的科学工作者大量涌现，知名度不断提高。在一些受资助较多的单位、课题组和学者中，现已出现科研素质不断提高、获得经费渠道和数量不断增多、国际交往竞争能力不断增强等一系列良性循环。可以说，科学基金已超出它本身的价值，引起连锁反映，产生了广泛的思想和社会影响。与此同时，在国家自然科学基金工作的影响与推动下，遍布全国的科学技术基金组织蓬勃兴起，形成了由中央到地方、到基层，由官办到民办，由资助科学研究到资助出版、人才培养和进行奖励，形成资助基础研究到应用研究、开发研究等不同层次、类型、规模和不同目标的科学基金体系，他们相互协调配合，形成全国性资助网络，在我国的科技发展和人才培养方面发挥了令人瞩目的作用。国务院各部委已设立各项科学基金30多个，全国已有26个省（市区）设立了28个科学基金，这些科学基金合计每年总经费已超过2亿元。成为国家支持基础研究的重要方面军，推进科技体制改革的深化和健康发展。中国科学基金研究会业经国家科委批准和民政部社团登记注册，将在近日正式成立。科学基金研究会现有团体会员近70个，个人会员近千人。事实说明，科学基金制的辐射作用正在日益增强。

二、国家自然科学基金工作的主要经验

1. 不断提高对基础性研究重要性的认识，把支持基础性研究作为国家自然科学基金工作的基本方针

我们在工作中，不断解决以下几个问题：

(1) 科学技术是第一生产力，科学技术是一个有机的整体，科学认识的深化和先进技术的进步相辅相成，并驾齐驱；科学日新月异，技术必然欣欣向荣，因此各个环节都需要全面协调发展。

（2）基础性研究作为科技工作三个层次之一，不仅是高新技术的后盾、源泉和先导，而且与前两个层次互相交织、紧密相连，关系到中华民族之能否振兴与发展，对于国民经济、社会发展、人类文明具有重大的推动作用和深远的意义。

（3）科学基金制在培养高级科技人才和涌现高水平成果方面具有明显的优越性，有利于瞄准世界学科前沿，推动学科发展，有利于按照国家科技工作发展的需要，解决国家经济建设和社会、科技发展中一些关键的科学问题，有利于进行基本科学数据的积累，为确定土地、资源、环境优化方案提供某些重要依据。随着这些认识和实践问题的发展，我们更加坚定地把侧重点放在坚持攀登、赶超和不断创新的工作方面，把支持基础研究作为自己工作的立脚点。

2. 发展和完善实施的面上项目、重点项目、重大项目三个层次和七种基本项目类型和若干专项资助的点面结合的资助格局，以适应基础性研究的特点，满足学科发展和社会主义现代化建设不同层次的需要

坚持三个层次、七种基本项目类型和若干专项资助的点面结合的资助格局，有利于针对不同学科、不同领域的不同需要，有效地使用科学基金，充分调动不同层次科技工作者的积极性。面上项目是科学基金项目中最主要的一种基本的类型，其课题规模较小、数量较多、学科覆盖面广，为科学家提供比较广阔的用武之地。重点项目是联系面上项目和重大项目的桥梁，有利于学科发展和深化。重大项目，适应了基础性研究既高度分化，又高度综合的特点，以及组织规模化、集约化的发展趋势，对边缘学科和综合性学科的发展有较大的推动作用，不少领域有与经济建设紧密结合的特点，有利于集中有限的人力、物力和财力，取得重大的科研突破。1989年设立的“数学天元基金”，1992年增加到每年200万元，专门用于支持数学研究，促进了我国占有优势的数学的发展。坚持这一资助格局，关键是选择好战略目标、重点领域，加强对科学研究的宏观调控，把科学基金的自由选题，与战略目标和重点领域的选择，与支持新兴学科、边缘学科结合起来。

3. 坚持“依靠专家，发扬民主，择优支持，公正合理”的十六字评审原则，这是科学基金工作不断前进，取得活力和信誉的源泉

基金委员会借鉴国外科学基金制的模式，结合我国国情，逐步建立了一套科学规范和管理制度。主要是建立了由26位有学术威望、有代表性的专家（包括管理专家）组成的、在学术上具有决策权力的基金委员会全委会，建立了包括2.5万人的同行通讯评议专家、58个学科组的677位学科评审组专家和基金委员会内部100多位学术、管理人员组成的规模较大、水平较高、作风较好的专家评审系统；确立和坚持“依靠专家，发扬民主，择优支持，公正合理”的十六字评审原则和评审回避制度；建立了一套适合我国国情的科学基金资助层次、类型以及相应的工作制度和管理办法；形成一批具有良好素质和工作作风的科学基金工作队伍；树立了“公正、严谨、一丝不苟和精打细算”的工作风范等等。随着工作的进展，我们不断完善和更新了专家评审系统，坚持进行学科评审组的定期换届工作，以提高评审水平、质量和基金制的良好信誉。一个公正和高水平的专家评审系统是科学基金工作不断取得活力和信誉的源泉，是我们各项管理工作的根本依靠，是我们取得成绩做出更大贡献的保证。

4. 发挥科学基金超脱和跨部门的优势，把国家的科技人力、物力、财力结合在一起

国家自然科学基金十分注意与国家“863”计划、攻关计划和重大基础研究项目计划的衔接，并充分发挥科学基金的超脱和跨部门优势，主动同各部委、各地区，同国家重点实验室、开放实验室和工程研究中心等工作结合起来，把各方面科技工作拧成一股绳，开展与扩大国际学术合作与交流，促进基金项目水平和质量的提高，产生了很好的科技总体效果。我们还积极开展和推动合作研究，与有关部门进行联合资助，把有限的资金捆在一起，形成综合优势。迄今，我们与有关部门联合资助，已获匹配投资近7000万元。如“八五”科学基金重大项目“陆相薄互层油储地球物理学理论和方法研究”，是科学基金发挥其粘合作用，开展大力促进科研成果向生产力转化，开展合作研究的典型范例。科学基金投入250万元，中国石油天然气总公司投入150万元，中国科学院投入50万元，大庆石油管理局投入300万元，大庆油田加上承担现场实验和设备所需费用，共投入3000万元以上。

（三）完善和发展科学基金工作的形势和任务

党的十四大是一次承前启后、继往开来，全面推进改革开放和社会主义现代化建设的大会，大会提出建立社会主义经济体制是一个极其重要的决策，也是理论上的重大突破，是有中国特色的社会主义理论的丰富和发展。建立和完善社会主义市场经济体制，是一项艰巨复杂的系统工程，它为我国科技的发展和科技体制改革的深化提出了新的要求：我国科技工作要加快发展步伐，在业已形成的科技工作三个层次布局（直接面向经济建设、高技术发展和基础研究）的基础上，要“稳定一头，放开一片”，推进科技系统的人才分流和结构调整。实施“稳定一头，放开一片”的方针，即在支持基础性研究和基础性技术工作稳定发展的同时，放开放活技术开发机构，分流相当的力量投入经济建设主战场。为此，国家已决定对基础性研究、高技术研究、重大工程建设和重大项目的科技攻关，集中全国优秀人才，保持一支能在国际前沿拚搏的精干队伍，重点武装各个学科领域达到国际水平和国内领先水平的研究机构，在科研经费、实验手段和其他物质条件方面给予充分保障，使基础性研究在世界上占有一席之地，从总体上形成适应新科技革命的纵深配置布局。这为持续稳定地发展中国基础科学研究提供了政策保证，也为完善和发展科学基金制提出了更新更高的要求。

在新形势下，科学基金工作愈加受到党、政府和国家各有关部门的重视。其一，1992年科学基金经费有了大幅度增加，在1991年基数上增加了5000万元，增长比例达28%，年度经费达到2.26亿元（不包括高技术1000万元）。“八五”后几年还可望有更大幅度的增加。其二，中央领导同志关怀并指导科学基金工作。今年在我们召开二届二次全委会、开展了国家自然科学基金制诞生十周年和国家自然科学基金委员会成立六周年的纪念活动期间，江泽民总书记为“国家自然科学基金优秀成果选编”题写了书名，李鹏总理作了“成功的实践，显著的成绩”题词，党中央、国务院、全国人大和全国政协的领导同志温家宝、严济慈、卢嘉锡、宋健、王丙乾、谷牧等出席了纪念活动，温家宝发表了热情洋溢的讲话，新闻媒界进行了大量的报道。按照温家宝同志的指示，中共中央调研室正在组织对科学基金工作的专题调查，拟提出进一步发展与完善科学基金制的建议。这不仅体现党和政府对科学基金事业及基础研究的支持、鼓舞和鞭策，也成为推动科学基金工作完善发展的巨大动力，我国科学基金制进入了一个新的发展阶段。

在当前大好形势下，我们一定要认真学习和全面贯彻十四大精神，贯彻执行“面向、依靠”和“稳定一头，放开一片”的方针，深化改革，扩大开放，大胆探索，为发展中国科学基金事业，攀登科学技术高峰，多出成果、快出人才，在基础研究方面取得显著的进展，作出更大贡献。我们深化改革的主要任务有以下几方面。

1. 完善和发展适应我国国情的支持基础研究和应用基础研究科学基金资助格局

我们拟在总结经验的基础上，健全和完善实践证明行之有效的基金管理机制，并从两个方面加以发展。一方面在内部机制上，逐步建立适应市场机制的基金工作体制，坚持支持基础性研究的大方向，把“稳住一头”作为我们的中心任务。另一方面，大力发展和完善科学基金的结合机制。科学基金的结合机制，是科学基金制的优点和“中国特色”所在，科学基金的粘合作用和辐射作用，是科学基金制具有优越性的重要体现。过去，我们组织进行联合资助，促使国家重要的科技财力、物力、人才更好地粘合在一起，发挥了很好的作用，使有限的基金大大的“增了值”，把“小钱变成了大钱”。今后还要继续重视和加强这方面工作，促使国家重要的科技财力、物力、人才更好地粘合在一起。我们将大力争取联合资助、匹配资助、国际合作及其它多种渠道资助。

今年以来，我们在认真学习小平同志讲话的同时，结合基础研究和基金工作的实际，提出了五项新的专项基金试点，即：

（1）资助优秀中青年科学人才专项基金；

（2）资助新医药、新农药基础研究的专项基金；

（3）资助留学人员短期回国工作、讲学的专项基金；

（4）面向优秀国家重点实验室研究项目的专项基金；

（5）基金资助项目优秀研究成果专著的出版基金。

希望有关单位能够精心组织，注意在实践中总结经验，改进管理办法，争取试点工作取得新的成功。

2. 进一步解放思想，争取在支持科学创新及发展新兴、交叉、边缘学科方面有更大突破

当代科学技术的发展奇迹迭出、迅猛异常，人们认识世界的深度和广度，超过了历史上的任何时期，科学创新是基础性研究本身的职能和生命力。国际知识产权纠纷迭起和关贸协定的执行，更对科学创新提出了紧迫的要求。而我国科学研究（包括一部分基金项目）中的创新意识尚比较薄弱，因而逐步完善有利于科学创新的科学基金机制十分必要。对此我们正在研究探索，拟加强对科学研究战略目标、重点领域的宏观调控、强化项目指南的引导作用，对新兴、交叉及边缘学科给予充分注意，在学科前沿和取得学科突破性方面多做工作，在“863”现已设立的领域内适当扩大支持若干热点问题，大力促进新概念、新构思和新的学术观点的涌现等。拟划拨一部分经费进行支持创新性研究工作的试点，例如建立与发展有利于创新的专家评审体系，开辟资助中青年优秀科学人才专项基金，开辟新医药和新农药研究基金等。对于如何建立支持创新的风险基金问题，我们也将认真研究，提出试行办法。

3. 进一步加强对科技拔尖人才特别是青年优秀科技人才的支持培养

大力促进高水平科技人才的茁壮成长，为基础性研究和其他科技层次的工作源源输送人才，是我们科学基金工作的基本指导思想。过去，我们把科学基金经费的70%放在面上项目，面向全国不拘一格选拔人才。从1987年开始设立青年科学基金项目，专门用以支持35岁以下，已取得博士学位或具有中级职称以上的优秀青年科技人员的研究工作，并与中国科协、国家教委共同资助中学生参加国际奥林匹克数、理、化、计算机竞赛活动等等，都是试图发现年轻优秀的科技接班人，为他们脱颖而出和茁壮成长创造良好的条件，并取得了较好的成效。今后，要进一步利用科学基金制的优势，加强对科技拔尖人才特别是青年优秀科技人才的支持培养。例如，开辟资助优秀中青年科学人才专项基金，开辟资助留学人员短期回国工作、讲学的专项基金，为获基金资助的青年科学家出国进行学术交流和发表学术论文提供机会和条件等。

4. 继续增加科学基金投入，拓宽经费渠道，更加有效地用好科学基金

国家自然科学基金主要用于资助各类项目的研究工作，包括一定额度的经费用于资助项目的国际合作和交流。科研人员的工资，以及研究工作所需的基本建设、大型设备费用等不包括在内，而由国家另行列支，这就大大提高了科学基金的机动性和有效性。实践说明，只要保证适度的科学基金经费，完全可以在全国持续稳定地支持一支少而精的基础性研究队伍，这支队伍约占全国112万科技队伍的5%，约5万多人，另外还有3万人的研究生队伍。这是一支基础研究攀高峰的中坚力量，也为其他两个层次源源输送前期成果和人才。因此，多渠道增加科学基金对科技发展具有重要意义。增加科学基金经费要两条腿走路，一方面，要继续争取今后几年国家拨款再能有大幅度的增加的同时，要拓宽经费渠道，群策群力，千方百计，鼓励国内外捐赠；另一方面，要充分发挥科学基金制的优势，更加有效地用好科学基金。

5. 努力开拓科学基金项目国际（海外）合作与交流的新局面

现代科学的基本特征之一是国际性。随着科学研究课题的复杂性不断增加，不同学科的联系和交叉加深，开展国际科技合作与交流，已成为各国科技进步和发展的必然趋势，成为提高基础性研究水平和质量的先决条件之一。

为了提高科学基金资助项目的水平和质量，增强其在国际科技舞台上的竞争力，我们一直把全面推进资助项目的国际科技合作与交流，作为发展科学基金事业的一项长期方针，已取得了明显的成效。今后，我们将进一步增加国际合作与交流经费，继续巩固和完善已有的双边协议的渠道，积极发展与周边国家和欧洲国家的关系，进一步拓宽与美国、加拿大等美洲国家的合作交流渠道，加强与“独联体”科学家的合作交流。积极参与和支持重大的国际科学研究计划，如“国际空间年”、“国际减灾十年”、“全球变化”及其他具有特殊用途或跨学科项目等。要切实加强国别调研，瞄准高水平的优秀人才，定时地派出工作小组赴留学生相对集中的国家加强联系。同时积极推进海峡两岸的科技交流，1993年年初还将组织第二批大陆杰出科学家访台。

6. 开展学科战略研究和完善科学基金管理工作

为了进一步完善发展科学基金工作，我们将1992年定为加强科学基金管理年，完善立项、评审等各项管理办法，改进后期管理工作，对部分资助项目的运行和成果情况进行调查摸底，促进成果转化工作，以保证资助工作有条不紊，促进尽快出成果、出人才。今年二届二次全委会和十周年纪念活动期间，许多科学家提出了许多很好的意见，为我们完善科学基金制开阔了思路。我们准备先易后难，从加强科学基金工作的科学化和规范化建设做起，使各项管理工作上一个台阶。同时开展科学基金制软课题研究，确立适合我国国情的学科政策和资助倾斜政策，为获基金资助的青年科学家提供出国进行学术交流的机会和条件，促进有应用背景的成果的转化、推广、利用等。现在举行的科学基金管理工作会议，就是为提高我们科学基金管理水平和工作质量而采取的一项重要措施。

我们国家自然科学基金委员会与从事基础性研究的部门和广大科技工作者建立了休戚与共的交往与合作关系，我们的团结和友谊正在日益的增进，我们共同承担的科学研究事业已经有了很大的发展。我们诚挚地感谢大家对我们工作的大力支持。这次科学基金管理工作会议的召开，无疑将是对科学基金工作的巨大推动。我相信，在党的十四大精神的鼓舞下，在我国科技界的大力支持和在座各位的共同努力下，大家齐心协力，努力奋斗，中国的自然科学基金事业一定能得到更大的发展，一个科技繁荣昌盛的新局面必将出现在中华民族的大地上。

组织起来 研究探索
开拓中国科学基金制的新局面*

胡 兆 森

（中国科学基金研究会理事长）

一、中国科学基金研究会的成立是中国科学基金制兴旺发达的标志

科学基金制在国外已有相当长的历史，但我国却是在党的十一届三中全会以后出现的一个新事物。我国科学基金制已经度过了十个春秋，大体经历了两个发展阶段：即 1982—1985 年的初创和试验阶段，1986—1991 年的确立和发展阶段。

1981 年，中国科学院 89 位学部委员联名向中央建议，设立面向全国的自然科学基金，促进基础性研究持续稳定的发展。国务院接受了这项建议，遂决定拨专款设立中国科学院科学基金，成立由卢嘉锡等 23 位各界专家学者组成的科学基金委员会，实行自由申请、专家评审、择优支持的原则。从 1982—1985 年四年中，中国科学院科学基金的试点工作，证明科学基金制对于稳定我国基础性研究队伍，促进基础性研究的发展很有优越性，这为国家自然科学基金委员会的成立和中国科学基金制的确立和发展奠定了良好的基础。1985 年

* 1992 年 12 月 21 日胡兆森同志在中国科学基金研究会成立大会暨第一届理事会议上报告的摘要。

3 月，《中共中央关于科学技术体制改革的决定》对这一有活力的科研管理体制给予充分的肯定，并决定设立国家自然科学基金委员会。1986 年 2 月国务院发出通知，正式成立了国家自然科学基金委员会。

与此同时，在《中共中央关于科学技术体制改革的决定》的推动下，各种科学基金、科技基金及其管理组织在全国蓬勃兴起，形成由中央到地方、基层，由官办到民办，由资助科学研究到资助出版、奖励、学术交流和人才培养，由资助基础性研究到应用研究、开发研究等不同层次、类型、规模的科学基金体系，以及一套较为科学的运行机制和管理办法，在我国的科技发展和人才培养方面发挥了令人瞩目的作用。目前，国务院各部委已设立各项科学基金近 30 个，全国已有 26 个省（市、自治区）设立了科学基金，与国家自然科学基金一起，构成我国科学基金制的主体。他们相互协调配合，基本上形成了全国性的资助网络，成为支持基础性研究、应用研究和开发研究，推进科技体制改革的一支朝气蓬勃的生力军。

80 年代初，在中国大地上悄然升起科学基金制这面旗帜的时候，在国际和国内曾引起不少的争论：它是不是社会主义的管理模式？这种西方成功的模式是否适合中国国情？中国的管理人员的业务素质和管理水平能否适应这种运行机制？专家评审系统的评审结果能否公正合理？科学基金制确实与我们以往所熟悉的管理模式完全不同，的确有很多问题需要我们去探索。但现在大家已经看到，科学基金制的实施，已超出它本身的价值，产生了广泛的思想影响和社会影响。中国特色的科学基金制的发展，为我们这一代科学基金制开拓者提出了新的要求，也为诞生和筹备中国科学基金研究会奠定了基础。

早在国家自然科学基金委员会成立的第二年，在国家自然科学基金委员会及一些部门、地方科学基金组织中，就有一批同志在酝酿成立一个专门从事科学基金制研究的全国性的学术团体，后来在国家自然科学基金委员会和中国管理科学研究会负责同志的支持下，于 1987 年 12 月成立了“中国管理科学研究会科学基金研究分会”，挂靠在国家自然科学基金委员会，成立了由部分科学基金组织负责人参加的理事会。几年来该会的工作卓有成效，不仅促进了彼此间的交流，为推动我国科学基金制的发展做出了积极的贡献，还为中国科学基金研究会的成立奠定了坚实的基础。

为适应进一步发展和完善我国科学基金制的需要，科学基金研究分会理事会于 1991 年，建议申请建立中国科学基金研究会（一级学会），以替代 1987 年成立的中国管理科学研究会科学基金研究分会，得到国家自然科学基金委员会和其他科技基金会的大力支持。国家自然科学基金委员会于 1991 年 10 月 15 日，向国家科委正式报送了《关于中国管理科学研究会科学基金研究分会改为中国科学基金研究会的请示》。国家科委于 1992 年 1 月 4 日批准了这一报告，遂进行了各项筹备工作。1992 年 12 月 3 日民政部批准注册登记。

1987 年，中国科学基金研究分会成立时，许多省、部委还没有设立科技基金，每年基金总额还不到 2 亿元（其中国家自然科学基金 1.06 亿元）。仅仅 5 年之后，国家科学基金及国务院有关部委和省（市、自治区）设立的科学基金、年度总经费已超过 4.6 亿元（其中国家自然科学基金为 2.26 亿元）。

全国各地、各部门及上千个受资助单位的科学基金工作者，是我们研究会的基本队伍和强大后盾，也是我们在中国大地上建立具有中国特色科学基金制的创业者和开拓者。科学基金制在中国大地的建立和发展，是我国 80 年代科学技术体制改革的重大事件和重大成就之一。今年举行的纪念中国科学基金制十周年活动和发展与完善科学基金制的国际讨论会，充分显示党和政府对它的重视和支持，广大科技界、教育界对它的信赖和欢迎，显示我国科学基金制的成功实践已为国外同行所肯定，正在走向世界，中国科学基金研究会的正式成立，科学基金队伍的发展壮大，是我国科技体制改革不断深化，中国科学基金制兴旺发达的象征和标志！

二、中国科学基金制有着良好的发展前景

1. 党和政府的重视，是科学基金制发展的基本保证

首先，党中央适时地提出了科学技术是第一生产力的科学论断，把发展科学技术提高到从未有过的理论高度。国家提出的“面向”、“依靠”的科技总方针，把科技进步与经济发展连接成一个有机的整体，科技体制改革中逐步形成的发展科学技术的三个层次（即面向经济建设、高技术和基础研究）的布局，为科学技术各个环节的全面协调发展指明了方向，为科学基金制在促进基础研究、应用研究、开发研究的发展中，开辟了广阔的用武之地。其二，国务院以及各部委、地方省（市）政府对科学基金工作给予很大的支持。国家自然科学基金委员会起步经费虽然很低，但“七五”期间以每年递增17%的速度增长，“七五”总经费为5亿7千万元，“八五”期间可增加到15亿元；各行业和地方科学基金组织都是在部门、省（市、自治区）领导的直接支持下建立起来的，他们的经费来自科技三项费用、科技事业费和地方财政，大多科技基金经费有不同程度的增加。其三，中央领导同志直接关怀并指导科学基金工作。例如，今年在开展国家科学基金制诞生十周年和国家自然科学基金委员会成立六周年的纪念活动期间，江泽民总书记为“国家自然科学基金优秀成果选编”题写了书名，李鹏总理作了“成功的实践，显著的成绩”题词，党中央、国务院、全国人大和全国政协的领导同志温家宝、严济慈、卢嘉锡、宋健、王丙乾、谷牧等出席了纪念活动，温家宝发表了热情洋溢的讲话，新闻媒界进行了大量的报道。同时，有关部委和省市的领导同志也对他们的科学基金工作给予了大量的关怀与指导。最近，在温家宝同志的亲切关怀下，中共中央办公厅调研室正在对中国科学基金制的发展进行调研，目的是进一步完善发展具有中国特色的科学基金制。

2. 依靠专家、发扬民主、择优支持、公正合理”的评审原则。是科学基金工作不断取得活力和信誉的源泉

我国各种类型科学基金组织在借鉴了国外科学基金制的模式的基础上，结合我国国情，逐步建立了一套比较科学化、规范化的管理制度；普遍建立了有权威性的专家评审系统，坚持“依靠专家，发扬民主，择优支持，公正合理”的评审原则和保密回避制度；建立了一套比较适合我国国情的科学基金资助层次、项目类型以及相应的工作制度和管理办法；形成一批具有良好素质和工作作风的科学基金工作队伍，树立了“公正、严谨、一丝不苟和精打细算”的工作风范等等。因此评审工作的水平、质量和基金制的信誉不断提高。一个公正和高水平的专家评审系统已成为科学基金制不断取得活力和信誉的源泉，是科学基金制的根本依靠，是科学基金制不断取得成绩、做出更大贡献、显示良好前景的保证。

3. 科学基金制显示的优越性对广大科技工作者具有巨大吸引力

科学基金制的激烈竞争性，高水平的评审和获得基金资助的荣誉感，成为鼓舞科研人员，特别是中青年学者奋发向上、献身科学的一种动力，成为推动地方、行业科技进步和经济发展的重要措施之一。有关部门、省（市、自治区）以及受资助单位，利用科学基金的竞争机制采取了一系列激励措施，鼓励科研人员申请，促进有良好的科研素质和发展前途的科学工作者大量涌现，知名度不断提高。在一些受资助较多的单位、课题组和学者中，现已出现科研素质不断提高、获得经费渠道和数量不断增多、国际交往竞争能力不断增强等一系列良性循环。科学基金制对于稳定基础性研究队伍，促使中青年科技人才的成长和提高，特别在高等院校，对于促进教学与科研、理论与实践的结合，支持研究生制度，培养大批科技接班人，产生了十分深远的影响。科学基金制已使一批 40 岁上下的科学家成长起来，成为各分支学科的带头人，涌现出一批世纪之交的科技骨干和上万名优秀青年科技人才，源源不断向科技其他层次输送人才，从而有力地支持了科技主战场和高技术工作的迅速发展。因此，科学基金制对广大科技工作者越来越产生巨大吸引力。

4. 科学基金制的超脱、跨部门优势和粘合作用，有利于提高投入产出比，产生很好资助效果

我们各类科学基金在资助各类研究工作时，都从各自的特点出发，十分注意搞好与国家、地方和行业不同层次有关的攻关计划、星火计划、“863”计划和攀登计划的衔接，主动同各级重点实验室、开放实验室结合起来，把各方面科技工作拧成一股绳。还积极开展跨单位合作研究，与有关部门进行联合资助，把有限的人力、物力、财力捆在一起，形成综合优势，从而有效地提高了投入产出比。因此，尽管我们基金总额有限，但它的作用与效果，却远远超出它本身的价值。

三、中国科学基金研究会的历史使命

党的十四大提出的建立和完善社会主义市场经济体制，是一项艰巨复杂的系统工程，它为我国科技的发展和科技体制改革的深化提出了新的要求。我国科技发展的总体布局是要加快步伐，在业已形成的科技工作三个层次布局的基础上，“稳定加强一头，放开搞活一片”，推进科技系统的人才分流和结构调整。为此，国家已决定对基础性研究、高技术研究、重大工程建设和重大项目的科技攻关，集中全国优秀人才，保持一支能在国际前沿拚搏的精干队伍，重点武装各个学科领域达到国际水平和国内领先水平的研究机构，在科研经费、实验手段和其他物质条件方面给予充分保障，使基础性研究在世界上占有一席之地，从总体上形成适应新科技革命的纵深配置布局。这为持续稳定发展中国科学技术提供了政策保证，为完善和发展科学基金制提出了更新更高的要求，也为中国科学基金研究会提出了新的使命和任务。

从总体上说，我国科学基金制发展的规模、管理水平，以及各类基金之间的相互协调、配合等还处在不断完善和发展阶段。各类科学基金的发展和管理水平尚不平衡，科学基金制的法律地位和保障体系还未建立。建立中国特色的科学基金制的道路还是漫长的。

当前，科学基金制既面临建立社会主义市场经济的挑战，也迎来了社会主义市场经济提供的发展机会。在这种形势下，我们中国科学基金研究会作为全国性各类科学基金的群众性的学术团体，有责任先走一步，认真思考如何使科学基金制，更加适应社会主义市场经济条件下的科技管理体制的演变，推进科学基金制上一个新的台阶，把探索和建立中国特色的科学基金制理论体系、管理模式作为头等重要的历史任务。

我们今后工作的总的指导思想，是在党的十四大关于深化改革、扩大开放，建立社会主义市场经济体制的理论指导下，遵循党和国家有关科技发展战略、方针和政策，团结全国一切有志于科学基金制研究和探讨的人员，紧密结合我国实际，开展科学基金的学术研讨、经验交流、人员培训和咨询服务，探索和建立中国特色的科学基金制和科学基金管理科学，提高我国科学基金管理水平，发展和完善科学基金制。其主要任务可概括如下。

1. 开展学术交流活动

紧密结合我国实际，开展学术研讨和经验交流，开展科学基金信息交流。组织国内各层次、类型科学基金工作的经验交流和学术研讨活动，并在认真总结我国实施科学基金制的基础上，开展科学基金制的理论和机制的研究，为建立中国的科学基金管理科学做贡献。

2. 根据国家科技政策，对科学基金制的发展等问题积极提出建议，供有关部门参考

各类科学基金组织可以通过调查研究和各自的工作，配合有关单位，对新形势下一些科学技术发展政策问题，提出建议和措施。例如在贯彻小平同志关于我国基础研究在国际上也要有一席之地的思想，可研究“一席之地”的思想在科学基金制的实施中需要采取什么措施和办法？在支持学科发展、学术创新和培养青年拔尖人才方面，应采取哪些政策措施使科学基金制发挥更大作用?如何进一步探索科学基金资助工作与经济发展更好地衔接，发挥更大作用？科学基金制如何适应市场经济发展？如何建立科学基金制的法律保障，巩固改革成果等问题。如果我们能站得高一点，看得远一点，甚至考虑到下一个世纪，就有可能引出一些方向性的问题，为有关部门现在和今后完善和发展科学基金制的计划及规划，提出有重要参考价值的政策性建议。

3. 大力开展信息交流工作

中国科学基金研究会可以组织各种形式的，适合不同工作特点的科学基金管理人员的业务进修、培训，以提高科学基金管理人员的业务素质和管理水平；可以开展科学基金的信息收集、整理和交流业务，提供咨询，以提高科学基金信息的准确性、权威性和使用率，为发展科学基金事业服务；可开展与国外科学基金研究和管理组织的学术交流、理论研讨，以促进我国科学基金工作走向世界；可以编辑出版科学基金通讯、年鉴、文集等，发表会员的研究报告，宣传科学基金制的成果。

实践是检验真理的唯一标准，我们要在党的“十四大”精神的指引下，坚持从我国国情出发，实事求是，追求真理，勇于探索；在建设社会主义市场经济体系，加快改革步伐，推动经济发展和社会全面进步的伟大事业中，坚持科学基金制的正确方向，走出自己的路，建立一个从中央到地方，从官办到民办，既有分工又有配合，既有共性又各有特点，互相协调补充的中国科学基金体系；并根据各自的资助方向和重点，以及不同的管理方式，建立相应的理论，促进科技、经济的发展，为加快中国现代化建设，为21世纪中叶达到中等发达国家水平的宏伟目标，作出自己的贡献。

关于重大项目、重点项目工作的报告*

梁栋材

（国家自然科学基金委员会副主任）

一、科学基金三个层次的形成

1986年初，原中国科学院自然科学基金经费连同3000多项未完成的项目一起转入国家自然科学基金工作中，这就是自由申请项目的前身。在此基础上陆续发展了青年科学基金项目、高技术新概念新构思新探索项目和地区科学基金项目，它们与自由申请项目一起统称为面上项目。至1990年底，面上项目总共批准资助近16 000项，金额约5亿元。

面上项目是指在项目指南的引导下，科技工作者根据自己的意愿和条件，自发申请的项目。面上项目每年受理申请，组织评审，一般研究期限为3年，资助强度较低，平均每项资助约3.2万元。但是批准的数量很多，每年近3000项，涉及的面很广，几乎覆盖了所有的学科，从而稳定了一支近10万人（次）参加的基础性研究队伍。这就是科学基金面上项目层次。

科学基金重大项目来源于国家科委、国家教委、中国科学院推荐的一批综合性强、学科交叉的联合申请项目。“六五”期间，国家科委新技术局针对我国经济建设中的能源、化工、材料、生物技术等领域的重大科学技术问题，组织了20个跨学科、跨部门、跨单位联合研究的基础性研究项目，取得了很大的成果，得到了科技工作者的拥护和好评。1986年，经过认真总结、深化和分解，重新组织申请，被推荐到国家自然科学基金委员会来。当时先后还收到各部门推荐和专家建议的联合申请，为了适应这类项目组织管理需要，自1986年起设置了重大项目。

“七五”期间根据国家经济建设的需要、学科发展的趋势和国家科学技术发展规划的要求，在广泛征求专家意见的基础上，我们采取自上而下、上下结合的方式，有计划、有步骤地组织批准实施了84个重大项目，摸索出一套依靠专家科学立项、逐项严格评审论证和定期检查动态管理的组织办法。至1990年底按预定计划已全部完成了“七五”重大项目立项评审工作。

84个重大项目，批准资助金额约1.3亿元，平均每项资助额145万元。共含有565个课题，每个课题资助强度平均为21.5万元，实际强度约是面上项目的3—5倍。这些研究

---

* 1991年1月23日在国家自然科学基金委员会第六次全体委员会上的报告摘要。

按性质分类，属于基础理论研究的约占41%，属于应用基础研究的约占52%，属于基础数据的采集研究约占7%。

参加重大项目的研究单位近350个，研究人员达1万人（次），形成了一支老中青结合，学术水平很高，结构合理的研究队伍。

目前，84个重大项目进展情况良好，按计划最近将有15个项目结题验收。仅从执行过程中看，这批重大项目涌现出大量的成果。

除此而外，从1986年起，我们还设置了重点项目层次。“七五”期间的重点项目主要来自已获批准的面上项目。从中挑选一些处于学科前沿、近期内可望得到较大成果的项目，给予特别的扶植，提高资助强度、加强项目的跟踪管理。还有一些是根据边缘学科、交叉学科发展的需要组织起来的，或是把一些对学科发展极为重要的、内容密切相关的面上自由申请项目集合在一起组成重点项目。重点项目总计大约275项，从1986—1989年的统计表明，重点项目平均资助强度为8万元，约比面上项目高出1倍多。

几年来，根据我国基础性研究工作的现状，结合具体的国情考虑，我们把科学基金分成面上、重点、重大项目三个层次，给予不同程度的资助，充分适应了不同类型项目组织管理工作的需要，使有限的科学基金发挥出最好的效益。三个层次已取得显著的成效，对基础性研究稳定、持续、协调地发展，对培养人才、稳定队伍起了重要的作用。

二、“八五”期间重大、重点项目工作的设想

目前科学基金制的影响日益增强，科学基金项目的高水平和公正性，赢得了很高的声誉。但是我们也清醒地看到，工作中还存在不少的问题。对重大项目、重点项目的管理，如何总结经验，改进工作，一直是近两年来我们工作议论的中心。我们领导层进行过多次研究，广泛听取了委员会内外专家的意见，认真分析了各种因素，逐步明确了“八五”期间重大项目、重点项目工作的设想。

1. 继续坚持科学基金三个层次的资助格局

“七五”期间的实践，使我们越来越体会到，三个层次适应了基础性研究不同类型项目和科学基金组织管理工作的需要，符合基础性研究的规律和特点。

一般说来，基础性研究创新性、探索性强，自由度大，工作周期长，往往要坚持数十年才能有所成就，而基础性研究一旦取得重大突破，就将推动整个社会和科学技术的突飞猛进。基础性研究的成功在很大程度上依赖于科学家个人的素质。随着科学技术的发展，基础性研究还越来越多地表现出时代的特点，即向科学高度分化和高度综合的趋势发展，向组织规模社会化、集约化的趋势发展，向与经济紧密结合的趋势发展。

科学基金三个层次不同程度地反应出基础性研究的这些规律和特点。面上项目基于基础性研究探索性强、自由度大的特点，为广大科技人员创造充分自由探索的条件。它是科学基金项目中最主要的、基本的类型。它规模较小、数量较多，涉及面广，学科布局合理，几乎能覆盖自然科学领域的所有分支学科。

重点项目是在学科协调地发展，保持合理布局的基础上，选择某些重要前沿或优先发展的领域进行深入研究，希望尽快取得突破达到世界先进水平。重点项目学科性强，对各

个分支学科深入的发展有重要作用。重点项目和面上项目联系密切，很多重点项目就是建筑在面上项目多年探索的基础上。同样重点项目的深化和扩展，又可以为重大项目提供很好的来源。

重大项目适应了基础性研究对组织规模、集约形式的需要，以及自然科学高度综合而带来的多学科联合研究的需要，它还更多地反应出与经济紧密结合的特点。对一些亟待取得重大突破、投资多、周期长、任务性强、需要较大规模与综合多种学科的研究工作，组织重大项目是较好的形式。它对边缘学科、综合性学科的发展有较大的推动作用。

总之，科学基金三个层次具有不同的内涵。它们相互区别，又相互联系，彼此衔接，互为补充，在科研管理上形成了既有全面协调发展，又有纵深部署安排；既有在“项目指南”指导下的自由申请，又有计划与集中的局面。我们相信，“八五”期间继续坚持三个层次的资助格局，对于有效地运用科学基金，充分调动广大科技工作者的积极性，稳定持续地发展基础性研究将起到积极的作用。

2. 强化重点项目层次

“七五”期间，重点项目没有独立的经费渠道，致使执行过程中遇到一些困难，实际资助强度越来越低，从1986年平均每项资助25.3万元，下降到1989年每项平均资助4.65万元，已和面上项目强度相差无几。1990年停止了从面上项目挑选重点项目的做法。“八五”期间，首先经费要独立出来，从基金中划出适当比例，专门用于支持重点项目。其次，更新重点项目的概念，拓宽它的内涵，强调重点项目是侧重对学科发展前沿及优先发展领域的强化支持，不再是仅为了加强管理而设置。第三，制定一套适合重点项目组织工作要求的立项、评审、管理办法。第四，加强重点项目统一的规划和领导，把强化重点项目层次当作“八五”期间重点工作之一，各科学部明确责任、落实任务，共同搞好重点项目工作。

3. 重大、重点项目保持合理的经费比例和结构

“七五”期间重大项目84项，经费约占基金总资助额的20%左右，重点项目经费占总资助额的4%，而面上项目经费占总资助额的76%，这种比例和结构不适应重点项目的需要和发展。“八五”期间应该进行调整。必须使三个层次保持合理的经费比例和稳定的结构，才有利于科学基金事业顺利的发展。我们认为，在科学基金总额尚不明确的情况之下，“八五”期间重点项目暂按1.5亿元安排，重大项目暂按7500万元安排是适宜的，今后视科学基金总额增长，再增加重大、重点项目经费的投入。三个层次还应该维持一个稳定的正三角形结构。面上项目，量大面广，形成一个宽厚的基础；重大项目少一些，精一些，好象几把利剑，具有尖锐的锋芒；重点项目，承上启下，成为联系面上项目和重大项目的桥梁。

4. 提高透明度，严格立项程序，强化动态管理

为了完善科学基金的三个层次，经反复讨论，修改，委务会议批准了“八五”期间重大项目及重点项目立项、评审、管理暂行办法。这两个办法力求在各个工作环节上，按基础性研究自身规律办事，适应不同类型、不同层次的需要，充分发挥科学基金制的优越性。主要体现在：

（1）提高透明度、保持公正性。公正性是科学基金工作的生命线。公正性主要依靠一个学术水平高、作风好的专家评审系统来保证。同时规定凡已确定立项的重大、重点项目，都要以项目指南形式公布，接受定向申请。这种做法把重大、重点项目的组织工作，在全国范围内公开，使各部门、各地区、各单位有条件有能力的科技人员都可以参加平等竞争，无疑是提高了透明度，保证了公正合理。这种做法受到广大科技工作者的欢迎。

特别要说明，重大项目、重点项目采用的公布指南，受理申请，同行评议、择优支持，是科学基金的基本工作方法。几年来的实践证明，沿用这样的工作方法虽然花费较多的精力和时间，但却发挥了科学基金制的优越性，使有限的经费分配得更合理、更公正，充分调动了广大科技工作者的积极性。

（2）严格科学的立项过程。重大、重点项目成功与否，关键在于立项的科学性、准确性。无论是征集建议、调查研究，还是组织评议、筛选项目，都充分贯彻了依靠专家、发扬民主的精神。更重要的是强调了立项过程要在国家发展科学技术的方针、政策、规划的指导下，结合学科发展战略研究进行。这就把立项与国家经济建设和科学发展的需要结合起来，只有站得高，看得远，才能选得准。重大项目实行成熟一个，论证一个；而重点项目强调与面上项目同步安排，都由委务会议审批立项。不同的做法，既适应不同层次的需要，又保证了科学化、民主化的决策程序。

（3）强化动态管理。充分依靠专家，实行动态管理，对于保证重大、重点项目研究计划的正常实施，经费的合理使用，提高资助成效，促进出成果、出人才，有着重要的作用。两个办法中，强调要根据项目的执行情况，采取逐项跟踪、实地检查、定期评议等手段进行动态管理，对进展好的，给予表扬和鼓励，对差的给予批评和敦促。重大项目还进一步实行优存劣汰、有进有出、有增有减、浮动拨款的滚动式管理方法，充分发挥经济杠杆的调控作用。总之，要把择优竞争的机制引入项目的管理，使之贯穿全部科学基金工作之中。

5. 与国家重点实验室的建设紧密结合

“七五”期间重大项目与52个国家重点实验室的研究工作紧密结合，收到了很好的效果。我们认为充分调动国家重点、部门开放实验室科研队伍的积极性，发挥先进设备仪器的作用，利用开放、流动、联合的有利条件，可以大大提高国家对基础性研究投入的综合效益，也有利于做出高水平的研究工作。科学基金重大项目、重点项目要在择优的前提下，优先支持国家重点、部门开放实验室的工作。

三、1991年重点项目的筛选和重点项目指南

“八五”期间科学基金重点项目，拟组织300项左右，计划在3年内完成。1991年少安排一些，摸索些经验后再扩大，1992年预想完成大部分的立项工作，1993年基本完成300项的立项评审，以后视基金总经费增长情况，再酌量增加一些重点项目或增加资助强度。

重点项目每项平均资助强度为50万元左右，经费有限，要求目标集中，规模适中，队伍要精干，可以一个单位、也可以少量单位参加，重视学科的交叉渗透，但不强调跨部门、跨单位的联合研究。

重点项目管理办法规定，依靠各科学部在广泛征询专家意见基础上筛选建议，提出立

项，经委务会议审定立项后公布指南，并受理申请、组织评审。各科学部都十分重视重点项目的立项工作，以认真慎重的态度努力提高立项过程的透明度、提高征求意见的广泛性，使重点项目立项建筑在更科学、更公正的基础上。经过一年多的努力，现已批准了1991年83个重点项目的立项。

我们主要完成了以下几件事：

(1) 广泛征集科技工作者的建议。从1989年开始，各科学部利用各种形式，通过向专家发函，或利用学术研讨会，或利用90年度学科评审组会议，广泛征集建议。

(2) 明确遴选重点项目的指导思想。各科学部组织多次研讨，在国家中长期科技发展钢要和基础研究规划指导下，结合学科发展战略研究，逐渐明确学科前沿的重点和优先发展领域，以及遴选重点项目的指导思想。

(3) 组织专家筛选建议。重点项目的筛选是一个充分依靠专家、发扬学术民主的过程，各科学部均经过几上几下、反复地酝酿，前后共组织了上千名的专家、学者参加筛选工作。还有的科学部利用学科组评审会进行了投票和排队。

(4) 提出立项计划方案。各科学部将同行专家反复评议认可的、能够反映学科发展前沿需要和趋势的一些建议，按其重要程度提出分期分批的立项计划方案。将最为成熟、集中体现学术界共识的一批项目拟定为1991年立项，并于去年10月份向委务会议进行了第一次汇报，并进行了认真的讨论。

(5) 再次征求专家对拟立项目的意见。委务会议汇报之后，地球、化学、生命科学部又分别组织召开了学科评审组扩大会议，请一些学部委员、博士生导师和历届评审委员一起研讨，投票表决。

(6) 委务会议审查，批准立项方案。去年12月份连续召开七次委务会议，听取各科学部的汇报，并最终审查批准了1991年83个重点项目的立项方案。

(7) 编写1991年重点项目指南。按重点项目办法规定，批准立项的重点项目要以指南形式公布项目的名称、主要研究内容、关键科学问题、预期目标及课题设置情况等。

目前1991年重点项目指南已经发行。从公布的83年重点项目指南内容中，可以看出，这些项目，意义重要且较为成熟，许多内容来自面上项目，有多年支持的工作基础，有一些项目是“七五”期间重大项目有关研究内容的继续和深入。还有相当多的项目（约1/2）是与国家重点实验室的研究方向紧密结合。我们希望广大科技工作者涌跃申请，积极争取承担重点项目任务。我们也希望广大科技工作者继续提出建议书，以有助于1992年度重点项目的立项工作。重点项目的立项和公布项目指南均属首次，重点项目的申请和评审更需要进一步探索，衷心希望大家提出宝贵的意见和建议。

四、1991年重大项目的准备工作

“八五”期间重大项目拟组织30项左右，计划3年内分批完成立项评审工作。我们认为科学基金重大项目规模不宜太大，平均资助强度200万元左右，是符合国情，也适应基础性研究工作的需要。

目前重大项目的遴选正在积极进行之中。各科学部根据立项原则正在广泛征求专家意见，认真组织筛选项目，预想上半年完成“八五”期间第一批重大项目立项准备工作，届时将提交全委会审查批准。

为了搞好重大项目的遴选工作，我们将特别注意以下几点。

1. 坚持为国民经济建设服务的总目标，针对科学技术、经济、社会发展中的重大科学问题，组织多学科、跨部门、跨单位的联合研究

注意遴选在国内有较强的研究工作基础和优势、近期可望取得重大突破、达到国际先进水平的学科前沿性的基础研究项目，或具有重大应用前景，近期可能对科技、经济、社会发展做出优异成绩的应用基础研究项目，或以关系国计民生的重大自然科学问题为目标，发挥我国自然条件和自然资源特点，具有中国特色的基础性研究项目。

2. 认真组织跨科学部范围的重大项目

随着科学的发展，大规模、大范围内的学科交叉渗透已日益重要。很多重大项目的建议已超越了某一科学部的界限，需要跨科学部范围的协调和组织。“七五”期间由于重大项目经费完全采用按科学部切块的分配办法，不利于这类型项目的组织。“八五”期间重大项目经费除去按科学部分配的部分之外，将集中相当数量的经费，专门用于组织跨科学部范围的重大项目。

3. 认真做好“七五”重大项目的结题验收工作

“七五”期间 84 个重大项目尚在执行之中，从 1992 年开始，将有一些项目陆续结题验收。我们已于 1991 年通过了重大项目验收办法，重大项目采取专家评议方式进行验收。希望通过验收，检阅重大项目的研究成果和水平。验收不仅是对项目执行情况的考核，也是对项目组织管理的考核，也对制定“八五”重大项目规划有借鉴作用。基础性研究延续性很强，如何使“七五”重大项目的研究深入下去，哪些内容应该分流到重点和面上项目中，哪些内容将继续做为重大项目给予支持，都应在结题验收过程中逐渐明确。我们认为只有很好的完成“七五”重大项目任务的单位和队伍，才有资格获得科学基金的继续资助。

最后我还想讲一下国家科委委托的三个国家级基础性研究重大项目的组织实施工作。“八五”期间国家科委将组织 20—30 项国家级的基础性研究重大项目，已于 1990 年评审确定了第一批 12 个项目。目前这些项目分别委托中国科学院、国家教委和基金委员会组织实施。我们将按国家科委统一规定的办法，着手完成“高临界温度超导电性的基础研究”、“半导体超晶格物理、材料及新器件结构的探索”和“我国未来（20—50 年）生存环境变化趋势的预测及对策研究”三个项目的组织实施工作。

国家科委组织一批国家级的基础性研究重大项目，体现了国家对基础研究的高度重视，这将对科学事业的发展，对基础性研究工作产生重要作用，我们将竭尽全力协助国家科委做好各项委托任务。今后我们要进一步处理好科学基金重大项目和国家级重大项目之间的关系，加强协调，沟通信息，互相衔接，力争使重大项目布局更加合理、覆盖面更为宽广。

加强管理　为持续稳定发展基础性研究做出新贡献*

孙　枢

（国家自然科学基金委员会副主任）

国家自然科学基金管理工作会议，从12月16日至18日在北京召开。这次会议是在全国人民贯彻党的“十四大”精神，逐步建立社会主义市场经济体制的总形势下，为总结交流科学基金管理工作经验，表彰先进，提高认识，研究和部署全面加强管理的办法和措施，而举行的一次重要的会议。

现在我受委务会议的委托，对会议作一总结。

一、会议的概况与收获

我们这次会议开得很好。会议的时间不长，但内容很丰富，有会议本身的议题，也穿插一些其他活动安排，所有原订的各项议程均已圆满完成。出席这次会议的有高等院校和研究院所领导同志、各单位科学基金管理部门负责同志和管理工作人员350人。会议听取了国家自然科学基金委员会副主任胡兆森关于“深化改革，扩大开放，团结奋斗，把科学基金工作提高到新的水平”的报告和综合计划局局长袁海波“关于科学基金若干管理办法的说明”的报告。会议表彰了在国家自然科学基金管理工作中成绩显著的集体15个和成绩突出的个人107名，并表彰在国家自然科学基金地区联络网工作中成绩显著的网点3个和成绩显著的个人13名。

浙江大学路甬祥校长、中国科学院金属所叶恒强副所长、中国原子能科学研究院核物理所陈钟麟副所长、上海地区科学基金工作联络网组长、第四军医大学科研处、北京农业大学科研处等单位代表在会上作了经验交流报告，另有26个单位向大会提交了交流材料。会议进行了一天多的分组讨论，讨论中发言十分积极踊跃。中央办公厅调研室就“建设有中国特色的科学基金制”问题在会议期间召开两次座谈会，进行调查研究。会议期间还召开了地区联络网点会议和国际合作交流座谈会，布置了1993年度申请工作事宜。这次会议在各方面领导同志的关心下，由于全体与会同志的共同努力，已经达到预期的目的。

与会同志回顾了科学基金制十年发展历程，以对科学基金事业高度负责的精神，就加强和稳定基础研究、胡兆森同志的工作报告、袁海波同志的管理办法说明、加强科学基金管理以及落实各项管理办法等，进行了认真的讨论。大家赞成我们对科学基金制和基金委员会工作的基本估价，对基金委员会工作所取得的进展表示满意，对科学基金总经费以较大比例的增长表示高兴，同意我们今后加强、改进和完善科学基金管理的办法与措施。会

---

* 1992年12月18日在国家自然科学基金管理工作会议上的总结讲话。

议有利于推动科学基金制沿着深化改革、扩大开放的道路稳步前进，促进我国基础研究工作上一个新台阶。

会议（包括座谈会）还提出了许多意见和建议，大家的建议大致有两类：一是属于需要由上级决定的问题，对此，我们将积极向上级反映；二是属于科学基金管理工作本身的问题，对此，我们将分别不同情况认真对待，已在办的应使之办得更好，已在进行试点的应加快试点的速度，需要研究的会后将认真研究。

会议取得了以下几点主要收获：

1. 提高对基础性研究的认识

这次会议代表的大多数是从事基础性研究管理工作的，有不少代表现在还坚持研究工作，大家对基础性研究都很重视，一往情深。正如有些代表在讨论中指出的那样，基础研究的形势从来没有像今天这样好。在国家对科技事业三个层次的布局中，基础性研究占有重要地位，成立科技事业重要的组成部分。党的十一届三中全会以来，我国采取了一系列重要措施推动基础研究的发展，保证基础性研究持续稳定发展，已成为党和政府一项长期基本方针。当前，我国基础性研究工作已进入一个持续稳定发展的新阶段，国家为了实现“稳定一头”的方针，已经并将要继续采取重大措施。国家自然科学基金作为支持基础性研究的主要渠道之一，几年来得到国家财政拨款连续增长，今年增长了28%，预计“八五”后三年都有可能连续大幅度增长。但由于多种因素，要真正做到稳定一头，还会碰到一些困难。今后除了继续呼吁增加经费外，还应通过各级管理部门采取相应的管理措施和进行各种有效的工作，把科学基金管理好、用好，使有限的科学基金发挥更大的效益。大家对怎样“稳定一头”，开展了热烈的讨论，提出了许多好的建议。大家认为，我们的工作状况如何，将会直接影响到基础性研究的“先导、后盾、摇篮”作用的充分发挥。大家表示，我们一定要切切实实改进工作，把推进基础性研究，攀登科学高峰作为己任，不辜负党、政府、人民和科学界对我们的重托和信任。

2. 进一步认识到管理工作的重要性

大家认为，各单位领导的重视并采取相应的措施，是做好科学基金管理工作的切实保证。浙江大学每年得到的科学基金面上项目总金额稳定地上升，目前已居于全国第四位。该校每年都要召开一次“科学基金申请工作动员会”，对以住工作做出总结和评估，对今后工作提出要求和希望，而且经过认真研究，陆续制定了十二条重要措施，极大地调动了全校教师通过申请科学基金从事基础性研究的积极性。这些措施有利于稳定该校基础性研究队伍，使青年科技人才辈出，从而取得一批居于世界先进水平的研究成果。不少大学或研究所建立了四级或三级的管理网络，从开题申请到结题验收，充分发挥各级学术组织的作用。他们把申请科学基金不是单纯地看作是解决科研经费的出路，更重要是当作基础性研究瞄准前沿、立意创新、面向世界和参与竞争的好机会。他们认为，科学基金虽然只占本单位科研总经费的一部分，但是它对推动科技工作、培养人才，却有着深远的影响，对此作用不可低估。当然，各单位的实际情况会有这样那样的差别，因此在具体做法上可以有所不同，但是他们重视基础性研究，重视科学基金项目，主动积极加强管理的精神，是值得我们学习的。我们希望，所有申请科学基金从事基础性研究的单位，加强领导，采取措施，把科学基金管理工作做得更好。

3. 深切感到必须强化后期管理

科学基金制实行十年来，在如何选题，填写申请书，履行各项手续，做好评审工作，确定是否予以资助方面，国家自然科学基金委员会都已形成了一套比较稳定的办法，各单位也都有一套日趋成熟的做法。这些工作连同相应的办法都是十分重要的。但是从整个基础性研究全过程来看，确定研究课题，取得研究经费，组织好研究队伍，只能说是研究工作有了一个良好开端，而真正沿着原定研究思路，按照创新性探索性研究的要求往前走，还会出现许多问题，有待我们在后期管理工作中发现并解决。许多同志都有切身的体会，如果后期管理工作跟不上，原有选题的优势就可能逐渐减弱，严重的会导致科研队伍松散，浪费人、财、物资源。许多单位，采取对科学基金项目实行定期检查，经常深入到项目组中去发现问题，严格遵守科学基金项目的各项规章制度。注意发挥学科评审组专家对项目进展的学术咨询作用，做好研究项目的结题工作，对成果进行必要的评审，以及对结题后的科学基金项目进行跟踪等，都是加强后期管理的重要内容。我们希望通过这次会议，各单位的管理部门能在继续做好科学基金项目前期管理工作的同时，花大力气抓好管理办法中有关后期管理要求的落实，进一步探索后期管理的具体方法，把前后期管理融为一体，把我们的管理工作提高到一个新水平。

4. 集中精力研究了各项管理办法

10年来，随着科学基金事业的发展，我们逐步积累并陆续出台了各项管理办法，基本上满足了管理工作的需要。今年结合管理年，我们在征求意见的基础上，按照有利于科学基金项目管理，有利于促进基础性研究发展，有利于调动各方面积极性和有利于实际操作的原则，对各项管理办法进行全面修订，并制定了若干新的办法和补充规定，一共推出22种管理办法，现已汇编成册，供大家使用。这些办法是国家自然科学基金的基本规定，严格遵守这些规章制度，是受资助单位、受资助人员以及我们管理工作者的重要任务之一，也将是考察各个申请科学基金单位管理工作的重要标志。通过这次会议，大家进一步熟悉了各项规章制度，以便今后管理工作有章可循。大家也通过交流经验看到，凡是执行规章制度好单位，科研工作进展必然井然有序，成果累累；反之，不可能在攀登科学高峰方面做出突出的贡献。

二、抓好管理过程中的三个环节

科研管理工作是为科学研究服务的。科学基金管理工作者同样须具有献身科学的精神，热心地为我国基础性研究的发展服务。管理工作者的重要责任之一，是从管理的角度，及时发现研究工作中出现的问题，并及时解决问题。但是基础性研究工作在时间上延续性较长，探索性强，可变性因素多，同时基础性研究需要一个宽松、民主、有利于新思想产生和优秀人才脱颖而出的环境和条件，因此在管理上比较复杂。

这次经过修订和新出台的各种管理办法，考虑到这些特点，力求使管理工作符合基础性研究工作的实际和规律，因此，在管理过程中，都要全面加以贯彻和落实。例如财务管理办法非常重要，关系到科学基金的正确合理使用；再如评审工作，虽没有在这次会议上重点讨论，但它关系到择优支持的根本问题。对资助项目的管理，我们实行的是分类分级管理模式，即不同类型的项目在管理要求上既有共性又有不同：在管理工作中，基金委员会、受资助单位和项目负责人各有规定的责任、权利和义务，这在各项管理办法中均有详细规定，在此不再赘述。

这里，我仅就其中三个问题再补充一点意见。

1. 选题要抓住创新

基础研究重在探索，探索自然界的本质和规律，提高人类认识自然的水平和深度。它不同于其他科技活动的最根本之点，是在于不断创新和避免重复。20 世纪 50 年代以来，学科间互相渗透交叉，高新技术产业不断崛起，新技术革命达到了前所未有的程度。为了不断改进技术，对人类未知领域的探索提出了更高的要求。在这种历史条件下，世界范围内的基础性研究都在学科前沿拼搏。我国基础性研究在世界范围内要争得一席之地，更应在创新上下苦功夫，才有利于攀登世界科学高峰。

科学基金项目的申请评审工作都要强调项目的高水平，坚持创新、攀登的要求。创新是基础性研究的特征，是科学基金项目的灵魂，严格地说，如果失去创新，科学基金项目便会降低甚至失去存在的价值。我们在管理工作中将继续采取必要的措施，对首创性和创新性的项目加以保护，尤其是鼓励青年科学家努力创新的积极性；对新的学科分支和新的交叉学科采取必要的倾斜：鼓励对有科学根据的风险性项目进行探索。今后，为了保证创新性研究顺利进行，我们在提高平均资助强度的同时，提倡更大幅度地拉开资助金额的档次，对于创新性强的项目，应该保证有足够的资助强度。树立创新观念，当然首先要依靠科学家，但同时也得依靠各个受资助单位的管理人员，把创新意识贯穿在整个管理工作过程中。这个问题解决好了，我们科学基金管理工作，乃至我国基础性研究事业才有可能登上一个新的台阶。到了下一个世纪，我国的基础性研究就可能有越来越多的领域居于世界领先地位。

2. 抓好项目计划实施的中间性检查和信息反馈

科学基金项目批准、拨款之后即进入计划实施阶段。管理办法对重大项目、重点项目和面上项目的中间性检查，分别作了规定。这里着重谈谈年度进展报告。

年度进展报告上可传递的信息很多，除了通报项目进度外，还可及时报道已经取得的成果，对外合作状况，学术思路的可行性等。这些信息对于了解项目进展情况和相关的研究队伍状况，都是十分必要的。一份好的年度报告，贵在实事求是，成绩要讲够，表述要确切；即使没有进展，甚至已经失败，也应该及时提出。失败了的科学实验，同样也可以产生科学效益。多数单位和科学家对年度进展报告是重视的，但的确也有少数单位和科学家，在科学基金到位后，未能严格遵守有关规定，不认真做研究工作，不填报进展报告，即使填报了，也是草率行事，没有如实地报告项目进展的情况，给管理工作带来了困难。

我们要求各个单位的管理部门，对在研的科学基金项目，从抓年度进展报告入手，牢牢地把握好研究进度，凡是不按时报送年度进展报告，或者草率从事的，必须督促他们改正过来，否则将影响拨款，直至中止资助。

我们也要求各单位在掌握每个项目年度进展报告的同时，对本单位科学基金项目的执行情况，进行综合、统计、分析，认真填写管理工作年度报告。管理报告同样要求实事求是，它不是本单位所有在研项目情况的简单总和，而应该是经过综合分析，找出本单位基础性研究的走向，阐明研究工作中的新苗头和新思想，以及管理工作中的经验和教训，并对我们的工作及时提出批评与建议。这种管理报告，是我们加强宏观管理决策的依据，也是了解一个单位研究实力和管理工作能力的重要根据，对于扩大本单位申请到科学基金的可能性将产生潜在影响。

进展报告和管理报告，都是我们联系各单位和科学家共同做好管理工作的桥梁。希望大家共同努力，提高报告的质量，使后期管理工作上一新台阶。

3. 抓好结题验收

科学研究成果是科学基金效益的最终体现，也是衡量科研管理工作的重要标志之一。许多单位和科学家既重视研究成果，同样也把结题与验收工作看作是应尽的社会责任，是维护自已科学信誉的重要事情。但是也有少数单位和科学家，只注意研究成果的发表和出版，未能认真对待结题和验收，希望通过加强管理工作，改变这种状况。

项目结题和成果验收手续都比较简单。一般面上的科学基金项目，只要求提交 2000 字以内的研究工作总结以及相关的一些附表，对研究项目已经取得的科学成果以及整个研究过程等情况作出科学的表述即可。我们认为这类研究总结不仅是研究人员和所在单位向科学基金管理部门“报帐”，更应看作是向社会提供科学信息，包括出人才、出成果情况等重要环节，是每位科学家和科研单位应尽的社会义务。

我们已经注意将成果的验收与新的项目的评审挂起钩来。申请新的科学基金项目时，不仅要在申请书有关栏目上，说明原有科学基金项目的进展及其成果情况；在组织评审时还要参考原来资助项目的研究工作总结，研究工作总结对新项目入选的权重将会逐步提高。这样做，将前后期管理紧密地联系在一起。

这里还要强调研究成果的标注问题。目前这个问题仍然解决得不很好，有些项目的标注率很低。科研成果标注资助单位，不仅是国际上通行做法，而且对宣传科学基金，宣传作者本人和所在单位都有好处。根据现行管理办法，标注率低将影响对项目完成情况的评价，从而影响对新项目的申请。希望受资助者予以重视，受资助单位要认真把关、严格遵守有关规定。

三、重要的是建立一支高水平的科学基金管理队伍

10 年来，随着我国科学基金事业的诞生和发展，已经形成我国第一代科学基金管理队伍，据估计，专职人员可达数千人，可以说在科技界中已经形成了一个行业，成为我国科研管理队伍的重要组成部分，他们中间既有深蕴的研究背景、丰富的管理经验的老中年知识分子，又有一批富有理想、思想活跃、年轻有为的积极分子，他们都具有为我国科学事业发展献身的精神。在评审工作中能自觉贯彻十六字方针，在工作中善于学习，努力掌握学科发展的动向，在业务管理中兢兢业业地为科学家服务。这支管理队伍已经为科学基金制的发展作出了宝贵贡献。这次会议上受到表彰的只是其中一部分代表，还有一些同志虽然没有受到表彰，但也勤勤恳恳地做出了无私的奉献。今后，我们将继续做好管理人员的

表彰和业绩的宣传，请各单位领导和我们一起做好这项工作。

但是，科学基金事业毕竟是新兴的事业，我们基金委员会还缺乏足够的经验，工作还有待于改进，规章制度也有待于进一步完善，特别是要探索出一套符合我国国情的科学基金管理办法。今后重要的任务之一，是要采取各种方式加强对管理人员的培训，包括科学学、中外科技发展史、学科发展战略、科研管理的理论和方法、信息手段的运用，以至部分行政管理办法的移植等，这都是全面提高科学基金管理人员科学水平、业务素质和提高工作效率的重要内容。这方面的工作，国家自然科学基金委要积极创造条件，由内到外不断扩大培训的范围，逐步实现管理工作的科学化、规范化和计算机化。新成立的中国科学基金研究会将充分发挥学术团体的作用，通过学术交流，带动行业的整体水平的提高。希望各个单位也要结合各自条件的可能。让管理人员有机会在工作过程中，在学科知识、政策水平以及组织协调、综合分析能力等方面得到提高。为了达到这个要求，保持管理人员的相对稳定十分必要。得到科学基金多的大单位，他们的管理人员都比较稳定。每个单位都应当有与得到科学基金数量相应的管理人员，必要时应有专门的相应机构，以确保科学基金项目的管理工作落到实处。只有这样，到本世纪末，当我国的科学基金事业有更大规模发展时，我们将拥有一支人数更多、年纪轻、经验丰富，可以跨入 21 世纪的管理队伍，把老一辈科学家开创的科学基金事业不断推向新的阶段。

在这里，值得提出的是，地区联络网在过去几年，对于传递国家自然科学基金的信息，为当地各个申请单位服务，提供咨询，做了大量的卓有成效的工作。他们在比较困难的条件下，为发展我国科学基金事业做出了贡献。目前全国已成立了 32 个联络网，他们的工作实践，为探索具有中国特色的科学基金管理方式提供了经验。今后，希望各联络网在继续做好信息交流、咨询服务、代售代录等工作的同时，结合本地区的具体条件，积极开展工作，为普遍提高本地区管理人员业务素质，多做贡献。我们也将适当地增拨经费，继续加强联系，共同做好网点工作。

四、扩大宣传，重在落实

这次我们开了一个规模较大，内容比较丰富的会议，期望以此做为一个新的起点，把科学基金管理工作推向新的阶段。在这里我谨代表国家自然科学基金委员会，对各单位今年的基础性研究取得很大进展表示由衷的祝贺，希望有更多的科研单位在新的一年里，利用国家自然科学基金，在出成果，出人才，攀登科学高峰过程中做出新的成绩，这里我们提出几点具体要求，请到会的单位领导及管理人员和我们共同努力。

(1) 同志们回去以后，请把会议的主要精神连同一些单位加强管理的经验，及时向本单位的领导和全体科研人员汇报和传达，扩大会议精神的宣传面，内容应侧重在管理工作的重要性和相应的兄弟单位采取的具体措施，使这次会议的主要精神得以层层落实。地区联络网的组长副组长单位，请负责向本地区未能参加会议的单位传达。

22 个不同内容的管理办法，难免仍会有疏漏之处，今后当在实践的基础上再加以修订。但是，在目前情况下，必须严格遵照执行，并将稳定一个时期。请各单位回去后广为宣传，使得有关的科研人员人人皆知，特别要注意同过去办法的不同之处，要求大家自觉遵守。各单位在落实各项管理规定和要求时，当前可以先从组织项目申请，抓好项目中间检查和结题验收，以及贯彻新的财务管理办法入手。

（2）凡在研项目年度检查工作还未做完的单位，应抓紧进行；凡延期结题的项目应按规定提出申请报批；凡已临近结题的项目应及时办理结题手续和组织验收。

（3）从现在开始，请按这次会议精神做好明年度的申报工作。明年科学基金还将有较大幅度增长，但我们仍将继续执行“控制资助规模，提高资助强度”的方针，希望各单位严格把关，优选申报，以优取胜，申报金额要拉开档次，使明年的申报工作出现新的气象。我们期待有更多的具有创新性的申请项目报上来。

落实科技兴省战略的重要举措*

王　宏　民

（江苏省科委主任）

在全省上下学习贯彻党的十四大精神，以更大的热情投入改革开放大潮的热烈气氛中，我省自然科学基金已正式建立并同时成立省自然科学基金委员会，这是全面推进“科技兴省”战略，响应党的十四大关于在开发研究、高新技术及其产业、基础性研究三个方面合理配置力量的号召的一个重要步骤，也是鼓舞我省广大科技工作者在“面向、依靠”方针指引下攀登科技高峰的进军号。

一、建立江苏省自然科学基金是进一步落实科技兴省战略的重要步骤

“八五”期间是实现社会主义现代化建设第二步战略目标的关键时期，也是“科技兴省”战略进入实质性实施的奠基阶段。为此省政府决定设立江苏省自然科学基金，作为“八五”科技进步总体部署的组成部分，以深入贯彻科技是第一生产力思想，这是进一步落实“科技兴省”战略的重要步骤。

1. 建立江苏省自然科学基金，加强基础性研究工作是新形势下推进“科技兴省”的紧迫任务

随着现代科学技术的迅速发展，高新技术研究、基础性研究与当前经济建设、社会发展的关系愈来愈紧密，已成为推动当前经济发展的重要环节之一。在当今世界上，愈来愈多的事实说明，要在激烈的世界经济和科技竞争中赢得时间取得主动，必须注重基础性研究及应用基础研究。从科技本身发展规律看，基础性研究及应用基础研究是新技术新发明的先导，是科学技术发展的源泉，特别是在科学与技术日趋“接近”和“共鸣”的当代，基础性研究及应用基础研究的成果迅速推动着高新技术的形成与发展，开拓着前所未有的产业。十一届三中全会以来，我省经济持续稳定发展，科学技术水平的逐步提高也主要得益

---

* 1992年11月10日在江苏省自然科学基金会成立大会上的讲话。

于省委、省政府对科技进步，对加强基础性研究工作的重视，每年都保证10%的科技三项经费用于应用基础研究，有力地促进了科技、教育与经济的结合。90年代江苏经济要上新台阶，必须在继续重视开发研究、应用研究的同时进一步重视并加强基础研究及应用基础研究工作。要在增强综合科技能力上有一个新突破，简言之即“科技兴省”就必须先兴科技，充分发挥并利用我省科技、教育基础较好的条件，在已有优势的学科专业以及我省重大经济建设和社会发展密切相关的学科有重点地开展基础研究以增加贮备，为科技经济长远发展提供支撑和后盾，已成为新形势下使“科技兴省”事业长盛不衰的关键所在。因此，及时地将基础性研究作为新形势下增加“科技兴省”后劲的重要措施之一，进一步明确思路，加强纵深部署，密切同后10年建设目标和任务有机衔接，使基础性研究为社会发展、经济腾飞服务。

2. 建立省自然科学基金，加强基础性研究，是凝聚各方力量组织优秀队伍，实现“科技兴省”的重要环节

坚定不移地贯彻执行党中央“面向、依靠”方针，动员和吸引更多的科技力量奔向经济建设主战场，解放和发展科技第一生产力，是当前科技工作的主导方向。在这样的形势下，探索加强基础性研究与“面向、依靠”方针有机结合的形式，坚持“稳住一头，放活一片”的原则。根据江苏实际情况，面向经济建设主战场，对基础性研究的内容和研究方向进行全面部署，组织和团结起一支精干的基础性研究队伍，发挥其积极性和创造性，组织对我省科技、经济和社会发展有重要影响的、又反映前沿学科的基础性研究的攻坚战、保证有更多、更先进、更有水平的新成果、新技术、新发明源源不断地产生，已成为刻不容缓的事情。这就需要从科技工作全局的高度明确总体和阶段性奋斗目标及工作任务，制定统一的实施办法来加以组织引导。

正是基于以上考虑，受省政府委托直接领导，省科委组织有关部门及专家、学者经过较长时间酝酿，作了大量深入的调查研究，起草了《江苏省自然科学基金管理办法》和《江苏省自然科学基金项目指南（1992—1995）》，并几次邀请各方面专家进行讨论修改并征求意见，组织各有关部门多次磋商，反复修改，并最后报请省政府批准，初步形成一套较为科学合理、结合我省各项优势并便于操作的管理办法，基本上体现了省政府对科技工作纵深部署要求，现已颁发试行。

二、制定《办法》和《指南》的指导思想

江苏省自然科学基金是省政府设立的，每年拨款300万元，用于资助基础性研究的专项基金，旨在稳定和发展我省的科技事业，根据科技发展战略和经济建设的需要，重点资助既对我省经济、科技和社会发展有重要影响，又能反映学科前沿的基础性研究，为培养高层次科技人才、稳定基础研究队伍，进而提高科技创新和自主研究开发水平，增强科技实力和后劲作出切实有效的贡献，从而为稳步实施“科技兴省”战略提供保证。在制定《办法》和《指南》时，力求把握“面向、依靠”的基本要求，在工作布局的安排上坚持以组织优秀队伍解决关键问题、推进科技进步为导向，从科技工作全局高度对基础研究各方面各层次的工作进行统筹规划，合理部署，力求认真处理好几个关系。

1. 目前与长远的关系

从根本上讲，衡量科技工作成效最主要的标志是看科学技术是否促进了或在多大程度上促进了现实生产力的发展。科技工作必须重点立足于当前经济建设、发展市场经济这一主战场，促进科技为经济服务，这是“科技兴省”的战略要求，也就是制订《办法》和《指南》的重要指导思想。因此，基金在既支持那些针对我省自然条件、资源特点，对全省有普遍应用意义或能解决关键科技问题的研究，对已进行开发的技术成果作深入机理探讨的项目。例如，即便数理科学中也支持结合我省实际在学科交叉应用中实用性较强的研究，尤其是为高新技术发展提供新概念、新构思的探索性研究；同时，也根据科技经济的宏观规律和发展趋势，对未来的需要也给予高度重视，力求有预见性地从长计议，如对符合我省科技战略方向，针对中近期规划和计划目标的探索性研究的支持，围绕跟踪世界先进水平和增强发展后劲都作了相应部署，为迎接未来的挑战进行准备，为“科技兴省”的长期发展奠定基础。

2. 面向与储备的关系

省委省政府确定的“三个为主，四个加快。战略，以及沿江地区的开发开放、“二区一带”发展高新技术产业的高潮，都对基础性研究提出了更高的要求。基金在适应这种要求和为将来发展的储备上都作了统筹安排，本着“自由申报，专家评审，择优支持，公正合理”的原则，优先支持有利于高新技术发展和新兴产业形成，对我省“二区一带”建设起重大推动作用，对国民经济产生重大影响的项目，同时也鼓励具有我省特色的并反映世界先进水平的前沿学科的创造性、开拓性研究，力图做好规划，突出重点开展一些重要的研究项目，使有限资金发挥更大的作用，为我省发展电子信息、生物工程等高新技术产品提供更多的理论依据和技术储备。

3. 自主研究开发、发挥我省各项优势与开展国际合作、引进先进科学技术的关系

推进“科技兴省”必须立足于加强自主研究开发，不断提高自身科技能力，这是面对知识产权和国际关贸总协定变化新挑战的必然选择，但这并不意味着闭关自守，在新形势下，必须充分利用进一步改革开放的良好机遇，尽可能多地利用国外先进科技资源。基金力图紧密结合我省产业和科技进步的要求，支持那些工作基础好、实力强、经过几年努力可望取得重要突破并达到国际先进水平的学科前沿领域，确保我省基础研究优势。同时，鼓励在自主研究开发基础上的那些综合性强，跨学科、跨部门的联合研究和高层次的国际合作研究，以达到在更高起点上增强自主开发能力，加速科技进步的目的。

总之，省自然科学基金是我省为稳定和加强基础性研究的一项重大措施。基金项目的遴选，是以《“科技兴省”战略实施方案》为指导，同时必须符合《指南》条件的那些有较好工作基础，在预计时期内有可能取得重大突破的学科的前沿性研究；或能发挥我省地理、资源和研究工作特点的并具有特色的基础性研究；或具有重要应用前景，为我省经济建设所急需，国际上很活跃的高水平基础性研究等。

省自然科学基金实行委员会制，由省科委归口管理，基金项目由基金委员会下设的若干学科评审组评审、遴选，日常工作由基金委办公室负责处理。

三、努力创造条件，为开创我省基础性研究新局面而奋斗

加强基础性研究，勇攀科技高峰，是实施“科技兴省”战略促使我省经济上新台阶的需要，也是科学技术本身发展的要求，是历史赋予科技工作者的光荣责任。

1. 大力倡导尊重科学、尊重人才的良好风尚

基础研究是艰苦的探索性劳动，应该得到人们理解和全社会的支持。今天我们党和国家已经为我们创造了良好的攀登科技高峰的社会环境。深化改革、扩大开放，实施“科技兴省”更是创造了有利条件，省里公布实施了《江苏省科技进步条例》，以立法形式确立了科技进步在我省经济社会发展和精神文明建设中的特殊重要地位。《关于进一步解放和发展科技生产力的若干意见》即将出台，一系列结合各地实际的有突破性的政策措施相继落实，重奖科技人员正成为一种风尚，政府和社会正尽可能为科技工作者创造良好的环境以利于发挥他们的聪明才智，全体科技工作者要抓住时机，奋勇攀登。

2. 创造必要的科学研究条件

我省近期将加速建设国家重点实验室和15个科研开发中试基地，为科技成果转化为现实生产力提供有力手段。另外，在物质手段上，省基金委将从省自然科学基金中划出适当比例（暂定为10%），用以建立省自然科学基金公用服务事业，实行大型、通用仪器设备的共用制度，提高其利用率。同时为某些重要领域派员出国学习或开展合作研究尽量提供方便。

3. 加速造就一支精干的、具有创造力的、勇于攻关、敢于攀登的基础研究队伍

特别注意选拔培养学术带头人，并努力为优秀的年轻人才脱颖而出创造良好条件，使之在研究能力最旺盛时做出成绩。为鼓励发现和培养人才尤其是优秀青年科技人才，省自然科学基金将设立“基金项目导师奖”，奖励全力支持青年科技人员担任项目主持人或负责人的中老年科学家和专家学者。

四、抓紧时间迅速启动

当前正是全省上下学习贯彻党的十四大精神，加快“科技兴省”战略实施进度、认真落实各项改革开放政策措施的良好时期。会后我省自然科学基金工作将正常启动，年内资金、人员到位，并面向全省组织申报项目，申报受理时间为12月1日至12月20日，按“自由申报，专家评审，择优支持，公正合理”的原则，组织评审，抓紧启动实施并严格跟踪管理，力争在提高我省科技创新和自主研究开发水平，增强科技实力和后劲上取得突破。

同志们，世纪之交是我们各项事业飞速发展的时代，科技工作者肩负着振兴我省经济和攀登科技新高峰的历史使命。只要我们坚持十四大指出的正确方向，真抓实干，无论在广阔的经济建设主战场，还是在基础性研究领域，我们一定能创造更加辉煌的成绩，为“科技兴省”做出更大贡献！

加强基础性研究　增强技术进步后劲*

浙江省科学技术委员会
浙江省自然科学基金委员会

基础性研究工作，是科技发展的支柱、技术进步的后盾、培养人才的摇篮、现代文明的基石。一个国家如果不能吸取最新的科学思想，不能站在世界最新科学成就的高度上观察和研究问题，在科学研究方面缺乏实力，技术进步就会成为无源之水，国家也不可能实现现代化。

为使科学技术在经济建设主战场发挥愈来愈重要的作用，必须不断用新的科学思想、科学成就、科学理论来充实提高科学技术的实力，增强科技进步的后劲。为此，我省根据科技体制改革决定关于基础研究和部分应用研究工作要逐步试行科学基金制的规定，于1987年开始酝酿实行自然科学基金制。

1988年省政府批准设立浙江省自然科学基金，并拨款200万元（以后每年增为300万元，今年又增为400万元），资助首批申请基础和应用基础研究的项目。同年底，省政府又批准成立浙江省自然科学基金委员会，下设办公室负责管理工作。浙江省的自然科学基金管理工作开始走上轨道。

浙江省自然科学基金设立4年来，共受理申请项目2807项，申请经费达7747.1万元，参加申请的科技人员15 692人次。经过专家评审，共资助754项，资助经费1006.3万元，受资助的科技人员4784人次。另外，我们还对部分研究工作开展顺利，已取得较大研究成果的项目追加经费资助。在资助项目中，35岁以下青年科技人员为课题主持人的项目有125项，占总资助项目的16.45％；应用基础研究项目623项，占总资助项目的82.63％；农业基础研究共资助285.2万元，占总资助经费的27.35％。

现就我省自然科学基金工作的管理，初步成效和今后设想作一简要汇报。

一、基金管理工作

浙江省自然科学基金委员会是一个具有学术和管理双重性质的机构，具有独立法人资格，委员会委员由省政府聘任。为了慎重决策和充分发挥专家在评审、管理上的作用，基金委设立若干个学科评审组和同行评议专家系统。

科学基金申请项目的评审工作是在“依靠专家，发扬民主，择优支持，公正合理”的十六字方针指导下，严格执行三审（初审、同行专家评议和学科组评审）、一决策（委员会审核决策）制度，并注重省外专家和省内专家在评审工作中的互补作用。科学基金申请项目的同行评议是整个基金工作的关键，资助项目选择的科学性、公正性，在很大程度上依

---

* 1992年3月全国科技工作会议交流材料。

赖于这一工作。而一个地区由于某一专业的专家较少，为保证评议工作的科学性、权威性和公正性，从1989年开始，我们将申请项目聘请省外专家进行评议，取得了较好效果。学科组评审专家是由省内有权威、办事公正的科技人员组成，一般由二位专家主审一类项目，并强调学科组每一位专家要根据本省发展科技、经济的有关方针、政策，结合本省的实际情况来投票选择资助项目。

在经费分配上，我们实行“按比例，有倾斜”的办法，既使各学科获得协调发展，又能突出资助重点。所谓“有倾斜”，主要是指“三倾斜”政策，即向应用基础研究倾斜，向农业基础科学倾斜，向青年科技人员倾斜。同时，我们对本省的研究院所实行扶助政策。

为了提高申请项目的质量，充分发挥基层单位学术委员会的作用，我们对各单位的申请量采取按比例实行限额申报的办法，既提高了申报课题的质量，也减少了一些不必要的社会劳动。

由于我省基金数额很少，为了能相对集中抓一些重点项目，在资助项目的后期管理上，我们根据各项目的年度进展情况，对进展顺利，成果显著，意义重大，确有苗头的资助项目，在专家检查评议的基础上，给予追加经费支持，以逐步形成重点。

二、初步成效

自然科学基金的实施，提高了各单位对基础性研究工作重要性的认识，并制定了相应的措施来强化基础性研究。浙江大学为加强科学基金工作，制订了十大政策。政策规定，凡4年内二次获基金资助的，学校发给奖励证书和奖金；申请晋升高级职称时，是否承担基金资助项目将作为重要条件予以考虑；学校优先支持基金资助项目的对外科技合作与交流等等。浙江工学院则决定对获得基金资助的项目按一至二倍的比例给予经费匹配，同时在工作量计算、科研编制分配、分析测试仪器的购置等方面，给予优惠照顾。浙江省农业科学院在省科学基金的支持下，基础性研究项目在整个研究工作中的比例有明显上升。同时院本级也设立科学基金，给科技人员申请省基金提供预研条件。

我省实施科学基金制时间不长，大部分项目正在进行中，由于广大科技人员的努力，已有不少项目取得了较好的进展或成果，并发表了大量高质量的论文，仅1991年通过省科委组织鉴定的就有七个项目，有些项目已达国际先进水平。国家海洋局第二海洋研究所苏纪兰教授主持的“杭州湾水系界面对悬浮物质和污染物质迁移的影响研究”，发现杭州湾确有一股往西南的净流，为长江输出泥沙向杭州湾南岸迁移提供了佐证，湾之北岸排放的物质多则数10天要在湾内往返振荡，对该区排污口的设置和排放量控制以及突发污染事件的应急处理都有指导意议。浙江大学余滀教授主持的“极谱式针型氧电极研制“已成功地研制出超微极谱式氧电极，尖端直径只有1μm左右，使细胞水平氧分压的连续动态监测成为可能，达国际领先水平。浙江大学钱凯先教授主持的“螺旋藻蛋白工程”已获得一株优良品系，其蛋白质含量为50.30%，并发现这种螺旋藻含有铁SOD，具有重要的前景。浙江省农业科学院谢关林主持的“水稻细菌性条斑病种子带菌检测技术研究”建立了一种可靠的检测方法，解决了白叶枯病和细条病混发后种子检测的难点，实际抽样检测了稻种30多万斤，仅种子成本就挽回直接经济损失100万元以上，菲律宾国际水稻所准备将此方法编入1992年底出版的《稻种健康检测方法》之中。杭州大学徐阿柄副教授主持的“饲料大麦种子蛋白质的遗传改良”已获得4个高产、抗病的优良品系，其中杭90094小区折合亩产420.5公斤，比对照组（目前推广品种）增产58.2%。

自然科学基金制的实施，对稳定我省基础研究和应用基础研究队伍起到了重要作用，虽然资助强度不高，但确实起到了雪中送炭的效果，使高校和科研院所的一些优势学科和必要的研究工作得以继续下去。绝大部分科学基金资助项目得到了本单位的重视，获得了人力、物力和经费方面的大力支持，因此，科学基金也确实起到了“粘合剂”的作用。此外，科学基金对培养青年科技人才起到了十分重要的作用，4年来资助项目中，有博士后22人次，在读博士生141人次，在读硕士生777人次。

三、今后打算

1. 争取设立青年科学基金

青年是我们的未来，我们将采取有力措施培养青年科研人才，造就青年学术带头人。继续支持留学回国人员，允许在国外进修的科技人员提前在国外申请自然科学基金和青年科学基金。回国后组织实施。

2. 继续向农业科学倾斜

我省农业科学研究有相当长的历史，具有相当水平，农业科研和教育机构配套齐全，我们将充分利用这些有利条件，支持农业科学的基础研究，尤其要对水稻、蚕桑等方面的基础研究给予重点支持，使其处于国内外的领先地位。

3. 支持高新技术中的基础研究

发展高、新技术是我省经济振兴的重要途径，是改造传统产业的重要措施。要结合我省的具体情况，对生物技术、信息技术、自动化技术、新材料和物理科学中的某些有优势的学科给予重点支持，并创造条件争取得到国家更多的支持。

4. 继续支持我省的优势学科

我省有不少学科在全国有相当影响，我们将优先支持这些学科中的基础研究，为全省和全国作出贡献。

5. 实行滚动计划，逐步形成重点

我省自然科学基金制已实行4年，为有利于科技、经济和社会发展，我们将采用两种方法来形成重点，首先是从已经资助的项目中，选取成绩显著、达到前沿水平、具有潜在效益的项目，给于继续支持，逐步形成重点。二是有目标地选择一些跨学科的有重要前景的前沿项目，通过专家评审，在经费上给予较多的支持。

6. 不断地增加自然科学基金的投人，争取多渠道的经费支持

我省自然科学基金主要来自省政府拨款，1992年已达到400万元。今后，我们要继续

争取省政府逐步增加对自然科学基金的投入，以保证基础研究得到持续、稳定的发展。同时根据我省自然科学基金委员会章程规定，还打算争取国内外单位和个人的捐赠，获得多渠道的经费来源。

7. 积极开展国际合作交流

基础研究本来就具有国际性，开展国际合作交流是提高我省基础研究水平的重要措施之一。我们将在财力允许的条件下，与一些国家、地区和单位，尤其是科学基金组织在互利条件下就双方感兴趣的科学基金项目开展国际合作研究和学术交流。

发展行业科技基金会是促进我国基础性研究持续发展的重要改革措施

地震科学联合基金会

党的十一届三中全会所制定的改革、开放方针，给科学技术管理工作带来了深刻的变革，其中以科学研究拨款制度的变革影响最为深远，科学基金制正是这种改革的重要产物，目前它已在发展我国基础研究与应用基础研究工作中发挥着主要作用。

一、地震科学联合基金建立的背景与取得的成绩

1984 年，国家地震局地球物理研究所、工程力学研究所、北京大学、中国科技大学四个单位联合向国务院科技领导小组申请建立地震学联合科学基金，拟通过改革科研事业费拨款办法，探索基础性研究工作的体制改革。同年 9 月 11 日，科技领导小组正式批复四单位的联合报告，肯定了改事业费分单位拨款为基金制资助拨款的改革方向，决定成立地震学科学基金会，批准了基金委员会组成和一整套章程条例、管理办法、财务制度等。基金会始建之时，四单位仅筹资 159 万元做为基金会经费，在国家科委宋健主任、郭树言副主任等领导和国家自然科学基金会关怀指导下，地震科学基金会一度发展到 7 个单位的联合。1986 年底国家地震局把局内通过科学基金制资助基础研究的经费也投入了该基金，并同意将该基金会更名为地震科学联合基金会，经费总额增到 320 万元。地震科学联合基金会自 1984 年经国务院科技术领导小组批准作为科技体制改革试点，已历 8 年实践。基金会严格遵照党中央、国务院和国家科委有关发展我国科学基金制的各项指示和政策，坚持不懈地致力于巩固、完善和发展地震科学的科学基金制实施工作，建立了科学、公正、合理、咨询、指导和具有权威性的同行专家评议制度，充分有效地运用地震科学基金，稳定地促进着地震科学的进步与发展。

（1）截至 1992 年 5 月，基金会共收到地震科学基础性研究课题申请 3056 项，申请资助总金额 10 410.8 万元。经基金会组织专家评审，择优资助 1066 项；资助总金额 1973.7

万元，平均每项资助 1.85 万元。获得资助的课题负责人为 764 人，其中高级研究人员占 56%，中级研究人员占 35%，博士生及硕士生占 7%，其他占 2%。35 岁以下的青年科技人员占 11%(以上均按课题申请时情况统计)。国家地震局近 1/3 的高级研究人员获得过基金会的资助。

(2)据 1990 年的不完全统计，1987—1990 年获资助课题组在全国性期刊上共发表了明确标明地震科学联合基金资助的论文共计 526 篇，在国外学术期刊上发表的 14 篇，有 21 个课题以专著形式公开出版了研究成果。据中国科学技术情报所出版的《中国科技论文统计与分析》研究报告所载，1989—1990 年全国各类科学基金会（总计 46 个）分开发表的论文中，地震科学联合基金资助课题的论文数量 1989 年占第四位，1990 年比 1989 年增长了 1.25 倍，升至第三位（仅次于国家自然科学基金会和教委博士学科点基金)，增长率列第一位（见下表)。

1989 年（基金论文：5760 篇）				1990（基金论文 8187 篇）				
名次	基金名称	产生论文（篇）	占基金论文总数的%	名次	基金名称	产生论文（篇）	占基金总数的%	论文增长率(%)
1	国家自然科学基金	4513	79.59	1	国家自然科学基金	6312	78.33	39.7
2	国家教委科学基金	161	2.85	2	国家教委科学基金	243	3.01	50.9
3	国外资助	115	2.03	3	地震科学联合基金	124	1.54	125
4	地震科学联合基金	55	0.97	4	国外资助	122	1.51	6.1
5	福建省自然科学基金	34	0.60	5	福建省自然科学基金	80	0.99	86.0
6	山西省自然科学基金	28	0.50	6	国家开放实验室项目资助	73	0.90	

地震科学联合基金资助的一些理论成果达到了世界先进水平，受到国内外同行专家的重视与好评，不仅为国家地震局“八五”重点项目奠定了基础，而且为国家自然科学基金某些重点项目的立项和研究工作开展创造了不可少的条件；一些应用基础成果得到有关部门的进一步扶植，正在扩大试验或推广应用。

(3) 科学基金制较好地克服了低水平重复现象，使有真才实学的基础研究人员在科学基金的支持下脱颖而出。新当选的学部委员马在田、陈运泰、许厚泽、李钧、胡聿贤、马宗晋等的有关研究都是在地震科学基金的资助下开展起来的。地震科学联合基金资助项目还支持了一批硕士研究生、博士研究生和博士后人才的培养和科研工作。

二、地震科学联合基金会的管理体制与做法

地震科学联合基金会是由国家地震局负责管理的事业机构，其办事机构基金办公室则由国家地震局科技司代管，办公室人员中国家地震局行政编制 4 人，事业编制 1 人，这种体制较好地实现了政府发展基础性研究的职能和基础性研究事业具体管理工作的分离。根据国家基础性研究发展规划，通过基金会指南(主要依据是国家地震局基础性研究规划)和年度资助重点指南（主要依据国家地震局年度计划)，通知各有关单位组织科技人员申请，利用同行评议制度强化竞争机制，选择出既符合学科前沿发展，又适应地震科技发展当前

和长远所急需的，具备创新思想和特色的优秀课题予以支持，包括对优秀人才的扶植与培养。既稳定了基础性研究工作，又促进了基础性研究队伍的新陈代谢。地震科学联合基金会在实践过程中，形成的一套管理做法主要有以下几方面。

1. 建立严格的同行专家评议制度

地震科学联合基金会的同行评议制度由办公室形式审查、项目主任预审、同行专家通讯学术评审、办公室召开项目主任或学科评审组专家会议综合评审及基金委员会最高评审等阶段组成。严格的评审制度不仅保证了被资助课题的质量，对于被否决的课题也具有重要的咨询、指导价值。办公室和项目主任负责把同行专家意见反馈给课题申请者，不仅帮助了获资助课题研究计划的完善执行，而且对未获资助课题申请者修改申请书或重新选择研究课题及研究方案，也有启发作用。

2. 破除了部门、行业所有制界限，面向全国

地震科学联合基金资助课题的负责人分属全国86个单位，其中46个为非地震系统单位（高等院校占42%，地方地震部门与单位占9%，科学院及其他部门占49%）。确保这种面向全国的开放性资助活动，调动了分布在全国各部门各地优秀科研人才进行地震科研攻关的积极性，也促进了这些人才的成长。

3. 率先试行科研津贴制度

地震科学联合基金始建之初被批准在全国率先试行科研津贴制度，在一定程度上改善了从事地震科学基础性研究人才待遇条件，对稳定基础性研究队伍起一定作用。具体做法是：基金会每年按年度基金总额的3—5%提取津贴总额，然后依据基金会核定的各课题人月工作量分配。

4. 逐步增加基金资助形式

地震科学联合基金会于1988年就开始设立科学论著出版基金，分开资助全国地震科学基金研究成果论著的出版工作。已批准资助论著34本，一定程度上缓解了地震科学基础研究成果出版难的局面。后来又设立了地震科学青年科学基金和地方地震工作科学基金，前者以培养优秀青年学术带头人为主，后者以扶植地方基础研究优秀人才结合解决区域特色强的基础研究课题为主。

三、对发展和完善行业基金会的建议

1. 在加强国家自然科学基金会的同时必须大力加强行业基金

国家科学基金会是国家基础研究项目的组织者，对国家重要理论研究项目在立项、论证、确立项目负责人、组织实施等方面，能在全国范围内集聚科学家集体智慧，科学、民主、公正、合理地进行综合评审，调动全国各方面的优势力量，攻克关键科学难题，是我国科学基金制的主力。国家科学基金会应该重点组织跨学科、跨部门的综合科研项目，支持边缘科学的基础理论研究，使我国的科学技术研究不断开拓新领域，保证基础研究处于前沿水平。国家科学基金会还应重视经费额度大而行业或学科基金难以资助项目的组织，支持此类基础研究的深入发展。

根据中国的实际情况，基础研究分布在众多部门和系统，优秀人才的培养也分散在许多部门和系统中，基础研究所需要的大量观测资料、数据，作为基础研究的根基，也分别由部门和系统负责，许多世界范围共同关注的前沿科学难题，由行业主管部门牵头资助，通过大型国际合作计划（全球变化研究计划、岩石圈研究计划、全球灾害评估计划等），共同开展研究工作，这种国内外行业基金资助部门的良好配合已成为惯例，这是行业基金的优势，所以行业基金会应在部门管理范围内，着重解决所属学科重大基础理论与应用基础研究项目组织，充分利用部门中的已有技术设备，以及本系统中长期积累的基础性观测资料，使基础研究经费发挥最大的经济和社会效益。通过学科和行业的基础研究为国家重大基础研究项目开辟新的科研领域，使国家项目在开展攻关时已经具备一定的基础。

因此国家基金会与行业基金会之间是不同层次的统一科研体制，须各有侧重，相互促进与配合，共同发展与前进。国家基金会应指导各行业基金会的工作，牵头就政策、管理诸方面的问题，与各行业基金会进行商讨，制定科学基金发展的法规性文件，保证国家与行业基金的健康发展，率领众多行业科学基金会，开拓我国科学基金制蓬勃发展的新局面。

过去几年，国家自然科学基金已获得一定程度的加强，而行业性基金会基本上处于缺乏国家政策支持的局面，各部门与行业自由支配的基础性研究经费十分有限，因而此类基金的发展遇到多方面困难，建议国家在研究推动我国科学基金制的发展完善时，应包括强化行业基金的新举措。

2. 国家基金和各行业基金政策的统一性

目前，国家对基础性研究经费的投入逐年增高，国家自然科学基金会在“八五”期间经费投入将达 15 亿元，为此国家基金项目资助强度大，并制定了保证资助项目顺利完成的各项优惠政策，这对发展基础研究必将起到巨大的推进作用。但是各行业基金由于受部门管理限制，经费的投入和各项政策的体现与国家政策有很大差距，从事各行业基金的管理部门承受的压力很大，现在应该着手解决这一问题。

3. 各行业基金会之间的关系

随着科学研究水平的不断提高与向深度发展，各学科研究领域的相互交叉，相互渗透，不断演化和发展新的科学思路，是基础研究自身发展的重要一环。为了组织协调好各行业之间的基础性研究，应以中国科学基金研究会为主，建立相应的协调组织和工作机构。如采取行业基金联席会议的形式，讨论共同关心的政策性问题和联合资助一些项目的可能性，以利于发挥各行业基金的优势，以及成立信息交流中心，等等。

（1992 年）

高等学校博士学科点专项科研基金的特点与作用

高等学校技术基金办公室

1981 年国务院学位委员会召开第一次学位会议，与会的 103 名著名专家学者针对高等学校科技工作的形势和任务，由苏步青、张维教授牵头联名给当时的中央领导人写信，反映高等学校科技工作的主要问题和困难，中央对这件事十分重视，几位领导做了指示。1982 年国家计委、财政部联合提出“关于高等学校科学研究经费问题的解决意见的报告”对中央各部门所属 88 所重点高等学校增拨科研经费 2000 万元。姚依林副总理在当时的报告上批示：“教育部可能感到少了一点，但今年财政仍不宽裕，总是开始有了一些，以后如有可能，逐年考虑增加。”

随着科技体制改革的不断深入和高等学校博士学科点的增加，1985 年经财政部批准，该项经费改名为高等学校博士学科点专项科研基金（以下简称博士点基金），实行基金制管理，并成立“高等学校科学技术基金办公室”，设在国家教委，负责日常工作。博士点基金按理工、农、医药、文科四个口分口管理，国家教委负责对各口监督审查，并具体分管理工口。

一、工作情况

我们在组织博士点基金的申请和评审过程中，逐渐完善了工作程序，制定了《管理条例》，编撰了近 3000 条以三级学科为基础的《高等学校科学技术基金项目、成果评审学科目录表》，建立了按该《目录表》分类的近 2.5 万名副教授以上的专家库，编制了计算机管理系统，这些工作为建立科学、民主、公正的博士点基金管理制度打下了良好的基础。

博士点基金主要择优资助两方面的课题：

（1）学术思想新颖、有重要科学意义或重要应用前景的研究课题；

（2）促进学科间渗透，开拓边缘学科和交叉学科的研究，以及有利于发挥高等学校优势的跨学科联合研究的课题。

博士点基金审理工作的基本做法是“分口管理、限额申报、专家评议、择优资助、分年拨款、专款专用”。1985—1991 年共资助课题 5075 项，资助总金额 14 312 万元。

博士点基金管理严格，注重实效。经过几年来的实践和探索，我们逐步明确在日常管理中，要重点抓好以下三项工作。

1. 发挥基层管理职能，限额申报

基金办公室按博士学科点数、博士导师数的比例计算出各高等学校的平均经费数，并以它的 1.5 倍作为该校申报基金课题的当年经费限额，各校可根据限额，按照本校重点发

展的学科领域和人才培养规划，选择最有竞争力的课题提出申请。这样做，既能保证申请的质量，提高评审工作效率，又能与学校的科研工作、高层次人才培养及重点学科发展的规划相结合。很多学校对此十分重视，申报的课题往往经过系、校两级专家评审才能确定。

2. 充分依靠同行专家评议，择优资助

博士点基金课题的评审采取通迅评议和会议评审两种形式。理工口通常对每个申请课题选择5名三级学科内的专家进行通迅评议，回避申请者所在学校，邀请不同单位的专家评审（同一单位的专家最多不超过两名），尽可能使每位专家评审本学科的课题3—5项，以便进行比较。对个别评审意见分歧较大的课题，增加评议人数或进行复评分析，以保证评审的公正性、合理性。

3. 建立课题执行情况的反馈制度

在课题执行过程中，要求课题负责人每年年终填写《项目年度进展简表》；课题结束后，写出《项目工作总结》；学校将总结、成果材料汇总报基金办公室。对课题完成的质量，我们通过专家评审的方式进行检查。课题负责人再次申请博士点基金时，原课题的执行情况《项目工作总结》作为附件与新课题的《申请书》一并送同行专家评审，并作为重新申请课题的评价指标之一。正因为如此，学校管理部门对课题的后期管理十分重视；在督促检查的同时，积极帮助课题组解决实施过程中的一些具体问题。这样做，不仅可以使课题按期完成，也可提高课题的研究质量，增加课题负责人再次申请中标的可能性。

二、成效显著

高等学校担负着培养高级专门人才和发展科学技术文化的双重任务。博士学科点大部分集中在基础较好的重点大学，博士生导师结合培养高级专门人才开展科研活动，对于提高博士生导师的学术水平和博士研究生的素质，促进重点高等院校逐步办成既是教育中心又是科研中心，起到了一定的作用。

1. 大批研究生参加课题研究，培养了人才

博士点基金是在众多学术造诣较深的博士生导师中择优使用的有限的经费，而博士生又是一支长年流动的文化素质较好的优秀青年科技队伍，他们思想活跃，从事科学前沿的研究工作，成长必然快。在博士点基金的资助下，有91名博士后、1005名博士学位获得者、1292名在读博士生以及4188名硕士生参加了研究工作。博士点基金在培养高级专门人才的方面所起的作用是无法用数字来估量的。

2. 为发展我国基础研究和应用研究作出了贡献

我们对1987年度资助的1062项博士点基金课题进行了调查，执行情况良好，取得了一批科研成果和阶段性成果，有的已产生一定的效益。据统计，在国外刊物上发表论文1139篇，在国际学术会议上发表论文1178篇；在国内学术刊物上发表论文2912篇；在全国学术会议上发表论文1858篇。出版专著268部。计每项成果平均发表学术论文9.6篇。在被调查的课题中，已鉴定的科技成果305项，已获专利的28项，已推广应用的132项。有许多科研成果获奖，其中国家自然科学奖17项，国家科技进步奖21项。例如。北京大学姜伯驹教授主持的“低维拓扑学”开展曲面映射的研究，由于首创辨群方法，在不动点问题上取得系统的成果。西北工业大学凝固技术国家重点实验室周尧和教授负责的“块状非及微晶金属形成机制的研究”，是金属凝固学科前沿课题，具有极为重要的科学意义。该课题研究出的以悬浮熔炼玻璃净化和循环热相结合获得深过冷的新技术属国内首创，Ni-Sn和Ni-B-Si合金过冷度超过国外最新技术，他们以深过冷和急过冷相结合制备大厚度合金玻璃新技术，在国内外首次研制成功厚度达0.4—0.6mm的非晶Ni-B-Si和Ni-Nb合金。

2. 巩固、发展了博士学科点

目前，博士生的科研资料、论文印刷、参加学术会议的费用都很高，博士生导师招生的积极性因而受到影响。博士点基金为稳定高等学校博士学科点提供了条件，有些博士点借此站稳了脚跟，发展了学科建设，成为富于竞争活力的有优势的科研集体。例如，北方交通大学简水生教授1985年扫收了4名博士生，得到的第一份经费就是博士点基金，他说“当时我们身无分文，博士点基金无疑是雪中送炭，使博士生研究工作得以顺利开展，更重要的是启动了我们向高技术领域进军的步伐”。这4名博士生均取得了博士学位，而且做出了比较突出的成绩。简水生教授也提高了知名度，使他在光纤领域的竞争中连连夺标，科研工作进入了良性循环。

3. 扶持了新的有活力的研究集体

博士点基金不靠名气给线，实行优胜劣汰的竞争性拨款，使一些新的有活力的研究集体和以中青年为骨干的学术梯队有机会发展起来，博士学科点带头人逐步趋向年轻化，并增强了活力。1987年度共资助课题1062项（不含社会科学），66岁以上的课题负责人281人，占资助课题总数的26.5%；而1991年共资助课题582项，66岁以上的课题负责人94人，只占资助课题总数的16.2%。为了进一步搞好博士学科点学术梯队的建设，使那些优秀的年轻副教授有更多独立承担课题的机会，以提高他们的组织能力和独立研究能力，从1990年起，博士点基金划拨部分经费专门资助博士学科点中45岁以下的教授、副教授申请的课题。

三、存在问题

博士点基金设立以来，基金的经费增长缓慢，致使一些问题难以解决。

1. 影响博士学科点教师队伍稳定

自1982年实施《中华人民共和国学位条例》以来，我国先后批准了四批博士和硕士学位授予单位及其学科、专业和指导教师名单。与1982年相比，目前高校的博士学科点已由618个增到1770个，博士生导师由836人增到5364人，在校博士生由374人增到9587人，分别为1982年的2.85倍、6.39倍、25.6倍；但博士点基金到1991年仅增加600万元，增加20%（未扣除物价上涨因素），使博士生导师争取基金越来越困难。

2. 人才断层问题难以解决

据分析，1994年后，我国将有80%以上的高级科技人员达到退休年龄。因此，推荐、选择优秀年轻人才，造就一批新的学术带头人已是迫在眉睫的重要问题，高等学校留学归国和国内培养的优秀拔尖人才多数在博士学科点上，协助导师指导研究生。博士点基金经费不足，影响它在争取留学生回国服务和克服人才外流方面作用的发挥。

3. 重点学科难以发挥优势

高校的重点学科、国家重点实验室，具有许多优势，本应适当集中资金以支持他们培养具有国际水平的优秀人才，出高水平的科研成果，但由于经费不足，不得不低强度分散使用，重点学科优势很难发挥。

4. 非重点院校的博士生导师无法受惠

目前，博士点基金资助范围仅限于中央部委所属88所重点大学，而地方院校、部委非重点大学博士生导师都得不到基金的资助，影响了这些院校博士生导师发挥积极性。

（1992年）

轻工业科学技术发展基金工作情况及几点认识和体会

轻工业科学技术发展基金会

一、建立背景

1982年以前，轻工业部有一个科技司，同时有一个科学研究院。科技司行使政府部门职能，管方针、政策，同时管规划、攻关、科技外事等。科学研究院主要管理部直属研究所，具体是管研究所的人、财、物。1982年，科技司与科学研究院合并，命名为科学研究院，属事业单位，保留政府部门科技局的名称，编制145人，负责轻工业的全面科技工作及18个研究所的具体管理工作。由于机构庞大，政府职能与事业单位职能混杂，宏观与微观一揽子抓，导致大部分人的时间和精力都消耗在具体的微观事务上，而对全国轻工科技工作的宏观指导薄弱。显然，这种状况与轻工业的生产发展和科技发展的新形势极不相适应。

1988年7月轻工业部机关进行机构改革，同时对科技管理体系进行改革。根据国务院机构改革要"转变职能，下放权力，调整结构，精简人员"的指导方针，通过职能分解，将宏观和微观分开，形成一种新的科技管理模式。因而组建了科技发展司、中国轻工业新技术组织研究开发中心和轻工业科学技术发展基金会三个机构。科技发展司为政府机构，“中心”和基金会为事业单位，形成一个专门的新的科技管理体系。1988 年 12 月 6 日，轻工业科学技术发展基金会正式成立并开展工作。

二、运行机制

三个机构中，科技发展司主要行使政府职能，对全国科技工作进行宏观指导和管理。基金会主要组织专家对科技项目进行论证、评审、招标及科技发展基金的管理，并侧重抓明天、后天的技术储备。“中心”主要是开拓技术市场，加速科技成果的商品化，并接受委托承担科技项目的管理工作。

体制改革前，轻工业部的科技项目包括国家级攻关、开发项目及部级开发研究项目，统统由轻工业部科学研究院（科技局）一揽子管理，其中弊端很多，改革后，按照新的机构和职能，将原来对科研项目的一揽子管理，改为三段管理。即科技司负责制订轻工业中长期科技发展纲要，五年计划和年度的《轻工业科技发展项目指南》，为第一段。《项目指南》中，基金项目的招标、评标、定标由基金会组织实施。总的指导思想是试图将科技项目的管理从人治走向法治，引入竞争机制，面向社会，同时，依靠专家体系，力求体现对项目决策的三化、三性、三高，即：规范化、程序化、民主化；科学性、公正性、权威性；透明度高、水平高、质量高。通过专家体系确定项目指标、承担单位和投资额度后，汇总报科技司，这是第二段。然后，由科技司将基金会申报的材料按部有关程序审批后，委托“中心”组织实施，包括签订合同，检查执行情况，最后鉴定验收及部分资金回收，这一过程为第三段。成果鉴定后，由科技司组织推广，其中部分项目可由科技司委托“中心”继续开展商品化、产业化工作。

三、实施情况

轻工业科学技术发展基金会 1989 年开始受理基金项目的申请，组织评审、审定。4 年来，共接受申报项目 1422 项，批准资助项目 372 项，资助基金总额 2737.2 万元。平均资助强度 7.4 万元。批准的项目由“中国轻工业新技术组织研究开发中心”实旋，取得了较好的进展，有些项目已获得显著的社会效益和经济效益。如北京市第一轻工业研究所承担的《多头电脑刺绣机》基金项目，所取得的技术成果，及时应用于生产实践，该所先后为全国各生产电脑刺绣机厂家提供电脑刺绣机控制系统 1300 余套，电脑刺绣机自动编程系统 30 余套，磁盘输入系统 500 余套。直接创产值近 7000 万元，效益近 10 余亿元，节汇 6 千万美元，部分厂开始出口创汇。

类似这样的项目还有一些，有的产品替代进口，有的产品打入欧洲市场，有的产品已形成系列化，有的填补了国内空白，有的项目属国际先进水平。据统计，截至 1992 年底，已完成项目 104 项，总的讲，都取得了较好的经济和社会效益。

四、认识与体会

(1)基金制的运行机制发挥了专家群体的主导作用，提高了科技项目决策的科学化、民主化。实行基金制后，使科研项目由经验决策转向科学决策，体现了“依靠专家，发扬民主，择优支持，公正合理。”的原则，初步达到了规范化、程序化、民主化；提高了科学性、公正性、权威性；初步做到了透明度高、水平高、质量高的要求。

(2) 联合各方面的科技力量，为轻工服务。由于基金项目的申请面向社会，各大专院校、中国科学院、军工系统及其他兄弟部门均可根据《项目指南》提出申请，可以发挥他们的优势，为轻工业服务，如机构制造、自动控制、生物工程、有机合成等某些方面，都可以补充轻工业系统之不足，加速轻工业科学技术水平的提高。4 年来，轻工业部直属单位承担 157 项，资助金额 1330.2 万元，轻工地方单位承担 158 项，资助金额 1150 万元，轻工系统外单位承担 57 项，资助金额 387.7 万元，开展了平等竞争，比较好地调动了各方面的积极性。

(3) 科技基金发挥了“粘接剂”、“种子钱”的作用。基金项目在贯彻中长期科技发展规划，实施轻工业部技术改造重点项目与科技攻关、技术开发、技术改造、技术引进等方面起到了积极的作用，为这些项目做了前期准备。或取得阶段性成果后引来其他渠道的经费，为基金项目的深化，扩大规模，批量生产创造了条件。1992 年我们做了一个统计，有 19 个基金项目取得的阶段成果，被国家计委、国家科委选中，纳入国家“八五”攻关项目计划，获得关专题拨款 1469 万元，而基金资助仅 162 万元。另外，有 65 个基金项目，向轻工业部造纸、陶瓷、制盐、食品、皮革、模具、合成洗涤剂、家电、照明电器、感光材料、塑料等行业或技术领域（部科技进步十二条龙）倾斜，资助金额为 538 万元。这些项目的配套投入，要远远大于基金的投入，项目完成后的经济和社会效益将更为显著。以上说明，科技发展基金与其他经费渠道沟通衔接，起到了“粘接剂”、“种子钱”的作用。

(4) 促进了科研单位与工厂企业的结合。作为工业部门，在社会主义市场经济条件下，将科研成果及时的转化为生产力，是值得重视的问题。研究单位与工厂企业结合，是缩短科研周期，拓宽经费渠道，加速科技成果商品化的好形式。从 1990 年开始，在评审基金项目时，我们充分注意了这个问题。1990—1992 年由工厂企业承担或研究单位与工厂企业合作的项目共有 127 项，资助金额 1111.5 万元，分别占资助项目和金额的 56.6%和 63.8%，资助与自筹资金的比例大约是 1：1.5，大部分由工厂企业支付。

五、问题与建议

(1) 关于基金会的管理体制问题。概括起来，现行行业基金会的管理体制，大体可以分为三类：第一类，为独立建制，即具有独立的法人地位，独立的经济地位，独立的人员编制，独立的运行机制和独立的办公地点等。这类基金会一般由国务院或民政部批准。第二类，为相对独立建制，一般具有独立的银行帐号，独立的工作地点，独立的人员编制，专职或兼职的负责人，柔性结构的专家队伍。第三类，为依附性的建制，即基金会依附于某政府机构（部、委）或事业单位。另外还有一些行业基金，其机构设在部门的科技司由科技司兼管。对各类行业基金会，如何制订相应的条例，加强管理，使行业基金制的运行进一步完善，是一个亟待研究的问题。

(2) 关于基金来源问题。目前，轻工业科学技术发展基金的来源有限，与申请者的需求差距很大，4 年基金资助的项目只能满足申请数的 28.6%，资助的资金只能满足申请资金的 11.1%。基金的支持率很低，需要与可能相距太大。要增加基金的投入强度，除了要求逐年按比例增加国家拨款外，还要另辟资金渠道，就必须国家有相应的政策或条例加以规定。

(3) 关于其他经费与基金的匹配衔接问题。轻工基金项目，主要侧重应用研究，从技术成果到小试、中试、批量生产过渡到商品化、产业化、国际化，有一个与引进、消化吸收、技术改造等各方面资金有机衔接配套的问题，但往往由于渠道不同，很难协调一致，致使一些很有价值的成果，商品化、产业化的速度缓慢。

(4) 关于经费回收问题。对轻工业科学技术发展基金项目的资助，按项目性质和经济效益的不同，规定投入的资金要部分回收，回收率大体占年度总投入的 30%。回收的资金，专款专用，增加年度投入基金的基数，但目前看来，由于种种原因，回收较为困难。据统计，截至去年年底，我们应回收资金 263.6 万元，但只回收了 74.9 万元。因此，我们建议允许基金通过入股分成的形式进行投入，缓解基金不足的矛盾，同时可增加基金管理部门的造血机能和自我发展能力。

六、结束语

温家宝同志在国家自然科学基金会成立十周年庆祝会上指出：实践证明，科技基金制符合我国的国情，具有强大的生命力。进一步发展和完善基金制，对促进我国科技事业的发展具有非常重要的意义。通过我们轻工业科学技术发展基金会几年的实践，使我们深深体会到科技基金制对促进轻工业科技工作的开展，对振兴轻工业具有十分重要的意义。党的十四大明确指出，建立社会主义市场经济体制是我国改革的目标，当前要实现国民经济与科技发展战略的统一，同时，要按照社会主义市场经济的要求，进行科技、经济体制的综合配套改革，以保证科技、经济、社会的协调发展。行业基金会也要适应社会主义市场经济的新环境，加强基础研究与应用开发研究的联系，促进科技与经济的有效结合，加速科技成果转化为现实生产力。同时，要不断研究新问题，探索行业基金在改革开放，建立市场经济形势下的新模式，促进行业经济的发展。

兵器预研基金工作情况及问题

中国兵器科学研究院

兵器预研基金是国防科工委系统的行业基金之一，是为加强兵器科技应用基础研究和探索性比较强的应用研究工作，以确保兵器科技发展后劲而设立的。兵器预研基金工作主要依据是国防科工委颁发的《国防科学技术应用、基础研究暂行管理办法》和《国防科学技术预研基金管理暂行规定》。

中国兵器科学研究院在中国兵器工业总公司领导下具体负责兵器预研基金的组织实施。兵器预研基金支持的范围是：兵器行业应用基础研究和少部分探索性强的应用研究，重点支持对兵器行业科学技术发展有重大意义，具有先进性、独创性，一般在二三年内可以得到预期结果的项目及探索性较强的长远项目。兵器预研基金主要面向兵器行业确有科研优势并有利于研究成果进一步开发应用的高等院校、研究所以及科技工作者个人，同时也接受一些非直属单位的申请。

兵器预研基金已连续两年组织了申报工作，经兵器预研基金委员会严格审查，1992 年批准 71 个项目，1993 年批准 53 个项目，两年共计 124 个项目。其分布是，高等院校 92 项，占 74%；研究所 31 项，占 25%；工厂 1 项，占 1%。其中直属单位 121 项，非直属单位 3 项。两年共批准经费 620 万元，平均资助强度每项为 5 万元。

为了加强兵器预研基金工作，我们采取的主要做法是：

(1) 结合兵器科技工作实际，组织编制和颁发了《兵器预研基金选题指南》和《兵器科学技术预研基金管理条例》，作为组织管理兵器预研基金工作的操作依据。

(2) 认真组织兵器预研基金课题的申报、评审工作。我们理解，行业基金理所当然地要为行业的技术发展服务，衡量一个课题是否列项，一是看有没有新意，突出一个“新”字；二是看它的应用前景和对行业技术发展的推动作用，这是一个问题的两个方面。落实这一思路，我们体会最为关键的是抓好评审。对此，我们分三个层次进行；第一个层次是各申报单位必须按管理条例规定做好审查工作，第二个层次是基金办组织同行专家评审，最后一个层次是基金委员会审查并通过无记名方式投票审定。其中第二个层次的同行专家评审基本上按专业分类进行，我们采取了两种方式，申报项目少的专业用函审形式，项目数多的用会议形式。通过实践，我们感到会议形式效果更好些，因为在会议上，专家可了解申报的全面情况，便于从总体上排队择优，不象函审只能接触少数项目情况；同时会议形式便于专家交流有关情况，使评审标准易于统一和客观、公正。项目评审工作严格以选题指南为依据，贯彻竞争原则，，不照顾单位。

(3) 认真抓项目的跟踪管理，及时了解项目的进展情况和存在的主要问题。基金委员会主任、副主任多次参加项目的检查，深入基层了解项目的进展情况。了解到有的单位为支持基金工作采取了很好的措施，如不提或少提管理费；又如有的自筹资金，自立课题，为申请基金作超前研究；有的项目取得了较好的进展，如二〇九所的管状固体激光器使泵浦效率提高了 80%，使该所成为世界上有能力开展此类研究的少数单位之一。

(4) 为促进“八五”多出成果，考虑到各基金项目均采用分年度拨款的实际情况，实行“寅吃卯粮”的做法，对基金项目尽量提前做出安排。现预计“八五”期间所剩经费不多，全面组织申报工作已不现实，为此，我们准备今年下半年召开新概念兵器研讨会，从形成的重点发展方向上，年底有选择地发布一些定向课题，明年初即可发排完毕。

(5) 满腔热情地支持创新。对一些探索性很强、一时还看不太透的项目，没有采取简单否定的做法，而是先资助少量经费，进行论证，再确定是否立项。如“光学人工神经网络在兵器制导中的应用”、“钨丝集束穿甲弹技术”等都是通过论证，取得了较好进展而正式列项的。有的项目确实有价值，但要的经费太多，对此并没有简单对待，而是通过评审充分发挥专家作用，如限定阶段性，明确主攻方向，或简化实验方案，或更改材料消耗等，减少开支，实现立项。

我们遇到的主要问题有三个：

(1) 预研基金经费总额太少。现兵器行业预研基金每年约170万元，按现在平均每项5万元的资助强度计算，平均每年只能上34个项目。而兵器行业技术类别繁多。现分十二个专业组，这点项目显然是满足不了需要的。从这两年的申报情况看，科技人员特别是院校的教师申报基金课题的积极性很高，共申报568项，批准124项，批准数占申报数的21.8%，如果今后仍因经费原因，一些合适的项目上不了，必将严重影响申报积极性。我们深切感到，预研基金项目主要依靠专家把关，有一套严格的评审程序，能较好地把握技术发展方向，较好地贯彻平等竞争的原则，较好地排除低水平重复，在提高研究起点，培养和稳定科技队伍方面起着独特的重要作用，因而它是改革科研管理的一项有效措施。建议进一步加强预研基金工作，扩大预研基金在预研费中的比例。

(2) 预研基金项目资助强度太低。现在兵器预研基金项目的资助强度基本上是在现有科研条件下进行课题工作的直接消耗费用，谈不上收益。这从改革的角度，从建立社会主义市场经济的角度来看，是很不适应、很不完善的。当然，申报基金课题决不是为了收益，如院校教师将申报基金课题与培养研究生和自己的学术活动结合起来，同时能拿到基金课题，也是一种令人羡慕的荣誉，但是由于资助强度低，目前研究所的一些科技人员已不积极申报基金课题了，这种情况也值得重视。

(3) 预研基金管理是一个复杂的系统工程，除抓具体项目外，有必要进一步加强软科学研究。我们感到，目前选题指南满足不了需要，选题指南怎样体现方向性又不限制思路，怎样把超前探索与“育苗”有机结合起来，是值得认真研究的，并在此基础上指导选题指南的编写和修订工作。又如基金管理需要科学化、规范化，程序、表格要尽量统一，使各单位心中有数，又要避免过分繁琐，这些都需要结合实际认真研究。

(1992年)

联合资助　加强基础
促进工程技术水平的提高*

国家自然科学基金委员会材料与工程科学部
建　设　部　科　技　发　展　司

在当代科技发展中，基础研究、应用研究、技术开发几个环节相互渗透、相互促进，关系愈来愈密切。基础性研究成果转化为实际应用技术的周期日益缩短。在工程技术的发展

* 1992年3月3日在全国科技工作会议上的交流材料。

中，不断发现和提出许多理论问题、基础问题，需要进行深入研究。这些科学问题的解决，对工程技术水平的提高起着四两拨千斤的作用。基础性研究往往具有学科面广、难度大、科学问题复杂、难以收到立竿见影的效果等特点。产业部门由于需要面对大量工程技术上的难题，研究经费有限，又受到部门业务范围的局限，难以对基础性科学问题组织系统研究。国家自然科学基金委员会是支持基础性科学研究的部门，背景明确的应用基础研究是其支持的一个重要方面。使科学基金资助的研究成果，特别是工程科学的研究成果，在促进工程技术水平的提高方面发挥重要作用，是科学基金委员会十分关注的一个重大问题。鼓励产业部门和大中型企业，加强对基础科学的支持，也是自然科学基金委员会所关心的重要问题。

1986 年下半年，建设部与国家自然科学基金委员会商定了“联合起来，共同资助”的意向。1987 年初签定了“联合资助”协议，按照自然科学基金选题条件，双方共同组织评审，共同管理，申请、评审、管理办法按国家自然科学基金委员会规定办理。5 年来我们共同协商，密切配合，认真履行协议，联合资助工作进展顺利，共资助了 100 多个项目，投入 500 余万元，较系统地研究和解决了建筑环境与结构工程学科中的许多基础性难题，取得一批高水平的研究成果，其中相当一部分已被应用于工程建设或正在进一步开发，这对我国建设工程技术水平的提高已经和将要发挥重要作用，同时还培养了一批优秀的年轻科技人才。

大型现代化的高层、超高层钢结构建筑的建造，体现一个国家的建筑科技水平。由于我国在这一领域起步晚，建成的高层建筑多是利用引进国外技术。建设部、国家自然科学基金委员会，瞄准其中的关键科学技术问题，联合立项，汇集了国内不同部门的科技专家，面对明确的应用目标，把基础研究、应用研究紧密联系起来，投入 46 万元研究经费，经 5 年艰苦努力，在“高层钢结构空间框架稳定分析”、“厚板残余应力”、“地震作用下的非线性分析”、“框架支撑结构静动力分析”等研究方面获重要进展，共取得 12 项基础性科学研究成果、16 项应用性研究成果；并在此基础上编写出《高层建筑钢结构设计与施工规程》建议稿；完成了以北京国贸中心主楼为对象的试设计和以长富宫主楼为对象的制作安装技术总结。这些科学问题和关键技术的解决，结束了我国依赖国外技术设计施工高层、超高层建筑钢结构的历史。

把人工智能科学引入工程建设领域，是建筑环境与结构工程学科的一项世界性前沿课题。“七五”期间，国家自然科学基金委员会会同建设部、交通部、铁道部、冶金部、国家教委、国家地震局、国家环保局等确立了联合资助的“工程建设中智能辅助决策系统研究”重大项目，投入 300 万元，集中了中国科学院、高等院校和有关部委的研究院所的建筑环境、结构工程、知识工程、计算机软件等学科领域的一批优秀专家，以工业部门的需要为目标，以基础性研究为主线，开展了计算机推理、知识库结构、知识提取等规律的研究。经 4 年努力，完成专著 7 部，在国内外学术刊物发表论文 200 余篇，收入国际国内学术会议论文集的有 200 余篇；研制出 20 余个智能决策系统，其中“城市现有建筑物灾害预测与防御对策系统”、“单线铁路技术改造决策专家系统”、“建设工程成本预算和快速投标报价专家系统”等已投入实际运用。我国科技工作者在短期内取得的这些成就，引起国外同行的关注和尊重，课题组专家已有 5 人次受邀到美、欧、原苏联讲学；权威性国际组织“国际桥梁与结构工程学会”(IABSE)，已决定 1993 年在中国召开“土木工程知识系统”学术年会。在研究工作中，还造就了大量人才。培养博士后4名、博士生20名、硕士生125名、学士100名，破格提升高级科技人员16名。

1988年11月澜沧-耿马地区发生了7.6与7.2级的双主振型地震。国家自然科学基金委员会会同建设部、国家地震局联合资助并组成了两个科学考察组，及时进入地震区进行监测和考察。记录到了80多次余震，其中11月30日记录到的6.7级强余震波，是我国取得的幅值最大、波形完整的强震记录。它为研究近场地震及建筑物的抗震设计提供了难得的科学资料。联合科学考察确定的地震烈度等震线分布图，城乡建筑结构物与生命线工程系统的震害统计与震害机理，震后地貌形态破坏的分析研究，地震波传播与衰减规律，山地近场地震波的频谱分析等资料与研究成果，为我国政府的抗震救灾布署，为国际性救灾支援活动提供了科学依据。

在经济起飞的过程中，城镇发展常常造成滥用资源和破坏环境的严重后果。为克服这种局面的一再重复，探求我国沿海开发的良性途径，建设部和基金委还联合资助了胶东地区沿海经济区的建筑环境规划与风景资源保护的系统研究。这一研究以荣城市地域为例，从基础资料的收集入手，对荣城地区的海岸线、淡水资源、风力资源、海产资源、风景资源、农业资源等作了深入和全面的调查，利用现代的遥感与计算机系统分析方法对荣城的建设方针、风景与海洋资源、建筑形态、风物、交通规划作了科学的论证和研究。这些研究成果将对类似于荣城地区的沿海经济开发区的经济发展、城乡建设提供科学依据。这一研究工作吸引和组织多学科领域专家围绕同一目标共同工作，探讨了建筑学、规划学、地理学、海洋地质学等学科在近代科学研究中交汇与交叉发展。

大跨度空间结构的稳定性与极限承载力的研究，既是我国工程建设中急需解决的课题，又是国际上在本学科领域内的前沿性课题。其意义是可以较大幅度（20—40%）地节省钢材和建筑材料，降低建筑成本。国家自然科学基金委员会与建设部联合资助了中国建筑科学研究院、同济大学、浙江大学等高等院校的专家提出的20余项课题研究，发表论文50余篇。其中，网壳的非线性计算分析方法，组合网状扁壳、圆柱网壳的内力分析和试验，膜皮空间结构体系的研制开发，网格结构的自动化分析和优化设计程序的研究成果都具有国际水平。部分成果已在建设中应用，取得明显经济效益。同济、浙大、东南、河海四校的联合研究成果获国家教委科技进步一等奖。

高强砼是当前砼技术发展的一个主要方向。大量实践表明，高强砼的合理应用，会带来良好的技术经济效益，并能带动砼平均技术水平的提高。高强砼在我国工程建设中没有广泛的被采用，主要是没有一套科学的标准和规程，缺乏必要的高强砼基础理论研究。本课题系统地研究和测试了C60—C80高强砼的基本物理力学性能及其参数，系统研究了配筋高强砼的构件、性能，包括正截面、斜截面、局压强度、抗裂性能以及框架柱、梁节点和剪刀墙的抗震性能等；提出了计算公式和克服砼脆性的构造措施，同时还成功地提出了常规工艺配制高强砼的成套技术；在国内外首先开发了矿粉增强剂，流化保塑剂，载体流化剂等新产品，并从机理上进行了研究。本课题在此研究基础上，提出了关于高强砼结构设计与施工的建议，部分成果已在实际工程中应用，取得了明显的综合效益，为在我国应用高强砼开辟了一条新的途径，提供了可靠的理论依据。整体研究水平处于国内领先地位，有些方面具有独创性，达到了国际先进水平。对促进土木建筑领域的技术进步具有重要意义。

除此之外，我们还联合资助了一大批面上项目，这些项目几乎涉及到了建设系统的所有领域。从总体上讲，它们目标明确，内容完整，技术路线既符合国情又较为科学合理，研究成果具有良好的应用前景。

概括起来讲，联合资助的基金项目既有重点，又有一般，做到了点面结合、重点学科与一般学科结合，既有深度，又有广度。

联合资助的形式受到高等学校、科研院所专家的很好评价，认为这是加强工程科学基础性研究、促进成果适时转化、提高工程技术水平的一个好方法、一条好途径。其优点是能够把有限的资金捆在一起，有"1+1大于2"的作用，有效地提高了产出/投入比；基础研究、应用研究和工程背景紧密挂勾，目标明确，减少了中间阻尼，能使研究成果迅速转化和应用；利用自然科学基金委员会跨部门、跨行业的优势，能把隶属于不同部门的优秀科技专家组织起来，把国内有关单位的实验条件联合起来，形成综合优势，因而能取得高水平的研究成果；选题能兼顾学科发展，国家需要和科学家洞察能力，准确，科学，一举数得，各方满意。

我们在总结"七五"工作的基础上，"八五"期间将继续发展完善联合资助的渠道，将工作推向新的水平。

总结经验　加强管理

——航空科学基金五年工作小结*

航空科学基金第一届理事会

一、航空科学基金的设立

航空科学基金的设立既是科技体制改革的产物，也是航空科研发展的需要。

1985年3月中央在科技体制改革的决定中指出："对基础研究和部分应用研究工作，逐步试行科学基金制。"并首先在科学院试行科学基金制，随后决定设立国家自然科学基金。不是通过行政渠道，而是通过竞争和专家评审，对基础研究和应用基础研究实行基金资助。

在航空科研领域，从1980年开始了有计划的预先研究，随着型号发展的需要，预先研究项目主要集中到与型号应用密切相关的应用研究上，对基础研究和应用基础研究的投资逐渐减少。因此，就存在着型号发展和应用研究缺乏基础和"后劲"的危机。

由于上述两方面的因素，原航空工业部决定设立航空科学基金，并于1985年11月成立第一届基金理事会。由理事长、副理事长、理事等共24人组成，下设基金办公室，作为理事会的常设办事机构，行政关系挂靠在六二〇所，现有工作人员6人。

---

* 本文为1991年5月30日航空科学基金第一届理事会工作小结的一部分。

二、第一届航空科学基金理事会的主要工作

（1）制定基金工作的制度和程序，建立管理数据库，初步使基金工作走上制度化、科学化管理的轨道。

（2）制定“航空科学基金项目指南”。“指南”的目的是引导基金课题的研究方向，使其主要针对基础性和应用基础性的研究，针对学科发展的前沿和航空科技发展的薄弱环节。

（3）组织审批航空科学基金项目。航空基金项目每年办理申请一次，按照“依靠专家，发扬民主，择优支持，公正合理”的原则进行评审。先组织同行专家进行书面评审。在此基础上由理事会进行审批。

从1986—1990年，基金接受申请的项目共2044项，申请金额共8616万元。批准资助的项目共788项，批准资助金额共2190万元。申请项目的中选率为39%，项目平均资助强度为2.77万元。

（4）开辟“青年基金”项目。青年是航空科技发展的希望。为了给青年科技人员创造更多的条件，培养他们的成长，从1989年起试行“航空科学青年基金”，每年批准约10余项。青年基金的设立不但受到青年人的欢迎，也得到中老年科学家的赞许。

三、航空科学基金的初步成效

1. 基金制深化了科研体制的改革

（1）打破了行政和部门安排的框框；

（2）引入了竞争机制，激发了科技人员奋发进取的积极性；

（3）提高了科研经费使用的效益。

2. 加强了基础性和应用基础性研究

实施航空基金的五年，基本上扭转了基础性研究逐渐萎缩的趋势，给航空科技的长远发展打下了良好的基础。这类与型号发展应用没有紧密联系，而对航空科技发展有重要和长远影响的课题，如无基金的支持，是很难得到稳定的发展。

3. 促进了人才的培养

据1986—1990年的不完全统计，参加基金研究工作的硕士生有1124人，博士生299人，博士后17人。而且研究的都是水平比较高的和带有探索性的课题，由此可见基金对培养人才的重大作用。

基金不但对在读研究生的培养起作用，而且对科研人员（主要是院校的教师）水平的提高也起很大的作用。5年内参加基金课题研究的科技人员共3943人，通过基金项目的研究，也使他们自己的研究能力和水平有很大的提高。

4. 提高了院校的科研水平

航空院校在航空科研中占有主要地位，对航空科技发展起着先导作用。航空基金项目的85%集中在各航空院校，这就保证了院校能跟踪世界先进科技的发展，在航空科研中起带头作用，提高了院校的学术水平，促进了科研与教学的结合，也有助于教师的培养和提高。

5. 初步成果

至1990年底，基金课题已完成253项，占5年总项目的1/3，详见右表。

发表论文	会议	国际	189
		国内	475
	刊物	国际	125
		国内	507
	其他		88
	待发表		273
专著			9
合计			1666
研究成果	已评议鉴定		46
	待评议鉴定		16
	已推广		4
	专　利		7
	待申请专利		3
合　计			76
获奖成果	部级科技进步奖		9
	其他科技进步奖		4
合　计			13

四、存在的问题

1. 基金的资金不足

当前基金的一个主要问题是资金不足，因而存在以下问题：

（1）每个项目资助金额太少，仅2.7万元左右，影响研究工作的深度和广度。

（2）支持的项目不够多，基金申请项目的中选率只有35%左右，许多有价值的课题得不到资助。

（3）无法支持有重大意义需要资金较多的项目。也无法开展对国际交流工作的支持。

“七五”期间，基金每年经费平均500万元，仅占预研经费的4.3%左右。我们希望在“八五”期间能提高到6—7%，即每年达到700—800万元。

2. 坚持基础性和应用基础性研究的资助方向

“七五”期间，基金项目研究性质的分布如下：

研究性质	项　目	比例（%）
基础研究	85	10.8
应用基础研究	555	70.4
应用研究	148	18.8
合　计	788	100

总的说来，五年来基金支持的方向基本上是正确的。今后除继续坚持和加强基金支持的方向以外，还应特别注意支持学科发展的前沿和热点问题，以及有新思想、新概念、新原理和新方法的课题。

3. 进一步加强基金管理工作

（1）提高同行专家评审的质量。更新和补充专家库，增加邀请非航空院校同行专家进行评审，研究对每个项目如何聘请最合适的评审专家，对评审专家进行资金资助方向的说明等。

（2）加强基金成果的后期管理，制定必要的制度和措施，宣传和通告基金成果，促进成果向应用的转化。

（3）加强基金办公室的建设。基金办公室的工作总的说来是细致、努力和有成效的。目前主要的问题是专业不配套，人手不足，急待加强。

深化科技体制改革　搞好地质科技基金
——地质行业科技基金五年工作回顾

地质行业科技发展董事会

科学基金制是适应我国科学事业发展的需要和科技体制改革的产物。1985 年中共中央关于科技体制改革的决定中，明确指出“对基础研究和部分应用研究工作，逐步实行科学基金制，设立国家自然科学基金会和其他科学技术基金会，根据国家科学技术发展规划，面向社会接受各方面申请，组织同行评议，择优支持。”1986 年国务院决定建立国家自然科学基金委员会。为了深入贯彻中共中央关于科技体制改革决定，进一步推动地质科技体制改革，更好地引导地质科技工作面向国民经济建设和地质找矿，促进地质科学事业的发展，1987 年地矿部党组决定建立地质行业科技发展基金委员会。明确指出地质科技基金是国家自然科学基金的补充，是沟通基础研究与技术开发的桥梁，地质科技基金逐步面向地质行业科技工作，重点支持应用研究，主要是通过同行评议择优支持，保证重点项目和重要领域的发展。

一、地质行业科技基金资助情况

地质行业科技基金成立 5 年来，有效地开展了工作，建立了一整套行之有效的管理制度，保证了依靠专家，发扬民主，公正合理，择优支持方针的贯彻，使基金工作顺利进行。5 年中，地质行业基金共投入 900 万元（实际已资助 924 万元），进行了 3 个年度的项目申请、受理、评审、资助和 4 个年度与国家自然科学基金会的联合资助。从 10 057 位科学家提出的 1439 项申请中，评审、筛选出 375 项予以资助，使 2415 位科学家在地质行业科技基金支持下，发挥着重要作用。

地质行业科技基金会的成立，受到国家自然科学基金会的热情支持和指导，及时沟通信息，相互支持，从 1987 年开始，两个基金会就采取了联合资助的形式，资助一些共同关心的课题。

通过联合资助：

(1) 提高了地矿部所属单位在国家科学基金中受资助比例。

(2) 5年来通过联合资助形式，吸收了国家自然科学基金241万元，共同资助地矿部项目，无形中扩大了地矿科技工作的投入，促进了地质科技发展。

(3) 提高了受资助项目管理层次，提高了单位和科学家的知名度。

5年来实践证明，联合资助是一个较好的合作形式，受到了各方面的欢迎。今后应进一步加强合作，拓宽合作领域，促进地质科技的发展。

二、地质行业科技基金取得了一批重要成果

到目前为止，受资助项目已有141项按期完成研究工作，提交了研究成果，通过了部、局级鉴定。出版和将出版专著51部，已提交研究报告、试验报告156部，发表科学论文348篇，研制并获部级鉴定新仪器6种，有的已列入新推广计划，已投产或推广使用，其中9项产品或部件获专利，19项新产品已投放市场，受到用户欢迎，研制的七项技术已在地质找矿中推广使用，提交各类计算机软件包和数据库20项，有的已投入使用。12位博士生，77位硕士生通过课题研究，完成了学业，提交了学位论文。

1. 在基础理论研究方面，一些课题取得了突破性进展

(1) 海南省石碌铁矿地层层序和成矿时代。一直是困挠着地质工作的重大地质问题。宜昌地矿所马国干等通过3年工作获得突破性进展，在石碌群第六层中发现藻类 *Chuaria circularis*，*Tawria clalesia*，对铁矿层进行了Sm/Nd年代研究，获得841±20Ma的一致曲线，在其上叠地层即原石碌群第七层石灰顶组中发现了震旦系藻类化石，从而将石碌群划归青白口系（上元古界），解决了长期争议的问题。

(2) 元谋人研究。元谋盆地60年代因发现170万年前的元谋人而闻名于世，但对其时代长期有争议。元谋人发现者地质力学研究所钱方等又对元谋地区第四纪地质进行了系统深入研究，建立了早更新世元谋组层型剖面，划分了两个哺乳动物群，七个孢粉段，研究了沉积相和古气候、古环境，在元谋人牙齿埋藏地又发现了元谋人胫骨及一批石器时代各阶段器物，采用国际上先进的裂变径迹法，电子自旋共振法和氨基酸法对元谋人埋藏点进行了系统年代学测定，进一步证明元谋人生活在170万年以前。它是中国已知最早的原始人代表，从而解决了长期争论不休的问题。在第14届国际第四纪地质大会上引起了各国学者的广泛重视。

(3) 早泥盆纪新植物和叶子的早期演化。植物的进化，叶子的出现，传统认为是晚泥盆世，北京大学郝守刚等对采用云南文山古木乡纸厂村西早泥盆纪西根期坡冲组的一种具叶植物化石，进行了比较形态学和结构解剖学研究，论证顶枝系统的理论，探究具叶植物的起源与发生，追踪其演化。在《植物学报》发表二篇论文，国际植物杂志发表三篇论文。这一发现改变了具叶植物出现在晚泥盆世的传统看法，在陆生维管植物起源这一理论研究方面，发现了迄今没人发现的令人信服的化石证据，云南早泥盆世的新植物Catenalisl具有维管植物的结构和器管，却还保留着藻类的形态特征，属于藻类—维管植物的过渡型化石类型。从而揭示了具叶植物的起源，引起了国际古植物学家的高度重视。

(4) 山西大同蔚县盆地下更新统泥河湾组 Q_1/N 界线是我国早更新统典型剖面，以往的研究从不同角度入手，得出了各自的结论，争议较大。天津地矿所王淑芳等进行了系统古地磁法、氨基酸外消旋法、裂变径迹法、K/Ar 稀释法等多种手段进行了年代学研究，对古脊椎动物、软体动物、介形、轮藻、孢粉进行了全面研究，结合岩石地层学、古气候诸因素，将早更新世与上新世的界线定在大南沟动物群（辛窑子头动物群）与东窑子头动物群之间，界限在松山反极性时和高斯正极性时之间，年龄为 2.48Ma。这一界限对我国第四纪研究有较好的可比性。

(5) 研究花岗岩构造样式和侵位机制，进行等级体制填图，是当前花岗岩类研究的前沿课题。中国地质大学（武汉）青年教师马昌前承担的《鄂东花岗岩体侵位机制及其与找矿关系的岩浆动力学研究》，重点研究了金山店岩体、铁山岩体。通过构造填图，确认岩体与围岩以断层接触为主，改变了以往认识，认为被动侵位机制及岩体的脆性变形造成一种半封闭-开放环境，既有利于成矿溶液运移，也有利于岩体-围岩相互作用和矿质转移富集，从而形成矿产。根据野外标志，首次确定了成岩与成矿的时间关系，确认岩体为多期次侵入产物。在铁山杂岩体中，首次发现斜长岩包体，主要矿物为自形环带状斜长石（>95%），花岗岩中斜长岩包体的存在，国内外迄今尚无报道，这一发现，对于认识扬子板块地壳性质和斜长岩成因，具有极为重要的意义。

(6) 中国地质大学（北京）郝诒纯承担的《南海海盆的微体古生物及其地质意义》已全面完成，提交三篇学术论文和《西沙北海槽第四纪微体生物群及其地质意义》专著一部，对南海西部陆坡区、西沙北海槽东段中更新世以来九个门类的微体生物组合面貌及分布特征、化石保存特征、溶解度、与氧、碳稳定同位素对比、古环境、古气候分析，以及地层划分对比等进行了分析研究。为开发南海，进行南海海洋地质、油、气资源勘查、开发，提供了丰富资料。

(7) 低温高压变质带蓝片岩的研究是研究板块动力学的重要内容，近年引起国际地学界广泛重视。西安地矿所吴汉泉系统地研究了北祁连的蓝片岩，发现并确定北祁连存在一条低级蓝片岩和一条高级蓝片岩两种类型，并进行了地质填图，划分了变质矿物带，研究了形成的温压条件和形成时代，获得了 P-T-t 轨迹，是目前我国蓝片岩研究较深入系统的典型实例。

另外，例如长春地院李树勋完成的“内蒙古中部前寒武纪变质变形作用和成矿作用特征”，西安地矿所宋志高完成的“北秦岭—北祁连早古生代火山岩系及其构造连接关系的研究”。地科院李兆鼐、金庆民完成的“西南极乔治王岛菲尔德斯半岛火山岩”。金庆民完成的“南极埃尔思沃斯山脉文森峰地质特征”。长春地院林英锡完成的“异珊瑚分类及地质意义”。中国地质大学（武汉）青年教师肖劲东追踪国际地学前沿，完成的“新一代地质填图的岩石地层学原理及其在地层划分中的应用和工作方法研究”。成都地矿所白云洪承担的“藏东中生代哑地层的孢断学研究”，成果已被区调队用于填图，发挥了积极作用，南京地矿所严幼因完成的“床板珊瑚形珊瑚属种鉴定的微机系统”等等，都取得了较好成果，圆满地完成了任务。

2. 在矿产研究方面，许多成果在国民经济中发挥了积极作用

(1) 华北石油局陈万川完成的《中国北方（华北地台区）下古生界碳酸盐岩含油气远

景评价》，是在查阅了大量资料基础上，应用当代碳酸盐岩研究理论和技术方法，通过对典型地区的详细研究，从石油地质出发，着眼于原始沉积盆地及其垂向变化，系统论证了油气生、移、储条件和可能的油气藏类型。首次对华北地台区下古生界（主要为奥陶系）碳酸盐岩含油气远景进行了总体评价，划分了台缘构造岩相区和克拉通拗陷构造岩相区及五个沉积分区，划分了三个演化阶段，指出米脂凹陷、沁水凹陷和聊城-莱芜凹陷是三个不同类型的原形沉积盆地。它们具有较好的生油岩系、储集岩系和高质量的盖层，其差异是构造圈闭上，形成不同的含油气风格。米脂凹陷，圈闭条件较好，特别是成岩圈闭，盐丘上拱背斜将是勘探的主要对象，解决富集区段将是勘探的主要课题；聊城-莱芜凹陷的圈闭状况应是今后的研究课题；沁水凹陷局部构造较发育，储集性能尚好，其含油气前景是急待解决的课题。本成果经石油海洋局评审，认为内容丰富，基础可靠，为勘探提供了依据并指出了主攻方向。作者提出的"重点勘探米脂凹陷，研究沁水、聊城凹陷"的建议，对该区勘探部署有参考和使用价值，并已提供生产部门使用。

(2) 地质科学院陈毓川承担的《桂北地区与花岗岩有关的锡、钨、稀土、金、银多金属成矿系列和成矿预测研究》取得了五项主要成果：①用 Sn/Nd 法首次测得四堡群成岩时代为 2219±17Ma，这一成果引起地学界关注，对认识华南区地质构造演化和成矿具有重要意义，②确立了四大成矿系列：四堡期与火山作用有关的 Cu，Ni，Sn 矿床成矿系列；雪峰期与花岗岩有关的 Sn，Cu 多金属矿床成矿系列；加里东期与花岗岩有关的稀有、W，Sn 多金属成矿系列；燕山期与花岗岩有关的稀有、Sn，W，Ag，Pb，Zn，Hg 多金属矿床成矿系列。建立了相应的成矿找矿模型。③确定桂北地区 Cu，Ni 矿床为火山岩型，这不仅具有重要理论意义，而且为本区找矿提供了理论基础。④编制了系列图件，进行了大比例尺成矿预测，划分出 5 个地球化学异常区，7 个重砂异常区，6 个成矿区，8 个预测区（其中含 14 个矿田预测区）和 12 个初选找矿靶区。⑤最近项目组与广西局召开了第四次项目协调会，会议对靶区进行了全方位论证，确定了龙塘 Pb，Zn，Ag 靶区、石棉厂锡多金属靶区和老厂北部庙厂多金属靶区作为普查验证的找矿靶区。值得指出的是庙厂靶区远景可观，初步估算可达大型矿床（富 Pb，Zn 预测储量 130 万吨以上)。

(3) 狗头金是自然界经常见到的一种巨大块状黄金，但其形成机理一直是个谜。成都地矿所刘宝珺等完成的"中国西部金三角地区狗头金形成机理和生物化学聚金工程"提供了一个生物成矿的范例。作者在研究了狗头金矿物学特征、产出地层地质特征、矿区河水及层间水水化学和微生物特征基础上，开展了微生物溶金、聚金实验研究，发现微生物和有机质在狗头金形成中起决定作用。从矿区含金砂层中分离出细菌 21 种，霉菌 10 种，射线菌 9 种，酵母菌一种共 430 株。参试的 21 株细菌有 18 株能对 5—10ppm 氯金溶液聚金 54—84%，11 株聚金率 50—93%；优选了产碱菌属 55 株，棒杆菌属 76 株、其聚金率分别为 80.3%和 61%。这一研究成果为黄金生物堆浸奠定了良好基础，引起国内外同行关注。

(4) 天津地矿所王亚烈承担的《华北北部海泡石矿床成矿机制和找矿远景》，不仅很好地完成了脉状海泡石预定的任务，而且在华北首次找到了沉积型海泡石，规模巨大，现正在进行该区岩相古地理研究，探索其富集规律。北京大学郑辙承担的《中国砚石的矿物学和岩石学研究》较好地完成了任务，揭示了我国名砚发墨机理，提出了自磨砚发墨理论，发表了 5 篇论文，对澄泥砚物料、配方、烧结工艺及着色工艺正进行探索，试图找一种节能、发墨性能较好、美观的配方、改变生产流程。成都地矿所金明霞承担的《四川会理摩挲营地区锡矿盲矿找矿标志及靶区预测》通过对已知矿区及外围调查，总结了成矿规律和找矿标志，发现了蒋家崖子锡矿点和云盘山铜矿点，矿化较好，有进一步工作价值，圈定了两个锡矿找矿靶区，较好地完成了任务。

(5)油页岩是一个尚未充分利用，甚至被忘却了的一个能源资源，我国有油页岩320亿吨（表内储量）。中国地质大学（北京）赵隆业在完成“中国油页岩的工业成因分类”中，对中国油页岩进行了系统研究，划分了煤-油页岩-炭质页岩的界线，确定了油页岩的范围；提出我国油页主要为第三纪，与煤共生，在采煤时被破坏并污染环境。作者建立了中国油页岩显微组分分类表，将油页岩划分为四个组分组（镜质组、壳质组、惰性组和无机矿物组）及亚组、组分和亚型；划分了三种成因类型：腐植型、混合型和腐泥型；利用油页岩木质镜质组最大反射率，确定我国油页岩演化相当于煤化阶段的硬褐煤—长陷煤阶段，其石油成熟期大部分处于未成熟-初成熟期，并对油页岩进行了品级划分。在上述工作基础上，根据灰分、含油率、发热量等参数，提出我国油页岩工业分类方案。这是一项有着十分重要意义的基础工作，对我国油页岩的勘查，开发将起重要指导作用。

3. 一批应用研究成果已得到推广利用

(1) 成都地院骆循承担的《跨孔地震层析成象技术在工程地质调查中的应用》跨孔弹性波岩体测度是大型工程建设常用的主要的手段。以往都采用扇形射线或水平射线，仅提供能被测区岩体分段平均物性参数及定性的对病态岩体作出解释，而不能确定其形态和空间位置。跨孔地震层析反演处理，结果十分良好，引起了水电部和其他建设部门领导和专家重视。锦屏电站的初期勘测已将该方法列为勘测异常地质体的重要方法，请本项目组承担实测任务。1989年又完成了瀑布沟电站坝基跨孔地震实测和溪落坡电站坝基硐间地震实测。

(2) 天津地矿所李凤林承担的《环勃海经济区现代海浸机制、危害及对策研究》，通过天津-大连段的调查，发现海岸有不均匀升降规律，近期不少地段均有海侵现象，其中以秦皇岛-海河河口西岸一带最为严重。1959年原苏军撤离时在距海岸80—100米的内陆建有四座碉堡，如今已全部落入大海，距海岸30—50米，海侵宽度达到100—150米，平均海侵速率4—5米/年。而在秦皇岛沿岸海拔20米的全新世地层中，首次发现海相化石，这是迄今已被证实的最高海侵层位。这些对搞清海水进退规律，有重要科学价值。引起了秦皇岛市人民政府高度重视，希望早日把成果拿出来，提供城市规划使用。

(3) 中国地质大学（北京）钟佐燊承担的《污水快速渗滤处理的研究》(污水快速渗滤即污水回灌)，是使污水通过渗透性能的包气带沙土层，达到自然净化，并补给地下水。虽然在国外是已广泛采用污水净化和地下补给的一个重要手段，但在国内选择什么样的地质条件、用什么样的方法能达到最优净化效果、尚待具体试验。本项目主要研究了河流中冲积砂土及滨海砂土等不同砂土的阳离子交换容量、颗粒级配、有机质特性等对去除污水中的重金属、细菌、COD，N及有机化合物的作用机理和实际效果。一年多时间里，他们在进行了各种土柱的实验，取得几千个数据后，对开封啤酒厂麦芽分厂污水进行小型工程试验，COD去除率达80%以上。啤酒厂对成果十分满意，请他们提供工程设计，1990年施工并投入运行。另外，对印染废水、造纸废水和城市生活污水的处理研究正在进行中。

4. 研制的新仪器得到推广应用

(1) 中国地质大学（武汉）戴学恕承担的《岩心钻探现场数据采集、实时处理微机智能系统》，已研制成功《DDW—1 型钻探现场微机系统》，该系统包括自己组装的微机、各种传感器、接口电路、显示器、打印机和分离式键盘组成。有三个关键传感器是自己设计制造，微机通过 7 个传感器对钻压、钻速、泵压、泵量、转速、扭矩、功率、进尺等 8 个参数实行采集、荧屏显示 6 条连续曲线，当孔内出现异常时，会随时报警，指导工人现场操作。全部信息可存储、打印、实现小班作业报表，回次生产报表和交接班报有自动编制和打印；适时绘出钻孔空间轨迹，显示偏离设计的三维偏离；在详勘矿区可绘出钻速瞬时值与连续曲线，进行机械录井，部分或全部代替岩心钻进。该系统于 1989 年 10 月至 11 月在四川水文队进行了 3 个水文孔的钻探试验，完成进尺 480 米。该系统在野外恶劣环境中，水文孔口径大、孔浅、岩石破碎，振动剧烈，起下钻频繁，现场搬迁频繁，厂房封闭差，并连续阴雨天气、湿度大，现场自己发电，电源、电压不稳定等恶劣条件下，该系统工作正常。四川地矿局领导、总工和局高级技工班全体学员参观了现场作业，给予高度评价，决定出资 3 万元生产 3 套在局内推广使用。直管局、勘查技术司领导听取了汇报，观看了现场录像后，给予高度评价，1991 年 1 月地矿部科技司主持了成果鉴定，作为定型产品建议小批量生产，扩大推广使用。已列入地矿部“八五”推广计划，先期生产 5 套，供有关局队使用。

(2) 南京地矿所王力波研制的 HKB-1 型卡帕桥是一种高精度磁化率仪，可广泛用于电子、冶金、化学、生物及地质研究领域。该仪器由探头、电子线路和联机微机三部分组成，比目前国际上使用的捷克 KLY-2 型卡帕桥设计先进，采用集成电路，仅用 8 块印刷电路板（捷克仪器 21 块）达到并超过 KLY-2 仪器性能，体积减小了一半，重量减轻 2/3，采用了 3 个 1/2 位单片大规模集成 A/D 转换电路，加上一个设计独特的控制电路，保证了测定精度和重现性、稳定性，比捷克仪器功耗降低，功能增强，调试和维修比较方便，而造价仅有捷克仪器的 1/4。该仪器经江苏省微波光电产品检测站检测，符合 GB6587·1-86 国家标准。1991 年 6 月地矿部科技司在南京主持了成果鉴定会，已列入“八五”推广计划。

(3) $^{218}P_o$法是经氡的第一代短寿命子体为探测对象的一种成本低、速度快、灵敏度高的一种崭新的探测技术，河北地院周瑞等同志研制了现场探测仪器和具有透过系数大、吸附能力强的高电压塑料采样片，用于探测活动断裂带、导热构造、地裂缝、勘查基岩裂隙水、岩溶水、地热田、圈定油气田边界、煤田陷落柱及工程陷落范围等方面取得了明显的应用效果。1991 年 12 月地矿部科技司在石家庄主持了成果鉴定，建议尽快实现商品化。地矿部“八五”科技计划已立项支持在环境地质方面深化研究。

(4) 地气法是基于金属元素（Cu，Pb，Zn，As，……）可以以气体形式从地壳深处上升到地表，在矿体上方形成多元素异常，据此寻找隐伏矿床。这种异常是一种新的异常，地气浓度的数值范围在 $10^{-9}-10^{-11}g/cm^2$ 间，叠加在矿体上方的覆盖层中，成都地质学院童纯菡等在云南、山东已知含矿田上进行试验，采用高分子材料作探测器，安放在探测装置中，既保持气体流通，又不让探测器受到覆盖层的污染。在测点上埋 40—90 天后取出，用中子活化法测定 Au，As，Sb，Cr，Ba，Zn，Co，K，Fe 等元素，发现各元素异常有相似性，有的元素略有位移，与土壤分析数据和矿石中元素组合比较，发现有一组相关元素 Au，

Ag，Cr，As，Sb与矿石中Au，As，Cr，Fe，W这一组元素大致相同，证明地气异常是深部成矿信息的反映。这是一项很有前景的新技术，目前还处在探索阶段。

（5）地矿部航测总队卓松年等承担的“航空磁力水平梯度观测及数据处理、解释系统”研制成功的第三代光泵（He^4）磁力仪（机载动态观测灵敏度0.03—0.05nT），已获美国专利。

（6）矿床所王裕先承担的《射频介电选矿技术及其应用研究》，是在以往研制的高频、中频介电分离仪（已获国家发明三等奖）基础上，又进一步发展，采用射频单电极，扩大了分选物料种类，达到极高的纯度。最近研制了5KW射频电选机主机、自动分选装置等设备，日处理物料达100公斤以上。在分选非金属矿方面，从法国进口的光导纤维用超纯石英（含$SiQ_2$99.99%）中剔除了含铁质包裹体等杂质，使纯度达到99.9999%，这是化学方法也难以办到的。对山东、黑龙江中炭石墨进行提纯试选，对海南独居石、锆石、金红石、钛铁矿进行精选，都获得了满意效果。今后还将试验金刚石、锡石、钼矿、钨矿、砂金、铜矿、铅锌矿、钾盐、海泡石等，已有不少国内外用户和厂商提出预购要求。

5. 一些新技术成果已在地质工作中应用，一些新材料已投产使用

（1）北京计算中心刘如英承担的《计算机地球化学编图系统》，选择合理的数学模型，编制了一套自动化成图软件，对辽宁省1/20万化探资料试验了拼接归位，解决了六度带的转换和多种图形的表达方法问题，处理了35幅图38种元素266万个数据，提交了辽宁省1/50个38种元素的单元素地球化学图、地球化学异常图。专家评审认为，色块图美观、醒目、直观性强，保留了全部原始信息，也能反映局部异常。它能反映区域性矿化分布规律，是一种信息量大，实用性强的图件；等值线图压低了噪声，突出了各元素规律性分布特征，图面繁简适宜，得当。该省各金属矿区在相应元素的异常图上均有显示，从而发现一些值得进一步工作的异常区。物化探局领导在听取了汇报，看了处理的图件后表示，要推广这套软件，处理各省化探资料。

（2）中国地质大学青年教师陈开远等，应用层间速度差分析（DIVA）技术完成了塔北油田37.66km^2地震资料的特殊处理和509个速度谱的解释任务，对艾丁·沙雅西构造未知区中、古生界进行了油气预测，受到了西北石油地质局的高度评价。他们研制、开发的DIVA微机辅助解释软件包，具有较强的速度分析、计算和图形显示功能，同时还具备DIVA数据预处理、计算和绘图功能，实现了DIVA微机化，受到西北石油地质局欢迎，已在油田推广使用。

（3）红外扫描图像一般都在大型计算机上处理，水文地质工程地质技术方法研究所林枚等完成的DIP-1红外扫描图像微机处理系统，可对记录磁带的模拟信号实现数字化，微机上进行几何较正、图像增强、图像变换、图像分类，实现了红外图像微机处理，是一项很有实用价值的成果，加速了遥感图像处理的普及。

（4）城市施工中钻探废泥浆对生态环境造成污染，世界各国都制定了严格的规定。水文地质工程地质技术方法研究所研制成功的FC-A型废泥浆处理机，在上海、保定两地生产试验表明，经过处理的泥浆含水率低，能达到就地掩埋或装运要求，废水达到国家工业“三废”排放标准，可循环用于钻井液或直接排放。1989年6月地矿部勘探技术司主持了成果鉴定，建议投入小批量生产。

（5）探矿工程所赵尔信承担的《低熔点高性能粘结金属研究》，目前国内外拥有的金刚石钻头粘结金属不尽人意，粘结性能好的，熔点高，破坏金刚石强度；熔点低的耐磨性、冲击韧性不理想。研究组以铜锌锰系合金为主攻方向，经过一年多熔炼试验，筛选出一种低熔点添加元素。将这种添加剂加入三种粘结金属体系（锡铜系、锌铜系、锰铜系），都能使其熔点（1080—1100℃）降低100℃，烧结的钻头符合部颁标准各项指标。生产的各种型号金刚石钻头现场试验效果很好。

（6）探矿工程所汪仲英承担的《分散性沥青井壁稳定剂》，研制成功一种防塌沥青，抑制页岩膨胀能力优于碳化沥青和美国同类产品。1988年12月在安徽使用，在—1289米至—2253米砂页岩段，加入本产品4吨，约为泥浆量的1—1.3%。试用结果：泥浆流变性无影响，失水量由9ml下降到4.6ml，粘附系数5分钟为零，全井泥浆费用节约40%。终孔后电测井显示井壁平整，井径缩小6.26mm，而未用本产品的井径缩小30mm以上（81/2”井眼）。1990年在中原油田、冀东油田、塔北油田、北京亚运村地热井试用，润滑性好，防止了井壁塌缩卡钻，下套管顺利到底（400m）。研制了加工设备，加工车间已建成，试产80吨，产值20万元，利税7.6万元。已研制开发了防塌-88（GCAS），API等级钠质膨润土（NU-1）和低粘度低失水增效粉（LBM-1），适用于不同钻探要求。

（7）探矿工程研究所叶玉屏承担的《带保护层新型复合片》，研制出6个型号的带保护层新型复合片，抗冲击性能提高80%。磨耗比6万次以上，钻头寿命提高一倍以上，克服了普通复合片易崩刃的缺陷，已有产品生产。

（8）探矿工程研究所青年工程师薛清鹏完成的冲击回转硬质合金钻头，平均寿命26.6m. 设计中改进了直径ϕ130mm柱齿合金钻头（即内钻头）回转钻头八角柱合金的排列，提高了钻头性能，完全可以替代进口产品，受到用户好评。

（9）探矿工程研究所赵永明研制的孕镶定向钻头结构新颖，内锥角、弧度和水路设计合理，与岩石接触面积小，适于造斜定向钻进，对易磨部位采用了特殊浓度和多种金刚石混合补强，具有独到之处，这种钻头的研制成功，大大有利于定向钻探的推广，具有很好的效益。

6. 新的测试技术研制，提高了为地质找矿服务的技能

（1）热液矿床流体包裹体年代学研究突破传统测年技术，宜昌所李华芹成功地进行了矿床热液流体包裹体Rb-Sr年龄测定，建立了从采样、包裹体流体分离、同位素测定整套技术方法，并成功地进行了不同矿床的应用研究。

（2）西华山矿田成矿花岗岩是复式岩体，分早晚两期。西华山、罗坑的中粒似斑状黑云母花岗岩和荡坪、生龙口的中细粒似斑状黑云母花岗岩同属第一期，Rb-Sr年龄为155±5Ma；西华山中粒黑云母花岗岩和荡坪、生龙口矿区细—中粒黑云母花岗岩同属第二期，年龄为140±5Ma；西华山矿区黑钨矿-长石-石岩脉，荡坪矿区黑钨矿-绿柱石-石英脉石英流体包裹体Rb-Sr年龄为138±5Ma，说明成矿作用发生在第二次岩浆侵入之后，$^{87}Sr/^{86}Sr$初始值也指示出成矿作用与第二期岩浆侵位有关。

（3）粤北大宝山矿床与成矿密切相关的次英安斑岩、花岗岩及矿脉石英流体包裹体年代学研究表明，大宝山矿床发生两次岩浆侵入，伴随两次成矿。次英安斑岩形成于195±10Ma，伴随的Cu，Pb，Zn矿化发生在170±10Ma；第二次岩浆侵入活动发生在155±10Ma，

Mo 矿化发生在岩浆侵入之后，年龄为 136±10Ma。

该法方法所获得的年龄是目前所能获得的成矿作用的最直接年龄，为研究热液矿床成矿时代、矿床成因、成矿物质来源，探讨成岩成矿模式提供了一个直接、可靠的手段，在矿床学研究和地质找矿中具有极其广泛的应用前景。

(4) 古生物化石反射率在热成熟度的应用。“笔石、几丁虫和牙虫的反射率及其在指示热成熟度上的应用”，是宜昌地矿所汪啸风承担的地质行业科技基金项目“扬子地台西部早古生代有机壳化石反射率及区域煤化作用模式”的阶段成果，对于不含镜质组的泥盆纪地层，可以利用这些动物碎屑作为成熟度的指示，为油气普查提供重要资料。

研究者通过对黄陵背斜周缘 17 条剖面早古生代生物碎屑（笔石、几丁虫和牙虫）反射率的研究，对相同或邻近层位牙形石色变指数（CAL）和分散有机质的干酪类型和成熟度的红外光谱测定，证明笔石光性上有明显的各向异性，几丁虫和牙虫具各向同性的光性特性，在相同的成熟条件下，几丁虫的随机反射率较牙虫高而较笔石低。通过对震旦系灯影组文德带藻反射率的研究发现，文德带藻具双反射率，即光性上各向异性的特点。其平均反射率为 2.25%，最小 0.45%。综合笔石、几丁虫、牙虫和文德带藻反射率和牙形石色度指数及含化石层所获孤立干酪根的红色光谱结果表明：宜昌地区震旦-寒武系处于高成熟期和过成熟期，其等效镜质组反射率为 1.8—2.2%，奥陶系和志留系仍处于成熟期，其等效镜质组反射率为 1—1.35%；秭归地区奥陶系处于成熟期或高成熟期早期，其等效镜质组反射率为 1-1.45%；长阳地区震旦系-志留系处于高成熟期和过成熟期早期，其等效镜质组反射率分别为 1.4—2.2%和 1.8—2.4%。因此，就有机质成熟度而言，宜昌、秭归地区有寻找油气的可能条件，长阳地区有寻找天然气的可能条件。

(5) 成都地质学院王继森承担的新型泡塑的研制及其分离富集地质样品中痕量贵金属研究，以聚氨脂泡塑为母体，键合能与贵金属发生选择性螯合型聚氨脂泡塑吸附剂，适应不同酸度的地质样品，能吸附 80—95%的 ppm 级 Au，90%的 Pb，85%的 Rh，满足了对贵金属测试的需求。这种泡塑国内外尚未见报道，是一种适应酸度范围宽，操作简便的微痕量贵金属吸附剂。

(6) 地矿部海洋地质研究所业渝光完成的“西沙群岛珊瑚礁电子自旋共振年代学(ESR) 研究”，矿床地质研究所王阿莲完成的“激光喇曼探针在地学中应用研究”等，都为测试工作堵增添了新技术。

三、支持青年科技工作者迅速成长

支持青年科技工作者，使他们能够在基础研究和应用研究中挑重担，在完成课题中迅速成长是地质行业科技基金坚持的一项方针。从第一年开始，委员会就明确提出对 35 岁以下青年人的申请，在评审过程中采取同等优先资助的原则，这项原则基金会一直坚持下来，至今，有 124 位硕士生，26 位博士生，一位博士后主持着，或者在导师带领下主要承担着基金项目的研究工作，他们在项目研究中迅速成长。

(1) 地质所万渝生通过对弓长岭地区变质铁矿的形成演化研究，系统地研究了含铁岩系主要岩石，恢复了原岩性质，获得了一批精确可靠的年龄数据，恢复、建立了弓长岭地区太古代构造格架，为我国太古代划分方案提供了坚实基础，本人也得到了野外及实验室测试分析和综合整理的全面训练，提交了优秀的博士论文。

(2) 水文地质工程地质研究所青年工程师张光辉等承担了“潜水入渗补给量形成过程及其与某些易观测量之间关系研究”他们建立了室内降水入渗补给潜水物理模型一座，改建和完善了西安西效试验场，通过3年进行了8次大型3次小型室内降水入渗试验，5次人工同位素氚示踪试验，在西安西郊开展了包气带水分量、水分势能、气象要素、地下水位动态，潜水入渗补给量与蒸发量长期监测和环境同位素及人工同位素原位试验，取得野外观测数据199 054个，室内试验数据15 698个。从而使他们能够从水量和能量两方面更深野次地认识了降水人渗补给地下水的机制和潜水入渗补给量形成与分布规律，提出了剖面水量差法和水量差计算法等方法，为提高地下水资源评价精度，提供了新方法。他们的研究内容和主要结论及计算方法国内外尚未见报道。通过这个项目的完成，张光辉等同志受到了全面锻炼，得到迅速成长。

(3) 中国地质大学（武汉）的陈开远、马昌前、赵云胜，中国地质大学（北京）许维进，长春地院谢秀辉、海洋所刘洪树，石油物探所何晓冬、赵改善、魏建新、成都地院骆循，勘探所刘三意，探工所赵永明、薛清鹏，南京地矿所王力波，地质所潘淼，安徽地矿局董树文等一批青年同志，都从他们主持的基金项目中受到了全面锻炼，取得了优秀成果，有不少人已破格升为副教授、副研究员，成为单位的教学、科研骨干，在主持着某些方面的工作。还有很大一批青年同志，在老同志领导（指导）下通过完成基金项目，受到了全面训练，也已成为单位的科技骨干，在不同岗位上发挥着重要作用。

四、加强管理，促进基金项目取得丰硕成果

1. 依靠专家，择优支持

基金项目是建立在依靠专家基础上的项目申请，依靠专家发挥聪明才智，提出促进地质科技发展的新颖课题，追踪地学科技前沿领域，为增强地质科技后劲开展专项研究；评审依靠专家，发挥专家的群体优势，进行评审、把关，对优势项目提出执行中的有关建议。为发挥专家群体优势，地质行业科技基金办公室建立了地质行业基金评审专家数据库，包括各专业专家827名，根据工作需要随时选择专家参预评审，咨询活动；执行项目仍然依靠专家，基金会除提供必要条件和帮助外，一般不干涉专家研究工作；取得成果后仍旧依靠专家评审鉴定，成果推向社会以后，继续依靠专家，积极反馈信息，指导今后工作，地质行业基金大部分课题能够顺利开展，取得突出成绩，与项目的筛选，评审工作中始终坚持依靠专家，发扬民主，公正合理，择优支持的方针是分不开的。

2. 坚持重点资助应用研究

地质行业科技基金项目评审工作，始终坚持如下原则：

(1) 重点资助应用研究项目。

(2) 避免与国家攻关项目，部门攻关项目，国家自然科学基金项目及其他计划项目相重复。

(3) 对35岁以下青年的申请，评审中同等优先。

(4) 对科研、教学、地勘单位的申请一视同仁。

(5) 坚持高门槛，不拱撒椒面，对决定资助的项目，在经费上尽量保证其正常开展工作。

3. 实行滚动管理，保证重点项目

地质行业科技基金不同于国家自然科学基金的重要一点在于，重视研究成果的取得，加强追踪管理，在跟踪管理中发现新的苗头，或项目有重大进展，或有可能取得重大成果，就协同所在单位科技管理部门，加强管理，及时解决项目进行中遇到的困难，帮助项目组克服困难。地质行业基金资金有限，每年都是全部分光，用于一次性资助年度项目，没有机动费用，为了支持重点项目，基金办精打细算，把银行利息全部用于滚动管理，1989 年 6 月经委员会审定，对 22 个项目追加费用。几年来，一共对 64 个项目追加了经费，总共追加 46.75 万元（见下表），使得一些重点项目能顺利进行，取得较好成果。

例如中国地质大学（武汉）戴学恕的项目“岩心钻探现场数据采集，实时处理微机智能系统”，原申请 5 万元，评审决定资助 2.5 万元。戴老师的专题组克服重重困难，研制成功“DDW-1 型钻探现场微机智能系统”，需要去现场试验，遇到经费困难，连一点备用材料费都没有，基金会了解这一情况后，与中国地质大学科研处商量，由科研处暂时垫付，1989 年 6 月经委员会研究决定追加经费 1.5 万元。项目现场试验获得意想不到的好效果，受到了广大钻探工人和省局的欢迎，一致要求推广使用。针对这一情况，基金办会同勘技司钻探处，聘请钻探专家召开了汇报座谈会，专家看了试验录像，听了汇报，一致认为是一项重大突破，建议尽快定型、推广、钻探处资助 1 万元，基金会又追加 0.5 万元，总共投入 5.5 万元，使这一成果得以完成。

地质行业科技基金项目追加费用情况

年　　度	追加费用项目	金额（万元）
1988 年度项目	51	39.75
1989 年度项目	6	3.40
1990 年度项目	7	3.60
合　　计	64	46.75

中国地质大学（武汉）青年教师马昌前研究鄂东花岗岩侵位机制，取得若干新发现、新进展，1989 年追加野外经费 0.3 万元，1991 年提交了优异成果，根据地大科研处建议，又追加 0.6 万元，与地大科技处合作，资助其成果出版。中国地质大学（武汉）青年教师陈开远，利用微机在塔北运用层间速度差直接找 P_2 油气，取得突破性进展，获西北石油局好评，经费遇到困难，1989 年追加 0.4 万元野外工作费用。研究成果得到石油海洋局高度评价，并已在塔北油田推广使用，又被选为第 29 届国际地质大会宣讲论文，受到大会会期资助（中国获资助的仅 13 人）。根据中国地质大学科技处建议，1992 年又追加 0.9 万元。资助他去日本出席第 29 届国际地质大会。

4. 资金太少是地质行业科技基金面临的主要困难

地质行业科技发展基金会成立 4 年来，受到了地矿部各地质科研院所、地质院校与地质局队的欢迎，得到了广大科技人员的支持，十分踊跃地提出申请，各级科技管理部门对

获准资助十分重视，不少单位把能争取到地质行业科技基金项目作为一项荣誉，作为评价科技人员科技水平的标准。由于立项引入了竞争机制，所以对项目的申请、执行都十分重视，努力创造条件去争取项目和保证项目的完成。地质行业科技基金体现了基金制的优越性地质行业科技基金已成为地矿部科技工作的一个重要组成部分。

基金委员会全体同志认为，地质行业科技发展基金是地矿部贯彻中央科技体制改革的一项重要措施，实践证明，部党组这一决策是正确的，已取得重要效益和预期成果。目前，全国科技基金工作呈发展趋势，据了解，现在全国已有各类行业科技基金会 24 个，地方科技基金会 23 个，今年煤炭科学基金会又恢复了资助活动，科技基金制正日益得到各部门领导重视，日益得到发展。

地质行业科技发展基金从批准项目看，分布比较合理，真正作到了公正合理，择优支持的原则，受资助的科学家主要是 50 岁左右一直在科研教学、生产第一线的科技骨干（占 70%），35 岁以下，有先进的学术思想和解决关键问题的实际技能的青年科技工作者受到同等优先照顾，占受资助科技人员的 17%。

由于经费太少，申请项目获准率低，1988 年度为 24.8%，1989 年度为 11.8%，1990 年度为 22.8%，某种程度上挫伤了科技人员的积极性，也挫伤了各级科技管理部门的积极性。也是由于经费太少，使资助强度不高，1988 年为 2.65 万元/项，1989 年为 2.75 万元/项，而 1990 年仅为 2.11 万元/项，给科学家工作带来难以克服的困难。资金太少是办好基金的最大难题。在目前的投资条件下，要办好基金，调动广大科技人员积极性，为地质找矿、为国民经济建设作贡献，还需要作深入的工作。根据地质工作规划和地质科技规划，认真搞好每年项目指南，缩小资助范围，指导科学家按照需要去申请，集中科研目标，克服科学基金项目分散的弊病。但这还不能解决根本矛盾，每年 100 万元资金面向地矿部几万人的科技队伍实在是很不相称的。为了解决这个矛盾，扩大资助面，提高资助强度，希望部领导批给地质科技基金会的资金再稍有增加，保持每年 200 万元，这样，3 年后即可形成一个良性循环，把较强的科技力量吸引到为地矿服务的工作上来，或者将定向基金作适当调整，与地质行业科技基金合并或各有侧重，互为补充，协同工作，减少科技人员的多头申请，充分发挥两个基金的作用。

（1992 年）

中国管理科学学会科学基金专业委员会工作汇报*

潘 振 基

（中国管理科学研究会科学基金专业委员会理事长）

在我国科学基金制创建十周年的时候，迎来了中国科学基金研究会的成立，实现了各科学基金组织和广大科学基金工作者的宿愿。中国科学基金研究会的前身——中国管理科

* 1992 年 12 月 21 日在中国科学基金研究会成立大会暨第一届理事会上的发言。

学学会科学基金专业委员会（即科学基金研究分会），也就完成了它的历史使命。我代表科学基金专业委员会理事会向中国科学基金研究会表示祝贺，并汇报专业委员会的工作。

一、科学基金制在中国的发展和科学基金研究分会的建立

我国科学基金制的实施从1982年开始，10年来经历了两个阶段：

1. 1982—1985年《中共中央关于科学技术体制改革的决定》公布前的试验阶段

这一阶段的重大事件是邓小平等党和国家领导人根据中国科学院89名学部委员的建议，批准从1982年起拨专款设立面向全国的自然科学基金——中国科学院科学基金，以加强对基础性研究工作的支持，并进行改革科学体制的探索；成立了以卢嘉锡为首、由各方面专家学者组成的中国科学院科学基金委员会，采取宏观指导、公平竞争、专家评审、择优支持的办法开展资助工作。设立中国科学院科学基金的有效尝试，为施行科学基金制提供了决策依据和参考模式，同时也为国家自然科学基金委员会的成立并立即开展工作奠定了基础。在此期间，国家科委设立了“基础研究重点项目”，地震科学联合基金、水电科学基金、高等学校博士学科点专项科研基金和贵州省科学技术基金相继设立，从多方面进行了试验。中共中央召开科技体制改革会议前夕，把施行科学基金制列为17个专题调查之一，在国家科委的统一组织下，由中国科学院科学基金委员会牵头，联合其他有关部门组成调查组，就科学基金制问题开展调查研究，为会议准备意见。1985年3月13日发布的《中共中央关于科学技术体制改革的决定》把科学基金制列为科技体制改革的重要内容，决定“设立国家自然科学基金会和其他科学技术基金会”，从此我国施行科学基金制进入了新阶段。

2.《中共中央关于科学技术体制改革的决定》发布以来的普遍实施阶段

中央决定发布后，当年又有建材、航空、测绘、煤炭、卫生、水利、兵器等7个部门设立了科技基金。国务院依据中央决定，于1986年1月23日发布了《关于科学技术拨款管理的暂行办法》，1986年2月14日发出了《关于成立国家自然科学基金委员会的通知》，进一步推动了科学基金制的发展，各有关部门、地区、单位纷纷设立科学基金、科技发展基金、应用基础研究基金、科技人才培养基金、学术交流基金、科技奖励基金、科技出版基金等（总称科技基金），逐渐形成了多层次、多渠道的科学基金资助体系，其基本格局是：

（1）国家自然科学基金。这是我国层次最高、规模最大、管理机构最健全的科学基金。经费主要来自国家拨款，1986年从8000万元起步，1992年增至2.25亿元。资助领域覆盖数学、物理学、力学、天文学、化学、生物学、医学、农学、地球科学、材料科学、工程科学、信息科学、管理科学等学科。设重大项目、重点项目、自由申请项目、青年科学基金项目、地区科学基金项目、国际合作交流项目等资助项目类型；另有国家专项拨款设立的高技术新概念新构思探索研究项目和天元数学基金项目。为了适应改革开放的需要，1992年又开辟了对中青年优秀科学人才的专项资助，对留学人员短期回国工作、讲学的专项资助，对新医药、新农药基础研究的专项资助，对优秀国家重点实验室研究项目的专项资助，对优秀研究成果著作出版的专项资助。1986—1992年累计批准各类资助项目2万多项，资助总金额超过10亿元。国家自然科学基金委员会设26名委员，聘请了56名海内外顾问，

配备了200名专职管理干部，联系全国2万多名同行评议专家，组建了58个由677名学术造诣深、知识面宽、权威度高、作风公正的专家组成的学科评审组。除本职工作外，还承担了国家自然科学奖复审、重点实验室评估以及发放重点、开放实验室运行补助费的评议、《自然科学进展》杂志的编辑出版等工作。国家自然科学基金委员会的工作，对整个科学基金事业有举足轻重的影响。

（2）行业科技基金。除前述1985年底前已设立的10个行业科技基金外，后来又相继设立了机械、气象、城乡建设，交通、地质、新药、国防、轻工、中医药、铁路、石化、优秀年轻教师、非教育系统留学回国人员、社会科学等科技基金和中国科学院科学出版基金、国防科技图书出版基金，即先后共设立了26个行业科技基金。经费主要来自各部门的科技三项费用和所属研究机构拨款制度改革后核减下来的事业费，每年共1亿6千多万元。资助工作面向全国，以本行业的应用基础研究为主。其中17个部门成立了基金委员会，没有基金会的都成立了专家评审组织，按照科学基金制的原则选择资助项目。

（3）地方科技基金。大量发展是在1986年以后，现在除安徽、广西、宁夏、青海、西藏外，25个省、自治区、直辖市都设立了不同类型的省级科技基金。经费来自科技三项费用或地方财政拨款，每年共4千多万元。资助范围以应用基础研究为主，紧密结合本地区科技、经济、社会发展需要。资助对象为本地区从事基础性研究的科研人员，对设在本地区的中央所属单位为本地区服务的申请项目，一视同仁。16个省区市成立了基金委员会，没有基金会的都成立了专家评审委员会或分学科的专家评审组，按照科学基金制的原则开展工作。同行评议专家的选择不限于本地区。除省级科技基金外，有些省辖市或专业厅局也设立了科技基金。

（4）基层科技基金。高等学校、科研机构为提高申请国家、行业、地方科技基金的竞争力，把原来用于自选项目的经费，按科学基金制的办法进行管理，设立了科研基金、青年基金或奖励基金。这类科技基金数量多，基金额度从几万元到百万元不等，有的人把它叫做育苗基金。

（5）民间科技基金。包括民间科技基金会的资助和民间非科技基金会对科技活动的资助。前者如中国博士后科学基金会、中国科学技术发展基金会、中国国际人才交流基金会、霍英东教育基金会、振兴中华教育科学基金会、中国国际医学交流基金会、中国癌症研究基金会、马海德基金会、极地科学研究发展基金会等等；后者如中国青少年发展基金会、中国老年基金会、中国电影基金会、宋庆龄基金会等等。民间基金会储备金来自国内外单位、社团、个人的集资、捐赠或主管部门的一次性拨款，用增值费开展活动。这是发展科技事业不可忽视的社会财力资源，它在欧美国家科技投入中占有相当比重。我国民间基金会发育晚，随着改革开放的进一步发展，将日益增多，并越来越活跃。

以上五个层次中，国家自然科学基金、行业科技基金、地方科技基金是科学基金制的主体，基层科技基金是科学基金制的延伸，民间科技基金是科学基金制的补充。行业科技基金和省级地方科技基金的名单附后。

随着不同层次、不同类型科学基金的相继建立，适时把各科学基金组织和科学基金工作者及有志于科学基金制研究的人员联合起来，紧密结合我国实际，总结、交流经验，探索科学基金制的规律、理论和方法，提高科学基金管理水平，便成为必然趋势。1987年夏季，由国家自然科学基金委员会及其他一些科学基金组织的积极分子发起，开始筹建以研究科学基金制为宗旨的全国性学术团体。由于当时正在整顿社团组织，成立一级学会的审批暂时冻结。在中国管理科学研究会（重新登记后改名中国管理科学学会）的支持下，决定先在该会成立二级学会，即科学基金研究分会，待工作一个阶段，时机成熟时再申请成立一级学会。

1987 年 12 月 25 日，中国管理科学研究会正式批准成立科学基金研究分会，挂靠在国家自然科学基金委员会。1988 年 8 月 7 日，分会在北京召开了理事会第一次会议，宣告正式成立并开始工作。

分会理事会由来自全国各有关科学基金组织和团体会员单位的 15 位理事组成。他们是于永正、王笑、冯金盛、成银生、朱森弟、肖金声、李国洋、林文元、陈勇、陈鑫连、商玉生、董继宗（后改王远忠）、楼兆美、喻永昌、薛志福。理事长成银生，秘书长楼兆美，副秘书长商玉生，顾问崔俊、潘振基。1988 年 7 月，因成银生调动工作，经上级学会批准，由潘振基继任理事长，并增补吴述尧为理事，任副秘书长。由于当时科学基金组织正在发展，互相之间联系、了解不够，因而理事的代表性不够广泛，空出一部分名额待补充。

研究分会下设联络组织部、学术交流部和人才研究部等工作部门，分会工作人员都是兼职。

二、科学基金研究分会的工作

研究分会成立后，除开展一些组织、联络工作，不定期出一些简报，处理一些日常事务外，重点抓以下几件工作。

1. 发展会员

前阶段共发展团体会员 27 个，个人会员 930 人。加上筹建中国科学基金研究会过程中发展的，目前共有团体会员 68 个，个人会员近千名。个人会员来自全国 28 个省区市的 300 多个单位，大部分是各类科学基金组织的工作人员和基层单位科学基金管理人员。这批会员，建议中国科学基金研究会复核后予以确认，不再办理入会申请。

2. 组织经验交流和学术研讨活动

在发展会员告一段落后，科学基金研究分会召开了三次规模较大的交流研讨会。

第一次是 1989 年 5 月 9 日至 11 日在宁波召开的“科学基金研究分会第一次代表会议暨学术研讨会”，来自全国近百名科学基金管理和研究工作者参加了会议。

第二次是 1990 年 9 月 14 日至 18 日在河北昌黎召开的“国家、行业科学基金工作交流及研讨会”，出席会议共 23 个单位，代表 42 名。

第三次是 1990 年 11 月 1 日至 4 日在贵阳市召开的“全国第一次地方科学基金工作交流及研讨会”，15 个省、自治区、直辖市科技基金会或科委以及 10 多个有关单位共 60 名代表出席了会议。

宁波会议是我国科学基金工作者的首次聚会，会议议程一是讨论科学基金研究会的工作，二是经验交流和学术研讨。会议共征集论文 110 篇，经论文审查小组审查，选出 50 多篇在大会和分组会上交流。由于与会人员既有不同层次、不同类型的科学基金组织代表，又有高等学校、研究机构的代表，论文涉及的内容广，归纳起来有以下三个方面：(1) 从不同角度总结科学基金制的成效，论述它对稳定基础研究队伍、推动学科发展、促进人才培养、激活科研管理的作用；(2) 围绕科学基金工作的主要环节，交流研讨做法、经验和改进方向，如申请项目命中率、评审办法、程序和指标体系，专家评审系统的建设和保证公正性的措施，资助率与资助强度的关系，研究成果评价和资助效果衡量标准，加强后期管理及资助单位与受资助单位权限划分等；(3) 尝试从理论上阐明科学基金制的定义、特征、功能、机制以及运用管理科学、心理学、系统工程学、科学学等现代科学方法研究科学基金制。

昌黎会议和贵阳会议是两次不同类型科学基金组织对口交流研讨会，内容虽比第一次集中，但仍处起步阶段，目的使同类科学基金组织间有基本的了解，取长补短，互相学习，并就共同关心的问题进行初步讨论，为下一步组织小型、专题、深入的研讨打基础。会议提出的问题主要有：(1) 基金经费太少，资助强度和资助率过低，不仅挫伤了一些科研人员的积极性，而且造成社会劳动的浪费；(2) 本位主义、保守思想、权欲观念对科学基金制的冲击，有的基金会经费递减，有的基金会被取消或面临被取消的威胁；(3) 全国科学基金工作缺乏指导协调，存在重复资助现象；(4) 科学基金制本身需要改进完善。针对这些问题，代表们强烈呼吁：(1) 大幅度增加科学基金投入，在此基础上以高于国民经济生产总值的增长速度持续稳定增长；(2) 尽早着手科学基金法的调查起草工作，第一步可先在科技进步法中单辟一章，对科学基金制的地位、作用、体制等作出明确规定，以保证其独立开展工作和经费不受侵占的权益；(3) 希望国家自然科学基金委员会加强对行业、地方科学基金工作政策上的指导和资助项目的协调，并解决同行专家库的共用问题；(4) 加强科学基金制的经验总结和理论、方法研究，提高科学基金管理水平，把有限经费尽可能用好。

3.《中国科学基金年鉴》的编辑、出版工作

由科学基金研究分会主持编辑，科学出版社出版的我国第一部《中国科学基金年鉴》(1990) 已于 1992 年正式出版发行。

《年鉴》记录了我国科学基金制诞生、发展的背景、过程和概况，收录了 1989 年底以前的重要文献、资料和统计数据，是我国科学基金制的一部史书，也是献给我国科学基金制十周年的一份礼物！

编辑、出版《年鉴》是在 1988 年 8 月研究分会第 2 次理事会议上开始酝酿，1989 年 5 月得到国家自然科学基金委员会的支持并资助 3 万元出版费。经几个月准备，于 1990 年 3 月召开在京理事会议讨论确定后正式开始。

《年鉴》的编辑、出版工作得到了有关部门领导、众多科学基金组织和科学基金工作者及出版单位的关心与支持。宋健、朱光亚、张存浩同志专门为年鉴题词，卢嘉锡同志为年鉴题写书名，70 多个基金组织 100 余人参加编写和提供材料，机械工业技术发展基金会、云南省科委应用基础研究基金委员会等单位提供了经费资助，科学出版社给予了积极的配合；编辑人员在保证完成本职工作的情况下，克服种种困难，对稿件进行了认真编改、核对，发行人员也付出了辛勤的劳动。分会共购书 2300 册（现转交中国科学基金研究会），希望大家帮助宣传，促进发行，扩大影响。

4. 申请和筹备成立中国科学基金研究会

由于研究分会是二级学会，其活动范围、活动层次及受重视程度都受到限制，影响了研究会作用的更好发挥，越来越不适应科学基金事业逢勃发展的需要，同时考虑到研究分会4年的工作基础，使成立一级学会的时机逐渐成熟，在挂靠单位国家自然科学基金会的支持下，分会理事会决定申请成立中国科学基金研究会。1991年7月30日，分会理事长和秘书长向国家科委主管学会工作的领导汇报了分会的工作情况和成立一级学会的请求，得到了他们的支持和指导。1991年10月15日，国家自然科学基金委员会正式向国家科委报送《关于管理科学研究会科学基金研究分会改为中国科学基金研究会的请示》，国家科委1992年1月4日批复同意在成立中国科学基金研究会，并指出该研究会为全国性科学技术社会团体，按照国家有关规定，须报民政部登记注册。为此成立了以国家自然科学基金委员会副主任胡兆森同志和计划局局长袁海波同志为首的中国科学基金研究会筹备组织，原分会领导和部分理事参加了筹备工作，包括制定章程、草拟研究会理事会组成方案和落实人选、撰写各种文件、向国家科委及民政部有关司局联系汇报等，筹备情况另有报告。

科学基金研究分会的工作虽然取得了一些成绩，但问题也不少。总的说工作不够活跃，活动偏少，特别是后期处于半停顿状态，有些该干或计划干的事情没有干。具体表现在：(1) 理事的增补没有进行；(2) 发展会员没有持续、广泛、深入地开展；(3) 理事证书和会员证未发；(4) 已列入计划的几件事没有实现，如协同国家自然科学基金委员会联合其他科学基金组织共同纪念科学基金制十周年，配合科学基金制国际研讨会组织国内学术活动，科学基金立法的专题研讨，与中国科技情报所合作编译出版国外科学基金制参考资料等。产生这些问题的客观原因是研究分会的级别低，主办或联办一些重大活动不方便；工作人员都是兼职，时间没有保证。主观原因是有过渡、等待思想，克服困难努力不够，特别是分会升级有望后，除中国科学基金研究会的筹建工作和年鉴的编辑、出版、发行外，基本没有安排其他活动。我作为分会理事长，对此应负主要责任。

三、科学基金研究分会的历史作用

科学基金研究分会是科学基金制的产物，又是科学基金制发展完善的需要，它的作用基本可概括为以下几个方面。

1. 联合各科学基金组织的纽带作用

科学基金制是一种行政色彩最少的科研管理体制，各科学基金组织间既不存在组织上的领导、被领导关系，也不存在经济上的依赖、制约关系，但他们都是科学基金事业的一部分，前途命运休戚与共，做法、经验可以互相借鉴，理论研究需要互相切磋。科学基金研究分会的适时成立，适应了这种需要，为各科学基金组织间的联系、沟通、交流、研讨搭桥铺路，使他们在保持独立自主的前提下实现了联合。

2. 科学基金制发展的推波助澜作用

我国科学基金制的迅速发展，应归功于党中央、国务院的正确决策，科技领导部门的措施得当，全国科技体制改革形势的有力推动，实施科学基金制的部门、地方领导重视，而科学基金研究分会的积极配合，也起了一定的促进作用。研究分会组织的交流研讨活动，每次都邀请暂未设立科学基金的部门或地方派人参加，向他们传经送宝；研究分会理事结合出差、开会，也尽力宣传科学基金制的优越性，介绍全国实施科学基金制的情况和经验，向地方有关领导转达当地科研人员的要求和呼声，促进科学基金制向广度和深度发展。在研究分会成立前，全国共有行业、省级科技基金 28 个，现增至 51 个。其中有些科技基金的设立，包含着研究分会的工作成果。

3. 科学基金制理论研究的开拓作用

科学基金研究分会的成立，本身就是对科学基金制研究在管理科学中应有地位的肯定，说明科学基金管理不是简单的事务性工作，而是大有学问，应做为一门科学去研究。在研究分会的组织推动下，越来越多的科学基金工作者努力学习，认真钻研，透过纷繁的科学基金日常工作，发现问题，寻求规律，总结实践经验，尽力从理论高度去阐明问题，写出了质量较高的学术论文。在全国性学术活动的次数和参加人数有限的情况下，他们自动组织起来，开展地区性的交流研讨活动。现在除西南地区正在认真准备外，其他地区都已开过 1—2 次交流研讨会。华东、东北两个地区在学术活动的基础上，分别成立了地区性科学基金研究会。总之，经过大家的努力耕耘，科学基金制研究已成为管理科学中新开辟的一个研究领域。

4. 对年轻科学基金工作者的培育作用

科学基金事业在我国是一项崭新的事业，科学基金工作者中年轻人占很大的比重，他们是日常管理工作的主力，也是研究科学基金制的活跃分子。但他们的研究心得在本单位没有机会发表，而科学基金研究分会组织的交流研讨活动和地区性学术活动，为他们提供了交流学习场所，对鼓励他们钻研科学基金制理论的积极性，促进他们的成长，产生了良好的效果。一些年轻科学基金工作者参加地区科学基金研究会的领导，主办学术研讨活动，得到了锻炼，增长了才干。一批思想活跃，朝气蓬勃的科学基金管理、研究工作者队伍正在茁壮成长。

5. 建立中国科学基金研究会的基础作用

科学基金研究分会的成立，为中国科学基金研究会的建立作了舆论上、组织上的准备；研究分会成立后的工作，为中国科学基金研究会的工作打下了基础，有些分会理事将加入新的理事会继续工作。现在，新组建的理事会领导力量大大加强，工作条件也有明显改善，在国家科委、民政部、国家自然科学基金委员会及各理事单位的支持下，定能卓有成效地工作，在我国科学基金事业的进一步发展中发挥更大作用。

四、为发展完善具有中国特色的科学基金制献策献力

现在我国科学基金制已经步入一个新的阶段。新阶段要解决的主要问题有：（1）进一步更新观念，清除不利于科学基金制巩固、发展的潜在思想阻力；（2）争取较大幅度增加

经费，增强资助能力；（3）完善科学基金运行机制，提高管理水平；（4）加强资助工作协调，尽力做好国家、行业、省级科学基金资助项目的互补、衔接，发挥资助体系的整体效应；（5）建立科学基金工作的法律保障。当前，全党全国人民认真学习贯彻中共十四大精神，掀起改革开放和社会主义现代化建设新高潮，做为改革产物的科学基金制如何迈出新步伐，走上新台阶，如何适应发展市场经济、转变政府职能、改革大中型企业经营机制、改革人事工资制度等所带来的变化，是摆在各科学基金组织和科学基金工作者面前的新课题。另一方面，通过纪念科学基金制十周年的活动，党和国家领导及有关部门增加了对科学基金制的了解和支持，不仅较大幅度地增加国家自然科学基金经费，而且中央调研室正在组织科学基金制的专题调查，以便对我国科学基金事业的进一步发展给予新的指导和推动。面对新的挑战和机遇，新成立的中国科学基金研究会工作内容将更丰富，任务将更重，应充分发挥跨部门学术团体的优势，为发展完善具有中国特色的科学基金制做出贡献。下面，对研究会的工作提几点建议。

1. 主动配合中央调研室的科学基金制调查

包括向中央调研室提供我国科学基金制的全面资料，供确定调查对象和调查题目参考；各理事单位要认真准备，迎接调查，如实汇报成绩、经验、存在问题和困难；在各理事单位做好准备的基础上，研究会尽快召开科学基金制发展完善研讨会，请中央调研室派人参加，会后把需要中央支持解决的问题整理成书面材料报中央调研室。

2. 组织科学基金法调研小组

现在各科学基金组织都存在着这样那样的困难，其中带普遍性也是最根本性的困难是科学基金制的地位、作用和经费稳定增长以及基金会的性质、任务和法人地位没有法律保障，对待科学基金制的态度因人而异，因时而异，以言代法，以文代法。如科学基金制从基础性研究经费主渠道降为基础性研究自选项目经费渠道，科技进步法原拟单列一章写科学基金制现竟只字不提，国家自然科学基金委员会的章程迟迟不能出台，有的行业、省级科技基金经费递减甚至停拨等等，就是证明。建议这次会后，研究会理事会代表各行业、省级科学基金组织向国家科委和人大科教文卫委员会报告，请求在科技进步法中明确写上科学基金制是基础性研究的重要拨款、管理制度和改革方向，国家有关部门和省、市、自治区政府均应采取措施保证科学基金经费的稳定增长。这个要求并不高，也不影响科技进步法的现有体制，但可以为下一步制订科学基金法留下契机。同时推举有代表性的基金会派人组成科学基金法调研小组，起草科学基金法提纲，经理事会讨论会，报请国家科委、人大科教文卫教员会列入科技立法计划。

3. 扎扎实实地组织科学基金制的经验总结、理论研究和学术交流

这是学会、研究会工作的核心内容，只有学术活动越办越好，才能不断增强学会、研究会的吸引力和凝聚力。从过去组织的全国性、地区性科学基金工作交流研讨会看，谈情况、做法、成绩、经验、问题的文章多，有理论深度的文章少，这和我国科学基金制的历史短、科学基金制研究队伍绝大多数是管理人员的结构有直接关系。因此要提高科学基金制的研究水平，还得从基础抓起。一方面要给科学基金工作者提供学习管理科学的条件，帮助他们运用管理科学的理论、方法研究科学基金制（华东科学基金管理研究会今年 11 月已办了一期管理科学学习班）；另一方面要重视发展有志于科学基金制研究的管理科学、软科学研究人员和研究单位入会，充实科学基金制的研究队伍和研究会的领导班子。与此同时，组织研讨会的方法也要不断改进，在基本情况相互了解差不多的情况下，研讨活动应以小型、专题为主，在此基础上结合换届、纪念活动或综合性国际研讨会，组织大中型的研讨活动。

4. 筹建科学基金工作信息中心

内容包括收集保存科学基金工作的文献、资料、统计数据和各基金会的情况，建立科学基金资助项目库和评审专家库，编辑出版科学基金年鉴、通讯、论文集及国外参考资料，为经常性的沟通信息、经验交流、资助项目查询、同行专家检索、理论研究等服务。信息中心以国家自然科学基金委员会为依托，面向全国科学基金事业。

以上汇报是在今年 6 月 3 日科学基金专业委员会最后一次理事会议讨论的基础上准备的，表达不准确或有错误的地方由我负责，请批评指正。

加强基础性研究　攀登科学技术高峰*

林　泉　邵立勤

（国家科委基础研究高技术司）

基础性研究是基础研究和应用基础研究的简称。在我国，基础性研究工作的具体内容包括三个部分：以认识自然现象、揭示客观规律为主要目的的基础研究；围绕生产实践和学科发展提出的重大或广泛应用目标，探索新原理，开拓新领域的定向性研究；对基本科学数据系统地进行考察、采集、鉴定，并进行综合分析、探索基本规律的工作。

实践证明，基础性研究对于加快我国社会主义经济建设和提高全民族的文化素养具有十分重要的意义。它不仅为人类利用和改造自然提供必要的知识基础，而且是新技术、新发明的先导和源泉；基础性研究是培养科学人才的摇篮；基础性研究工作的突破性进展，还将为我国面临的与人口问题相关联的农业、医药、卫生等重大社会问题的解决开辟道路。在科学技术飞速发展的今天，我国在基础性研究方面的成就和进展，也必将为世界科学技术的繁荣做出贡献。

鉴于基础性研究在整个科技事业中的重要地位和作用，确保基础性研究持续稳定地发展则是我国长期坚持的一项基本方针。

---

* 本文写于 1992 年 2 月 2 日，为全国科技工作会议文件。

一、“七五”概况

1. 科技体制改革以来，我国基础性研究工作得到了迅速发展

（1）明确了基础性研究是我国科技发展战略布局的三个层次之一，提出了推动我国基础性研究持续稳定发展的一些原则性政策措施。新的运行机制给基础性研究带来了生机和活力。根据中央关于科技体制改革的决定精神，中国科学院、高等院校、工业、农业、医药卫生等部门调整部署，使基础性研究工作有了新的提高。1986 年成立的国家自然科学基金委员会在推动基础性研究工作方面起了积极的作用。

（2）“七五”期间，全国约有 10 万人开展基础性研究工作，研究课题达 2 万多项，其中自然科学基金每年资助近 3000 项。

（3）建立了北京正负电子对撞机、兰州重离子加速器、合肥同步辐射加速器等 10 多项大型科学工程、71 个国家重点实验室和 70 多个部门开放实验室。这批实验室都具有特色，仪器设备相当于国际上的中等水平；为基础研究创造了良好条件。

（4）学术水平有所提高，国际地位上升。如高临界温度超导体的研究，机器证明数学定理等方面，我国已处于世界先进行列；北京正负电子对撞机的建成投入正常运行，使我国成为拥有亚洲最大高能加速器的国家之一。“七五”期间，我国共有 238 项成果荣获国家自然科学奖，其中有一批荣获爱因斯坦世界科学奖等国际上高层次科学奖。

（5）基础性研究的成果应用于社会和生产的速度大大加快。例如磁性材料的基础研究推动了我国钕铁硼永磁材料的生产；晶体结构和晶体生长动力学的研究加速了我国光电晶体生产的发展等。

2. “七五”期间存在的主要问题

（1）经费不足，基础性研究占科技经费的比例偏低。

（2）各自为战、力量分散的问题仍没有得到很好解决，在一些重要发展领域，国家缺乏全面安排和重点支持的能力。

二、“八五”基础性研究计划安排

“八五”期间，国家要从宏观上分不同层次，统筹安排好研究课题；建设和运行好重点、开放实验室和一批研究机构，优化学术环境；加速基础性研究高级人才的培养；为提高全民族的科学技术素质做积极贡献，这新技术开拓和社会经济发展提供科学基础。

1. 指导性和指令性相结合，安排好基础性研究的课题布局

为了从整体上安排好我国的基础性研究工作，我们将研究课题分为自选课题、重点课题和重大项目三种类型。自选课题是科学家（个人或集体）根据自己的特长和意向提出的。重点课题是从学科发展的优先领域中选取的。这两类课题由国家宏观规划，以指导性的方式组织实施。重大项目是基础研究中对国家的发展和科学技术的进步具有全局性和带动性、

为我国科技界所公认的、需要国家有组织有计划开展的攀登科学高峰的项目，由国家以指令性方式组织实施。

自选课题、重点课题和重大项目的有机结合，可以对基础性研究的内容和研究方向进行全面部署，既利于组织和团结全国科学研究力量打攻坚战，又利于充分发挥科学家的创造性和积极性，有利于进一步促进我国基础性研究持续稳定地发展。

在现代社会中，基础性研究已不仅仅是个别科学家的个人兴趣的问题，基础性研究已成为一个有一定社会规模的事业。由政府直接组织和推动基础性研究重大项目是当前世界科学技术发展的趋势。为了适应当代基础性研究的发展，根据国家中长期科学技术发展纲领、纲要和“八五”计划和十年规划的要求，国家基础性研究计划采用指导性和指令性相结合的方式编制，指导性部分通过自然科学基金的方式实施，指令性部分纳入“攀登计划”组织实施。

“攀登计划”的项目即国家基础性研究重大项目由国家科委负责，会同国家教委、中国科学院、国家自然科学基金委员会和有关部委共同遴选。入选项目必须符合以下四个条件之一：

(1) 学科前沿性基础性研究项目，已有较好基础，估计在本世纪末有可能取得重大突破的；

(2) 具有重要应用前景的基础性研究项目，为我国经济建设所急需，国际上很活跃，预计在本世纪内有可能做出优异成绩的；

(3) 能发挥我国自然地理和资源特点的基础性研究项目，预计在本世纪内有可能得到具有中国特色的研究工作成果的；

(4) 我国已在国际上有优势、居领先地位的基础性研究项目，预计在本世纪末将继续取得重大进展的。

“攀登计划”中项目的实施和管理，由国家科委负责总体组织和协调工作，委托国家教委、中国科学院、国家自然科学基金会等有关部门具体负责组织落实和日常管理工作。项目设专家委员会，负责学术组织工作，实行首席科学家负责制。

“攀登计划”的提出有利于实现科技的纵深部署，有利于吸引一批学术带头人，形成高水平的研究队伍，有利于集中力量在一些有优势的重要领域取得突破，有利于在世界科技发展的激烈竞争中树立起伟大社会主义中国的旗帜。这对我国科技事业和国民经济的发展有着重大意义。

“八五”期间，通过指导性和指令性相结合的办法，国家要支持基础性研究的自选课题20 000项，选择约79个优先领域、约300个重点课题、约35个基金重大项目和约30个国家基础性研究重大关键项目，集中研究力量，力争有较大突破，为解决我国社会、经济发展中的重大科研问题做出贡献，争取某些优先领域达到国际先进水平，对已经在国际上领先的领域要力争保持先进地位。

2. 充实和加强研究机构，建设和运行好重点开放实验室

加强一批从事基础性研究的科研机构，建设和运行好北京正负电子对撞机等十多项大型科学工程、71个国家重点实验室以及一批部门开放实验室，这对我国基础性研究的发展、培养高质量的科技人才、参与国际合作和竞争，具有重大意义。“八五”期间，国家将新建

75 个重点实验室，重点加强基础性研究机构自身的建设和正常运行，使其发挥更大的作用。将通过优化一批实验室和研究所形成在国际学术前沿努力拼搏的国家级基础研究的基地。

3. 加速基础性研究高级人才的培养

要把大力培养中青年学术带头人这一工作作为一项紧迫的战略任务认真抓好。要创造优良的研究环境，使科研人员能集中精力做出成绩。首先要尽力做到研究人员结构层次和分工的合理性；还要努力做到使后勤服务工作逐渐社会化；要创建宽松、民主的学术气氛，建立符合基础性研究特点的管理制度和方法，以利产生新的学术思想的萌芽并使其得到支持。

4. 逐步形成全国科学数据库网络和信息系统

在现代科学技术的发展中，迅速增长的科学数据、信息及其网络系统的建立和运转是支撑科学技术发展的重要条件。其基本任务是，组织力量进行重点数据的采集和理论计算，收集整理国内外的有关数据进行编辑、评价并建立数据库；制定符合国际标准的各种规范及标准，促进国际国内数据交换及联网工作。为科学研究、经济建设和社会发展提供确切、快速、方便的数据服务。

为了进一步推动基础性研究的发展，“八五”期间国家将增加对基础性研究的投入，用于增加自然科学基金和基础性研究重大项目的经费，增加国家重点实验室和部门开放实验室的运行补助费，增加基础研究主要工作部门的科技事业费。

三、1991 年情况简述

1991 年，全国基础性研究工作在持续稳定的基础上继续发展，表现在以下几方面：

(1) 国家采取重大措施加强基础性研究，第一批国家基础性研究重大关键项目已经启动，一些著名科学家被聘为项目首席科学家。第二批项目的遴选、评议工作已经开始。

(2) 国家加强了对重点实验室和部门开放实验室的支持，一批实验室和研究所逐步成为在国际学术前沿有较大影响的基础性研究中心。我国第一台专用同步辐射装置——合肥同步辐射加速器建成并通过验收。

(3) 基础性研究水平有较大提高，取得了一大批重要成果。例如，中国科学院上海冶金所在高温超导研究方面继续取得重要进展，超导体材料的临界电流密度为当前国际最好水平。南开大学母国光教授等在国际上首创黑白胶片作彩色摄影技术。中国科学院上海生化所洪国藩教授在国际上首创高温脱氧核糖核酸（DNA）顺序测定技术等。1991 年度还评出国家自然科学奖 53 项。

四、1992 年国家基础性研究工作计划简要说明

1. 实施“攀登计划”，抓好国家基础性研究重大关键项目

1992 年“攀登计划”中的项目包括两部分：第一部分为已实施部分即在 1991 年开始实

施的国家基础性研究重大项目，共 12 项；第二部分为预选部分，共 32 项，将由国家科委会同有关部门组织高层次专家组进行评议筛选后确定并开始实施。

2. 充分发挥科学基金的作用，加强国家对基础性研究的宏观指导

国家在基础性研究方面的指导性计划在“八五”期间包括 79 个学科优先发展领域，约 300 个重点课题和科学家自选课题计 20 000 项，每年滚动执行。1992 年，由国家自然科学基金委员会支持基金重大项目 19 项；重点课题 116 项，支持科学家（个人或集体）根据自己的特长和意向提出的自选课题约 4000 项。

3. 加强研究机构，建设和运行好重点开放实验室

1992 年要继续大力支持重点实验室和部门开放实验室，对优秀的实验室发放运行补助费，支持重点研究机构的建设和正常运行，使其发挥更大的作用。使一批实验室和研究所逐步形成在国际学术前沿努力拼搏的国家级基础研究的基础。

4. 建立国家科学数据库协调机构，加强数据积累基础工作

1992 年要努力推动建立全国科学研究数据库的协调机构，使各种类型的科研数据库、方法库、模型库联合起来，组成全国性的网络。要进一步建好全国自然环境中材料腐蚀实验网站和完善一批科学观测试验台站。继续支持“三志”（《中国动物志》，《中国植物志》和《中国孢子植物志》）、科学名词审定、冰川编目等基础性工作。

我国基础性研究工作一直得到中央有关部委、省、市政府以及中国科学技术协会等学术团体的关心、重视和支持。中国科学院、国家教委、卫生部、农业部等有关部委在困难的条件下拨出经费，组织安排了各部门基础研究方面的重大项目、重点课题，建立了青年科学基金及某些学科的专项研究基金。不少省、市、大中企业也建立了自然科学基金和青年科学基金。这对基础性研究的发展起了重要的推动作用。今后我们要坚持这种多渠道支持基础性研究的方式，增加对基础性研究的投入，努力创造能促进新思想产生和人才培养的稳定的环境和条件，使基础性研究继续得到持续稳定的发展。

论自然科学基础和应用基础研究*

李　喜　先

（中国科学院科技政策局）

前　　言

现代科学技术的系统结构和分类是极其复杂的。在科学技术活动中，依据不同标准，形成各种分类。

---

* 该文原载《中国科学基金》1991 年第 1 期。

一些国际组织，如联合国教科文组织（UNESCO）和经济合作与发展组织（OECD）等定义科学研究和实验发展（R&D）为：任何为增加科学、技术知识储备和发明新的应用所从事的系统的、创造性的活动。并对R&D提出了现在国际通用的分类法，即在科学、技术和生产的相互转化过程中，根据距生产实践的远近及其目的性，将科学研究活动分为三类：基础研究、应用研究和发展研究。相应的研究结果形成三大门类的知识形态：基础科学、应用科学（技术科学）和应用技术（工程技术）这三类研究既有区别又相互联系，共同构成科学研究的系统结构。

本文仅限于论述在自然科学研究活动中基础和应用基础研究的性质、作用、地位和特征。其中应用基础研究属于在应用研究中再细分的一部分，其称谓在我国科技界已约定俗成，并经常引起广泛的议论，是值得强调的研究活动。

一、性　　质

科学研究是人类认识自然界的一种创造性的活动，它包括思维和实验活动。在这种认识活动中，结晶成一个个知识单元（各项事实陈述和理论陈述），并按照特定的逻辑程序结合起来，形成为理论化和系统化的知识总和——科学。

联合国教科文组织将科学研究分为：

"基础研究——主要为获取有关各种现象和观察事实的内在基础的新知识而进行的工作，不考虑任何特殊的或专门的应用和使用。基础研究如果是有系统地朝着一个准确的、科学技术以外的目标进行，就称为'定向的'：否则称为'非定向的'。

应用研究——为了获取新知识但主要是以新知识的专门实际应用而进行的工作。"

可以看出，上述两类研究之间有着"目的性"的不同，这是在本质上的差异。此外，它们在性质上还有许多差异：

基础研究旨在具有探索性、创造性、发现新的规律、揭示自然界新的现象，从而建立新的理论和原理的研究活动。它的研究对象一般地是整个自然界，包括未被人类改造或干预过的天然自然界，即第一自然界或"纯"自然界，以及纳入人类认识与实践范围的人化自然界，即第二自然界；研究内容主要是物质的结构和运动的普遍规律；研究目的主要是为了获得新知识，没有或者只有笼统的社会应用设想，因而往往表现为"好奇取向（curiosity－oriented）"；研究成果便构成科学系统结构中的基本理论部分，即基础科学。

应用研究，有时又称技术研究，旨在把基础研究发现的新理论应用于特定目标的研究活动，即主要是确定基础研究成果可能的用途，或者是确定为达到一些具体的、预定的目标应采取的新方法或手段。它既有象基础研究那样认识自然的一面，又有发展研究而改造自然的一面，是介乎两者之间的桥梁。它的研究对象一般地是人化自然界，其中大部分是人工自然界；研究内容是应用和技术中的特殊规律，即把普遍规律拟化为特定专业的具体规律；研究目的是实际应用，即把基础研究所获得的新知识转化为改造自然的能力，因而往往表现为"任务取向（mission－oriented）"；研究成果便构成科学系统结构中的普遍技术理论部分，即应用科学。我国科技界特别从应用研究中再细分出应用基础研究部分。这一部分研究是应用研究中探索性、基础性和原理性更强的研究，即针对实际目的、为获得规律性新知识而进行的独创性研究，与基础研究更接近的环节。实际上，它注重将科学或学科理论转化为实际应用的技术原理，而不在于技术细节上；大量的应用基础研究既可以从基础研究而来，也可能从生产和技术应用中上升而来；而且，科学家在具体研究过程中，对于同类课题的研究究竟是基础还是应基础研究，往往要由动机来决定，特别是现代科学研究正在向综合性、整体化、理论与应用结合方向发展的情况下，这些类似的研究经常是相互交叉、重叠而混然一体的。

二、作　用

1. 在科学研究的系统结构中的作用

基础研究的性质决定着有可能回答自然界存在的根本性问题，从而才可能使人类对自然界的认识在一定的历史阶段上达到最高水平。因此，从本源上来说，基础研究的水平决定着应用研究的水平，以致最终会决定发展研究的水平。

几千年来科学和技术的发展遵循着自己的道路，并形成了各自的传统。但是，到了近代，它们的关系更加密切，使得技术越来越以科学为基础，从而摆脱其经验形态，建立起自己的理论体系，即技术科学化，到 19 世纪中叶便形成了技术科学或应用科学。在现代，应用科学的发展更加依赖于基础科学的发展，先有科学，后有技术；先在基础研究中有突破性的成就，接着才在应用研究中取得巨大的进展，这种现象已是十分明显的了。

应用研究在基础研究与发展研究之间突出地起着中介作用。应用研究是由基础研究转化而来，又向发展研究转化而去，或者反过来。我国在科技政策上强化应用基础研究的作用，主要在于加速实现这种转化的第一步，以提高其转化效率；或者是为了从纵向上强化理论与应用的结合，缩短从科学到生产的距离，以充分地发挥其在科学研究的系统结构中的中介作用。

2. 在社会系统中的作用

在人类社会发展的长时期内，科学研究对社会进步一直起着伟大的推动作用。古代科学研究使人类社会摆脱了蒙昧状态，建立起古代文明；近代科学研究使人类从宗教迷信中解放出来，建立起近代文明；而现代科学研究对于改变人类的思维方式，进一步确立正确的世界观，以及建立现代文明乃至高等文明（对地球上人类而言，即掌握太阳系和银河系的文明）都起着革命性的作用。因此，在一切人类社会形态中，科学研究在本质上是推动社会进步的强大因素，是“最高意义上的革命力量”。

科学研究与社会生产、经济、政治、军事、教育、文化和意识形态等方面有着强烈的相互作用。这里，着重论述基础和应用基础研究对经济、生产和教育等方面的巨大作用。

基础和应用基础研究对经济繁荣起着决定性的作用。在一个足够长的时间尺度里和相当广的范围内，应该坚持这一战略观点。人们通常容易认为，大多数基础研究甚至应用基础研究成果要向生产转化，一般都要 10—20 年时间，乃至半个世纪，而不象发展研究那样，即刻生效。但是，现代社会高速发展的事实表明，它们却能以惊人的程度呼唤出巨大的自然力，从而从根本上繁荣经济，推动社会的发展。这类研究愈深入，新的知识愈取之不尽，而成为从发展研究转化为生产力的源泉，以至最后成为技术和生产水平达到高级阶段的决定性因素；这类研究愈充分，其转化越有效，并以一种从容不迫的方式导致新技术、高技术的产生，从而增强经济上的竞争力，产生令人难以置信的经济效益，以至引起产业结构、经济结构和管理体制的急剧变化。当今，在国际经济的激烈竞争中，要稳定地、持久地保持优势，并不断地获胜，都是以储备着深厚的基础和应用基础研究作为后盾的。

当然，这类研究与经济之间的相互作用是多种多样、错综复杂的，因而在一定时期内，对于一些国家或地区来说，这类研究虽然达到了很高的水平，但是经济却并不成正比例地增长，也不如想像的那样发达。这种特殊现象的存在是与其他因素有关的，如政治制度、经济体制、管理和经营战略等不佳，以至成为发挥其作用的羁绊，而不是这类研究自身引起的后果。从本质上说，这类研究越加强，越能促进经济的高速发展，这一总的趋势已越来越明显了。可以说，现代社会的巨大生产力就是物化的现化科学力量。

基础和应用基础研究对教育有着重大的推动作用。而且，只有这类研究才能积累和创造新的知识，才能引起教育内容、手段和方法和变革，从而提高整个教育，特别是高等教育的水平。从广义上讲，通过这类研究过程，可以直接培养基础知识扎实、理论坚实、思维敏捷而具有适应性宽广和善于创造的优秀人才。这对提高人类的智力来说起着重大的作用。

三、地　　位

基础和应用基础研究的性质和作用决定着它们具有重要的地位。

1. 在科学研究的系统结构中的地位

基础研究、应用研究和发展研究在相互联系、相互关系中处于不同的位置，并构成了三个不同的层次：基础研究居于内层，应用研究居于中层，发展研究居于外层。内层是中、外层的发源地带，中层是内、外层的联结地带，而外层是内、中层的扩展地带。基础研究对于其他研究来说是处于主导和指导的地位，因而内层是核心位置。越是接近核心，理论性越强；越是远离核心，应用性越强。它们共同构为成科学研究的辐射状结构模式。

2. 在社会系统中的地位

基础和应用基础研究的外界环境是社会系统，它们是嵌在其中的开放系统，并在与其他子系统相互作用中起着巨大的作用，从而占有显著的重要地位。

一般地说，三类研究在各个国家所占的地位不尽相同。在一些发达国家，基础研究占有更重要的地位，这表现在：往往把它具有的优势视为国家在国际上居于领先地位的象征，把创造性的重大成就作为本国的荣誉；在科学政策上给予高度重视和支持，投入R&D的经费比例很高并有支持基础研究的巨型计划等。而一些发展中的国家容易忽视或无力重视基础研究，比较重视应用研究、发展研究和技术引进。这样，就难以受益于基础研究，往往只能长期处于被动的跟踪状态，难于摆脱困境。

当然，不同国家在不同时期，根据国情，可侧重某一类研究。但是，在战略观点上，应使三类研究各有恰当的地位和适当的比例。从人类社会发展的趋势来看，科学研究在社会系统中所占的地位将会不断地提高。其中基础和应用基础所获得的知识形态，就其对人类社会的进步、人类文明来说，始终将处于核心的地位。

四、特　征

在现代科学研究中，基础和应用基础研究具有下述若干基本特征。

1. 向极端方向广延

探索的时空范围向极端扩展。在时间尺度上，从小于 10^{-23}秒的短暂过程直到宇宙年龄（200 亿年）；在空间尺度上，从粒子世界（10^{-15}厘米）扩展到整个宇宙（“物理宇宙”，10^{28}厘米）。可见，无论是在时间还是空间上都延伸了 40 个以上的数量级。由于研究领域的扩展，使得在自然界中原来未知的联系建立起来了，“关于最早的知识与关于最小的知识紧密地依赖着”[3]如在宇宙学中，关于宇宙起源最早的知识，与在粒子物理学中关于追究组成物质世界最小单元的知识，竟显现出一种共生关系。

在探索物质的结构中，向最基本和最复杂的极端发展。如在分子、电子层次上研究生命现象，一直扩展到在群落、生态系统层次上研究复杂的生命现象。

在极端条件下，研究物质的性质和变化。如在变重力、超真空、强辐射、超高温、超低温、超高压、强激光、强电磁场、极高速等极端条件下，研究物质的物理、化学和生命现象。

2. 在观念上的根本变化

相对于经典的科学研究来说，现代科学的基础和应用基础研究使得人类对自然界的认识正在经历着许多在观念上的根本变化。“普里戈金的范式之所以令人感兴趣，就在于它把注意力转向了现实世界的那些方面：无序、不稳定、多样性、不平衡、非线性关系（其中小的输入可以引起大的结果）以及暂时性——对时间流的高度敏感性”[4]。这些观念可能很好地代表着下一次的科学革命的方向。

随着这类研究内容的深化、研究方法的改善，以及科学能力的增强，还引起一系列挑战性的新概念、范畴、理论和哲学观点的变化，以致引起科学观的变化，许多问题需要重新审视，如：物质是否无限可分，两极可否分离（如磁单极子的存在性），如何理解质能关系、严格决定性和概率统计性理论，偶然性与必然性能否重新装在一起，时空是否有层次，如何理解宇宙的无限性（是否有起点和有界）等。

3. 高度数学化

在古代和近代科学研究中就使用了数学方法，使数学与其他学科互相促进。由于数学的高度抽象性、严格的逻辑性和数学语言的简明性，使得在现代科学的基础和应用基础研究中数学化的程度越来越高，特别表现在精密科学如理论物理、理论天体物理、理论化学、理论生物物理学等研究中，使其理论表述方法更加简明和更加准确。

4. 整体化的趋势

古代科学研究只能以原始的方式，从宏观上和整体上观察自然界。近代科学研究主要运用分解的方法，即把复杂的整体分离成各个要素，以进行分门别类的研究，从而形成各种专门化的经典学科，并推动了科学的进步。

现代科学研究，特别是基础和应用基础研究，在进行学科分离研究的同时，综合的和系统的研究已成为普遍的趋势。在这些研究过程中，各门学科之间、各门科学之间发生着强烈的相互作用，产生了一系列交叉科学、综合科学和横断科学（cross - cutting science），致使现代科学密集而成为一个多层次并具有系统结构的有机整体。由此必须强调，在科学的认识论和方法论上，必须更加注重整体观和系统观，才有利于在一定程度上再现出永恒运动着的、演化着的物质世界所具有的统一性和整体性的固有属性。

5. 物化过程的速化

基础和应用基础研究所获得的知识形态要物化为直接的生产力，需要经过复杂的转化过程。虽然，它们距实际应用和直接生产可能非常遥远和比较遥远，而且各种知识形态（各门学科）实现这种转化的速度也不尽相同，但总的趋势都在加速地转化着。这表现在，当科学上的新发现、新发明出现后，在技术上很快地就变得成熟起来，直到物化为产品或商品，而且这种时间间隔有越来越缩短的趋势。

在这种物化过程中，还通过多种多样的方式和途径来加速实现。这主要是渗透到生产力诸要素中和管理中，使得生产现代化和管理科学化，从而提高整个的生产水平。

参考文献

[1] Survey of National Scientific and Technological Potential (STP) Definitions and Instructions, UNESCO/NS/ROU/419/Def. prov. 5, Paris August 1980.

[2] 马克思恩格斯全集，第19卷，人民出版社，1972年，第372页。

[3] 汪克林等：近代物理学展望，中国科学技术大学出版社，1988年，第72页。

[4] 伊·普里戈金和伊·斯唐热：从混沌到有序，上海译文出版社，1987年，第10页。

实施“启明星”计划　培养跨世纪人才

李　跃　丁文龙

（上海市科学技术委员会）

上海市科委从1991年开始实施“上海市青年科技启明星计划”，这是一项培养青年科技人才的系统工程，是开发明天的科技明星计划。通过对优秀青年科技人员选拔、培养，造就一批跨世纪的新一代学科、技术带头人或后备带头人。

一、背　景

从现在起到本世纪末，是上海经济和社会发展的关键时期，也是高级科技人员新老交替的关键时期，科学技术作为第一生产力，对上海今后10年发展战略就起到十分重要的作用，但是在专业技术队伍中目前存在着一些突出问题，在一些高等学校及较高层次的科研、技术机构中，学科技术带头人和专业技术骨干队伍平均年龄偏大，人才断层情况十分严重，这种状况如不及时采取措施培养和造就一代新的科技新星，尽快弥合科技人才的断层，势必将对上海科技、教育事业的发展和经济建设产生不利的影响，也势必影响到上海进一步的对外开放和浦东的开发。上海市科委把培养和稳定青年科技人才作为上海市科技发展“八五”计划的一项重要工作来抓。

二、特　点

这个计划基本特点是以人的培养为主，人和项目紧密结合，目标就是培养跨世纪的学科、技术带头人或后备带头人。具体地说，就是从选择和培养优秀青年科技人员（年龄在35岁以下）入手，以资助科研经费的方式，扶持青年科技人员独立开展科研工作，通过科研实践和其他实践活动，增长才干，促进优秀青年科技骨干脱颖而出。上海市科委“八五”期间计划每年拿出150万元基金，共计1200万元的培养基金，培养150名左右的优秀青年科技人员。

三、内　容

申请对象必须是年龄在35周岁以下（含35岁），拥护中国共产党领导，热爱社会主义祖国，有强烈的事业性和责任感，专业基础扎实，学术思想活跃，科学作风严谨，科研道德高尚，具有求实、创新、开拓、奉献精神的青年科技人员。

申请资助的科研项目必须是符合本市经济和科技发展的方向，有重要的应用价值，有利于提高科研、生产总体技术水平，具有创新、渗透、超前的特点。还应具备优良的科研支撑环境，包括研究人员队伍，实验设备条件等。

对列入启明星计划的青年科技人员，实行动态管理，建立启明星计划的管理信息系统。进行10年跟踪，每年组织有关部门进行一次考察，并提出合理使用的建议。

四、实　施

启明星计划的实施根据由市科委颁布的《上海市青年科技启明星计划暂行管理办法》及计划实施指南进行的，它包括了申请程序，专家评审程序，以及最终确定等一系列规定。

1991年入选36名青年科技人员，其中博士生博士后13人，硕士生14人，学士9人；其中5人已获副高级职称，半数以上获得过各种荣誉称号。

培养新一代的明天科技之星，已经成为全社会关心和支持的一项伟大工程，上海市实施这个计划，只是这个伟大工程的一个组成部分，我们将努力完成好这项有重大意义的工作。我们相信，一大批科技之星，必将在世界的东方出现，并迎来中国大地科技和经济繁荣的新时期。

中国科学基金十年*

周 培 源

国家自然科学基金设立已经整整10年了，她诞生于我国改革开放的年代。10年来，由于党中央和国务院的重视，全国广大科学工作者的关心和支持，以及基金委员会全体工作人员的共同努力，在出成果、出人才，促进我国基础研究发展的事业中，起了积极作用。这说明，10年前党中央、国务院采纳89位学部委员建议，设立面向全国的科学基金的决定是完全正确的。

我感到国家自然科学基金的设立是非常重要、非常有意义的，也可以说是我们国家40多年来在科技方面的一个很重要的发展，或者说是一个很重要的成果。我作为一个科技工作者很受鼓舞。

十一届三中全会以后，先是农村进行经济改革，农民积极性调动起来了，然后工业、科技、教育都进行了改革。国家科学基金设立也调动了全国科研人员的积极性；另一方面，国家科学基金对于培养青年科技人才发挥了很大作用，培养出了一大批科研骨干和学术带头人，科学基金已成为不少单位和学校培养研究生进行科研活动的重要经费来源。以我个人的经验，我认为基金会坚持这样做下去，一定会取得很大成果，从这点意义上说，我是很有深刻体会的。

谈到要重视基础研究，当然国家自然科学基金主要是资助基础研究，也有一部分应用研究，这方面要从长远看，很重要，很有必要。过去的40多年来，我深刻体会我们中央是很重视基础研究的。但是不能说重要就把所有的人力、物力都投入去做基础研究，那不行，因我们还要吃饭、穿衣，还要解决交通问题等。我记得在1956年，周总理提出要制订十二年规划，集中了一批人。那时我们也不懂什么规划，经过反复讨论研究，按照中央指示，从生产任务中提出了55项科学研究项目，像水利、自然资源调查等。后来总理看到说不行，仅仅是任务是不行的。他说，一定要有包括自然科学规划在内的第56项。所以，周总理当时就看到了基础科学的重要性。1971—1972年，总理在基础研究方面做了很多指示，多次接见来访的美籍华裔科学家。我们现在的中科院高能物理所，就是总理那时主张建的。总理很重视，毛主席也很重视。提出三个问题：天体演化、生命起源、基本粒子，并于1964年在北京召开科学讨论会时，为了讲物理学中的一分为二、物质可分，特意把于光远和我找去，谈这些纯学术问题。毛主席知识面很广，他也很重视基础研究。现在党和国家领导也很重视，有两句话："经济建设必须依靠科学技术，科学技术工作必须面向经济建设"，"科学技术是第一生产力"。可以说，我们领导对基础研究还是很重视的。

既然称做"国家自然科学基金"那么，在"自然科学"内，很重要的部分就是在基础研究方面要有大的发展，但是我们也并不是说因为要重视基础理论，国家就花很大的钱去

---

* 该文原载《中国科学基金》1992年第1期。

搞基础研究，这个不行。我们经济有限，我们只能投入部分力量，这一点不能与西方国家相比，像美国原子弹爆炸以后，美国到处发展原子核物理，到处建加速器。我们是要进行研究，但我们不能到处建高能物理所，到处建加速器，到处建原子堆。

10年来，科学基金委员会形成了“依靠专家，发扬民主，择优支持，公正合理”的评审原则，我觉得这方面是很重要的。基金会的任务是很重的，而经费又是很有限的，这因为我们是发展中国家，不可能与资本主义国家相比。中国的国家自然科学基金以3000万起步，到现在每年才有1.7亿元左右，这在我们看好像是大数目了，实际上在美国，有的大学一年的经费就有几亿美元。这看来我们是差得太远，所以我们要大力发展经济。1.7亿元数字也是不少的，是来之不易的，所以我们怎么样精打细算，把钱用在刀刃上，使有限的经费发挥最大的效用，我觉得这是一个很重要的问题。这个问题到底怎样来解决，到底我们工业建设方面能不能控制得更严格一些？只要我们在大的工程方面稍注意一点，我们这点科研经费就有了。所以，我们还要大声呼吁。

国家自然科学基金设立10年来，逐渐形成了三个层次、七种类型的科学基金项目的资助形式，并已取得了一些成效。我希望科学基金会的同志们认真总结10年来的经验和教训，汲取西方国家科学基金工作的长处，悉心听取科学家们的意见，为完善和发展具有中国特色的科学基金制做出贡献，并祝愿国家自然科学基金委员会在下一个10年取得更大的成就。

喜看千重浪　更上一层楼*

卢　嘉　锡

科学基金制在我国建立已经10年了。我作为我国第一个全国性科学基金组织——原中国科学院科学基金委员会主任，回顾10年来中国科学院科学基金制的不断发展和完善，心中感到无限欣慰。

1981年5月，89名中国科学院学部委员怀着对发展我国科学事业的使命感和紧迫感，联名向中共中央、国务院提出了建立中国科学院科学基金的建议。这一建议立即得到邓小平同志及其他党和国家领导同志的批准。从1982年起，由国家拨专款，建立面向全国的科学基金，用以资助基础研究和应用研究中的基础性工作，并成立了由教育、科学、工业、农业、医药卫生各界23名专家、学者组成的基金委员会，挂靠在中国科学院，独立地开展工作。采取宏观指导，自由申请，专家评审，择优支持，按项目拨款，专款专用的方法，资助优秀的科研工作。从此拉开了我国科学基金制的序幕。1982—1985年，共受理申请项目9344项，申请总金额75 339万元；批准资助4426项，资助总金额17 271万元（其中高等院校占3/4)，项目资助率47%，平均单项资助强度约4万元。资助项目分布在全国27个

* 原文载于《中国科学基金》1992年第1期。

省、市、自治区的450多个单位，有3.5万名科技人员参加资助项目的研究工作。

中国科学院科学基金的建立，加强了国家对基础性研究工作的支持，促进了科学研究与人才培养的结合，密切了中国科学院同高等院校及产业部门、地方研究机构的联系，尤其重要的是它为我国实施科学基金制提供了直接的经验。实践证明，科学基金制是一种有活力的、适合基础性研究特点的拨款方式和科研管理制度，它有利于基础性研究工作的稳定和持续发展，为经济、社会发展和科技进步提供先导和储备；并能推动科学研究的公平竞争，打破部门之间封锁、条块分割，克服平均主义和低水平重复，激发科研人员的开拓、进取、创新精神，促进科学水平的提高和优秀人才的脱颖而出；同时可以充分发挥专家的咨询、决策和指导作用，实现科研管理的科学化、民主化、制度化。

中国科学院科学基金的成功试验，为全国基础性研究体制的改革和建立，开辟了一条有效的途径。1985年3月，中共中央在关于科技体制改革的决定中，把实施科学基金制作为改革基础性研究拨款方式和科研管理制度的方向提出。1986年2月，国务院决定正式成立国家自然科学基金委员会，中国科学院科学基金委员会，随之完成了它的历史使命。

国家自然科学基金委员会成立后，坚持“依靠专家，发扬民主，择优支持，公正合理”的原则，不断开创资助工作的新局面，促进了我国科学基金制的发展。在科技体制改革的推动下，不同层次、不同类型的科学基金、科技基金相继设立。除国家自然科学基金外，全国已有20个部门设立了行业科技基金和人才培养基金，22个省、市、自治区设立了地方性自然科学基金、应用基础研究基金和科技基金；众多的高等院校、研究机构为了搞活科研管理，提高申请国家、行业、地方科学基金的命中率纷纷用自选项目经费，设立基层单位科学基金；此外，民间科技基金会和一些公益性基金会对科学研究、人才培养、学术交流的资助，也是科学基金制不可忽视的补充。现在，科学基金制已成为我国基础性研究的一种重要管理模式，受到了广大科技人员的欢迎和支持。

我国科学基金制的成长过程，说明党中央、国务院关于在我国建立和实行科学基金制的一系列决策是正确的，有远见的。现在，全党、全国正在学习、贯彻邓小平同志关于科学技术是第一生产力的指导思想，对于科学基金工作来说，在这一思想指导下，如何进一步巩固、发展、完善科学基金制的成果，充分发挥它在提高我国科技水平、培养人才方面的作用，使科学基金工作更上一层楼，是广大科技人员寄予的厚望。

为此，首先建议国家能较大幅度地增加科学基金经费。以国家自然科学基金为例，虽然每年经费都有一定增长，但由于起点太低，仍与科学事业发展的需要相差甚远，造成了获资助项目经费不足，因而完不成预定目标的情况，还有相当多的好项目因财力不足得不到资助，影响了科学基金制优越性的充分发挥，甚至挫伤了一些科研人员的积极性，并造成社会劳动的浪费。其他基金会的情况与国家自然科学基金委员会大致相似。这是目前科研人员对科学基金制反映最强烈的问题。每年人大会议、政协会议都有这方面的提案，但效果甚微。我们恳切希望政府有关部门能认真研究解决这个问题。

其次，要建立、健全科学基金制的法律保障。实施科学基金制是一大变革，必然会受到来自各方面的阻力，如果不采取立法手段，肯定其地位、作用和经费保证，已取得的改革成果将难以得到巩固，甚至有得而复失的可能，这种危险已在有些部门显露。如对科学基金制的宣传越来越少，评价越来越低；有的基金会经费逐年减少；有的基金会差点被撤消。建议国家组织有关部门着手科学基金法的起草，或者在拟议的科技进步法中单辟一章，明确科学基金制的各项条款。国务院在1988年就公布了民间基金会管理办法，而国家设立的基金会（含行业、地方基金会）至今却无法可依，这是不正常的。

再次，科学基金制还需要不断地完善。如对不同学科经费分配的宏观决策问题尚未解决，资助项目的检查管理和研究成果的跟踪评价还有待加强，专家评审制度尚须进一步完善，科学基金制的理论方法的研究尚未跟上，各基金会会间的信息交流和资助项目的协调、衔接还没有摆上日程。总之，目前的科学基金管理水平离建立有中国特色的科学基金制，还有很大距离。希望从事科学基金工作的领导干部和管理人员，戒骄戒躁，继续前进，不断总结经验，继续改进和完善我国科学基金的申请、评审、管理办法。我相信，一个顺应我国科学发展需要的科学基金制度，必将要我国社会主义物质文明和精神文明建设中，发挥日益重要的作用。

发扬成绩　完善有中国特色的科学基金制*

谢 希 德

自1981年国务院根据80多位中国科学院学部委员的建议，批准设立面向全国的科学基金，由财政部每年拨专款资助基础研究和部分应用研究，到现在已经10年了。1986年2月国务院发出通知，正式成立国家自然科学基金委员会，结束了隶属于中国科学院的自然科学基金委员会的历程，在组织上得到了保证。1986年以来，基金委员会的工作得到很大的发展。除去支持来自全国各部门的许多有意义的由个人申请的研究项目外，还在鼓励青年科学技术人员脱颖而出，鼓励跨学科、跨部门的合作，促进国际学术交流等方面起了促进作用。在知识分子中影响之大，远远超过了10年前的倡议者们的期望。更可贵的是基金委员会在基金项目的管理和跟踪上，创造和积累了不少宝贵的经验。

设立国家自然科学基金，是我国科学技术体制改革中的一件新生事物，用项目资助代替了由条条块块分配经费的方式，用专家评议代替单纯用行政办法审批项目，使经费分配更加合理。几年来基金委员会坚持了“依靠专家，发扬民主，择优支持，公正合理”的原则，建立了一支有权威性、公正性、民主性的专家系统，引进了竞争机制。虽然有“门槛高”的名声，但由于坚持公平合理，得到广大申请者的拥护。

科学基金委员会不但照顾到面，对获得资助的项目所给的金额虽然不多，但起了鼓励、扶持，使项目得以生存的作用。与此同时，也对一些重点项目予以较大的支持。就以我所负责的“表面和界面物理的研究”来说，原是国家科委基础研究重点项目，1986年后划归基金委员会管理，这是包括了几个单位的项目，每年通过相互交流和评议，确定每个单位获得资助的金额，引进了择优的机制。5年来，复旦大学表面科学实验室由此受益匪浅，利用从基金得到的资助，地国内添置了一些研究用的设备。现在这个实验室已成为国家计委

* 原文载于《中国科学基金》1992年第1期。

管理的应用表面科学实验室，目前在边开放，边建议。所以能取得一些进展，要归功于基金委员会的支持。

为了随时了解国际上的最新科研成果和发展动态，科研人员有必要参加重要的国际会议，及时获得最新的信息。基金委员会的重点项目，对少数科研人员出国开会给予了支持。为了使国内更多的科研人员受益，基金委员会还支持了在国内召开的国际会议。例如几年来基金委员会对我国高温超导的项目，不仅资助科研人员出国开会，还支持了在中国召开的国际会议，这对我国超导的研究水平向全世界看齐，起了很大的推动作用。今年第21届国际半导体物理会议将在北京召开，这是在这个领域中，国际上最受重视的一个会，40年来第一次在发展中国家召开，基金委员会也给予了支持，这对会议的筹备是很大的鼓舞，很多人都希望在这类活动中，更多地得到基金委员会的重视。

在科研领域中开展国际合作，是提高水平的有效途径之一，今年“表面和界面物理的研究”项目支持了我国与瑞典Chalmer's Institute of Technology的合作交流，有一位参加研究该项目的中国学者去该校进行合作研究，该校也有一名教师到复旦大学的应用表面科学实验室进行了3星期的科研。由于来访者事先对课题已有了详细的考虑，实验室设备的运转也比较正常，中国研究生在实验室和来访者也配合得很好，虽然时间不长，但双方都感到很有收获，希望这种合作能再继续下去。

给出以上几个具体事例只是为了说明国家自然科学基金委员会10年来取得的可喜的成绩中的一些侧面。与其他发达国家的基金会相比，我们的基金委员会是比较年轻的，经济实力也比较弱。但由于方向明确，学习了国际上的基金会的一些行之有效的办法，充分结合了我国的具体情况而有所创新。相信基金委员会如能获得更多的资金支持，必将对推动我国今后的科学发展起更大的作用。国家自然科学基金委员会在建立一个具有中国特色的基金工作上，一定会不断的发展，取得好的经验和成绩，这是所有中国的科技工作者殷切期望的。

没有今日的基础科学　就没有明日的科技应用*

李　政　道

今天，我很高兴能有机会参加纪念国家自然科学基金设立十周年座谈会。我们大家都知道，科学技术是第一生产力。我今天要讲的是：没有今日的基础科学，就没有明日的科技应用。

为什么说没有今日的基础科学，就没有明日的科技应用呢？我可以举两个明确的例子来说明：(1) 18世纪本・弗兰克林对电现象的重要发现以及19世纪法拉第有关电和磁的决定性实验，导致上世纪末麦克斯韦方程式统一了电力和磁力。使我们理解光的本质及它和纯粹电磁现象的同一性。这一突破带来了发电机、电动机、以及电报、电视、雷达以及全

* 1992年5月27日在纪念国家自然科学基金十周年座谈会上的报告。原载《中国科学基金》1992年特刊。

部现代化通讯手段。(2) 再看 20 世纪。在上世纪和本世纪之交，又有两项尽管有点神秘，但却很关键发现。一项是 1887 年由迈克尔逊和莫莱在美国做的实验：测量顺逆地球转动时光速的差异。这似乎和应用完全无关。但是，前者是爱因斯坦相对论的基础，而后者则为我们构造量子力学奠定了基础。本世纪所有现代科学和技术的发展，如原子结构、分子物理、核能、激光、爱克斯光技术、半导体、超导体及超级计算机等，都是因为我们有了相对论和量子力学。人类对自然界的了解，一切 20 世纪的科学文明全都基于这两个理论。上述的例子充分证明了，没有今日基础科学，就没有明日的技术应用。

为什么基础科学可以产生如此重要而广泛的应用成果呢？宇宙只有一个，这就是我们的宇宙。宇宙中众多的物质形态只遵从同一组的基本定律。我们的目的是要理解这组操纵一切的基本规律。对自然界，这组定律决定着从宇宙诞生直到现在所有粒子在各种表现形态下的运动，如气体、液体、固体、生物、行星、恒星、星系等等。基础科学使我们了解这决定一切的定律。有了了解，才能掌握规律，才能应用。不仅物理学是这样，生物和其他科学也是这样。

我们是在研究最基本的内容，相当于一个“总机关”。总机关一动，下面的整体就要发动。在你发动总机关时，并不能完全预料到结果。但你可以知道，这个总机关是操纵一切的东西。所以从牛顿开始的 300 多年，所有科技应用没有一个不是从这里开始的。20 世纪的相对论和量子力学，至 1925 年其基础已获得了解。而且其效果从 1925 年到 50 年代就已陆续显现。50 年代之后，应用逐步广泛。由此我们可以想象，我们现在的基础科学工作将怎样地影响 21 世纪的科技文明。

在中国自然科学基金十年来的资助下，取得很多重要成果。我亲身经历和了解的例子：一个是 τ 粒子质量的新测定，它是最近两年来粒子物理界最重要的发现(已被列入国家自然科学基金重大项目)。另一个是中国高等科学技术中心的成果，它得到了中国自然科学基金委员会的支持。这两项都和我有极密切的关系。τ 粒子质量的新测定是 1991 年 10 月到 1992 年 2 月在北京正负电子对撞机 (BEPC) 上进行的。和这个能量区域的其他正负电子对撞机相比(如美国的 SPEAR 德国的 DORIS)，BEPC 是世界第一。因为 BEPC 的亮度是 SPEAR 和 DORIS 的 5 倍以上。这一成就的取得首先要追溯到 1979—1983 年间，在邓小平的赞成和支持下，开始培养人才。有 40 多位学者被派往美国的 22 所大学和高能物理实验室进行了全面训练。在海外，这些学者被称为李政道访问学者。1982 年，我和 Panorsky 提出了建造北京正负电子对撞机的建议。1984 年 10 月 7 日，邓小平亲自为 BEPC 奠基。4 年后的 1988 年 10 月 16 日，正负电子对撞成功。1990 年 1 月，它的探测器北京谱仪 (BES) 开始工作，到现在已采集了 800 多万 J/ψ 粒子的事例。现在有 40 多位美国科学家先后到北京在 BEPC 上做实验。不仅如此，BEPC 也产生高能同步辐射。此外，从 1987 年起，就有高科技产品出口到美国的布鲁克海文和斯坦福国家实验室以及韩国等等。值得特别指出的是，整个 BEPC 都是祖国的科学家在祖国的土地上自己建造的。

下面介绍一下中国高等科学技术中心。中国高等科学技术中心在意大利政府、中国国家计委、中国科学院、国家自然科学基金委员会共同支持下，取得了很多成果。1989—1991 的 3 年间，其成员在国际一流期刊上发表了 768 篇论文，组织国际学术活动、研讨会 12 次，国内学术活动 33 次，参加这些学术活动的人数和时间相当于 1325 人在中心各工作一个月。自 1990 年秋季开始，我们邀请在海外的中国优秀青年学者回国讲学和进行学术交流，现已有19人次。

这些以及其他科学上的成就，都应该归功于政府对高科技的重视。科学基金经费的逐年增长清楚地表明了这一点。1990年的科研经费比1989年增长了14.2%，1991年则增长了16.5%，而1992年比1991年又增长了28%，增长率是很快的。现在的问题是，如用国际通用的研究与发展经费和国民生产总值比较，美国约为2.8%，日本比美国大2倍，而中国仅为0.72%，说明中国研究的发展和投资是很低的。由于中国的国民生产总值比较低，科学经费投入强度更显得低很多。如果把中国国家自然科学基金的支持强度和我们哥伦比亚大学物理系所获纯研究的经费相比就更清楚地说明了这一点（见表1，2）。

在祖国目前这样困难的情况下，中国的科学基金能作出这样的成绩是非常令人钦佩的。但是，要发展将来，尚需继续提高基金的增长率。应随着国民生产总值的增长，逐年增长国家自然科学基金的强度：如按1993年增长35%，1994年增长40%和1995年增长45%的速率，预期将取得更多的研究成果。这是因为，在目前中国研究经费的支持强度范围内，研究成果的数量与经费并不是简单的正比关系，而可能近于与经费的平方成正比，即经费增长1倍，成果增加成以前的四倍；经费加2倍，成果增加至9倍。保持科研经费的持续增长是极为重要的，是不可忽视的。只有这样，才能使中国科学更进一步地得到发展。

表1　1992年中国国家自然科学基金支持总强度与美国哥伦比亚大学物理系所获纯研究的总经费对比

1992年	教授（termed）	其他研究人员（研究生、博士后）	（纯）研究经费
哥大物理系	17人	41人	800万美元
受自然科学基金支持的中国科学家	6万人	2万人	2.26亿人民币（约4000万美元）

表2　中国国家自然科学基金支持的人均强度（研究经费/研究员）与美国哥伦比亚大学物理系所获纯研究的人均经费对比

研究经费 / 研究人员	中国自然科学基金	哥大物理系	比例
教授	约3700人民币（684美元）	约47万美元	约1.46×10^{-3}（1.46‰）
教授、博士后、研究生等	约2825人民币（514美元）	13.8万美元	约2.68×10^{-3}（2.68‰）

科学基金制胜利实施十周年*

严 东 生

由国家拨出专款，设立科学基金，支持基础研究，已经整整10年了。这对保持我国科技界的精干队伍，瞄准国际科学发展的前沿，持续开展基础研究和应用基础研究，取得不少具有国际水平的成果，起了重要作用。与此同时，在培养一批有扎实科学基础，能够做出开创性科学工作的青年人才方面，也做出了重要贡献。同样，这些成就，对推动我国科技事业的整体进步，支持我国社会、经济建设的发展，起了不可估量的作用。作为一名在这方面曾做过一些铺路工作的科学工作者，不能不感到由衷的欣慰，并表示诚挚的祝贺。

“文革”结束不久，1978年召开的全国科学大会，在科技界掀起了一股尊重科学、投身于科学工作的热潮。小平同志对“科技是生产力”的英明论断，鼓舞着科技界人士的献身精神，努力使自己的工作与科技进步和国家发展相结合。正在这个时候，于1981年初召开了中国科学院第四次学部委员大会。学部委员们经历了10年动乱，共同认识到基础研究虽然一般占整个科技投入的比例不算大，但它的重要性则绝不能低估。特别在像中国这样一个大国，要能真正实现十一届三中全会所确定的战略目标，必须重视科技，尤其不能忽视科技工作中的基础研究。于是有89位学部委员联名写信给党中央、国务院领导同志，倡议建立国家科学基金。这个倡议得到中央和国务院的高度重视，很快批复同意，并于1982年初设立中国科学院科学基金，由中国科学院负责管理，面向全国科技界。几年的实践证明，科学基金的建立是非常必要的，工作也初见成效，受到众多科研人员的欢迎。于是在1986年，国务院批准成立国家自然科学基金委员会，以科学基金制来支持我国的基础研究和应用基础研究，工作得到了更为广泛而有效地展开。

回顾这段历程，确实有许多经验值得珍惜和汲取，我愿借此机会谈一点粗浅的体会。

首先，基金的宗旨是资助基础研究，因此必须十分重视那些能够提出新思想、新概念的申请，认真、客观地予以评议。

第二，既然是基础研究，它和其他类型的科研工作相比，必然包含着更多的探索性因素，允许研究者承担较大的风险。只要工作本身有高的科学水平，得到反面结果同样是有意义的。

第三，我国是一个发展中的社会主义国家，虽然基金会支持的是基础研究，但需要对那些有应用背景的课题，即应用基础研究给予足够的重视。这类工作的成果，常可对应用发生直接的指导作用。

第四，课题的审议与评定，以同行专家评审为依据是个好办法。实践表明，可以较好地得到客观、公正、高水平的评议结果。

第五，拟定学科指南是有益的，有利于对课题申请有所引导。一方面注意到瞄准国家

---

* 原文刊于《中国科学基金》1992年第2期。

科学前沿的发展，另一方面注意与我国的科技发展和社会经济需求的实际相结合。既不宜好高骛远，也不能目光短浅。这个分寸的掌握是不容易的。在我国尤应防止一哄而起，低水平重复的现象发生。学科指南的制订，同样要发挥各行专家的作用。

第六，需要注意克服论资排辈的传统影响。青年人常更富有创新思想，在数理科学的理论研究方面，尤其如此。因此，对青年的支持要放在重要位置上。

最后，在以上这几条的基础上，要尽量避免行政干预。

采用科学基金的方式，以及这一套同行评议与择优支持的运行机制，经过10年的努力和不断完善，已被广大科技界所接受和欢迎。面对今后的10年以至21世纪初叶，中国的持续、稳定发展是至关重要的，这也已是各方面的共识。而我国综合国力的增长，必须更多地依靠科技因素所能发挥的作用，走上内涵式发展道路。提高劳动生产率，开发有竞争力的新产品，保证与提高产品质量等等，这些都与科技因素所占的比重，所能起的作用，有着密切关系。

在这关键时期，我们应有足够的紧迫感，抓住机会，使科技能在国家经济发展中更有所作为，起到更重要的作用。为此，进一步明确认识基础研究与应用基础研究的地位和作用是非常必要的。基础研究的作用不仅是"跟踪"、"储备"等等；事实上，在许多方面，对整个科技与经济的发展将起到"先导"作用。随着综合国力的增强，随着一个国家经济发展水平的提高，对基础研究的要求会更为迫切。工业、经济较为发达的国家的经历是如此，中国也不会例外。

在我国今后的发展进程中，开放政策必然要坚持，引进国外新技术也应继续进行。对这方面的体制和政策不拟在这篇祝贺短文中多加探讨。但是必须认清一点：依靠本国的科技力量，把基本立足点放在自己科技队伍身上，是至关重要的，而且将会愈来愈重要。中国已经有一支较好的，愿为国家发展而献身的基础研究队伍。我们应当尽量用好这支队伍，充分发挥这支队伍的作用。

当此科学基金制度建立十周年之际，国家自然科学基金委员会必能胜利地肩负起这一光荣的历史使命，继续成为全国基础研究工作者的"依托"之家。谨对国家自然科学基金委员会致以最热烈的祝贺，并表达我本人最诚挚的敬意！

基础研究也是第一生产力*

何 祚 庥

10年前，在89位学部委员的建议下，成立了自然科学基金会，"帮助和支持全国各方面的基础研究以及应用研究中的基础性工作，以努力提高我国的科学水平"。(张存浩："致读者"，《中国科学基金》，第6卷，第1期，第1页)。10年来基金会成绩巨大，有目共睹，不必赘说。如果说对未来基金会的工作有什么建议的话，那就是期望基金会要"安于寂

* 该文原载《中国科学基金》1992年特刊。

寞”，不要去和那些“会叫的、会跳的”项目“争一日之短长”。

我们国家的基础研究和应用研究中的基础性工作，其目标应该是在国际范围内“占有一席之地”（1988 年邓小平在中国科学院高能物理研究所的讲话），这是在当前条件下，经过努力奋斗可以实现的目标。基金会的重要任务就是为那些已“占有一席之地”的领域继续维持其“占有一席之地”的地位；对于那些尚未能“占有一席之地”的领域，那就是逐步地促其实现了。

所期望于自然科学基金会的“同仁们”（自成立基金会以来，我就一直参加了有关工作，先后有 9 年之久，现在“依法”期满退出，所以称为“同仁”），是继续深入领人和充分体现小平同志所提出的“科学技术是第一生产力”的伟大思想。“科学技术是第一生产力”，这是小平同志对科学技术在当代社会经济生活中所起的重要作用而做出的科学论断，是对历史唯物主义基本原理的重大发展，对于指导我国社会主义的建设具有极为深远的重大意义。在当前发生的认识上的歧异之一，是认为技术可以是生产力，而科学却不是生产力。有些人甚而认为“这一提法不科学”，至于基础研究那就更不能认为是生产力了。

这在理论上是大错特错。

从历史上讲，技术工作或科学工作本来是依附于生产劳动过程中的。恩格斯曾深刻指出：“科学的发生和发展一开始就是由生产决定的。”恩格斯曾举出天文学，“为了定季节，就已经绝对需要它，天文学只有借助于数学才能发展，因此也开始了数学的研究。”“不久，航海和战争也都需要数学的帮助。”（《自然辩证法》，第 162 页。）恩格斯还指出：如果说“技术在很大程度上依赖于科学状况，那末科学却在更大程度上依赖于技术的状况和需要。社会上一旦有技术上的需要，则这种需要就会比 10 所大学更能把科学推向前进。整个流体静力学（托里拆利等）是由于 16 世纪和 17 世纪调节意大利山洪的需要而产生的。关于电，只是在发现它能应用于技术上以后，我们才知道一些理性的东西。在德国，可惜人们写科学史时已习惯于把科学看做是从天上掉下来的。”（恩格斯：“1894 年 1 月 25 日致瓦·博尔吉乌斯的信”，《马克思恩格斯全集》，第 39 卷，第 198 页。）

到了 16 世纪末叶，科学活动，然后是技术活动，才逐步地由生产劳动中分化出来，成为独立的社会实践形式，亦即科学实验的诞生。这无论对于推动科学技术的发展和生产劳动的发展、都是巨大的进步。如果说在 16 世纪以前，在生产力的范畴里，将自动地包含有科学和技术，而当它们得到充分的发展，成为独立的实践形式以后，却反而要“革出教门”，认为“这一提法不科学”，这岂不是咄咄怪事！

科学技术成为第一生产力，那是自 20 世纪以来才出现的新事物。一些统计资料表明：在一些发达国家国民生产总值的增加率中，来自科学技术进步的因素占了增长率的 60—70%。小平同志更指出：“当代的自然科学正以空前的规模和速度，应用于生产，使社会物质生产的各个领域面貌一新。特别是由于电子计算机、控制论和自动化技术的发展，正在迅速提高生产自动化的程度，同样数量的劳动力，在同样的劳动时间里，可以生产出比过去多几十倍几百倍的产品。社会生产力有这样巨大的发展，劳动生产率有这样大幅度的提度，靠的是什么？最主要的是靠科学的力量、技术的力量。”（“在全国科学大会开幕式上的讲话”，《邓小平文选》，1975—1982 年，第 84 页。）

小平同志在这里提出的，最主要的是靠“科学的力量、技术的力量”，这就是“科学技术是第一生产力”的最基本的理由。

更重要的是，小平同志在总结当代生产力发展经验的基础上指出，20世纪的科学技术在推动工农业生产前进的作用上，已出现了一种新的机制或新的模式，亦即由科学原理的确立，进而发展为应用技术的开拓，又进而发展为新产品的研制和开发，或者说，由"科学→技术→生产"。如果说，18—19世纪的科学技术的应用，是由于"社会上一旦有技术上的需要"亦即由"生产→技术→科学"的话，那末到了20世纪，这一机制便反过来，而是科学和技术决定了生产，决定了新的市场，决定了新的社会需求。如果说18世纪的蒸汽机的发明是工匠们或技术人员在吸收前人技艺基础上做出重大改进（实质上是改进）的话，那末20世纪出现的电动机、电灯、电话以及广播、电视等等，那就是法拉第、麦克斯韦等一大批科学工作者在实验室里潜心工作的结果。这正如小平同志所指出的："现代科学为生产技术的进步开辟道路，决定它的发展方向。许多新的生产工具、新的工艺，首先在科学实验室里被创造出来。一系列新兴的工业，如高分子合成工业、原子能工业、电子计算机工业、半导体工业、宇航工业、激光工业等，都是建立在新兴科学基础上的。"（"在全国科学大会开幕式上的讲话"，《邓小平文选》，1975—1982年，第84页。）显然，这是一种促进生产力发展的新机制、新模式，而且是当代生产占主导地位的一种机制和模式。马克思主义者在研究现代生产力发展的规律上，不能不注意到这一新的特点。

由于以上这一机制和模式的出现，现代科学技术已发展成为一个博大的，有着紧密分工并相互协调的科学技术体系。按照近代人们对科学研究的分类，共有以下三类的研究和开发（或称为R & D）：第一类是所谓基础研究，亦即所从事的是不具有立即服务于实际目的的理论和实验的研究，如粒子物理，半导体物理的研究等；第二类是所谓应用研究，亦即对某一具有特定的应用目的的理论和实验的研究，如受控热核反应的研究；第三类是所谓开发研究，亦即指近期见效，甚而是当年见效的新产品、新设计、新工艺的开拓和研究。典型的例子如101生发精的开发，高清晰度电视机的研制，等等。

经验证明，这三类性质不同的研究，缺一不可。必须使这三者以一定的比例而相互联结起来成为科学技术的整体，并且如接力棒式地由一环而传递到另一环，这样才能保持科学技术的持续不断的兴旺发达。基础研究不仅关系到研究和开发的后劲，而且在现实的生产技术问题的研究中也常常需要提高到纯粹的理论研究的高度，才能从更高的角度上解决当前面临的问题。经验证明，基础研究也可能有直接的经济效益。中国的正负电子对撞机的研制经验表明，这一对撞机除可供粒子物理研究以外，其同时产生的同步辐射光源已在国防和工农业生产中有重要应用，在研制过程中所发展的技术还能出口。自1990年以来，已出口的加速管价值为400万美元，正在商谈的出口额将达几千万美元之多。所以世界各国除了以极大力量发展开发研究和应用研究以外，都以相当大的力量致力于基础研究，其在R&D中的份额，往往占到15—20%。

我国是发展中国家，但正如江泽民同志最近所强调指出："要重视和切实加强基础研究。"（"高度重视和大力发展科学技术"，《经济日报》，1991年8月8日。）这是因为："不论是现在或者今后，还会有许多理论研究，暂时人们还看不到它的应用前景。但是，大量的历史事实已经说明：理论研究一旦获得重大突破，迟早会给生产和技术带来极其巨大的进步。"（邓小平："在全国科学大会开幕式上的讲话"，《邓小平文选》，1975—1982年，第84页。）"没有一定的理论科学的研究作基础，技术上就不可能有根本性质的进步和革新"。"但是到了现在，如果我们还不及时地加强对于长远需要和理论工作的注意，我们就要犯很大的错误”。（周恩来：“关于知识分子问题的报告”，《周恩来选集》下卷，第183页。）

相传19世纪的法拉第在研究他的著名的电磁感应定律的时候，一位贵族夫人带着一个小孩去参观他的发现后提问说：“尊敬的先生！这有什么用处？”法拉第当即回答说：“尊敬的夫人！你能否告诉我那位小孩将来长大了能干些什么？”

所以，研究当代经济生活的马克思主义者，不能不看到在现代生产力的发展中，基础研究在推动生产发展方面所起着的如此巨大的作用。一个严峻的事实是：没有基础研究，就没有由科学→技术→生产这一新的促进生产力发展的新模式、新机制，也就没有“科学技术是第一生产力”的新理论。

所以，科学和技术，其中包括基础研究，不仅是生产力，而且是第一生产力。

马克思曾指出：“对脑力劳动的产物——科学——的估价，总是比它们的价值低得多。”（“剩余价值论”，《马克思恩格斯全集》，第26卷，第1册，第377页。）这是在当前有待解决的重要的认识上分岐的重大问题之一。

促进我国科技发展的中国科学基金会*

裘 维 蕃

我国党和政府一贯重视发展科技，振兴中华，主要因为科学技术是第一生产力。在改革开放实现四个现代化的过程中，如何促进科学技术的研究，如何使我国广大科技工作者的科研成果能更快地转化为生产力，这是当前摆在我们面前的艰巨课题。

现代的科学研究已经不能和18、19世纪时的科学研究同日而语。那时的大科学家、大发明家可以在非常原始和简陋的条件下，提出卓越的理论和伟大的创造发明。然而现在是20世纪将过，21世纪即将到来的时期。物理和化学早已进入粒子领域，而生物学则已经进入分子领域，而且在技术上正在发展生物工程，创造新的物种或改造旧的物种。面临这样的时期，无疑，一切科学的理论不管是非生物的还是生物的都要以实验科学的数据分析为依据。一切现代的生物工程或非生物工程技术的创造发明，没有必要的现代实验条件是很难办得到的。仅就电子计算机一项而论，就能为科研节省无数人力、物力和时间。因此要使我国的科研早出成果，首先就要有胜任的科技工作者，同时要给以现代科学技术研究的必要条件。

我国的科学技术人员，不论是老、中、青，从智力和创新能力上来看，都不低于任何西方或东方人。有些人过去曾在非常艰苦的条件下，做出了西方人认为办不到的事情。只要看看我国的火箭和原子弹发展的过程，就可以深信不疑。这也是社会主义优越性的一个方面。如果国家能提供好的物质条件，我相信我们的科学事业的发展还要快得多，不久的将来走在世界的前列是不成问题的，10年前成立的中国科学基金会，支援了许多科研人员，

* 该文原载《中国科学基金》1992年第1期。

使他们得以在非常困难的条件下，发挥他们的聪明才智，为祖国的科学事业做出贡献，国家自然科学基金会所起的促进作用是非常明显的。科学基金的资助，同时还培养了一大批中青年科技人员。非常明显，人的知识才能只有在不断地进行科研工作中，通过阅读大量科技资料，设计科研流程，学习使用辩证唯物主义的方法，分析科研结果，做出恰如其分的科学结论，从而提出水平更高的理论，指导更高级的科学实践，为我国社会主义的物质文明，做出切实而更大的奉献。

过去10年，中国科学基金会用经费来支援科学工作者，这当然是完全必要的，但是以我国目前的国情来衡量，我有两点建议：①资助的经费要随着物价指数的上升有相应的增加。②我国对于科技研究的后勤系统还不够健全，不够系统化，因此即使有了经济的资助，还未必能在短期内筹措到所需的设备和许多高科技需要的各种试剂，特别是像生物工程中应用的酶之类的试剂等。由于如此，致使我国科技人员在提出一个非常先进的课题并取得了资助后，往往还要奔波一年半载，才能初步就绪并“开工”。而在一些先进国家中同样课题的筹备，至多只需一周时间就能完备。因此在我国，一项先进的科研成果出来时，往往已经落在别人的后头了。为此，我建议中国科学基金会是否可以和有关科学仪器、设备和高技术试剂的经营单位，协同成立一个系统性的科技服务中心，专门为取得科学基金的单位或个人服务。使他们取得了经费后，可以迅速买到国内买不到的或难买到的实验材料，使研究得以早日“开工”，早日获得成果。这样就能大大提高科学基金的促进作用，那么，未来的十年中，基金会将为四化建设做出不可估量的贡献。

祝贺与期望*

周廷冲

中国设立自然科学基金，到今年正好是第一个10年。回顾这10年，国家自然科学基金委员会做了大量富有成效的工作，为推动和发展中国科学事业做出了卓越贡献，在国内外科技界产生了很好的影响，受到了广大科技人员的赞赏和爱戴。究其原因是国家自然科学基金委员会很早就提出并反复强调执行了一项“依靠专家，发扬民主，择优支持，公正合理”的正确的政策或者说是评审原则，其核心就是使有限的基金在分配上尽可能的做到公平合理，令人心服口服，从而充分发挥了正确政策的威力。以后委员会又提出了基金资助要特别照顾与支持边远地区的倾斜政策；为了鼓励青年投身科学事业，还专门设立了青年科学基金，这些深得人心的主张和措施是应该充分肯定的。

鉴于当前面上项目资助率不高，仍徘徊在20—30%左右；资助强度也不大，3年内约在3—5万左右。这对没有特别资金来源的单位，开展科研工作是很困难的。过多的集中投资在少数单位也不一定是完全可靠的，数量中出质量这个普遍规律依然存在，所以建议今

---

* 该文原载《中国科学基金》1992年第2期。

后要增加面上项目的投入。至于重点项目和重大项目，今后可侧重重点项目，题目具体一些，申请参加的单位少一些，以便于管理和更易获得成果。目前面上项目为期3年，若遇有新的发现，或课题难度较大时，允许申请者在总结评审的基础上提出请求，将面上的项目转化为重点项目，继续予以支持。

在评审课题时，建议实行双盲法初选和本单位人员回避的制度，每年公布当年完成课题的情况。对重点项目和重大项目要实施每年按地区组织有关专家深入到现场检查的制度，对照申请书检查当年完成课题的情况，在检查的基础上提出评审意见，并实行奖优罚劣的制度。申报或评审均应坚持实事求是的态度，提倡优良的科学作风，逐步树立良好的科学道德，继续发扬原有的正确政策的威力，使自然科学基金委员会的工作更上一层楼。

值此国家自然科学基金委员会成立10周年之际，衷心祝贺基金委员会同志们通过辛勤劳动所取得的卓越成绩，预祝中国科学基金制日臻完善和成熟。

关于基础研究、人才培养和科学基金工作*

侯 祥 麟

国家自然科学基金委员会成立五年来，在持续稳定地支持基础性研究、培养人才和创立发展科学基金制方面，起了很大的作用。在第一届工作班子的领导下，基金会工作人员创业维艰，很有成绩。科学基金能有今天这样的局面，很不容易。现就基础研究等几个问题，谈点看法。

一、关于基础研究问题

在这次会议上，宋健主任说，要加强对基础性研究工作的支持，科学基金要以支持基础性研究为主要目标，发挥第一个馒头作用，对此我非常赞成。我是搞工业的，从实践中深深体会到基础性研究的重要，并到处予以宣传。我认为，基础性研究，不仅仅是“后劲”的问题，不但从科技和经济长远发展来说很重要，就是当前科技和经济急需解决的许多重大问题，也需要基础性工作的支持。我们发展了许多新技术、新工艺、新产品；往往不够完善，水平不高，重要原因是应用基础研究做得不够，一些机理搞不清。我们模仿能力较强，但创新能力差，主要是缺乏新思想、新概念。新的思想、新的概念来自何方？其实就是依赖于基础理论研究。不搞理论，不但新概念难以形成，就是外国从前的理论也不见得能理解能掌握，不见得能吃透。

我们一定不能把搞基础理论研究工作看作是可有可无的，有人甚至认为是在搞毫无意义的东西，拿点钱把他们养起来，搞好搞不好无所谓，这是一种偏见。过去上海朱洗先生

---

* 在国家自然科学基金委员会第六次全体委员会议上的发言。原载《中国科学基金》1991年第3期。

研究没有父亲的青蛙，曾被认为没有意义，但现在大家已经看到，从遗传基因学上说，意义很大。为了国家的长远利益，现在1亿多元基础性研究投资方向，无论如何都应该保住，不能搞急功近利，要顶住一切转移方向的压力。这几年基金会顶住各方面压力，坚持正确的资助方向和资助范围，支持一些甘心坐冷板凳者，使他们在急功近利者所忽视的基础性研究方面做出了成绩，所取得的科研成就，一定会对我国科技的发展作出贡献，这种精神和努力是很可贵的。

二、关于重视人才问题

与重视基础研究紧密相关的，是重视人才问题，人才问题是更为重要的问题。我们讲科学基金资助，出了多少多少成果，更要讲在培养人才方面所起的作用。我们的方针是多出成果，快出人才。现在，从整个形势来看，人才问题日益严峻。世界上，正在做21世纪科技竞争的超前准备，其重点是加强基础科研，重视教育和培养人才，重点的重点是人才，因而展开了世界范围的人才争夺战。为此，西方国家修订了移民法，为网罗人才大开方便之门，日本、韩国等也采取了一些措施，各国互相争得很厉害。我国人才不是太多，而是太少了。加上前些年我们对于“争夺”的形势认识不足，许多人才流失国外，有的单位骨干都没有了，年轻人，甚至中年人也要走。在这种情况下，科学基金稳定了相当一部分人才，在争夺人才方面做了贡献，至少减少一部分人外流，使他们安心从事自己所热爱的工作，这一点就是很了不起的成绩，对此意义还应大力加以宣传。

当然，我们也不能满足在人才方面取得的成绩，还应该再作努力，多做贡献，可以采取一些措施。现在科学基金支持的项目，真正搞纯基础的人并不多。搞纯基础的不仅人少，而且题目都不容易出，即便出来也难以求得共识。特别是在我们一切通过专家认可才资助的情况下，因为专家们的思想比较成熟和固定，遇有一些特别新的思想，特别是年轻人出个什么主意，往往不一定能引起注意。所以我想，科学基金在继续坚持依靠专家、择优资助的同时，能否注入一些新的内容。譬如说，可以拿出一两百万元基金干脆不评项目，只选人，只要他过去有某种表现，能出题目，有某种思想火花，就资助他，让他自己出题目，自己去搞。这样既出不了什么大错，又不至于埋没人才。在我们中国这么大个国家，即使拿出2亿元去支持高水平人才，专门搞纯基础研究，也不算多。

三、关于“软科学”问题

唐老在工作报告中提到今后五项工作，讲得不错，特别提到加强“软科学”研究问题，很重要，但重点似乎不够突出。我认为，结合科学基金工作急需，有这样几个软科学问题，需加强研究，求得解决。

1. 资助强度和资助率的问题。

科学基金总值每年有百分之十几的增长，随着经费额度的增加，资助强度与资助率的关系如何变化，以什么比例为最佳，这需要调查，权衡利弊，有个说道。这一对矛盾始终存在，没有得到资助的，陈述增长资助面如何重要；已经得到资助的，工作一展开，发现资助金额实在不够用，物价涨，开支范围大，这都是实际问题。但我想，平均资助强度应保证有所增加，要至少低消物价的涨势。但又不能一概而论，地区有差别，单位贫富不同，要具体问题具体分析，总之需要研究。

2. 认真研究学科比重、投资比例和三个层次工作关系问题。

在各个学科之间，各个层次之间，面上项目的几种类型之间，经费分配都必须适当和合理。例如，面上、重点和重大三个项目层次，“七五”期间是76：4：20，“八五”期间如果总经费变成70：20：10。这种安排的依据是什么，合理性如何，都需要有所论证。再例如，从1990年开始，已停止从面上项目选取重点项目，以后重点项目强调与面上项目同步安排，重点项目拟成为联系面上项目和重大项目的桥梁，等等，这都是应该好好研究的问题。我理解、重点项目是面上滋生出来的，因其强度不够，而给予重点支持。面上工作应做为基础，在面上项目中挑选人才和项目，依靠面上项目滋生重点和重大项目。没有经过面上项目挑选，只靠申报，是不够的。我们工作上所有的难点和疑问，都可以通过“软科学”研究，通过客观存在的事实的抽象，通过对大量硬科技成果的综合和分析，来求得解决，从而使我们的认识提高一步，从必然王国走向自由王国，把科学基金工作搞得更好。

3. 宣传科学基金制问题。

科学基金制确立的“依靠专家，发扬民主，择优支持，公正合理”的16字评审原则，这不仅是作为口号，现已取得了成功，已得到普遍赞同。不管怎么说，科学基金制听取大量专家的意见，不是某某人拍板决策，是科学化、民主化的最好体现。基金会为科学家说话，在为科学家争他们应有的权力方面，做了有意义的工作。对于这一点，也应该发扬，多多宣传，不要走回头路。重大的基础研究项目，更应该由科学家集体决策，而不能由行政管理部门决策，对此希望基金会能加以力争。当然，还可以在某些具体作法上，不断完善和改进。

对科学基金课题加强管理的探索

北京农业大学科研处

我校是一所有87年悠久历史的全国重点农业大学，设有16个院、系、所，有国家级重点学科点11个、博士学科点22个、博士后流动站3个。多年来已形成重视科学研究的良好传统，在基础性研究领域有一定基础和特长。自国家自然科学基金委员会（以下简称科学基金委员会）成立以来，学校对科学基金课题十分重视，特别是校长石元春教授，亲自召开校务会研究如何加强管理的问题。科研处充分利用我校的优势和特色，善于利用机遇，勇于参加平等竞争，采取了一些行之有效的措施，1986—1991年获准各类科学基金课题219项，总经费786.3万元，课题获准率平均保持在42%以上，平均每年获准课题36.5

项，经费131.05万元，连续几年在全国农口占第一位，在全国也属前列。课题覆盖全校院系内各个基础性学科，为高水平的研究和高层次人才的培养创造了良好的环境。

一、制定管理办法，走上科学化管理的轨道

科学基金制实施初期，由于我们对科学基金的性质、目标不太了解，对科学基金课题的管理曾简单地照搬应用研究的管理办法，这既不符合基础性研究的特点，也影响了课题的正常开展。在认真学习、深入研究科学基金委员会的有关文件精神基础上，经过实践、摸索，总结，1988年制定了《北京农业大学获准自然科学基金课题管理办法》(以下简称《办法》)。在一年多试行期间，先后召开了30多次不同类型座谈会，听取各方面意见，修改补充后于1990年正式执行。本《办法》共21条，涉及5个方面，如对课题批准后上报计划、在研课题年度进展报告、年终经费决算、结题报告等材料的要求和报送时间，施行课题负责人全权负责制，校系两级分工各有侧重的管理方式，定期和不定期的检查制度，以及违犯《办法》的处理等都作了明确规定。除此之外，还规定只有课题负责人才能有资格招研究生，每个课题研究过程中至少有1—2名研究生参加，而承担重点或重大科学基金课题的负责人允许多招1—2名研究生，交对进展较好取得成果的课题在人力、物力、条件上给予支持或奖励。这样，在总体上贯彻了科学基金委员会的基本精神和规定，符合我校实际。

目前，科学基金课题管理已步入制度化、正规化轨道。课题负责人接到批准通知后，在研课题或结束课题，都能很顺利按标准要求填写上报的各种材料。1990年后上报的各种表格，符合率达100%，质量明显好于1989年前的上报材料，发表论文和出版著作的标注率也达100%。经费支出也完全符合财务制度和科学基金委员会的规定，没有发生违犯财经纪律和不符合原计划支出的现象。课题负责人在科学基金委员会和国家的制度范围内，对课题组人员分工、计划安排、内容落实、经费支出、津贴发放等方面有充分的自主权，学校和系（院）只按有关规定进行管理，主要是作好组织、协调和服务。科研处设专人负责申请和获准课题的宏观管理，搜集各种信息，调查研究反映情况与提出建议，并重点抓好重点和重大项目，协助重点课题或重大课题负责人处理日常事务和学术交流。院、系主要进行日常管理和抓面上项目。这样，就分清楚课题负责人、科研处和院、系的职责，克服了扯皮的现象，避免了无故拖延的现象，并借助计算机管理手段，工作效率成倍地提高。坚持一年两次（年中、年底）定期检查为主，随时抽查为辅，科研处和系密切配合的检查制度。在1990年检查中发现有一个系重复提取管理费，经认真调查，向系领导讲清科学基金委员会的规定和学校制定的《办法》,使这个系主动把提取的管理费重新补还给各个课题组。据近3年来的调查统计，有64%的研究生参加科学基金课题的工作，平均每个结束课题有3.15名研究生参加，论文与课题研究内容密切结合，使高层次人才培养与科学基金课题的研究有机结合。对通过鉴定、获得奖励、有新的突破性进展的科学基金课题组，若人员紧张，科研处主动向学校申请为其增加1—2名专职科研编制，充实或加强研究力量。为支持在国内外抢先发表论文，在财务管理上提供资助或方便，决定在校内学报发表论文免交版面费，科研处还经常向学校写报告专项申请外汇资助，以作为在国外发表论文或出国参加学术会议的生活费补贴等。以上措施既提高了负责人的责任感，又激发了课题组人员的使命感。

二、确定评价标准，增强管理工作活力

为引入竞争的机制，提高基础性研究的活力，1989年在《办法》基础上又制定了《北京农业大学获准自然科学基金课题研究进展评估指标》（以下简称《评估指标》）。《评估指标》共包括8项评估内容，共计有32个打分指标。8项内容既有一般标准项，又有科学水平项。一般标准项有：课题组人员实际参加研究工作时数，年度计划执行结果，使用校内外大、中型仪器，经费支出和津贴发放；科学水平项有：创造性贡献，对学科发展的作用和教学质量的影响，发表论著和培养人才，鉴定或获奖成果。每项分A，B，C，D等4个档次，分值分别为：10—20，5—10，0—5，负4—负3。按8项评估内容累计总分综合评出优、良、中、差四类课题，即优（90—100）、良（70—89）、中（60—69）、差（59分以下）。优，指有新发现或有突破性进展的课题；良，指超额完成原计划任务；中，指完成原计划任务；差，指没有完成任务或某些方面不符合规定。并规定研究人员实际参加时数项得分为零的须调正课题组成员，更换课题负责人或取消课题；年度计划和使用经费与津贴项得零或零以下分值时，要进行通报批评、警告，甚至取消课题；使用仪器项得零分者，不批准再购置相同仪器。为了使评估结果更科学，反映课题的实际水平，1989年聘请校内著名教授，经学校同意成立了校基础性研究学术领导小组，其学术职能是制定基础性研究发展规划，将基础性研究作为学校科学研究的四大阵地之一来建设，评价科学基金各类课题的进展和成果。

我们以管理办法为准则，以评估内容为动力，采取课题组自评和科研处评比两种方式，于每年年底把《评估指标》发给每个课题负责人对一般标准项进行自我打分，评出年度进展或结束课题的完成情况；科研处组织基础性研究学术领导小组内的专家、教授对上报的年度进展和结题总结按《评估指标》中科学水平项进行打分评比，结合个人自评的情况，最终评出优、良、中、差课题。三年评估结果为1989年优13%，良68%，中12%，差7%；1990年优17%，良73%，中8%，差2%；1991年优27%，良69%，中4%。1991年优良级课题中有4项得到科学基金委员会追加经费，有37项连续得到面上课题资助，有32项发展成重点项目。优级课题列为校级重点管理，并享受相应的待遇。如植物生理生化学科承担科学基金课题21项，经费72.5万元，进展情况良好，优级课题占65%；学科内申请和获准的科学基金课题都围绕学科总的发展方向进行，或作为一个分支，或作为一个生长点，使学科内众多面上课题，起到一个或几个重点课题的作用。所在的农业部开放实验室，1991年度被评为全国甲类优秀实验室；为争取重点或重大课题奠定了基础，“八五”已获准科学基金重点项目2个，攀登计划项目1个，科学基金重大项目中的子课题1个。研究成果显著，5年间共发表论文108篇，培养研究生64名，并几次获得农业部和国家教委的科技奖励。但由于实验室紧张，研究力量不足。5年多来，科研处给予了5万元的资助，解决个别课题经费强度低和拨款迟后引起的工作间断等问题，并向学校建议为其增加了10多间实验室（300多平方米）和5个专职科研编制。

科研处对差的课题限期找出原因，并按《办法》规定对1990年前9个差的课题经科学基金委员会同意进行了处理。例如，有2个青年科学基金课题，一个负责人出国超过期限，一个病故又不能更换负责人，上报批准撤销；有2个面上课题负责人出国超过半年，更换

了负责人；有2个面上课题延期1年，其中1个因进口仪器损坏完不成任务，另1个在动乱期间工作中断；有3个课题组调整了成员。1991年评估没有差的课题，承担课题的负责人出国或出现意外事情，都能主动与科研处联系，办理有关手续或采取弥补措施。这样做起到了鼓励先进，督促后进，带动中间的作用。

通过几年来的摸索与实践，高效利用了获准的课题经费，发挥了人才的作用，挖掘科研条件的潜力，取得了发展学科、培养人才、出重要成果，增强农业科学和农业发展的后劲，提高学校整体科学水平的综合效益。1986—1991年，结束课题78项，共培养研究生247名（硕士196名，博士36名，博士后15名），在国内外已发表论文337篇；有35项成果通过鉴定，其中有14项获部、委级以上奖励。目前，我校在研的面上、重点和重大课题有150多项，为了抓好这些课题的管理，在现有基础上又制定了新的政策。如给予与国家获奖成果等额的奖金，对有重大成果者在提职、分房等方面不受年限规定的限制，给予优先考虑或破格晋升等，这对更好地完成科学基金课题必将产生强大推动力。

抓好科学基金工作　促进基础研究发展

浙 江 大 学

我国科技体制改革的一项重大措施是对基础性研究实行科学基金制。这对于完善国家科技发展三个层次布局，加强科技发展的纵深配置，促进基础性研究高水平发展，多出成果快出人才有着十分重要的意义。10年来，成功的实践，已充分证明了这一点。10年来，我校的基础性研究工作很多方面受益于科学基金资助。同时，我校在抓好科学基金工作，促进基础性研究发展方面也做了一些工作，取得了一批成果，借此机会向大家作一简要汇报，以供互相交流探讨。

一、思想明确，认识统一，各级领导重视抓好科学基金工作

基础性研究是科技发展的源泉和后盾，对于促进学科发展，培养优秀人才，产生高水平成果起着十分重要的作用。国家自然科学基金是国家择优资助基础性研究的一个主渠道，具有较好的权威性和公正性。近几年中，我校各级领导思想明确、认识统一，在注意积极开展科技为国民经济主战场服务的同时，也十分重视安排好基础性研究工作，做好自然科学基金的申请与管理。每年初都召开有系主任、研究所长、骨干教师参加的“科学基金申请工作动员会”，校长、主管副校长总是亲临会议进行部署，对以往工作做出总结和评估，对今后工作提出要求和希望，鼓励教师积极申请自然科学基金项目，参与高水平的学术竞争。主管部处和各系（所）领导也都积极贯彻，研究提出相应措施和办法，协调处理好基础研究与应用、开发研究的关系，努力安排好具体工作。由于各级领导重视抓好科学基金

工作，使我校近几年基础性研究工作呈现出一个新局面。

二、精神与物质鼓励结合，制订和完善对基础研究的倾斜政策

由于基础性研究工作周期长，探索性强，风险大，加之经费少，使用范围受限制等原因，影响了部分从事基础研究人员的积极性，思想上有了波动，工作中也产生了某些问题。为稳定从事基础性研究的队伍，使学校和国家的科技发展、人才培养有一个良好的气氛和环境，以及赶超世界科技水平作出贡献，学校领导做了认真研究，陆续制定了12条重要且有效的政策和措施，它们是：

(1) 设立浙江大学科研基金，主要资助基础性研究，为学校教师，特别是年轻教师、留学归国人员申请国家自然科学基金等国家级项目提供预研条件，增强竞争实力。该项基金自1986年设立至今，经费逐年增加，1992年经费已达200万元。

(2) 鼓励教师申报国家自然科学基金项目，参与高水平学术竞争。凡4年内两次获科学基金资助者，学校将发给奖金和奖励证书，以表彰这些教师在高水平学术竞争中取得好成绩。这条规定自1989年起执行至今，已有42名教师荣获此项奖励。

(3) 鼓励优秀青年教师参加基础性研究工作，凡一次申请到国家青年科学基金、国家教委优秀年轻教师基金、霍英东教育基金者，学校也发给奖金和奖励证书。这条规定自1989年起执行至今，也已有53名青年教师荣获此项奖励。

(4) 学校每年以红榜公布获国家自然科学基金资助者名单，以示学校的重视并增强受资助者的荣誉感。在“科技信息”简报上公布各系获准率排名，以示鼓励和鞭策。

(5) 教师晋升高级职称时，是否承担过国家自然科学基金项目将作为一个重要条件予以考虑。在相同条件下，承担科学基金项目者优先。

(6) 在科研编制计算分配上，增加自然科学基金项目经费的计算权重；进一步向理科承担科学基金项目者倾斜（1.5万元/1编制·年)，凡在SCI（科学引文索引)、ISTP（国际科技会议录)、ISR（科学评论索引）上收录的文章或专著，都给予一定的奖励，并可计算科研编制及科研业绩点。

(7) 学校严格执行国家自然科学基金委员会的财务规定，每个项目只收取5%的管理费，并单独立卡建帐，实行专款专用。

(8) 为了稳定从事科学基金项目研究工作队伍，在经济上作些补偿。学校在财政并不宽裕的情况下，毅然决定从校科研管理费中调剂支出，按科学基金项目到款数的10%发放人工费（现金）补贴，由项目负责人掌握使用。这些规定自1987年实施以来，已发放补贴110.97万元。

(9) 承担国家自然科学基金项目，对外进行合作交流或发表论文需兑换外汇者，学校尽可能提供支持和方便。

(10) 已到退休年龄，但仍承担着国家自然科学基金项目的骨干教师可回聘至该项目完成。

(11) 为鼓励青年教师多出成果，学校从1991年起对获青年科学基金项目者，实行校内经费匹配支持。一般按项目批准总经费的1/30—1/2予以资助，增强了对其资助的强度。

1991，1992两年已匹配资助经费46.5万元。

（12）为了进一步做好科学基金项目研究工作，促进承担者按计划高质量完成任务，学校决定从今年起对承担国家自然科学基金项目者设立科研津贴，计算公式为：

$$\frac{\text{项目总经费(万元)}}{2\text{(万元)}}\times 12\text{(人·月)}\times 50\text{元}$$

学校在该项目按期完成后一次性发放给项目组。

以上这些政策和措施，从精神和物质两方面实实在在地体现了学校对自然科学基金工作的重视和倾斜支持，受到广大教师的欢迎。它的贯彻实施，从一定程度上解决了实际工作中存在的一些困难，稳定了一支从事基础性研究的基本队伍，进而调动了他们的工作积极性和创造性，为进一步做好科学基金工作创造了非常良好的环境和条件。

三、上下齐心协力，尽心尽责做好组织管理工作

1986—1991年，我校每年平均申报约180多项，在研科学基金项目一般达160多项，组织管理服务工作是很繁重的。校系两级科研管理人员坚持树立服务第一的思想，克服人少事多等困难，积极改进管理方法，努力在科学管理、提高效益上下功夫，收到了较好的效果，所做的工作主要是：

（1）不只要求教师做好国内外研究动态的调研和项目选择工作，校系两级管理人员也是积极参与配合，帮助教师查询落选原因，分析和总结经验教训，写好项目申请书，使我校每年申请项目质量在稳定中逐步提高。在积极做好前期管理的同时，近几年也注意加强后期管理工作，每年通过年终进展情况报告和项目抽查，督促项目按期完成任务。

（2）在有关会议、校刊、“科技信息”上，积极宣传国家自然科学基金委员会各项规章制度。如关于成果管理、论文标注、财务开支规定等，督促各项目自觉遵守和贯彻执行。同时，也注意设法帮助项目组解决实际问题，协调有关工作。

（3）针对基础性研究工作中出现的情况和问题，积极开展政策和管理方法的研究。注意采取措施，调动和发挥项目负责人及所在系的工作积极性、创造性、责任感和荣誉感，实行目标管理。

（4）走出去，请进来，积极与各科学部（局）取得联系支持，做好上下协调和沟通工作，为项目的顺利完成铺路搭桥。

四、出成果出人才出效益，基础性研究成绩显著

由于各级领导充分重视，辅以政策的倾斜支持，有关部门努力改进管理方法，认真做好组织管理工作，极大地调动了广大教师的积极性和创造性。近几年来，我校科学基金工作形成了良好的发展态势，在科学基金委员会公布的面上项目获准总金额的排名已从1988年的第12名稳定地上升为全国第4或第5名，工科院校第2或第3名，其中青年科学基金已连续两年为全国第一。项目年平均获准率约为30%左右，高于科学基金委员会公布的25%批准率。通过各方面的不懈努力，我校科学基金工作也是硕果累累，主要体现在以下几个方面：

(1) 青年科技队伍基本稳定，优秀人才脱颖而出。

我校每年都有一大批青年教师和研究生参加科学基金研究工作。从中他们学到了知识，扩大了视野，受到了锻炼和培养，不少人由此脱颖而出，崭露头角。青年教师樊建人就是其中的一个代表。攀建人在1987年提出了“水煤浆和煤粉燃烧过程中多相射流的研究”(0587011) 青年科学基金项目的申请获得科学基金委员会批准，同行评议认为“该项目提出一种优于我国老一辈科学家和美国科学家建立的多相流模式”。在以后的研究工作中，樊建人虚心好学，刻苦钻研，业务水平提高很快，与燃烧学专家岑可法教授共同研究提出的脉动频谱随机颗粒轨道模型和颗粒随机碰撞模型，创新性地发展了国内外在这一领域的研究工作，这些模型和计算结果的论文在国际权威学术杂志和著名国际学术会议上发表后，得到了同行专家很高评价。他与岑可法教授合写的专著《工程气固多相流动的理论和计算》出版后，荣获华东地区优秀图书一等奖，合写的另一本研究生教材《燃烧流体力学》，也已由水利电力出版社出版。为此1991年国家教委、人事部授予他为“做出突出贡献的留学归国人员”的称号，1992年他荣获霍英东教育基金会高等院校青年教师奖（科研类）一等奖，并被国家教委列为重点跟踪对象，作为年轻学术带头人培养，1992年被学校特批晋升为教授。

(2) 科技人员勇攀高峰，研究成果举世瞩目。

光科系余滔教授在联邦德国获医学博士后，放弃了在国外的优厚待遇，1987年毅然从联邦德国回国。他到浙大工作后，先后承担了3项科学基金项目，全身心地投入到这些项目的研究工作中去。在“肝胆细胞中胆酸分泌及运转机理的研究”(3870266) 中，他成功地研制成了尖端直径为0.5μm，胆酸通道的漂移为1毫伏/小时，对几种胆酸有较好和敏感特性的双通道离子选择性微电极，可在细胞及亚细胞水平上对肝脏的疾病进行研究，对肝细胞内和胆小管内胆酸活性进行连续动态测定，1990年经国家自然科学基金委员会信息科学部主持鉴定，认为该项研究成果达到国际领先水平，为基础医学研究、临床研究提供了一种崭新的技术。1990年在新加坡举行的第一届世界传感器会议上，余滔教授被特邀作了题为“用于生理学测量的超微传感器”的发言，引起了到会专家的极大关注。

计算机图形生成和几何造型的研究，是计算机科学与技术科学的一个重要研究方向，是CAD与CG高技术的一项基础性研究。我校梁友栋教授等人在原先工作的基础上，连续承担了“计算几何”等3项科学基金，国家教委博士点基金1项研究项目，在计算机真实感图形生成的理论与算法，图形裁剪和几何造型等方面作了大量深入的研究，取得了一系列重要成果，并已在飞机外型设计、运动机构动态模拟图形数控编程等方面获得了成功的应用。该项研究成果获1991年国家自然科学奖三等奖。

(3) 科研促进教学，学科建设有了新发展。

人工智能技术和CAD技术结合的智能CAD方法的研究，并探讨设计知识的表达，形象思维的模拟和智能图形的显示技术等一系列新的思想与方法是我校计算机系潘云鹤教授开展的一项研究工作内容。1989年这项工作得到了国家自然科学基金的支持 (68973026)，使研究从平面效果转入了立体感领域，完成一个实用的美术图案创作系统，受到了国家有关部门的奖励并在国外参展中获得好评。在其后的研究中，又得到了国家科技攻关计划和高技术研究计划的支持。通过以上这些科学基金项目以及后续项目研究取得的一系列研究成果，促进了这一新兴、交叉学科的发展。1990年经国家教委批准，我校创办全国第一个“工业设计与造型”专业，已招收了两届学生。“计算几何”和“智能CAD”，以及真实感图形等研究，形成和加强了我校CAD&CG的研究特色和研究力量。现在投资650万元的CAD&CG国家重点实验室，在我校业已建成并通过了验收。这一切都为我校今后进一步开展这一学科领域里的研究，打下了坚实的基础。

（4）科学基金成果转化为生产力，为国民经济发展作出了贡献。

学部委员阙端麟教授1986年承担的“直接掺氮CZ硅单晶性能的探讨”（6866014）研究工作，经过数年努力，取得了突破性进展，不仅在方法上突破了国际上普遍认为拉晶时不能用氮作为保护气的传统观念，而且迅速被用来指导生产实际，产生了很高的经济效益。用该法生产的硅单晶成本低（比常规单晶低10%），质量稳定，单晶成品率高达90%左右，有效产品达65%以上，不仅满足了国内器件生产的需要，而且已打入国际市场，预计今年可创汇120万美元。

力学系沈天耀教授针对我国能源短缺，而风机、水泵能耗却占全国发电量1/3强这一问题，开展了“多相流风机的正反问题计算方法及在实际中应用”（5860059）的研究，他大胆创新，勇于突破，并在国家计委、机电部的大力支持下，密切结合工程应用进行验证考核，从而创建了一整套崭新的、独特的、系统的设计计算理论和方法。用新的流动理论和“JWM，|P|”设计计算系统，设计开发的12个系列风机产品效率全部达到国际先进水平，绝大部分被列入国家节能推广计划，作为更新换代产品推广，有力地推动了一批相关行业的技术进步，据不完全统计，已创效益达十几亿元。为此，“离心通风机内流理及设计计算系统的研究与应用”研究成果获得了1991年国家科技进步一等奖。

没有今日的基础科学，就没有明天的科技应用。保持一支精干的高水平的基础性研究队伍，确保基础性研究持续稳定的发展，坚持攀登、赶超和创新的方向，是我国科技工作应长期坚持的基本方针。以工为主、理工结合，兼有文管的浙江大学，虽然近几年在国家自然科学基金委员会等部门的支持下，重视基础研究，努力开拓创新，取得了一些成绩，但离党和国家的要求，与一些兄弟单位相比，还有一定的差距。我们将认真学习党的“十四大”文件，在深化改革开放，加快经济建设的新形势下，努力为我国科学技术事业蓬勃发展作出新的贡献。

（1992年）

在发展基础性研究中培养和造就大科学型人才

陆　剑　英

（复旦大学科技处）

基础性研究是各类科研活动的核心，并对应用研究和发展研究起着指导和推动作用。发展基础性研究是迎接21世纪世界科技竞争的超前准备，这种超前准备，说到底是人才，尤其是大科学型人才的竞争，它更具有战略意义。本文试图从基础性研究的发展和人才培养的关系来讨论国家自然科学基金（以下简称NSF）的重要作用，并提出在发展基础性研究中培养和造就大科学型人才。

一、现代基础性研究是培养和造就大科学型人才的源泉

在现代，应用科学强烈地依赖于基础科学的发展。先有科学，后有技术。基础性研究的创新性、探索性、积累性和国际性等特点，使得它不仅是高新技术研究和发展的后盾，而且是产生各类人才的源泉。除此以外，当代基础性研究的新特点更使其在培养跨世纪的大科学型人才中起着独到的作用：

（1）现代基础性研究需要学科相互渗途、相互补充、相互结合，需要参与新的边缘学科、交叉学科和横断学科的建立。这些特点十分有利于培养大科学型人才所必须的综合性知识结构。通过现代基础性研究，培养成具有学识渊博，善于洞察学科前沿，能把握不同的研究方向的优秀人才，同时他们又具有很强的组织能力，能够与不同学科、不同学术观点、不同年龄的人有共同语言，也能够容百家之长，不断深入地扩充自已的知识。

（2）现代基础性研究面临着许多挑战性的观念，面临着即将到来的科学大革命。这个新特点对于培养大科学型人才所必须具备的在洞察科学技术前沿时有“当机立断”作出“突破点”抉择能力十分有益，并能够使其在纷繁的学科节点上选择出最有希望作出创造性成果的领域。

（3）现代基础性研究成果转化为高技术和应用开发的周期大为缩短，因而从事基础性研究的人员均有很强的技术和应用意识。在这种环境中培养的人才具有理论联系实际的优良工作作风，对基础性研究的成果具有全面的、综合的评价，更具有尽快把知识物化为技术的能力。

综上所述，现代基础性研究的特点与跨世纪的大科学型人才的素质要求有多方面的匹配性。我们认为，基础性研究是大科学型人才的发源地，在发展基础性研究中培养和造就大科学型人才是一项重要的战略措施。NSF 在其中能发挥重要的推动作用。

二、大科学型人才的培养要从青年人着手

要培养下一世纪的大科学型人才，显然只能从现在的年轻人着手。从世界上看，从事基础性研究的人员年龄均在 25—45 岁最合适，从事基础性研究的人员相对从事应用研究人员的年龄偏小。因而科学基金制则给他们创造了良好的物质条件及施展他们才华的天地。

中国管理科学院赵红洲教授曾对我国近代、现代 177 名生物学家和地球科学家的3 602项成果产生时作者的年龄统计绘出的“最佳年龄曲线”说明最佳年龄是 33.5 岁，而最佳年龄域大体上是 25—45 岁之间，他又统计了古今中外 1249 位科学家作出重大发成果的年龄域也是在 25—46 岁，其峰值在 37 岁。然而，我国目前的基础研究现状不容乐观。这一点由 NSF 的资助情况可略见一斑，NSF 项目负责人的年龄峰值在 46—55 岁间，而其后峰 56—60 岁又高于其前峰 36—45 岁年龄段。对于复旦大学这样一所综合性理科大学的 NSF 项目负责人的年龄分布也存在着类似情况。更为担忧的是，56—60 岁年龄段的项目负责人的百分数超过了 36—45 岁年龄段。世界上从事基础性研究的最佳年龄段为 25—45 岁，在我国目前却是一个低谷。两者的峰值年龄相差近 20 岁。显然，目前我国基础性研究人员的年龄结构对参与世界科技竞争十分不利。由于十年浩劫破坏了我国基础性研究队伍的正常

年龄结构，使我们在25—45岁年龄段的人才缺乏。显然，这对培养下一世纪所需的大科学型人才极其不利，难怪有专家估计，中国基础性研究队伍年龄结构合理化需要20—30年的时间。中国科学基金制的建立，尤其是逐年增长的NSF青年基金，为加快队伍年龄结构合理化起了十分重要的作用，但形势仍是严峻的。

复旦大学于1986年设立了复旦自然科学青年基金，注重在发展复旦的、基础性研究同时，加强对青年教师的培养，尤其是对青年学术带头人的培养。为此，青年基金特别要求：(1) 项目必须由年青人独立主持；(2) 课题立意强调创新（哪怕具有方法上的改进和修正）；(3) 鼓励学科交叉。对于第三种情况给予优先支持，并且允许年龄拓宽至45岁。通过项目的执行，提高了青年教师独立开展科研的能力和水平，培养了他们在科研中的组织协调能力，工作成绩也有了一定的积累。我们为培养国家级基础性研究项目负责人作好了前期准备，同时每年可为国家和地方的高层次研究输送青年人才。从1987年至今，复旦大学获得国家、地方各类自然科学青年基金共79项（其中NSF　28项，国家教委优秀年轻教师基金和霍英东基金17项，上海市自然科学青年基金29项，上海市“启明星”人才基金5项），占全校基础性研究项目的18.9%。目前，这些项目负责人中有11名被提为教授、副教授，有6名被晋升为系级领导、国家重点实验室副主任和“复旦大学青年科技工作者联合会”会长等职。复旦大学通过实行校内青年科学基金来发掘和培养优秀的青年学术带头人收到了良好的效果，也为造就下一世纪的大科学型人才打下了良好的基础。

三、发挥高等学校多学科优势来培养大科学型人才

中国科学基金制的设立不仅对稳定和发展基础性研究起到了重要作用，而且在稳定队伍培养人才方面发挥了独到的作用。其中高校的科研队伍是NSF的主要力量。据统计，1986—1990年间，高校承担的NSF项目占全国总数的65.9%，青年基金占全国NSF青年基金总数的76.9%。高校的学科齐全，云集着大批优秀人才，尤其是青年人才。复旦大学从1982年至今承担的各类基础性研究项目共684项，其中NSF　464项，占67.8%。1982年至今共获国家自然科学奖11项，在SCI和EI之列杂志上发表的学术论文共2752篇，著作123部。因此对于复旦大学这样一所综合性理科大学，发挥其多学科的优势，在发展基础性研究中培养具有多学科综合型知识结构的优秀学术带头人是项重要的战略任务。

这些年来，为了拓宽青年人的学术视野，增长他们的多学科知识，使年青人注重学科交叉与渗透。从1988年起，复旦大学办起了“科技沙龙”，根据国际上学科发展研究热点，结合我国实际情况进行广泛而又深入的探讨。“沙龙”要求中青年教师参加，高年级的硕士、博士研究生也可参加，由于青年学者的参加，气氛十分热烈，在探讨中酝酿产生新思想、新课题。使年青人的思想火花不仅得以闪光、连续，而且提高了他们储备综合性知识结构的素养，促进了研究工作的深入开展，使项目的学术水平不断得到提高。我们还通过“复旦青年科技工作者联合会”组织校庆专场学术报告会，让他们增强与不同学科人员的对话能力，增强自身所在学科与前沿学科的渗透能力和交叉能力。同时我们还积极推荐有才华的年轻人作为校内跨学科的校级重点项目负责人和牵头人乃至国家、地方各级基金的评审专家，从中培养他们的综合能力，提高他们的知名度，通过这一系列培养措施，其中有的已成为NSF重点项目的负责人或总牵头人。

众所周知，没有“战场”、“奴隶”成不了“将军”。要培养和造就大科学型人才的最好办法是“从实践中来，到实践中去”。具体来说，即在各种可能的场合让那些思想活跃，具有创造力的年轻人参与基础性研究的战略研讨和决策。让他们参与国家级的重大基础性研究大项目的规划、组织，并在一定范围内领导项目的论证。这样做至少可以达到几个效果：(1) 给予他们进一步发挥学术上创造力的天地，可以做出更大成绩，以确立他们在学术界的地位；(2) 使他们有机会了解整体，并从整体出发来考虑学术方向，以不断完善其学术思想；(3) 让高层学术界人士了解新人的水平，评价他们的学术创造能力，同时，为新人提供向老一辈科学家学习意志、作风和经验的机会。

在大科学时代，作为探索前沿的基础性研究，迫切需要具有超前思想、良好素质结构的大科学型人才，而这种人才的培养、成长又与他们在最佳年龄段时期所在的环境、国家各种政策等密切相关。为了缩小我国基础性研究队伍人员“最佳年龄域”同世界上科学家做出重大成果年龄域的差距，加速培养大科学人才的步伐，NSF 要增大青年基金项目的比例和资助强度，并在重点和重大基金项目中要增设一定比例的青年人员负责条例，才能在今后 5—10 年内不至于出现年龄段峰值后移现象。我们只有把这项任务作为长远的科技战略工作来抓好，在发展基础性研究中注重培养和造就好大科学型人才，才能在世界性竞争面前有所作为。

(1992 年)

崇高的事业　诱人的前景

——中国民间基金会发展评述

商　玉　生

(中国科学基金研究会)

从世界范围看，基金会对社会的贡献，对社会福利、慈善事业，文化、教育及科学事业的发展所起的作用，已获得各国政府、社会各界的共识和认可，并得到广泛的支持。基金会事业已成为社会文明的标志之一。粗略估计，全世界有 20 万家各种基会会，总资产数千亿美元。由诺贝尔基金会（1898 年设立）一年一度颁发的世界最高奖——诺贝尔奖（1901 年始），在促进科技进步方面所起的作用，是众所周知的。美国的几个由著名企业家命名的基金会，如卡内基基金会（1911 年建立）洛克勒基金会（1913 年建立）和福特基金会（1936 年建立）其资产都在数十亿美元以上，每年提供的资助金均在 1 亿美元以上。这些基金会在美国政治事务、公共政策、文化艺术、社会福利及教育、卫生、科学等方面都担当了相当重要的角色。

相比而言，我国民间基金会无论在数量、规模上，还是在管理水平和社会作用方面，均与西方发达国家有很大的差距。全国解放后，旧中国时期本来就不发达的基金会又失去了存在和发展的客观环境和条件，以至解放后的二三十年间，基金会事业在中国大陆几乎是空白。在当今改革开放的大潮中，中国的基金会事业才有了新的契机和较大的发展。

一、我国民间基金会溯源

关于我国民间基金会始于何时，目前还没有足够的资料给予确认，有待进一步地收集、挖掘和整理。从目前掌握的资料看，我国民间基金会可以追溯到本世纪初。

当帝国主义列强侵略中国索取大量赔款之后，用所谓退还的一部发“赔款”建立了文化教育基金，“帮助”发展中国文化、教育事业[1]。这种基金设立的本质是为帝国主义政策服务的，因而这种基金带有帝国主义文化侵略的背景，这里不多赘述。

1915 年，我国一些在美国的留学生发起组织了“中国科学社”，利用永久会员交纳的会费和向社会募集的基金，开创了我国民间基金会的先河。该社于 1918 年迁回国内，数十年间艰苦地从事着科学、教育方面的资助活动。[1]

20 年代，我国著名爱国将领张学良将军在掌管东北军政大权的同时，亲自担任东北大学校长，走以教育复兴中华民族的革新道路。从其父张作霖遗产中拨款 200 万元建立了“汉卿奖学基金”[2][3]并成立了基金管理委员会。该基金资助东北大学毕业生出国深造和教师出国考察、进修等。条例明文规定，东北大学各系各专业每届成绩第一名的毕业均在毕业典礼当场宣布公费出国留学。1929 年，东北大学应届毕业生中符合条件者，全部由学校资送英、美、德等国留学。首批出国 留学生中有金锡如、刘树勋、陈克孚、应德田、白世昌、赵玉昌、夏鹤一等。该基金后由于日本侵略东北而中断。

在我国民族资产阶级中也不乏有识之士，捐资设立各类基金。如现香港怡和有限公司顾问、顾氏有限公司董事长顾乾麟先生，1939 年在上海设立的“叔蘋公奖学金”[4]即是典型的一例。顾乾麟先生 17 岁父亲去世，他即继承父业，入怡和公司任职。他经营有方，产业发达，业务兴旺。但他未忘记对社会的责任，以“得诸社会，还诸社会”的信念，出资设立了以他父亲命名的奖学金，那时，他才 30 岁。在奖学金宗旨中写明：“为纪念顾公叔蘋生前乐善好施、提倡教育不遗余力之遗志，特设纪念奖学金，以造就本埠贫寒男女中学生或高小毕业生之无力负担学费以继续升学者，由本处给予奖学金以培植之。”得奖学生必须是学期总平均成绩在 85 分以上，品行端正，家境贫寒，经过奖学金管理处的考试和家庭经济状况核查，确实符合条件的。奖学金最初规定资助学生上中学的学、杂、书费，以后待遇越来越优厚，如：生病治疗可资助医疗费；成绩特别好的可资助膳宿费；高中毕业后升大学的继续资助学费（私立大学）或膳食费（国立大学）；大学毕业后出国留学的资助出国费用。

叔蘋公奖学金从 1939 年设立，到 1949 年，共办了 20 期（以一学期为一期），得奖学生累计达 1000 多名。以个人的财力，资助这么多学生上学，这在当时的上海是首屈一指的。

值得庆幸的是，“叔蘋公奖学金”在 1949 年顾先生由上海移居香港而中断 37 年之后，1986 年又得以恢复，确定先在上海第市第三女中和上海中学各设 40 个名额，由在上海的原“叔蘋公奖学金”得奖学生代为主持。如办得有成绩，打算把名额逐步扩大到 400 名。顾先生还立下遗嘱，在他的遗产中，将有一笔足够的款项留作奖学金，把奖学金坚持办下去。

台、港、澳地区的民间基金会虽不如欧、美、日那样发达，但一直作为社会福利事业的一员活跃在文化教育、医疗保健等事业中，这里不作专述。

二、基金会在中国大地的崛起

1981年7月28日成立的“中国儿童少年基金会”和同年底由国务院拨专款设立的“中国科学院自然科学基金委员会”开创了新中国的基金会事业。前者是民间基金会（西方称私人基金会）后者是国家基金会（或称官办基金会），此后的十余年间，在中国大地出现的“基金热”中，这两种基本类型的基金会按各自的方式和规律蓬勃发展，并且得到政府和社会的普遍赞誉和支持。基金会这一社会组织形式，已在我国大地上广泛扎根生长。

我国的官方基金会以科学基金制为主体，包括中央、地方和基层建立的科学和技术发展基金、教育、人才培养和奖励基金，科技出版基金等不同规模、不同目的不同特色和多层次的各种基金及其相应管理机构，初步形成了一个科技发展的基金支撑体系和一套较为完善的、科学的基金管理体系。这些基金的共同特点是基金主要来自国家的财政拨款。我国的科学基金制已逐步走向世界，同世界上许多国家和地区的科学基金组织建立了广泛的合作和联系，正以新的姿态和面貌，迎接自己的第二个十年，在发展和完善具有中国特色的科学基金制中阔步前进。

同国家基金会相比，我国民间基金会尚处在开创阶段。其发展初期由于政府尚没有建立规范的审批程序和相应的管理办法，所以带有较多成分的自发性和随意性，成百成千的基金会像雨后春笋，一时出现了“基金热”。据1989年9月的不完全统计，全国已建立各种基金会214个，基中全国性的基金会33个，地方性基金会181个。此外，许多地方还利用救灾扶贫款建立了一大批救灾扶贫基金会，按民政部1986年8月统计，即达6275个[5]。这些基金会从基金来源看，主要有以下三种类型，即国家拨款、社会捐赠和会员出资、从基金使用情况看，一部分利用无偿资助方式支援社会福利事业和科学文化、教育等社会公益事业，但也有相当一部分基金会用募捐的资金投资办企业获利，也有的基金会用国家财政拨款进行投资，一些由会员出资建立的基金会则只是为会员搞社会保险等。

国务院针对这种情况及时制定并颁布了《基金会管理办法》(1988年9月27日发布)，规范了中国的民间基金会的定义、活动宗旨、成立条件及法人地位，严格了报批审查程序和管理，并对当时已成立的各种基金会进行清理、整顿，使中国民间基金会走上健康发展的轨道。按《基金会管理办法》，我国民间基金会的管理部门是各级人民银行和民政部门。按审批和注册机构的层次，我国民间基金会主要分两大类，即全国性基金会和地方性基金会，分别由中国人民银行、民政部和中国人民银行的省（自治区、直辖市）分行及省（自治区、直辖市）人民政府的民政部门管理。

我国民间基金会已走过了十余个春秋，初步有了相当的发展规模，概括起来，我国民间基金会发展有以下特点：

（1）从基金会工作方向和对象来看，以社会福利、教育和人才培养为突出目标，这一点与世界上多数国家的私人基金会资助金使用方向是一致的。我国几家大型民间基金会均属此类，如宋庆龄基金会、中国青少年发展基金会、中国残疾人福利基金会、中国老年基金会等。

（2）从基金会发展方向和专业分工看，在向综合性发展的同时，逐步形成自己独特的资助方式和工作方向，向大型专业型基金会发展。如中国科学技术发展基金会作为我国科技界最大的民间基金会，设有50个专项基金，拥有4000万资金，其工作面很广，是个踪合性民间基金会，并已确立了办成以奖励为主的“中国的诺贝尔基金会”的发展目标。

（3）民间基金会已成为我国科学基金制的一支重要补充力量，发挥越来越大的作用。在已建立的50余个全国性的民间基金会中，有许多直接为科技发展和科技人才培养服务的基金会，除了中国科学技术发展基金会外，如中国博士后基金会、振兴中华教育科学基金会、中华医学基金会、中华环境保护基金会、清华大学校友基金会等，还有许多基金会在自己的工和范围内，开拓了对科学和教育的支持，如以“希望工程”闻名海内外的中国青少年发展基金会，1992年又推出了“中国青年科学家奖”，并设立了“资助中国留学人员回国短期工作的专项基金；中国人口福利基金会设立的“中华人口奖”中，就包括了在人口科学研究中对有突出贡献的科学家的奖励等。

（4）从民间基金会本身发展来看，正在向经费自主，工作独立的方向发展。

我国的民间基金会，大多数建立时带有一定官方或半官方色彩，其经费主要还是来自政府的支持。但是从我国社团发展方向及国际上民间基金会的运作方式看，我国民间基金会必须走独立自主、经费自立的道路。三年以前（1990年），我国第一次全国性民间基金会经验交流研讨会时，全国性基金会只有30多个，当时经费自立、不带有任何官方色彩的独立自主型基金会只有吴作人国际美术基金会等极少数基金会。但在这之后的几年中，向独立自主型基金会方向发展已成为每个民间基金会追求的目标，并且有几个大型基金会已经初步实现了这个目标。

尽管如此，我国民间基金会从整体水平上说目前仍处在起步阶段。主要表现在以下几方面：

（1）我国民间基金会的数量、规模、所涉及的领域和工作范围都很有限，与社会的要求相距甚大，与我国经济和社会发展的速度和水平亦不适应。从1981年到1993年10月，由中国人民银行正式批准的全国性民间基金会只有55家，省市级的也只有300多家。其中虽然象中国科学技术发展基金会、中国青少年发展基金会等发展很快，而且工作很有成效，但从整体上讲，我国民间基金会仍然发展速度缓慢，经济实力不强，直接影响其作用的发挥。1981—1993年间由中国人民银行批准建立的全国性民间基金会发展情况见附表。

相比之下，从1981—1989年美国新成立的仅资助型基金会就有1620个；日本1988年有各类民间基金会11 781个，两年之后（1990年）增至12 439个，平均每年增加329个；1992年增加到13 229个，平均每年增加395个[6]。据最新资料统计，美国现有3万多家私人基金会在运行，资产总额1千多亿美元，每年提供的补助金有70多亿美元，其中资产超过亿元的就有150多家，最大的10家私人基金会年补助金额均超过1亿美元。

（2）官方（含准官方和半官方）民间基金会是我国民间基金会的主要形式，或者可以说是我国民间基金会处于起步阶段的一个特征。这是因为，我国民间基金会是在计划经济体制下建立和发展起来的。这种具有一定官方色彩的管理模式在基金会成立初期是一种便于操作、可行的模式。如中国残疾人福利基金会、中国人口福利基金会、宋庆龄基金会等较大型基金会所走过的道路和采取的模式。但是，民间基金会作为独立的社团法人，要在社会上发挥其独特的作用，必须走经费自立、工作独立的道路。这不但是基金会本身工作的需要，而且是中国基金会事业的发展和完善、开展国际交往、走向世界的需要。从目前50多个全国性民间基金会情况看，除少数基金会已从官方或半官方基金会走向独立发展、自收自立道路之外，大多数基金会仍然具有不同程度的官方或半官方色彩。

(3) 由企业家、公司捐资设立的基金会尚未起步，这除了有税收政策等经济因素之外，国民对设立民间基金会的作用尚认识不清，大多数人基金会意识淡薄也是十分重要的原因。相比之下，日本80年代设立的170个资助型基金会中，有109个（占64%）是由企业出资设立的。

(4) 对民间基金会的管理还缺少一个适应我国经济和社会发展状况和水平的，符合我国文化传统、道德观念的基金会政策和法规，还缺少一个科学化、规范化的管理模式和全国性的发展规划。对我国民间基金会发展中出现的若干理论问题和实际问题的研究基本上还处于自发阶段，有些还是空白。

三、抓住机遇，开拓我国民间基金会事业的新局面

目前，我国民间基金会的发展，正面临建立社会主义市场经济体制的挑战和发展机遇，我们应紧紧抓住这一有利时机，进一步规划和发展民间基金会，完善基金会管理体制，为社会主义两个文明建设做出更大的贡献。

民间基金会的产生是基于社会的一种需要。正是这种需要是民间基金会得以生存、发展的内在原因和基本动力。民间基金会在社会中所发挥的作用是不能由其他方面所取代的，而且随着社会的发展，人类文明的不断进步，这种作用将更会加强。

民间基金会可以调动和发挥社会的广大力量，基金取之于社会用于社会，这是一个健康社会、文明社会所不可缺少的机制；

民间基金会的工作在社会生活各方面起政府、国家所顾及不到的拾遗补缺的作用；民间基金会具有快速反应，动作灵活和雪里送炭的功能，可以随时改变，调整资助和投资方向，得以发挥短平快和资金利用及时、有效的作用；

民间基金会可以摆脱不必要的行政干预和官僚主义之害，具有活力，创造性和开拓进取精神，使有限的资金发挥较大的效用。

在邓小平同志创建具有中国特色的社会主义理论指导下，中国政府和人民正在为实现三步走的第二步目标，大力发展社会生产力而奋斗。这也为我国民间基金会事业发展提供了大发展的良机，诱人的发展前景正激励着社会各界来推动我国民间基金会上一个大的、新的台阶。

(1) 经济的发展，综合国力的提高，为我国民间基金会发展提供了雄厚的物质基础和条件。

经济繁荣是民间基金会发展的基本条件之一。我们正面临本世纪经济发展最快的时期，因而也面临民间基金会发展的一个新的阶段。90年代以来，世界形势的重大变化，将为我国的经济发展创造一个较长时期的有利的周边环境和国际环境，为在本世纪末建立健全社会主义市场经济体制，实现国家现代化提供了前所未有的机遇。

自改革开放以来，我国经济发展是前所未有的。1993年，我国国民生产总值已达3万亿人民币，在世界排第8位，同改革开放前的1978年相比，翻了三番（8.4倍）。如果1994年按10%的速度增长，1995—1999年按每年递增8%计算，到2000年，我国国民生产总值将达5.24万亿人民币，是1990年的3倍，是1980年12倍，这是我国民间基金会发展的

物质保证。

（2）政策支持是民间基金会发展的关键。

面对发展民间基金会的大好时机，能否抓住机遇，正确引导，使民间基金会不但在数量上、规模上，而且在工作模式、管理水平和所起的作用上都有一个新的飞跃，取决于政府有关部门对基金会采取何种政策。

1988年国务院发布的“基金会管理办法”虽然还不完善，但它规范了对基金会的管理，并规定了一些对基金会的优惠政策，对我国民间基金会的健康发展起了一定的作用。

1994年1月1日生效的“中华人民共和国企业所得税暂行条例”第6条中规定，纳税人用于公益、救济性捐赠，在年应纳税所得额3%之内部分，准予扣除。”这将是推动我国民间基金会发展的一个极为重要的决策。可以预料，在90年代，我国民间基金会事业中，下面两种方式设立的基金会，将会有相当迅速的发展：

一是由企业、公司或集团捐资设立的各类民间基金会将是我国民间基金会发展的重要方向和趋势；

二是由个人、家庭创办的独立自主型基金会，将有相当大的发展潜力和势头。如果全国人大在制定《遗产税法》中，效法西方国家对社会公益福利事业的优惠政策，这种基金会将会逐渐发展成为民间基金会中的一种非常重要的类型。

（3）我国推行的社会主义市场经济和更加改革开放的政策，快速的经济发展速度和稳定的社会环境，为吸收广大海外侨胞、华人集团投资于中国社会公益福利事业，资助中国的科学技术、教育事业发展开辟了广阔的前景，为我国基金会更多地与海外基金会加强联系，吸收国外基金会对中国社会公益事业的支持提供了良好的环境和大有作为的机会。

（4）在深化机构改革、转变政府职能的新形势下，改革和发展包括基金会在内的社团管理，发挥基金会及公益社团在发展社会生产力，进行二个文明建设中的作用是社会发展方向和趋势。因而，在大力发展社团经济、强化社团功能和作用的形势下，为基金会事业的发展又勾画出一幅幅美丽动人的图画。

2000年，这个令人神往、向往未来的日子，正神奇般地向我们走来。我们已来到了新世纪的入口处。让我们以百倍地信心、千倍地勤奋，推动我国年青的基金会事业飞上一个新的台阶，去迎接新世纪的钟声！

附表　全国性民间基金会名录（至1993年10月）

序号	基金会名称	批准年份	注	序号	基金会名称	批准年份	注
1	中国儿童少年基金会	1981	②	9	中国国际文化交流基金会	1986	
2	宋庆龄基金会	1982	②	10	中国煤矿文化宣传基金会	1986	
3	中国绿化基金会	1984	①②	11	中华文学基金会	1986	
4	中国残疾人福利基金会	1985		12	中国法学交流基金会	1986	
5	中国麋鹿基金会	1985		13	中国医学基金会	1986	
6	中国老年基金会	1985	①②	14	企业管理科学基金会	1987	
7	中国国际人才交流基金会	1985		15	中国人口福利基金会	1987	②
8	科技促进经济发展基金会	1985		16	援助西藏发展基金会	1988	

序号	基金会名称	批准年份	注
17	清华大学校友基金会	1988	②
18	中国少数民族文化艺术基金会	1988	
19	中华国际医学交流基金会	1988	①②
20	中国科学技术发展基金会	1988	①②
21	华侨文化福利基金会	1988	①②
22	中国职工文学艺术基金会	1988	
23	中国艺术节基金会	1988	
24	中国妇女发展基金会	1988	①②
25	中国新闻学研究基金会	1988	①
26	中国之友研究基金会	1989	
27	中国青少年发展基金会	1989	①②
28	中国扶贫基金会	1989	
29	欧美同学基金会	1989	②
30	中国电影基金会	1989	①②
31	振兴中华教育科学基金会	1989	①②
32	中华希望与幸运之神飞塑基金会	1989	
33	中国预防性病艾滋病基金会	1989	
34	吴作人国际美术基金会	1989	①②
35	中国博士后基金会	1989	
36	中国保护消费者基金会	1989	②
37	国际战略研究基金会	1989	①②
38	马海德基金会	1989	①
39	中国文物保护基金会	1990	②
40	中国癌症研究基金会	1990	
41	中国留学基金会	1990	
42	中国少年儿童文化艺术基金会	1990	
43	纪念路易、艾黎合作事业基金会	1990	
44	纪念苏天、横河仪器仪表人才发展基金会	1991	
45	中国京剧艺术基金会	1992	
46	中国马克思主义研究基金会	1992	
47	中国金融教育发展基金会	1992	
48	周培源基金会	1992	
49	中华社会文化发展基金会	1992	
50	中国高级检察官教育基金会	1992	
51	中华环境保护基金会	1993	②
52	中华见义勇为基金会	1993	②
53	光华科技基金会	1993	
54	中国益民文化建设基金会	1993	

注①为参加 1990 年第一次全国民间基金会经济交流会单位。

②为参加 1993 年第二次全国民间基金会经验交流会单位。

参 考 资 料

[1] 张知非，本世纪早期我国的科学基金与地质学的发展分析，中国科学基金年鉴，1990 年版，科学出版社，1991，第 110 页。

[2] 刘义立、罗福午，终身之计在于树人——顾乾麟先生和叔频公奖学金。

[3] 华永正，张学良和东北大学，广角镜月刊，1991 年 4 月　第 78 页。

[4] 王振乾，张学良时代的东北大学，张学良和东北军，第 296 页

[5] 沈晓丹，民间基金会在中国如何发展，第 115 页（内部印刷）。

[6] 日本资助基金会信息中心，日本的资助团体现状，助成财团临时增刊号，1990，1992，1994。

第Ⅲ部分

基金会概况与工作进展

全国性科学基金

国家自然科学基金委员会

一、综　述

1990至1992年，正值国家自然科学基金实施十周年（从1982年设立面向全国的中国科学院自然科学基金开始）、国家自然科学基金委员会成立六周年暨“七五”和“八五”交接之际。

1990年，国家对国家自然科学基金委员会的财政拨款继续增加，达1.56亿元（不包括高技术项目拨款500万元）。“七五”期间（1986—1990年）国家财政拨款总额6亿多元，平均年递增率为17%；在此期间，国家自然科学基金共批准资助各类项目16460项（含自由申请项目、青年科学基金项目、地区科学基金项目、高技术探索研究项目和重大项目），批准经费6.3亿元，参加这些项目的各类科技人员中30%为高级科技人员，20%为博士、硕士、研究生。

从1991年开始的“八五”期间，在国务院领导同志的亲切关怀和国家有关部门的大力支持下，国家对国家自然科学基金的财政拨款有较大幅度的增加，预计“八五”期间国家对自然科学基金的拨款达15亿元，是“七五”期间的2.5倍，“八五”末期年度经费将达到4.36亿元。为适应深化改革和扩大开放的形势，国家自然科学基金委员会在认真总结多年实践经验的基础上，深化改革，加强了对各类项目的宏观管理，如：对重点项目这一层次制定了新的管理办法，使三个层次的资助格局臻于完善；在抓紧“七五”重大项目管理和验收的同时，组织好“八五”35个重大项目的立项、评审及管理工作；对面上项目确定了“稳定规模，提高强度，拉开档次支持创新”的资助方针；在几年实践的基础上，对各类基金项目的管理办法进行了补充修订；1992年又推出了“优秀中青年人才专项基金”、“新医药、新农药基础性研究基金”、“资助留学人员短期回国工作讲学专项基金”、“国家重点实验室研究项目基金”和“优秀研究成果专著出版基金”等5个专项基金；继续扩大和开拓国际合作与交流活动等。

1992年，开展了纪念科学基金制实施十周年和国家自然科学基金委员会成立六周年的系列活动，举办了“国家自然科学基金优秀成果展览会”，向社会各界宣传了科学基金工作的成绩和经验。江泽民总书记为《国家自然科学基金优秀成果选编》题写了书名。李鹏总理、宋健国务委员分别题了词，题词分别为：“成功的实践，显著的成绩。”“深望各学科的基础性研究都选定目标，瞄准前沿攀高峰，出成果，出人才。”党中央、国务院、全国人大和全国政协的领导同志温家宝、严济慈、卢嘉锡、宋健、王丙乾、谷牧等出席了纪念活动，温家宝发表了热情洋溢的讲话。在温家宝同志的关心和指导下，中共中央办公厅调研室组织了关于发展与完善科学基金制的专题调查。这一切，体现了党和政府对科学基金事业及基础研究的支持、鼓舞和鞭策，成为推动科学基金工作不断发展的巨大动力。

在世界银行特别贷款资助下，国家自然科学基金委员会在1991年和1992年分别举行了“基础学科发展评估与资助政策国际研讨会”和“科学基金制完善与发展国际讨论会”，标志着中国科学基金工作进一步走向世界。

二、组织机构

1. 第二界国家自然科学基金委员会组成

1990 年底国务院任命了国家自然科学基金委员会的第二届委员会主任、副主任。

主任　张存浩　研究员、中国科学院学部委员　物理化学、化学动力学、激光化学专业

副主任　胡兆森　教授　机械、材料及科技管理专业

梁栋材　研究员、中国科学院学部委员　分子生物物理、蛋白质晶体学专业

孙　枢　研究员、中国科学院学部委员　地质学、沉积学专业

陈佳洱　教授、中国科学院学部委员　加速器物理专业

金国藩　教授　光学仪器、光学信息处理专业

委　员　张存浩　胡兆森　梁栋材　孙　枢　陈佳洱　金国藩　冯　端　黄文虎　曲绵域　路甬祥　赵寿元　左铁镛　章　综　邹承鲁　刘东生　林兰英　侯祥麟　陈述彭　朱丽兰　陈能宽　陈芳允　顾方舟　卢良恕　秦声涛　李明安　梁　森

2. 名誉主任、特邀顾问和顾问

名誉主任　唐敖庆

特邀顾问　师昌绪　王　仁

国内顾问（以姓氏笔画为序）

王大珩　王应睐　王淦昌　叶笃正　卢嘉锡
冯德培　朱镕基　沈　元　李国豪　吴文俊
吴阶平　吴仲华　严东生　严济慈　苏步青
汪家鼎　杨海波　杨显东　何　康　茅以升
周光召　周培源　胡国定　张光斗　张　寿
张　维　柯　俊　郭树言　钱三强　钱令希
钱伟长　钱学森　钱信忠　顾功叙　徐克勤
谈家桢　曹天钦　黄汲清　黄辛白　黄　昆
谢希德　曾宪林　滕　藤　戴安邦

3. 机构设置

见下页框图

4. 学科评审组设置及组成

国家自然科学基金委员会根据评审工作的需要，设立了若干学科评审组。由学术造诣较深、知识面较广、熟悉国内外学科发展动态、办事公正、作风民主、热心科学基金事业、有一定声望的专家组成。第三届（1990—1991）学科评审组为 56 个，由 632 位专家组成。第四届（1992—1993）学科评审组为 58 个，成员 677 人。这支队伍不仅担负着科学基金项目的评审检查重任，而且参与学科发展战略研究，重要科学研究成果的评议、鉴定以及国家自然科学奖的复审和国家重点实验室的评估。

第三届、第四届学科评审组组成情况对比表

项目 \ 届次			第三届 (1990—1991)	第四届 (1992—1993)
评审组数			56	58
总人数			632	677
平均年龄			59.1	59.1
来自省、市数			27	27
女成员数			38	43
学部委员数			55	79
连任成员数			302 占上届总数 49%	357 占上届总数 56%
按隶属关系	国家教委	人数	204	216
		百分比	32.3%	31.9%
	中国科学院	人数	170	174
		百分比	26.9%	25.7%
	各部委	人数	212	237
		百分比	33.5%	35.0%
	各省、市	人数	46	50
		百分比	7.3%	7.4%
来自高等院校		人数	361	412
		百分比	57.1%	60.9%
来自科研及其他机构		人数	271	265
		百分比	42.9%	39.1%

国家自然科学基金委员会机构设置图

- 国家自然科学基金委员会
  - 顾问
  - 专家评审系统
  - 办公室
    - 综合处
    - 秘书处
    - 行政处
    - 机关财务处
    - 物资基建处
    - 保密保卫处
  - 综合计划局
    - 综合处
    - 计划处
    - 重大项目处
    - 成果处
    - 计划财务处
    - 信息统计处
    - 国家自然科学奖励委员会办公室
    - 高技术办公室
    - 实验室工作办公室
    - 科研促进经济发展办公室
  - 政策局
    - 综合处
    - 战略政策处
    - 宣传调研处
    - 管理科学学科
    - 委刊编辑部
  - 国际合作局
    - 综合处
    - 西北欧处
    - 美大与东欧处
    - 美大与东欧处
    - 亚非与国际组织处
  - 人事局
    - 办公室
    - 组宣处
    - 干部处
    - 劳动工资处
    - （老干部部）
  - 中国方德技术开发公司
  - 中国科学基金研究公司
  - 数学物理科学部
    - 综合处
    - 数学学科
    - 力学学科
    - 天文学学科
    - 物理学Ⅰ学科
    - 物理学Ⅱ学科
    - 数学天元基金办公室
  - 化学科学部
    - 综合处
    - 无机化学学科
    - 有机化学学科
    - 物理化学学科
    - 分析化学学科
    - 高分子科学学科
    - 化学工程学学科
  - 生命科学部
    - 综合处
    - 植物学与微生物学学科
    - 动物学与生态学学科
    - 分子生物学、生物物理学与生物医学工程学学科
    - 神经科学与心理学学科
    - 生理学与病理学学科
    - 细胞生物学、发育生物学与遗传学学科
    - 农业科学学科
    - 林业科学、畜牧兽医学与水产养殖学学科
    - 预防医学学科
    - 临床医学基础学学科
    - 药物学与药理学学科
    - 中医与中药学学科
  - 地球科学部
    - 综合处
    - 地理学学科
    - 地质学学科
    - 地球化学学科
    - 地球物理与空间物理学科
    - 大气科学学科
    - 海洋科学学科
  - 材料与工程科学部
    - 金属材料学科
    - 金属材料学科
    - 无机非金属材料学科
    - 有机高分子材料学科
    - 冶金学科
    - 机械学科
    - 工程热物理与能源利用学科
    - 电工学科
    - 建筑环境与结构工程学科
    - 水利学科
  - 信息科学部
    - 综合处
    - 电子与信息系统学科
    - 计算机科学学科
    - 自动化学科
    - 半导体科学学科
    - 光学与光电子学学科

第三届学科评审组（1990—1991）组成

（1）数学学科评审组

潘承洞　石钟慈　姜伯驹　王柔怀　史树中
严士健　严绍宗　肖树铁　刘应明　肖　刚
堵丁柱　陈希孺　周作领　丁夏畦　梁友栋
路见可　吕以辇　郭柏灵

（2）力学学科评审组

郑哲敏　黄克智　伍小平　郭尚平　余同希
连其祥　刘延柱　周　恒　黄文虎　嵇　醒
经福谦　乐嘉陵　崔俊芝　范镜泓　吴有生

（3）天文学学科评审组

方　成　何香涛　何妙福　李东明　郑怡嘉
张家铝

（4）物理学学科评审（Ⅰ）组

章　综　甘子钊　章志鸣　张仁和　吴自勤
叶朝辉　闵乃本　黄美纯　王祖赓　王育竹
龚秀芬　张其瑞　陆坤权

（5）物理学学科评审（Ⅱ）组

唐孝威　胡仁宇　杨福家　何祚庥　薛明伦
褚永泰　陈佳洱　徐躬耦　刘亦铭　邱励俭
孙汉城　邝宇平

（6）有机化学学科评审组

梁晓天　李正名　李广年　张礼和　徐任生
陈庆云　戴立信　金　声　梁晓光　吴养洁
刘有成

（7）无机化学学科评审组

倪加缵　苏勉曾　林漳基　游效曾　曹锡章
沈瑜生　刘树堂　高仕扬

（8）物理化学学科评审组

田昭武　吴　越　殷元骐　周伟舫　潘克桢
郭燮贤　徐广智　吴世康　孙家钟　查全性
鄢国森　马兴孝　李赫咺　刘若庄　杨孔章
邵美成　彭少逸　张乾二

（9）高分子科学学科评审组

何炳林　王佛松　唐士培　丛广民　程镕时
施良和　卓仁禧　沈家骢　沈之荃

（10）分析化学学科评审组

高　鸿　庄亚辉　周良模　傅若农　慈云祥
戴树桂　赵藻藩　倪哲明　胡之德

（11）化学工程学科评审组

汪家鼎　陈家镛　陈洪钫　袁　权　朱自强
袁　一　胡　英　黄仲涛　施力田　沈　复

（12）微生物学学科评审组

焦瑞身　朱关福　李季伦　宋大康　李阜棣
陆德源　郝文英　李焕娄　藏　穆　蔡宜权
丁　鉴　李彦勇　任贵方

（13）植物学学科评审组

吴征镒　沈允钢　胡人亮　路安民　黄维南
申家恒　山　仑　吴德邻　孟繁静　肖培根
李正理　胡正海

（14）动物学、昆虫学学科评审组

尹文英　郑光美　卢耀增　王　荣　张天荫
马建章　陈宜瑜　管致和　杨安峰　庞延斌
林浩然　宋大祥

（15）生态学学科评审组

马世骏　蒋有绪　孙儒泳　李少菁　丁树荣
王祖望　孙鸿良　李丽英　张新时　沈韫芬

张经炜　李　博

（16）生物化学、分子生物学学科评审组

顾孝诚　吴冠芸　周　俊　杨福愉　张树政
阎龙飞　王　夔　钮经义　荆玉祥　郭礼和
龚岳亭　吴国利　曾仲奎

（17）生物物理学、生物医学工程学科评审组

林克椿　吴云鹏　吴德昌　吴元德　江丕栋
李安伯　徐京华　程极济　王世真　钟慈声
胡纪湘　郑荣梁　陈惟昌

（18）神经科学、心理学学科评审组

王书荣　梅镇彤　匡培梓　张厚粲　李大年
沈家鲜　张祖暄　吴建屏　滕国玺

（19）生理学、病理学学科评审组

朱思明　史轶蘩　荣烨之　刘雪桐　曹咏清
徐有恒　贾博琦　唐世聪　王曾礼　王迪浔
林宝爵　卢　兴　陈孟勤　张镜如　赵庆夏

（20）细胞生物学、组织胚胎发育学、解剖学学科评审组

施履吉　郝　水　翟中和　汤雪明　张惟傑
周　嫦　许智宏　陈慰峰　宋今丹　吴祖泽
邓滂平　姜均本

（21）遗传学学科评审组

吴　旻　李载平　董志伟　赵寿元　吴常信
庄增辉　朱立煌　齐义鹏　陈文元　李　璞
许耀奎　陈宜峰　魏建昆

（22）农业科学学科评审（Ⅰ）组

卢良恕　鲍文奎　王金陵　伍尚忠　徐冠仁
李泽炳　盖钧益　叶　飞　季道藩　傅寿仲
熊振民

（23）农业科学学科评审（Ⅱ）组

安　民　潘荣和　王明庥　胡芳名　门常平
王世绩　廖延雄　丘书院　唐启升　王九龄
任继周　许　鹏

（24）临床医学基础学科评审组

曲绵域　童钟杭　杨锡强　江　森　王文亮
王大章　蓝鸿钧　费声重　吴乐正　陈仲伟
王正国　张友会

（25）预防医学、卫生学学科评审组

于维汉　蔡诗文　何凤生　王翔朴　马宝骊
顾景范　耿贯一　蒋　明　沈一平　周永华

（26）药物学、药理学学科评审组

金有豫　甄永苏　曾衍霖　罗　旭　郑　虎
丛　铮　刘传缵　丁惟培

（27）中医学、中药学学科评审组

侯　灿　史常永　赵守训　冯孝章　凌一揆
苏中武　刘渡舟　张　震　沈自尹　严世芸

（28）地理学学科评审（Ⅰ）组

施雅风　杨树珍　李吉钧　黄秉维　黄锡畴
吴积善　杨吾杨　吴　正　胡序威　杨　戊
夏训诚

（29）地理学学科评审（Ⅱ）组

陈述彭　唐永銮　李学垣　黄永砥　陈静生
张兰生　刘更另　高拯民　姚贤良　童庆禧
唐耀先

（30）地质学学科评审（Ⅰ）组

叶连俊　沈照理　刘如琦　安芷生　钟大赉

陈先沛　贝　丰　孙玉科　刘和甫　晏同珍
李思田　田在艺　施央申

(31) 地质学学科评审（Ⅱ）组

郝诒纯　王德滋　董枝明　刘若新　董申保
王鸿桢　张贻侠　程裕淇　叶大年　王乃文
侯景儒　李星学

(32) 地球化学学科评审组

涂光炽　刘英俊　王先彬　曾贻善　邓晋福
李曙光　万国江　赵一鸣　杜乐天　张本仁
李光麟

(33) 地球物理学学科评审组

曾融生　孙传礼　许厚泽　宁津生　许　云
何继善　李　钧　申宁华　陈　颙　吴庆鹏
马在田　王　水　安振昌　石耀霖　刘光鼎

(34) 大气科学学科评审组

谢义炳　曾庆存　郭昌明　陈隆勋　钱永甫
吕达仁　陈家宜　丁一汇　罗会邦

(35) 海洋科学学科评审组

业治铮　文圣常　洪华生　余宙文　汪品先
苏纪兰　甘子钧　顾宏堪　秦蕴珊　何起祥

(36) 金属材料科学学科评审（Ⅰ）组

肖纪美　胡壮麒　姚忠凯　李铁藩　崔　昆
张国定　蔡其巩　孔庆平　何家文　涂铭旌

(37) 金属材料科学学科评审（Ⅱ）组

邹世昌　傅恒志　陈南平　庄育智　张裕恒
王仁卉　王煜明　陈熙琛

(38) 无机非金属材料科学学科评审组

张孝文　周本濂　孔光临　诸培南　沈荣喜
姚　熹　梁敬魁　严东生　陈　楷

(39) 有机高分子材料科学学科评审组

徐　僖　漆宗能　闻建勋　金日光　李福绵
丁孟贤　张邦华　赵稼祥　应圣康

(40) 冶金学学科评审组

徐采栋　许志宏　高伯聪　张丙怀　聂大钧
杨克努　徐小荷

(41) 机械学学科评审（Ⅰ）组

路甬祥　王棣棠　庄继德　毛谦德　雷慰宗
李川奇　石则昌　徐　敏

(42) 机械学学科评审（Ⅱ）组

黄树槐　黄尚廉　王家骐　李　均　袁哲俊
邓家堤　姚南询　朱剑英　屈梁生　潘际銮

(43) 工程热物理与能源利用学科评审组

翁史烈　范维澄　沈慧莉　黄志成　史绍熙
秦中一　过增元　华泽钊　岑可法　陈乃兴
闵桂荣　陈听宽

(44) 电工学学科评审组

高景德　顾乐观　徐　怡　杨以涵　沈国镠
夏道止　李正瀛　江樵生

(45) 建筑、环境与结构工程学学科评审组

何广乾　高廷耀　高世廉　谢礼立　白绍良
汤洪霄　刘鸿亮　蒋鉴明　程耿东　齐　康
王光远　李道增

(46) 水利学学科评审组

刘光廷　李桂芬　吴持恭　朱维申　陈　环
朱元生　邱大洪　张蔚榛

(47) 电子和信息系统学学科评审（Ⅰ）组

刘盛纲　华中一　王一平　徐得名　程敬之
徐承和　陈敬熊　吴培亨　吴詠诗　何镇陆
杨淑雯　蒋建飞

(48) 电子和信息系统学学科评审（Ⅱ）组

陈芳允　陈宗鹭　冯重熙　袁保宗　何振亚
陈太一　保　铮　冯世章　张树京　周炯磐
钱宗珏　凌燮亭　侯朝焕

(49) 计算机科学学科评审组

李华天　孙钟秀　康继昌　张江陵　胡守仁
陆汝钤　朱传琪　黄昌宁　胡保生　董韫美
童　頫　张效祥　夏培肃　刘叙华

(50) 自动化学学科评审（Ⅰ）组

杨嘉墀　陆元九　顾基发　冯纯柏　马少梅
席裕庚　于景元　郑维敏　何善堉　张嗣瀛
黄　琳　陈振宇　吕勇哉　牛德芳

(51) 自动化科学学科评审（Ⅱ）组

蒋新松　戴汝为　张　钹　陈　霖　庄新华
陈永彬　蒋厚宗　唐荣锡　余达太　石青云
卢桂章　吴立德　施鸿宝

(52) 半导体科学学科评审组

林兰英　唐璞山　顾　泰　梁春广　陈星弼
阙端麟　徐葭生　王守武　白　丁　王渭源
郑有炓

(53) 光学与光电子学学科评审（Ⅰ）组

叶培大　母国光　易新建　陈岩松　于荣金
刘式墉　张爽斌　林宗琦　周炳琨　庄蔚华
李育林　林钧挺

(54) 光学与光电子学学科评审（Ⅱ）组

王大珩　杨国桢　严义埙　马祖光　林福成
杨国光　梅遂生　蒋民华　李富铭　彭堃墀
夏宇兴　唐九华

(55) 管理科学学科评审（Ⅰ）组

汪应洛　顾培亮　蒋建平　王浣尘　崔　俊
唐国兴　邓述惠　邹珊刚　乌家培　黄悌云
陈炳富

(56) 管理科学学科评审（Ⅱ）组

许庆瑞　柴本良　张信传　潘承烈　张云岗
顾昌耀　张品乾　甘师俊　阎善昌　付家骥
邓寿鹏

第四届学科评审组（1992—1993）组成

(1) 基础数学学科评审组

潘承洞　丁夏畦　吕以辇　肖　刚　周作领
丁石孙　马吉溥　汪嘉冈　陆善镇　周学光

(2) 应用数学与计算数学学科评审组

石钟慈　刘应明　陈希孺　堵丁柱　郭柏灵
伍卓群　李训经　陈文嫄　文志英　王兴华
陈天权

(3) 力学学科评审组

余同希　周　恒　黄文虎　嵇　醒　经福谦
崔俊芝　吴有生　白以龙　余寿文　柳北荣
韩肇元　何友声　张函信　李椿萱　崔尔杰
袁建新　徐　铸　方　同　程耿东

(4) 天文学科评审组

何妙福　方　成　李东明　张家铝　蒋世仰
苏定强　吴鑫基

（5）物理学学科评审（Ⅰ）组

吴自勤　叶朝辉　闵乃本　黄美纯　王祖赓
王育竹　龚秀芬　陆坤权　张其瑞　戴道生
陶瑞宝　汪承灏　惠俊英　沈学础　王治文
王文澄

（6）物理学学科评审（Ⅱ）组

唐孝威　刘迺泉　关遐令　马腾才　贺贤士
罗亦孝　胡仁宇　刘亦铭　邱励俭　邝宇平
石双惠　刘运祚　朱重远　高崇寿

（7）无机化学学科评审组

王　夔　游效曾　刘元方　吴瑾光　徐　燕
曹锡章　石春山　沈瑜生　刘树堂

（8）有机化学学科评审组

黄维垣　李正名　刘有成　张　滂　李广年
戴立信　徐任生　吴养洁　于德泉　黄　宪
张礼和

（9）物理化学学科评审组

邵美成　席时权　刘若庄　鄢国森　张乾二
李赫暄　殷元骐　闵恩泽　林励吾　丁莹如
马兴孝　杨孔章　林仲华　周伟舫　陆君涛
安绪武　吴世康　朱清时

（10）高分子化学学科评审组

沈家骢　卓仁禧　沈之荃　程熔时　丛广民
徐　懋　丘坤元　陈士元　朱丽兰　景遐斌

（11）分析化学与环境化学学科评审组

周同惠　徐晓白　慈云祥　黄本立　周良模
汪尔康　陈洪渊　周性尧　姚守拙　杨文襄
钱传范　王连生　陈耀祖

（12）化学工程学科评审组

时　钧　袁　一　陈洪钫　沈　复　朱自强
施力田　胡　英　黄仲涛　戴猷元　杨守志
江成璋

（13）微生物学学科评审组

田　波　李阜棣　陆德源　李焕娄　臧　穆
蔡宜权　丁　鉴　李彦勇　任贵方　陈漱湨
朱宝泉　盛祖嘉　马贤凯

（14）植物学学科评审组

胡人亮　路安民　黄维南　申家恒　吴德邻
孟繁静　李锡文　汤章城　张丕芳　吴相钰
许良树　周荣汉

（15）动物学学科评审组

郑光美　王　荣　张天荫　林浩然　马建章
宋大祥　陈宜瑜　杨安峰　郑乐怡　彭燕章
陈元光　袁　峰

（16）生态学学科评审组

孙儒泳　李少菁　丁树荣　李丽英　张新时
张经炜　李典谟　陈昌笃　韩纯儒　宋永昌
沈善敏　钟章成

（17）生物化学与分子生物学学科评审组

顾孝诚　吴冠芸　周　俊　阎隆飞　许根俊
郭礼和　龚岳亭　吴国利　杨开宇　顾天爵
黄　芬　洪孟民　黄仲贤

（18）生物物理学与生物医学工程学科评审组

吴元德　江丕栋　李安伯　徐京华　钟慈声
胡纪湘　陈惟昌　刘文龙　杨子彬　李德平
陈　瑗　杨桂通　陈　杞

神经科学与心理学学科评审组

沈家鲜　张祖暄　吴建屏　腾国玺　刁云程
朱培闳　曹小定　林仲贤　严和骎　董为伟

（19）生理学与病理学学科评审组

曹　清　徐有恒　王迪浔　陈孟勤　张镜如
余应年　王吾如　戴玉华　张茂宏　陈家伟
何　冰　萧树东　宗永生　闻立荣　汪家瑞

（20）细胞生物学与发育生物学学科评审组

郝　水　汤雪明　张惟桀　周　嫦　许智宏
陈慰峰　吴祖泽　王亚辉　王永潮　章静波
蔡文琴　杜百廉

（21）遗传学学科评审组

董志伟　赵寿元　方荣祥　朱立煌　施立明
李　璞　陈宜峰　张思仲　宋后燕　郭平仲
黄培堂　张　沅　金伯泉　陈章良　谢岳峰

（22）农学评审学科组

黄东迈　王象坤　邹　琦　顾铭洪　杨天章
潘家驹　傅廷栋　伍尚忠　郭予元　李树德
陈振光　庄巧生

（23）畜牧兽医学、水产学学科评审组

殷　震　范必勤　韩正康　瞿自明　吴常信
刘钟灵　邓景耀　李德尚　李光友　向仲怀
许　鹏

（24）林学学科评审组

李　坚　周仲铭　宋湛谦　周嘉熹　吴榜华
王明庥　胡芳名　王世绩

（25）预防医学与免疫学学科评审组

包克光　徐厚恩　詹承烈　彭文伟　李广生
郑锡文　孔宪涛　何球藻　周光炎　于维汉
顾景范　蒋　明　周永华　唐崇惕

（26）临床医学基础学科评审组

吴乐正　王正国　蓝鸿钧　费声重　王大章
王文亮　童钟杭　吴孟超　周孝思　连利娟
陈诗书　宁寿葆

（27）药物学与药理学学科评审组

金有豫　甄永苏　曾衍霖　郑　虎　刘传缵
丁惟培　林志彬　安登魁　奚念朱

（28）中医学与中药学学科评审组

史常永　冯孝章　张　震　沈自尹　杨维益
沈联德　赵伟康　胡翔龙　姜廷良　陈可冀
唐朝枢

（29）地理学学科评审（Ⅰ）组

李吉钧　杨树珍　夏训诚　杨吾杨　吴　正
黄锡畴　吴传钧　包浩生　刘昌明　唐邦兴
程国栋

（30）地理学学科评审（Ⅱ）组

张兰生　童庆禧　刘孝义　王人潮　赵其国
陶　澍　戴昌达　徐冠华　李学垣　温琰茂

（31）地质学学科评审（Ⅰ）组

沈照理　李廷栋　张倬元　袁道先　卢华复
刘如琦　钟大赉　张国伟　李思田　徐　旺
贝　丰　陈先沛　丁国瑜

（32）地质学学科评审（Ⅱ）组

王德滋　邢裕盛　钱祥麟　刘若新　叶大年
赵鹏大　张贻侠　王秀璋　陈丕基　殷鸿福
王乃文　董枝明

(33) 地球化学学科评审组

欧阳自远　杜乐天　王先彬　邓晋福　万国江
赵一鸣　曾贻善　李兆麟　孙大中　陈江峰
朱金初

(34) 地球物理学学科评审组

陈　颙　马在田　宁津生　许　云　何继善
申宁华　安振昌　石耀霖　朱灼文　王谦身
朱传镇　肖　佐　魏奉思　保宗悌　李　钧
王　水

(35) 大气科学学科评审组

周秀骥　钱永甫　郭昌明　吕达仁　陈家宜
丁一汇　陶诗言　王绍武　朱乾根

(36) 海洋科学学科评审组

文圣常　金翔龙　余宙文　甘子钧　顾宏堪
袁业立　李从先　喻普之　许东禹　沈焕庭
洪华生

(37) 金属材料科学学科评审（Ⅰ）组

胡壮麒　张国定　孔庆平　何家文　姚忠凯
涂铭旌　王煜明　朱　静　胡世光　褚武扬
张兴钤

(38) 金属材料科学学科评审（Ⅱ）组

邹世昌　叶恒强　李铁藩　陈熙琛　张裕恒
王仁卉　崔　崑　庄应烘　柳百新　丁培道
周尧和

(39) 无机非金属材料科学学科评审组

严东生　梁敬魁　陈　楷　沈荣熹　诸培南
李龙土　金亿鑫　闻立时　王　鸿

(40) 有机高分子材料科学学科评审组

漆宗能　黄葆同　闻建勋　李福绵　金日光
江　明　姚康德　于　翘

(41) 冶金学学科评审组

徐采栋　许志宏　杨克努　王淀佐　钟香崇
李文超　徐小荷　张丙怀

(42) 机械学学科评审（Ⅰ）组

石则昌　毛谦德　雷慰宗　赵锡芳　冯培恩
陈心昭　闻邦椿　薛群基　孟惠荣

(43) 机械学学科评审（Ⅱ）组

范宏才　梁锡昌　吴明根　周锦进　王家骐
周兆英　邓家禔　朱剑英　杨叔子　陈剑虹

(44) 工程热物理与能源利用学科评审组

闵桂荣　陈乃兴　过增元　岑可法　范维澄
陈学俊　吴治坚　吕灿仁　李德桃　徐基豫
徐大懋

(45) 电工学学科评审组

高景德　顾乐观　杨以涵　徐　怡　沈国镠
陈德树　吴济钧　邱毓昌　江檝生

(46) 建筑、环境与结构工程学学科评审组

王光远　白绍良　高世廉　齐　康　汤鸿霄
唐锦春　张绍刚　刘振亚　钱　易　何玉敖
胡聿贤　孙　钧

(47) 水利学学科评审组

李桂芬　张蔚榛　邱大洪　陈　环　朱维申
潘家铮　曾昭扬　梁瑞驹　赵文谦

(48) 电子学与信息系统学学科评审（Ⅰ）组

黄宏嘉　吴咏诗　吴全德　黄兰友　吴培亨
程敬之　韦　钰　杨淑雯　冯孔豫　钱景仁

李孝勖　张俊荣

(49) 电子学与信息系统学学科评审（Ⅱ）组

吴佑寿　陈太一　袁保宗　何振亚　侯朝焕
柯有安　朱敏慧　许中明　陈俊亮　严隽琪
徐秉铮　谢维信　李乐民

(50) 计算机科学学科评审组

夏培肃　陆汝钤　黄昌宁　张江陵　童　頫
刘叙华　朱传琪　康继昌　胡守仁　陈由迪
周巢尘　周锡令　刘积仁　彭群生

(51) 自动化科学学科评审（Ⅰ）组

高为炳　屠善澄　顾基发　冯纯伯　马少梅
席裕庚　蒋慰孙　吴　澄　何善堉　张嗣瀛
郑毓蕃　顾绳谷　吴沧浦　牛德芳

(52) 自动化科学学科评审（Ⅱ）组

戴汝为　吴立德　淡大龙　张　钹　陈　霖
张家骒　迟惠生　陈永彬　彭嘉雄　卢桂章
施鸿宝　朱心雄　戴冠中

(53) 半导体科学学科评审组

李志坚　万　群　唐璞山　郑有炓　阙端麟
许居衍　梁春广　白　丁　范希武　张　敏
夏建白

(54) 光学与光电子学学科评审（Ⅰ）组

简水生　张以谟　李育林　陈岩松　刘式墉
于荣金　张爽斌　邬敏贤　胡燮荣　董孝义
匡定波　王　圩

(55) 光学与光电子学学科评审（Ⅱ）组

王之江　唐晋发　李富铭　彭堃墀　夏宇兴
唐九华　马祖光　薛鸣球　许松林　陈英礼
陆宝生　沈鸿元

(56) 管理科学学科评审（Ⅰ）组

邓述慧　甘师俊　阎善昌　黄梯云　王浣尘
傅家骥　唐国兴　李泊溪　成思危　沈荣芳
汪　浩

(57) 管理科学学科评审（Ⅱ）组

邹珊刚　乌家培　潘承烈　顾昌耀　顾培亮
张品乾　蒋建平　杨安仙　孔德涌　于维栋
王众托　马庆国

三、资助情况

1　经费

1990年至1992年间，国家自然科学基金经费有较大幅度的增加，1992年比1991年增加5千万元，即增加28.3%。

1986—1992年经费增长表

年　度	1986	1987	1988	1989	1990	1991	1992
经　费（百万元）	80.1	105.5	124.0	142.0	158.4	184.6	243.7

1990—1992 年国家拨人自然科学基金经费统计

（金额单位：万元）

经费来源＼年度	1990	1991	1992	合 计
科学事业费	15 053.50	16 958.10	22 459.00	54 470.60
重大关键项目经费		500.00		500.00
高技术项目经费	248.00	800.00	1 000.00	2 048.00
攀登计划项目经费			660.00	660.00
重点实验室评估费			50.00	50.00
数学天元基金	100.00	200.00	200.00	500.00
合 计	15 401.50	18 458.10	24 369.00	58 228.60

1990—1992 年国家自然科学基金经费支出情况

（金额单位：万元）

经费类别＼年度	1990	经费比例（%）	1991	经费比例（%）	1992	经费比例（%）
自由申请项目	8 397.28	59.4	8 668.76	59.4	14 457.99	57.8
青年科学基金项目	663.66	4.7	935.16	6.4	2 150.93	8.6
高技术探索项目	499.62	3.5	555.00	3.8	1 036.50	4.1
地区科学基金项目	117.89	0.8	234.85	1.6	542.03	2.2
重点项目	—	—	—	—	1 460.40	5.8
重大项目	3 106.10	22.0	2 506.91	17.2	2 795.62	11.2
数学天元基金	—	—	66.00	0.5	237.29	0.9
委、科学部主任基金	436.77	3.1	431.18	2.9	490.79	2.0
国际合作交流项目	330.00	2.3	463.53	3.2	763.56	3.1
项目评审费、业务和行政费	580.00	4.1	675.97	4.7	921.75	3.7
其 他	—	—	38.70	0.3	170.64	0.7
合 计	14 131.32	100	14 576.06	100	25 027.50	100
待拨款	1 707.29		3 882.04			

2. 资助项目类型

国家自然科学基金资助项目已形成三个层次、七种基本项目类型和若干专项基金的资助格局。

三个层次是：

面上项目、重点项目和重大项目。

七种基本项目的类型是：

(1) 自由申请项目。科学家和科技工作者参考项目指南，结合自己的研究工作积累和所在单位的优势，自由选题，按程序提出申请。

(2)青年科学基金项目。申请者必须在35岁以下，并具有博士学位或同等水平。

还资助少量全国性重要的青少年科学教育活动。

(3)高技术、新概念、新构思探索研究项目。由“863高技术研究发展计划”拨出专款，按新概念、新构思探索研究项目指南定向申请。

(4) 地区科学基金项目。为加强对边远、少数民族和科学基础薄弱地区科研工作的支持而设立。截至1992年底，受理内蒙古、宁夏、新疆、青海、西藏、云南、贵州、广西、江西和海南10省、自治区所属单位科技人员的申请。

(5)重点项目。有关学科前沿和新的生长点；学科发展中的关键科学问题；以及针对我国自然资源特点和有重要意义的基础研究，列为重点项目。重点项目鼓励学科间的交叉与渗透。凡有竞争能力的单位和个人均可根据“八五”重点项目指南提出申请。

(6) 重大项目。以国家“中长期科学技术发展纲要”和科学技术工作的战略布局为指导，结合国家经济建设的需要，有计划、有步骤、有组织的多学科、跨部门、跨单位的联合研究项目，作为科学基金资助的重大项目。

(7) 主任基金项目。

(a) 委主任基金。委主任基金用于资助需要及时支持并具有重大科学意义的创新性项目和其它特殊需要。随时受理科学家个人或集体的申请与推荐。

(b) 科学部主任基金。用于两个年度评审会之间需要紧急资助的创新性项目；资助项目有可能取得突破性进展或取得重大效益，而又急需经费的，可给予追加资助；为科学基金工作的发展，需要科学部委托和安排的任务。

此项基金随时接受申请，申请与受理的要求与自由申请项目相同。

(8) 国际合作与交流项目。资助已经获得国家自然科学基金项目的科学工作者开展国际合作与交流，为提高科学研究水平和培养人才服务。

已设立的专项基金有：

(1) 优秀中青年人才专项基金。资助年龄在45岁以下，获得博士学位或具有相当副教授专业技术职务，在学术研究上已取得突出创新性成果的优秀中青年科学家。此项基金的课题内容和目标由受资助者自行确定后，报国家基金委员会审查。其使用范围较其它类型基金更为广泛灵活。

(2) 新医药、新农药基础性研究基金。为适应知识产权国际一体化，促进我国药物研究的创新，资助新药物前期的关键基础性研究和实验而设立。

(3) 留学人员短期回国工作、讲学基金。已获得博士学位，本人有突出的学术成就，并已落实回国短期工作讲学计划和接待单位，现仍在海外的留学人员可申请此项基金。

(4) 国家重点实验室研究项目基金。利用和支持国家重点实验室“开放、流动、联合”的运行机制，开展国际先进水平的基础性研究工作，以培养人才和提高国内科学研究水平为目标。

(5) 优秀研究成果专著出版基金。资助国家自然科学基金项目优秀研究成果专著的出版。

(6) 数学天元基金。用于资助高水平的数学研究项目，从事与数学传播和教育有关的各种活动。这项基金与自由申请项目中数学学科经费在使用上密切配合、相辅相成。

3. 各类研究课题项目统计

1990—1992 年批准资助的各类项目项数统计　　　　(单位：项数)

项目 / 年度	自由申请项目	青年基金项目	高技术项目	地区基金项目	面上项目合计	重点项目	重大项目	数/子课题数	总计
1990	2 743	410	184	141	3 478		10	(53)	3 531
1991	2 648	472	148	149	3 417	78			3 495
1992	2 553	524	157	139	3 373	108	11	(82)	3 563
合计	7 944	1 406	489	429	10 268	186	21	(135)	10 571

* 总计计入重大项目子课题数

1990—1992 年批准资助的各类项目金额统计　　　　(金额单位：万元)

项目类别 / 年度	自由申请项目	青年基金项目	高技术项目	地区基金项目	面上项目合计	重点项目	重大项目	合计
1990	9 586.44	1 253.18	794.08	345.45	11 979.15	—	1 546.50	13 525.65
1991	10 115.89	1 548.76	706.50	401.50	4 177.00	—	12 772.65	16 949.65
1992	13 331.65	2 266.38	1 007.30	503.70	5 334.20	2 365.00	17 109.03	24 808.23
合计	33 033.98	5 068.32	2 507.88	1 250.65	41 860.83	9 511.20	3 911.50	55 283.53

1990—1992 年批准资助的各类项目资助强度统计　　　　(单位：万元/项)

项目类别 / 年度	自由申请项目	青年基金项目	高技术项目	面上项目合计	地区基金项目	重点项目课题	重大项目
1990	3.49	3.06	4.32	3.44	2.45	—	29.18
1991	3.82	3.28	4.77	3.74	2.69	53.56	—
1992	5.22	4.33	6.42	5.07	3.62	49.39	28.84

1990 年批准资助的各类项目（按科学部统计）

(金额单位：万元)

科学部 / 项目		面上项目					大项目课题	总计
		自由申请项目	青年基金项目	高技术探索项目	地区基金项目	合计		
数理科学部	项数	353	77	32	9	471	0	471
	金额	950.50	131.50	119.00	13.00	1 214.00	0	1 214.00
化学科学部	项数	330	36	9	15	390	0	390
	金额	1 034.00	125.50	36.00	29.50	1 225.00	0	1 225.00

（续表）

科学部 \ 项目		面上项目 自由申请项目	青年基金项目	高技术探索项目	地区基金项目	合计	重大项目* 课题	总计
生命科学部	项数	1 009	115	31	74	1 229	18	1 247
	金额	3 341.00	386.20	143.00	175.50	4 045.70	759.00	4 804.7
地球科学部	项数	281	61	5	24	371	4	375
	金额	1 486.00	197.70	38.00	74.00	1 795.70	250.00	2 045.70
材料与工程科学部	项数	407	65	36	10	518	4	522
	金额	1 578.80	248.00	175.00	33.00	2 034.80	100.00	2 134.80
信息科学部	项数	277	40	71	5	393	27	420
	金额	999.14	126.28	283.08	11.45	1 419.95	437.50	1 857.45
管理科学组	项数	86	16	0	4	106	0	106
	金额	197.00	38.00	0	9.00	244.00	0	244.00

* 为“七五”期间组织的84个重大项目的最后一批，共10项，53个课题。

1991年批准资助的各类项目（按科学部统计）

（金额单位：万元）

科学部 \ 项目		面上项目 自由申请项目	青年基金项目	高技术探索项目	地区基金项目	合计	重点项目	总计
数理科学部	项数	350	87	21	11	469	18	487
	金额	1 056.80	166.00	93.50	21.00	1 337.30	681.00	2 018.3
化学科学部	项数	316	38	12	17	383	15	398
	金额	1 156.00	153.50	48.00	39.00	1 396.50	716.00	2 112.50
生命科学部	项数	940	144	27	85	1 196	10	1 206
	金额	3 264.60	491.50	163.00	224.50	4 143.60	506.00	4 649.6
地球科学部	项数	280	60	8	20	368	14	382
	金额	1 642.80	223.00	45.00	69.00	1 979.80	1 060.00	3 039.80
材料与工程科学部	项数	396	77	27	10	510	9	519
	金额	1 740.70	310.30	140.20	33.00	2 224.2	535.00	2 759.20
信息科学部	项数	274	47	53	3	377	10	387
	金额	1 024.99	159.46	216.80	9.00	1 410.25	599.00	2 009.25
管理科学组	项数	92	19	0	3	114	2	116
	金额	230.00	45.00	0	6.00	281.00	80.00	361

1992年批准资助的各类项目（按科学部统计）

（金额单位：万元）

科学部 \ 项目		面上项目 自由申请项目	青年基金项目	高技术探索项目	地区基金项目	合计	重点项目	重大项目（课题数）	总计
数理科学部	项数	335	87	17	11	450	17	7	474
	金额	1 366.50	230.50	96.70	26.20	1 719.90	598.20	200.00	2 518.10
化学科学部	项数	287	48	6	14	355	16	23	394
	金额	1 491.50	223.50	37.00	51.00	1 803.00	616.00	595.00	3 014.00
生命科学部	项数	868	166	25	82	1 141	37	10	1 188
	金额	4 332.40	768.90	205.50	294.30	5 601.10	1 818.00	320.00	7 719.10
地球科学部	项数	284	64	6	18	372	12	18	402
	金额	2 046.00	299.00	39.00	77.00	2 461.00	830.00	750.00	4 041.00
材料与工程科学部	项数	405	90	53	8	556	16	24	596
	金额	2 267.00	445.90	339.00	35.00	3 086.90	907.00	500.00	4 493.90
信息科学部	项数	282	49	50	2	383	9	0	392
	金额	1 467.75	230.58	290.10	8.00	1 996.43	525.00	0.00	2 521.43
管理科学组	项数	92	20	0	4	116	1	0	117
	金额	360.50	68.00	0	12.00	440.50	40.00	0.00	480.50

1990—1992年批准的各类项目组成成员统计

（单位：人次）

类别 \ 年度	1990	1991	1992	总计
面上项目	26 323	26 512	23 851	76 686
重点项目	—	2 468	3 405	5 873
重大项目	1 077	—	1 923	3 000
合计	27 400	28 980	29 179	85 559

1990—1992年批准的各类项目组成成员（按专业技术职称统计）

类别 \ 年度	1990	1991	1992	总计
高级	9 066	8 198	7 878	25 142
中级	8 069	7 889	7 030	31 057
初级	4 052	3 824	3 065	10 941
博士后、博士生、硕士生	4 932	5 264	4 546	14 742
辅助人员	1 281	1 337	1 136	3 754
合计	27 400	26 512	23 851	77 763

4. 面上项目

面上项目包括自由申请项目、青年科学基金项目、高技术探索研究项目、地区科学基金项目。

1990—1992 年面上项目申请与批准资助情况

类别 \ 年度		1990	1991	1992
申请	项数	14 434	13 729	13 194
	金额（万元）	75 888.39	69 187.55	68 734.21
批准资助	项数	3 478	3 417	3 373
	金额（万元）	11 979.15	12 772.65	17 109.03
批准率%	项数	24.1	24.9	25.6
	金额（万元）	15.8	18.5	24.9
资助强度（万元/项）		3.44	3.74	5.07

1990—1992 年历年面上项目申请与批准资助项目数（按科学部统计）

科学部 \ 类别 年度	申请项数			资助项数			批准率（%）		
	1990	1991	1992	1990	1991	1992	1990	1991	1992
数理科学部	1 541	1 512	1 402	471	469	450	30.6	31.0	32.1
化学科学部	1 532	1 403	1 325	390	383	355	25.5	27.3	26.8
生命科学部	4 921	4 994	4 817	1 229	1 196	1 141	25.0	23.9	23.7
地球科学部	1 656	1 496	1 336	371	368	372	22.4	24.6	27.8
材料与工程科学部	2 617	2 327	2 365	518	510	556	19.8	21.9	23.5
信息科学部	1 673	1 506	1 413	393	377	383	23.5	25.0	27.1
管理科学组	498	491	536	106	114	116	21.3	23.2	21.6
合计	14 438	13 729	13 194	3 478	3 417	3 373	24.1	24.9	25.7

1990—1992 年历年面上项目申请金额与批准金额（按科学部统计）

科学部 \ 类别 年度	申请金额（万元）			资助金额（万元）			批准率（%）			资助强度（万元/项）		
	1990	1991	1992	1990	1991	1992	1990	1991	1992	1990	1991	1992
数理科学部	7 557.41	6 386.93	6 246.25	1 214.00	1 337.30	1 719.90	16.1	20.9	27.5	2.58	2.85	3.82
化学科学部	8 321.97	7 175.59	7 254.06	1 225.00	1 396.50	1 803.00	14.7	19.5	24.9	3.14	3.65	5.08
生命科学部	24 112.13	23 727.89	23 225.95	4 045.70	4 143.60	5 601.30	16.8	17.5	24.1	3.29	3.46	4.91

（续表）

科学部 \ 类别 年度	申请金额（万元）			资助金额（万元）			批准率（%）			资助强度（万元/项）		
	1990	1991	1992	1990	1991	1992	1990	1991	1992	1990	1991	1992
地球科学部	11 939.09	10 753.57	9 317.14	1 795.70	1 979.80	2 461.00	15.0	18.4	26.4	4.84	5.38	6.62
材料与工程科学部	13 184.64	11 836.02	13 031.29	2 034.80	2 224.20	3 086.90	15.4	18.8	23.7	3.93	4.36	5.55
信息科学部	8 924.13	7 462.24	7 573.92	1 419.95	1 410.25	1 996.43	15.9	18.9	26.4	3.61	3.74	5.21
管理科学组	1 887.94	1 845.31	2 085.60	244.00	281.00	440.50	12.9	15.2	21.1	2.30	2.46	3.80
合计	75 927.31	69 187.55	68 734.21	11 979.15	12 772.65	17 109.03	15.8	18.5	24.9	3.44	3.74	5.07

1990—1992 年历年批准面上资助项目项数（按隶属关系和单位性质统计）

项目 \ 年度			1990	1991	1992	总计
隶属关系	国家教委	项数	980	977	1 031	2 988
		%	28.2	28.6	30.6	29.1
	中国科学院	项数	690	714	646	2 050
		%	19.8	20.9	19.2	20.0
	工交农医国防部门	项数	1 267	1 182	1 156	3 605
		%	36.4	34.6	34.3	35.1
	地方	项数	541	544	540	1 625
		%	15.6	15.9	16.0	15.8
机构性质	高等院校	项数	2 286	2 322	2 446	7 054
		%	65.7	68.0	72.5	68.7
	科研机构	项数	1 171	1 077	900	3 148
		%	33.7	31.5	26.7	30.7
	其他	项数	21	18	27	66
		%	0.6	0.5	0.8	0.6
合计		项数	3 478	3 417	3 373	10 268
		%	100	100	100	100

1990—1992 年历年批准的面上资助项目金额（按隶属关系和单位性质统计）

（金额单位：万元）

项目 \ 年度			1990	1991	1992	总计
隶属关系	国家教委	金额	3 336.12	3 624.26	5 152.87	12 113.25
		%	27.8	28.4	30.1	28.9
	中国科学院	金额	2 753.33	3 003.13	3 692.38	9 448.84
		%	23.0	23.5	21.6	22.6
	工交农医国防部门	金额	4 379.84	4 443.12	5 913.08	14 736.04
		%	36.6	34.8	34.6	35.2
	地方	金额	1 509.86	1 702.14	2 350.70	5 562.70
		%	12.6	13.3	13.7	13.3
机构性质	高等院校	金额	7 548.02	8 314.62	11 863.04	27 725.68
		%	63.0	65.1	69.3	66.2
	科研机构	金额	4 373.33	4 401.63	5 077.23	13 852.19
		%	36.5	34.5	29.7	33.1
	其他	金额	57.80	56.40	168.76	282.96
		%	0.5	0.4	0.9	0.7
合计			11 979.15	12 772.65	17 109.03	41 860.83

1990—1992 年历年批准的面上项目组成员统计（按专业技术职称统计）

年度	1990	1991	1992	合计
高级	8 634	8 198	7 878	24 710
中级	7 809	7 889	7 030	22 728
初级	3 942	3 824	3 065	10 831
辅助	1 222	1 337	1 136	3 695
博士后	173	202	196	571
博士生	1 054	1 294	1 258	3 606
硕士生	3 489	3 768	3 288	10 545
合计	26 323	26 512	23 851	76 686

1990—1992 年历年批准的面上项目组负责人（按年龄统计）

年龄（岁）\年度	1990	1991	1992	合计
35 以下	586	626	777	1 989
36—45	315	306	296	917
46—55	1 560	1 316	1 182	4 058
56—60	684	763	742	2 189
61—70	292	349	335	976
≥71	41	57	41	139
小计	3 478	3 417	3 373	10 268

1990—1992 年批准的面上资助项目按地区统计（按合计金额顺序排列）

（金额单位：万元）

地区\年度\类别	1990		1991		1992		合计	
	项数	金额	项数	金额	项数	金额	项数	金额
北京	1 010	3 784.49	918	3 651.01	888	4 839.75	2 816	12 275.25
上海	370	1 275.50	333	1 214.63	345	1 668.73	1 048	4 158.86
江苏	273	886.63	236	884.35	238	1 198.30	747	2 969.28
湖北	176	558.00	193	711.20	223	1 117.50	592	2 386.70
四川	205	668.10	197	709.80	203	980.90	605	2 358.80
陕西	169	586.40	160	603.07	156	793.65	485	1 983.12
辽宁	123	486.60	128	486.30	132	718.10	383	1 691.00
广东	130	420.44	151	567.60	141	693.30	422	1 681.34
吉林	134	479.30	121	468.34	134	687.95	389	1 635.59
天津	98	319.30	139	545.35	109	538.55	346	1 403.20
浙江	121	391.36	115	408.60	106	547.80	342	1 347.76
山东	74	299.60	82	322.20	86	450.80	242	1 072.60
安徽	74	260.80	99	365.65	76	372.65	249	999.10
甘肃	54	196.40	77	303.46	64	378.00	195	877.86
黑龙江	75	231.18	77	267.89	72	341.25	224	840.32
湖南	71	216.90	62	219.90	79	376.80	212	813.60

(续表)

年度 / 类别 / 地区	1990		1991		1992		合　计	
	项　数	金　额	项　数	金　额	项　数	金　额	项　数	金　额
福　建	43	123.20	41	134.80	33	160.30	117	418.30
云　南	28	88.60	47	149.70	39	161.00	114	399.30
贵　州	26	87.50	26	83.40	37	164.65	89	335.55
河　南	32	90.80	32	111.00	29	130.50	93	332.30
内蒙古	27	64.40	29	84.00	45	183.15	101	331.55
新　疆	39	108.55	36	110.30	28	111.00	103	329.85
河　北	16	5 230	26	100.00	23	128.00	65	280.30
广　西	32	92.00	28	72.90	26	93.70	86	258.60
江　西	28	70.90	20	52.40	26	97.80	74	221.10
山　西	12	41.20	12	44.60	15	81.10	39	166.90
青　海	9	30.60	10	34.80	9	50.80	28	116.20
海　南	18	44.70	15	41.70	8	29.50	41	115.90
宁　夏	11	23.40	4	11.70	2	8.50	17	43.60
西　藏	0	0	3	12.00	1	5.00	4	17.00
总　计	3 482	11 797.15	3 417	12 770.65	3 373	17 109.03	10 268	41 860.83

5. 自由申请项目

1990—1992 年自由申请项目申请与批准资助情况

（金额单位：万元）

年度 / 类别		1990	1991	1992
申　请	项　数	11 381	10 807	10 074
	金　额	60 013.55	55 514.62	53 279.09
批准资助	项　数	2 743	2 648	2 553
	金　额	9 586.44	10 115.89	13 331.65
批准率%	项　数	24.1	24.5	25.3
	金　额	16.0	18.2	25.0
资助强度（万元/项）		3.49	3.82	5.22

1990—1992年自由申请项目申请项数与批准项数统计

（单位：项）

科学部 \ 类别/年度	申请项数 1990	申请项数 1991	申请项数 1992	合计	资助项数 1990	资助项数 1991	资助项数 1992	合计
数理科学部	1 175	1 195	1 078	3 448	353	350	335	1 038
化学科学部	1 315	1 168	1 059	3 542	330	316	287	933
生命科学部	4 016	3 935	3 683	11 634	1 009	940	868	2 817
地球科学部	1 298	1 171	1 015	3 484	281	280	284	845
材料与工程科学部	2 037	1 815	1 754	5 606	407	396	405	1 208
信息科学部	1 116	1 102	1 041	3 259	277	274	282	833
管理科学组	424	421	444	1 289	86	92	92	270
合计	11 381	10 807	10 074	32 262	2 743	2 648	2 553	7 944

1990—1992年自由申请项目申请金额与批准金额统计

（金额单位：万元）

科学部 \ 类别/年度	申请金额 1990	申请金额 1991	申请金额 1992	合计	资助金额 1990	资助金额 1991	资助金额 1992	合计
数理科学部	5 627.65	5 169.65	4 951.33	15 748.63	950.50	1 056.80	1 366.50	3 373.80
化学科学部	7 262.07	6 067.74	589.87	19 226.68	1 034.00	1 156.00	1 491.50	3 681.50
生命科学部	19 509.22	18 672.17	17 869.31	56 050.70	3 341.00	3 264.60	4 332.40	10 938.00
地球科学部	9 989.13	9 057.10	7 614.64	26 660.87	1 486.00	1 642.80	2 046.00	5 174.80
材料与工程科学部	10 393.13	9 388.81	9 704.10	19 879.35	1 578.80	1 740.70	2 267.00	5 586.50
信息科学部	5 603.62	5 528.23	5 446.49	16 578.34	999.14	1 024.99	1 467.75	3 491.88
管理科学组	1 628.01	1 630.92	1 796.35	5 055.28	197.00	230.00	360.50	787.50
合计	60 013.55	55 514.62	53 279.09	168 807.26	9 586.44	10 115.89	13 331.65	33 033.98

1990—1992年自由申请项目批准率和资助强度

科学部 \ 项目/年度	项数批准率（%） 1990	1991	1992	平均	金额批准率（%） 1990	1991	1992	平均	资助强度（万元/项） 1990	1991	1992	平均
数理科学部	30.0	29.3	31.1	30.1	16.9	20.4	27.6	21.6	2.69	3.02	4.08	3.26
化学科学部	25.1	27.1	27.1	26.4	14.2	19.1	25.3	19.5	3.13	3.66	5.20	4.00

（续表）

科学部 \ 年度 \ 项目	项数批准率（%）				金额批准率（%）				资助强度（万元/项）			
	1990	1991	1992	平均	1990	1991	1992	平均	1990	1991	1992	平均
生命科学部	25.1	23.9	23.6	24.2	17.1	17.5	24.2	19.6	3.31	3.47	4.99	3.92
地球科学部	21.7	23.9	28.0	24.5	14.9	18.1	26.9	20.0	5.29	5.87	7.20	6.12
材料与工程科学部	20.0	21.8	23.1	21.6	15.2	18.5	23.4	20.2	3.88	4.40	5.60	4.63
信息科学部	24.8	24.9	27.1	25.6	17.8	18.5	26.9	21.1	3.61	3.74	5.20	4.18
管理科学组	20.3	21.9	20.7	21.0	12.1	14.1	20.1	15.4	2.29	2.50	3.92	2.90
平均	24.1	24.5	25.3		16.0	18.2	25.0		3.49	3.82	5.22	

1990—1992年自由申请项目负责人专业职务统计

（单位：人）

类别 \ 年度	1990	1991	1992	总计
教授级	1 059	1 188	1 175	3 422
副教授级	1 213	1 098	993	3 304
高工级	87	74	52	213
讲师级	370	277	321	968
助教级	4	2	1	7
其他	10	9	11	30
合计	2 743	2 648	2 553	7 944

1990—1992年自由申请项目负责人年龄段统计

（单位：人）

年龄（岁） \ 年度	1990	1991	1992	总计	%
≤35	156	132	209	497	6.3
36—45	275	268	259	802	10.1
46—55	1 395	1 163	1 061	3 619	45.5
55—60	611	703	664	1 978	24.9
61—70	268	329	319	916	11.5
≥71	38	53	41	132	1.7
合计	2 743	2 648	2 553	7 944	100

1990—1992 年自由申请项目组成成员情况统计

（单位：人）

类别＼年度	1990	1991	1992	总计
高级	7 523	7 157	6 882	21 562
中级	6 089	5 977	5 165	17 231
初级	3 126	3 012	2 286	8 424
博士后、博士生、硕士生	3 924	4 440	3 866	12 230
辅助人员	967	1 057	864	2 888
合计	21 629	21 643	19 063	62 335

6. 青年科学基金项目

1990—1992 年青年科学基金项目申请与批准资助情况

项目＼年度		1990	1991	1992
申请	项数	1 654	1 841	2 068
	金额	6 604.64	7 498.76	9 115.61
批准资助	项数	410	472	524
	金额	1 253.18	1 548.76	2 266.38
批准率（%）	项数	24.8	25.6	25.3
	金额	19.0	20.7	24.9
资助强度（万元/项）		3.06	3.28	4.33

1990—1992 年青年科学基金批准资助项目（按科学部统计）

科学部（组）＼类别＼年度	1990		1991		1992		合计	
	项数	金额	项数	金额	项数	金额	项数	金额
数理科学部	77	131.50	87	166.00	87	230.50	251	528.00
化学科学部	36	125.50	38	153.50	48	223.50	122	502.50
生命科学部	115	386.20	144	491.50	166	768.90	425	1 646.60
地球科学部	61	197.70	60	223.00	64	299.00	185	719.70
材料与工程科学部	65	248.00	77	310.30	90	445.90	232	1 004.20
信息科学部	40	126.28	47	159.46	49	230.58	136	516.32
管理科学组	16	38.00	19	45.00	20	68.00	55	151.00
合计	410	1 253.18	472	1 548.76	524	2 266.38	1 406	5 068.32

1990—1992年青年科学基金资助项目按单位性质和隶属关系统计

（金额单位：万元）

单位类别 \ 年度			1990		1991		1992		合计	
			项数	金额	项数	金额	项数	金额	项数	金额
单位性质	高等院校		310	928.58	346	1 106.56	416	1 773.78	1 072	3 808.92
		%	75.6	74.1	73.3	71.5	79.4	78.3	76.2	75.2
	科研单位及其他		100	324.60	126	442.20	108	492.6	334	1 259.40
		%	24.4	25.9	26.7	28.5	20.6	21.7	23.8	24.8
隶属关系	国家教委		133	374.66	151	481.46	176	750.18	460	1 606.30
		%	32.4	29.9	32.0	31.1	33.6	33.1	32.7	32.7
	中国科学院		50	166.10	89	301.50	76	335.40	215	803.00
		%	12.2	13.3	18.9	19.5	14.5	14.8	15.8	15.3
	工交农医国防		182	583.12	177	600.10	206	918.30	565	2 101.52
		%	44.4	46.5	37.5	38.7	39.3	40.5	40.2	40.2
	地方		45	129.30	55	165.70	66	262.50	166	557.50
		%	11.0	10.3	11.7	10.7	12.6	11.6	11.8	11.8
合计			410	1 253.18	472	1 548.76	524	2 266.38	1 406	5 068.32

1990—1992年青年科学基金资助项目负责人按专业职务统计

（单位：人）

类别 \ 年度		1990	1991	1992	合计
专业技术职务学位	教授	0	2	1	3
	副教授	23	49	64	136
	高工	0	0	0	0
	讲师	362	391	427	1 180
	助教	0	1	1	2
	其他	25	29	31	85
	博士	257	295	306	858
	硕士	119	150	191	460
	学士	27	16	19	62
	其他	7	11	8	26
合计		410	472	524	1 406

1990—1992 年青年科学基金项目组成员按专业技术职称统计

（单位：人）

类别＼年度	1990	1991	1992	合计
高级	317	344	384	1 045
中级	982	1 175	1 241	3 398
初级	404	413	397	1 214
辅助	130	121	145	396
博士后	38	53	55	146
博士	128 } 371	} 460	} 500	} 1 331
硕士	243			
合计	2 242	2 566	2 722	7 530

1990—1992 年青年科学基金资助我国中学生参加国际奥林匹克竞赛统计

科目	年度	届次	资内金额（万元）	参赛人数	参赛地点	获奖情况				总分名次
						小计	金牌	银牌	铜牌	
数学	1990	31	5.0	6	中国	6	5	1	0	总分第一
	1991	32	2.0	6	瑞典	6	4	2	0	总分第二
	1992	33	2.0	6	俄罗斯	6	6	0	0	总分第一
物理	1990	21	2.0	5	荷兰	5	2	1	2	总分第二
	1991	22	2.0	5	古巴	5	5	0	0	总分第一
	1992	23	4.0	5	芬兰	5	5	0	0	总分第一
化学	1990	22	2.0	4	法国	4	4	0	0	总分第一
	1991	23	2.0	4	波兰	4	3	1	0	总分第一
	1992	24	4.0	4	美国	4	3	1	0	总分第一
信息	1990	2	2.0	4	苏联	4	1	2	1	总分第二
	1991	3	2.0	3	希腊	3	2	1	0	总分第一
	1992	4	2.0	4	德国	4	3	1	0	总分第一
合计			31.0	56		56	43	10	3	

1990—1992 年资助青少年科学活动

年度	资助项数	资助金额（万元）
1990	14	18.05
1991	17	13.50
1992	15	27.00
合计	46	58.55

7. 高技术探索项目

1990—1992年高技术项目申请与批准资助情况统计

（金额单位：万元）

类别＼年度		1990	1991	1992
申请	项数	958	563	560
	金额	7 264.37	3 843.33	4 139.55
批准资助	项数	184	148	157
	金额	794.08	706.50	1 007.30
批准率%	项数	19.2	26.3	28.0
	金额	10.9	18.4	24.3
资助强度（万元/项）		4.32	4.77	6.42

1990—1992年高技术探索项目批准资助情况（按领域分布）

（金额单位：万元）

年度＼类别		生物技术	航天技术	信息技术	强激光技术	自动化技术	能源技术	新材料	总计
1990	项数	33	27	46	13	26	3	36	184
	金额	148.50	124.70	193.74	46.80	102.84	12.30	165.20	794.08
1991	项数	30	15	31	14	21	4	33	148
	金额	174.50	81.50	131.82	65.50	83.98	14.00	155.20	706.50
1992	项数	23	29	28	11	15	7	44	157
	金额	191.50	180.20	159.60	66.35	87.50	38.20	283.95	1 007.30
合计	项数	86	71	105	38	62	14	113	489
	金额	514.50	386.40	485.16	178.65	274.32	64.50	604.35	2 507.88

1990—1992年高技术探索项目批准资助情况（按科学部统计）

（金额单位：万元）

年度＼部门		数理科学部	化学科学部	生命科学部	地球科学部	材料与工程科学部	信息科学部
1990	项数	32	9	31	5	36	71
	金额	119.00	36.00	143.00	38.00	175.00	283.00
1991	项数	21	12	27	8	27	53
	金额	93.50	48.00	163.00	45.00	140.20	216.80
1992	项数	17	6	25	6	53	50
	金额	96.70	37.00	205.50	39.00	339.00	290.10
合计	项数	70	27	83	19	116	174
	金额	157.00	121.00	511.50	122.00	654.20	789.90

1990—1992 年高技术探索项目（按隶属关系统计）

（金额单位：万元）

年度 / 部门	1990		1991		1992		合计	
	项数	金额	项数	金额	项数	金额	项数	金额
国家教委	48	202.80	·43	206.40	58	367.30	149	1 185.7
中国科学院	65	298.23	51	261.33	51	336.63	167	696.19
工交农医国防	65	269.14	48	213.08	41	258.37	114	290.4
地方	6	23.91	6	25.69	7	45.00	19	93.79
合计	184	794.08	148	706.50	157	1007.30	489	2 507.88

1990—1992 年高技术探索项目负责人专业职称统计

年度 / 类别	1990	1991	1992	合计	
				人次	比例
教授	80	62	58	140	28.6
副教授	66	64	69	199	40.7
高工	12	1	8	21	4.3
讲师	24	20	21	65	13.3
助教	0	0	0	0	0
其他	2	1	1	4	0.02
合计	184	148	157	489	100

1990—1992 年高技术探索项目组成成员情况统计

年度 / 类别	1990	1991	1992	总计	比例（%）
高级	481	366	354	1 201	33.1
中级	389	300	252	941	26.0
初级	178	170	143	491	13.6
博士后	21	9	9	39	1.1
博士生	90	54	61	205	5.7
硕士生	214	177	200	591	16.3
辅助人员	53	60	42	115	3.2
合计	1 426	1 136	1 061	3 623	100

8. 地区科学基金项目

1990—1992 年地区基金申请与批准资助情况统计

（金额单位：万元）

项目 \ 年度		1990	1991	1992
申请	项数	441	518	494
	金额	2 005.85	2 330.84	2 206.58
批准资助	项数	141	149	139
	金额	345.45	401.50	503.70
批准率 %	项数	32.0	28.7	28.1
	金额	17.2	17.2	22.8
资助强度（万元/项）		2.45	2.69	3.62

1990—1992 年地区科学基金批准资助情况按地区统计

（金额单位：万元）

省（自治区） \ 年度	1990		1991		1992		总计	
	项数	金额	项数	金额	项数	金额	项数	金额
合计	141	345.45	149	401.50	139	503.70	429	1 250.65
内蒙古	24	55.90	22	59.00	29	108.65	75	223.55
新疆	31	79.05	27	75.90	19	64.30	77	219.25
广西	22	51.70	23	56.70	20	69.70	65	178.10
贵州	17	48.50	17	44.40	23	82.15	57	175.05
江西	20	48.10	12	31.40	20	73.90	52	153.40
云南			24	65.20	15	55.70	39	120.90
海南	13	30.20	15	41.70	8	29.50	36	101.40
宁夏	10	21.40	4	11.70	2	8.50	16	41.60
青海	4	10.60	3	6.50	2	6.30	9	23.40
西藏	0	0	2	9.00	1	5.00	3	14.00

注：按金额总计顺序排列。

1990—1992 年地区科学基金按单位性质统计

（金额单位：万元）

机构性质 \ 年度类别	1990		1991		1992		合计	
	项数	金额	项数	金额	项数	金额	项数	金额
高等院校	83	191.25	105	265.30	98	338.60	286	795.15
科研单位	51	133.40	38	116.50	33	130.10	122	380.00

（续表）

机构性质 \ 年度 类别	1990		1991		1992		合计	
	项数	金额	项数	金额	项数	金额	项数	金额
其他	7	20.80	6	19.70	8	35.00	21	75.50
合计	141	345.45	149	401.50	139	503.70	429	1 250.65

1990—1992年地区基金项目组成成员情况统计

类别 \ 年度	1990	1991	1992	合计	
				人次	比例（%）
高级	313	331	258	902	28.2
中级	349	437	372	1 158	36.2
初级	234	229	239	702	22.0
博士后	0	1	1	2	0.06
研究生	58	70	50	178	5.6
辅助	72	99	85	256	8.0
合计	1 026	1 167	1 005	3 198	100

9. 重点项目

1990年起，国家自然科学基金委员会增设重点项目类型，并按新的《重点项目管理办法》组织“八五”期间重点项目。1991年和1992年共批准资助186项。

1991—1992年批准重点项目统计

年度	资助金额（万元）	项数	资助强度（万元/项）
1991	4 177.00	78	53.55
1992	5 334.20	108	49.39
合计	9 511.20	186	51.14

1991—1992年批准重点项目（按科学部统计）

科学部	项数	资助金额（万元）	单项平均资助金额（万元）	总人数	项目平均参加人次
数理	35	1 279.20	36.55	920	26
化学	31	1 332.00	42.97	980	32
生命	47	2 324.00	49.45	1 001	21

（续表）

科学部	项数	资助金额（万元）	单项平均资助金额（万元）	总人数	项目平均参加人次
地球	26	1 890.00	72.69	1 286	49
材料与工程	25	1 442.00	57.68	960	38
信息	19	1 124.00	59.16	536	28
管理	3	120.00	40.00	190	63
合计	186	9 511.20	51.14	5 873	32

1991年批准资助重点项目一览表

序号	项目名称	负责人（职称）	所在单位	合作人数	起止年月	资助金额（万元）
	数理科学部					
1	多复变的全纯映照理论	陆启铿（研究员）	中国科学院数学研究所	6	1992.01—1996.12	18.00
2	非线性分析	张恭庆（教授）	北京大学	5	1992.01—1996.12	15.00
3	多维数据的统计理论	成平（研究员）	中国科学院系统科学研究所	4	1992.01—1996.12	15.00
4	随机分析及其应用	严加安（研究员）	中国科学院应用数学研究所	5	1992.01—1996.12	18.00
5	随机系统和分布参数系统的数学理论	陈翰馥（研究员）	中国科学院系统科学研究所	31	1992.01—1996.12	21.00
6	算子理论与算子代数	严绍宗（教授）	复旦大学	6	1992.01—1996.12	21.00
7	湍流的基础研究	周恒（教授）	天津大学	10	1992.01—1996.12	40.00
8	细观力学基础	余寿文（教授）	清华大学	30	1992.01—1996.12	40.00
9	冲击载荷下材料和结构的响应	余同希（教授）	北京大学	71	1992.01—1995.12	40.00
10	太阳磁场和速度场的观测与研究	艾国祥（研究员）	中国科学院北京天文台	24	1992.01—1995.12	55.00
11	天体高能过程的空间观测与研究	李惕碚（研究员）	中国科学院高能物理研究所	38	1992.01—1995.12	50.00
12	扫描隧道显微镜表面结构研究	杨威生（教授）	北京大学	13	1992.01—1995.12	43.00
13	准晶的结构与物性	郭可信（教授）	中国科学院北京电子显微镜实验室	50	1992.01—1995.12	50.00

（续表）

序号	项目各称	负责人（职称）	所在单位	合作人数	起止年月	资助金额（万元）
14	原子分子团簇的形成机理及其特性	唐孝威（教授）	复旦大学	56	1992.01—1995.12	50.00
15	激光超声研究	应崇福（教授）	中国科学院声学研究所	37	1992.01—1995.12	50.00
16	相对论核-核碰撞的理论与实验研究	刘亦铭（教授）	哈尔滨工业大学	13	1992.01—1994.12	43.00
17	离子注人生物诱变机理及生物效应研究	余增亮（副研究员）	中国科学院等离子体物理研究所	67	1992.01—1994.12	57.00
18	宇宙超高能天体现象的观测研究	丁林凯（副研究员）	中国科学院高能物理研究所	33	1992.01—1995.12	55.00
	化学科学部					
19	新型功能性配合物的研究	戴安邦（教授）	南京大学	58	1992.01—1995.12	64.00
20	无机材料的固体化学	苏勉曾（教授）	北京大学	9	1992.01—1995.12	34.00
21	复杂天然产物的立体选择性合成及合成方法研究	周维善（研究员）	中国科学院上海有机化学研究所	4	1992.01—1994.12	60.00
22	常用中药化学基础研究	梁晓天（研究员）	中国医学科学院药物研究所	102	1992.01—1994.12	68.00
23	我国边远地区和海洋独特天然产物的研究	邢其毅（教授）	北京大学	5	1992.01—1996.12	39.00
24	若干体系的结构与功能研究	桂琳琳（教授）	北京大学	10	1992.01—1996.12	80.00
25	新分子筛催化材料与催化剂基础研究	李赫喧（教授）	南开大学	40	1992.01—1996.12	80.00
26	稀土催化剂的催化特征的研究	吴越（研究员）	中国科学院长春应用化学研究所	18	1992.01—1996.12	35.00
27	电磁活性高分子及其材料研究	王佛松（研究员）	中国科学院长春应用化学研究所	7	1992.01—1995.12	40.00
28	金属络合物参与的高分子合成	江英彦（研究员）	中国科学院化学研究所	10	1992.01—1995.12	27.00
29	现代分离分析及富集	周同惠（研究员）	中国医学科学院药物研究所	10	1992.01—1995.12	49.00
30	化学计量学基础研究	俞汝勤（教授）	湖南大学	28	1992.01—1996.12	30.00

（续表）

序号	项目名称	负责人（职称）	所在单位	合作人数	起止年月	资助金额（万元）
31	生物化工分离新技术的基础及工程研究	朱自强（教授）	浙江大学	8	1992.01—1995.12	40.00
32	化工系统工程与智能化	许志宏（研究员）	中国科学院化工冶金研究所	21	1992.01—1995.12	35.00
33	所-液-固三相反应器的基础及工程研究	陈家镛（研究员）	中国科学院化工冶金研究所	15	1992.01—1996.12	35.00
	生命科学部					
34	新生肽链的折叠	邹承鲁（研究员）	中国科学院生物物理研究所	8	1992.01—1996.12	50.00
35	辐射对生物组织损伤分子机制的研究	林念芸（研究员）	中国科学院上海原子核研究所	42	1992.01—1996.12	70.00
36	tRNA 个性及 tRNA 与氨酰基 tRNA 合成酶的相互作用	王德宝（研究员）	中国科学院上海生物化学研究所	8	1992.01—1996.12	50.00
37	我国主要用材林人工林生长模型、经营模型及优化控制	唐守正（研究员）	中国林业科学研究院	16	1992.01—1995.12	50.00
38	植物细胞核骨架和染色体集缩包装的关系	阎隆飞（教授）	北京农业大学	8	1992.06—1995.06	46.00
39	农业主要害虫迁飞扩散行为机制的研究	李光博（研究员）	中国农业科学院植物保护研究所	47	1992.01—1996.12	50.00
40	大熊猫繁殖生物学研究	陈大元（研究员）	中国科学院动物研究所	30	1992.01—1996.12	45.00
41	中国豆科植物根瘤菌资源分类及应用基础的研究	陈文新（教授）	北京农业大学	11	1992.01—1996.12	50.00
42	免疫介导炎症性疾病发生机理研究	王海燕（教授）	北京医科大学	30	1992.01—1994.12	45.00
43	脑内多巴胺和烟碱受体的结构、功能和配体研究	金国章（研究员）	中国科学院上海药物研究所	49	1992.01—1996.12	50.00
	地球科学部					
44	中国自然灾害的区域规律研究	张兰生（教授）	北京师范大学	31	1992.01—1994.12	73.00
45	中国土壤系统分类研究	龚子同（研究员）	中国科学院南京土壤研究所	35	1992.01—1996.12	65.00

（续表）

序号	项目名称	负责人（职称）	所在单位	合作人数	起止年月	资助金额（万元）
46	青藏高原东部第四纪晚期自然环境演变研究	施雅风（研究员）	中国科学院兰州冰川冻土研究所	47	1992.01—1995.12	72.00
47	大别山—苏北—胶南高压变质带及其大地构造意义	从柏林（研究员）	中国科学院地质研究所	29	1992.01—1995.01	70.00
48	生物成矿作用和成矿背景研究	叶连俊（研究员）	中国科学院地质研究所	78	1992.01—1996.12	100.00
49	南海大陆边缘盆地分析及油气聚	龚再升（高级工程师）	中国海洋石油总公司研究中心	50	1992.01—1996.06	80.00
50	低温地球化学	涂光炽（研究员）	中国科学院地球化学研究所	23	1992.01—1995.06	80.00
51	地幔流体与软流层地球化学	杜乐天（研究员）	国家地震局地质研究所	24	1992.01—1995.06	70.00
52	华北北部麻粒岩相带地质演化及其深成地质作用的研究	钱祥麟（教 授）	北京大学	30	1992.01—1995.12	60.00
53	十年尺度中国地震灾害损失预测研究	陈 颙（研究员）	国家地震局分析预报中心	47	1992.01—1994.12	60.00
54	大气边界层湍流的动力学特征的研究	陶诗言（研究员）	中国科学院大气物理研究所	34	1992.01—1994.12	90.00
55	低纬大气热源与环流变异规律的研究	黄土松（教授）	南京大学	76	1992.01—1994.12	50.00
56	东海陆架边缘海洋通量的研究	胡敦欣（研究员）	中国科学院海洋研究所	65	1992.01—1995.12	100.00
57	中国海陆架环流及其动力学机制的研究	冯士筰（教 授）	青岛海洋大学	59	1992.01—1995.12	90.00
	材料与工程科学部					
58	从原子水平上研究新型薄膜材料的表面与界面	林彰达（研究员）	中国科学院物理研究所	25	1992.01—1996.12	50.00
59	稀土相图及稀土新材料探索	庄育智（研究员）	中国科学院金属研究所	8	1992.01—1994.12	65.00
60	复相陶瓷的优化设计与性能研究	江东亮（研究员）	中国科学院上海硅酸盐研究所	8	1992.01—1994.12	60.00
61	反应注射成型基础研究	应圣康（教 授）	华东化工学院	29	1992.01—1995.12	40.00

（续表）

序号	项 目 名 称	负责人（职称）	所 在 单 位	合作人数	起止年月	资助金额（万元）
62	我国复杂低品位及难处理金矿资源利用理论及新过程研究	柯家骏（研究员）	中国科学院化工冶金研究所	52	1992.01—1994.12	50.00
63	多孔介质传热传质的基础研究	王补宣（教 授）	清华大学	40	1992.01—1995.12	50.00
64	用脉冲放电等离子体活化法去除烟气中 SO_2 和 NO_x	王荣毅（教 授）	大连理工大学	30	1992.01—1996.12	90.00
65	水体颗粒物和难降解有机物的特性及控制技术原理	汤鸿霄（研究员）	中国科学院生态环境研究中心	83	1992.01—1995.12	60.00
66	水工混凝土建筑物老化病害的防治及评估的研究	于骁中（教 授）	水利水电科学研究院	23	1992.01—1995.12	70.00
	信息科学部					
67	信息薄膜微观结构实时分析的理论和处理方法的研究	华中一（教 授）	复旦大学	14	1992.01—1994.12	60.00
68	实现我国通信网向 ISDN 发展的高技术研究	丁 炜（教 授）	北京邮电学院	28	1992.01—1995.12	60.00
69	XYZ 系统基础上面向实时控制等工程领域专用环境研究	唐稚松（研究员）	中国科学院软件研究所	8	1992.01—1994.12	50.00
70	快速、超高密度外存储基础技术研究	张江陵（教 授）	化中理工大学	29	1992.01—1995.09	70.00
71	非线性控制系统研究	高为炳（教 授）	北京航空航天大学	23	1992.01—1995.12	45.00
72	汉语综合资料库及信息处理系统评价方法	张家碌（研究员）	中国科学院声学研究所	8	1992.01—1996.12	60.00
73	新型 MOS 功率器件和智能功率集成电路	陈星弼（教 授）	电子科学技术大学	49	1992.01—1995.12	60.00
74	超大规模系统集成的基础研究	李志坚（教 授）	清华大学	40	1992.01—1995.12	75.00
75	量子阱红外探测器研究	夏建白（研究员）	中国科学院半导体研究所	48	1992.01—1994.12	60.00
76	软 X 射线光学基础技术研究	陈星旦（研究员）	中国科学院长春光学精密机械研究所	41	1992.01—1994.12	59.00

（续表）

序号	项 目 名 称	负责人（职称）	所 在 单 位	合作人数	起止年月	资助金额（万元）
	管理科学组					
77	国民经济宏观管理中的决策方法研究	乌家培（研究员）	中国科学院系统科学研究所	19	1992.01—1995.10	40.00
78	我国国有大型工业企业活力的系统分析与实证研究（1）	蒋一苇（研究员）	中国工业经济管理研修中心	52	1992.01—1994.12	40.00
79	我国国有大型工业企业活力的系统分析与实证研究（2）	李占祥（教 授）	中国人民大学	90	1992.01—1994.12	

1992 年批准资助重点项目一览表

序号	项 目 名 称	负责人（职称）	所 在 单 位	合作人数	起止年月	资助金额（万元）
	数理科学部					
1	哈密尔顿系统	文 兰（教 授）	北京大学	7	1993.01—1997.12	24.00
2	李群及其表示理论	侯自新（教 授）	南开大学	9	1993.01—1997.12	12.00
3	应用统计	张尧庭（教 授）	武汉大学	7	1993.01—1997.12	21.00
4	组合数学的方法与理论	徐利治（教 授）	大连理工大学	18	1993.01—1997.12	21.00
5	复合材料（树脂基）界面力学研究	稽 醒（教 授）	同济大学	24	1993.01—1995.12	40.00
6	细观实验力学光测方法研究	伍小平（教 授）	中国科学技术大学	27	1993.01—1995.12	40.00
7	弹性动力学反问题的研究	黄文虎（教 授）	哈尔滨工业大学	24	1993.01—1996.12	40.00
8	工业爆炸灾害的力学研究	李鸿志（教 授）	华东工学院	30	1993.01—1996.12	40.00
9	高精度天文参考系研究	金文敬（研究员）	中国科学院上海天文台	29	1993.01—1996.12	50.00
10	同步辐射光电子谱研究	吴思诚（教 授）	北京大学	7	1993.01—1996.12	50.00
11	新型稀土-过渡金属化合物研究	詹文山（副研究员）	中国科学院物理研究所	16	1993.01—1996.12	40.00
12	原子分子激发态的外场效应	叶朝辉（研究员）	中国科学院武汉物理研究所	37	1993.01—1996.12	40.00
13	水声逆问题研究	张仁和（研究员）	中国科学院声学研究所	18	1993.01—1996.12	50.00

（续表）

序号	项目名称	负责人（职称）	所在单位	合作人数	起止年月	资助金额（万元）
14	中能重离子碰撞过程的研究	魏宝文（研究员）	中国科学院近代物理研究所	19	1993.01—1996.12	45.00
15	强激光与等离子体相互作用研究	胡仁宇（研究员）	中国工程物理研究院	85	1993.01—1996.12	25.00
16	强激光与等离子体相互作用中若干前沿问题研究	徐至展（研究员）	中国科学院上海光学精密机械研究所	38	1993.01—1995.12	25.00
17	低温等离子体与物质和表面相互作用研究	吴承康（研究员）	中国科学院力学研究所	26	1993.01—1996.12	35.20
	化学科学部					
18	农药化学基础研究	李正名（教　授）	南开大学	46	1993.01—1995.12	55.00
19	内源性生物活性物质的化学研究	张礼和（教　授）	北京医科大学药学院	15	1993.01—1995.12	22.00
20	具有生物活性有机磷化合物的研究	陈茹玉（教　授）	南开大学元素有机研究所	31	1993.01—1996.12	30.00
21	含磷的碳环及杂环化合物的合成，鉴定及生物活性研究	袁承业（研究员）	中国科学院上海有机化学研究所	25	1993.01—1996.12	30.00
22	两亲分子有序组合体研究	赵国玺（教　授）	北京大学	38	1993.01—1996.12	50.00
23	超分子体系中光诱导电子转移反应的研究	吴世康（研究员）	中国科学院感光化学研究所	24	1993.01—1996.12	31.00
24	电化学现场(lnsitu)分子水平信息的检测与理论	田昭武（教　授）	厦门大学	28	1992.01—1995.12	50.00
25	化学修饰电极与酶电极基础研究	董绍俊（研究员）	中国科学院长春应用化学研究所	26	1993.01—1996.12	25.00
26	烯类聚合反应与产物精细化研究	冯新德（教　授）	北京大学	69	1993.01—1995.12	60.00
27	形态分析方法研究	单孝全（研究员）	中国科学院生态环境研究中心	29	1993.01—1996.12	37.00
28	光谱分析联用技术的理论、新技术和新方法的研究	黄本立（教　授）	厦门大学	41	1993.01—1996.12	42.00
29	膜分离过程的应用基础研究	徐纪平（研究员）	中国科学院长春应用化学研究所	65	1993.01—1996.12	43.00

（续表）

序号	项目各称	负责人（职称）	所在单位	合作人数	起止年月	资助金额（万元）
30	非对称系统的多元相平衡研究	胡　英（教　授）	华东化工学院	34	1993.01—1996.12	41.00
31	生化反应—分离耦合过程的应用基础研究	俞俊棠（教　授）	华东化工学院	58	1993.01—1996.12	2
32	膜催化反应的化工基础研究	袁　权（研究员）	中国科学院大连化学物理研究所	87	1993.01—1996.12	4
33	大气臭氧损耗有关的化学反应过程研究	杨文襄（研究员）	中国科学院生态环境研究中心	19	1993.01—1996.12	28
	生命科学部					
34	放线菌次生代谢产物生物合成的调控和分子生物学研究	焦瑞身（研究员）	中国科学院上海植物生理研究所	23	1993.01—1995.12	50.00
35	极端环境细菌的资源分类及分子生物学研究	周培瑾（副研究员）	中国科学院微生物研究所	9	1993.01—1997.12	58.00
36	陆地植物起源和早期演化的研究	李承森（研究员）	中国科学院植物研究所	22	1993.01—1996.12	38.00
37	植物抗逆性机理的研究	汤章城（研究员）	中国科学院上海植物生理研究所	17	1993.01—1996.12	50.00
38	光合机构的运转与调节	沈允钢（研究员）	中国科学院上海植物生理研究所	39	1993.01—1995 12	50.00
39	冬眠与低体温机理的研究	蔡益鹏（教　授）	北京大学	10	1993.01—1997.12	30.00
40	中国典型地带土壤动物的研究	尹文英（研究员）	中国科学院上海昆虫研究所	33	1993.01—1996.12	80.00
41	核糖体 RNA 拓扑学及核糖体失活蛋白的研究	刘望夷（研究员）	中国科学院上海生物化学研究所	11	1993.01—1997.12	50.00
42	膜脂-膜蛋白相互作用的研究	杨福愉（研究员）	中国科学院生物物理研究所	30	1993.01—1997.12	50.00
43	分离的蛋白质结构域和构成蛋白质分子的组件研究	许根俊（研究员）	中国科学院上海生物化学研究所	7	1993.01—1997.12	50.00
44	脑神经网络功能的非线性动力学研究	徐京华（研究员）	中国科学院上海生物化学研究所	26	1993.01—1997.12	50.00
45	脑内单个神经元的整合功能	罗蒂荪（研究员）	中国科学院上海脑研究所	22	1993.01—1997.12	50.00
46	脑下垂体前叶的肽能神经支配	鞠　躬（教　授）	中国人民解放军第四军医大学	15	1993.01—1997.12	40.00

（续表）

序号	项目名称	负责人（职称）	所在单位	合作人数	起止年月	资助金额（万元）
47	中枢神经生长的实验研究	周长福（副研究员）	中国科学院上海生理研究所	14	1993.01—1997.12	50.00
48	血管活动个性化及其与重要血管疾病的关系	陈孟勤（研究员）	中国医学科学院基础医学研究所	21	1993.01—1996.12	45.00
49	维甲酸诱导早幼粒细胞白血病细胞分化的生物学研究	陈　竺（研究员）	上海第二医科大学	20	1993.01—1997.12	50.00
50	植物胞间通道调控及大分子信息传递的细胞生物学研究	娄成后（教　授）	北京农业大学	22	1993.01—1996.12	60.00
51	红细胞发育过程中核物质变化与EDF对基因表达调控研究	薛社普（教　授）	中国医学科学院基础医学研究所	29	1993.01—1995.12	50.00
52	胎肝造血干细胞的发育和癌变的调控	吴祖泽（研究员）	中国人民解放军军事医学科学院	20	1993.01—1996.12	62.00
53	溶酶体结构与功能的细胞生物学研究	汤雪明（教　授）	上海第二医科大学	10	1993.01—1996.12	37.00
54	早期胚胎发育的分子生物学	左嘉客（研究员）	中国科学院上海细胞生物学研究所	10	1993.01—1995.12	40.00
55	人类基因组区段作图和部分测序	柴建华（副教授）	复旦大学	11	1993.01—1995.12	76
56	主要针叶树种的体细胞遗传及细胞工程	陈正华（研究员）	中国科学院遗传研究所	28	1993.01—1995.12	42
57	水稻不育细胞质质量及其病理预测	魏建昆（研究员）	河北省农林科学院农业物理生理生化研究所	10	1993.01—1997.12	50
58	野生大豆（*G. soja*）基础生物学研究	徐　豹（研究员）	吉林省农业科学院大豆研究所	25	1993.01—1996.12	35
59	稻麦对主要真菌病害抗性的微观宏观对应研究	曾士迈（教　授）	北京农业大学	27	1993.01—1996.12	50
60	根分泌物在根际微生态系统中的营养机理	张福锁（副教授）	北京农业大学	40	1993.01—1996.12	50
61	混交林中树种间相互作用机制	沈国舫（教　授）	北京林业大学	22	1993.01—1996.12	60
62	森林主要害虫（松毛虫）自然控制的机理研究	李典谟（研究员）	中国科学院动物研究所	10	1993.01—1997.12	50

（续表）

序号	项目名称	负责人（职称）	所在单位	合作人数	起止年月	资助金额（万元）
63	太湖猪高繁殖力的遗传基础研究	吴常信（教授）	北京农业大学	15	1993.01—1996.12	45
64	起识别作用的糖质与家禽主要病毒病的发生关系	卢景良（研究员）	中国农业科学院哈尔滨兽医研究所	26	1993.01—1996.12	40
65	T淋巴细胞的发育及胸腺基质细胞的作用	陈慰峰（教授）	北京医科大学	30	1993.01—1997.12	50
66	衰老的分子机理与分子水平的生物学年龄指征	童坦君（教授）	北京医科大学	15	1993.01—1997.12	50
67	肢体组织移植成活率与功能提高的应用基础研究	顾玉东（教授）	上海医科大学	24	1993.01—1997.12	50
68	受体信号转导系统可变性的研究	吕宝璋（研究员）	中国人民解放军军事医学科学院	8	1993.01—1995.12	50
69	从受体积基因水平研究针刺镇痛原理	韩济生（教授）	北京医科大学	41	1993.01—1996.12	40
70	补肾、健脾、活血类中药复方免疫调节作用机理比较研究	沈自尹（教授）	上海医科大学	10	1993.01—1997.12	40
71	地球表层动态机制与人地系统调控研究	廖克（研究员）	中国科学院地理研究所	22	1993.01—1996.12	70.00
72	中国东部典型区坡地过程及其改良利用研究	郑度（研究员）	中国科学院地理研究所	36	1993.01—1996.12	70.00
73	滇川西部特提斯带构造变形与运动学研究	钟大赉（研究员）	中国科学院地质研究所	20	1993.01—1996.12	70.00
74	人类活动影响下华北地区地下水环境的演化与发展	张宗祜（研究员）	地质矿产部水文地质工程地质研究所	30	1993.01—1996.12	70.00
75	典型的人类工程活动与地质环境相互作用研究	王思敬（研究员）	中国科学院地质研究所	54	1993.01—1996.12	60.00
76	非生物成因天然气的来源、特征	王先彬（副研究员）	中国科学院兰州地质研究所	21	1993.01—1995.12	60.00
77	青藏高原地壳运动与形变的CPS研究	宋成骅（教授）	武汉测绘科技大学	50	1993.01—1997.12	80.00
78	格尔木-额济纳旗地学断面综合调查及地球动力学研究	吴功建（研究员）	中国地质科学院岩石圈研究中心	138	1993.01—1995.12	60.00

（续表）

序号	项目名称	负责人（职称）	所在单位	合作人数	起止年月	资助金额（万元）
79	雷电物理和人工引发雷电研究	刘欣生（研究员）	中国科学院兰州高原大气物理研究所	22	1993.01—1997.12	60.00
80	中层大气基本过程及其在上下层大气耦合过程中作用研究	吕达仁（研究员）	中国科学院大气物理研究所	57	1993.01—1995.12	80.00
81	热带西太平洋海洋环流试验研究集	纪 平（研究员）	国家海洋环境预报研究中心	150	1993.01—1996.12	70.00
82	黄海海底辐射沙形成演变研究	王 颖（教 授）	南京大学	58	1993.01—1996.12	80.00
	材料工程科学部					
83	金属材料高温腐蚀与防护机理研究	李铁藩（研究员）	中国科学院金属腐蚀与防护研究所	22	1993.01—1996.12	40.00
84	载能离子束与材料作用的研究	柳百新（教 授）	清华大学	21	1993.01—1996.12	45.00
85	铁电陶瓷结构转变和特性研究	张孝文（教 授）	清华大学	11	1993.01—1995.12	55.00
86	液晶高分子材料的基础研究	杨玉良（教 授）	复旦大学	8	1993.01—1996.12	45.00
87	高分子共混填充材料增强增韧新途径	漆宗能（研究员）	中国科学院化学研究所	16	1993.01—1996.12	60.00
88	硼铁矿资源综合利用应用基础研究	张显鹏（教 授）	东北工学院	51	1993.01—1995.12	32.00
89	典型机械摩擦学设计理论与应用	温诗铸（教 授）	清华大学	92	1993.01—1995.12	60.00
90	松软地面仿生机械的理论与关键技术研究	陈秉聪（教 授）	吉林工业大学	46	1993.01—1996.12	60.00
91	大型铸，锻件的模拟技术及质量控制研究	曹起骧（教 授）	清华大学	30	1993.01—1996.12	70.00
92	微型机械制造基础	周兆英（教 授）	清华大学	28	1993.01—1996.12	60.00
93	超精密加工系统中的理论与关键技术基础	董 申（教 授）	哈尔滨工业大学	29	1993.01—1996.12	65.00
94	多相流动与传热规律的研究	陈学俊（教 授）	西安交通大学	82	1993.01—1997.12	60.00

（续表）

序号	项目名称	负责人（职称）	所在单位	合作人数	起止年月	资助金额（万元）
95	热过程对流动过程影响规律的研究	过增元（教授）	清华大学	35	1993.01—1996.12	50.00
96	发达地区城市化进程中建筑环境的保护与治理研究	吴良镛（教授）	清华大学	28	1993.01—1996.12	60.00
97	建筑与构筑物抗震与抗风震动控制研究	范立础（教授）	同济大学	112	1993.01—1996.12	80.00
98	高碾压混凝土坝安全度分析新理论研究	王宏硕（教授）	武汉水利电力学院	51	1993.01—1996.12	65.00
	信息科学部					
99	微波和光波结合技术的基础研究	黄宏嘉（教授）	上海科学技术大学	7	1993.01—1996.12	65.00
100	高清晰度电视广播的高技术研究	马长华（教授）	广播电影电视部广播科学研究所	58	1993.01—1996.12	60.00
101	面向智能计算系统的记忆与思维的研究	潘云鹤（教授）	浙江大学	43	1993.01—1995.12	45.00
102	分布式多媒体信息处理方法学及支撑平台的研究	徐光佑（教授）	清华大学	18	1993.01—1995.12	55.00
103	递阶优化理论与投入占用产出技术及其在农业中的应用	吴沧浦（教授）	北京理工大学	32	1993.01—1996.12	60.00
104	半导体低温器件和电路	魏同立（教授）	东南大学	21	1993.01—1996.12	60.00
105	半导体微机械基础研究	王渭源（研究员）	中国科学院上海冶金研究所	29	1993.01—1996.12	60.00
106	二元光学的理论与基础技术研究	邬敏贤（教授）	清华大学	19	1993.01—1995.12	50.00
107	光纤孤子通信基础技术研究	杨祥林（教授）	东南大学	21	1993.01—1995.12	70.00
	管理科学组					
108	中国农业现代化建设理论、道路与模式研究	卢良恕（研究员）	中国农业科学院	29	1993.01—1995.08	40.00

10. 重大项目

(1)"七五"重大项目。1990年是组织"七五"期间重大项目的最后一年,共批准重大项目10项,含53个课题,批准金额1546.50万元。至此,完成了"七五"期间全部84个重大项目的组织工作,共含568个课题。参加研究的科技人员达1万人次以上,其中课题组成员31.32人为高级职称研究人员,2712人具有中级专业职称,1288人具有初级专业职称,还有2435名博士生、硕士生参加了课题研究。资助金额共计1.2亿元。

1990年批准资助的重大项目一览表

项目名称	主持人及所在单位	起止年月	资助金额(万元)	课题数	总人数
中国种子植物区系研究	吴征镒 中国科学院昆明植物研究所	1990.01—1994.12	336.00	4	185
我国森林生态系统与功能规律及监测网络的研究	蒋有绪 中国林科院林业研究所	1990.01—1994.12	153.00	2	84
东北大豆种质拓宽与改良	王金陵 东北农学院	1990.03—1994.12	180.00	4	167
中国东南大陆及邻近海域岩石圈的结构组成与演化	李继亮 中国科学院地质研究所	1990.01—1993.12	250.00	4	141
复合材料微观结构与性能研究	曾汉民 中山大学	1990.01—1992.12	100.00	4	68
智能信息处理与智能信息系统	常迥 清华大学	1990.01—1993.12	104.00	6	88
神经网络理论模型及应用方法研究	郭爱克 中国科学院声学研究所	1990.07—1993.06	94.50	7	67
光波与微波相结合的宽带综合业务专用通信网关键技术研究	张煦 上海交通大学	1991.01—1993.12	129.00	9	108
超级智能视听信息处理系统的研究	袁保宗 北方交通大学	1990.10—1993.12	110.00	6	101
云南放线菌生态分布及其资源前期开发	阮继生 中国科学院微生物研究所	1990.01—1994.12	90.00	7	68

1990年重大项目批准资助情况统计 (金额单位:万元)

科学部	项目数	课题数	资助金额	单项平均金额	课题平均金额	总人次	项目平均参加人次	课题平均参加人次
合计	10	53	1 546.50	154.65	29.18	1 077	108	20
生命	4	18	759.00	189.75	42.17	513	128	29
地球	1	4	250.00	250.00	62.50	141	141	35

（续表）

科学部	项目数	课题数	资助金额	单项平均金额	课题平均金额	总人次	项目平均参加人次	课题平均参加人次
材料与工程	1	4	100.00	100.00	25.00	68	68	17
信息科	4	27	437.50	109.38	16.20	355	89	13

1986—1990 年“七五”期间重大项目综合情况

（金额单位：万元）

科学部（组）	项目数	课题数	资助金额	单项平均金额	课题平均金额	总人次	项目平均参加人次	课题平均参加人次
合计	84	568	12 184.60	145.05	21.45	10 068	120	18
数理	15	106	2 064.00	137.60	19.47	1 881	125	18
化学	14	121	2 050.00	146.43	16.94	2 108	151	17
生命	13	70	2 300.00	176.92	32.86	1 444	111	21
地球	11	51	1 689.00	153.55	33.12	1 118	102	22
材料与工程	15	115	2 230.00	148.67	19.39	2 092	139	18
信息	15	100	1 726.60	115.11	17.27	1 263	84	13
管理科学	1	5	125.00	125.00	25.00	162	162	32

1991 年和 1992 年国家自然科学基金委员会组织专家分别对已结题的 39 项“七五”期间重大项目进行了验收。结果表明，这些项目在促进学科发展，培养优秀人才方面取得了一批令人瞩目的成果，达到了预期目标。如下面 3 个表。

1991 年 13 项“七五”重大项目验收情况

序号	重大项目名称	资助金额（万元）	课题数目（项）	参加人员（人）	完成论著		获奖成果（项）		推广应用成果（项）	培养人才（人）			获专利（项）
					论文（篇）	专著（种）	合计	国家级奖		博士后	博士	硕士	
	合计	2 230	110	2 233	4 088	91	215	33	116	52	491	1 470	56
1	新型非线性晶体和激光晶体的探索与研究	150	5	113	235	0	8	1	1	4	15	36	6
2	海洋工程中的力学问题	230	13	351	390	8	0	0	10	1	28	129	0
3	现代数学中若干基本问题的研究	200	10	219	721	28	35	8	0	11	104	228	0
4	传质分离与化学反应工程基础研究	175	5	283	742	8	70	8	42	5	85	291	32

（续表）

序号	重大项目名称	资助金额（万元）	课题数目（项）	参加人员（人）	完成论著		获奖成果（项）		推广应用成果（项）	培养人才（人）			获专利（项）
					论文（篇）	专著（种）	合计	国家级奖		博士后	博士	硕士	
5	结构化学基础研究	175	9	142	249	7	11	2	1	7	48	92	1
6	量子化学及其应用	175	8	100	300	12	12	3	0	12	49	106	0
7	分子筛催化剂和稀土催化剂基础研究	175	11	305	444	7	14	2	7	5	45	185	9
8	我国独特的，丰产的若干天然产物的研究	200	14	142	200	2	17	2	17	2	27	111	2
9	材料在自然环境中腐蚀数据积累及腐蚀与防护研究	200	3	186	77	2	11	0	13	0	1	7	2
10	机械结构强度和振动	150	11	170	375	11	29	7	17	1	47	188	4
11	系统集成技术的基础研究	115	4	39	35	2	1	0	2	0	11	12	0
12	3毫米波段的技术基础研究	190	9	106	210	2	7	0	6	4	21	58	0
13	超长波段（2—5μm）红外光纤通信物理基础研究	95	8	77	110	2	0	0	0	0	10	27	0

1992年26项“七五”重大项目验收情况

序号	项目名称	所属学部(组)	资助金额(万元)	课题数目(个)	参加人员(人)	发表论著		获奖成果（项）		应用成果（项）		培养人才（人）			获准专利(项)
						论文(篇)	专著(本)	总数	其中国家级	总数	其中已推广	博士后	博士	硕士	
	合计		3 753	196	3 312	8 294	114	189	30	150	74	86	715	1 736	28
1	金属材料的本构关系与断裂	数理	100	8	111	238	1	5	1	4		9	27	31	1
2	半导体超晶格微结构	数理	200	9	154	571	2	10	1			5	19	51	
3	太阳活动和宇宙活动天体的研究	数理	225	8	281	485	2	9	1			4	17	56	
4	理论物理若干重大前沿课题研究	数理	100	5	49	420	1	1				15	58	73	

（续表）

序号	项目名称	所属学部(组)	资助金额(万元)	课题数目(个)	参加人员(人)	发表论著		获奖成果(项)		应用成果(项)		培养人才(人)			获准专利(项)
						论文(篇)	专著(本)	总数	其中国家级	总数	其中已推广	博士后	博士	硕士	
5	准晶的结构与性能	数理	88	6	80	143	1	3				2	22	35	
6	固体表面和界面的结构与电子态研究	数理	150	6	72	365	10	7	2	3	1	2	40	78	
7	高能重离子碰撞物理研究	数理	45	1	12	55							1	11	
8	高分子凝聚态的基本物理问题研究	化学	90	7	70	258	1					2	15	27	
9	电化学分析和分子光谱分析的基础研究	化学	175	9	178	687	4	10	3			12	80	156	
10	烯类双烯类聚合反应研究	化学	175	7	91	332	1	10	3	4			33	73	5
11	稀土化学基础及应用研究	化学	175	12	279	789	6	17	4	33	9	5	45	165	5
12	CI 化学基础	化学	90	6	120	262				4		3	28	20	
13	膜脂-膜蛋白相互作用及其在医学和农业上的应用	生命	200	7	108	119		3	1			1	13	58	
14	双信使和 CAMP 系统的相互作用的研究	生命	125	8	89	142	2	1				1	17	54	
15	喀喇昆仑山-昆仑山地区综合科学考察	地学	150	4	50	276	10					2	4	14	
16	工程热物理中关键性问题的研究	材料	300	19	303	602	13	39	2	20	14	6	78	149	5
17	金属腐蚀与防护机理若干问题的研究	材料	140	9	185	400	6	17	4	27	11	4	28	99	7
18	金属材料断裂规律及机理若干问题的研究	材料	150	10	130	369	2	14	2	4	1	3	43	88	
19	几种薄膜材料的若干应用基础研究	材料	170	7	81	280	5	8	1	3	2	1	29	46	3
20	高分子结构材料成型和破坏机理的研究	材料	150	6	97	318	3	4		17	11	2	21	68	2

（续表）

序号	项目名称	所属学部(组)	资助金额(万元)	课题数目(个)	参加人员(人)	发表论著		获奖成果（项）		应用成果（项）		培养人才（人）			获准专利(项)
						论文(篇)	专著(本)	总数	其中国家级	总数	其中已推广	博士后	博士	硕士	
21	精细陶瓷的组成、微观结构与性质	材料	120	7	81	131	3	2	1			2	12	29	
22	工程建设中智能辅助设计工程化软件系统	材料	300	10	223	482	16	9		30	24	3	29	148	
23	支持抽象数据类型的新型计算机系统	信息	50	6	43	37	2	13	3				4	37	
24	中国控制系统计算机辅助设计工程化软件系统	信息	120	6	150	22	2			1	1		5	31	
25	模糊信息处理与机器智能	信息	135	8	130	303	19	7	1			2	31	84	
26	我国中长期食物发展战略研究	管理	30	5	145	208	2						16	55	

1991—1992 年 39 项“七五”重大项目验收情况

资助金额（万元）	课题数目（个）	参加人员（人）	发表论著		获奖成果（项）		应用成果（项）		培养人才（人）			获准专利（项）
			论文（篇）	专著（本）	总数	其中国家级	总数	其中已推广	博士后	博士	硕士	
5 983.00	306	5 545	12 382	205	404	63	150	190	138	1 106	3 206	84

（2）八五重大项目 1991 年开始的“八五”期间，国家自然科学基金重大项目将本着少而精，规模适度的原则继续组织，拟立项 35 个重大项目。1992 年已批准了“八五”期间第一批重大项目 11 项，共含 82 个课题，批准资助金额 2365 万元，课题组成员 1923 人，这些项目均已进入实施阶段。

1992 年批准的重大项目一览表

	项目名称	主持人及所在单位	起止年月	资助金额（万元）	课题数	总人数
1	粲物理和 τ 轻子物理研究	郑志鹏 中国科学院高能物理研究所	1992.06—1996.06	200.00	7	143
2	量子化学与非平衡态统计理论及其在化学中的应用	孙家钟 吉林大学	1992.06—1996.06	165.00	10	125

（续表）

	项目名称	主持人及所在单位	起止年月	资助金额（万元）	课题数	总人数
3	化学工程中重大基础研究——传质分离过程与化学反应工程	汪家鼎 清华大学	1992.06—1996.06	180.00	8	200
4	典型化学污染物在环境中的变化及生态效应	徐晓白 中国科学院生态环境研究中心	1992.06—1996.06	250.00	5	100
5	烧伤早期损害发病机理及创面愈合机理研究	黎　鳌 中国人民解放军第三军医大学	1992.06—1996.06	190.00	6	182
6	植物性细胞的发育生物学研究与操作系统的创建	杨弘远 武汉大学	1992.06—1996.06	130.00	4	55
7	秦岭造山带岩石圈结构、演化及其成矿背景*	张国伟 西北大学	1992.06—1997.06	250.00	4	151
8	陆相薄互层油储地球物理学理论和方法研究*	刘光鼎 中国科学院地球物理研究所	1992.06—1996.12	250.00	7	468
9	我国干旱半干旱区15万年来环境演变动态过程与发展趋势*	刘东生 中国科学院地质研究所	1992.07—1996.12	250.00	7	90
10	我国自然环境材料腐蚀数据积累及基础研究	侯祥麟 石油天然气总公司 曹楚南 中国科学院金属腐蚀与防护研究所	1992.06—1996.06	300.00	16	188
11	材料的表面与界面研究*	叶恒强 中国科学院金属研究所	1992.06—1996.06	200.00	3	161

注：“*”号为联合资助项目。

7. 地质行业科学技术发展基金资助50万元。

8. 中国科学院资助50万元，中国石油天然气总公司资助150万元，大庆石油管理局资助300万元。

9. 中国科学院资助40万元。

11. 国家高技术材料领域专家委员会投入100万元。

1992年国家自然科学基金重大项目资助情况统计

（金额单位：万元）

科学部（组）	项目数	课题数（组）	资助金额	单项平均金额	课题平均金额	总人次	项目平均参加人次	课题平均参加人次
合　计	11	82	2 365.00	215.00	28.84	1 923	175	23
数　理	1	7	200.00	200.00	28.57	143	143	20
化　学	2	23	595.00	297.50	25.87	485	243	21
生　命	2	10	320.00	160.00	32.00	237	119	24

(续表)

科学部（组）	项目数	课题数（组）	资助金额	单项平均金额	课题平均金额	总人次	项目平均参加人次	课题平均参加人次
地球	4	18	750.00	187.50	41.67	709	177	39
材料与工程	2	24	500.00	250.00	20.83	349	175	15
信息	0	0	0	0	0	0	0	0
管理科学组	0	0	0	0	0	0	0	0

11. 数学天元基金

为加快数学发展的进程，尽快进入世界先进行列，国家决定从1989年拨专款设立数学专项基金，经费从1989年到1991年是每年100万元，从1992年起增加为每年200万元。根据数学家的建议，给数学专项基金命名为“数学天元基金”。以激励数学界的自信心和奋进精神。

数学天元基金在使用上同国家自然科学基金分配给数学的经费密切配合相辅相成，它主要用于资助数学的重点项目、人才培养、国内外学术交流及旨在改善数学研究条件的必要举措。

1991年—1992年使用天元基金资助情况的统计

(金额单位：万元)

项目类别 \ 年度	1991	1992
重点项目	42.00	55.00
国际交流项目	10.00	20.00
国内学术交流、各类讲习班	10.00	15.00
优秀人才的培养	10.00	15.00
图书的出版及学术刊物的出版	25.00	30.00
数学教育	0	7.00
数学传播	5.00	7.00
配备计算机	/	112.10
开通 E-mail	/	/
评审会议、行政开支	3.00	5.00
合计	105.00	266.10

数学天元基金由国家自然科学基金委员会负责管理。国家自然科学基金委员会制定了天元基金的管理办法，在全国挑选德高望重的优秀的数学家，组成了数学天元基金学术领导小组，在委内成立了数学天元基金办公室，归属在数理科学部。由数学天元基金学术领导小组和天元基金办公室负责天元基金各类项目的实施。

12. 主任基金

(1) 委主任基金。1990年批准资助项目2项，资助经费 11.6 万元；1991 年为 6 项，115 万元；1992 年为 7 项，215 万元；3 年共计资助项目 15 项，经费 341.6 万元。

(2) 科学部主任基金

1990 年—1992 年科学部主任基金使用情况表

(金额单位：万元)

年度＼类别	资助项目		追加项目经费		委托研究任务		总计	
	项数	经费	项数	经费	项数	经费	项数	经费
1990	39	442.1	150	120.7	20	50.42	209	613.22
1991	26	68.5	132	144.75	22	50.23	180	263.48
1992	48	178.9	102	129.22	28	64.74	178	372.86
合计	113	689.5	384	394.67	70	165.39	567	1 249.16

13. 国际合作交流项目

开展高水平的国际合作与交流，对提高国家自然科学基金项目的研究水平和增强我国基础研究的竞争力具有重要意义，同时也是科学基金工作的一个重要组成部分。

国家自然科学基金委员会开展国际科技合作的方针是：按照国务院的规定，同国外的科学基金会和有关学术组织保持长期、稳定的合作交流关系；坚持平等互利的原则，争取多渠道、多层次、多形式地开展双边和多边的国际合作研究和学术交流活动；坚持平等合作、互利互惠、共同提高、共享成果的原则，从实际出发，讲求最佳的方式和效果。国际合作交流项目包括合作研究、在华召开国际学术会议、出国参加国际学术会议、出国考察、接待来访、接待留学人员短期回国讲学等形式，其中以合作研究和在华召开国际学术会议为重点。为此，国家自然科学基金委员会每年拨出一定的资金支持国际合作与交流项目。1992 年度经费已达 763.56 万元，是 1986 年的 15 倍。

国际合作交流项目历年使用经费统计

(单位：万元)

年度	1986	1987	1988	1989	1990	1991	1992
经费	50.00	202.00	321.00	220.00	330.00	453.53	763.56

1990—1992 年资助国际合作与交流项目情况统计

(单位：项)

项目类别＼年度	1990	1991	1992	总计
合作研究	126	112	123	361
在华举办国际学术会议	72	89	147	308
出国参加国际学术会议	203	182	278	663

（续表）

项目类别 \ 年度	1990	1991	1992	总　计
外国专家来华访问	88	108	160	356
出国科学考察、留 学人员短期回国讲学	16	12	61 8	89 8
合　计	505	503	777	1 785

注：1992 年出国科学考察项目含一般出国交流项目 35 项。

国家自然科学基金委员会与国外和港澳地区科学基金组织、学术机构签署合作协议书（或备忘录）的名录（截至 1992 年底）

国名或地区名	机　构　名　称	人员交流方式（人月）
加拿大	自然科学和工程研究理事会（NSERC）	24
加拿大	医学研究理事会（MRC）	6
美　国	国家科学基金会（NSF）	按具体项目商定
保加利亚	教育和科学部（MES）	24
奥地利	科学基金会（FWF）	按具体项目商定
奥地利	工业研究基金会（FFF）	按具体项目商定
德　国	德意志研究联合会（DFG）	100
芬　兰	科学院	6
俄罗斯	科学院	24
瑞　士	国家科学基金会（SNSF）	30
比利时	国家科学基金会（FNRS/NFWO）	12
新西兰	皇家研究联合会（ACRI）	按具体项目商定
英　国	皇家学会（RS）	按具体项目商定
瑞　典	自然科学研究理事会（NFR）	12
西班牙	科学研究理事会（CSIC）	12
葡萄牙	国家科技研究理事会（JNICT）	6
挪　威	科学和人文研究理事会（NAVF）	12
荷　兰	科学研究组织（NWO）	15—18
韩　国	韩国科学和工程基金会（KOSEF）	6
印　度	科学和工业研究理事会（CSIR）	按具体项目商定
澳大利亚	澳大利亚研究理事会（ARC）	按具体项目商定
巴　西	国家材料科学研究所	按具体项目商定
巴基斯坦	巴基斯坦科学基金会	按具体项目商定
香　港	裘槎基金会	按具体项目商定
香　港	京港学术交流中心	84 人天
澳　门	澳门基金会	按具体项目商定

14. 新设立的专项基金情况

1992年8月相继公布了1992年新设立的5种专项基金通告，已批准的各专项基金1993年已开始实施。

(1)优秀中青年人才专项基金。经过学科推荐，科学部审核，专家评审，委务会议批准给予14名中青年科技工作者此项基金资助。资助总金额365万元，研究期限3年。14人平均年龄为40岁，均是近年来在各学科中学术思想十分活跃、富有创新精神，已取得显著成绩并具有很大研究潜力的优秀中青年学者，其中11人曾在国外留学。为了充分发挥优秀人才的创造性，此项基金的研究课题、内容、目标和研究组人员构成均由获资助者自行确定和安排。

获得资助的14名中青年学者及资助经费如下：

姓名	职称	单位	资助金额（万元）
杨卫	教授	清华大学工程力学系	30.0
张泽	研究员	中国科学院北京电子显微镜实验室	25.0
彭实戈	教授	山东大学数学系	10.0
杨玉良	教授	复旦大学材料科学研究所	30.0
郑兰荪	教授	厦门大学化学系	25.0
盛承发	研究员	中国科学院动物研究所	30.0
刘少君	副教授	第四军医大学神经科学研究所	25.0
樊代明	教授	第四军医大学全军消化技术中心	25.0
金亚秋	教授	复旦大学电子工程系	30.0
杨树锋	教授	浙江大学地球科学系	25.0
樊建人	教授	浙江大学能源工程系	30.0
李建保	教授	清华大学材料科学与工程系	25.0
柴天佑	教授	东北工学院自动控制系	30.0
彭群生	教授	浙江大学CAD&CG国定重点实验室	25.0

(2)新医药、新农药基础性研究基金。化学科学部和生命科学部从面上项目和专家推荐的课题中筛选出70余项送同行专家评议，优选出16项送专家评审组评审，确定批准资助8项，资助金额107万元，其中医学类6项，资助金额78万元；农药类2项，资助金额29万元。单项最高资助金额为20万元，平均资助强度13万余元/项。

1992年获准资助的项目是：

1)北京医科大学药学院蔡孟深主持的“血吸虫病合成多肽疫苗的研究”，20万元；

2)中国医学科学院药物研究所黎莲娘主持的“丹酚酸类似物的合成及其活性的研究”，10万元；

3)中国科学院上海药物研究所张金生主持的“红根草及红根草邻醌抗癌活性的研究”，10万元；

4)中国医学科学院医药生物技术研究所许永杰主持的“新抗癌抗生素1027抗人体肿瘤及体内生物分布的研究”，15万元；

5)中国医学科学院药物研究所徐世平主持的“维甲酰香豆素类化合物的合成及癌化学预防活性的研究”，13万元；

6)中国医学科学院基础医学研究所叶益新主持的“新型强心药的作用及其作用机理的研究”，10万元；

7)南开大学元素有机化学研究所李广仁主持的“葡酸类生根促进物质的构效关系及应用研究”，12万元；

8)南开大学元素有机化学研究所史延年主持的“从骆驼蓬草中提取新植物生长调节剂79401的研究”，17万元。

(3)留学人员短期回国工作、讲学基金。1992年批准资助8项，其中数理科学部5项，信息、生命和化学科学部各1项。资助金额共6.44万元。

获准资助的留学人员

项目名称	姓　名	国　别	国内接待单位	资助金额（万元）
第五届全国 CAD&CG 会议	戴习为	澳大利亚	中国科学院北京软件工程研制中心	0.64
量子尘埃非线性光学材料	康振川	美　国	北京大学化学系	1.50
90 年代天文学前沿学术讨论会	徐渝林	美　国	中国科学院北京天文台	0.50
90 年代天文学前沿学术讨论会	刘晓为	德　国	中国科学院北京天文台	0.50
90 年代天文学前沿学术讨论会	吕南姚	美　国	中国科学院北京天文台	0.50
90 年代天文学前沿学术讨论会	左　林	加拿大	中国科学院北京天文台	0.50
报告工作及参加合作研究	黄大威	澳大利亚	中国科学院系统科学研究所	0.30
多个神经元光学记录技术与其在神经生物学研究中的应用	吴建永	美　国	北京大学	2.00

（4）国定重点实验室研究项目基金。1992 年经国家重点实验室学术委员会评议，国家自然科学基金委员会组织专家复审，第一批得到此项基金资助的有 10 个项目，资助经费 146.3 万元。

获准资助的研究项目和所在实验室

序号	项　目　名　称	姓　名	所　在　实　验　室	资助经费（万元）
1	带间激子激发诱发和增强的半导体电子回旋共振	沈学础	红外物理实验室（中国科学院上海技术物理研究所）	12.5
2	周期和非周期金属多层膜的软 X 射线光学和巨磁组	蒋树声	固体微结构实验室（南京大学）	13.8
3	异质结谷间转移电子效应及器件研究	薛舫时	半导体超晶格实验室（半导体所）	15.0
4	声场声信号在海洋中传播问题	张仁和	声场声信息实验室（声学所）	15.0
5	重芳烃抽提基本规律及优化设计研究	汪家鼎	化工联合实验室（清华大学）	15.0
6	大豆种子贮藏蛋白基因的研究	徐美林	植物分子遗传实验室（上海植生所）	15.0
7	跨膜 Ca^{2+}浓度梯度与人红细胞骨架	杨福愉	生物大分子实验室（生物物理所）	15.0
8	季度变化及其异常的动力学研究	陶诗言	大气科学和地球流体力学数值模拟实验室（大气物理所）	15.0

（续表）

序号	项　目　名　称	姓　名	所　在　实　验　室	资助经费（万元）
9	Ni-Al 系金属间化合物的疲劳断裂行为及其机制	王中光	材料疲劳与断裂实验室（沈阳金属所）	15.0
10	量子阱激光器与调制器的单片光子集成技术的基础研究	刘式墉	集成光电子学实验室（吉林大学）	15.0

（5）优秀研究成果专著出版基金。1992 年度经同行评议、专业组评审，专家委员会复审，确定资助 28 项研究成果专著出版，获资助金额 50 万元。

获准资助的研究成果专著

书　　名	作　者	工　作　单　位
非数值并行算法（上、下册）	康立山	武汉大学
图的可嵌性理论	刘彦佩	中国科学院应用数学研究所
分支理论中的奇异性与群论方法	唐　云	北京工业大学
场离子显微术及其应用	刘治国	南京大学
X 射线吸收精细结构及其应用	王其武	中国科技大学
表面化学	顾惕人	北京大学
中国苔藓植物志（第一卷）	高　谦	中国科学院应用生态研究所
中国植物志　荨麻科	王文采	中国科学院植物研究所
中国植物志　竹亚科	耿伯介	南京大学
中国植物志　杜鹃花科	胡琳贞	四川大学
中国动物志　爬行纲第一册	张孟闻	华东师大
植物根系与土壤抗冲性	李　勇	中国科学院贵阳地球化学研究所
大城市边缘区研究	顾朝林	中国科学院地理研究所
中国海域地质与油气	关士聪	地矿部
地球科学中同位素体系理论与应用	朱炳泉	中国科学院地球化学研究所广州分部
中国孢粉化石	宋文琛	中国科学院南京地质古生所
西藏中新生代的石珊瑚	廖卫华	中国科学院南京古生物研究所
南海海洋化学	韩舞鹰	中国科学院南海海洋研究所
数字空间中的数学形态学——理论及应用	龚　炜	北京大学
模糊逻辑技术与模糊推理机	汪培庄	北京师范大学

(续表)

书名	作者	工作单位
稀土碱土等多元素冶金热力学及其在材料中的应用	杜　挺	冶金部钢铁研究总院
马氏体相变与马氏体（第二版）	徐祖耀	上海交通大学
高 T_c 氧化物超导体的相关系和晶体结构	梁敬魁	中国科学院物理研究所
机电耦联系统的非线性振动	邱家骏	天津大学
中国经济昆虫志皮刺螨总科	邓国藩	中国科学院动物研究所
中国经济昆虫志半翅目（二）	章士美	江西农业大学
区域综合开发的理论和案例研究	陈传康	北京大学
黄河泥沙与环境	景　可	中国科学院地理研究所

四、其　他

4.1 科学基金管理工作地区联络网

由京外受资助单位自愿成立的国家自然科学基金管理工作地区联络网，是基金管理工作中出现的一种自发的、民间的组织形式，对加强基金委员会与受资助单位之间的信息沟通和交流，密切工作联系，提高科学基金管理水平起了相当重要的作用。由于得到基金委员会的支持并提供了适当的活动经费，已经在除台湾、西藏外的省、市、自治区，设立了32个地区联络网点。地区联络网点及民主选举的组长单位如下（两届）：

地区联络网点及组长单位

地区	组长单位	地区	组长单位
吉林省	吉林大学	江苏省	南京大学
黑龙江省	哈尔滨工业大学	浙江省	浙江大学
辽宁省1	东北工学院	安徽省	中国科学技术大学
辽宁省2	大连理工大学	河南省	郑州大学
河北省	河北医学院	湖南省	湖南大学
天津市	天津大学	湖北省	武汉大学
内蒙古自治区	内蒙古大学	福建省	福州大学
山西省	山西大学	江西省	江西医学院
陕西省	西安交通大学	广东省	中山大学
宁夏回族自治区	宁夏医学院	海南省	华南热带作物科学研究院
新疆维吾尔自治区	新疆大学	广西壮族自治区1	广西医学院
甘肃省	兰州大学	广西壮族自治区2	桂林冶金地质学院
青海省	青海师范大学	云南省	云南大学
山东省1	山东大学	贵州省	中国科学院贵阳地球化学研究所
山东省2	青岛海洋大学	四川省1	成都科技大学
上海市	复旦大学	四川省2	重庆大学

地区联络网是国家自然科学基金管理工作地区协作的非常设联络组织，受国家自然科学基金委员会委托，承办以下事项：

(1)沟通国家自然科学基金委员会与各受资助单位的工作联系和信息交流，反映本地区科学基金工作情况和建议，派代表参加国家自然科学基金委员会召开的有关会议。

(2)代发、代售科学基金工作的有关文件资料和申请书，并提供咨询。

(3)代复制微机录入程序及根据申请单位要求代录申请书简表，逐步与国家自然科学基金委员会建立计算机远程传输信息联系。

(4)组织本地区科学基金管理工作经验交流、业务培训及其他力所能及的工作。

4.2 表彰在国家自然科学基金管理工作中的先进集体与先进个人名单

(1992年11月10日委务会议审议通过)

先进集体(15)

浙江大学
中国人民解放军第四军医大学
复旦大学科技处
华中理工大学科研处
西安电子科学技术大学科研处
上海第二医科大学科研处
中国科学院南京土壤研究所科研处
中国科学技术大学科研处
中国科学院金属研究所
北京农业大学科研处
成都科学技术大学科技处
西北工业大学科研处
中国地质大学(北京)科研处
中国科学院上海有机化学研究所计划处
中国科学院化学研究所科研处

先进个人(107名)

姚　健(清华大学)
陈　卫(南京大学)
姚树印(北京医科大学)
古　瑶(天津大学)
朱珍华(南开大学)
陈国清(华中理工大学)
张凯军(吉林大学)
包志宏(上海医科大学)
石婉滨(哈尔滨工业大学)
王玉英(北京航空航天大学)
陈开俊(华西医科大学)
裴毓英(大连理工大学)
郑建平(西北工业大学)
乌维钧(华东师范大学)
靳玲玲(重庆大学)
辛雨源(中国科学院长春应用化学研究所)
王志田(山东大学)
杨永平(东北工学院)
金雪娟(华东化工学院)
吕立宁(中国医学科学院基础医学研究所)
吕明身(中国科学院力学研究所)
万玉玲(中国科学院动物研究所)
蔡　珍(中国医科大学)
黄家宽(中国科学院地质研究所)
甘惠勤(北京大学)
陆剑英(复旦大学)
葛朝阳(浙江大学)
林飞平(中国科学技术大学)
白玉良(北京农业大学)
彭光铭(武汉大学)
陈志夏(上海交通大学)
张镇海(中山大学)
方俊金(厦门大学)
薛纯良(上海第二医科大学)
谷冬梅(中国科学院物理研究所)
王小峰(兰州大学)
吕六平(同济大学)
李苏中(同济医科大学)
王素清(四川大学)
廖志平(华南理工大学)
张爱真(中国科学院化学研究所)
袁凯瑜(中山医科大学)
孟小雄(中国科学院植物研究所)
潘　勇(南京农业大学)
彭　皎(中国科学院上海有机化学研究所)
周兴明(成都科学技术大学)
王兴理(中国科学院地球化学研究所)
韩晓鹏(中国科学院海洋研究所)
郑笔康(中国科学院金属研究所)

陆　晓（中国科学院大连化学物理研究所）
于宜法（青岛海洋大学）
何圣凤（杭州大学）
刘秀兰（湖南医科大学）
张　申（中国科学院上海硅酸盐研究所）
高端昌（中国科学院上海光学精密机械研究所）
李文中（北京化工学院）
赵哲义（西安医科大学）
杨培真（北京科学技术大学）
关光伟（哈尔滨医科大学）
赵千钧（中国科学院地理研究所）
杨　晶（西北大学）
周仲和（中国科学院电子学研究所）
余化刚（中国人民解放军第三军医大学）
刘　玉（白求恩医科大学）
李安丽（中国人民解放军军事医学科学院基础研究所）
凌永明（中国科学院上海原子核研究所）
刘景秀（中国科学院感光化学研究所）
周以珍（西南交通大学）
陈乐蓉（中国科学院上海细胞生物研究所）
朱晓明（浙江医科大学）
高燕丽（北京邮电学院）
李景高（合肥工业大学）
张素娟（暨南大学）
黎汉华（西安电子科学技术大学）
何金茶（中国科学院心理研究所）
赵静芳（中国科学院计算中心）
郑爱英（中国科学院大气物理研究所）
邢巨恒（北京工业大学）
周红娣（北京理工大学）
严贺文（中国科学院高能物理研究所）
党康杰（中国人民解放军第四军医大学）
张维恒（中国科学院半导体研究所）
苏均平（中国人民解放军第二军医大学）
周月群（浙江农业大学）
王谷岩（中国科学院生物物理研究所）
陈东明（华中农业大学）
吴蕴珉（中国地质大学（北京））
姜锡东（东北师范大学）
陈钟麟（中国原子能科学研究院核物理研究所）
屈　锐（南京航空学院）
卢晓刚（中国科学院长春物理研究所）
任用森（华南农业大学）
蔡　諄（中南工业大学）
胡沪珍（中国科学院上海冶金研究所）
李胜武（吉林工业大学）
陈传平（中国科学院系统科学研究所）
何　军（西北农业大学）
乐佩华（中国科学院声学研究所）
林根寿（中国科学院上海药物研究所）
胡绪才（中国科学院兰州化学物理研究所）
张玉香（中国地质大学（武汉））
陈家琼（中国科学院南京土壤研究所）
寸品菊（中国科学院成都有机化学研究所）
赵宝文（中国科学院上海生理研究所）
周如玉（中国科学院自动化研究所）
傅湘龙（中国人民解放军第一军医大学）
单渊东（中国医学科学院北京协和医院）

先进地区联络网（3 个）

上海地区科学基金工作联络网
成都地区科学基金工作联络网
浙江地区科学基金工作联络网

地区联络网工作中的先进个人（13 名）

陆剑英（上海地区科学基金工作联络网）
陶忠保（天津地区科学基金工作联络网）
王瑞华（江西地区科学基金工作联络网）
周兴明（成都地区科学基金工作联系网）
王兴理（贵州地区科学基金工作联络网）
何建庆（湖北地区科学基金工作联络网）
高应楠（新疆地区科学基金工作联络网）
马够华（山西地区科学基金工作联络网）
龚　勋（江苏地区科学基金工作联络网）
滕家春（吉林地区科学基金工作联络网）
周湘玲（沈阳地区科学基金工作联络网）
葛朝阳（浙江地区科学基金工作联络网）
王家琪（湖南地区科学基金工作联络网）

国家社会科学基金委员会

一、综　述

国家社会科学基金和青年社会科学研究基金的设立适应了我国社会科学事业发展的需要，受到了广大哲学社会科学工作者的欢迎，为繁荣我国社会科学事业发挥了重大作用。1991年始，国家社会科学基金由中华社会科学基金会管理，国家社会科学基金委员会停止工作。

国家社会科学基金主要由国家财政按年度专项拨款，同时接受国内外社会团体、机构和个人的捐赠。

国家社会科学基金每年使用本金50万元对资助对象进行无偿资助。国家社会科学基金用于资助我国社会主义现代化建设中具有重大实践意义和理论意义的研究课题和对科学发展具有重要意义的研究课题，扶持和加强社会主义建设急需的新兴学科、边缘学科和交叉学科的建设，支持具有重大科学价值的历史文化遗产的抢救和整理工作。青年社会科学研究基金用以支持青年社会科学工作者的研究工作。

国家社会科学基金会每年向社会公布《国家社会科学基金课题指南》。《指南》的制订以《国家社会科学基金暂行条例》为依据，在征求有关专家意见的基础上，由基金会办公室协同学科基金组负责人制订，并经基金委员会领导审定。主要内容包括：①关于课题指南的总说明；②每个学科本年度提出的重点研究领域、范围和课题及其说明。

国家社会科学基金会每年通过向社会公布《国家社会科学基金课题指南》开始基金申请受理工作。基金会办公室统一受理基金申请，并按《国家社会科学基金暂行条例》和当年《课题指南》规定的原则、资助范围对申请课题作初步筛选。经初选的课题由各基金组组织同行专家评议，也可由基金会办公室征得基金组负责人同意后委托有关单位组织同行专家评议。评议可以采用小型会议或通讯方式。评议专家应是副研究员或是相当于副研究员以上的专业人员。一般情况下，每个课题需经3—5名同行专家评议。各基金组根据评议情况对申请课题进行审议，并采用无记名投票方式表决，2/3以上（含2/3）多数通过。青年社会科学研究基金的申请课题为1/2以上（不含1/2）多数通过。基金课题经有关学科基金组审议通过之后，由基金会办公室进行复议，并提出资助总额和分年度拨款意见，办理进一步审批和拨款手续。资助金额在10万元以下的课题由基金委员会秘书长审批，10万元以上（含10万元）的课题由基金委员会主任审批；特殊重大课题，由基金委员会集体讨论审批。

国家社会科学基金资助的课题主要按下列标准评选：

（1）对我国社会主义现代化建设有重大意义；

（2）对科学的发展有重要的促进和推动作用；

（3）课题承担者具有按计划完成该课题的素质和条件。

二、组织机构

（1）国家社会科学基金委员会由专家15人至25人组成，设主任一人，副主任若干人，秘书长一人。具体名单见1990年《中国科学基金年鉴》（154—155页）。主任主持基金委员会工作，副主任协助主任工作。秘书长在主任领导下负责基金委员会的日常工作。

（2）基金委员会设办公室，处理日常事务。基金委员会办公室的职责由全国哲学社会科学规划领导小组办公室即中国社会科学院科研局代行。1991年后，中国社会科学院科研局不再代行此项职责。

三、统　　计

1990年国家社会科学基金申请、批准资助情况　　（金额单位：万元）

学科	申请		批准		批准率（%）		平均资助强度（万元/项）
	项数	金额	项数	金额	项数	金额	
马克思主义研究	132	243.2	30	36.7	22.7	15.1	1.2
哲学	127	225.3	32	40.3	25.2	17.9	1.3

（续表）

学　　科	申　　请		批　　准		批准率（%）		平均资助强度（万元/项）
	项　数	金　额	项　数	金　额	项　数	金　额	
经济学	470	1 585.1	93	251.5	19.8	15.9	2.7
政治学	51	111.4	20	32.5	39.2	29.2	1.6
法学	97	237	20	43.5	20.6	18.4	2.2
史学	276	523.4	41	48.3	14.9	9.2	1.2
考古学	16	73.6	4	9.5	25	12.9	2.4
文学	180	257.8	28	21	15.6	8.1	0.8
语言学	112	226.5	16	11.8	14.3	5.2	0.7
宗教问题研究	27	65.7	10	14	37	21.3	1.4
民族问题研究	94	339	16	29.4	17	8.7	1.8
社会学	113	415	24	47.1	21.2	11.3	1.9
国际问题研究	128	322	26	48.4	20.3	15	1.9
新闻学	4	15.9	3	6	75	37.7	2
总计	1 827	4640.9	363	640	19.9	13.8	1.8

1990 年青年社会科学研究基金申请、批准资助情况

（金额单位：万元）

学　　科	申　　请		批　　准		批准率（%）		平均资助强度（万元/项）
	项　数	金　额	项　数	金　额	项　数	金　额	
马克思主义研究	33	23.2	9	6.4	27.3	27.6	0.7
哲学	79	56.4	18	11.4	22.3	20.2	0.6
经济学	233	191.2	39	32.6	16.7	17.1	0.8
政治学	33	27.3	14	10	42.4	36.6	0.7
法学	63	58	10	7	15.9	12.1	0.7
史学	135	100.8	33	21.8	24.4	21.6	0.7
考古学	8	7.4	4	3.2	50	43.2	0.8
文学	119	75.4	20	11.6	16.8	15.4	0.6
语言学	32	20	10	6.2	31.3	31	0.6
宗教问题研究	12	9	4	3.4	33.3	37.8	0.9
民族问题研究	36	29.1	5	3	13.9	10.3	0.6
社会学	65	53.2	10	7	15.4	13.2	0.7
国际问题研究	43	34.2	8	6	18.6	17.5	0.8
新闻学	5	2.6	1	0.6	20	23.1	0.6
总计	896	687.8	185	130.2	20.6	18.9	0.7

1991 年国家（含青年）社会科学基金资助课题情况

学　　科	资助课题数	资助金额数（万元）	学　　科	资助课题数	资助金额数（万元）
马列、科社	33	43.2	语　言　学	18	13.7
党史、党建	10	12.2	宗教问题研究	12	18.9
哲　　学	79	85.2	民族问题研究	21	32.1
经　济　学	129	288.4	社　会　学	29	41.9
政　治　学	17	22	新　闻　学	3	5.8
法　　学	34	48.3	图书、情报、档案	4	5.2
历　史　学	72	74.2	国际问题研究	27	44.4
考　古　学	8	12.7	综合调查研究	29	78.5
文　　学	73	64.9	总　　计	598	891.6

中华社会科学基金会

一、综　述

1. 成立背景、宗旨和任务

中华社会科学基金会是由国家社会科学基金会发展而来。早在1980年，国家每年拨给中国社会科学院专项经费200万元，用于资助该院与院外研究机构、高等院校的合作研究。1983年成立全国哲学社会科学规划领导小组，财政部每年增拨经费300万元，形成每年500万元的规划经费，用来资助国家哲学社会科学“六五”规划重点项目研究。1986年开始设立国家社会科学基金，国家每年拨给500万元。1987年以后，每年又增拨300万元，形成每年800万元的基金。当时，国家社会科学基金由中国社会科学院代管。

《国家社会科学基金暂行条例》总则中对国家社会科学基金的宗旨和任务作了明确规定：社会科学研究必须坚持以马克思列宁主义、毛泽东思想为指导，贯彻理论联系实际的原则和“百花齐放，百家争鸣”的方针，鼓励创造性的探索，力争作出高质量的研究成果。国家社会科学基金用于资助我国社会主义现代化建设中具有重大实践意义和理论意义的研究课题，扶持和加强社会主义建设急需的新兴学科，边缘学科和交叉学科的建设，支持具有重大科学价值的历史文化遗产的抢救和整理工作。

为鼓励和支持青年社会科学工作者的研究工作，自1989年起国家社会科学基金每年划出一定数额的经费，设立青年社会科学基金。

“七五”期间，国家社会科学基金共资助“七五”规划重点项目478项，资助金额2147.45万元，1987—1990各年度一般项目1262项，资助金额2123.18万元，1989—1990各年度青年项目315项，资助金额203.2万元。以上合计，“七五”期间共资助各类项目2055项，资助金额4473.83万元。

为便于海内外的学术交流和筹集资金，进一步繁荣哲学社会科学，1991年经党中央批准，将国家社会科学基金会改名为中华社会科学基金会，在全国哲学社会科学规划领导小组下成立全国哲学社会科学规划办公室和中华社会科学基金会办公室，负责制订全国哲学社会科学中长期规划和年度计划，管理和筹措社会科学基金。管理体制转换以后，将国家拨款的中长期规划经费和年度基金统称为国家社会科学基金。中华社会科学基金包括国家社会科学基金和自筹经费两部分，它们共同用于资助我国的社会科学事业。

2. 基金来源

中华社会科学基金主要来源于国家财政拨款的国家社会科学基金，同时接受国内外团体和个人的捐赠。1991年国家社会科学基金共1200万元，比上年减少7.7%；1992年国家社会科学基金共1400万元，比上年增长16.67%。目前中华社会科学基金尚无自筹经费。本资料所列经费数据，仅限于国家社会科学基金。

3. 资助项目类型，资助范围及资助对象

国家社会科学基金资助项目的类型有：国家中长期规划项目（也称国家重点项目）和年度基金项目。其中，年度基金项目又分为一般项目和青年项目。国家社会科学基金资助的范围包括马克思主义·科学社会主义，党史·党建，哲学、经济学、政治学、社会学、法学、国际问题研究、历史学、考古学、民族问题研究、宗教学、中国文学、外国文学、语言学、新闻学、图书情报、教育学、艺术学、军事学等20个学科。国家社会科学基金面向全国，公平竞争，专家评审，择优立项。凡有条件进行社会科学研究的单位和个人，均可按规定申请资助。

国家中长期规划项目是指某个五年规划期间根据国家在经济和社会发展方面的需要以及学科建设和学科发展方面的需要而确定的哲学社会科学研究项目。国家中长期规划项目也称某个五年规划的国家重点项目，这类项目通常在该五年规划的第一年评审并组织实施，以后根据需要作适当滚动或增补。由于管理体制转换的原因，“八五”国家重点项目推迟一年，从1992年开始实施。1992年，“八五”国家重点项目申报数2038项，批准立项364项，项目批准率17.9%；申请资助金额3992.09万元，批准资助金额1577.40万元，经费批准率39.5%；平均资助强度每项4.33万元。

年度计划项目要根据国家哲学社会科学年度课题指南来设计，此外，也接受一定数量的、由社会科学工作者自由申报的项目。年度计划项目一般在当年的第一季度组织申报，第二季度进行评审和审批，第三季度发布执行。1991年一般项目申报数2722项，批准立项414项，项目批准率15.2%，申请资助金额1341.2万元，批准资助金额716.55万元，经费批准率53.4%，平均资助强度每项1.81万元。1991年青年项目申报数1310项，批准立项162项，项目批准率12.4%，申请资助金额138.01万元，批准资助金额110.4万元，经费批准率80%，平均资助强度每项0.68万元。1992年一般项目申报数3351项，批准立项489项，项目批准率14.6%，申请资助金额1893.74万元，批准资助金额698.99万元，经费批准率36.9%，平均资助强度每项1.43万元。1992年青年项目申报数1340项，批准立项195项，项目批准率14.6%，申请资助金额497.77万元，批准资助金额137.61万元，经费批准率27.6%，平均资助强度每项0.71万元。

4. 项目指南的制订与发布

国家社会科学基金项目指南以发布中长期课题规划和年度课题指南的方式进行。中长期课题规划一般在五年规划期的第一年发布，年度课题指南一般在当年的第一季度发布。

制订中长期课题规划和年度课题指南，由各学科规划组根据国家经济社会发展需要和学科建设需要，广泛征求有关学科专家和实际应用部门的意见，经过认真筛选确定，并报全国哲学社会科学规划领导小组审定。

少数急需的重大课题和不宜公开进行招标、投标的课题，经全国哲学社会科学规划领导小组

审定，单独下达立项。

5. 申报、评审和审批办法

凡符合《国家社会科学基金项目申报、评审和审批实施办法(试行)第六条规定的申报条件的，都可按规定申报。申报时间为课题指南发布之后3个月之内，各省市的由当地哲学社会科学规划办公室受理，中央和国家机关在京单位的由全国哲学社会科学规划办公室受理。

评审工作由各学科评审组本着公正和择优立项的原则进行。译审必须在学科评审组成员有2/3以上人（含2/3）参加时方能进行。先以适当的方式进行必要的初评，然后以无记名投票的方式进行表决。获表决人数2/3（含2/3）以上赞成方能通过。

全国哲学社会科学规划办公室对学科评审组通过的项目进行汇总分析，提出项目和资助金额的调整意见，然后提交全国哲学社会科学规划领导小组审批，批准后方能立项资助。

二、组织机构

中华社会科学基金会由基金委员会、基金评审组和基金会办公室组成，情况如下：

1. 中华社会科学基金委员会

中华社会科学基金委员会由专家15人至25人组成，设主任1名，副主任若干名，秘书长1名。主任主持基金委员会工作，副主任协助主任工作。秘书长在主任领导下负责基金委员会的日常工作。基金委员会的职责是：①制定基金的使用原则和基金管理办法；②审定并公布基金课题指南；③批准重大的申请项目；④指导基金评审组和基金会办公室的工作。

中华社会科学基金委员会现由全国哲学社会科学规划领导小组代行其职。全国哲学社会科学规划领导小组目前由下列成员组成：

顾　问　胡　绳
组　长　王忍之
副组长　何东昌　聂大江　刘国光
成　员　孙尚清　滕　藤　刘积斌　陈昌本
　　　　刘　杲　毕文波　邢贲思　江　流
　　　　张云岗

2. 评审机构

基金会下设若干基金评审组，根据各学科的不同情况，各基金评审组由专家10—30人组成，设组长1名，副组长1—3人。基金评审组的职责是：①制订本学科的项目指南；②参与制订综合性项目指南；③组织同行专家评议本学科申请项目。④审定本学科的申请项目。

各基金评审组现由全国哲学社会科学规划领导小组所属的学科规划（评审）组代行其职。在“八五”规划期间，全国哲学社会科学规划领导小组共有18个学科规划（评审）组，即马克思主义、科学社会主义、党史、党建、哲学、经济学、政治学、法学、社会学、中国史、世界史、考古学、中国文学、外国文学、语言学、宗教学、民族问题研究、国际问题研究、新闻学、图书情报等学科规划（评审）组。教育学、艺术学和军事学三个学科分别委托全国教育科学规划办公室，全国艺术科学规划办公室和全军哲学社会科学规划办公室负责评审和管理。

（1）马克思主义·科学社会主义学科规划、评审组

组　长　江　流
副组长　靳辉明　林基洲
成　员　许征帆　石仲泉　阎志民　李润海
　　　　奚广庆　吴雄丞　赵　曜　顾锦屏
　　　　徐崇温　姜思毅　李会滨　赵明义
　　　　牛星熙　滕世宗　雷　云　常　征
　　　　梁　钊

（2）党史·党建学科规划、评审组

组　长　沙健孙
副组长　梁　柱　何　沁
成　员　郑　惠　王朝美　蔡长水　金春明
　　　　邵维正　范　平　张静如　彭　明
　　　　周大仁　焦益众　钱冬生　高　义

（3）哲学学科规划、评审组

组　长　邢贲思
副组长　陈先达　陶德麟　陈筠泉
成　员　韩树英　赵凤歧　黄枬森　叶　朗
　　　　罗国杰　齐振海　李　克　田心铭

方克立　金隆德　黄心川　孙伯鍨
任吉悌　何祚庥　胡福明

（4）经济学（基础理论、经济史）学科规划、评审组

组　长　吴树青
副组长　苏　星　何建章
成　员　戴园晨　有　林　王茂根　仇启华
智效和　卫兴华　胡厚钧　蔡孝箴
洪文达　吴宣恭　曾牧野　姜　凌
经君健　刘诗白

（5）经济学（部门经济、区域经济、数量经济、技术经济）学科规划、评审组

组　长　黄　达
副组长　王梦奎　李京文
成　员　乌家培　王积业　高尚全　马　凯
黄青禾　许　毅　周叔莲　张卓元
陈吉元　刘海藩　王林生　厉以宁
姚锡棠　林　凌　杜肯堂　夏振坤
吴德春

（6）政治学学科规划、评审组

组　长　吴大英
副组长　王邦佐　王惠岩
成　员　刘怡昌　陈荷夫　刘　瀚　张汉清
徐大同　都　淦　刘德厚

（7）社会学学科规划、评审组

组　长　郑杭生
副组长　陆学艺　何肇发
成　员　叶小文　杨魁孚　陶春芳（女）
曾　毅　田雪原　宋书伟
刘珺珺（女）　王　辉　赵子祥
刘　敏　吴　铎　谷迎春　刘中荣
周銮书　宋林飞

（8）法学学科规划、评审组

组　长　王家福
副组长　陈光中　高铭暄
成　员　高西江　梁叔文　陈为典　郑成思
王叔文　郭道晖　沈宗灵　种明钊
孙国华　柴发邦　齐乃宽　马克昌
张光博　刘楠来　邢同舟　王景荣

（9）国际问题研究学科规划、评审组

组　长　卢之超
副组长　李　琮　杜　攻
成　员　张　磐　高　锷　吴念鲁　庞荣谦
柳瑟青　肖　枫　王增铨　徐　葵
陈乐民　葛　佶（女）　巫宁耕
周新城　陈启懋　姚廷纲　池元吉
郭吴新　张海涛　薛敬孝

（10）中国历史学科规划、评审组

组　长　李文海
副组长　林甘泉　龚书铎
成　员　王庆成　田余庆　戴　逸　张岂之
林增平　胡如雷　魏宏运　朱　雷
陈之安　刘家和　陈高华　胡守为
隗瀛涛　张　磊

（11）世界历史学科规划、评审组

组　长　张椿年
副组长　齐世荣　罗荣渠
成　员　陈之骅　朱　寰　李植枏　陈崇武
庞卓恒

（12）考古学学科规划、评审组

组　长　徐苹芳
副组长　宿　白　石兴邦
成　员　庄　敏　王仲殊　贾兰坡　安金槐
陈振裕　林　沄　蒋赞初　张长寿

（13）民族问题研究学科规划、评审组

组　长　刘先照
副组长　杜荣坤
成　员　史　筠　郝时远　王辅仁　曹玉泰
陈育宁　黄淑娉（女）　朱　荣
李绍明　陈国强　吴　金

（14）宗教学学科规划、评审组

组　长　任继愈
副组长　宛耀宾　卿希泰
成　员　多杰才旦　马忠杰　孔　繁
戴康生　吕大吉　萧志恬　余振贵

(15) 中国文学学科规划、评审组

组　长　陈　涌
副组长　李　准　张　炯
成　员　陆梅林　钱中文　刘魁立　董学文
　　　　陆贵山　许怀中　滕　云
　　　　阿·吐尔迪　巴·布林贝赫
　　　　陈伯海　王元骧　章培恒　黄修己
　　　　袁世硕

(16) 外国语言文学学科规划、评审组

组　长　吴元迈
副组长　王福祥　陈嘉厚
成　员　桂诗春　武兆令(女)　程代熙
　　　　叶水夫　董衡巽　夏仲翼　王佐良
　　　　徐烈炯　胡孟浩　王忠祥

(17) 语言学学科规划、评审组

组　长　许嘉璐
副组长　刘　坚　吕冀平
成　员　王　均　李　荣　裘锡圭　马希文
　　　　王　宁(女)　李更新　鲁国尧
　　　　邢福义　曾宪通

(18) 新闻学学科规划、评审组(临时)

王强华　徐心华　赵玉明　徐耀魁　何梓华

3. 基金办公室

中华社会科学基金会设办公室，处理日常事务。中华社会科学基金会办公室和全国哲学社会科学规划办公室目前是同一机构。中华社会科学基金会办公室(全国哲学社会科学规划办公室)是中央宣传部局级事业单位，设主任1人，副主任2人，下设规划、基金、综合3个处，办公室编制20人。

三、统　　计

经　费　情　况

(单位：万元)

项目＼年度		1991	1992
收　入	合　计	1 236.50	1 771.66
	财政拨入	1 200.00	1 400.00
	上年结存	36.50	371.66
支　出	合　计	864.84	1 630.72
	项目经费	826.95	1 587.81
	科研管理费	13.13	14.87
	行政管理费	18.43	20.87
	办公房租	6.33	7.17

历年申请、批准资助概况

项目＼年度		1991	1992
项　目	申报数(项)	4 032	6 729
	批准数(项)	576	1 048
	批准率(%)	14.3	15.6
经　费	申请额(万元)	1 479.12	6 383.60
	批准额(万元)	826.95	2 414.00
	批准率(%)	55.9	37.8

按资助项目类型及学科统计

项目类型："八五"国家重点项目（1992年） （金额单位：万元）

学科或专业	项目			经费			平均资助强度（万元/项）
	申报数	批准数	批准率（%）	申请额*	批准额	批准率（%）	
合计	2 038	364	17.9	3 992.09	1 577.40	39.5	4.33
马列科社	102	23	22.5	129.32	74.00	57.2	3.22
党史党建	88	10	11.4	56.10	41.40	73.8	4.14
哲学	174	22	12.6	133.32	82.70	62.0	3.76
经济学	505	68	13.5	820.46	375.75	45.8	5.53
政治学	41	16	39.0	116.98	70.00	59.8	4.38
法学	100	17	17.0	146.57	86.35	58.9	5.08
社会学	67	12	17.9	153.73	65.50	42.6	5.46
历史学	135	30	22.2	221.98	114.15	51.4	3.81
考古学	33	9	27.3	69.45	41.35	59.5	4.59
文学	115	15	13.0	87.02	61.02	70.1	4.07
语言学	41	8	19.5	70.20	37.10	27.8	4.64
宗教学	24	6	25.0	36.79	29.79	81.0	4.97
民族问题	55	11	20.0	220.36	54.00	24.5	4.91
国际问题	73	23	31.5	199.76	94.69	47.4	4.12
新闻学	12	4	33.3	32.80	16.00	48.8	4.00
教育学	160	20	12.5	830.60	90.00	10.8	4.50
艺术学	60	10	16.7	227.93	63.10	27.7	6.31
军事学	213	20	9.4	338.22	80.00	23.7	4.00
综合调查	40	40	100.0	100.50	100.50	100.0	2.51

* 表中"经费申请额"系指批准项目的经费申请额。

按资助项目类型及学科统计

项目类型：一般基金项目（1992 年）　　　　（金额单位：万元）

学科或专业	项目			经费			平均资助强度（万元/项）
	申报数	批准数	批准率（%）	申请额	批准额	批准率（%）	
合计	3 351	489	14.6	1 893.74	698.99	36.9	1.43
马列科社	163	30	18.4	107.75	35.80	33.2	1.19
党史党建	99	15	15.2	50.85	17.10	33.6	1.14
哲学	375	56	14.9	135.99	76.80	56.5	1.37
经济学	716	110	15.4	547.17	195.40	35.7	1.78
政治学	106	16	15.1	52.81	25.45	48.2	1.59
法学	136	21	15.4	63.61	35.30	55.5	1.68
社会学	131	20	15.3	105.66	30.45	28.8	1.52
历史学	367	59	16.1	169.34	73.75	43.6	1.25
考古学	40	6	15.0	21.76	10.20	46.9	1.70
文学	342	47	13.7	115.85	55.67	48.1	1.18
语言学	87	13	14.9	46.07	17.07	37.1	1.31
宗教学	38	6	15.8	18.25	9.40	51.5	1.57
民族问题	77	12	15.6	51.68	18.70	36.2	1.56
国际问题	74	12	16.2	34.45	17.80	51.7	1.48
新闻学	32	5	15.6	25.44	7.80	30.7	1.56
教育学	400	23	5.8	189.15	23.00	12.2	1.00
艺术学	22	22	100.0	64.31	37.30	58.0	1.70
军事学	146	16	11.0	93.60	12.00	12.8	0.75

注：表中“经费申请额”系指批准项目的经费申请额。

按资助项目类型及学科统计

项目类型：青年基金项目（1992 年）　　　　（金额单位：万元）

学科或专业	项目			经费			平均资助强度（万元/项）
	申报数	批准数	批准率（%）	申请额	批准额	批准率（%）	
合计	1 340	195	14.6	497.77	137.61	27.6	0.71
马列科社	35	6	17.1	6.19	3.50	56.5	0.58
党史党建	38	6	15.8	9.18	4.30	46.8	0.72
哲学	130	19	14.6	24.15	12.51	51.8	0.66
经济学	281	43	15.3	66.45	35.00	52.7	0.81
政治学	50	8	16.0	9.90	6.00	60.6	0.75
法学	78	13	16.7	19.33	9.95	51.5	0.77
社会学	84	13	15.5	20.15	9.75	48.4	0.75
历史学	130	19	14.6	22.14	12.50	56.5	0.66
考古学	15	2	13.3	2.57	1.60	62.3	0.80
文学	109	16	14.7	19.08	11.00	57.7	0.69
语言学	26	4	15.4	4.99	2.80	56.1	0.70
宗教学	25	3	16.0	5.00	2.70	54.0	0.68
民族问题	23	3	13.0	2.81	2.40	85.4	0.80
国际问题	26	6	23.1	5.80	4.50	77.6	0.75
新闻学	9	1	11.1	1.42	0.70	49.3	0.70
教育学	230	20	8.7	252.70	8.00	3.2	0.40
艺术学	25	10	40.0	15.11	9.20	60.9	0.92
军事学	26	2	7.7	10.80	1.20	11.1	0.60

注：表中“经费申请额”系指批准项目的经费申请额。

按资助项目类型及学科统计

项目类型：一般基金项目（1991 年）　　　　（金额单位：万元）

学科或专业	项目			经费			平均资助强度（万元/项）
	申报数	批准数	批准率（%）	申请额	批准额	批准率（%）	
合计	2 722	414	15.2	1 341.11	716.55	53.4	1.73
马列科社		25		66.24	38.40	58.0	1.54
党史党建		8		18.25	11.00	60.3	1.38

（续表）

学科或专业	项	目		经	费		平均资助强度
	申报数	批准数	批准率（%）	申请额	批准额	批准率（%）	（万元/项）
哲　　学		55		121.37	70.00	57.7	1.27
经 济 学		103		555.63	278.00	50.0	2.70
政 治 学		11		31.75	17.40	54.8	1.58
法　　学		21		87.89	40.05	45.6	1.91
社 会 学		18		57.58	33.30	57.8	1.85
历 史 学		50		102.53	60.80	59.3	1.22
考 古 学		6		23.49	11.50	49.0	1.92
文　　学		53		83.53	51.85	62.1	0.98
语 言 学		14		18.54	11.05	59.6	0.79
宗 教 学		9		31.86	16.50	51.8	1.83
民族问题		15		60.84	27.50	45.2	1.83
国际问题		21		68.84	39.80	57.8	1.90
新 闻 学		2		7.34	5.00	68.1	2.50
图书情报		3		5.43	4.40	81.0	1.47

注：表中“经费申请额”系指批准项目的经费申请额

按资助项目类型及学科统计

项目类型：青年基金项目（1991年）　　　　（金额单位：万元）

学科或专业	项	目		经	费		平均资助强度
	申报数	批准数	批准率（%）	申请额	批准额	批准率（%）	（万元/项）
合　　计	1 310	162	12.4	138.01	110.40	80.0	0.68
马列科社		8		7.00	4.80	68.6	0.60
党史党建		2		1.60	1.20	75.0	0.60
哲　　学		24		20.40	15.20	74.5	0.63
经 济 学		33		28.40	24.40	85.9	0.74
政 治 学		6		5.60	4.60	82.1	0.77
法　　学		13		11.40	8.20	71.9	0.63
社 会 学		11		9.60	8.60	89.6	0.78
历 史 学		22		19.40	13.40	69.1	0.61

（续表）

学科或专业	项目			经费			平均资助强度（万元/项）
	申报数	批准数	批准率（%）	申请额	批准额	批准率（%）	
考古学		2		1.40	1.20	85.7	0.60
文学		20		14.81	13.00	87.8	0.65
语言学		4		3.00	2.60	86.7	0.65
宗教学		3		2.80	2.40	85.7	0.80
民族问题		6		5.20	4.60	88.5	0.77
国际问题		6		5.40	4.60	85.2	0.77
新闻学		1		1.00	0.80	80.0	0.80
图书情报		1		1.00	0.80	80.0	0.80

注：表中“经费申请额”系指批准项目的经费申请额

资助项目分布统计

（单位：项）

年度	合计	单位性质						
		高等院校	中国社科院	地方社科院	党校	党政机关	军队	其他
1991	576	336	72	71	21	63	6	7
1992	1 048	547	69	132	52	166	47	35
合计	1 624	883	141	203	73	229	53	42

行业、部门科技基金

机械工业技术发展基金委员会

一、综　述

1. 三年来的概况

机械工业技术发展基金会于1986年成立。有关沿革、宗旨、任务、主要管理办法，组织机构及前4年的工作概况，已载入1990年《中国科学基金年鉴》。前4年（1986—1989）基金总额1.77亿元，共安排基金项目1219项，资助1.65亿元，累计完成534项。

1990—1992年，共有基金总额7348万元。用于基金项目230项，资助金额3362.5万元。其中重大项目10项，资助1035万元；用于促进科技成果商品化资金2400万元。三年内共完成基金项目431项，其中，已获得机械电子工业部科技进步奖的96项。

2. 基金工作不断完善发展

为完善和发展科学基金制，1990年8月6日，机械电子工业部部长办公会议听取了机械工业技术发展基金会工作汇报，会议肯定了基金会4年来的工作成绩。会议认为，机械工业技术发展基金的设立，对增强机械工业的发展后劲，稳定基础技术和共性技术队伍，起了积极作用。会议要求基金会继续面向机械工业全行业，围绕机械工业科技发展规划的实施，结合部“一创三节两保证”，调整产品结构的要求，选编项目指南；要逐步改变按原有各专业之间的比例使用基金的办法为按重点使用基金的办法；在支持机械工业基础技术和共性技术研究的同时，重点支持先进实用技术的开发和成果商品化，迅速将成果转化为生产力，以利国民经济的发展，同时也有利于基金的积累；要研究扩大基金的办法，使基金逐步成为促进行业发展的重要渠道。根据部领导指示，基金会从机械工业实际出发，按照“八五”发展方针与任务，提出了以下四条改进措施。

（1）突出重点，提高基金使用效果。“八五”期间，紧紧围绕机械工业“八五”发展方针与三项任务，根据机械工业“八五”科技发展规划，机械工业技术发展基金主要资助机械工业基础技术、应用技术研究和重点技术开发项目。重点支持提高机械工业自身生产技术素质的关键基础技术攻关（包括设计、制造工艺、材料、检测技术等）；有应用前景的高新技术应用研究和对国民经济和行业发展有重要影响的基础产品开发。为提高经费使用效果，便于集中力量，解决行业攻关技术，根据课题重要性和科研工作量，分三种类型进行资助，即重大项目、重点项目和面上项目。重大和重点项目要尽量成套、成系统的组织攻关，使其攻关成果能尽快转化为生产力，取得效益。经与部有关科技部门讨论，并经委员会审议，初步选定第一批重大项目20项。经可行性分析论证和专家评审，现已有10项签订了合同，共资助1035万元，平均资助强度为103万元，约为一般基金项目的10倍。

（2）促进基金成果尽快转化为生产力。为加速科技成果商品化，从1988年开始分年划出部分基金，以低息贷款的方式资助科技成果商品化的工作。1991年在工作方针上逐步实现四个转变，即由资助项目比较分散转变到突出重点；由分散管理转变为“一条龙”系统管理；由等待申请转变到与主动资助推广成果相结合；由单一贷款方式转变为多种资助形式。几年来已累计资助97项科技成果转化工作，其中基金成果34项，占35%，国家与部科技成果36项，占37.2%。累计滚动资助总额为5572万元，计划可新增产值约6.9亿元，创利润1.4亿元，税金0.6亿元。

(3) 计算机辅助管理。为适应基金复杂的管理工作，于1989年开始研究应用计算机进行辅助管理。现已基本实现了在基金项目、成果商品化、工资、文档资料等方面的计算机管理。如在基金项目的管理上，可以对项目指南编制、招标评审、工作进度、拨款偿还、评定鉴定、成果推广、评审专家库等全过程的信息储存、提取、综合汇总进行管理，从事业务的工作人员绝大多数能上机操作，保证了数据信息管理的准确性、系统性、及时性，提高了办事效率及管理水平。

(4) 试行信誉率指标。在评审新项目时，将各申请单位前阶段执行合同的好坏，用信誉率指标的形式计入评分，参与评审，从而对新申请项目能否中选，获得资助产生影响。从1991年开始试行，两年来共有11项基金项目，因信誉率指标的影响，使专家评分为第二名的单位升为第一名而中选。这一办法的实施，使各单位更加重视基金项目的按时完成和成果质量，纷纷采取措施，促进了基金项目严格按合同执行。

3. 成果丰硕

(1) 基金项目完成情况。到1992年已累计完成基金项目965项，其中，获得机械电子工业部科技进步奖的126项。这些项目大多数达到国际80年代技术水平。不少项目是为国家重点建设任务服务的，或是出口创汇产品或是重要新产品、新工艺、新材料，有的还改变了有关行业的生产技术面貌。如兰州石油化工机器厂研制的ZJ450D丛式石油钻机，钻井深度4500米，吊钩最大起重315吨，一个井位可钻斜井多口，技术经济性能先进，既能减少钻井用地，又节省钻机搬运、泥浆泵、油气采输使用等项费用，为石油开采提供了新型设备；又如开封联合收割机厂与德国合作研制的KC-070型水稻联合收割机，几年来出口70多台，创汇100多万美元；上海电器科学研究所研制的出口专用系列小型三相异步电动机，1991年1月鉴定推广，已有闵东电机公司等数家工厂应用，初步统计出口量20多万千瓦，创汇约300多万美元，还降低了原材料消耗，为生产企业增加了效益。又如气象仪器仪表行业，我国现有的2000多个气象站，绝大部分是五六十年代的老设备，急需更新，不能满足国际合作中对大范围中长期气象预报和农业、航空航海、军事部门对局部地区的短期气象预报的要求，迫切要求装备新型气象仪器仪表。基金会从1986年以来共安排12个项目，成套地安排了“基本天气站自动化研究”等项目，应用了微电子和气象专用传感器等技术，满足了基本气象台站自动化的要求和军民用机场的气象保障系统等部门的要求，同时提高了制造企业的经济效益。仅国家气象局计划“八五”后期，每年需要100套左右的基本气象站仪器，每年就可增加产值500万元。

(2) 在科技成果转化方面，几年来共资助97个项目，现已完成50项，对推动技术进步，提高技术水平和经济效益，都起了作用。如资助沈阳铸造研究所的超低碳ZGOCr16Ni5Mo材料的精练技术、电渣熔铸、热弯成形、转轮组焊等一整套制造水轮机过流部件的技术开发后，已为国家重点工程天生桥水电站建设所需水轮机提供5套叶片，全部装机，其中一台机组已正式运行发电。在水轮机过流部件制造上采用电渣熔铸技术，具有独创性，其耐汽蚀、耐泥砂磨损、制造精度等指标，达到了当代国际先进水平 。又如资助郑州磨料磨具磨削研究所与博爱高温材料厂合作开发的耐高温、耐磨损、耐腐蚀高强度氮化硅结合碳化硅复合材料，用于窑炉窑具，可提高产量10%，节能10%，寿命提高一倍，有显著的经济效益。投产近3年，产值达900万元，利润360万元。

出版物：机械工业技术发展基金会五年回顾(1986—1990)；机电新产品导报(基金成果专辑)。

二、统 计

历年经费情况

（单位：万元）

项目 \ 年度		1990	1991	1992	总计
收入	合计	2 774.0	3 074.0	1 500.0	7 348.0
	科技三项费用	1 500.0	1 500.0	1 500.0	4 500.0
	削减事业经费	1 274.0	1 574.0	未定	2 848.0
支出	合计	955.0	2 060.0	2 747.5	5 762.5
	基金合同费用	155.0	1 260.0	1 947.5	3 362.5
	其中重大项目			1 035.0	1 035.0
	成果商品化费用	800.0	800.0	800.0	2 400.0

历年申请、批准资助情况

项目 \ 年度		1990	1991	1992	总计
申请	项数	40	288	205	533
	金额（万元）	771.0	5 860.0	6 679.0	13 310.0
批准资助	项数	18	102	110	230
	其中重大项目			10	10
	金额（万元）	155.0	1 260.0	1 947.5	3 362.5
	其中重大项目（万元）			1 035.0	1 035.0
资助率（%）	项数	45.0	35.0	54.0	
	金额	20.1	21.5	29.2	
资助强度（万元/项）		8.6	12.3	17.7	

历年资助项目按专业统计

（金额单位：万元）

专业 \ 年度	1990*		1991		1992	
	项数	金额	项数	金额	项数	金额
合计	18	155.0	102	1 260.0	110	1 947.5
工程农机			15	203.0	19	680.0

（续表）

专业＼年度	1990*		1991		1992	
	项　　数	金　　额	项　　数	金　　额	项　　数	金　　额
重型矿山			5	45.0	4	97.0
通用基础件			7	104.0	8	210.0
机床工具			16	208.0	13	65.0
电工机械			16	283.0	31	385.0
共性技术	18	155.0	19	188.0	18	131.0
仪器仪表			24	229.0	8	143.5
基础件					9	236.0

＊除共性技术，其他专业1990年未发布指南，未进行招标。

历年资助项目按隶属关系分布情况

（单位：项）

年度＼类别	合　　计	直属院所	地方厂所	部外单位
合　　计	230	179	40	11
1990	18	17		1
1991	102	75	19	8
1992	110	87	21	2

完成项目情况按专业分布

（单位：项）

专业＼年度	1990	1991	1992	合　　计
合　　计	197	151	83	431
工程农机	28	17	13	58
重型矿山	7	4	4	15
通用基础件	28	9	16	53
机床工具	16	11	9	36
电工机械	34	32	17	83
共性技术	56	59	4	119
仪器仪表	28	19	20	67

完成项目成果情况

（单位：项）

年　　度	部省级鉴定	已推广应用	拟推广应用
1990	197	99	50
1991	151	79	39
1992	83	44	22
合　　计	431	222	111

项目成果获奖情况（部级科技进步奖）

（单位：项）

年　　度	奖　励　等　级			
	合　　计	一　　等	二　　等	三　　等
1990	40	3	16	21
1991	33	3	9	21
1992	23		7	16
合　　计	96	6	32	58

水利技术开发基金委员会

一、综　述

水利技术开发基金是1985年由原水利电力部设立的部门行业科技基金。1988年机构调整，水利与电力分部后，水利部于1989年决定该项基金继续实施，并着手委员会的换届事宜。1990年组成了第二届基金会。基金会办公室设在水利部科技教育司，承办基金会的日常工作。资金来源仍为国家拨款的科技三项费用，每年200万元。1990年由于“八五”国家科技攻关计正在论证，部重点科技项目计划尚未定案，考虑到技术开发基金与整个科技计划体系的衔接配合，决定暂不安排项目，亦未拨款。1991年度计划受理申请项目96项，申请总金额886万元，审定20项，合同资助总金额199万元；1992年度受理申请项目48项，申请总金额495万元，审定25项，合同资助总金额170.6万元，至1993年4月底已签定合同23项，合同金额141.6万元，其余项目在继续协商落实，即将签定合同。

1990年7月召开了第一、二届基金委员会联席会议。会议总结并肯定了第一届基金会的工作，认为发挥了基金的作用，取得了实效。在1986—1989的四年间，共安排资助项目335项，资助总金额达708.45万元，至1990年已有近1/3的项目提交了研究成果。一些成果已开始在水利建设和生产管理领域中应用推广。经鉴定，有些成果达国内先进水平，有些获得国家或部、省级奖励，为促进行业的科技进步作出了贡献。在总结前届工作的基础上，对第二届基金委员会工作的方向任务、课题规划、资金投向、项目管理等问题进行了研究和讨论。根据会议的讨论意见，决定做如下的调整和改进。

1. 方向任务问题

为了完成1989年国家科委发布的《中长期科技发展纲要》(三、水利)中规定的重点科技研究任务。水利部于1990—1991年编制了水利行业十几个领域的专项科技发展规划，明确水利技术开发基金的主要任务是配合、促进部规划的实施完成，并以规划做为编制基金年度计划和选题立项的主要依据。

2. 管理体制问题

由于技术开发研究与生产建设各专业的关系至为密切。各专业司、局比较熟悉该专业的发展动向和技术上的急难问题，对选题立项、审议把关和监督实施等更有利些。因此决定，取消原基金会下设的四个专业组，各专业组的工作归口到各专业局办公室承担。

3. 资金使用问题

根据前四年统计，每年签定的合同平均80余项。虽然照顾到了专业的覆盖面，但项目比较分散，分到每个项目的经费一般未超过3万元，不少项目只有1—2万元。又由于不少科研单位要通过创收实现自立，加上物价波动，课题成本的提高，这样低的资助强度无法保证成果的质量和水平。据此，决心采取压缩项目数量，提高单项金额，加大课题份量的办法，以求获得一批有深度有水平能直接应用推广的成果。1991，1992两年的合同项目均已减至每年20余项。

4. 技术开发研究不同于理论研究

尤其是水利行业的技术开发课题，往往需要结合具体的工程建设过程开展原型试验研究；有的甚至要建设一定规模的试区，进行示范试验；属于产品开发的项目则需要反复进行样品、样机的试验、试制、修改、完善等；有的还需经过一定时间的验证或洪水的考验等等。因此，要取得有份量有价值的成果，就必须投入足够的人力、物力、资金和时间。目前，基金的唯一来源仍是国家计委下拨给部门的科技三项费用，尽管科教司坚持每年从中划拨200万元，即总额的1/3支持基金工作，但资金的供需差距仍然很大。对此，科教司在吁请国家计委增加科技三项费用下拨指标的同时，在基金的使用方式上，准备逐步推行资金的有偿使用制度，优先受理具有偿还能力的项目，以及采取有息贷款等形式，走“滚动开发”之路，以缓解资金供需矛盾。

5. 定项程序问题

据一些单位反映，基金项目的申请、审议、立项的程序较繁，审批时间较长。对此，根据既要简化手续，又要严格审议把关的原则，决定把整个立项过程限定在两个往返之内，即申请单位只需报送两次文件，一为项目申请书，一为合同文本，同时，尽量减少报送份数，以减轻申请单位的工作量。在审议方面，采取请有关司局和科教司有关专家分头平行初审的办法，一般项目不再约请部外专家初审。办公室根据初审意见汇总平衡后，拟出计划草案分送委员审查，并在全体委员会议上一次审定。

二、统　计

经费情况

（单位：万元）

项目＼年度		1991	1992
收入	合　计	200.0	200.0
	科技三项费	200.0	200.0
支出	合　计	205.0	176.6
	资助项目	199.0	170.6
	管理费	6.0	6.0

历年申请、批准资助概况

项目＼年度		1991	1992
申　请	项　数	96	48
	金额（万元）	886.0	495.0
批准资助	项　数	20	25
	金额（万元）	199.0	170.6
批准率（%）	项　数	20.8	52.0
	金　额	22.5	34.5
资助强度（万元/项）		9.95	6.82

1991 年按资助项目专业统计

专业	申请		批准		批准率（%）		平均资助强度（万元/项）
	项数	金额（万元）	项数	金额（万元）	项数	金额	
合计	96	886.00	20	199.00	20.8	22.5	9.95
水文及水资源	23	289.00	5	59.00	21.7	20.4	11.80
江河治理及工程建设	18	178.00	4	29.00	22.2	16.3	7.25
农田水利及水土保持	31	224.00	6	74.00	19.4	33.0	12.33
水利管理及综合经营	24	195.00	5	37.00	20.8	18.9	7.40

1992 年按资助项目专业统计

专业	申请		批准		批准率（%）		平均资助强度（万元/项）
	项数	金额	项数	金额	项数	金额	
合计	48	495.00	25	170.60	52.1	34.5	6.82
水文及水资源	13	132.00	5	41.00	38.5	31.1	8.20
江河治理及工程建设	14	151.00	8	44.00	57.1	29.1	5.50
农田水利及水土保持	9	93.00	5	18.60	55.6	20.0	3.72
水利管理及综合经营	12	109.00	7	67.00	58.3	61.5	9.57

资助项目分布统计

（单位：项）

年度	合计	单位性质				隶属关系	
		高等院校	研究机构	设计施工单位	管理部门	直属单位	非直属单位
1990	0	0	0	0	0	0	0
1991	20	3	11	2	4	16	4
1992	25	4	19	2	2	22	3
总计	45	7	30	4	4	38	7

资助项目组人员统计

（单位：人）

年　度	合　计	高级职称	中级职称	初级职称	博士后	博士生	硕士生	辅助人员
1991	141	64	43	25		1	4	4
1992	113	46	34	25			8	
总　计	254	110	77	50		1	12	4

水利水电科学基金委员会

一、综　述

水利水电科学基金委员会自1984年7月成立以来，适应形势，摸索工作经验，提高管理水平。1991年10月，“水利水电科学研究院退离休科技工作者协会”接受委托，对80年代水利水电科学基金资助项目已取得的研究成果进行了后评估，取得很好的效果。

从分析优秀成果的诸因素来看，有四条经验值得注意。

① 项目负责人一定要名副其实。这样的项目负责人科技水平较高，工作态度认真，组织能力较强，投入时间充分，取得的研究成果质量都较高；

② 选题和研究内容一定要切合实际。题目和内容定得适当的课题，一般都能取得好成果；

③ 技术路线一定要对头。项目承担者必须在十分熟悉研究现状和问题的基础上，有创新和比较巧妙的构思，这样的项目成功率高；

④ 承担单位一定要加强管理和监督。凡重视和加强对课题管理和监督的单位，课题计划的完成及成果质量都较好。

二、统　计

历年经费情况

（金额单位：万元）

统计指标		1988	1989	1991	1992	总计
收入	合　计	100	100	100	100	400.0
	拨　款	100	100	100	100	400.0
支出	合　计	97.7	89.0	99.6	106.3	388.6
	资助项目	93.7	84.0	95.6	102.3	375.6
	评议费	0.9	0.9	0.9	0.9	3.60
	会议费	1.3	1.3	1.3	1.3	5.20
	工资等	1.8	1.8	1.8	1.8	7.20

历年申请、批准资助概况

统计指标		1989	1991	1992	总　计
申请	项　数	188	225	188	601
	金额（万元）	415.0	526.0	412.0	1353.0
批准资助	项　数	80	87	91	258
	金额（万元）	84.0	95.6	102.3	281.9
批准率（%）	项　数	43.0	39.0	48.0	43.3
	金额（万元）	20.5	16.0	24.9	20.1
资助强度（万元/项）		1.0	1.1	1.1	1.1

历年批准的资助项目按专业统计

（金额单位：万元）

项目 \ 年度	1991		1992		合计	
	项数	金额	项数	金额	项数	金额
合计	87	95.6	91	102.3	178	197.3
水利经济	3	3.50	5	3.9	8	7.4
水力学	17	20.0	11	10.1	28	30.1
泥沙	9	9.4	5	5.0	14	14.4
水文	11	11.9	12	15.8	23	27.7
农田水利	9	11.0	11	14.2	20	25.2
水工结构	11	12.3	17	17.2	28	29.5
岩土力学	14	13.5	12	15.2	26	28.7
抗震防护	3	4.3	3	3.0	6	7.3
环境保护	3	2.8	3	2.80	6	5.6
工程材料	3	2.8	1	1.0	4	3.8
水力机械	3	3.1	2	1.5	5	4.6
勘测	1	1.0	2	3.3	3	4.3
自动化	0	0	7	9.3	7	9.3

城乡建设科技发展基金

为使我国的工程建设水平不断得到提交，为保持和巩固技术开发的持续发展，为加强建设行业科技领域的应用基础研究，建设部于1987年设立了城乡建设科技发展基金(以下简称《基金》)，与国家自然科学基金委员会联合资助应用前景好的建筑、环境与结构学科中的研究项目。国家自然科学基金委员会侧重资助基础研究部分，建设部侧重资助应用研究部分。

本《基金》面向建设行业。项目的申报、审批、管理及验收按国家自然科学基金委员会的有关管理办法执行。申请者可向国家自然科学基金委员会有关学科申报项目，由基金委组织专家按依靠专家，发扬民主，择优支持，公正合理的原则进行评审；建设部则根据行业科技发展及工程建设需要，与基金委共同商定联合资助项目。

6年末，在双方共同努力下，取得了一批学术水平高、实际应用价值大的科技成果，为提高我国工程建设水平起到了积极作用。

截止到1993年，和基金委材料与工程科学部联合资助面上项目309个，重点项目3个，重大项目一个。为此，本基金投入经费342.5万元。这些项目的实施对学科的发展，对工程建设水平的提高，对稳定应用基础研究队伍，对培养青年科技人才起到了良好的作用。其中一些应用前景好的项目，已开始或正在应用于工程实践，且收到了明显的社会经济效益。

1992年初，建设部与国家自然科学基金会在北京召开了“联合资助科学基金项目五周年工作座谈会”。回顾了五年来联合资助工作取得的成绩。双方领导、与会专家和承担联合资助项目的学者一致认为，采取联合资助的方式支持研究项目，①选题方向更加明确，研究内容针对性强，有利于成果向现实生产力转化；②项目经费强度增加，为研究工作向深度和广度展开提供了条件；③有利于培养和建设一支既掌握基础理论知识，又了解工程实际的青年科技队伍。总之，用与会专家的话说：联合资助的方式，起到了1+1大于2的作用。

经过几年来的实践，我们体会到，通过设立《基金》开展联合资助研究项目，虽然取得了成绩，但是，随着社会经济的发展，随着建设行业科技领域的拓展，对《基金》提出了新的要求，要求形成新的运行机制，不断发展壮大，扩充功能，发挥更大的作用。尤其是在科技体制改革及逐渐形成科技运行新机制的形势下，如何建立健全科学基金制，使其在社会主义市场经济条件下为“稳住一头”，为基础研究的发展，为行业的科技进步发挥作用，成为需要认真研究解决的问题。

最近，建设部科技司决定在原《基金》的基础上采取积极措施，进一步拓宽项目资助范围，充分发挥《基金》在促进行业科技进步中的作用。一方面，扩大集资渠道，面向行业，面向社会筹集资金。并且，逐渐形成经费有偿使用，自我积累，自我发展的机制。另一方面，扩大资助范围，提高资助强度。在进一步保持和加强联合资助基础研究项目的同时，对应用研究、技术开发项目发也予以资助，并按其成果转化后经济效益的大小按比例回收经费。这样既可增加研究人员的风险意识，促进成果的转化，也可不断积累资金。

目前，建设部科技司正抓紧制订有关的管理办法和措施，随着它的实施，将会逐步建立起适合于社会主义市场经济条件的“城乡建设科技发展基金”。

地质行业科学技术发展基金委员会

一、综　述

地质行业科技基金成立五年来，有效地开展了工作，建立了一整套行之有效的管理制度，保证了依靠专家、发扬民主、公正合理、择优支持方针的贯彻，使基金工作顺利进行。五年中，地质行业基金共投入900万元（实际已资助924万元），进行了三个年度的项目申请、受理、评审、资助和四个年度与国家自然科学基金会的联合资助。从10 057位科学家提出的1439项申请中，评审、筛选出375项予以资助，使2415位科学家在地质行业科技基金支持下，发挥着重要作用。

地质行业科技基金会的成立。受到国家自然科学基金会的热情支持和指导，及时沟通信息，相互支持，从1987年开始，两个基金会就采取了联合资助的形式，资助一些共同关心的课题。

通过联合资助：

(1)提高了地矿部所属单位在国家科学基金中受资助比例；

(2)五年来通过联合资助形式，吸收了国家自然科学基金241万元，共同资助地矿部项目，无形中扩大了地矿科技工作的投入，促进了地质科技发展；

(3)提高了受资助项目管理层次，提高了单位和科学家的知名度。

五年来实践证明，联合资助是一个较好的合作形式，受到了各方面的欢迎。今后应进一步加强合作，拓宽合作领城，促进地质科技的发展。

到目前为止，受资助项目已有141项按期完成研究工作，提交了研究成果，通过了部、局级鉴定。出版和将出版专著51部，已提交研究报告、试验报告156部，发表科学论文348篇，研制并获部级鉴定新仪器6种，有的已列入新推广计划，已投产或推广使用，其中9项产品或部件获专利，19项新产品已投放市场，受到用户欢迎，研制的7项技术已在地质找矿中推广使用，提交各类计算机软件包和数据库20项，有的已投入使用。12位博士生，77位硕士生通过课题研究，完成了学业，提交了学位论文。

二、统　计

历年经费情况

（金额单位：万元）

项目 \ 年度		1987	1988	1989	1990	1991	1992	总　计
收入	合　计	300.0	200.0	200.0	200.0	100.0	132.0	1 132.0
	财政拨款	100.0	100.0	100.0	100.0	100.0	100.0	600.0
	三项费用	100.0	50.0	50.0	50.0			250.0
	减事业费	100.0	50.0	50.0	50.0			250.0
	利　息						32.0	32.0
支出	合　计	52.0	418.0	230.0	220.0	59.1	150.0	1 129.1
	立　项		418.0	160.0	150.0	0	100.0	828.0
	联合资助	52.0		50.0	50.0	50.0	50.0	252.0
	追　加			20.0	20.0	9.1		49.1

历年申请、批准资助概况

（金额单位：万元）

年　度		1988	1989	1990	1991	1992	总　计
申　请	项　数	638	492	311	0	192	1 633
	金　额	3 706.00	2 804.00	1 792.00	0	994.80	9 296.80
批准资助	项　数	158	58	71	0	31	318
	金　额	418.00	160.00	150.00	0	100.00	828.00
批准率（%）	项　数	24.8	11.8	22.8	0	16.1	19.5
	金　额	11.3	5.7	8.3	0	10.05	8.9
资助强度（万元/项）		2.65	2.75	2.10	0	3.23	2.60

1988 年资助项目按学科统计

（金额单位：万元）

学　科	申　请		批　准		批准率（%）		平均资助强度（万元/项）
	项　数	金　额	项　数	金　额	项　数	金　额	
合　计	638	3 706.0	158	417.97	24.8	11.30	2.65
基础地质	134	838.9	25	71.1	18.7	8.5	2.84
矿产地质	230	1 321.5	42	124.37	18.3	9.4	2.96
环境地质	87	467.6	17	45.0	19.5	9.6	2.65
物 化 探	82	425.6	35	71.0	42.7	16.7	2.03
探矿工程	33	319.1	13	55.5	39.4	17.4	4.27
测试选冶	55	232.8	23	44.0	41.8	18.9	1.91
软 科 学	17	100.1	3	7.0	17.7	6.9	2.33

1989 年资助项目类型按学科统计

（金额单位：万元）

学　科	申　请		批　准		批准率（%）		平均资助强度（万元/项）
	项　数	金　额	项　数	金　额	项　数	金　额	
合　计	490	2 799.3	58	160.5	11.8	5.7	2.77
基础地质	109	616.6	11	33.5	10.1	5.4	3.05
矿产地质	145	891.9	15	46.0	10.3	5.2	3.07
环境地质	83	536.6	9	30.0	10.8	5.6	3.33
物 化 探	61	299.3	7	18.5	11.5	6.2	2.64
探矿工程	20	89.9	3	10.5	15.0	11.7	3.50
测试造冶	58	282	12	21.0	20.7	7.5	1.75
软 科 学	14	83.0	1	1.0	7.14	1.2	1.00

1990 年资助项目类型按学科统计

（金额单位：万元）

学科	申请		批准		批准率（%）		资助强度（万元/项）
	项数	金额	项数	金额	项数	金额	
合计	308	1764.0	71	148.50	23.1	8.4	2.09
基础地质	92	585.8	18	37.5	19.6	6.4	2.08
矿产地质	68	399.2	14	34.5	20.6	8.6	2.46
环境地质	46	262.8	8	20.0	17.4	7.6	2.50
物化探	19	94.9	5	11.0	26.3	11.6	2.20
探矿工程	31	168.5	10	20.0	32.3	11.9	2.00
测试选冶	43	224.3	14	21.5	32.6	9.6	1.54
软科学	9	44.8	2	4.0	22.2	8.9	2.00

1992 年资助项目类型按学科统计

（金额单位：万元）

学科	申请		批准		批准率（%）		平均资助强度（万元/项）
	项数	金额	项数	金额	项数	金额	
基础地质	60	335	9	27.5	15	8.2	3.06
矿产地质	28	155.1	2	5	7.1	3.2	2.50
环境地质	32	181.3	4	17.5	12.5	9.7	4.38
物化探	18	68	4	15.3	22.2	22.5	3.83
测试选冶	22	108.7	5	15.5	22.7	14.3	3.10
探矿工程	15	79.9	2	4.50	13.3	5.6	2.25
油气地质	11	42.2	3	10.5	27.3	24.9	3.50
软科学	6	24.6	2	4.2	33.3	17.1	2.10
合计	192	994.8	31	100.0	16.1	10.10	3.23

资助项目分布统计

（单位：项）

年　度	合　计	单　位　性　质			隶　属　关　系	
		高等院校	研究机构	地勘单位	直属单位	非直属单位
1988	158	49	97	12	155	3
1989	58	13	37	8	57	1
1990	71	18	46	7	71	0
1991	/	/	/	/	/	/
1992	31	8	16	7	31	0
合　计	318	88	196	34	314	4

轻工业科学技术发展基金会

一、综　述

轻工业科学技术发展基金会自 1988 年 12 月 6 日成立以来，坚持“自由申请，依靠专家，发扬民主，公正评审，择优支持”的原则，建立健全了组织机构，制订和完善了有关规章制度，使各项工作得以顺利开展，取得了一些成效。

四年来（1989－1992 年），共受理申报项目 1422 项，批准资助项目 372 项，资助基金总额 2316.9 万元，项目平均资助强度约 7.7 万元。资助的项目中，轻工业部直属单位承担的 165 项，约占项目总数的 44%，占资助金额的 46%；由轻工系统地方单位承担的 150 项，约占项目总数的 40%，占资助金额的 39%；轻工系统外单位承担的 57 项，约占项目总数的 16%，占资助金额的 15%。

为了给留学归来的青年科技人员创造更多的机会，以便充分发挥他们的学识才智，调动其积极性，1992 年还在轻工业系统内试行了青年基金项目，最后审定资助了 9 项，资助金额 38 万元。

申报项目的评审，是保证公平竞争的最重要的环节，是达到择优资助的重要手段。四年来，基金会已经组织起一支 400 余人熟悉轻工各行业情况，分散在科研院所、大专院校、工厂企业和管理机关，办事公正、具有较高专业水平和实践经验的专家评审队伍。同时，相应建立了一套组织评审工作的方法和制度。

基金项目的评审，包括预审、初审和评审三个评审程序。预审由基金会办公室负责；然后将通过预审的申请项目的可行性分析报告和申请书，分送 3—5 位同行专家初审，专家在“同行评议意见表”上按统一的评审指标进行定量和定性评议。主要的评审指标为：理论水平（10 分，基础研究加权 20 分）；项目意义、目的（10 分，重大项目加权 10 分）；项目水平、先进性（10 分）；技术指标、工艺路线（10 分）；经济与社会效益（10 分），开发研究效益加权 10 分）；单位设备及其它条件（10 分）；项目承担者水平及人员结构安排合理否（10 分）；申请书及可行性报告内容明确否（5 分）八项内容。基金会将专家评分及专家的评议意见进行汇总后组织 10 人左右的行业专家进行会议评审，提出资助与否的具体评审意见，最后经基金会常委会讨论审定后报轻工业部审批。

项目的评审工作坚持依靠专家，充分发扬民主和公正的原则，参加会议评审的专家及在委员会任职的专家，回避本人和本单位申请项目的评审活动；参加评审的专家及基金会工作人员对基金项目申请内容、评审情况及结果负责保密。

轻工业科学技术发展基金会四年来在各级领导的重视下，取得较好的效果：

（1）基金项目在实施国家长期科技发展规划、贯彻轻工业部技术改造重点项目中起了积极作用，为科技攻关、技术开发、技术改造、技术引进协调、配套，做了大量前期准备工作。据统计，截止到1991年底，有19个基金项目，取得了阶段成果，被国家计委、国家科委选中，纳入国家“八五”攻关项目计划，获得攻关专题拨款1469万元，而基金资助仅162万元。两者投资比为9：1。

(2) 在基金项目的研究中，研究单位与工厂企业结合，是缩短科研周期，拓宽经费渠道，加速科技成果商品化的好形式。在评审基金项目时，已充分注意了这个条件。如1991年，在资助的基金项目中，有40项是研究单位与工厂企业结合的，基金资助金额为387万元，承担单位和合作单位自筹配套资金为546.4万元，资助和自筹金额的比例为1：1.4；在1992年资助的项目中，这一类型项目比例达到1：1.8，自筹资金大部分由工厂企业支付。

(3)基金项目引入竞争机制，面向社会招标，军工部门、高等院校以及其他部门都可以投标申报，有利于发挥社会科技力量为轻工业发展服务。

在基金管理工作中，通过几年的工作有如下体会：

(1)基金会的运行机制发挥了专家群体的主导作用，提高了科技项目决策的科学化、民主化，体现了“依靠专家，发扬民主，择优支持，公正合理”的原则。

(2) 基金工作接触到的申请单位、行业专家比较多，有大量的申报材料、专家评审意见、合同管理等方面文件资料的处理和管理，为达到规范化、程序化、民主化，制订了有关的规章制度和工作程序，并在日常的工作实践中遵照执行。

(3) 项目指南的发布，正确引导科技基金的投向，能较好地贯彻中长期科技发展规划和部门的倾斜政策，从行业的实际出发，明确年度科研重点，有利于指导基金项目的申请。

(4) 为保持廉政、勤政的工作风尚，基金会办公室工作人员严格按照有关管理办法开展工作，不讲情面、不徇私情，对来访者热情接待，做好服务工作。

(5) 行业基金主要面临着资金来源问题，从轻工业科技发展基金来看有逐年减少的趋势，这将影响行业基金的发展。

二、组织机构

第二届轻工业科学技术发展基金委员委组成

主　任　甘子光

副主任　马啸虎　徐蓓蕾

委　员　马继麟　王葆初　冯维康　李运棠　李兆雄　余贻骥　陈振刚　陈祖勋　杨国柱　周永健　俞志洪　俞士忠　胡　楠　徐　浩　张学元　常沙娜　雷渊超

秘书长　章　杰

副秘书长　白　英

三、统　计

经费情况

（单位：万元）

年　度		1988	1989	1990	1991	1992	总　计
收入	合　计	158.0	1 000.0	600.0	600.0	570.0	2 928.0
	科技三项费用	158.0	1 000.0	600.0	600.0	570.0	2 928.0
支	合　计	158.0	955.4	564.5	639.0	554.0	2 870.9
	基金项目	158.0	955.4	564.5	639.0	516.0	2 832.9
	青年基金项目					38.0	38.0

历年申请、批准资助概况

（金额单位：万元）

年度		1988	1989	1990	1991	1992	总计
申请	项数	—	643	386	213	160	1 402
	金额	—	14 492.6	11 515.3	4 696.5	3 248.6	33 953.0
批准资助	项数	20	139	76	70	67	372
	金额	158.0	955.4	564.5	639.0	554.0	2 870.9
批准率（%）	项数	—	21.6	19.7	32.9	41.9	26.2
	金额	—	6.5	4.9	13.5	17.1	8.4
资助强度（万元/项）		7.9	6.9	7.4	9.1	8.3	7.7

注：1988年的20个项目系基金会成立后，由部科技司结转基金会管理。

批准的资助项目按专业统计

（金额单位：万元）

项目＼年度	1990		1991		1992（含青年基金）	
	项数	金额	项数	金额	项数	金额
合计	76	564.5	70	639.0	67	554.0
造纸	9	100.0	5	45.0	3	32.0
日用机械	1	12.0	2	19.0	1	12.0
日用硅酸盐	7	49.5	11	90.0	8	43.0
电光源及照明器具	2	15.0	3	35.0	4	50.0
日用化学	10	81.0	11	85.0	12	83.0
制盐	5	27.0	2	18.0	1	5.0
食品（含糖、发酵）	18	141.0	13	122.0	15	131.0
皮革毛皮	3	22.0	4	43.0	3	24.0
家具					1	6.0
文体用品	—	—	1	10.0	—	—
工艺美术	2	7.0	2	14.0	4	40.0
塑料	2	15.0	5	49.0	1	10.0
金属制品	3	21.0	1	10.0	3	35.0

（续表）

项目 \ 年度	1990		1991		1992（含青年基金）	
	项　数	金　额	项　数	金　额	项　数	金　额
家用电器	4	24.0	2	16.0	1	12.0
衡　器	—	—	1	8.0	7	51.0
轻工装备	7	76.0	7	75.0	—	—
玩　具					2	10.0
其　他	3	20.0			1	10.0

资助项目分布统计

（单位：项）

年　度	合　计	单　位　性　质			隶　属　关　系	
		高等院校	研究机构	企　业	直属单位	非直属单位
1988	20	2	16	2	17	3
1989	139	30	92	17	108	31
1990	76	12	52	12	65	11
1991	70	10	47	13	60	10
1992	67	11	42	14	64	3
总计	372	65	249	58	314	58

注：直属单位系指属轻工业部所属单位，非直属单位系指非轻工业部所属单位。

资助项目组人员统计

（单位：人）

年　度	合　计	高级职称	中级职称	初级职称	博士后	博士生	硕士生	辅助人员
1989	1 098	273	380	265	2	2	75	105
1990	563	151	191	143	2	2	22	56
1991	475	127	188	128			13	19
1992	474	129	163	142			18	18
总计	2 610	680	922	678			128	198

完成项目统计

（单位：项）

项目类型	1988	1989	1990	1991	1992	合计
合　　计	15	62	23	4		104

高等学校博士学科点专项科研基金

一、综　述

高等学校博士学科点专项科研基金自1985年开始实行，其前身是1982年经国务院批准、对中央部门所属88所重点高等学校增拨的2 000万元科研费。随着科技体制改革的不断深入和高等学校博士学科点的增加，经财政部同意将该项经费改名为“高等学校博士学科点专项科研基金”（以下简称博士点基金），实行基金制管理，并相应成立“高等学校科学技术基金办公室”，机构设在国家教委，负责日常工作。

高级专门人才的培养基本上立足于国内，是我国高等教育发展的一项重要战略目标。研究生的培养必须结合科研工作，博士生的培养更是如此。高等学校的教育经费不足，科研经费很少，博士导师还要用自己争取到的科研经费支付博士生的部分研究费用。因而博士点基金成了博士导师的一项比较重要的科研经费来源。

二、统　计

历年申请、批准资助概况

（金额单位：万元）

年　度		1987	1988	1989	1990	1991	1992
申　请	项　数		979	939	994	1 033	1 125
	金　额		3 060.00	3 582.00	3 535.40	3 576.90	3 520.00
批　准资　助	项　数	1 062	635	492	590	632	716
	金　额	3 202.00	1 745.10	1 690.10	1 932.50	2 070.40	2 261.80
批准率（%）	项　数		64.9	52.3	59.4	61.2	63.6
	金　额		57	47.1	54.7	57.9	64.2
资助强度（万元/项）		3.01	2.28	3.44	3.26	3.28	3.16

表内不包括社会科学资助情况。

资助项目组人员统计

（单位：人）

年 度	合 计	高级职称	中级职称	博士后	博士生	硕士生	辅助人员（含初级职称）
1987	10 884	3 032	1 825		1 288	2 231	2 508
1988	6 074	1 841	1 091		861	1 460	821
1989	4 773	1 605	873		719	986	590
1990	4 887	1 566	943		810	1 008	560
1991	5 109	1 686	1 001		855	1 010	557
1992	4 031	1 341	765		802	849	274
总 计	35 758	11 071	6 498		5 335	7 544	5 310

资助项目完成论著统计

（单位：篇）

年度	发表论著数（含审稿通过）										待发表数	合计
	国际会议			国内会议			刊物发表			专著数（种）		
	特邀报告	大会报告	分组报告	特邀报告	大会报告	分组报告	全国科技刊物	国外学术刊物	其他			
总计	321	551	1 599	483	2 652		6 242	1 921	777	451	4 197	19 396
1987	221	513	1 069	345	1 737		4 252	1 307	573	328	2 735	13 080
1988	100	238	530	138	915		1 990	614	204	125	1 462	6 316

卫生部科学研究基金

一、综 述

卫生部科学研究基金于1985年设立，每三年进行一次招标，1991年进行了第三次招标。从1990年12月底发出通知至截止日期1991年3月31日，共收到标书2545份，其中57项因形式不合格被筛除，其余2488项进入初审。经过四批48个学科组248位专家历时一个月的评审（包括初审和复审），择优选出中标课题377项项目中标率15.15%，资助总经费2283.50万元，其中课题基金2003.50万元，平均资助强度5.40万元。为贯彻在科学研究中，人力、物力、财力相对集中的“拳头政策”，从这次招标开始，在卫生部科研基金中增设了项目基金，这是一些较大的课题，资助强度较高。1991年项目基金总经费280万元，平均资助强度28万元。部直属单位申请课题1321个，中标课题276个，中标率20.9%，占中标课题的73.2%，批准经费1796.7万元，占批准经费总数的78.7%。各省、自治区、直辖市属单位申报课题1167个，中标课题101个，中标率8.7%，占中标课题总数的26.8%，批准经费486.80万元，占批准经费总数的21.3%。

从这次招标结果看，基础医学研究分配经费581.00万元，占经费总数的25.44%；预防医学381.50万元，占经费总数的16.71%；临床医学829.20万元，占经费总数的36.31%；药学323.30万元，占14.16%；中西医结合研究93.00万元，占4.07%；社会医学与软科学75.5万元，占3.31%。

二、统　计

1991 年（第三次招标）各学科申请、资助情况

（金额单位：万元）

学　科	申　请		批准资助		资助率（%）		资助强度（万元/项）
	项　数	金　额	项　数	金　额	项　数	金　额	
基础医学	682	5 464.81	89	581.00	13.0	10.6	6.53
预防医学	393	3 515.72	55	381.50	14.0	10.9	6.94
临床医学	946	6 675.94	162	829.20	17.1	12.4	5.12
药物学	260	2 469.90	37	323.30	14.2	13.1	8.74
中西医结合	109	804.05	19	93.00	17.4	11.6	4.89
社会医学与软科学	98	779.60	15	75.50	15.3	9.7	5.03
合　计	2 488	19 710.02	377	2 283.50	15.2	11.6	6.06

资助项目分布情况

（单位：项）

年　度	单位性质					隶属关系		合计
	高等学校	研究机构	医　院	企　业	其　他	部　属	省　属	
1985	92	91	—	8	5	147	49	196
1988	179	102	—	29	6	233	83	316
1991	218	126	23	—	10	276	101	377
合　计	489	319	23	37	21	656	233	889

经 费 情 况

（单位：万元）

项目 \ 年度		1990	1991	1992	总 计
收入	合 计	647.00	925.60	723.00	2 296.00
	科技三项费用	303.00	476.20	147.50	926.70
	科技事业费	170.00	314.90	330.00	814.90
	卫生事业费	174.00	134.50	245.90	554.40
支出	合 计	647.00	925.60	723.40	2 296.00
	基础医学	160.00	232.30	178.85	571.15
	预防医学	132.40	174.00	148.00	454.40
	临床医学	226.80	346.60	253.55	826.95
	药 学	98.80	129.70	110.50	339.00
	其 他	29.00	43.00	32.50	104.50

历年申请、批准资助情况

（金额单位：万元）

项目 \ 年度		1985	1988	1991	总 计
申 请	项 数	1 457	2 512	2 488	6 457
	金 额	17 258.00	24 139.00	19 710.00	61 107.00
批准资助	项 数	196	316	377	889
	金 额	1 269.80	2 137.90	2 283.50	5 691.20
批准率（%）	项 数	13.5	12.6	15.2	13.8
	金 额	7.4	8.9	11.6	9.3
资助强度（万元/项）		6.48	6.77	6.06	6.4

基金项目课题负责人组成情况

（单位：人）

年 度	高级职称	中级职称	初级职称	辅助人员	合 计
合 计	786	101	2	0	889
1985	174	20	2	0	196
1988	281	35	0	0	316
1991	331	46	0	0	377

资助项目组人员统计

年　　度	合　　计	高级职称	中级职称	初级职称	辅助人员
1991	3 885	1 310	1 258	1 059	258

卫生部青年科学研究基金

一、综　述

通过北京医科大学等四单位的试点，从1987年起，卫生部在全国卫生系统设立了青年科学研究基金。1990年初，科技司计划处在调查研究总结经验的基础上，向司、部领导提交了“关于卫生部青年科学研究基金试行情况的报告和今后的意见”的报告，将第一次青年基金课题执行情况、取得的初步成果、存在问题以及今后的意见作了简要汇报，并得到了各级领导的关心与支持。卫生部部长陈敏章批示：“同意继续予以支持，并增加额度，逐渐健全管理制度”，何界生副部长批示：“这项工作是很必要的，科技司应坚持抓下去。”遵照部领导的指示，并结合具体情况，自1990年起，卫生部青年科学研究基金条例略有修改，具体管理办法有如下变化：

(1) 原三年招标一次改为每年一次。每次招标拟录取60个左右的课题，完成周期为两年；

(2) 增加了资助强度。过去每年50万元，三年共150万元，经费分三年下达。1990年起改为每年100万元。合同一经签订，课题经费一次下达；

(3) 调整了对申请者年龄的规定。首次申请青年基金课题的负责人年龄仍要求在35周岁以下；另增加了一条新规定：“曾得到过青年科学基金资助，且在研究中取得优异成绩者，在原研究周期结束后，尚需进一步研究的课题负责人，年龄可放宽到40周岁。”

1990—1992年，进行过三次招标，共受理课题933个，经同行专家认真评审，采用定性定量相结合的方法择优评出219个课题进行资助，总中标率为23.4%，资助总经费289.9万元，平均每个课题资助强度为1.35万元。

二、统　计

青年基金经费情况

（单位：万元）

项目 \ 年度		1990	1991	1992	总　计
收入	合　计	95.9	97.80	96.20	289.9
	科技三项费用	25.0	24.8	25.9	75.7
	科技事业费	20.9	23.0	20.3	64.2
	卫生事业费	50.0	50.0	50.0	150.0

（续表）

项目 \ 年度		1990	1991	1992	总计
支出	合计	95.9	97.80	96.20	289.9
	基础医学	43.7	40.40	36.80	120.9
	预防医学	13.5	12.30	8.00	33.8
	临床医学	21.8	31.70	36.40	89.9
	药学	17.4	10.30	10.70	35.4
	其他	2.5	3.10	4.30	9.9

1992 年青年基金各学科申请、资助情况

（金额单位：万元）

学科	申请		批准资助		批准率（%）		资助强度（万元/项）
	项数	金额	项数	金额	项数	金额	
合计	340	786.40	79	96.20	23.2	12.2	1.22
基础医学	133	307.80	30	36.80	22.6	12.0	1.23
预防医学	30	67.60	7	8.00	23.3	11.8	1.14
临床医学	131	302.00	30	36.40	22.9	12.1	1.21
药物学	34	82.00	8	10.70	23.5	13.1	1.34
中西医结合	8	17.50	2	2.20	25.0	12.6	1.10
社会医学与软科学	4	9.50	2	2.10	50.0	22.1	1.05

青年基金历年申请、批准资助情况

（金额单位：万元）

指标 \ 年度		1990	1991	1992	总计
申请	项数	275	318	340	933
	金额	897.50	794.78	786.40	2 478.70
批准资助	项数	60	80	79	219
	金额	95.90	97.80	96.20	289.90
批准率（%）	项数	21.82	25.16	23.24	23.4
	金额	10.68	12.31	12.23	11.74
资助强度（万元/项）		1.6	1.22	1.22	1.35

青年基金基金项目课题负责人组成情况

（单位：人）

年　度	合　计	高级职称	中级职称	初级职称
1990	60	2	44	14
1991	80	0	62	18
1992	79	5	58	16
总　计	219	7	164	48

青年基金资助项目分布情况

（单位：项）

年　度	合　计	单位性质					隶属关系	
		高等学校	研究机构	医　院	企　业	其　他	部　属	省　属
1990	60	38	17	4	0	1	35	25
1991	80	52	21	4	0	3	49	31
1992	79	47	26	6	0	0	58	21
总　计	219	137	64	8	0	4	142	77

国家气象局气象科学基金

国家气象局在完成对“七五”后期气象科学基金收尾工作的同时，“八五”期间仍将气象科学中一部分基础性、规律性（特别是学科前沿及新思路、新方法）的研究课题按基金形式管理。为了适应新的形势和改进1986年制定的《气象科学基金管理办法》的不足之处。于1991年8月制定了新的管理办法，即《国家气象局气象科学基金管理办法》。和原管理办法相比，在结构和内容方面都有相应的修改。

新的管理办法主要有以下几方面的改进：

（1）为加强基金工作集中、有效管理，不再设气象科学基金委员会和下属基金项目评审组，而由科教司直接负责领导，具体事务工作由下设的气象科学基金办公室承办；

（2）为加强各省、市、自治区气象局对本单位人员承担气象科学基金课题的管理，《办法》明确省气象局科研管理机构负责本省气象科学基金申请书的初审、集中上报、课题的管理和结题验收。资助经费也下拨到省气象局科研管理机构；

（3）为鼓励和支持青年科技人才的成长，在气象科学基金中划拨一部分经费做为青年气象科学基金；

（4）根据对气象科学基金申请的评审要求，上报申请书由7份改为6份。为严肃基金的申请和考虑评审工作的需要，申请手续费由10元调为30元整。

按新的管理办法，参考“七五”基金课题的执行情况，于1992年首次发布了气象科学基金项目指南，指南明确了气象科学基金的主要资助范围：热带气象、大气化学和大气边界层物理、云物理和人工影响天气、大气遥感和探测原理。

为加强对气象局院校科研工作的支持，决定在气象局“八五”气象科学基金中设立“院校科研基金”，重点支持局直属三大院校的基础和应用基础研究。青年科学基金的资助范围不受指南中所列四类资助范围的限制。

按照资助对象的不同，“八五”首批气象科学基金分为三类：青年基金、一般基金、院校基金。三类基金项目的资助强度，研究期限和各单位申请项数规定如下：

“八五”首批气象科学基金

项目类型	资助对象	资助强度（万元/项）	研究期限（年）	每单位申请项数
青年基金	35 周岁以下的科技人员	0.7	1—2	2
一般基金	各省、自治区、直辖市、单列局	3	1—3	4
院校基金	局直属三所院校	2	2—3	2—4

1992 年 11 月截止，共收到三类申请基金课题 105 项，申请经费为 254.4 万元。经预审共筛选出合格申请书 76 份（不包括气象科学院大气化学所的 8 份）。

按申请课题的内容和各学科的比重，聘请气象科学院、中科院大气所、北京大学地球物理系三个单位的 15 位专家为首批评审专家。为保证专家发表自己的真实意见和评审工作的公平合理，决定一份申请分由两位专家评审，并特别强调，对专家的评审意见给予保密。

评审专家按《国家气象局气象科学基金专家评审意见表》要求，主要是对课题的依据、课题的难度、研究的内容、研究的方法、预期的效果这五个方面评分，最终得出综合结论意见。经综合专家评审意见，共筛选出课题 49 项（不包括大气化学所的 8 份申请）予以批准资助。

资助总经费 88.66 万元，其中青年基金 10.7 万元，院校基金 15.5 万元，一般基金 62.46 万元（热带 19.2 万元，人影 32.26 万元，遥感和探测 11 万元）。

对大气化学准备单列国家气象局重点大气化学基金课题，投资 50 万元，不计入这次评审的专家建议总经费数中。

“八五”首批气象科学基金院校情况统计表

院校名称	总申请项目数（个）	总批准项目数（个）	总申请经费数（万元）	总批准经费数（万元）	青年基金				一般基金				院校基金			
					申请项目（个）	批准项目（个）	申请经费（万元）	批准经费（万元）	申请项目（个）	批准项目（个）	申请经费（万元）	批准经费（万元）	申请项目（个）	批准项目（个）	申请经费（万元）	批准经费（万元）
北京气象学院	8	6	19.0	10.2	2	1	1.4	0.7	3	2	9.6	3.5	3	3	8.00	6.00
南京气象学院	15	12	29.8	19.2	5	4	3.5	2.5	6	5	17.4	10.7	4	3	8.92	6.00
成都气象学院	5	3	8.3	4.1	1	0	0.9	0.0	2	2	3.7	2.6	2	1	3.7	1. 5

航空科学基金理事会

一、综　述

航空科学基金是原航空工业部于 1985 年 11 月设立的。它是科研体制的一种改革，将以前预研经费按行政系统拨款的制度改为一部分由个人申请，自由竞争，择优支持的方法。此外，实施航空基金也是航空科研发展的需要。虽然航空科研经费中有一定比例用于预先研究，但由于研制的产品型号多，预先研究主要集中于直接服务于型号研制的应用研究方面，因此，基础研究和应用基础研究得不到应有的重视和支持。长此下去，必然会影响航空产品的技术先进性，也严重影响我国航空科研进一步的发展。所以，航空科学基金制的实施是提高我国航空科技发展潜力的一个重要措施。

航空科学基金设立理事会，是基金的领导和决策机构。航空科学基金办公室，负责日常工作。航空科学基金每年受理申请一次，由申请人通过基层单位自由申请。申请项目先由同行专家进行评审，在此基础上，由理事会最后审查批准。

1991年5月举行了基金理事会的换届会议，总结了第一届理事会五年来的工作。在1986—1990年这五年期间，航空科学基金批准支持的项目共计788项，经费共计2190万元。申请项目的中选率为39%，单项平均资助强度为2.77万元。“七五”期间，基金每年经费平均500万元，占预研经费的4.3%左右。基金会努力争取在“八五”期间使其经费提高到占预研经费的6—7%，即每年达到700—800万元。

为了给青年科技人员创造更多的条件，培养他们的成长，从1989年起又设立了“航空科学青年基金”，每年批准约十余项，受到青年人的欢迎，也得到中老年科学家的赞许。五年来，参加基金资助项目研究工作的硕士生有1124人，博士生299人，博士后17人。研究的课题大多数水平都比较高，而且带有探索性。

航空科学基金虽然实施的时间不长，但已经显示出明显的作用：

(1) 深化了科研体制的改革。它打破了按行政系统拨款的老办法，在科研资金的分配中引入了竞争体制，激发了科技人员的进取精神，提高了经费的使用效率。

(2) 推动了基础研究和应用基础研究的发展。实施基金制以后，基本上扭转了这两类研究的萎缩趋势，使基础研究、应用基础研究和应用研究这三类研究得到协调发展。航空科学基金已经出了一批高水平的成果，为提高我国的航空科学和技术水平作出了贡献。

(3) 促进了人才的培养。在这五年里，参加基金项目研究的共计有3843人，其中有许多是学科带头人。重要的是基金项目负责人里，中、青年(55岁以下)占总人数的68.2%。参加基金研究的在读研究生达1440人，可见基金对培养人才，特别是中青年人才的重要作用。

(4) 提高院校的科研水平。85%的航空科学基金项目集中在各航空高等院校。有了基金的支持就能够提高院校的科研水平和跟踪世界先进科技的发展，促进科学和科研的结合，发挥院校在航空科研中的带头作用。

为了展示航空科学基金研究的成果，达到成果交流和推广的目的，航空科学基金会从1992年开始编辑出版《航空科学基金论文集》，由航空工业出版社出版，截止1992年底，已出版航空科学基金论文集(1)，(2)。此外，还编辑了《航空科学基金项目指南》用以指导申请基金。基金办公室还从1989年下半年开始创办了不定期的航空科学《基金简报》，及时报道交流基金工作的情况、工作经验和研究成果等。

二、组织机构

1. 第二届航空科学基金理事会组成

理事长	何文治		
常务副理事长	顾诵芬	周家骐	方宝瑞
副理事长	朱伯贤	徐仲奎	饶书田
	孟赤兵	周晓青	金德琨
理事	李章由	夏云禄	陈志献
	黄泽梓	高为炳	刘元镛
	康继昌	郭荣伟	丁道宏
	张振瀛	沙正平	邹盛怀
	陆润生	段继延	刘伯操
	丁惠梁	吕　激	胡建国
	王辰生	朱培烨	王云机
秘书长	何怿晋		
副秘书长	戴　鼎	顾仲潮	王金宝

2. 航空科学基金办公室

航空科学基金办公室是航空科学基金理事会的常设办事机构，也是航空科学基金的管理机构。办公室现有专职工作人员8人，其中高级工程师5人，工程师1人，会计师1人，编缉1人。

航空科学基金办公室的挂靠单位，由620所变更为航空科学技术研究院，工作人员的行政关系隶属研究院。办公室办处级建制，编制暂定10人。

三、统　计

航空科学基金历年经费情况统计

（单位：万元）

类别 \ 年度		1986	1987	1988	1989	1990	1991	1992	合　计
收入	拨　入	205.0	376.0	472.0	500.0	500.0	550.0	560.0	3 163.0
	合　计	205.0	376.0	472.0	500.0	500.0	550.0	560.0	3 163.0
支出	资助经费	184.6	302.1	441.7	459.3	442.0	486.0	507.2	2 822.9
	其　他	19.4	35.7	30.0	37.7	30.5	44.6	46.6	244.5
	合　计	204.0	337.8	471.7	497.0	472.5	530.6	552.8	3 067.4

航空科学基金历年申请，批准资助情况统计

（金额单位：万元）

年　度		1986	1987	1988	1989	1990	1991	1992	合　计
申　请	项　数	290	230	381	493	580	580	580	3 134
	金　额	1 278.0	1 135.0	1 528.0	2 061.0	2 400.0	2 380.0	2 433.0	13 215.0
批准资助	项　数	122	132	185	157	169	175	175	1 115
	金　额	413.0	385.0	442.0	443.0	446.8	495.8	505.4	3 130.0
批准率（%）	项　数	42.1	57.4	48.6	31.8	29.1	30.2	30.2	35.6
	金　额	32.3	33.9	28.9	21.5	18.6	20.8	19.8	23.7
资助强度（万元/项）		3.38	2.92	2.39	2.82	2.64	2.83	2.89	2.81

按专业申请、资助情况统计表

（金额单位：万元）

年度 项目 专业	1990							1991							1992						
	申请		批准		批准率（%）		平均资助强度	申请		批准		批准率（%）		平均资助强度	申请		批准		批准率（%）		平均资助强度
	项数	金额	项数	金额	项数	金额	(万元/项)	项数	金额	项数	金额	项数	金额	(万元/项)	项数	金额	项数	金额	项数	金额	(万元/项)
总计	580	2399.6	169	445.8	29	18.6	2.6	580	2379.9	175	495.8	30	20.8	2.8	580	2433.1	175	505.4	30	20.8	2.9
空气动力学与飞行力学	57	231.7	18	46.4	32	20.0	2.6	47	215.4	13	33.6	28	15.6	2.6	54	232.3	15	45.5	28	19.6	3.0
飞行器设计和结构强度	78	335.3	25	69.7	32	20.8	2.8	68	281.5	26	75.0	38	26.6	2.9	63	280.7	21	66.5	33	23.7	3.2
飞行器推进系统	57	243.6	17	43.0	30	17.7	2.5	78	321.2	25	64.6	32	20.1	2.6	65	275.8	19	55.9	29	20.3	2.9
仪表显示与系统控制技术	20	79.4	6	14.5	30	18.3	2.4	19	67.5	6	17.4	32	25.8	2.9	32	140.7	10	30.4	31	21.6	3.0
飞行控制与导航	44	172.0	13	38.2	30	22.2	2.9	39	152.0	9	26.0	23	17.1	2.9	46	192.1	12	35.7	26	18.6	3.0
航空电子与计算机	88	372.2	21	54.3	24	14.6	2.6	68	282.9	20	61.5	29	21.7	3.1	74	309.4	22	60.8	30	19.7	2.8
航空材料与制造技术	134	565.6	35	106.8	26	18.9	3.1	147	633.4	46	139.5	31	22.0	3.0	144	641.8	44	137.6	31	21.4	3.1
机载机电设备技术	22	92.6	6	15.4	27	16.6	2.6	27	110.0	8	23.3	30	21.2	2.9	30	115.5	9	27.4	30	23.7	3.0
试验、测试与计量校准技术	42	178.2	13	35.1	31	19.7	2.7	33	140.7	10	28.7	30	20.4	2.9	18	83.9	6	18.3	33	21.8	3.1
软科学及其他交叉科学	38	129.0	15	22.4	39	17.4	1.5	54	175.3	12	26.2	22	14.9	2.2	54	160.9	17	27.3	31	17.0	1.6

航空科学基金资助项目按研究性质情况统计

（金额单位：万元）

项目 年度	基础研究		应用基础研究		应用研究	
	项数	金额	项数	金额	项数	金额
1986	15	13.0	70	71.0	16	15.0
1987	16	15.0	67	68.0	17	17.0
1988	11	11.0	67	66.0	18	18.0
1989	8	7.0	75	76.0	18	18.0
1990	7	6.0	76	78.0	18	17.0
1991	7	7.0	80	81.0	13	13.0
1992	6	5.0	86	87.0	9	8.0
合计	70	64.0	521	527.0	109	106.0

航空科学基金资助项目项数分布统计

项目 年度	高等院校		研究机构		合计
	项数	比例（%）	项数	比例（%）	项数
1986	122	100	0	0	122
1987	114	86.0	18	14.0	132
1988	171	92.0	14	8.0	185
1989	142	90.0	15	10.0	157
1990	156	92.0	13	8.0	169
1991	162	93.0	13	7.0	175
1992	161	92.0	14	8.0	175
合计	1028	92.0	87	8.0	1 115

航空科学基金资助项目负责人年龄分布情况统计

年度 年龄（岁）	1986		1987		1988		1989		1990		1991		1992	
	人数	%	人数	%	人数	%	人数	%	人数	%	人数	%	人数	%
＜35	1	1.0	2	2.0	14	7.6	15	9.6	25	15.0	32	18.0	50	29.0
36—45	6	5.0	10	8.0	10	5.9	17	10.8	10	6.0	12	7.0	19	11.0
46—55	80	66.0	85	64.0	115	62.1	76	48.4	72	43.0	68	39.0	50	29.0
56—60	16	13.0	24	18.0	33	17.8	39	24.8	45	27.0	43	25.0	46	26.0

(续表)

年度 年龄(岁)	1986		1987		1988		1989		1990		1991		1992	
	人数	%	人数	%	人数	%	人数	%	人数	%	人数	%	人数	%
61—70	17	14.0	11	8.0	12	6.5	8	5.1	16	9.0	17	10.0	10	6.0
>70	2	2.0	0	0	1	0.5	2	1.3	1	1.0	3	2.0	0	0
合计	122	100	132	100	185	100	157	100	169	100	175	100	175	100

航空科学基金项目组成员情况统计

(单位：人次)

年度 人员	1986	1987	1988	1989	1990	1991	1992	合计
高级职称	202	267	413	363	380	393	355	2 373
中级职称	264	253	301	264	298	333	366	2 079
初级职称	105	120	157	125	120	88	73	788
博士后	1	1	2	4	11	4	14	37
博士	45	47	73	71	67	77	68	448
硕士	221	235	296	197	193	216	198	1 556
辅助人员	95	70	81	56	43	54	43	442
合计	933	993	1 323	1 080	1 112	1 165	1 117	7 723

航空科学基金完成项目情况统计

(单位：项)

年度 专业	1988	1989	1990	1991	1992	合计
空气动力学与飞行力学	1	13	12	9	11	46
飞行器设计和结构强度	1	19	22	10	13	65
飞行器推进系统	0	14	16	17	9	56
仪表显示与系统控制技术	1	5	3	6	6	21
飞行控制与导航	0	13	11	9	16	49
航空电子计算机	2	22	14	17	15	70
航空材料与制造技术	2	32	32	29	26	121
机械机电设备技术	0	8	9	4	7	28
试验测试与计量校准技术	3	9	15	14	13	54
软科学及其他交叉科学	1	9	14	20	9	53
总计	11	144	148	135	125	563

航空科学基金资助项目成果统计表

（单位：项）

内容 \ 数量 \ 年度			1990	1991	1992
完成论著	会议	国际	107	172	184
		国内	210	281	280
		其他			41
	刊物	国际	31	37	57
		国内	209	276	336
		其他	53	139	56
	专著		3	13	28
	待发表		134	157	303
	合计		747	1 075	1 313
研究成果	待评鉴		4	7	41
	省部级评鉴		18	31	42
	基层级评鉴		7	3	18
	已推广		4	4	41
	拟推广			8	22
	专利	国外			
		国内	2	1	3
		申请待批	1	5	6
获奖	国家级	自然科学			
		科技进步		1	
		发明			
		其他			
	省部级	科技进步	5	16	20
		其他		2	4
	其他级	1	1	4	
人才培养	博士后		3	4	8
	博士生	已获学位	8	11	25
		在读	32	40	95
	硕士生	已获学位	62	80	166
		在读	125	72	261

地震科学联合基金会

一、综　述

地震科学联合基金会在国家地震局的直接领导下，勇于探索，大胆创新；坚持自由申请，公平竞争，同行评议，择优支持的选题方针；着眼于国际、国内科技发展新动向，主动组织前沿课题，以便多出成果，出人才。基金会在经费十分紧张的情况下，通过压缩资助面提高资助强度的做法，使基金近年资助的课题始终保持在某些科学领域上的前沿，有效提高了基金使用效率，使地震科学联合基金会总体管理水平不断提高。

近几年来，在课题组织和基金管理工作中采取了如下一些举措：

(1)1990年是执行国家“八五”计划的头一年，基金会投入了较大的人力与财力资助国家地震局的三项“八五”局重点项目：①我国大陆强震成因和地震孕育环境与过程的研究；②地震前兆场理论：地震前兆的微观物理力学机制和地震信号处理理论研究；③地震灾害预测、工程地震和工程结构抗震的理论研究。在项目管理中，明确预期目标，明确责任，限定时间和经费相对加以保证，促进资助课题按预定计划完成。

(2)设立了青年地震科学基金，旨在培养未来的学科带头人，促进青年科技人才的成长和提高。

(3)结合地震部门的特点，设立了地方地震科学基金。地震预报工作是地震科技工作的主战场，以世界范围来说，地震预报还是未攻克的难题。从总体上看，我国的地震预报仍处于低水平，需要动员各方面的力量，提高地震科学工作者的业务素质。其中地方地震科学工作者是站在地震预报第一线的一支重要力量和后备军。地方地震科学基金的设立为增强地震监测预报能力，区域减灾，防灾等地方基础课题研究水平的提高；稳定地培养与造就地方地震科学队伍中的优秀人才，为研究部门输送新鲜血液创造了条件，奠定了基础。

(4)基金会还与社会科学院基金会合作共同支持地震科学边缘课题。与人事部合作为归国留学人员独辟窗口。

二、统　　计

1985—1992年地震科学联合基金会经费统计情况

项目＼年度	1985	1986	1987	1988	1989	1990	1991	1992
经费（万元）	306.0	265.1	365.0	484.0	453.5	492.5	370.0	347.0

1990—1991年批准的各类项目按学科分类统计　　（金额单位：万元）

学科分类		总计		自由申请项目		青年基金项目		地方基金项目		重点项目	
		项　数	金　额	项　数	金　额	项　数	金　额	项　数	金　额	项　数	金　额
合　计		365	679.42	168	294.52	44	71.70	24	30.85	129	282.35
	%	100	100	100	100	100	100	100	100	100	100
地震前兆与地震预测		156	270.22	60	96.42	17	19.60	13	13.75	66	140.45
	%	42.7	39.8	35.7	32.7	38.6	27.3	54.2	44.6	51.2	49.7
实验与理论地震学		62	109.20	35	63.90	8	11.90	4	9.50	15	23.90
	%	17.0	16.1	20.8	21.7	18.2	16.6	16.7	30.8	11.6	8.6

（续表）

学科分类		总计		自由申请项目		青年基金项目		地方基金项目		重点项目	
		项数	金额	项数	金额	项数	金额	项数	金额	项数	金额
工程地震与地震社会学		85	158.10	34	53.00	10	14.4	6	6.40	35	84.30
	%	23.3	23.3	20.3	18.0	22.7	20.1	25.0	20.7	27.1	29.8
地壳结构与地球内部物理学		31	63.80	25	51.10	1	1.00	0	0	5	11.70
	%	8.5	9.4	14.9	17.3	2.3	1.4	0	0	3.9	4.1
地震的大地构造与地质标志		31	78.10	14	30.10	8	24.80	1	1.20	8	22.00
	%	8.5	11.4	8.3	10.2	18.2	34.6	4.1	3.9	6.2	7.8

1990—1991 年度面上项目（自由申请、青年基金、地方基金）申请与批准资助情况

学科分类	受理申请		批准资助				批准率（%）	
	项数	金额（万元）	项数	金额（万元）	经费比例（%）	资助强度（万元/项）	项数	金额
总计	754	2 324.04	236	397.07	100.0	1.68	31.2	17.1
地震前兆与地震预报	321	937.48	90	129.77	38.2	1.44	28.0	13.8
实验与理论地震学	118	343.80	47	85.30	19.9	1.81	39.8	24.8
工程地震与地震社会学	135	448.43	50	73.80	21.2	1.48	37.0	16.5
地壳结构与地球内部物理学	84	269.73	26	52.10	11.0	2.00	30.9	19.3
地震的大地构造与地质标志	96	324.60	23	56.10	9.7	2.44	24.0	17.3

1990—1991 年重点项目按学科分类的批准资助情况

学科分类	批准项数		批准金额（万元）		资助强度（万元/项）	
	九O攻关	“八五”重点	九O攻关	“八五”重点	九O攻关	“八五”重点
总计	50	79	103.60	178.75	2.07	2.26
地震前兆与地震预报	32	34	70.80	69.65	2.21	2.05
实验与理论地震学	8	7	11.80	12.10	1.48	1.73
工程地震与工震社会学	10	25	21.00	63.30	2.10	2.53
地壳结构与地球内部物理	0	5	0.00	11.70	0.00	2.34
地震大地构造与地质标志	0	8	0.00	22.00	0.00	2.75

煤炭科学基金委员会

一、综　述

1985年，原煤炭工业部根据中共中央关于科技体制改革的决定，为了支持煤炭科技工作的发展，建立了煤炭科技发展基金。该基金由煤炭科学基金、煤炭技术开发基金和煤炭技术推广基金三部分组成。其中，煤炭科学基金由成立的煤炭科学基金会负责管理，并于1986年资助了第一批基金项目。1988年原煤炭工业部撤销，成立中国统配煤矿总公司，煤炭科学基金委员会改由中国统配煤总公司领导。办事机构设在煤炭科学研究总院，由秘书处负责处理日常工作。1990年，基金委员会又做了必要的调整，并在1985年煤炭工业部颁发的《煤炭科技发展基金管理暂行办法》基础上，制定了"煤炭科学基金项目管理细则"，1992年制定了"煤炭科学基金项目鉴定、验收管理办法。"

煤炭科学基金的宗旨是：资助煤炭科技发展中的基础研究、中长期应用研究、对煤炭行业各专业的技术发展有突破性影响，或对各专业发展起关键性作用的应用基础研究。

基金委员会的职责是：根据煤炭科技发展规划，制定和颁发项目指南；接受项目申请，组织评审，择优立项资助；对资助项目进行管理、检查，并对项目的研究成果组织鉴定验收；向有关单位推荐研究成果进一步开发的建议。

煤炭科学基金来源于行业科技发展基金，全部用于项目的资助。

煤炭科学基金的实施办法：在计划指导下，个人申请，单位审查，同行评议，择优支持，经费按项目和进度拨款，专款专用，由单位监督保证执行。资助类型分全额资助、部分资助两种。资助对象主要是煤炭行业的高等院校、科研院、以及从事煤炭行业科学技术研究的科技人员。

煤炭科学基金委员会根据项目指南指导申请，每年三月发布。项目指南的产生是：依据煤炭行业中长期科技发展规划和煤炭工业发展中提出的新要求及国内外科技发展的现状，首先由基金委员会秘书处在广泛征求专家意见的基础上，提出建议；然后经基金委员会审定和部（总公司）批准。

煤炭科学基金优先资助学术思想新颖、立论可靠、目标明确、内容具体、路线先进、方法科学，可在三年左右时间内取得预期成果的项目。项目的申请者必须是实际主持并从事该项目研究的负责人，一般应具有高级技术职称；如项目主持人及主要参加者无高级职称，须由两名具有高级技术职称的同行推荐；35岁以下年轻人申请的项目，实行同等优先原则。申请的项目须先经申请者所在单位学术委员会审查并签署具体意见。由于资助能力所限，每一申请者和合作者同时申请的项目不得超过两项，同时获得资助的项目不得超过一项。

评审原则是：坚持依靠专家、充分发扬学术民主，坚持公正、平等竞争。

评审程序是：预审、同行专家评议、专业组评审、综合审定、审批下达。

预审由秘书处会同有关部门根据管理细则和项目指南进行形式审查及核实是否与国内正在进行的或已有的研究成果重复。并审度其研究实力和条件。

同行专家评议：通过预审后的项目，再聘请3—5位同行专家对申请书的内容逐项评议，提出负责的书面意见，对观点不同、影响较大的项目，可由秘书处组织进行必要的调查，供专业组评审参考。

专业组评审：这是立项的关键，经同行专家评议后的项目，连同评议意见，交专业组评审。专业组评审采取会议方式，用计算机量化评价方法及其辅助决策管理系统，将与会专家对每一个项目的十个不同权重系数的评价指标，分四个档次的评价意见输入处理，以综合评分价值为准排序，再以无记名投票表决。这一方法经几年的实践表明，它把科学的方法，现代化的手段和多年的管理经验结合起来与评审专家和会议密切配合，实现快速量化排序，能避免或减少一些人为的主观失误和矛盾，客观地反映了专家群体的意志。

1986—1989年，共资助210个项目，经费622.22万元。1990—1992年共资助384个项目，经费900万元。

几年来由於基金的资助，对煤炭行业一些基础性、应用基础性研究，新技术的发展都起了较大的促进作用，有助於整体素质的提高和人才的培养。基金委员会拟於1993年对几年来的基金资助效果做全面的调查和评估，以利今后的工作。

二、组织机构

1. 煤炭科学基金委员会顾问

范维唐　陈炳强　郝凤印　魏　同　林开源
朱登山　芮素生　辛镜敏　邬廷芳　严万生

2. 煤炭科学基金委员会组成

主　任　汤德全
副主任　张先尘
委　员　贾悦谦　周公韬　马兰英　刘天泉
　　　　张永成　屠锡根　周士瑜　朱建铭
　　　　韩德馨　载和武　张瑞莲　钱仲德
　　　　蔡　坫　王可寰
秘书长　王可寰（兼）

3. 煤炭科学基金委员会专业组设置及组成

采煤专业组
　组　长　刘天泉
　副组长　钱鸣高
　成　员　闫　鹏　雷良惟　蔡　坫　牛锡倬
　　　　　何国玮　马伟民　宋振骐　张先尘
　　　　　马兰英
矿山建设专业组
　组　长　张永成
　副组长　崔云龙
　成　员　王树仁　董方庭　冯　豫　洪伯潜
　　　　　何尚礼　王可寰
矿山安全专业组
　组　长　屠锡根
　副组长　黄元平
　成　员　陈　锐　卢鑑章　戚颖敏　周世宁
　　　　　贾悦谦　钱仲德
矿山机械专业组
　组　长　周士瑜
　副组长　周永昌
　成　员　徐天锡　陈忠恕　成福康　魏任之
　　　　　柴志浦　郭治安　王维新　周公韬
矿山电气专业组
　组长　朱建铭
　副组长　王安山
　成　员　潘尚达　胡省三　杨仲平　卢方德
　　　　　汤德全
地质和勘探专业组
　组　长　韩德馨
　副组长　杨锡禄
　成　员　缪　奋　储绍良　任德贻　唐修义
　　　　　卫国英
煤炭加工利用专业组
　组　长　戴和武
　副组长　陈清如
　成　员　王祖讷　白浚仁　王祖瑞　吴春来
　　　　　李忠信　翁洽庆
经济与科学管理专业组
　组　长　张瑞莲
　副组长　吴迪傲
　成　员　陶树人　王百传　倪炳昌　查良让

三、统　计

经　费　情　况

（单位：万元）

年　度	1986	1987	1988	1989	1990	1991	1992
收　入	553	—	31.82	37.4	300	300	300
支　出	553	—	31.82	37.4	300	300	300

历年申请、批准资助概况

(金额单位：万元)

统计指标		1990	1991	1992
申请	项数	563	636	548
	金额			
批准资助	项数	193	141	150
	金额	480.0	254.3	298.92
批准率（%）	项数	34.1	22.2	27.4
	金额			
资助强度（万元/项）		2.50	1.80	1.99

批准的资助项目按专业统计

(金额单位：万元)

专业＼年度	1990		1991		1992		合计	
	项数	金额	项数	金额	项数	金额	项数	金额
合计	193	480.00	141	287.50	150	298.90	484	1 066.40
采煤	26	97.80	22	45.00	22	46.00	70	188.80
矿建	33	71.80	21	34.00	21	40.00	75	145.80
安全	20	60.80	14	34.00	16	36.00	50	130.80
机械	32	79.70	18	45.00	23	50.00	73	174.70
电气	15	34.20	18	37.00	16	40.00	49	111.20
地质	33	61.90	20	35.20	21	36.00	74	133.10
加工利用	18	38.50	18	39.50	19	35.40	55	113.40
经济与科学管理	16	35.30	10	17.80	12	15.50	38	68.60

资助项目分布统计

(金额单位：万元)

年度	合计	单位性质		
		高等院校	研究机构	其他
1991	138	91	45	2
1992	150	100	50	0
总计	288	191	95	2

国家医药管理局新药研究基金

一、综　述

国家医药管理局新药研究管理中心自1987年设立研究基金以来，截止1992年底，已有83个单位共104个项目获得本资金资助，有1168名具有不同专业技术职称的研究人员参加了资助项目的研究工作。各类资助项目中以用于治疗发病率高、危害大的心脑血管疾病和肿瘤的药物为最多。立项单位中，医药局系统22个，其他科研院所，高等院校共61个，在立项资助的项目中，1991—1992年共发表论文66篇。

为了加强资助项目的评审工作，于1990年8月成立了国家医药管理局新药研究基金评审委员会，由国家医药管理局根据工作的需要，聘请有关专家组成，每届任期5年。

国家医药管理局
新药研究基金第一届评审委员会组成

顾　　问　周廷冲　沈家祥

主任委员　彭司勋　周海钧

副主任委员　金蕴华　宋书元　赵知中　刘益群　蔡永昆

委　　员　（以姓氏笔划为序）

丁光生　于庆海　于德泉　王圣符　王振钺　王普善　方起程　方积年　冯杏婉　孙瑞元　孙曾培　江文德　朱宝泉　朱　燕　刘天培　刘国卿　刘益群　刘景生　刘懋勤　许　津　庄林根　庄镇华　宋书元　宋振玉　李仁利　李　铣　李焕娄　吴德政　陈曾湘　陈瑞婷　房安石　张均田　张致平　张礼和　张椿年　张汝华　周炳南　周海钧　罗思齐　郑　虎　林志彬　金国章　金联荪　金蕴华　郁伟文　赵知中　赵树纬　郭兆贵　姚新生　胥　彬　荣康泰　侯惠民　秦文娟　陶　萍　夏　霖　徐叔云　梅学仁　屠锡德　董永明　钱蓓丽　彭司勋　谢晶曦　谢毓元　韩　锐　杨正菀　杨福秋　廖清江　蔡永昆　蔡志基　戴德哉

二、统　计

经　费　情　况

（单位：万元）

统计指标		1989	1990	1991	1992	总　计
收入	合　计	402.40	72.75	64.19	14.44	553.78
	财政拨款		60.00	60.00		120
	收5%管理费		12.75	4.19	14.44	31.38
	1989年转入	402.40				402.40
支出	合　计		54.40	216.90	188.94	460.24
	项目拨款		44.50	207.30	175.40	427.2
	费用支出		9.90	9.60	13.54	33.04

历年申请、批准资助概况

年　　度	1987	1988	1989	1990	1991	1992	总　计
申　请（项数）	77	54	61	22	26	23	263
批　准（项数）	39	20	23	9	5	8	104
批准率（%）	50.6	37.0	37.7	40.9	19.2	34.7	39.5

历年申请批准项目按专业统计

专业＼年度	合计		1990			1991			1992		
	申请	批准	申请	批准	批准率（%）	申请	批准	批准率（%）	申请	批准	批准率（%）
心脑血管药	11	4	4	3	75.0	5			2	1	50.0
抗肿瘤药	19	5	5	1	20.0	7	1	14.2	7	3	42.8
抗感染及抗炎免疫药	21	6	6	2	33.0	7	2	28.5	8	2	25.0
精神及神经系统药	6	4	2	1	50.0	2	1	50.0	2	2	100
其他药物	14	3	5	2	40.0	5	1	20.0	4		
总　计	71	22	22	9	40.9	26	5	19.2	23	8	28.7

资助项目分布统计

年　度	合　计	单位性质			隶属关系	
		高等院校	研究机构	其　他	直属单位	非直属单位
1987	15	4	11		8	7
1988	13	5	8		3	10
1989	18	7	11		5	13
1990	9	5	4		2	7
1991	5	2	2	1		5
1992	23	13	8	2	4	19
总　计	83	36	44	3	22	61

资助项目组人员统计

年 度	合 计	高级职称	中级职称	初级职称	博士后	博士生	硕士生	辅助人员
1987	441	144	114	82		2	35	64
1988	225	95	63	41		2	13	11
1989	278	100	80	53	2	5	15	23
1990	115	43	26	26			10	10
1991	50	16	14	11		1	5	3
1992	59	19	24	7			5	4
总 计	1 168	417	321	220	2	10	83	115

测绘科技发展基金委员会

国家测绘局测绘科技发展基金委员会于1985年10月成立，同时制定了《测绘科技发展基金管理办法（试行）》、《测绘科技攻关项目招标办法（试行）》。根据“基金管理办法”，测绘科技发展基金在项目评审过程中实行了项目预报预审制度，即申请人在报送《测绘科技发展基金申请书》之前，先将《测绘科技发展基金项目预报表》报送基金办公室，办公室会同基金评审委员会部分专家对预报项目进行预审。对“预报表”中明显与已有成果或在研项目内容重复、或研究目的不明确、或非测绘学科的申请项目，基金会不予受理。预报项目初审通过后，办公室通知申请人报送正式申请。几年实施证明，预报预审制度既减轻了申请人无效劳动，又提高了申请项目的批准率；同时，也降低了评审委员会专家的工作量，缩短了评审周期。

测绘科技发展基金建立7年来，积极围绕为测绘生产和国民经济建设服务的总目标，在测绘学科的几个分支学科领域取得了良好的成果和重要的进展。

在测绘基础理论及应用基础理论研究方面，《摄影测量与非摄影测量观测值的联合平差及用摄影测量方法进行高精度地籍加密》项目获国家测绘局1991年度科技进步二等奖。《地球重力场模型研究》项目在理论上达到了国际先进水平，获1992年度国家测绘局科技进步二等奖；

在新产品研制开发与传统技术改造方面，《JX-3解析测图仪》已经投入批量生产，投产以来，已累计生产近60台（套），推广到测绘行业30多个单位，累计创产值1500多万元，利润200多万元，被授予1992年度国家科技进步一等奖，这一消息被《中国测绘报》评为1992年十大测绘新闻之一。《内外业一体化大比例尺测图系统》的主要技术性能已达到或接近国际上同类产品的水平，目前已推广近30台（套）。摄影测量技术数字化改造已取得了良好的成果，Topocart-J与B_8S-AAB已累计改造13台，把原来已报废或接近报废的模拟测图仪改造成为先进的解析测图仪，创造了显著的经济效益和社会效益，其中的A AB型数字投影器尤其引人注目，目前该技术已向澳大利亚出口，《集成式专家系统工具及专题地图设计智能化系统》项目，被专家誉为专家系统研究中的一项开拓性成果，获1991年度测绘科技进步一等奖。《CM-1光学仪器除霉剂》项目组积极将这一产品推向市场，他们将100瓶除霉剂赠送给亚运会电视转播组，受到好评，该成果被授予国家发明奖。

在新的重大测绘生产技术方案的研究试验方面，《1：5万地形图更新及应用试点工程》项目研究的四种方案、五种方法、九种生产工艺已在1：5万地形图更新工程中推广应用，目前已累计培训了200余名技术骨干。《精密水准复测技术方案》项目关于水准网平差、因瓦水准标尺尺长改正、水准标石埋设与跨河水准等方法的研究，以及对Ni002

自动安平水准仪性能、外业用标尺检定设备的研制和三项改正等的研究，为精密水准复测提供了可靠的技术保证，其中部分研究成果已被收入相应的行业标准与国家标准。

测绘科技发展基金会针对生产中存在的重大技术问题，利用系统工程方法，将科研过程和生产过程直接衔接起来，组织科研、生产、教育和管理人员联合攻关，把科研成果的推广应用问题解决在科研过程中，使科研成果直接在生产中应用，简化了成果推广与转化这一中间环节。事实证明，这一经验是成功的，并已在“八五”科技攻关中被广泛采用。

科学基金制自建立以来，对我国科技事业的发展起到了极其重要的作用。从基金的来源看，科学基金（尤其是各部门的科技基金）主要的资金渠道为国家科技三项费用，因而，科技三项费用是科技基金制得以发展的重要保证，我们迫切希望国家能够对科技三项费用给以稳定的支持，以使科技基金制能够继续存在和发展下去。

测绘科技发展基金对一部分开发研制新产品的项目，经费实行部分或全部有偿使用的办法，使合同双方共同承担风险，这样做既促进了基金的循环，又提高了成果推广应用的速度和比例。通过几年的实践发现，有偿使用基金回收手段和方法尚有待于进一步完善，以使这部分资金真正发挥效益。

经费情况

（单位：万元）

年度		1990	1991	1992
收入	合计	182.0	201.0	318.0
	科技三项费用	150.0	150.0	150.0
	科学事业费	30.0	45.0	160.0
	返还的有偿基金	2.0	6.0	8.0
支出	合计	154.5	205.9	289.0
	项目支出	148.8	199.2	282.0
	奖励支出	2.2	2.7	2.8
	其他支出	3.5	4.0	4.2

历年申请、批准资助概况

年度		1990	1991	1992
申请	项数	58	66	42
	金额（万元）	/	/	452.3
批准资助	项数	23	28	9
	金额（万元）	148.8	199.2	282.0
批准率（%）	项数	39.7	42.4	21.4
	金额			62.3
资助强度（万元/项）		6.47	7.11	31.33

兵器预研基金及基金委员会

一、综　述

兵器预研基金是国防科工委系统的行业基金之一，于1991年9月10日由国防科工委批准正式设立。兵器预研基金用于加强兵器科技应用基础研究和探索性比较强的应用研究工作，以确保兵器科技发展的后劲。兵器预研基金主要依据国防科工委颁发的《国防科学技术应用、基础研究暂行管理办法》和《国防科学技术预研基金管理暂行规定》开展工作。

兵器预研基金来源于兵器预研经费，1991年为130万元，1992年为176万元。其支持的范围是：兵器行业应用基础研究和少部分探索性强的应用研究，重点支持对兵器行业科学技术发展有重大意义，具有先进性、独创性，一般在二三年内可以得到预期结果的项目及探索性较强的长远项目。兵器预研基金主要面向兵器行业确有科研优势并有利于研究成果进一步开发应用的高等院校、研究所、工厂以及科技工作者个人，同时也接受一些非直属单位的申请。

兵器预研基金1992年批准71个项目，批准资助经费342.2万元，单项平均资助强度为4.8万元/项。其中高等院校56项，占79%；研究所14项，占20%，工厂1项，占1%，共有417名科技人员参加项目，其中高级人员145人，占35%，中级169人，占41%，初级人员53人，占13%，研究生（包括博士生8人，博士后1人）33人，占9%，辅助人员17人，占1%。各研制单位特别是高等院校申报基金项目的积极性很高，现批准的课题数仅占申报项目的22%。

为了加强兵器预研基金管理工作，采取的主要做法是：

（1）结合兵器科技工作实际，组织编制和颁发了“兵器预研基金选题指南”和“兵器科学技术预研基金管理条例”，作为组织管理兵器预研基金工作的主要依据。

（2）认真组织兵器预研基金课题的申报、评审工作，其中最为关键的是抓好评审。为此，分三人层次进行：第一是各申报单位必须按管理条例规定做好审查工作；第二是基金办组织同行专家评审；最后是基金委员会审查并通过无记名投票方式审定资助项目。其中同行专家评审基本上是按专业分类进行，采取了两种方式：申报项目数少的用函审形式；项目数多的用会议形式。通过实践，基金会感到会议形式效果更好些，因为在会议上，专家可了解申报的全面情况（函审形式，专家只能接触少数项目），便于从总体上排队择优，同时会议形式便于专家交流有关情况，使评审标准易于统一和客观、公正。项目评审工作严格以选题指南为依据，贯彻竞争原则，不照顾单位。

（3）认真抓项目的跟踪管理，及时了解项目的进展情况和存在的主要问题。基金委员会主任、副主任多次参加项目的检查，通过深入基层了解到项目的进展情况，了解到有的单位为支持基金工作采取了很好的措施，如不提或少提管理费，又如有的自筹资金、自立课题，为申请基金作超前研究，有的项目取得了较好的进展，如二〇九所的管状固体激光器使泵浦效率提高了80%，使该所成为世界上有能力开展此类研究的少数单位之一。

（4）为促进“八五”多出成果，并考虑到各基金项目均采用分年度拨款的实际情况，实行了寅吃卯粮的做法，对基金项目尽量提前做出安排。

（5）对一些探索性很强的、一时还看不太透的项目，没有采取简单否定的做法，而是先以少量经费给予资助，进行论证，再确定是否立项。如“光学人工神经网络在兵器制导中的应用”、“视在阵列测向技术研究”、“钨丝集束穿甲弹技术”等都是通过论证，取得了较好进展而正式列项的。

（6）为进一步加强基金工作，最近对预研基金选题指南的修订工作，预研基金管理的科学化、规范化、计算机化的工作，“八五”基金成果汇编等，都做出了部署。

二、组织机构

中国兵器科学研究院在中国兵器工业总公司领导下，具体负责兵器预研基金工作的组织实施。兵器预研基金委员会于1992年5月21日正式成立，由17人组成。兵器预研基金办公室设在兵科院发展规划处。

1. 兵器预研基金委员会组成

主　任	陈鹏飞			
副主任	张锐生			
委　员	李伟如	葛守泰	封龙涛	马宝华
	王儒策	潘德恒	朱荣桂	姚玉珉
	朱维同	何平伟	刘玉岩	刘志伟
	陈亦庆	田春明	王楷扬	

2. 第二届兵器预研基金专业组设置及组成

（1）坦克车辆、发动机技术预研专业组

组　长	李继新			
副组长	吴培基			
成　员	唐尚昆	杨式理	李仁业	周学贤
	张凤鸣	方慰先	马成荫	钱士文
	吴光夏	丁法乾	潘旭峰	秦有方

（2）火炮技术预研专业组

组　长	朱维同			
副组长	权忠孝			
成　员	李才葆	张万军	王　坚	俞榆高
	于正心	王春庆	龙占南	曹　泛
	张兆华	张月林	金志明	梁溥墉

陆祥旋

(3) 箭弹技术预研专业组

组　长　浦兆支
副组长　冯顺山
成　员　王儒策　彭庆明　林永生　李光中
　　　　王玉祥　雷遂仁　马怀义　关　克
　　　　苗瑞生　恽寿榕　赵国志　郭锡福
　　　　赵文宣　孟宪昌

(4) 制导兵器技术预研专业组

组　长　何平伟
副组长　万春熙
成　员　戴福民　程治安　廖光福　廉汝林
　　　　陈亦庆　樊晓云　樊启发　张志福
　　　　张天桥　毛二可　袁曾凤　李兴国

(5) 兵器光电技术预研专业组

组　长　刘玉岩
副组长　邹异松
成　员　张承铨　杨培根　罗正发　洪潜卫
　　　　李忠杰　杨志纯　张兴德　陶纯堪

(6) 火控、指控技术预研专业组

组　长　刘志伟
副组长　彭家庭
成　员　李启贵　禄福华　李培礼　王金钟
　　　　汤鹏飞　陆良忠　包玉林　史沛荣
　　　　刘玉树　张先萌　郭　治　刘凡玉
　　　　陶化成

(7) 轻武器技术预研专业组

组　长　朵荣贤
副组长　吴尚礼
成　员　陆家鹏　刘振刚　卓穗茹　刘肇琪
　　　　王聿衍　邓炜枝　高乃同　许　诚
　　　　薄玉成　李伟如　张昆勋

(8) 引信技术预研专业组

组　长　杨辅宗
副组长　马宝华
成　员　谭惠民　张　卫　金连宝　张龙山
　　　　施聚生　赖百坛　朱健南　张清泰
　　　　董少峰

(9) 火工品技术预研专业组

组　长　田春明
副组长　徐振相
成　员　徐衍海　谢高弟　朱延年　蔡瑞娇
　　　　许又文　劳允亮　潘功配　吴幼成
　　　　张景林

(10) 兵器测试技术预研专业组

组　长　潘德恒
副组长　吴云龙
成　员　陶庆模　金皖田　元天佑　肖　峰
　　　　梁燕熙　范伯元　王有仁　贺安之
　　　　朱明武　路宏年

(11) 兵器计算机应用技术预研专业组

组　长　姚玉珉
副组长　张继烈
成　员　孙博泉　徐修立　周泗贤　邓万先
　　　　贾沛德　邹志刚　宋翰涛　宁汝新
　　　　王长兴　杨静宇　王洪明　田棣华

(12) 兵器新材料技术预研专业组

组　长　王楷扬
副组长　孙维钧
成　员　罗庆华　田清政　张志云　魏传忠
　　　　吴守祯　吴德铭　张自强　杨道明
　　　　吴　锋　张宝平　徐天祥　李保成

三、统　　计

1992年批准的资助项目按专业统计

（金额单位：万元）

专　业	申　请		批　准		批准率（%）		平均资助强度（万元/项）
	项　数	金　额	项　数	金　额	项　数	金　额	
合　　计	308	2 370	71	342.2	23	14.5	4.82
坦克类	31	279	7	35	22	12.5	5
枪炮类	50	385	11	55.3	22	14.3	5
制导类	21	197	5	26	23.8	13.1	5.2
弹箭类	78	461	17	69.8	21.7	15.1	4.1
光电类	68	596	18	93.1	26.4	15.6	5.1
材料类	31	198	6	32	19.4	16.2	5.3
计算机测试类	29	254	7	31	24.1	12.2	5.4

化学工业部科技兴化奖学金

一、综　述

化学工业部科技兴化奖学金设立于1991年5月。基金来自化工企事业单位及社会集资，至1992年底，已集资120万元，奖学金使用其利息部分。

为评审和管理，成立了“化工部科技兴化奖学金评审委员会，”并颁布了奖学金的《管理评定暂行办法》。

科技兴化奖学金的宗旨是：贯彻落实“科技兴化”的方针，振兴我国的化学工业，鼓励全国全日制普通高等学校中化工类及相关专业的学生在校期间刻苦学习，奋发成才，在德、智、体诸方面得到全面发展，立志献身祖国化工事业和社会主义建设事业。

奖学金奖励的对象为化学工业部直属普通高等学校，国家教育委员会及各省、自治区、直辖市所属全日制普通高校中化工类及相关专业在籍的本、专科学生和研究生。化工类及相关专业指：化学工程，无机化工、有机化工、高分子化工、生物化工、工业分析、精细化工、高分子材料、橡胶工程与塑料工程、腐蚀与防护、煤化工、工业化学、高分子材料、加工机械、电化学生产工艺、工业催化、化工设备与机械、生产过程自动化、应用化学等18个专业。

奖励条件是：

(1) 热爱社会主义祖国，拥护中国共产党的领导，坚持四项基本原则。模范遵守国家的政策、法律与法令，严格遵守《高等学校学生行为准则（试行）》和《普通高等学校学生管理规定》以及学校的各项规章制度。

(2)热爱并立志为祖国的化工事业和社会主义现代化事业献身；学习目的明确、学习态度端正；努力学习，刻苦钻研，一年内各科学习成绩优秀或在“科技兴化”活动中做出显著成绩者。

(3) 关心集体，团结互助，热爱劳动，积极参加学校组织的各项集体活动、公益劳动和社会实践。

(4) 积极参加体育锻炼，并达到《大学生体育合格标准》。

奖励人数为本办法所规定奖励对象人数的5‰。奖学金额每人400元人民币。

科技兴化奖学金每年评定一次，时间为每年3月进行，一般在5月初结束，"五四"青年节颁奖。

科技兴化奖学金的评定，由学生所在的系(部)推荐，经学校科技兴化奖学金评定领导小组评审，于每年4月报化学工业部科技兴化奖学金评审管理委员会审批，对获奖者颁发由化学工业部部长签署的证书和奖金。

1991和1992年度共有35所学校的510名学生获奖。其中化工部直属高校北京化工学院，南京化工学院、郑州工学院、青岛化工学院、沈阳化工学院、武汉化工学院、南京动力高等专科学校、连云港化工高等专科学校等8所，有194人获奖；国家教委所属清华大学、天津大学、大连理工大学、华东化工学院、浙江大学、华南理工大学、成都科技大学、西安交通大学等8所，有156人获奖；地方所属高等学校有北京联合大学化工学院、吉林工学院、吉林化工学院、河北工学院、齐齐哈尔轻工学院、太原工业大学、河北轻化工学院、江苏化工学院、浙江工学院、江西工业大学、广东工学院、广西大学、四川轻化工学院、内蒙古工学院、贵州工学院、上海化工高等专科学校、河北化工学校、盐城工业专科学校、淮阴工业专科学校等19所，有160人获奖。510位获奖者已获得由化工部颁发的科技兴化奖学金和证书。

二、组织机构

奖学金评审管理委员会设主任一人，副主任和委员若干人，由化学工业部和有关院校推荐人员组成，每届任期五年。负责制定奖学金工作的有关规定，审定与监督奖学金的颁发工作。化学工业部教育司为评审常设机构，负责奖学金评定工作的具体组织与管理。

科技兴化奖学金评审管理委员会组成

主　任　贺国强

副主任　樊丽秋　熊传勤　陈完璞　张勤汉　朱静华

委　员　赵关旗　黄殿臣　刘大壮　李顺汀　戴干策　余丰年　戴猷元　陈洪钫　吴兆立　高广达　王广铨　周荣才

地方科学基金

北京市自然科学基金委员会

一、综　述

为了加强和发展北京市的应用基础研究，最新技术的基础研究和应用基础研究，市政府于1990年10月正式批准成立了北京市自然科学基金会，由北京市科学技术委员会归口领导，接受国家自然科学基金委员会的指导，实行科学基金制管理。

基金来源于北京市财政预算专项拨款，每年拨款300万元左右（1993年为400万元），同时接受国内外单位和个人捐赠。

基金会的宗旨为根据北京市科技、经济和社会发展的需要，体现北京城市特色，加强和发展北京市的应用基础研究，出成果，用成果，培养人才，促进北京市科学技术进步，持续不断地支持北京市经济振兴和社会发展。

主要任务为：

（1）根据国家科学技术发展方针、政策，结合北京市经济和科技发展的需要，编制、发布项目指南；

（2）有效地运用自然科学基金资助手段，指导协调北京市基础性研究工作；

（3）组织推动重点研究项目；

（4）促进可直接应用的研究成果的开发；

（5）鼓励青年科技人员承担项目，发现和培养人才，促进科技队伍的成长；

（6）组织和推动相应的国际合作和学术交流；

（7）组织市科学技术进步奖中的基础性研究成果奖的初评。

北京市自然科学基金委员会主要资助市属科研院所、高等院校、有条件的企事业单位，也资助申请项目符合本会宗旨的或与市属单位联合申请共同承担研究任务的中央在京的科研单位和高等院校。上述单位的科研人员均可按本会有关规定申请项目资助。下列情况在评审中实行同等优先：

（1）青年科技人员为主要承担者的项目；

（2）市属单位与中央在京单位科技人员优势互补、联合承担的项目；

（3）归国科技人员为主要承担者的项目；

（4）国外资助、联合资助的国际合作项目。

北京市自然科学基金委员会成立以来，在市政府市科委和有关部门领导和支持下，按照基金会章程，已建立了依靠专家的项目评审机制和专家体系。在申请资助项目的受理和评审工作中，坚持“依靠专家，发扬民主，择优支持，公正合理”的原则，采取形式审查、通讯评审、学科组评议推荐和基金委员会审定四段评审办法，具体运行程序如下图：

基金会认识到基础性研究涉及众多的基础学科、技术科学和基础性工作，具有很强的创新性、引导性和变革性。因此，在成立仅一年后，即着手组织制定了“自然科学基金项目指南”，采取了“有特色、有重点、不求全、引导性强”的编制方针，着力于：(1)从北京市特点出发，兼顾中长期需求、远近结合，以应用基础研究为主，侧重于当代前沿学科和多技术应用与基础研究；(2)理论与实际结合，相互转化，互为依托，互相带动；(3)突出重点，每年着重资助占一般项目5%左右的重点项目，旨在鼓励重大创新内容，或近期内有可能获得重要阶段性成果，或应用前景方面有所突破；(4)出人才与出成果并重，发掘和培养人才，发挥地区智力优势，引入国外智力和资金，开展国际合作。

基金会成立三年来，共资助项目283个，资助经费801.9万元。

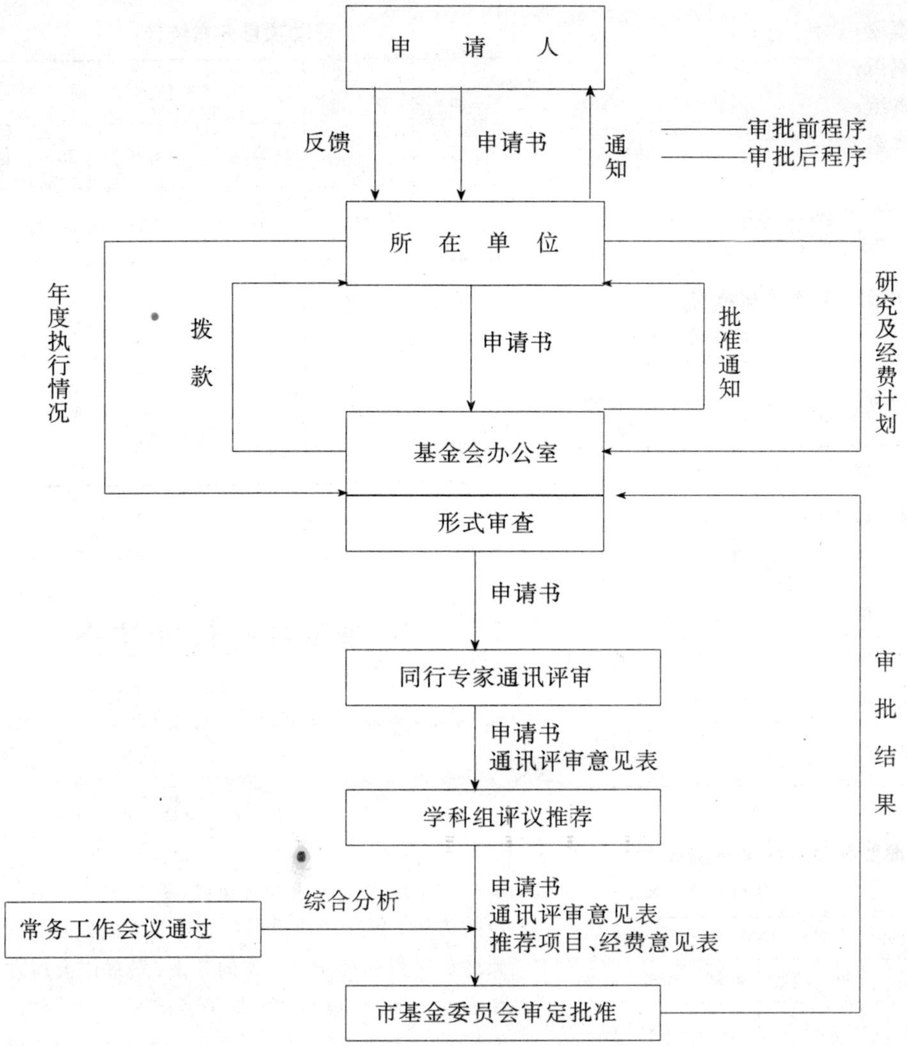

二、组织机构

1. 北京市自然科学基金委员会组成

名誉会长　陆宇澄

顾　　问（以姓氏笔画为序）：

庄巧生　林兰英　柯　俊　侯仁之　顾方舟　章　综　潘振基

会　　长　高　原

副 会 长　高寿征　王以铭

委　　员（以姓氏笔画为序）：

毛达如　王以铭　王继中　冯重熙　刘敏雄　孙同越　李宪法　李福绵　危北海　林浦生　高　原　高寿征　倪维斗　屠呦呦　龚　堡　戚康男　曹鸣庆　董志伟　潘际銮

秘 书 长　戚康男

副秘书长　吴振南　徐桂滨

基金办公室主任　徐桂滨

常务工作会议成员　高　原　高寿征　王以铭　戚康男　吴振南　徐桂滨

2. 基金会的 9 个学科评审组

（1）数学物理学科评审组；

（2）化学材料学科评审组；

（3）工程学科评审组；

（4）信息学科评审组；

（5）生物学科评审组；

(6) 农业学科评审组；
(7) 医药学科评审组；
(8) 环境学科评审组；
(9) 管理学科评审组。

三、统　计

历年申请、批准资助概况

（金额单位：万元）

申、批数 \ 年度		1990	1991	1992
申　请	项　数	431	431	352
	金　额	1 886.0	2 011.4	1 622.6
批准资助	项　数	102	98	83
	金　额	293.5	262.0	246.4
批准率（%）	项　数	23.2	22.7	23.5
	金　额	15.6	13.0	15.2
资助强度（万元/项）		2.9	2.7	3.0

历年批准资助项目按学科统计

（金额单位：万元）

学科 \ 年度	1990		1991		1992	
	项数	金额	项数	金额	项数	金额
合　计	102	293.5	98	262.0	83	246.4
数理化	14	42.0	11	23.5	7	14.5
材　料	12	34.5	11	35.0	10	34.5
工　程	15	45.0	10	27.0	11	32.0
信　息	10	22.5	11	34.0	11	31.5
生　物	12	35.5	9	24.5	8	25.5
农　业	9	27.5	10	26.5	11	32.5
医　药	21	59.5	25	64.0	16	49.2
资　源	9	27.0	8	19.0	6	17.7
管　理	/	/	3	8.5	3	9.0

资助项目分布统计

年　度	资助项数	单位性质		
		高等院校	研究机构	其　他
合　计	283	114	154	13
1990	102	48	52	4
1991	98	34	58	6
1992	83	32	48	3

天津市自然科学基金

一、综　述

为了适应天津市经济建设、社会发展和科技进步的需要，促进天津市科学技术事业的发展，推动天津市应用基础研究工作的开展，发挥广大科技工作者的积极性和创造性，增强经济振兴和科技发展的后劲，天津市科学技术委员会决定从1990年起设立天津市自然科学基金。其宗旨是根据本市发展科学技术的方针、政策法规和规划，有效地运用科学基金资助手段，加强应用基础研究，以促进天津市科技事业繁荣、经济振兴和社会发展。其任务是：根据国家科学技术发展方针、政策，结合天津市经济和科技发展的需要，编制、发布自然科学基金项目指南，指导协调天津市应用基础研究工作并制定年度实施计划；组织具有重大学术价值，特别是具有广阔应用前景的跨学科、跨部门的联合应用基础研究，促进单位之间的协作；开展国际合作研究和学术交流。

天津市自然科学基金面向全市，资助应用性基础研究工作以及部分应用研究和基础研究工作，凡市属和中央驻津的科研院所、大专院校和各企事业单位的科技工作者均可按规定提出申请。

自然科学基金的来源：一是天津市预算拨款的部分科技三项费用；二是社会各界团体和个人的捐赠。1991至1992年由三项费中划拨经费共450万元，资金全部用于无偿资助基金项目。

自然科学基金评审委员会受天津市科委委托，制定和发布各年度项目指南。申请人可根据基金管理办法和资助项目指南，通过主管部门自由申请。

自然科学基金项目每年集中受理一次，按照“依靠专家，发扬民主，择优支持，公正合理”的原则，对申请项目进行评审，其程序为：

(1) 初步筛选：天津市科委对所受理的自然科学基金项目，按基金管理暂行办法所规定的原则，逐项进行初步筛选。

(2) 同行评议：经初步筛选符合申报条件的项目，由天津市科委委托有关部门以通讯的方式组织同行专家进行评议。为保证评议工作不受干扰，各项评审意见和结果均保密。

(3) 复审：自然科学基金评审委员会对同行专家评审的结果进行复审，必要时可约见申请者，就项目有关情况作出说明，最后提出建议资助项目及经费。

(4) 审定：参照自然科学基金评审委员会的意见，天津市科委最后复核审定当年资助的研究项目和资助经费，批准下达研究计划。

(5) 凡经批准资助的研究项目，由项目负责人及其主要合作者所在单位填报“天津市自然科学基金项目认定书”，经由天津市科委批准后正式生效。

两年来，天津市自然科学基金利用拨款450万元（1991年200万元，1992年250万元）基金，资助项目231项，（1991年111项，1992年120项），资助经费462万元，平均资助强度为2.0万元/项。现已完成资助项目10项，其中一项获天津市专利，拟推广应用。到目前为止，已有84篇论文在国内外刊物上发表（国内63篇，国外21篇），还有22篇已在国际会议上宣读，52篇在国内会议上宣读。

二、组织机构

天津市自然科学基金由天津市科委归口管理，综合计划处负责其日常工作。市科委聘请有关专家组成自然科学基金专业指导委员会。

第一届专业指导委员会组成

主　任　母国光

副主任　方佩华　缪方明

秘　书　陶忠保

(1) 电子信息科学组

组　长　王　镭

组　员　吴训一　母国光　温业礼　刘连棣　梁寒冰

(2) 生物科学组

组　长　蒋如璋

组　员　方佩华　宋增璇　宋继昌　李德培

(3) 材料科学组

组　长　张津华

组　员　胡定铣　董孝义　缪方明　姜恩永　宋瑶缄　王崇鲁

(4) 机械科学组

组　长　戴学耕

组　员　朱梦周　张继德

(5) 能源科学组

组　长　蔡义汉

组　员　孙仲林　贾鸿涛

(6) 轻纺学科组

组　长　王笑曾

组　员　谢来苏　邱冠雄

(7) 城建与环保科学组

组　长　安鼎年

组　员　冯建兴　孙连溪

(8) 农业科学组

组　长　王福兆

组　员　牛　景　朱福庆

三、统 计

历年申请、批准资助概况

（金额单位：万元）

申、批数 \ 年度		1991	1992
申 请	项 数	761	501
	金 额	2 746.00	1 752.50
批准资助	项 数	111	120
	金 额	221.00	241.00
批准率（%）	项 数	14.6	24.0
	金 额	8.0	13.8
资助强度（万元/项）		2.0	2.0

资助项目按学科统计

（金额单位：万元）

学科 \ 年度	1991		1992	
	项 数	金 额	项 数	金 额
合 计	111	221.0	120	241.0
信 息	28	52.0	26	53.5
材 料	15	29.0	16	34.0
生 命	15	30.0	27	56.5
工 程	12	22.0	8	16.0
化学化工	8	15.0	15	28.0
轻 纺	6	12.0	3	6.0
能 源	6	12.0	6	10.0
环保城建	9	18.0	11	22.0
农 业	12	26.0	8	15.0

资助项目分布统计

年度	合计	单位性质				隶属关系	
		高等学校	研究机构	企业	其他	直属单位	非直属单位
总计	231	156	59	2	14	88	143
1991	111	69	33	1	8	51	60
1992	120	87	26	1	6	37	83

资助项目负责人职称统计

年 度	合 计	高 级	中 级	初 级
1991	111	79	26	6
1992	120	95	25	0
总 计	231	174	51	6

天津市21世纪
——青年科学基金

一、综 述

天津市科委于1989年设立了天津市21世纪——青年科学基金，以促进优秀青年科技工作者的成长、发现和培养人才。

青年科学基金的资金由两部分组成：一是市预算拨款的部分科技三项费用；二是社会各界团体和个人的捐赠。

青年科学基金专业指导委员会受市科委委托，制定和发布各年度项目指南。申请人可根据基金管理办法和资助项目指南，通过其主管部门自由申请。

青年科学基金项目每年集中受理一次，按照“依靠专家，发扬民主，择优支持，公正合理”的原则，对申请项目进行评审，其程序为：①初步筛选；②同行评议；③复审；④审定；⑤填报基金项目认定书。

青年科学基金1991年接受拨款145万元，1992年150万元，两年资助了195个项目，资助经费285.3万元，平均资助强度为1.46万元/项。现已完成资助项目47项，其中2项获天津市专利；1项成果已推广；12项成果拟推广应用。到目前为止，有131篇论文在国内外刊物上发表（国外15篇，国内116篇），46篇论文在国际会议上宣读、报告，80篇在国内会议上宣读。天津市科协专门编辑出版了《天津市21世纪青年科学基金论文集》。受基金资助的青年科技工作者中有60多人晋升了技术职称，开始成为科研、生产中的技术骨干；有40多人被派往国外继续攻读学位或进行学术交流。此外，青年科学基金还在出国留学人员中产生了一定影响，许多海外学子纷纷来信来函，了解基金的申请办法和条件，表示了学成回来报效祖国的赤子之心。实践证明，青年科学基金的设立是成功的，它越来越受到各方面重视和广大青年科技工作者的欢迎。正如一些同志所指出的那样，它有利于加强应用基础研究工作；有利于打破部门和条块分割，集中力量，保证重点；有利于打破论资排辈的禁锢，激发青年科技工作者的开拓精神，促进优秀人才脱颖而出；有利于为科学研究注入新鲜血液，提高科技水平，出成果、出人才，为天津市经济建设进行技术和人才储备。总之，青年科学基金的设立，为广大青年科技工作者创造了一个"海阔凭鱼跃，天高任鸟飞"、一展睿智才华的舞台。

二、组织机构

青年科学基金由天津市科委归口管理，综合计划处负责其日常工作，市科委聘请有关专家组成青年基金专业指导委员会。

专业指导委员会组成（第二届）

主　任　石则昌

副主任　缪方明　关晓光

秘　书　雷宗保

（1）信息科学组

组　长　黄　侃

组　员　袁著祉　牛文成　吴国庆　丁润涛　王清月

（2）材料科学组

组　长　董孝义

组　员　宋瑶缄　顾汉卿　缪方明　袁孝兢　许锡恩　杨华铮

（3）机械科学组

组　长　石则昌

组　员　戴学耕　张国新　徐燕申

（4）生命科学组

组　长　关晓光

组　员　方佩华　陈瑞阳　张庆荣　韩　冰　谢宝华

（5）能源科学组

组　长　方承超

组　员　李文滋　黄强华

（6）城建及环保科学组

组　长　崔广涛

组　员　陈志文　崔广田

（7）轻纺科学组

组　长　强　越

组　员　张景平　韩守信

三、统　计

历年申请、批准资助概况

（金额单位：万元）

申、批　数 \ 年　度		1991	1992	总　计
申　请	项　数	508	405	913
	金　额	1 369.60	1 042.40	2 419
批准资助	项　数	100	95	195
	金　额	144.90	140.40	285.3
批准率（%）	项　数	19.7	23.5	
	金　额	10.6	13.5	
资助强度（万元/项）		1.45	1.48	

表 2　资助项目按学科统计

（金额单位：万元）

学科＼年度	1991		1992	
	项　数	金　额	项　数	金　额
合　计	100	144.9	95	140.4
信　息	24	36.5	18	27.5
材　料	12	19.1	14	20.4
生命科学	26	36.8	19	27
工程技术	5	8	7	10
化学与化工	11	15	11	16.5
轻　纺	3	4.1	5	8.5
能　源	7	8.7	3	4.5
环境与城建	7	10.7	12	18
农　业	5	6	6	8

表 3　资助项目分布统计

年度	合计	单　位　性　质				隶属关系	
		高等院校	研究机构	企业	其他	直属单位	非直属单位
1991	100	58	33	1	8	48	52
1992	95	62	23	2	8	38	57
总计	195	120	56	3	16	86	109

表 4　资助项目负责人职称统计

年　度	合　计	高　级	中　级	初　级	其　他
1991	100	1	49	45	5
1992	95	1	56	34	4
总　计	195	2	105	79	9

河北省自然科学基金委员会

一、综　述

为了加强本省基础性研究工作，为科技和经济发展增添后劲，河北省人民政府于1992年5月29日批准了省科委的请示，同意设立河北省自然科学基金和成立河北省自然科学基金委员会。1992年10月6日，河北省自然科学基金委员会正式成立并举行第一次全体委员会议，通过了《河北省自然科学基金管理办法（试行）》、《关于设立河北省自然科学基金学科组的意见》、《河北省自然科学基金委员会议事规则（试行）》和《河北省自然科学基金1993年资助目标指导意见》。省自然科学基金正式开始运行。

河北省自然科学基金委员会的任务是：按照科技工作面向经济建设的方针和“依靠专家，发扬民主，择优支持，公正合理”及“突出重点，兼顾一般”的原则，有效地运用省自然科学基金，指导、协调和资助本省自然科学研究的基础性研究工作，重点资助与本省经济、社会发展战略重点密切相关的应用基础研究，发现和培养人才，特别是中青年学术带头人，促进科技进步和经济、社会发展。

河北省自然科学基金由三部分组成：省财政每年划拨一部分专项经费；每年从省科技三项费用中划拨一定数额经费；接受国内外单位和个人捐赠。1993年，省财政专项经费200万元，省科技三项费用150万元，共350万元，其5%用于管理费，95%用于直接资助项目。

省自然科学基金委员会根据全省科技发展规划，制定并发布资助项目指南或指导性意见，指导项目的选择和申报。

申请省自然科学基金资助项目，必须由申请者填写《河北省自然科学基金资助项目申请书》，经所在单位签署意见后报送省自然科学基金委员会办公室，并按隶属关系抄报归口的省直部门科技处或地、市科委备案。省自然科学基金每年受理申请一次，截止时间为每年6月底。

省自然科学基金委员会办公室对项目申请书进行形式审查，初审合格的项目由办公室分送省内外同行专家（5人以上）进行书面评议，省外专家要占一半左右。

同行专家的评审意见，由省自然科学基金委员会办公室综合平衡，对多数专家评价较好的项目，送交省自然科学基金委员会的相应学科组评审，提出资助项目和资助金额的建议。

省自然科学基金委员会办公室根据各学科组的评审建议，进行综合平衡，提出资助草案报请省自然科学基金委员会会议审查批准。被批准的项目，由省自然科学基金委员会直接向申请者所在单位下达河北省自然科学基金资助项目批准书，并通知申请者所在的省直部门或地、市科委。

申请省自然科学基金资助项目应符合下列条件：

（1）申请项目必须属于本基金资助范围；

(2)应用基础研究项目的学术性应达到国内先进水平，纯基础研究项目应达到国际水平；

（3）学术思想新颖，立论根据充足，研究内容和目标明确、具体、先进；

（4）研究方法和技术路线合理、可行；

（5）研究方向明确，对本省科技、经济发展有较大作用，或在国际、国内学术界某一领域有一定影响；

(6)研究内容及预计成果与已有成果和省计划内正在进行的项目不重复，成果能够采纳应用；

(7)经费预算合理或调整后合理，基金会有资助能力（已从其他部门获得充足经费的，不再资助）；

(8)具备相应的研究能力，研究工作有一定积累，基本工作条件和时间有保证。

同等条件下应优先资助中青年学术带头人申请的项目及有利于逐步形成本省不同特色的、具有一定优势的研究学科、专业或中心的项目。

截止到1992年11月底，共受理省及驻河北省部属单位66家、449个项目的申请；申请资助经费总额2935.1万元；申请资助项目组成员共2501人次。

1993年2月底批准了第一批资助项目112个，资助总额489万元，包括1992年前已列入省科研计划局并正在进行的48个基础研究项目的拨款资助，平均资助强度为每项4.37万元。其中，数理科学13项、化学4项、生命科学69项、材料及工程技术15项、地球科学6项、信息科学5项。

二、组织机构

河北省自然科学基金委员会由省科委归口管理，设委员11人，由有关方面专家和省直有关部门负责同志组成。基金会下设三个学科组。基金会办公室设在省科委，负责日常工作。

1. 河北省自然科学基金委员会（第一届）组成

名誉主任　顾二熊
主任委员　安炳奇
副主任委员　魏建昆　董耐芳
委　员　李仁岗　吴经才　何瑞荣　徐岳生
　　　　张保生　刘志金　何长法　李万臣
秘书长　李万臣（兼）

2. 河北省自然科学基金委员会学科组组成

（1）生命科学组

组　长　何瑞荣
副组长　李仁岗
成　员　魏建昆　吴经才　孙大业　黄冠辉
　　　　裴保华　兰巨生　朱元照

（2）数理化学科组

组　长　李志阐
副组长　夏亨熹
成　员　董耐芳　黄汉国　杨国琛　吴惕华
　　　　郑世钧

（3）地球、材料及工程、信息学科组

组　长　徐岳生
副组长　李友善
成　员　谷南驹　尉迟焜　陈志信　魏士泽
　　　　吴金祥

山西省自然科学基金委员会

一、综　述

山西省自然科学基金委员会于1986年9月成立。几年来，省基金委员会贯彻、执行党和政府关于发展科学技术的方针、政策，资助本省应用基础研究工作，出了一批成果，取得了一定的成绩。

山西省自然科学基金委员会在国家基金委员会的指导下，借鉴兄弟省市的基金管理经验，结合本省实际，逐步摸索建立了一套比较科学化，规范化的管理模式；组织起了一个颇具权威性的专家评审系统；形成了一套比较适合本省情况的科学基金资助层次、发展类型及相应的管理办法。科学基金制的有效实施，为本省广大科技工作者创造了一个良好的基础研究环境，使基础研究工作空前活跃，科技攻坚气氛日愈浓厚。

1991年11月，山西省自然科学基金委员会进行了换届。第二届基金委员会成立后，在总结以往工作的基础上，开展了以下几项工作：

(1)在评审、确定1992年资助一般面上项目的基础上，有计划、有重点地选择资助了一些具有战略意义的重点课题。初步体现了集中力量、确保重点的思想和对进展好的重点项目给予连续性支持的原则，逐步建立一套比较完善、适合本省省情的科学基金资助基础研究的计划模式。

(2)对“七五”期间安排的基础性研究项目进行跟踪检查、深入调查、督促推动、座谈讨论，并到现场服务。

1987-1992年共资助基础性研究项目436项，截止1992年底共完结244项，完成率为83%。通过鉴定验收的有27项。从五个学科项目来分析，居国际领先水平或达到国际先进水平的有15项，其余12项均居国内领先水平。其中5项获省科技进步奖：一等奖2项、二等奖2项、三等奖1项。有4项获专利，17项研究成果已推广。对一些应用前景好的项目，抓住苗头，组织验收，促进这些项目的研究成果尽快延伸到应用、开发领域，早日形成产品，加速其产业化、商品化。同时，编印《山西省“七五”期间自然科学基础性研究论文摘要集》，促进交流，鼓励科技人员“攀登、赶超、创新”。

(3)组织有关高等院校，研究院所专家、学者着手编制适合山西省情的《山西省“八五”自然科学基础性研究项目指南》。

(4)规划建立山西省生物工程研究中心。在原省人大领导的多次指示和建议下，省基金委两次召集生物工程研讨会，经广泛调查研究，拟由省政府、省科委、省基金委筹集资金，建立一个具有90年代国内一流水平的生物工程研究中心。在省科委领导下，由山西大学、山西农大等单位直接管理并提出研究产品开发方案。首期拟开发社会、经济效益俱佳的人白介素-3，棉、油、蛋白三位一体新棉种，无籽实心西红柿等生物工程项目。

总结以往的基金管理经验，山西省拟在1993年的基金资助方式上，改变过去应用基础研究无偿使用为部分项目有偿支持或入股分红的办法，使基金经费逐步滚动，提交基金资助能力。省基金委还积极筹建科技开发公司或实体，开发拳头产品，将基础性研究推向市场，争取为基础研究筹措更多的发展资金。

二、组织机构

1. 山西省第二届自然科学基金委员会组成

主　　任　刘锡山

副 主 任　杨桂通　周国生

秘 书 长　张雪涛

副秘书长　吴玉珍

委　　员　李振吾　韩德五　牛天堂　赵美英　杨　频　周则恭　贺自强　薄玉成

2. 评审组设置及组成

(1) 数学、物理组

组　长　周国生

成　员　赵美英　苏大椿　侯晋川　张宝林　梁九卿　梁展东　王树萱

(2) 化学组

组　长　杨　频

成　员　郭汉贤　翟仁通　肖墉壮　何明威

　　　　杨文斌　谢克昌

(3) 生物、农业组

组　长　牛天堂

副组长　王中英

成　员　袁静明　满兰珍　张肇铭　高仁恒

　　　　吴玉珍

(4) 医学卫生组

组　长　韩德五

成　员　李运乾　王大骏　王世民　张健民

　　　　何大卫　史宝琦

(5) 技术组

组　长　杨桂通

成　员　张碧江　董达生　于世侃　周则恭

　　　　蔡中民　袁爱龄　王爱玲　张雪涛

三、统　计

经费情况

（金额单位：万元）

收支＼年度		1990	1991	1992	总　计
收入	合　计	125	125	125	375
	科技三项费用	125	125	125	375
支出	合　计	125	123	127	375
	资助项目	118	120	123	361
	业务费	7	3	4	14

历年申请、批准资助概况

（金额单位：万元）

申、批数＼年度		1990	1992	1992	总　计
申　请	项　数	142	175	156	473
	金　额	518.58	639.9912	565.28	1 723.84
批准资助	项　数	69	77	74	220
	金　额	106.7	123	107.2	336.9
批准率（%）	项　数	48.6	44	47.4	46.7
	金　额	20.6	19.2	19	19.6
资助强度（万元/项）		1.55	1.6	1.45	1.53

历年批准资助项目按学科统计

（金额单位：万元）

学科＼年度	1990		1991		1992	
	项数	金额	项数	金额	项数	金额
合　计	69	106.70	77	123.00	74	107.20
数　理	12	7.7	13	9	10	10.8
化　学	10	20	15	21	11	13.5
生物、农业	22	34	16	33	20	32
医学卫生	11	22	14	25	9.11	15.3
技　术	14	23	19	35	22	35.6

资助项目分布统计

年　度	项目合计	单位性质	
		高等院校	研究机构
合　计	220	165	55
1990	69	52	17
1991	77	59	18
1992	74	54	20

资助项目人员职称和学位统计

年 度	人数合计	高 级	中 级	初 级	博士后	博士生	硕士生	其他人员
合 计	1 393	446	461	261	2	14	147	62
1990	444	157	133	75		3	49	27
1991	493	148	161	103		5	58	18
1992	456	141	167	83	2	6	40	17

资助项目完成论著统计

（单位：篇）

年度	发表论著数（含审稿通过）										待发表数	合计
	国际会议			国内会议			刊物发表			专著数（种）		
	特邀报告	大会报告	分组报告	特邀报告	大会报告	分组报告	全国科技刊物	国外学术刊物	其他			
1990		13	23	1	76		171	26	30	7	137	484
1991		8	29	7	61		154	11	22	8	112	412
1992	2	20	19	1	54		160	45	10	5	102	418
总计	2	41	71	9	191		485	82	62	20	351	1 314

完成项目统计

年 度	1990	1991	1992	合 计
完成数	72	65	61	198

内蒙古自治区自然科学基金委员会

一、综 述

内蒙古自治区自然科学基金委员会于1986年成立后，一直在自治区科委的直接领导下踏实、严谨地进行着工作。为保证基础研究工作的顺利开展，自治区科委每年给予拨款50万元。

基金委员会由自治区有名望的学者、专家组成，实行任期聘任制。第一届委员会（1986—1989）由17位专家组成，第二届委员会（1989—1991）由28位专家组成，第三届委员会（1992—1995）由35位专家组成。

评审工作由基金委员会委员承担，分为8个学科组，即数学、物理、化学、生物、地学、工业、农业、医药。

1990至1992年共批准基金项目224项，批准资助金额147.42万元，其中高等院校占79%，科研机构占21%。

1991年自然科学基金委员会设立自治区青年科学基金，每年10万元。现已批准青年基金项目29项，资助资金20万元。

二、组织机构

1. 内蒙古自治区自然科学基金委员会（第三届）组成

主 任 方天祺

副主任 李铁生 斯力更 张治务 马成麟

委　员　谢仲元　陈子歧　冯启元　白培光
　　　　李逢泽　张鹤龄　韩凤岩　赵魁明
　　　　凤凌飞　石蕴踪　赵光前　蔡玄辉
　　　　金恒芳　邵金旺　柏大启　李云章
　　　　朱必文　孙慧宽　朱宗元　陈俊彦
　　　　贺友多　廖茂彩　崔志祥　胡文辉
　　　　赵　瑞　夏彭年　李　博　徐文达
　　　　王大畏　杨德全

2. 专业评审组设置及组成

(1) 数学组

组　长　斯力更
组　员　陈子歧　赵光前　朱必文

(2) 物理组

组　长　冯启元
组　员　白培光　韩凤岩　夏彭年　杨德全

(3) 化学组

组　长　李逢泽
组　员　赵魁明　金恒芳　徐文达

(4) 生物组

组　长　张鹤龄　凤凌飞
组　员　方天祺　马成麟　李　博

(5) 地学组

组　长　石蕴踪
组　员　崔志祥　王大畏

(6) 工业组

组　长　张治务
组　员　蔡玄辉　柏大启　贺友多　李铁生
　　　　谢仲元

(7) 农业组

组　长　邵金旺
组　员　李云章　廖茂彩　赵　瑞　胡文辉

(8) 医药组

组　长　陈俊彦
组　员　朱宗元

三、统　计

历年申请、批准资助概况

年　度		1991	1992
申　请	项　数	125	118
	金额（万元）	283	202.7
批　准 资　助	项　数	79	70
	金额（万元）	50	50
批准率 （%）	项　数	63.2	59.3
	金　额	17.7	24.7
平均资助强度 万元/项		0.63	0.71

资助项目组人员统计（普通基金）

（单位：人次）

年度	合计	高级	中级	初级	博士生	硕士生	辅助人员
1991	280	89	82	51	2	23	33
1992	279	72	131	45	1	12	18
总计	559	161	213	96	3	35	51

资助项目组人员统计（青年基金）

（单位：人次）

年度	合计	高级	中级	初级	博士后	博士生	硕士生	辅助人员
1991	56		34	18		1		3
1992	58	9	33	10		2		4
总计	104	9	67	28		3		7

辽宁省博士科研起动基金

一、综 述

当今世界的繁荣与发展，无不依赖于科学技术的进步，其实质是人才的竞争。80年代以来，世界一些发达国家为顺应时代进步潮流，抓住历史发展契机，相继制定了中青年科技人才开发计划，被称之为世纪之交的人才战略。我国在改革开放以来，为适应“四化”建设的需要，培养了一大批博士，其中部分人员被选派到国外进修深造。据1992年统计，辽宁省拥有博士学位人员400多名，其中留学归国博士120多名。这支年轻的科技队伍，已成为我省科技和教育的中坚力量。为了充分调动中青年科技人员的积极性和创造性，吸引留学人员归国工作和稳定国内中青年科技队伍，培养一批具有开拓进取和创新精神的学术带头人，促进科学技术进步和经济、社会发展，经省政府批准，于1991年建立了博士科研起动基金，用于博士人员的科研起动费用。基金来源于省财政拨款，1991年基金总额为100万元，1992年为150万元。

博士科研起动基金面向全省，用于资助有创造精神和开拓能力的博士人员开展基础研究、应用研究和开发研究。

基金资助项目范围包括自然科学的各学科，优先资助结合本省经济建设，针对本省自然条件、自然资源特点的科研课题，以及在边远地区或艰苦环境下工作的博士人员；鼓励在学科发展前沿进行新的探索，鼓励跨学科跨单位的合作研究。

基金资助对象包括在国内、国外获得博士学位人员，重点资助1982年以来获得博士学位者，特别是留学归国博士的青年科技人员。

博士科研起动基金依据“依靠专家、发扬民主、公正合理、择优支持”的立项评审原则遴选和审定资助项目，引入公开竞争机制，尽量避免或减少行政干预。项目的实施管理实行合同制，对于重点项目实行跟踪服务管理。为了进一步推动博士基金工作，扩大学术界的技术交流、人才交流和信息交流，编辑出版了《辽宁省博士科研起动基金》(不定期内刊)。

基金的实施对于稳定国内中青年科技队伍，吸引留学人员归国服务，开发和培养中青年优秀科技人才，造就一批有造诣的学术带头人都起到了很好的作用。它有力地调动了广大博士的积极性，激励着他们奋勇向科学技术进军，攀登科学技术高峰。同时，也使一些留学博士在国外从事的有价值或已取得阶段性成果，而回国后因缺少研究经费和必要条件而被迫中断的研究项目得以继续进行。

例如，中国科学院大连化学物理研究所李灿，是中日两国联合培养的年轻博士，在催化理论和低碳烷烃催化氧化的研究领域，具有较高造诣，在国内外学术刊物上发表了许多论文，在国际同行中具有一定的知名度。当他获得了省博士科研基金资助后，毅然谢绝了国外某单位以优厚生活和工作条件的邀请，安心在国内搞科研。他表示，这项处于世界先进水平的研究项目，一定要在中国进行，让成果出在中国。

省博士科研起动基金实施刚刚一年，虽然许多项目都在进行中。但是，由于博士人员的积极努力，已有不少项目取得了较好的进展和阶段性成果，有的已显示出很好的应用前景，并在国内外学术会议或刊物上发表了大量的高水平论文。仅对部分项目的调查统计，已发表论文50余篇

辽宁省博士科研起动基金工作起步时间不长，任务十分繁重，截止1992的统计，本省的博士人员已由1990年的246人增长到409人，基金需求矛盾比较突出，故必须广辟资金渠道，增加投资强度。为此省科委将会同省财政厅积极筹措资金，争取逐渐增加经费总额。

为了进一步做好博士科研起动基金工作，省科委准备：

(1) 进一步加强和完善基金的多项管理工作，并且根据需要牵线搭桥，促进技术合作和成果转让；

(2) 做好基金与省科技计划的衔接工作，对进展顺利，应用前景良好的项目，纳入省有关科研、攻关和各类科技开发计划，以保证项目获得最终结果和最终完成开发研究工作。

二、统 计

历年申请、批准资助概况

（金额单位：万元）

申、批数 \ 年度		1991	1992	总 计
申 请	项 数	200	150	350
	金 额	900	600	1 500
批 准 资 助	项 数	58	83	141
	金 额	100	150	250
批准率（%）	项 数	29.0	55.3	
	金 额	11.0	25.0	
资助强度（万元/项）		1.7	1.8	

资助项目分布统计

年 度	项目合计	单位性质	
		高等院校	科研机构
1991	58	42	16
1992	83	62	21
总 计	141	104	37

吉林省应用基础研究基金和青年科学技术研究基金

一、综 述

吉林省科委为发挥科学技术是第一生产力的作用，为本省经济和社会发展提供科技储备和培养科技人才，在省财政厅的支持下于1989年正式设立了“吉林省应用基础研究基金”和“吉林省青年科学技术研究基金”（以下简称两项基金）。1989—1992年两项基金共资助研究项目391项，资助经费985万元，其中应用基础研究基金项目211项，资助经费563万元；青年科学技术研究基金项目180项，资助经费422万元。

两项基金资助项目的确定，采用个人申请，专家评审的办法，通过竞争机制，优胜劣汰，保证大多数资助项目选择的准确性。两项基金选择项目时，强调“两新、两高、三优先”的立项原则。“两新”是要求基金项目必须是属于开拓新领域、探索新原理的课题，以突出创造性。“两高”是指预计项目完成后，应能提供高水平或高效益的成果。“三优先”是优先支持为解决科技、经济、社会发展中重大难题，并具有重要应用前景的项目；优先支持站在科学前沿，具有开创性，在国际上有竞争力的项目；优先支持对推动本省高新技术和技术产业的形成和发展有重要作用的材料科学、生物科学、信息科学和工程科学中有优势的应用基础项目。

为了实施两项基金，制定了《吉林省应用基础研究基金管理办法》，发布了《关于建立吉林省青年科学技术研究基金的通知》；同时，每年发布计划项目指南，引导本省科研人员正确了解两项基金的资助范围、重点和政策，更好地填写申请报告。

建立了公正的专家评审系统。评审系统分为常设专家组和项目评审专家组两个层次。专家组由20位学术造诣较深、知识面较宽、有一定管理经验，善于从全面和总体上考虑问题，办事公正的专业人员组成，其产生程序是由基层推荐、领导审定。项目评审组由相关专业和学科的近300名教授、专家组成。此外，还建立了项目评审指标体系及考评方法，在项目管理的全过程中充分发挥专家的作用，形成了一个相互协调配合、公正权威的专家系统，从而在质量和水平等诸方面，保证了两项基金的科学管理。

通过两项基金的资助，取得了一批重大的科技成果，培养了一批年轻的科技人才，大大增强了本省经济和社会发展的后劲。

1. 取得了丰硕的科技成果

到1992年为止，已有116项通过了专家鉴定，其中有5项达国际领先水平，有58项达国际先进水平，有24项达国内先进水平，有7项为国内首创，有23项取得了重大的阶段成果。获专利权15项，有9项荣获国家各部委科技进步奖，有7项荣获省科技进步奖。目前，占鉴定成果32.5%的项目，已直接指导和应用于实践，而且获得了重大的经济和社会效益。

2. 为研究与开发提供了科学、技术储备

由于两项基金的资助作用，在计划项目中已有19项被国家自然科学基金会选中列项，得到资助97.4万元。有9项列入国家攻关计划，得到资助171.0万元；有7项列入各部委发展计划，得到资助38.5万元；有2项列入国家“八六三”计划，得到资助51.0万元；有8项列入省科技攻关计划，投入145万元。通过对这些项目继续深入的科学研究和技术开发，使其能够抢占科学的制高点，在优势的领域做出世界一流水平的成就；或者使其真正转化为具有竞争力的新产品、新技术、新品种，充分显示出应用基础研究的“先导”和“源泉”的作用。

3. 稳定了一头，培养了一大批科技人才

4年来，有3000人参加了两项基金项目的研究工作，其中高级技术职称的有1051人、博士后16人、博士研究生84人、硕士研究生390人。尤其是青年科学技术研究基金的设立，吸引和稳住了一大批甘愿为祖国科学事业献身的有志青年，直接为年轻的科技人才茁壮成长开辟了途径，成为优秀的青年科技人才脱颖而出的沃土，加速了新一代科技人才的成长。据不完全统计，在207名青年基金项目负责人中，承担课题前有90%具有硕士以上的学历，其中博士（含博士研究生）近30名。在他们中间有近40位是留学归国的青年学者。这些人学术思想新颖、富有创造精神，并在研究工作中显示了较强的攻坚实力。

据不完全统计，参加两项基金研究项目的人员中，已有62人晋升为正高级职称（其中破格提拔4人）；有128人晋升为副高级职称（其中破格提拔22人）；有16人晋升为中级职称；培养博士后4名、博士46名、硕士325名；在读博士54名，在读硕士137名。有15人分别荣获了全国优秀青年科技工作者、省部级优秀青年科学家、霍英东基金奖、有突出贡献的中青年称号等奖励，提高了知名度。

4. 促进了科技交流，提高了吉林省的声望

两项基金的设立，为本省科技合作与交流创造了一个良好、宽松的客观条件。到目前为止，从事两项基金的研究人员中，参加国际学术会议达219人次；学术报告210篇，其中特邀报告15篇，大会报告61篇，分组报告134篇。国外学术刊物发表论文146篇；参加国内学术会议476人次、学术报告477篇，其中大会报告196篇，全国科技刊物发表论文1054篇；出版专著43部。短期出访与国际技术交流77人次，国际技术合作达25项。这些研究项目，瞄准了世界科学前沿，使研究工作处于国际领先的高水平，并通过学术交流与技术合作，提高了吉林省在国际、国内的学术地位和声望。

二、统　计

经费情况

（金额单位：万元）

收支 \ 年度		1989	1990	1991	1992	总　计
收　入	合　计	130	270	270	270	940
支　出	合　计	131	271	272	276.5	950.5
	应用基金	101	149	150	153	553
	青年基金	30	122	122	123.5	397.5

历年申请、批准资助概况

（金额单位：万元）

申、批数 \ 年度		1989	1990	1991	1992	总 计
申 请	项 数	505	494	543	515	2 057
	金 额	2 130.00	2 055.00	1 960.00	1 995.00	8 140
批准资助	项 数	91	112	102	86	391
	金 额	194.50	275.00	267.00	248.50	985
批准率（%）	项 数	18	22.7	18.8	16.7	
	金 额	9.1	13.4	13.6	12.5	
资助强度（万元/项）		2.14	2.46	2.62	2.89	

资助项目按学科统计

（1989—1992）

（金额单位：万元）

学科或专业	申 请		批 准		批准率（%）		平均资助强度（万元/项）
	项 数	金 额	项 数	金 额	项 数	金 额	
合 计	2 057	8 140	391	985	19	12.1	2.52
信息科学	340	1 380	64	154	18.8	11.2	2.4
工 程	296	1 180	42	104	14.2	8.8	2.5
材料科学	301	1 230	44	122	14.6	9.9	2.8
化 学	341	1 350	66	180	19.4	13.3	2.7
医药学	410	1 600	97	226	23.5	14.1	2.3
农牧学	369	1 400	78	199	21.1	14.2	2.6

资助项目分布统计

（1989—1992）

资助单位类别	项 目		经 费	
	项 目 数	占总项目%	经费数（万元）	占总经费（%）
部属院校	188	48	472	47.9
省属院校	70	17.9	172	17.5
中直研究单位	70	17.9	176	17.9
省直研究单位	54	13.8	139	14.1
其 他	9	2.4	26	2.6
合 计	391		985	

资助项目人员职称和学位统计

年　度	合　计	高　级	中　级	初　级	博士后	博士生	硕士生	辅助人员
1992	589	195	186	73	1	19	71	44
1991	646	213	209	68	4	12	103	37
1990	761	251	240	77	6	26	109	52
1989	616	211	201	77	2	18	69	38
总　计	2 612	870	836	295	13	75	352	171

资助项目完成论著统计

年度	发表论著数（含审稿通过）										待发表数	合计
	国际会议			国内会议			刊物发表			专著数		
	特邀报告	大会报告	分组报告	特邀报告	大会报告	分组报告	全国科技刊物	国外学术刊物	其它			
1992		10	16	3	35	24	109	17	31	13	83	341
1991	7	16	34	8	59	85	247	33	79	15	129	712
1990	3	27	50	5	65	86	348	53	30	10	130	807
1989	5	8	34	8	37	62	161	43	49	5	65	477
总计	15	61	134	24	196	257	865	146	189	43	407	2 337

黑龙江省自然科学基金委员会

一、综　述

黑龙江省自然科学基金委员会是省政府决定加强省基础性研究工作，实施“科技兴省”重要战略措施的产物，于1990年7月正式成立，经费主要来源于省财政拨款，同时接收国内外单位和个人的捐赠。

省基金委员会的主要职责是：

(1) 根据国家、省科学技术发展规划，制订和发布基础性研究项目指南，受理申请，组织评审，择优资助；

(2) 接受委托，对省基础性研究方面的重大问题提供咨询，促进科技成果转化；

(3) 支持其它面向全省的科学基金工作，并在课题安排上给予协调和指导；

(4)同其它国家和地区的科学基金组织和有关科学技术组织建立联系，开展国际合作研究与学术交流。

省自然科学基金面向全省各部门、各地区、各单位的科技工作者，主要资助基础研究和应用基础研究，择优支持有重要科学意义和重要应用前景的研究工作，十分强调课题的创新性。选择资助的重点是：

(1)有重要科学意义或重要应用前景的基础研究与应用基础研究工作，尤其是结合本省自然条件、特点及在本省有较强实力领域的研究工作；

(2) 学术思想新颖，立论根据充足，研究内容和目标明确、具体、先进，研究方法先进和技术路线合理、可行，可望在2—3年内取得预期成果和结果；

(3) 申请者和合作者具备相应的研究能力，研究工作有一定基础，其基本工作条件和工作时间有可靠保证；

(4) 经费预算实事求是，根据充足；

(5)对优秀青年科学工作者和边远地区科技人员申请的项目，对跨学科和有利于促进科研、教学、生产相结合的项目，每年占有一定的比例。

目前资助的学科领域包括数理科学、生物科学、化学、材料与工程科学、信息科学、管理与其它科学等。

省自然科学基金委员会每年集中受理一次申请。申请者须具有高级专业技术职务，并且是研究项目的实际主持人；不具有高级专业技术职务的申请者，须由两名高级专业技术职务的同行推荐。

评审工作坚持依靠专家，充分发扬学术民主，坚持公正合理的原则。评审人如有申请项目，不能参加基金项目的评审工作。参加评审人员对申请书内容、评审情况和评议意见负有严格保密的责任。

所有受理的申请项目，均需邀请五位同行专家进行评议，按规定格式填写《黑龙江省自然科学基金申请项目同行评议意见书》。每一申请项目的同行评议意见应不少于三份，否则无效。当意见不集中时可适当增加评议人员。同行专家的评议意见由基金办公室负责综合归纳，填写《黑龙江省自然科学基金申请项目审批意见表》。对有些项目可进行必要的调查，供评审时参考。学科组充分尊重同行专家的评议意见，在同行评议的基础上学科组严格把关，提出是否资助，以及资助的总金额和分年度拨款数额的意见；对于不能给予资助的项目要明确写出不予资助的书面意见；办公室将审查的结果进行综合后，报基金委员员审批。

黑龙江省自然科学基金委员会成立两年来，得到了省领导的重视和有关单位、部门的支持。经费来源渠道进一步拓宽，由原来的省财政单一拨款，发展到省科委、省教委联合支持。广大科技工作者踊跃申报项目，1990 年申请项目 250 项，1992 年达 298 项。1990 年下达经费 50 万元，1992 年已达到 140 万元，增长了 1.8 倍，使资助项目的数额由 1990 年的 79 项增加到 1992 年的 101 项，将 1990 年单项平均资助强度 1 万元增加到 1.34 万元。资助面也由 1990 年的 20 个单位增加到 50 个单位，受资助的科研人员由 120 多人增加到 300 多人。

在短短两年时间内，基金资助项目已取得了可喜的进展。截止 1992 年 11 月底，资助项目已在国际刊物发表论文 20 余篇，国家一级刊物 50 余篇，国家二级刊物 60 余篇，共计 130 余篇。此外，出版学术专著 5 部，参加国际学术会议 10 余人次。目前已有 10 多个课题完成计划并验收。

基金会在两年工作的基础上，准备进一步搞好基金管理工作：

(1) 继续加强领导，强化基金管理工作意识；

(2) 强化管理措施，使有限的经费发挥更大的效益；

(3) 制定下一步工作计划，使今后基金工作能够有计划、有步骤地开展好；

(4) 大力宣传基础研究工作，拓宽基金经费来源，在可能条件下，开展国际合作项目。要进一步争取增加基金额度和提高资助强度，使基金工作不断地、健康地向前发展，真正实现“稳定一头，放开一片”的战略目标，为本省经济持续稳定发展作出应有的贡献。

二、组织机构

第一届黑龙江省自然科学基金委员会设委员 9 名，由科学家，管理专家担任，其中主任 1 人，副主任 3 人，秘书 1 人。下设办公室和七个学科组。

第一届黑龙江省自然科学基金委员会组成

主　任　黄文虎

副主任　张恩诚　董　浩　张铨

秘书长　张晓伟

委　员　秦鹏春　励碧华　吴　从　杨士莪

李　璞　尹光初　周　正　李　伟

三、统 计

经费情况

（金额单位：万元）

收支 \ 年度		1990	1992	总 计
收入	合 计	50.00	140.00	190.00
	省财政拨款	50.00	90.00	140.00
	省科委拨款		35.00	35.00
	省教委拨款		15.00	15.00
支出	合 计	50.00	137.22	187.22
	基金项目	48.00	135.59	183.59
	评审费	1.10	1.40	2.50
	行政、业务费	0.90	1.10	2.00

历年申请、批准资助概况

（金额单位：万元）

申、批 \ 数 \ 年度		1990	1992	总 计
申请	项 数	250	298	548
	金 额	600.00	894.00	1 494.00
批准资助	项 数	79	101	180
	金 额	48.00	135.59	183.59
批准率（%）	项 数	31.6	33.0	
	金 额	8.0	15.2	
资助强度（万元/项）		0.61	1.34	

资助项目按学科统计

（金额单位：万元）

学科 \ 年度	1990		1992		总 计	
	项 数	金 额	项 数	金 额	项 数	金 额
数 理	21	11.5	21	13.4	42	24.9
化 学	7	9.0	9	13.0	16	22.0
生物（Ⅰ）	16	15.0	24	41.3	40	56.3
生物（Ⅱ）	14	15.0	20	31.05	34	46.05
材料工程	11	12.5	15	20.84	26	32.84
信 息	10	9.0	12	16.0	22	25.0
合 计	79	48.0	101	135.59	180	183.59

资助项目分布统计

年 度	项目合计	单位性质				隶属关系	
		高等院校	研究机构	工 厂	医 院	直属单位	非直属单位
1990	79	69	8	1	1	0	79
1992	101	87	14			1	100
总 计	180	156	22	1	1	1	179

江苏省自然科学基金委员会

一、综　述

江苏省自然科学基金委员会是为适应省政府提出的“科技兴省”战略方针和科技工作三个层次布局的需要，于1992年11月正式成立。经费由省财政拨款，每年300万元，由省科委归口管理。

江苏省自然科学基金旨在充分调动和发挥本省雄厚的研究实力，加快人才培养，加快本省的科技、经济发展和社会进步。

江苏省科技基础比较好，有高等院校近200所(其中各级重点院校80余所)，科技机构300多个(其中中科院及部属研究机构40多个)，有6000多位高级研究人员和一支由博士生导师、学部委员组成的学术造诣很深的专家队伍，有8个建成的重点开放实验室和在国内有一定优势的一些学科或专业。这些构成了江苏省科技工作的优势。省科学基金的设立，旨在促使本省的一些学科领域去占领国内甚至国际的前沿阵地，培养高层次的跨世纪人才，不断为省的经济建设和科技发展提供科研成果。

江苏省自然科学基金面向全省各高等院校、研究机构及大中型企业，重点用于资助自然科学领域的基础性研究，并根据本省科技发展战略和经济建设的需要，主要资助对本省科技经济和社会发展有重要影响或反映学科前沿的基础性研究。凡在本省工作的科技人员均可申请资助，但在相似条件下，对以下情况优先予以支持：

(1) 有利于高新技术的发展和新兴产业的形成，对国民经济产生重大影响的项目；

(2) 有明确应用前景的项目；

(3) 有利于带动和形成本省优势学科的项目；

(4) 45岁以下的中青年科技工作者为第一申请者的项目；

(5) 申请者出国留学或进修归来，并在国外已开展研究的项目。

1992年11月发布了省基金项目指南，确定了数理科学、地球科学、生命科学、化学与化工和信息科学为重点资助的学科领域，并对每个学科重点资助范围作了明确规定。省基金会决定每两年集中受理一次，评审一次。

省自然科学基金实行基金委员会管理制。基金委员会由学术造诣较深、有一定社会名望、办事公道、责任心强的专家组成，设主任委员一名、副主任委员若干名、秘书长一名，负责基金工作的业务领导。省基金会的日常工作由基金会办公室负责，设在省科委，负责组织基金项目的申报、专家评审和项目管理。省自然科学基金项目为全省科技发展计划的组成部分。

省基金会拟逐步建立专家库，由省内、外对学科领域的发展较熟悉，专业基础好，能秉公办事，热心基金会工作的专家组成。根据申报项目的内容，当年确定评审专家的名单。

基金项目的评审严格贯彻“依靠专家，发扬民主，择优支持，公正合理”的原则。评审组就项目的学术思想、科学意义、研究技术路线，申请者的学术水平及设备条件等方面进行评价。对跨学科的项目则提交给相关学科的评审组进行会审。在项目评审时实行回避制度，原则上不邀请有申报项目的专家参加评审。评审采用集中会议评审及书面通讯评审相结合，对部分由于专业等原因不在会议评审的项目，则进行通讯评审。参加评审的专家，对申请书的内容及评审意见负有保密责任，不得外传。

根据专家评审意见，省基金会办公室进行汇总和综合平衡，列出入选项目清单交基金委员会审定。审定结果以书面形式通知申请者所在单位，并下达经费。

自1992年11月基金会宣布成立，12月起即开始受理申报项目，至1993年2月底共受理项目937项。由于申请项目数较多，经基金委员会研究，确定将二年的经费一次使用，评审后共核定入选项目163项，约占申报项目的1/6，按学科分别为：数理科学47项、地球科学22项、生命科学52项、化学与化工20项、信息科学22项。入选项目单位38个，其中高校24所、研究机构14个。核定总经费48万元，每项支持强度为2.97万元。1993年的经费已全部下达，研究工作已全面开展。

二、组织机构

江苏省自然科学基金委员会组成

主　任　冯　端

副主任　李中和　童　傅　顾冠群

委　员　（按姓氏笔画为序）

王明庥　王镇浦　冯纯伯　朱德熙　朱季文

朱堃熹　闵乃本　吴梧桐　苏定强　张保民

张荣铣　张满达　周开亚　罗启富　姜礼尚

游效曾　龚昌德　廖清江　樊蔚勋　薛　森

秘书长　吕绍荣

浙江省自然科学基金委员会

一、综　述

浙江省自然科学基金设立五年来，在“依靠专家，发扬民主，择优支持，公正合理”的总原则指导下，鼓励创新，重点支持具有重要科学意义和重要应用前景的项目，并注意发挥特色和优势，引导科技人员为本省的科技、经济和社会发展做贡献。省科学基金管理体制不断发展和完善。

在项目的申请上，实行“指南引导，自由申报”的办法。通过发布科学基金项目指南，明确鼓励研究领域，并提出了“发挥优势、鼓励创新、瞄准前沿、避免重复”的选题方法，引导科技人员进行申报。为了提高申请项目的质量，充分发挥基层单位学术委员会的作用，对各单位的申请量采取按比例限额申报的办法，既提高了申报项目的质量，又减少了一些不必要的社会劳动。

在申请项目的评审上，实行三审（初审、同行专家评议、学科组复审）一决策（委员会审核、决策）制度。为保证评议工作的科学性、权威性和公正性，从1989年开始，还聘请省外专家对申请项目进行同行评议，取得了较好的结果。

在经费分配上，实行“按比例，有倾斜”的政策，既使各学科获得协调发展，又能突出资助重点。所谓“有倾斜”主要指“三倾斜”政策，即向应用基础研究倾斜、向农业基础科学倾斜、向青年科技工作者倾斜，同时对省属的研究院所实行扶助政策。

资助项目的后期管理，立足于掌握情况，形成反馈机制。把资助项目的执行好坏与是否进一步支持联系起来，对于有突破性进展、取得显著成绩、有重要前景的项目给予进一步支持，逐步形成重点。因此，后期管理亦贯穿着竞争机制，激励科学家不畏艰险、攀登高峰，为国家和地方的经济建设、科技进步和社会发展作贡献。省基金会曾采用以下方法对资助项目进行检查：单位自检；组织专家进行检查；召开学科组会议让资助项目负责人汇报等，收到了较好的效果。基础性研究具有探索性和风险性，在成功以前往往要经历曲折或失败，遇到这种情况，注意尊重科学家的劳动，理解攀登者的艰苦性，允许科学家修改研究内容，允许失败。

为了提高工作效率和决策科学化，采用计算机辅助管理、决策。为此，省基金会研制的科学基金计算机辅助评审系统已使用了多年，计算机辅助后期管理系统亦将投入使用。计算机辅助管理、决策不仅大大提高了工作效率，减少了大量的烦琐劳动，而且更科学、更公正而便于宏观指导。

为了不失时机地支持一些新项目、新发展和新人才，设置了机动基金，如及时地支持了浙江大学李文铸教授的关于C60的研究课题。该课题组在一年多的时间内取得了国际先进水平的重要成果，通过了以学部委员唐敖庆教授为首的专家组鉴定。

二、组织机构

浙江省自然科学基金委员会（第一届）组成

主　任　周　文（1988—1992.7）　马　洵（1992.7—）

副主任　阙端麟　季道藩　金庆明（1992.7—）

秘书长　朱明权

委　员　孙漱源　谢庭藩　余应年　徐崇嗣

苏纪兰

三、统 计

经费情况

（金额单位：万元）

收支＼年度		1990	1991	1992
收入	合　计	300	300	400
	财政拨款	300	300	400
支出	合　计	300	300	400
	面上项目	271.00	278.60	361.60
	机　动	20.00	12.40	26.40
	办公费	9.00	9.00	12.00

历年申请、批准资助概况

（金额单位：万元）

申、批＼数＼年度		1990	1991	1992
申　请	项　数	598	564	523
	金　额	1 695.3	1 422.8	1 650.7
批　准资　助	项　数	181	158	158
	金　额	271.0	278.6	361.6
批准率（%）	项　数	30.3	28.0	30.2
	金　额	16.0	19.6	21.9
资助强度（万元/项）		1.50	1.76	2.29

历年资助项目按学科统计

（金额单位：万元）

学科＼年度	1990		1991		1992	
	项数	金额	项数	金额	项数	金额
合　计	181	271.00	158	278.60	158	361.60
数　理	24	31.30	18	27.70	22	38.20
化　学	20	33.70	17	29.90	20	45.00
生命科学	70	110.80	70	126.30	65	157.40
地球科学	11	18.20	10	18.50	8	20.00
材料与工程	27	41.20	19	35.60	21	48.00
信息科学	23	31.00	18	35.00	18	46.00
管理科学	6	4.80	6	5.60	4	7.00

资助项目分布统计

年度	项目合计	单位性质			隶属关系	
		高等院校	研究机构	其他	直属单位（省属）	非直属单位（中央属）
1990	181	129	49	3	112	69
1991	158	117	39	2	103	55
1992	158	119	37	2	93	65
总计	497	365	125	7	308	189

资助项目人员职称及学位统计

年　度	高　级	中　级	初　级	博士后	博士生	硕士生	辅助人员	合　计
1990	326	366	227	4	27	147	67	1 164
1991	243	323	150	6	35	125	70	952
1992	283	330	134	9	50	110	32	948
总　计	852	1 019	511	19	112	382	169	3 064

完成项目统计

年　度	1988	1989	1990	1991	1992
完成数	182	148	47	7	—

福建省自然科学基金评审委员会

一、综 述

1986年设立的福建省自然科学基金，在省科委领导下，在省自然科学基金评审委员会专家们及各单位科技管理人员的共同努力下，始终坚持“依靠专家，发扬民主，择优支持，公正合理”的评审原则，卓有成效地资助了本省基础研究和部分应用研究，取得了丰硕的成果。

省自然科学基金，“七五”期间（1986—1990）共批准资助项目564项，资助经费532万元；“八五”前两年（1991，1992）又批准了313项，资助经费320万元。

“七五”期间资助的项目大部分已如期完成，发表论文2000多篇，其中191篇是在国际刊物和国际学术会议上交流的；共培养硕士354名、博士15名；不少资助项目的成果获得省、部级奖励和专利，有的研究工作已达到国际水平和国内领先水平，有的成果已推广应用，创造了较大的经济效益。例如，省农科院1986年承担的《应用单克隆抗体进行红萍鲆腥藻的分类研究》项目，首次解决了长期以来国内外学者对不同种子满江红体内鱼腥藻是否相同的争论，成功地建立40个特性稳定的单抗杂交瘤细胞株，把来自26个国家（地区）的195个种（属）满江红体内鱼腥藻分为8个类型。这是红萍基础生物学研究的新突破，达到了国际先进水平，获得省科技进步二等奖。物构所1989年承担的《过渡金属原子簇化合物电催化性能开发和应用研究》项目，所研制的复合催化剂和反应监视仪属国际首创，1989年申请了我国专利，并获第四届全国发明展览会银牌奖。其研究成果“AC发泡剂的高效制备法”在福州一化完成了试生产，取得了经济效益72万元。

1991年既是国家“八五”计划也是省自然科学基金的第二个五年的开始，为总结“七五”期间自然科学基金工作，省科委组织召开了科学基金管理工作研讨会；进行了自然科学基金评委会的换届工作，原聘请的16名委员任期已满，成立了第二届评委会（1991—1992），由33位专家组成，评审学科组由6个增至8个；1992年，制定了《福建省八五自然科学基金管理办法》；编印了“七五”期间资助项目的《论著目录汇编》；同年，省科学基金评委会专家和部分高校科研处长组成4个小组，分别对8个单位1990—1991年所承担的141个基金项目进行全面检查，发现了不少好的项目典型，也发现包括立项、管理等方面的一些问题，为改进评审、立项和后期管理提供了有用的教益。

为了把有限的经费用好，发挥更大的效益，“八五”期间，在基金评审和管理中，在坚持16字评审原则的基础上，特别注意在资助项目的遴选中做到三个结合：（1）优先资助那些既处于科学发展前沿，又有明确的应用前景，并注意了超前生产问题的课题；（2）与省级“七五”和“八五”科技发展规划相结合的课题，使省级科学基金具有省一级的特色并完善本省基金的系统性、科学性；（3）资助与人才培养相结合，在评审中明确规定，在相同条件下，对35岁以下青年科学工作者的申请课题优先予以考虑，为年轻的拔尖人才脱颖而出创造必要的条件和良好环境，做到既出成果又出人才。为此，1992年增加了青年项目的投入，批准资助青年项目50个，经费58.86万元，占总经费的30.8%。

二、组织机构

福建省自然科学基金评审委员会（第二届：1991—1992）组成

主　任　柯　冲

副主任　魏可美　万惠林　林文良　康仲涵

数理科学：林忠民　张上泰　黄美纯　卞伯达

化　　学：魏可美　万惠林　黄锦顺　陈金豪

生物科学：

植物组：柯　冲　陈启峰　黄维南　梁一池

动物组：李少青　庄启谦　洪惠馨　林藩平　程由铨

医学微生物组：林文良　康仲涵　杜　建　黄年来

地球科学：朱鹤健　陈承惠　高天钧

叶榕生

材料与工程：钱匡武　陈子文　沈鸿元

李连亭

信息科学：许克平　戴志贤　石俊明

李玉琮

三、统　计

经费情况

（金额单位：万元）

收支＼年度		1990	1991	1992
收入	合　计	124.00	130.00	200.00
	科技三项费用	124.00	130.00	200.00
支出	合　计	124.00	130.00	200.00
	基础研究	118.41	122.30	197.35
	活动费	5.59	7.70	2.65

历年申请、批准资助概况

（金额单位：万元）

申、批数＼年度		1990	1991	1992
申请	项　数	291	378	357
	金　额	499.37	595.92	557.00
批准资助	项　数	130	141	172
	金　额	118.41	122.30	197.35
批准率（%）	项　数	44.7	37.3	48.2
	金　额	23.7	20.5	35.4
平均资助强度（万元/项）		0.91	0.87	1.14

1986—1987 年申请和批准项目按学科统计

（金额单位：万元）

学科＼申、批数	申请		批准		批准率（%）		平均资助强度（万元/项）
	项　数	金　额	项　数	金　额	项　数	金　额	
合　计	461	1 675.10	212	202.40	51	12	0.95
数理科学	52	150.5	33	26.1	63.0	17.0	0.19
化　学	56	224.9	30	33.7	54.0	15.0	1.12
生命科学	222	797.3	94	84.2	42.0	11.0	0.90
地球科学	52	184	30	32.2	58.0	18.0	1.07
材料与工程	54	189	16	15.2	30.0	8.0	0.95
信息科学	25	129.4	9	11	36.0	8.0	1.22

1988 年申请和批准项目按学科统计

（金额单位：万元）

学科 \ 申、批数	申请		批准		批准率（%）		平均资助强度（万元/项）
	项数	金额	项数	金额	项数	金额	
合计	354	704.85	113	108.00	32.0	15.0	0.96
数理科学	50	43.30	26	12.90	52.0	30.0	0.49
化学	46	86.40	11	16.30	24.0	19.0	1.49
生命科学	154	329.3	47	44.80	31.0	14.0	0.95
地球科学	43	133.99	12	14.60	28.0	11.0	1.21
材料与工程	39	74.33	10	11.70	26.0	16.0	1.17
信息科学	22	37.53	7	7.7	22.0	21.0	1.10

1989 年申请和批准项目按学科统计

（金额单位：万元）

学科 \ 申、批数	申请		批准		批准率（%）		平均资助强度（万元/项）
	项数	金额	项数	金额	项数	金额	
合计	338	542.85	111	113.70	33.0	21.0	1.02
数理	54	57.60	21	12.10	40.0	21.0	0.57
化学	41	28.81	14	16.00	34.0	55.0	1.15
生命	133	249.30	40	44	30.0	18.0	1.10
地球	42	95.79	10	14.30	24.0	15.0	1.43
材料与工程	41	78.37	17	19.20	41.0	24.0	1.13
信息	27	33	9	8.1	33.0	24.0	0.9

1990 年申请和批准项目按学科统计

（金额单位：万元）

学科 \ 申、批数	申请		批准		批准率（%）		平均资助强度（万元/项）
	项数	金额	项数	金额	项数	金额	
合计	291	499.36	130	118.41	45.0	24.0	0.91
数理科学	38	33.13	20	12.45	53.0	37.6	0.62
化学	43	80.22	17	17.11	40.0	21.3	1.14
生命科学	105	194.70	49	46.95	47.0	24.1	0.95
地球科学	17	35.14	10	12.30	59.0	35.0	1.23
材料与工程	49	86.48	24	20.50	49.0	23.7	0.86
信息科学	39	69.7	10	9.10	25.0	13.1	0.91

1991年申请和批准项目按学科统计

（金额单位：万元）

学科＼申、批数	申请		批准		批准率（%）		平均资助强度（万元/项）
	项数	金额	项数	金额	项数	金额	
合计	378	595.92	141	122.30	37.0	20.0	0.87
数理科学	55	44.25	26	12.65	47	29	0.49
化学	43	78.20	17	17.33	40	22	1.02
生命科学	152	269.75	49	49.41	32	18	1.01
地球科学	40	69.23	15	12.40	38	18	0.83
材料与工程	50	79.58	22	20.86	44	26	0.95
信息科学	38	54.91	12	9.65	32	18	0.80

1992年申请和批准项目按学科统计

（金额单位：万元）

学科＼申、批数	申请		批准		批准率（%）		平均资助强度（万元/项）
	项数	金额	项数	金额	项数	金额	
合计	360	525.48	172	192.35	48.0	36.0	1.15
数理科学	53	41.22	29	17.26	55.0	42.0	0.60
化学	44	78.28	21	26.60	48.0	54.0	1.27
生命科学	136	222.57	61	79.79	49.0	36.0	1.31
地球科学	34	36.07	14	21.85	41.0	61.0	1.56
材料与工程	60	99.12	29	33.25	48.0	36.0	1.15
信息科学	33	48.22	18	18.60	55.0	39.0	1.03

资助项目分布统计

年度	项目合计	单位性质		
		高等院校	研究机构	其他
1990	130	95	34	1
1991	141	109	21	11
1992	172	136	25	11

资助项目人员职称及学位统计

年度	高级	中级	初级	博士生	硕士生	合计
1986—1987	526				146	672
1988	306				78	384
1989	302				66	368
1990	295				79	374
1991	178	198	112	3	42	533
1992	175	238	165	5	42	625

注：1）1990 年前中高级职称不断变化，因此目前只能以中高级合计。

2）1990 年鉴中统计有误，以此为准。

历年批准项目完成统计

年度	1986—1987	1988	1989	1990	1991	1992	合计
完成项数	130	94	78	123	130	155	710

资助项目完成论著统计

（单位：篇）

年度	发表论著数						待发表数
	国际会议大会报告	国内会议大会报告	刊物发表			专著数（种）	
			全国科技刊物	国外学术刊物	其他		
1986—1987	53	162	329	50			
1988	18	79	159	20			
1989	16	62	77	21			
1990	6	20	35	7			
1991	29	65	241	23	30	1	24
1992	9	41	93	7	9	1	17
合计	131	429	934	128	39	2	41

资助项目成果统计

类别＼年度	1989	1988	1986—1987	合　计
省部级鉴定	3	5	16	24
省部级奖	4	3	11	17
国际奖	1			1
国家奖	1			1
推广应用	2	1	6	9
专利	1	1	3	5

山东省自然科学基金委员会

一、综　述

山东省自1988年起设立自然科学基金，年度经费由本省财政按年拨专款，1988年12月拨款100万元，1989年拨款50万元，1990年和1991年每年各100万元，1992年拨款150万元。省自然科学基金委员会利用500万元专款自1989年起连续4年资助全省50多个研究所和20多所高等学校327项基础性研究课题：1989年资助84项；1990年资助82项；1991年资助82项；1992年资助79项。

基金资助范围面向全省科技界，包括国家部委驻山东的科研单位和高等学校。经费全部用于自然科学的基础性研究。由于年度经费较少，为提高申报质量和增强申报单位的责任心，自1989年以来一直采用对单位限项申报的办法。每年都以《项目指南》引导项目申请。平均每年申报项目200个左右，约有4/5的项目得到资助。

基金的使用和项目评审坚持“依靠专家，发扬民主，公正合理，择优支持”和“突出重点，照顾一般”的原则。项目的评审，经费的分配均由科学组专家决定，不进行行政干预。项目评审的程序分为同行专家通讯评议和科学组专家会议评审两个阶段，最后经委员会会议集体讨论审批。

为充分发挥专家的作用，管理和使用好自然科学基金，1989年制订了《山东省自然科学基金管理办法》和《山东省自然科学基金项目评审办法》。

山东省自然科学基金委员会每届任期四年。委员会下设7个科学组，每届任期三年，第一届科学组由67名专家组成，第一届科学组任期期满后于1992年11月进行了换届，换届后的第二届科学组有72名专家组成。新的科学组中有学部委员3名、博士导师16名。7个科学组分别是：数理科学组、化学组、医学组、生物学组、地球科学组、材料与工程组、信息科学组。

为了使本省的自然科学基础性研究工作从立项研究、结题鉴定到评奖形成完整而配套的管理程序和体系，在省基金委和省教委的建议下，山东省科委自1991年起设立了省科技进步奖自然科学理论成果部分。理论成果的评奖工作已搞了两年，1991年和1992年共评出理论成果一等奖3项、二等奖10项、三等奖32项。这一工作的开展较好地推动和稳定了基础性研究工作。

经过四年多的努力，山东省自然科学基础性研究工作呈现了可喜的局面，在新构思、新见解、新发现、新方法和新材料等方面的探索中，取得了一批好的科研成果，整个工作正稳步健康地发展。

二、组织机构

山东省自然科学基金委员会第一届学科组任期三年已届满，第二届科学组设置及组成如下：

（1）数理科学组

组　长　潘承洞

副组长　宋振骐　张广恩

成　员　梅良模　李国华　竺苗龙　张怿慈
　　　　程德林　李师正　王长钰　孙文心

（2）化学组

组　长　张正斌

副组长　杨孔章

成　员　李德和　黄保湘　毕殿礼　吕维民
　　　　胡美禄　苏贻勋　邬晓风

（3）医学组

组　长　阮景纯

副组长　江　森　周次清

成　员　贾士铨　李在连　潘希遇　姚乾元
　　　　丁士海　袁久荣　赵斌华　王　林

（4）生物学组

组　长　余松烈

副组长　迟范民　李光友

成　员　李德尚　高培基　邹　琦　林毓琴
　　　　姚敦义　潘大陆　白　毅　杨丛海
　　　　吴敏楚

（5）地球科学组

组　长　冯士筰

副组长　袁业立　信荃麟

成　员　秦曾灏　王　荣　何起祥　王秉海
　　　　赵澂林　陶华学　王淑仁　陈龙飞

（6）材料与工程组

组　长　艾　兴

副组长　蒋民华　文望平

成　员　王世清　赵宗垦　张连房　胡茂丰
　　　　程玉林　姚传玺　崔作林　许　东

（7）信息科学组

组　长　沈玉琪

副组长　吴鸿章　王清扬

成　员　周照鸿　王庆麟　马绍汉　鞠晓东

另外，还设有常设办事机构山东省自然科学基金委员会办公室，负责处理日常工作，与山东省教委科研处合署办公。

三、统　计

经费情况

（金额单位：万元）

收支＼年度		1992	1991	1990	1989	1988
收入	合　计	150	100	100	50	100
	财政拨款	150	100	100	50	100
支出	合　计	150	100	100	150	
	资助项目	147	98	98	150	
	办　公	3	2	2		

历年申请、批准资助概况

（金额单位：万元）

年度 / 申、批数		1989	1990	1991	1992
申请	项数	231	218	219	197
	金额	976.00	876.00	794.00	706.00
批准资助	项数	84	82	82	79
	金额	184.10	144.00	145.50	129.20
批准率（%）	项数	36.4	37.6	37.4	40.0
	金额	18.9	16.4	18.3	18.3
资助强度（万元/项）		2.19	1.76	1.77	1.64

资助项目按学科统计

（金额单位：万元）

年度 / 学科	1990		1991		1992		合计	
	项数	金额	项数	金额	项数	金额	项数	金额
数理科学	12	14.20	14	16.50	9	11.0	35	41.70
化学	10	22.00	10	17.00	8	12.00	28	51.00
医学	12	20.00	13	25.50	16	30.00	41	75.50
生物学	16	28.80	16	31.50	14	26.00	46	86.30
地球科学	11	20.50	11	21.00	12	20.00	34	61.50
材料与工程	15	26.50	13	25.00	15	24.00	43	75.50
信息科学	6	12.00	5	9.00	5	6.20	16	27.20
合计	82	144.00	82	145.50	79	129.20	243	418.70

资助项目分布统计

年度	项目合计	单位性质	
		高等院校	研究机构
1989	84	60	24
1990	82	57	25
1991	82	58	24
1992	79	63	16
总计	327	238	89

资助项目人员职称及学位统计

年　度	合　计	高　级	中　级	初　级	博士生	硕士生	辅助人员
1989	827	188	407	116	18	68	30
1990	815	181	382	127	24	77	24
1991	860	179	387	124	24	119	27
1992	902	196	401	119	29	125	32
总　计	3 404	744	1 577	486	95	389	113

江西省自然科学基金委员会

一、综　述

为了促进江西省基础性科学研究的开展，充分调动自然科学科研人员的积极性，为江西省科学研究、国民经济的持续发展增加后劲，1989年江西省科委根据省政府赣府厅抄字(1989)56号文精神，设立了江西省自然科学基金，并于1990年5月3日正式成立江西省自然科学基金委员会，其办事机构设在省科委。

江西省自然科学基金(以下简称"省基金")的宗旨是：鼓励和扶持基础性研究工作，发挥全省从事基础研究的科研人员的聪明才智，为振兴江西经济，促进科学技术进步作贡献。基金委员会的任务是：贯彻、执行党的科技方针，根据国家和全省的科技发展规划，制定和颁发《江西省自然科学基金项目指南》；受理基础研究项目的申报，组织专家评审、筛选、择优资助，以保证项目的科学性、先进性；负责编制自然科学基金委员会资金预算，并上报财务部门；指导、协调项目的实施，检查和监督基金的使用情况；发现、扶持和培养人才，促进本省优秀青年科技工作者的成长；促进重要基础研究成果向应用研究进而向生产转化；组织并向国家自然科学基金推荐优秀基础性研究项目；组织学术交流，开展国际科技合作研究。

省基金主要来自省科委的科技三项费，自1989年以来，每年50万元，截止1992年，共资助项目238项，资助经费187.5万元。

省基金面向全省，资助基础研究和部分应用基础研究；本省各部门、各地区、各单位的科技工作者均可按规定提出申请。对申报项目采取同行评议、择优支持的办法，资助具备下列务件的研究项目：

(1)有重要科学意义和重要应用前景的研究工作，尤其是结合现代化建设需要、针对江西省自然资源和自然条件特点的研究工作，以及开拓新兴技术领域，促进空白、薄弱和交叉学科发展的研究工作；

(2) 学术思想新颖，立论根据充分，研究内容和目标明确、具体、先进，研究技术线合理、可行，近期内可望取得预期成果或结果的研究工作；

(3)申请者与合作者具备实施该研究项目的研究能力，有必要的工作积累和初步预研，基本工作条件和研究时间有可靠的保证；

(4) 经费预算实事求是。

省基金会还根据国家发展科学技术的方针、政策、规划，结合本省实际情况，制订和发布了项目指南。科研人员参照项目指南，结合研究工作积累和初步预研，选择最能发挥自己优势的研究项目，按照自愿原则组成项目组提出申请。

省基金一般每年受理申请项目一次，申请者必须是实际主持申请项目研究工作，并且有高级专业技术职务（或职称）的项目负责人。若申请者不具有高级专业技术职务(或职称)，需具有硕士以上学位，或有两名同行高级科技人员推荐。

申请者须按“江西省自然科学基金申请书”的格式和要求，认真填写申请书，经本单位学术组织讨论，科研管理部门提出审查意见，单位领导批准并签署具体意见后，一式6份报送对口学科组。评审程序如下：

(1) 形式审查：淘汰不属资助范围、申请书填写不规范的申请项目；

(2) 通讯评审：形式审查合格的项目，分送5位专家进行通讯评审，按规定这5位专家至少有3名是外省的专家；

(3) 学科组评审：学科组专家按统一的打分标准，对申请项目逐项打分，并根据学科组专家和通讯评审专家的分数比例，计算出每个项目的最后得分，而后根据经费数额列出学科组对资助项目的建议；

(4) 基金委员会讨论、审批、确定资助项目。

省自然科学基金设立三年来，在全省广大科技人员中树立了很好的形象，以公正、科学、严谨赢得了广大科技人员的支持和拥护。截止1992年12月，共批准资助238项，已有16个项目如期完成，递交了结题报告。根据1991和1992年的调查和概略统计，发表论文399篇，有些论文得到了国内外有关专家的好评。

二、组织机构

1. 江西省自然科学基金委员会组成 (1990.4—1993.4)

名誉主任　廖延雄
主　　任　王　生
副 主 任　魏家凤　李　立
秘 书 长　李　立
副秘书长　刘洪祥
委　　员　戴执中　李凤仪　倪国熙
　　　　　潘传康　邹荷辉　刘汉清
　　　　　洪广祥　张绍基　曹述彬
　　　　　刘　勋　陈善坤　朱德瑶

2. 江西省自然科学基金学科组设置及组成

(1) 农学基础学科组

组　长　曹述彬
副组长　叶正襄
成　员　刘经荣　戚昌翰　刘　鑫　江永成
　　　　陈善坤　石道全　刘　勋　张　华
　　　　朱德瑶　林光华　叶居新　刘建业
　　　　王溪云　王素珍　李　立

(2) 医学基础学科组

组　长　戴育成
副组长　刘汉清
成　员　孙　周　魏家凤　洪广祥　傅幼荣
　　　　范崔生　张绍基　陈乔年　薛士良
　　　　曾小鲁　罗　伟　李金生　吴有光

(3) 数学学科组

组　长　戴执中
副组长　倪国熙
成　员　肖应昆　林金榕　傅万涛　李火林
　　　　林云境　谢华蔼　丁思统　陈　协

(4) 物理学学科组

组　长　李湘如
副组长　罗其刚
成　员　刘振东　杨千里　王贵瑾　林俊伯
　　　　潘传康　李剑白　谌南平　刘洪祥
　　　　邹道文

(5) 化学学科组

组　长　李凤仪
副组长　李希成
成　员　王　生　李先春　贺伦燕　秦　中
　　　　邹荣乐　邹荷辉　徐　耀　邱威杨

三、统 计

历年申请、批准资助概况

（金额单位：万元）

申、批数 \ 年度		1990	1991	1992	总 计
申 请	项 数	205	187	198	590
	金额（万元）	413.90	341.20	283.39	1 038.49
批准资助	项 数	76	74	88	238
	金额（万元）	61.80	57.60	68.10	187.50
批准率（%）	项 数	37.1	39.6	44.4	
	金 额	14.9	16.9	24.0	
资助强度（万元/项）		0.81	0.78	0.77	

历年资助项目按学科统计

（金额单位：万元）

学科 \ 年度	1990		1991		1992	
	项 数	金 额	项 数	金 额	项 数	金 额
合 计	76	61.80	74	57.60	88	68.10
数 学	16	7.40	19	7.90	26	9.00
物 理	14	10.40	11	7.70	10	6.70
化 学	13	9.00	12	7.40	12	7.80
农 学	18	17.40	17	17.40	20	21.40
医 学	15	17.60	14	16.20	20	23.20
地 学			1	1.00		

资助项目分布统计

年 度	项目合计	单位性质			隶属关系	
		高等院校	研究机构	其 他	省直属单位	非直属单位
1990	76	62	12	2	72	4
1991	74	58	12	4	57	17
1992	88	70	12	6	74	14
合 计	238	190	36	12	203	35

资助项目人员职称及学位统计

年度	合计	高级	中级	初级	博士后	博士生	硕士生	辅助人员
1990	477	145	160	84			54	34
1991	443	159	160	74			23	27
1992	448	98	206	95		2	14	33
总计	1 368	402	526	253		2	91	94

资助项目完成论著统计

（单位：篇）

年度	发表论著数（含审稿通过）										待发表数	合计
	国际会议			国内会议			刊物发表			专著数（种）		
	特邀报告	大会报告	分组报告	特邀报告	大会报告	分组报告	全国科技刊物	国外学术刊物	其他			
1991		7			18		20	13	41		57	156
1992		14			39		30	28	55	3	63	232
总计		21			57		50	41	96	3	120	388

河南省自然科学基金委员会

一、综　述

1988年经省政府同意，由省科委、省教委、省科学院联合成立了省自然科学基金委员会。为了鼓励和支持青年科学工作者脱颖而出，又于1990年设立了青年科学基金，资助从事自然科学基础研究和部分应用研究的优秀青年科学工作者。省科委由科技三项费用中抽出5%作为基金拨款：1990年100万元，1991年110万元，1992年130万元。1990—1992年的三年中，共资助基金项目373项，资助经费336万元。发表学术论文400多篇，支持35岁以下青年科学工作者独立承担课题45人次以上；资助项目中有4项获国家级奖励，23项获部级奖励，27项获省、市级奖励，其中6项已申请了专利，21项成果已推广应用。通过资助，基础研究项目上升为攻关项目的有10项，上升为国家自然科学基金项目的有20多项。

根据河南省实际，在资助上，向四个方面倾斜：向应用基础研究倾斜；向具有国际水平的项目倾斜；向高新技术领域倾斜；向青年科技工作者倾斜。在资助强度方面，坚持“照顾一般、突出重点”的原则，在评审项目时，对每个学科都要求评出2—3个重点项目，其3年连续资助强度保持在5万元以上。注重基础研究——攻关研究——开发研究——产业开发研究的协作配套。充分利用基金办公室设在计划处，而计划处又是管理全省各类科技计划的综合机构这一优势，在项目安排方面，着重于一条龙的协作研究。在项目指南的制定方面，抓好与攻关项目指南、高新技术研究项目指南的衔接与结合，重点突出本省的特色和为本省的经济建设服务。

二、统 计

历年申请、批准资助概况

（金额单位：万元）

申、批数 \ 年度		1990	1991	1992
申请	项数	286	392	369
	金额	1 100.00	1 340.00	1 212.00
批准资助	项数	116	121	136
	金额	100.00	110.00	130.00
批准率（%）	项数	40.0	31.0	37.0
	金额	9.0	8.0	10.0
资助强度（万元/项）		0.90	0.90	0.90

历年批准的资助项目按学科统计

（金额单位：万元）

学科 \ 年度	1990		1991		1992	
	项数	金额	项数	金额	项数	金额
合计	116	98.00	121	108.00	136	130.00
农业	24	23.00	27	25.00	31	28.00
医学	17	14.00	18	15.00	17	14.00
化学	20	22.00	21	22.00	23	23.00
材料工程	17	13.00	14	13.00	22	21.00
数学与计算机	14	8.00	17	12.00	18	14.00
物理	14	9.00	14	11.00	13	16.00
地学及其他	10	9.00	10	10.00	12	14.00

资助项目分布统计

年度	项目合计	单位性质	
		高等院校	研究机构
1990	116	76	40
1991	121	82	39
1992	136	91	45

资助项目人员职称及学位统计

年度	合计	高级	中级	初级	博士后	博士生	硕士生	辅助人员
1990	385	126	131	45		10	51	22
1991	446	102	180	62	1	21	60	20
1992	534	90	210	82	2	40	80	30
总计	1365	318	401	189	3	61	191	42

完成项目统计

年度	1990	1991	1992	合计
完成项目数	80	62	30	172

湖南省自然科学基金委员会

一、综 述

地方科学基金的设立对支持和鼓励科技人员从事基础性研究、振兴地方经济、稳定科技队伍产生了深远的影响。为了适应湖南省经济建设和科技进步发展的需要，加强基础研究，增加科研与经济发展的后劲，国家自然科学基金湖南地区联络网曾书面呈报省有关主管部门，建议设立湖南省自然科学基金。为了实现湖南跻身全国经济十强和科技十强的目标，1992 年 5 月，湖南省科委下达湘科计字(1992) 第 145 号文件，正式设立湖南省自然科学基金（以下简称“省基金”），并于 1993 年 5 月成立省基金会筹备小组。1993 年 11 月 8 日正式成立了湖南省自然科学基金委员会。

省基金主要来源于省科委科技三项经费，暂定每年拨款 50 万元。

省基金会的主要任务是：

(1) 根据本省经济和科学技术发展战略与发展

规划，制定本省基础研究和应用基础研究的年度实施计划，并发布项目指南；

（2）指导、协调和资助全省的基础研究和应用基础研究工作；

（3）发现、培养和促进优秀青年科学工作者的成长；

（4）促进重要基础研究成果向生产转化；

（5）开展国际合作研究和学术交流；

（6）组织申报国家自然科学基金项目。

1992年9月，省基金会聘请有关专家分学科撰写了省基金项目指南。

省基金资助范围与资助对象为：

（1）准备申报国家自然科学基金（重点）的前期研究项目；

（2）与湖南经济、资源、产业优势相关的基础性研究项目；

（3）其他基础与应用基础研究项目。

省基金面向全省，凡本省各单位的科技人员，均可按规定申报资助项目。

省基金申报方法，评审原则与程序如下：

省基金参照国家自然科学基金的申报方法、评审原则进行。

省基金会向省内各大专院校、科研院所等单位发出申报基金通知。由科技人员参照省基金项目指南自由申请，并认真填写申请书，经所在单位审查同意，于每年8月1日至30日向省基金会申报，并交纳评审费。

评审遵循公正、合理、择优资助的遴选项目原则。为保持公正性，评审委员回避参加本人及本单位申报的项目评审，并对专家个人评审意见实行保密。

评审程序为：先通讯评审，后会议评审。通讯评审时，每项申请由1名主审和2名副审专家写出评审意见，并由1名主审专家对评审项目按要求排出等级与序号。最后由省基金会讨论、确定资助项目。

湖南省自然科学基金1992年才设立，而且当年的基金资助处于试验阶段。1992年省科委拨款额度为50万元，一半用于往年资助的基础性研究项目的年度追加款，一半用于新申报的省基金项目。通过专家评审择优支持，共批准资助项目47项，用去全部拨款50万元，平均资助强度为1.14万元/项。

二、组织机构

湖南省自然科学基金委员会（第一届）组成

主　任　张寅南

副主任　袁隆平　潘奇才　高珊增

委　员　侯振挺　陈国达　俞汝勤　姚开泰　王淀佐　陈火旺　刘　筠　赵立华　张起森　罗维治　杨复兴　田银华　吴晓芙　谢金魁　谭　辉　李钟文　李民权　王晓光　杜国铨　仇庆芬　粟福章　张继仁　王腊生　钟　掘　李云霞　李树丞　刘秀兰　蔡言厚　张让康　黄增民　王家琪

常务理事　潘奇才　王腊生　王家琪　蔡言厚　刘秀兰

秘书长（兼办公室主任）　王腊生

副秘书长（兼办公室副主任）　刘瑞生

广东省科委科学基金和青年科学基金

一、综　述

广东省科委科学基金设立于1987年，以应用基础研究为主，兼顾部分基础性研究，其目的是培养人才，增加科学技术储备，促进本省科学技术进步和社会经济发展。科学基金经费从每年科技三项经费中划出。为了发现和培养青年科技人才，使广东科技后继有人，从1991年起在广东省科委科学基金经费中划出一定额度，设立广东省科委青年科学基金，专门支持35周岁以下（含35周岁）的优秀青年科技人员。科学基金和青年科学基金资助的学科领域分11类，即：农业科学、生物科学、信息科学、材料科学、化学与化工、工程科学、医学、地球科学、环境科学、能源科学和数理科学等。科学基金和青年科学基金的重点放在解决广东国民经济及社会发展中带普遍性或关键性的应用基础研究上，同时支持在国内外具有领先水平或较强竞争力的研究。

省科委科学基金和青年科学基金面向全省。根据“依靠专家、发扬民主、择优支持、公正合理”的评审原则，由省科委发布《项目申请指南》。省科委主任聘请各有关高等院校、科研院所和管理部门的专家按学科分组评审，经答辩后的评审结果送有关著名专家审阅和省科委综合平衡，最后确定资助项目。

从1987至1992年，科学基金和青年科学基金共安排课题746项，资助经费1250万元，六年的单项平均支持强度为1.68万元。本省的基础研究和应用基础研究集中在各高等院校和科研院所，其中又以高等院校为主，占70%以上。据不完全统计，已完成课题266项，在国内外各类学术刊物和学术会议上发表论文2100多篇，其中在国外学术刊物和国际会议上发表论文286篇，在国家级学术刊物和全国性学术会议上发表论文620多篇。有一批科研成果已得到推广应用，并取得显著经济效益和社会效益。此外，有一大批科研人员在参与课题的研究中得到锻炼，据初步统计，有4000多人次参与课题的研究，其中高级科技人员1300多人，中级科技人员1500多人，博士后13人，在读博士生67人，在读硕士生450多人。

科学基金和青年科学基金的设立，活跃了本省的学术气氛，促进了基础研究和应用基础研究的发展，加强了国际学术交流，扩大了对外影响，培养了人才，增强了科技发展的后劲。特别是青年科学基金的设立，使许多有志的优秀青年科技人员拥有一个充分发挥自己聪明才智的天地，深受广大青年科技人员的欢迎。

二、统　计

历年经费情况

收支＼年度	1987	1988	1989	1990	1991		1992	
					科学基金	青年科学基金	科学基金	青年科学基金
下达经费（万元）	150	160	200	200	140	110	158	142
资助项目数	161	113	86	110	75	59	76	66
资助强度（万元/项）	0.93	1.4	2.3	1.8	1.87	1.86	2.08	2.15

历年资助项目分布

资助单位类别＼年度		1987	1988	1989	1990	1991		1992	
						科学基金	青年科学基金	科学基金	青年科学基金
高等院校	项目数（项）	127	82	62	70	56	43	61	51
	%	75.4	70.5	72	63	74.6	73.9	80.3	77.3
科研院所	项目数（项）	34	31	24	40	19	16	15	15
	%	24.6	29.5	28	37	25.4	26.1	19.7	22.7

1992年广东省科委科学基金和青年科学基金资助项目（按学科统计）

（金额单位：万元）

学科	合计		科学基金		青年科学基金	
	项数	金额	项数	金额	项数	金额
合计	142	300.00	76	158.00	66	142.00
农业科学	26	50.60	14	28.90	12	21.70
生物科学	14	34.00	6	14.00	8	20.00
信息科学	18	45.00	10	22.40	8	22.60
材料科学	11	24.80	6	13.50	5	11.30
化学与化工	11	24.10	6	12.70	5	11.40
工程科学	7	12.50	4	7.50	3	5.00
医学	27	53.10	16	30.50	11	22.60
地球科学	7	16.00	3	8.50	4	7.50
环境科学	6	14.50	2	4.50	4	10.00
能源科学	5	12.50	3	7.50	2	5.00
数理科学	10	12.90	6	8.00	4	4.90

四川省青年科技基金

一、综　述

为推动本省科技事业的蓬勃发展，四川省于1991年设立四川省青年科技基金（以下简称“基金”）。

设立基金的宗旨是解决高级科技人才断层问题，为本省培养和造就一批跨世纪的科技骨干和学科带头人。

基金来自省科委由省科技三项费中划拨适当额度经费以及社会各界、企事业单位，社会团体和个人的捐赠。

基金以项目形式支持和培养青年科技人才。为了有利于选拔、造就人才，基金资助项目坚持公正平等，鼓励竞争，择优支持的原则。鼓励不同学科、不同单位之间青年科技人才的合作研究；提倡本省与国外青年科技人才的合作研究。

基金主要资助本省农业科学、生物科学、信息科学、材料科学、医药卫生科学、工程科学、能源科学、化工化学等频域的应用基础研究项目。

基金资助对象是：省内在自然科学领域工作的、具有开拓创新精神、有实际主持和从事项目研究工作经验、大学毕业（含同等学力）以上、年龄在35周岁（含35周岁）以下的青年科技工作者（连续支持的资助对象不受35周岁年龄的限制）。重点资助硕士、博士和博士后学位获得者。

为定向培养青年科技人才，对基金资助对象建立人才档案，实行动态管理。对项目完成好、学术水平高的资助对象优先予以连续支持。

基金资助项目应具备的条件是：符合四川省中近期经济、科技和社会发展需要；在我省有科研优势或资源优势；有重要的应用前景；立论根据充分，学术思想新颖；研究内容和目标明确、具体，研究路线合理，研究方案可行；具备必要的研究基础和条件；经费预算合理。

每年6月底前发布下一年度的基金项目选题指南，每年9月1日至10月31日为申报时间。

申请基金资助者至少由两名高级同行专家推荐，填写《四川省青年科技基金项目申请书》一式六份，经所在单位签署意见后报主管部门审查，由主管部门统一报送省科委。省科委有关处对申请项目初审后，提交专家委员会评审。通过评审的项目经省科委综合平衡、审定后通知项目申请人所在单位。

二、组织机构

四川省青年科技基金专家委员会组成

主任委员　周玉振

副主任委员　蒋国基

委　　员　陈临彬　段成中　周光洁　刘世贵　林为干　陈　静　张景魁　沈大元　郑　虎　张倬元　刘中正　徐　僖　陈槭宜

贵州省科学技术基金委员会

一、综　述

贵州省科学技术基金于1983年设立以来，至1992年省财政拨款680万元，加上其它科技经费回收转入的127.47万元，共计807.47万元。

1987年以前，项目资助经费大多数是无偿的，只有极少数为有偿使用。基金委员会成立后，资助重点是基础研究和应用基础研究项目。对于没有直接经济效益的项目则给予无偿资助。

截止1992年，共安排科技基金项目783项。按计划安排，1992年底应完成583项，但据初步统计，基本完成455项，占应完成项目数的78%；已验收鉴定的有375项，占应完成项目数的64.4%；尚在进行的120项，占应完成项目数的20.6%。从总的执行情况来看，大多数项目能按时完成合同各项指标。其中，已有60多项成果（论文）参加国际学术交流，有90多项获得省级科技进步奖。还有一批项目在完成研究工作并取得基础研究成果之后被列入应用研究的科技攻关计划和年度科技计划，另有一部分被列入开发研究计划，直接应用于生产。

“黔西南地质构造与金矿成矿作用研究”和“贵州南部金矿成矿规律及成矿预测”的研究，进一步摸清了黔西南地区的地质构造特征和形成机理，并用“逆冲推覆构造体系”理论，在贞丰烂泥沟发现了一个型金矿床，已探明金矿工业储量37吨（金属吨，下同），远景储量达50余吨。还摸清此类肉眼不可见的微细浸染型金矿的含金赋存状态，为开发选冶烂泥沟金矿指明了选冶方向和途径。根据这些研究成果，国家黄金局决定投资3亿元在兴义建一日处理1 000吨金矿石的冶炼厂。显然，该地区即将成为贵州省重要的黄金生产基地。

“贵州地典”课题的研究成果不仅可以指导区域地质填图和找矿工作，还为贵州省地质生产、科研、教学提供了重要的参考资料。

“贵州赤水凹陷应用遥感寻找天然气试验研究”取得实破性进展后，在宝元的遥感信息区的宝元一井得到进一步应用，钻孔验证，已打出日产53万立方米天然气的气井。生产部门根据遥感信息的数据，在太和和旺隆两背斜控制的气田鞍部打钻，获得了预期的效果。

“贵州重要古人类遗址的年代研究”，在钟乳石样品227Th/230Th年龄研究方面居国际领先地位。已发表论文20多篇，其中“北京猿人遗址年代上限再研究”一文，将北京猿人上限年代从23万年上推到43万年，引起国内外同行的重视。

“逻辑程序计算复杂性研究”和国家自然科学基金的“数理逻辑在计算科学与数中的应用”，把国内争论多年的“中介逻辑”判定为“三值逻辑”，解决了一个高层次逻辑数学的争论。论文被美、英、澳、德等国的杂志刊登和编入教科书。

“晶体结构数据库在微机上的开发应用”研究达到了国际水平。成果已被北大、复旦、科大等近20个高等院校和科研单位推广应用。课题负责人被评为贵州省首届优秀青年科技工作者。

“岩溶地下水库成库研究”系统地研究了岩溶地下水库的成库原理。应用此原理，成功地在普定县建成了一座试验性的岩溶地下水库，解决了7000多亩农田灌溉和5000多人、1 000多头牲畜的饮水问题。

科技基金的设立为本省培养了一大批青年科技骨干和学术带头人。据贵阳医学院的统计，该院从1984年以来承担省科技基金项目57项，获省科技进步奖10项（其中2项二等奖），由此培养了一大批科研骨干。该院在开始申请基金项目时，中青年主持的项目只有20—30%，到1991年已达79.2%。就全省而言，1984、1985两年基金设立初期，课题主持人中青年只有10%强，而且有的还要找几个中老年教授、专家挂名。从1991年起专设贵州省青年科技基金，每年划出一定比例的经费专门资助35岁以下的青年科技人员。1991和1992年分别安排青年基金项目58项、37项，占整个计划项目的40.6%、29.1%；资助经费52.7万元、38.4万元，占整个计划经费的40.5%、32.1%。稳住了相当一部分青年数学、科研人员的外流。

目前存在的主要问题，一是基金来源不稳定；二是项目完成后除可能获得科技进步奖外，没有其他任何奖励。因此，在一定程度上影响了科研人员的积极性；三是项目的后期管理需要研究一个有效且符合基金实际的管理办法。

二、统　计

经费情况

（金额单位：万元）

收支＼年度		1990	1991	1992
收　入	合　计	37.47	50.00	120.00
	财政专款	0	0	80.00
	三项费	37.47	50.00	40.00
支　出	合　计			
	项目计划	132.97	130.10	119.60

历年申请、批准资助概况

（金额单位：万元）

申、批数＼年度		1990	1991	1992
申　请	项　数	301	322	276
	金　额	790.57	762.96	710.70
批　准资　助	项　数	134	143	127
	金　额	132.97	130.10	119.60
批准率（%）	项　数	44.5	44.4	46.0
	金　额	16.8	17.1	16.8
资助强度（万元/项）		0.99	0.91	0.94

1992年度申请、批准项目按学科统计

（金额单位：万元）

学科＼申批数	申请		批准		批准率（%）		平均资助强度（万元/项）
	项　数	金　额	项　数	金　额	项　数	金　额	
合　计	276	710.7	127	119.6	46.0	16.8	0.94
数理化	38	55.7	19	13.0	50.0	23.3	0.68
农　业	71	193.4	31	31.8	43.7	16.4	1.04

（续表）

学科 \ 申批数	申请		批准		批准率（%）		平均资助强度（万元/项）
	项数	金额	项数	金额	项数	金额	
生物技术	26	65.8	14	13.0	53.9	19.8	0.93
工业	65	207.9	24	35.8	36.9	17.2	1.49
卫生、环保	76	187.9	39	26.0	34.2	13.8	0.67

资助项目分布统计

年度	项目合计	单位性质		
		高等院校	研究机构	其他
1990	134	73	37	24
1991	143	73	49	21
1992	127	68	50	9
总计	404	214	136	54

云南省应用基础研究基金委员会

一、综 述

云南省应用基础研究基金委员会于1989年成立，建立以来，始终坚持“依靠专家、发扬民主、择优支持、公正合理”的原则，在决策的科学化、民主化和管理工作规范化上迈出了新的一步。基金会先后邀请各学科领域的专家和管理工作者制定了1989—1990年及1991—1995年的《云南省应用基础研究基金项目指南》及其相应的管理办法，并建立和完善了计算机辅助管理系统。基金会在项目管理上积极引导科研人员进行科研选题和申请基金项目，同时在避免重复、鼓励新领域研究探索、创新、促进平等竞争等方面均起到了积极的作用。实践证明，省基金的建立和实施，为衔接国家和本省科技攻关项目、国家自然科学基金项目、国家“863”计划，开展国际合作与交流奠定了坚实的基础；为“稳住一头”、发现和培养优秀科技人才（特别是青年科技人才）、造就学术带头人等创造了良好的环境和条件。几年来，承担省应用基础研究的各个层次的人员达5000人次，其中中青年占66%。博士后、博士生、硕士生180多人次承担和参加了课题的研究。基础研究不仅为后续研究起到“接力棒”的作用，而且使一批优秀青年科技人才在良好的环境中脱颖而出。目前，基金会的工作已形成三个层次，即面上自由申请项目、青年基金项目和基金重点项目，使基金工作不断完善和加强。

二、组织机构

基金委员会设主任1人（由省科委主任或副主任兼任；由省科委聘任产生）、副主任4人、秘书长1人、委员15—20人，全部实行任期聘任制。委员先由厅（局）、大专院校和科研院所的主管部门提名推荐学术水平较多、知识面广、办事公道的专家、学者和科技管理工作者，最后由省科委正式聘任。每届任期两年，换届时上届委员至少轮换1/3。

云南省应用基础研究基金委员会（第三届）组成

主 任 林文兰

副主任 朱维华 王义明 樊永言

委 员（按姓氏笔画排列）

王学仁 邓德国 刘诗嵩 孙汉董
苏国达 李建猷 李梦华 李莉莎
邱学忠 沈康达 张柏荣 林毓才
季桂英 罗永康 施立明 胡大禄
钱一廉 郭慧光 缪以瑾 戴树珊
戴志明

秘书长 刘昌荣

办公室主任 黄文昆

三、统　计

经费情况

（金额单位：万元）

收支 \ 年度		1986	1987	1988	1989	1990	1991	1992	总　计
收入	合　计	100.70	74.20	87.00	200.00	200.00	280.00	400.00	1 341.90
	财政拨款				100.00	100.00	140.00	200.00	540.00
	三项费	100.70	74.20	87.00	100.00	100.00	140.00	200.00	801.90
支出	合　计	100.70	74.20	87.00	200.80	200.00	280.00	400.00	1 342.70
	面上项目	100.70	74.20	87.00	200.80	180.00	201.20	200.10	1 044.00
	青年基金						53.10	89.10	142.20
	重点项目							47.00	47.00
	其　他					20.00	25.70	63.80	109.50

历年申请、批准资助概况

（金额单位：万元）

申、批数 \ 年度		1986	1987	1988	1989	1990	1991	1992	总　计
申　请	项　数	24	30	40	502	476	527	594	2 193
	金　额	100.70	74.20	87.00	1 522.00	1 296.29	1 296.39	1 461.99	5 839.57
批准资助	项　数	24	30	40	148	130	193	210	775
	金　额	100.70	74.20	87.00	200.80	180.00	254.30	336.20	1 233.2
批准率（%）	项　数				29.5	27.3	36.6	35.4	
	金　额				13.2	13.9	19.6	23.0	
资助强度（万元/项）		4.20	2.47	2.18	1.36	1.38	1.32	1.60	

1990—1992 年资助项目与金额统计

（金额单位：万元）

年　度	自由申请项目		青年基金项目		重点项目		合　计	
	项　数	金　额	项　数	金　额	项　数	金　额	项　数	金　额
1990	130	180.00	0	0	0	0	130	180.00
1991	147	201.20	46	53.10	0	0	193	254.30
1992	132	200.10	76	89.10	2	47.00	210	336.20
合　计	409	581.30	122	142.20	2	47.00	533	770.50

1990—1992 年资助的自由申请项目按学科统计

（金额单位：万元）

学科 \ 年度	1990		1991		1992	
	项数	金额	项数	金额	项数	金额
合计	130	180.00	147	201.20	132	200.10
数理科学	19	17.40	18	17.20	17	17.90
化学	10	10.10	14	15.30	12	14.80
生命科学	55	94.30	69	98.50	54	89.30
地学	12	20.70	14	32.00	11	26.50
材料与工程	21	26.70	19	26.00	23	33.80
信息科学	13	10.80	6	6.60	10	11.00
管理科学			7	5.60	5	6.80

1991，1992 年资助的青年基金项目按学科统计

（金额单位：万元）

学科 \ 年度	1991		1992	
	项数	金额	项数	金额
合计	46	53.10	76	89.10
数理科学	7	7.20	12	9.80
化学	6	8.30	7	7.50
生命科学	18	21.50	29	36.50
地学	5	7.20	6	10.50
材料与工程	7	5.60	16	19.60
信息科学	3	3.30	6	5.20
管理科学	0	0	0	0

资助项目分布统计

年度	项目合计	单位性质		
		高等院校	研究机构（地方）	中央驻滇院所
1986	24	7	8	9
1987	30	13	9	8
1988	40	17	13	10
1989	148	72	42	34
1990	130	64	41	25
1991	193	99	59	35
1992	208	114	56	38
合计	773	386	228	159

资助项目人员职称及学位统计

年度	人员合计	高级	中级	初级	博士后	博士生	硕士生	辅助人员
1986	115	30	35	35			4	11
1987	170	48	56	44			6	16
1988	185	98	46	26		1	9	5
1989	903	300	288	252		2	41	20
1990	863	240	282	275		2	3	61
1991	1 139	274	376	364	1	8	58	58
1992	1 224	271	453	427			4	69
总计	4 599	1 261	1 536	1 423	1	13	125	240

完成项目统计

项目类型＼年度	1986	1987	1988	1989	1990	1991	1992	合计
面上项目	19	25	29	95	50	24	2	244
青年基金						2		2
总计	19	25	29	95	50	26	2	246

资助项目完成论著统计

年度	发表论著数（含审稿通过）										待发表数	合计
	国际会议			国内会议			刊物发表			专著数		
	特邀报告	大会报告	分组报告	特邀报告	大会报告	分组报告	全国科技刊物	国外学术刊物	其它			
1986	0	2	0	0	3	7	40	7	13	1	5	78
1987	2	2	4	1	13	6	35	2	4	4	13	86
1988	1	4	4	0	14	5	57	10	26	2	11	134
1989	8	22	27	1	26	9	108	24	29	8	55	317
1990	3	22	14	2	32	12	114	33	29	7	51	319
1991	6	25	21	6	73	31	130	32	49	1	57	431
1992	7	23	36	11	68	23	171	34	43	12	71	499
总计	27	100	106	21	229	93	655	142	193	35	263	1 864

注：以上资料统计的截止日期为1992年12月。

资助项目成果统计

级别	奖励名称	奖励等级				获专利		推广应用	
		一等	二等	三等	四等	国内	国外	已推广	拟推广
国家级	发明奖			1	1			1	1
	科技进步奖		1						
	中科院全国多元分析奖	1				1			
部委级	中科院自然科学奖	1	1	2					
	国家教委科技进步奖			1				1	
	全军科技进步奖			1					
	农牧渔业部科技奖		1						
省市级	省科技进步奖	1	5	37		3		10	3
	市科技进步奖			1		1			
	省教委科技进步奖	1		12					
	省医药卫生科技进步奖		1	1				1	
其他	发明展览奖	2	3	1					

陕西省自然科学研究项目

根据《中共中央关于科学技术体制改革的决定》精神，陕西省政府1991年8月决定，每年省财政划拨专门经费，用于资助自然科学基础研究和应用基础研究，并相应建立陕西省自然科学研究项目经费资助评审机构，主要为各学科专家评审组。

1991年省财政拨出专款100万元，省科委从科技三项费中拨出50万元，共计150万元。此项工作由省科委具体组织实施。

陕西省自然科学研究项目资助经费，面向全省科技工作者，主要用于资助自然科学基础研究和应用基础研究。根据陕西省经济、科技和社会发展的现状和长远发展需要，以资助应用基础研究为主，对那些可望在短期内能对陕西省经济、社会发展发挥重大作用的应用基础研究，予以优先资助。

为了进一步组织好项目的申报评审工作，1992年8月4日省科委召开了“陕西省自然科学研究项目指南”审定发布会。该指南紧密结合陕西科技资源、经济建设和社会发展实际，针对性强，重点突出，具有较强的地方特色和可行性。

1991年6月，组建了专门办事机构，制定了《陕西省自然科学研究项目资助经费管理办法（试行稿）》。

第一次资助项目的申报工作从1991年10月初开始，各单位根据“申报通知”精神，积极慎重选择相关领域的应用基础或基础研究项目申报。截止11月10日，共接受各类申报项目589项，其中大专院校443项，占75.2%，科研单位140项，占23.8%；大型企业研究机构6项，占1%。

评审程序为：对各类申报项目先进行形式审查，再将项目申报书同时送2名同行专家审阅，最后提交相应学科专家评审组评审。评审采用打分制，各学科组评审的项目按平均得分高低，依次决定资助与否。

通过形式审查后送各学科组专家评审的项目共351项，分属44家大专院校和科研单位。按学科类别分：数理科学54项、化学组27项、生物科学组129项、地球科学组30项、材料与工程组66项、信息科学组34项、管理科学组11项。351项的申请经费总额为1227.4731万元。

专家评审组的建立：由全省20所高校、85个科研单位和大中型企业及省人大、省政协推荐有关专家600多名，经协商，确定由其中63位知名专家组成1991年陕西省自然科学研究项目资助经费评审组。这63位专家按专业分为数理、化学、生物、地学、材料与工程、信息、管理7个学科评审组，进行相应学科申报项目的评审工作。

评审结果：1991年12月22～24日，各学科组的专家对送审的351个项目分组进行评审，最后确定对120个项目给予资助，占申请项目的34.19%。其中，应用基础研究70项，占资助项目数的58.3%；纯基础研究50项，占41.7%。在项目负责人中，4人是有突出贡献的专家；具高级职称的87人，占72.5%；中级职称的33人，占27.5%。从年龄来讲，40岁以下的36人，占30.0%。按单位性质分，17所高校获资助项目101项，占资助项目总数的85.17%。其余19项分布为：中科院西安分院4项，省科学院6项，省属科研单位7项，其它单位2项。

本次资助的120个应用基础和基础研究项目实施后，对促进本省自然科学研究的发展、科技成果向生产力的转化、全省社会经济的协调发展，将产生显著的作用。

在生物科学方面，“植物原生质体工程与体细胞杂交的研究”、“转CMV外壳蛋白基因工程植株抗病性的研究”、“植物试管受精的研究”以及“白菜型油菜杂种优势利用研究”等项目，属国内或国际的尖端研究。这些项目的完成，可望为作物育种提供更为科学、快速的方法，促进一批优良作物品种尽快进入生产领域。“山羊雌、雄配子的体外获能和体外受精研究”等项目，目前已有良好基础，实施后可望建立起较稳定而实用的体外受精和生产“试管山羊”程序，使该项技术尽快在生产中应用。“新型植物杀虫、杀菌剂研究”完成后，将会促进我国农药工业迅速发展，摆脱目前大量农药依靠进口的被动局面。一批医学项目完成后，将为一些常见病，多发病的预防和治疗提供新的科学方法，同时可望在医治癌症方面取得基础性进展。为最终攻克癌症奠定基础。

材料与工程科学领域项目的实施，将为解决本省工业生产中的一些难题提供科学方法，以加快大中型企业技术进步和产品结构调整的步伐。其中一些项目的完成，将为加快本省高新技术产业化进程提供理论依据和技术方法。

“陕西企业的国际化经营策略研究”、“我国高技术产业发展的战略政策和管理的研究”等项目的实施，将对提高全省乃至全国管理科学化水平、实现向科学管理要效益、扩大企业内涵增长比重等发挥重要作用。

“太阳活动与陕西旱涝灾害研究”、“陕西历代农业自然灾害的研究”、“中国历代农业自然灾害研究”项目完成后，将提出历史的借鉴和科学对策，减轻自然灾害对农业生产的影响，促进农业生产的持续稳定发展。

“可积低维物理模型及量子代数、分子方法与远域方法及其应用”等基础研究是国际上最新热门研究课题，其理论意义十分重大。

“中国古典天算系统与数学机械化研究”等科学史研究，既可弘扬中华民族悠久的科学文化，又可为当代科学发展提供历史借鉴，促进当代科学研究的发展。

二、组织机构

陕西省自然科学研究项目设7个学科专家评审组：

(1) 数理科学组（8人）

吴守贤　侯　洵　王国俊　陈汝训　侯伯宇
马知恩　林世明　张纪岳

(2) 化学组（7人）

耿信笃　高　鸿　章竹君　沈良骥　蒋承炜
黄魁元　严建中

(3) 生物科学Ⅰ组（11人）

胡正海　朱象三　陈漱阳　薛秀庄　邱　怀
于兆英　路兴中　郑哲民　秦　晟　符毓秦
张志杰

(4) 生物科学Ⅱ组（6人）

鞠　躬　张学文　蔡光宗　施文海　赵建础
李安伯

(5) 地球科学组（7人）

邓　宝　李永善　安芷生　张国伟　乔　僖

刘天适　刘凤汉

（6）材料与工程组（10 人）

陶　钟　周尧和　李佩成　王崇昌　杨全民
周　廉　姚　穆　顾海澄　段国久　严　文

（7）信息科学组（9 人）

郝克刚　保　铮　姚　僖　王　越　庄益明
白元根　戴冠中　张诏祥　叶尚辉

（8）管理科学组（5 人）

李怀祖　李平安　李志汉　李万忍　闵宗陶

甘肃省自然科学基金及中青年科技研究基金

一、综　述

甘肃省自然科学基金及中青年科技研究基金于 1987 年设立，由甘肃省科委管理，日常工作由甘肃省科委综合计划处承办。甘肃省科委聘请高等院校、研究院所和有关部门的专家组成了基金评审委员会；1990 年制定下发了基金暂行管理办法。基金来源于科技三项费和本省财政拨款。基金面向全省，凡地处甘肃省的科研单位、大专院校和其他从事基础性研究的科技工作者均可申请。基金资助对甘肃省科技、经济、社会发展具有重要意义的基础研究和应用基础研究项目优先资助：(1) 对本省科技、经济、社会发展具有重大应用前景，能对科技进步产生重大影响，或预期能取得重大经济效益的科研项目；(2) 针对本省自然条件和自然资源开发利用的探索性研究项目；(3) 符合本省科技发展战略，规划和计划目标的探索性研究项目；(4)对已开发的技术成果作理论方面深入研究的项目；(5) 本省科技界学术带头人和优秀中青年科技技尖人才申请的项目；(6) 已开展国际合作的科技项目。

基金的申请与评审办法：由项目申报人所在单位对申报项目进行初审；通过初审的项目由省科委综合计划处受理并进行形式审查；以通信方式组织同行专家评议（同行评议意见不少于 3 份）；基金评审委员会的相应学科组依据同行专家评审意见进行评审，提出资助项目和资助金额；提交评审委员会联组会议综合平衡，评议后定案。

甘肃省自然科学基金及中青年科技研究基金自 1988 至 1992 年的五年中，在经费相当紧张的情况下共筹集资金 528.3 万元，资助项目 629 项，包括：自然科学类 120 项，资助 85.9 万元；工程技术类 97 项，资助 91.8 万元；农业科学类 107 项，资助 97.8 万元；材料科学类 45 项，资助 46。9 万元；医学环境科学类 64 项，资助 60.1 万元；中青年科技研究基金 196 项，资助 145.8 万元。基金的实施有力地推动了本省基础研究和应用基础研究事业的发展，调动了各方面科技人员的积极性，对稳定本省基础科学研究队伍、发掘科技潜力、增加技术储备、促进科技成果转化起到了极大的作用。

二、组织机构

甘肃省自然科学基金及中青年科技研究基金评审委员会组成

主　任　魏宝文

（1）自然科学组

魏宝文　高锦章　李吉均　贾敬芬　潘鑫复
李庆霖　宋伯宫　徐登洲　王宁生

（2）工程与技术组

陈宏规　许广济　张问骅　朱　晰　王汉安
陈希平　马长俊　江建民　李庄华

（3）农业科学组

任继周　赵有璋　戴朝曦　吕文顺　周文麟
孟尚贤　梅兴贵

（4）材料科学组

金振声　王天民　陈剑虹　李发伸　常广义
董亢源　高素莲

（5）医学环境科学组

洪惠民　郑浙铭　赵如能　邱镕处　贾　斌
何乃文　郗瑞生

三、统 计

经 费 情 况

（金额单位：万元）

收支 \ 年度		1987	1988	1989	1990	1991	1992	总 计
收入	合 计	45.00	50.00	90.00	85.00	123.00	125.00	518.00
	科技三项费	45.00	50.00	50.00	55.00	93.00	95.00	388.00
	财政拨款			40.00	30.00	30.00	30.00	130.00
支出	合 计		70.00	97.50	114.80	121.20	124.80	528.30
	自然科学基金		49.20	72.50	84.80	86.00	90.00	382.50
	中青年科技基金		20.80	25.00	30.00	35.20	34.80	145.80

历年申请、批准资助概况

（金额单位：万元）

申、批数 \ 年度		1988	1989	1990	1991	1992	总 计
申 请	项 数	208	376	359	413	338	1 694
	金 额	817.40	1 087.20	938.70	1 282.50	1 376.30	5 502.1
批准资助	项 数	71	112	138	174	134	629
	金 额	70.00	97.50	114.80	121.20	124.80	528.3
批准率（%）	项 数	34.0	29.8	38.4	42.11	39.6	
	金 额	9.0	9.0	12.2	9.4	9.1	
资助强度（万元/项）		0.98	0.87	0.83	0.69	0.93	

资助项目按学科统计

（金额单位：万元）

学科 \ 年度	1988年		1989年		1990年		1991年		1992年		合 计	
	项数	金额	项数	金额	项数	金额	项数	金额	项数	金额	项数	金额
自然科学基金												
自然科学组	4	1.8	30	23	29	21.1	35	20.8	22	19.2	120	85.9
工程技术组	8	11.9	13	16.5	25	19.5	29	21.2	22	22.7	97	91.8
农业科学组	14	12.5	17	19.5	29	25	27	20.5	20	20.3	107	97.8
材料科学组	8	12	9	7.1	8	8	9	8	11	11.8	45	46.9
医学环境组	9	11	7	6.4	11	11.2	19	15.5	18	16	64	60.1
中青年科技基金	28	20.8	36	25	36	30	55	35.2	41	34.8	196	145.8
总 计	71	70	112	97.5	138	114.8	174	121.2	134	124.8	629	528.3

资助项目分布统计

年度	项目合计	单位性质		
		高等院校	研究机构	其他
1988	71	58	13	
1989	112	61	51	
1990	138	86	49	3
1991	174	117	54	3
1992	134	89	42	3
总计	629	411	209	9

资助项目人员职称及学位统计

年度	人员合计	高级	中级	初级	博士后	博士生	硕士生	辅助人员
1992	733	189	262	150	4	11	83	34
1991	898	229	325	199	3	14	79	49
1990	779	207	274	147	2	7	88	44
1989	581	159	181	138		12	75	15
1988	309	73	99	42		5	57	33
总计	3 300	857	1 117	658	9	49	382	185

完成项目统计

基金类别＼年度	1988	1989	1990	1991	1992	合计
自然科学基金	112	19	36	39	17	1
中青年科技基金	15		5	6	4	
总计	127	19	41	45	21	1

河南省普通高等学校优秀中青年教师奖励基金

一、综　述

“河南省普通高等学校优秀中青年教师奖励基金”于1990年7月设立，宗旨主要是为了加强河南省属普通高校中青年教师队伍的建设，解决中青年教师流失和教师断层问题，激励中青年教师热爱教育事业，尽快脱颖而出，在教学和科研上多作贡献。本基金由省财政一次性拨款20万元作为经费，利用利息奖励评选出来的普通高校优秀中青年教师。本基金由省教委高教一处代管，处理日常事务，每两年评选一次。本基金的奖励对象由评审委员负责评选，并于1992年9月进行了第一次评选。各高等院校按照省教委颁发的《河南省普通高等学校优秀中青年教师奖励基金管理办法》（试行）精神，积极组织选拔、推荐和评审工作。全省16所普通高校共推荐了108名中青年教师作为候选人。经评审委员会对候选人的个人材料逐一进行认真审核、充分酝酿和讨论，并以投票方式初步提出票数过半的13名教师为初选人。经省教委主任办公会研究决定，票数超过2/3的11名教师为获奖者。

二、组织机构

河南省普通高等学校优秀中青年教师奖励基金首届评审委员会组成

李文成　林诒勋　李春祥　王云海　卢锦棱
王　勉　侯　恒　张云汉　王守正　李立铭
杨怀森

基层单位科技基金

沈阳药学院中青年科技发展基金

沈阳药学院中青年科技发展基金于1989年设立。1989—1992年基金资助项目情况见下表。

历年申请、批准资助概况

统计指标		1989	1990	1991	1992
申请	项数	33	33	30	35
	金额（万元）				
批准资助	项数	13	13	14	15
	金额（万元）	2.70	2.80	2.80	3.00
批准率（%）	项数	39.3	39.3	46.6	42.8
	金额				
资助强度（万元/项）		0.2	0.2	0.2	0.2

哈尔滨医科大学科学研究基金和附属学院青年基金

一、综述

为适应科技改革的新形势，鼓励竞争，发现人才，培养跨世纪的科研队伍，以提高学校整体科研工作水平，哈尔滨医科大学于1985年开始相继设立了一般研究基金、青年研究基金、分子生物技术研究基金、优秀回国人员基金以及开发研究基金共5类科学研究基金。至1992年已资助81项研究课题，资助经费26.09万元。

校科研基金经费来自高等教育事业费，至1992年共筹集56万元。资助强度为：一般研究基金0.20万元，青年研究基金是0.40万元，分子生物技术研究基金是0.80万元，优秀回国人员基金是0.20万元，开发研究基金是0.30万元。开发研究基金为有偿资助，其余各类基金均是无偿资助。研究期限一般不超过3年。

科学研究基金工作由学校主管科研工作的副校长负责领导，由科研处负责组织申报、评审、立项、检查、总结等工作。面向全校，实行自由申请，择优支持的原则。不设专门译审委员会，由科研处临时聘请校内热心地此项工作，办事公道，有一定学术水平的专家组成，适当聘请一些中青年专家参加。

学校科学研究基金主要资助：①有重要科学意义或应用前景的研究项目；②学术思想新颖，立论依据充分，设计科学合理，研究内容与研究目标明确，于2—3年内可望取得预期成果或有苗头的课题；③有一定工作基础的交叉学科、边缘学科研究课题；④有利于重点学科发展的课题。分子生物技术研究基金主要资助从事分子生物学研究的课题，资助强度相对稍大。青年研究基金主要资助年龄在35周岁以下，有独立科研能力，有一定工作基础、学术思想较活跃的青年教师及研究人员，以利发现人才，培养人才。优秀回国人员基金主要资助回国以后暂时没有经费来源，需要继续完成国外研究工作的人员。事实证明，这些人员由于比较了解国内外研究动态，研究方法比较先进，通过暂时资助，以后多数可获得国家资助。而且，其中大部分较快成长起来，很快晋升为高级职称，相当一部分人担任了研究室或教研室的领导职务。而开发研究基金主要资助有一定经济效益且有偿还能力的研究开发项目。以上各类研究基金资助前提是暂时没有经费来源，通过少量资助帮助其开展工作，为申报国家各类基金打基础。

二、统　计

历年申请、批准资助概况

统计指标＼年度		1985及以前	1988	1991	1992	总　计
申　请	项　　数	71	45	38	2	156
	金　额（万元）	15.00	12.20	15.80	1.00	44.00
批准资助	项　　数	33	20	26	2	81
	金额（万元）	6.65	8.40	10.64	0.40	26.09
批准率（%）	项　　数	46.0	44.0	68.0	100.0	
	金　　额	44.0	68.0	67.0	40.0	
资助强度（万元/项）		0.20	0.42	0.67	0.20	

注：百分比一律取小数点后一位。（下同）

历年校研究基金批准资助项目情况

（金额单位：万元）

项目＼年度	一般基金		青年基金		分子生物技术基金		优秀回国人员基金		开发基金		合　计	
	项　数	金　额	项　数	金　额	项　数	金　额	项　数	金　额	项　数	金　额	项　数	金　额
合计	48	9.83	18	7.06	10	7.90	2	0.40	3	0.90	81	26.09
1985	33	6.65									33	6.65
1988	9	1.80	5	2.00	4	4.00			2	0.60	20	8.40
1991	6	1.38	13	5.06	6	3.90			1	0.30	26	10.64
1992							2	0.40			2	0.40

此外，哈尔滨医科大学附属一院（1991年）和二院（1993年）也相继设立了院青年基金，三年共批准126项，资助经费18万元。

同济大学科学研究创业基金

1986年1月，同济大学设立科学研究创业基金(下称创业基金)，其目的旨在提高本校科研水平和科技竞争力，加快学科建设和人才培养。

创业基金的经费由学校事业费中的科研费、科技三项费和学校创收经费三部分构成。主要用于资助目前尚无经费来源，但具有重要经济意义和理论价值。能很快取得成果并形成竞争能力的自选研究课题。主要包括以下三类：①在作了一定的开创性研究以后，能对外争取科学基金或其他各类科研经费，从而能取得较大科研成果的研究课题；②对本校学科建设具有促进作用的新兴、边缘学科研究课题；③在近期有较大经济效益的开发性研究课题。为了有利于发现和培养人才，主要资助中青年科技人员中有一定工作基础，有独立研究能力，立题新颖的基础研究、应用基础研究和开发研究项目。对回国科技人员优先予以资助。同时，鼓励跨系、所的联合研究课题。创业基金每年受理一次，面向全校，自由申请。申请者须填写《创业基金申请书》，先由系、所学术委员会初评，采取打分方式提出评审意见，由科研处汇总交校学术委员会审查批准。对批准资助的课题逐题签订科研合同，明确研究期限、内容、经费、考核指标、违约责任。课题所在系、所作为保证单位，检查督促，保证课题研究计划的执行。学校每年进行一次检查考核，严格合同的执行。项目结束后，填写“创业基金资助项目总结报告”。对没有正当理由而未完成合同规定考核指标的课题，实行罚款等制裁措施，对出色完成研究任务的课题，给予奖励。

1986—1992年，共资助研究课题527项，资助总金额328.50万元。其中基础研究219项，金额118.30万元；应用基础研究284项，金额167.15万元；开发研究23项，金额43.40万元。创业基金资助采取无偿、有偿和部分有偿三种方式。凡属近期难以有经济收益的基础研究和应用研究，以及虽有商品性成果但不能实行有偿转让的，或者社会效益显著而学校经济收益不大的项目，采取无偿资助的方式；凡属近期有经济效益的应用技术研究和开发研究，采取部分偿还或无息贷款的方式，在取得经济收益后，分期全部偿还或部分偿还，部分偿还金额不低于资助金额的30%。

创业基金设立7年来，对提高本校科技水平和培养中青年科技人才发挥了积极作用。目前已完成项目270项，共发表论文436篇，专著32本，获国家教委科技成果奖二等奖2项，三等奖2项，上海市科技成果二等奖1项，三等奖1项。创业基金的设立，对学校的科研工作和科研体制改革起到了有效的促进作用。首先，提高了科研经费使用的合理性和科研工作的效率和效益，增强了本校科研实力。由于基金项目是经校、系学术委员会认真评审和筛选的，保证有限的经费能用到最需要得到支持的课题上去。同时严格地执行科研合同，加强了科研人员的责任心。基金支持的研究课题90%能按合同计划执行，已完成的课题都实现了预期目标。其次，创业基金的竞争机制，激发了科技人员的竞争意识和进取精神。由于创业基金经费只是资助支持前期研究工作，为把研究工作做完，科技人员必须面向社会参与竞争，在创业基金基础上，争取国家和省市级的科研任务。再次，促进了中青年科技人员的迅速成长。创业基金重点资助中青年科技人员，为他们独立开展科研创造了基本条件，充分调动了他们的积极性，使中青年科技研究队伍迅速成长起来。7年来，基金资助的课题负责人中，中青年占70%左右，其中年龄在35岁以下的占20%。

创业基金存在的主要问题是资助强度不够，为了进一步提高学校的科研水平，加快中青年科技人材的培养，争取早出成果，出大成果，将对创业基金资助办法进行改进，减少资助项目，提高支持强度。具体改进措施如下：①优先资助回国科技人员和优秀中青年科技人员，重点培养德才兼备的人才；②对能体现学校学科特色和优势的项目，重点给予支持，以促进学校特色学科的发展；③对已获得国家资助，而经费不足的研究项目，给予适当资助；④对本校申报国家和地方科研项目，而未入选者中的优秀项目给予支持；⑤对有应用前景，有显著经济效益的开发性项目，可用部分无偿资助的方式给予资助。

经 费 情 况

（单位：万元）

项目 \ 年度		1986	1987	1988	1989	1990	1991	1992	总　计
收入	合　计	73.70	70.30	50.00	26.40	40.40	31.60	36.45	328.85
	教委事业费	30.10	31.50	20.50	12.00	15.00	10.80	12.70	132.60
	科技三项费	22.60	23.00	11.50	/	13.00	7.20	9.95	87.25
	学校创收								
支出	合　计	73.70	70.30	50.00	26.40	40.40	31.60	36.45	328.85
	基　础	26.40	22.90	18.70	10.20	15.80	11.70	12.60	118.30
	应　用	37.00	37.90	24.80	14.20	19.00	15.40	18.85	167.15
	开　发	10.30	9.50	6.50	2.00	5.60	4.50	5.00	43.40

历年申请、批准资助概况

项目 \ 年度		1986	1987	1988	1989	1990	1991	1992	总　计
申请	项　数	210	204	196	147	174	136	116	1 183
	金额（万元）	145.70	157.40	139.20	98.10	124.80	105.70	119.57	890.47
批准资助	项　数	77	89	92	59	77	72	61	527
	金额（万元）	73.70	70.30	50.00	26.40	40.40	31.60	36.40	328.80
批准率（%）	项　数	36.6	43.6	46.9	40.1	44.2	52.9	52.5	44.5
	金　额	50.5	44.6	35.9	26.9	32.3	29.8	30.5	36.9
资助强度（万元/项）		0.96	0.79	0.54	0.45	0.52	0.43	0.59	0.62

历年资助项目统计（按学科统计）

（金额单位：万元）

学科 \ 年度	1986		1987		1988		1989		1990		1991		1992	
	项数	金额	项数	金额	项数	金额	项数	金额	项数	金额	项数	金额	项数	金额
合　计	77	73.70	89	74.32	92	50.00	7	2.40	6	2.60	6	2.50	6	1.95
材　料	46	49.96	60	50.74	60	32.74	38	17.00	46	27.25	44	20.60	40	25.40
数　理	18	15.12	16	14.45	19	10.51	10	5.23	15	6.05	16	6.25	12	8.15
管　理	3	1.42	3	2.13	4	1.50	1	0.4	5	2.00	4	1.15	1	0.30
地　球	5	3.45	4	1.50	2	0.80	3	1.37	5	2.50	2	1.10	2	0.60
信　息	5	3.75	6	5.5	7	4.45	7	2.40	6	2.60	6	2.50	6	1.95

资助项目完成论著统计

年度	发表论著数（含审稿通过）										待发表数	合计
	国际会议			国内会议			刊物发表			专著		
	特邀报告	大会报告	分组报告	特邀报告	大会报告	分组报告	全国科技刊物	国外学术刊物	其他	种数		
1989	1	28	43	8	126	8	172	52	30	9	35	512
1990	0	9	17	2	39	0	68	7	9	4	21	176
1991	1	13	7	2	52	0	106	8	12	13	21	235
1992	2	15	13	6	73	0	117	19	31	6	33	315
总计	4	65	80	18	290	8	463	86	82	32	110	1 238

华东师范大学自然科学基金

华东师范大学自然科学基金每两年受理申请一次，1990—1991年学校拨款80万元，1992—1993年拨款60万元。

1990—1991年学校拨款80万元，1992—1993年拨款60万元。

基金优先资助：①具有较高学术水平，并有一定创新思想、一定工作基础的学科生长点课题，学科交叉性课题。②有希望获得国家自然科学基金或国家重点项目及其他外来经费资助的预研究。③承担国家重点任务的项目，确有经费欠缺的，给予适当的补助支持，以确保国家任务的顺利完成。④具有重要应用前景的应用性项目。⑤在一二年内能形成产品，产生经济效益的短、平、快开发性项目。基础性研究项目采取无偿资助方式，资助强度一般在0.5万元/项左右。应用、开放性研究项目采取部分有偿或有偿资助方式，资助强度一般2万元/项左右，偿还比例在30—50%左右。部分有偿和有偿资助项目须经系（所）用创收经费担保，以确保基金的正常积累渠道。

校科研处负责组织申请、评审、立项、中期检查、总结、鉴定等基金管理工作。

1990—1991年度批准资助项目167项，批准经费57.75万元，平均资助强度为0.36万元/项。

1992—1993年度，一改过去几届资助面广、强度低的状况，提高了基金资助项目的强度，突出项目的先进性和应用性，重点资助中、青年教师。该届基金，平均资助强度达1.18万元/项。

华东师范大学自然科学基金从1985年成立至今，已连续资助了四届，收到了一定的成效。一些通过校基金资助的项目，已获得国家自然科学基金的资助，有些项目获得很好的经济效益，特别是为青年教师成长提供了必要的条件。

历年申请、批准资助概况

项目 \ 年度		1990—1991	1992—1993
申请	项数	184	79
	金额（万元）	114.02	112.13
批准资助	项数	167	41
	金额（万元）	57.75	48.18
批准率（%）	项数	90.8	51.9
	金额	50.6	42.8
资助强度（万元/项）		0.36	1.18

批准资助项目按学科统计

（金额单位：万元）

学科＼年度	1990		1992	
	项 数	金 额	项 数	金 额
合 计	167	57.75	41	48.18
数 学	18	3.80	3	2.83
物 理	49	15.60	7	10.95
化 学	28	9.40	6	7.35
生 物	18	7.85	6	6.75
地 理	34	14.40	9	10.35
其 他	20	6.70	10	9.95

上海工业大学科学技术发展基金

上海工业大学于1986年9月设立科学技术发展基金。资助对象为本校教师、科技人员，重点资助青年教师。择优资助：①对国家自然科学基金项目的预研；②有重大科学价值及应用前景，符合校发展方向的项目；③学术思想新颖，可望短期取得成果的项目。资助方式为无偿、有偿、部分有偿三种。项目的评审由校学术委员会兼管，日常办事机构为校科研处。

基金的来源为：①每年从科技开发和服务净收入中提取一部分；②完成纵向科研项目后的节余经费；③纵向课题中提取6%作为基金。1986—1989年共资助经费27万元，1990年资助金额12.7万元，1991年7万元，1992年8万元。1986—1992年共资助顶目161项，总金额54.7万元。

上海医科大学科学研究基金

为加强学校科技队伍的建设，提高教学、医疗和医学科研水平，培养优秀青年科技人材，于1987年起设立上海医科大学科学研究基金。基金择优资助：①主题思想新颖或具有突破性关键技术的研究课题(年龄限40岁以下)；②开展基础性研究，有利于本校科技储备和增加科研后劲的研究课题；③对提高教学或医疗水平有较大作用的研究课题；④出国进修的回国人员，能引进新技术，开创新局面而一时尚未获得经费的研究课题；⑤支持研究机构的探索性研究。

科研基金经费主要来源于校卫生和教育事业费，每年约67万元，另外还有科技创收的5%约20万元。申请资助课题一般以二年为限，每项申报资助金额3000—5000千元。申请者需认真填写“上海医科大学科学研究计划任务书”，所在单位须对申请资助的必要性、研究方案的可行性、经费预算的合理性以及能否保证其工作条件进行审查、签署意见，校科研处初审后，请校内3名同行专家评议，校学术委员会（科研组）审定，同意立项，核准经费下达。

批准资助的课题，列入学校科研计划，各单位认真抓好按题分档，年中、年终二次检查，年底填写计划执行情况表和经费使用情况表等日常管理工作。

7年来，校基金资助课题共250项，相当一部分科研人员，尤其是青年科技人员和出国进修回国人员得到校科研基金的启动性资助。

华东理工大学科学研究基金

华东理工大学（原华东化工学院）科学研究基金由教委下达的事业费中的科研费、科技三项费及学校自筹经费（包括院长基金和预算外的学科建设基金）三部分组成。每年的经费额度需根据基金项目的需要拨款。1985—1989年共拨款90.12万元，1990年17.5万元，1991年15.75万元，1992年增长较多，为84.8万元。

校科研基金定向资助理科部分项目，主要资助学术思想新颖，可望争取到国家项目的起动研究项目；预计两三年能取得重大科研成果的项目；预计有较大经济效益的项目；多技术领域的研究，有可能形成多技术产业的研究和重大的基础理论研究项目。

校科研基金每年 9 月底前申报，一般每年视筹集的资金额度重点资助项目 10—20 项，每项资助额一般不超过 3 万元。每人限报一项，有无偿和有偿二种资助形式。对有效益的开发研究项目及可能申请到国家资助的项目采取贷款方式资助。

1990—1992 年，共资助项目 35 项，经费 118.05 万元。

历年申请、批准资助概况

（金额单位：万元）

年度		1985	1986	1987	1988	1989	1990	1991	1992	总计
申请	项数	188	126	88	/	/	45	10	32	489
	金额	323	215	112	/	/	115	55	151	971
批准资助	项数	120	73	45	/	/	10	6	19	273
	金额	46	33.65	10.47	/	/	17.5	15.75	84.8	208.17
批准率（%）	项数	63.8	57.9	51.1	/	/	22.2	60.0	59.3	52.4
	金额	14.2	15.7	9.3	/	/	15.2	28.6	56.2	23.2
资助强度（万元/项）		0.4	0.5	0.2	/	/	1.8	2.6	4.5	1.7

第二军医大学青年科学基金

第二军医大学青年科学基金于 1987 年 3 月成立。该基金成立以来的具体数据统计见下表。

经 费 情 况

（单位：万元）

年度		1987	1988	1989	1990	1991	1992
收入	合计	5.0	5.0	10.0	20.0	35.0	175.0
	集资	5.0	10	10.0	15.0	25.0	100.0
	融资				5.0	10.0	25.0
	拨款						50.0
支出	合计	5.0	5.0	10.0	20.0	35.0	175.0

历年申请、批准资助概况

（金额单位：万元）

年度		1987	1988	1989	1990	1991	1992
申请	项数	21	26	25	60	54	184
	金额	38.0	51.0	70.0	105.0	75.0	280.0
批准资助	项数	8	10	12	24	34	158
	金额	5.0	5.0	10.0	20.0	35.0	175.0
批准率（%）	项数	38.1	38.5	48.0	40.0	63.0	85.9
	金额	13.2	9.8	14.2	19.1	46.7	62.5
资助强度（万元/项）		0.63	0.50	0.83	0.83	1.03	1.11

按资助项目类型及学科统计

(1992年)

学科	申请		批准		批准率(%)		平均资助强度(万元/项)
	项数	金额	项数	金额	项数	金额	
合计	185	280	158	175	85.4%	62.5%	1.11
临床	98	140	85	110	86.7%	78.6%	1.29
基础	55	60	49	45	89.1%	75%	0.92
药学	20	45	15	14	75.0%	31.1%	0.93
护理	3	6	2	1.3	66.7%	21.7%	0.65
管理	9	29	7	4.7	77.8%	16.2%	0.67

浙江大学科学研究基金

一、综述

1990—1992年,浙江大学在继续抓好教学,科研工作的同时,仍然十分重视学校科学研究基金工作,积极设法筹集资金,使浙大科学研究基金总额从1990年的135万,增加至1992年的225万,为更好地开展这项工作提供了根本的保证。1990—1992年共受理项目申请334项,申请金额612.1万元。根据:“定向申请、同行评议、突出重点、择优支持”的方针,三年共有276个优秀项目获得了拨款资助,资助总金额达471.3万元。单项平均强度资助1.73万元。获资助项目类型主要有:属本校优势学科发展需要支持的项目;35岁以下青年教师提出的有创新学术思想项目(包括对获国家自然科学基金青年基金项目的匹配资助);近期留学回国教师需连续支持的科研工作;跟踪世界科学前沿发展或承接国家重大科技项目需做的预研工作等。

从目前的执行情况来看,一部分项目正按计划开展工作;一部分项目已达到预期目标,并取得了一些优秀成果。如张其瑞教授负责的“高温超导研究”项目,在受到校科研基金高强度的支持下,注意充分发挥本校理工结合和多学科的优势,同时在非常规超导体(特别是高临界温度氧化物超导体)、功能陶瓷物理和低维物理三个方向上开展工作,取得了不少成果,现已在国内外著名学报上发表论文近百篇,受到了国内外同行的广泛好评。通过这两年的研究工作,以张其瑞教授为首的这支超导研究队伍已跻身于国家队。

C_{60}研究是国际前沿科学中的一项重要研究课题,近年发展迅猛。以李文铸教授为首的课题组及时跟踪这一动态提出了开展C_{60}研究的申请,浙大科研基金立即拨款资助了9万元。凭借原先的工作基础和多学科优势,这个课题组成员密切配合、努力工作,在较短时间里就成功的制备分离出纯C_{60},进而陆续争取到了国家科委,浙江省自然科学基金委、国家自然科学基金委的资助。1993年10月,该课题组在“高产率(30—50%)合成巴基管和巴基葱”等5个方面的研究成果又通过了同行专家鉴定,许多研究内容被认为已达到国际先进水平。

及时支持留学回国人员的科研工作,既体现了国家的有关政策精神,又能使一些先进的研究方法、技术能尽快在国内得到发展和应用。连续波电光检测法是一种可以对电子和光电子材料和器件中稳态电场、电位分布进行无损测量的新方法,是浙大朱祖华副教授1986年在美国作访问研究时首次提出的。朱祖华回国后,浙大科研基金及时给予了2.5万元的资助,使他很受鼓舞,同时也为这项研究在国内继续开展创造了良好条件。由此,1989年、1992年他分别获得国家自然科学基金和浙江省自然科学基金委的资助,还在1991年获得国家“863”计划支持。他在这个方面取得的第一批成果于1991年通过国家自然科学基金委员会组织的技术鉴定，并荣获国家教委1992年科技进步二等奖。

青年教师王跃林1990年从清华大学获博士学位后回浙大工作，得到了学校各方面的支持。1990年他申请的国家自然科学基金项目获得批准后，浙大科研基金立即拨款1.4万元作为配套资助。这一措施为他顺利完成该项目的研究工作，后来又争取到国家自然科学基金重点项目“半导体微机械基础研究”和“霍英东基金项目”发挥了重要作用。

综上所述，浙江大学科研基金1990—1992年总体实施情况是好的，工作是积极且富有成果的。因此，也受到了学校广大教师的欢迎。

二、统计

经费情况

（单位：万元）

年度		1990	1991	1992
收入	合计	135.0	225.0	225.0
	科学事业费	30.0	30.0	30.0
	校自筹	115.0	195.0	195.0
支出	合计	128.0	148.9	216.4
	重点	65.0	89.0	129.9
	归国	9.0	8.0	19.1
	青年基金	20.0	31.0	39.2
	自由申请	34.0	20.9	28.2

历年申请、批准资助概况

（金额单位：万元）

项目＼年度		1990	1991	1992
申请	项数	97	107	130
	金额	162.2	185.5	264.4
批准资助	项数	80	88	108
	金额	128.0	148.9	216.4
批准率（%）	项数	82.5	82.2	83.1
	金额	78.9	80.3	81.9
资助强度（万元/项）		1.6	1.7	2.0

注：百分比一律取小数点后一位。

历年批准的资助项目按学科统计

（金额单位：万元）

学科＼年度	1990		1991		1992	
	项数	金额	项数	金额	项数	金额
数学	7	20.40	11	23.50	12	40.00
化学	5	16.30	9	22.70	6	17.10
生物	4	16.00	3	15.00	3	15.00
地球	4	4.40	5	5.90	4	8.40
材料与工程	9	20.50	9	12.50	19	63.50
信息	8	27.50	14	44.60	16	44.80
人文、管理	43	23.90	37	24.70	48	27.60
合计	80	128.00	88	148.90	108	216.40

浙江农业大学科技发展基金

浙江农业大学科技发展基金于1986年设立。基金经费来源于省教委每年的拨款和从校咨询服务收入中抽取的5%（从1990年开始），以及各课题积余经费的20%。平均每年约8万元左右。

本基金面向全校教师及科研、管理人员，对研究基础较好或学成回国人员给予优先资助。为了提高青年教师的科研能力，增强高校科研后劲，近几年来，本基金着重向青年教师倾斜，其资助率从1986年的8%提高至55%，调动了广大青年教师的科研积极性。

基金的管理事宜由校科研处负责，并聘请有关学科领域副教授以上的教师或科研人员为专家评审委员会委员（每两年轮换）。基金实行定期申请审批的方法，特别项目也可随时审批。申请基金必须填写申请书，由各系、研究所的领导签署推荐意见，于每年3月份报送校科研处，4月份由专家评审委员会讨论审定公布，并予实施。

几年来，在校基金资助的课题中有部分课题已申请到国家或省级的科学基金资助，有1项荣获国家科技进步奖二等奖，10项分获浙江省科技进步奖二、三、四等奖，2项获校优秀成果奖。其中“九二〇增效剂的研制及其在杂交稻制繁种上的应用”，是由青年教师段宪明等同志完成的，曾得到国家自然科学基金的资助，获国家教委科技进步二等奖。该课题开发的“九二〇”增效剂已推广到南方14省，应用于全国杂交稻制种，为学校创收300多万元，取得较大的经济和社会效益，段宪明同志也破格晋升为副教授。

由于申请基金的课题逐年增加，而经费有限，致使平均资助强度仅为0.28万元/项，这远远不能满足广大教师的要求。但做为科研的启动费，对提高中、青年教师对外申请课题的竞争能力，对本校申请省，部级的课题起了较好的培育和扶植作用。今后要开辟或疏通经费渠道，严格进行优选劣汰，提高资助强度，加强课题的后期管理，不断提高资助效率。

经费收入情况

（金额单位：万元）

项目＼年度	1986	1987	1988	1989	1990	1991	1992	总计
合计	12.00	8.50	5.70	4.55	7.90	8.90	10.12	57.67
省教委拨款	12.00	8.50	5.70	4.55	4.60	4.60	4.60	44.55
校咨询费提成					3.3	4.3	5.28	12.88
其他课题节余经费					0	0	0.24	0.24

历年申请、批准资助概况

（金额单位：万元）

项目＼年度		1986	1987	1988	1989	1990	1991	1992	总计
申请	项数	58	34	33	37	33	43	47	285
	金额	17.40	13.60	13.20	8.10	13.20	17.20	18.80	101.50
批准资助	项数	41	15	14	15	15	25	35	160
	金额	8.40	6.00	4.60	2.90	5.40	7.90	10.60	45.80
批准率（%）	项数	70.7	44.1	42.4	40.5	45.5	58.1	74.5	56.1
	金额	48.3	44.1	34.8	35.8	40.9	45.9	56.4	45.1
资助强度（万元/项）		0.21	0.4	0.33	0.19	0.36	0.32	0.30	0.28

历年批准的资助项目按学科统计

（金额单位：万元）

学科 \ 年度	1986		1987		1988		1989		1990		1991		1992	
	项数	金额	项数	金额	项数	金额	项数	金额	项数	金额	项数	金额	项数	金额
合计	41	8.40	15	6.00	14	4.60	15	2.90	15	5.40	25	7.90	35	10.60
生命科学	37	7.78	12	5.55	10	3.80	11	2.30	11	4.40	17	5.45	23	7.71
材料与工程	1	0.10	1	0.30	2	0.50	0	0	1	0.30	3	1.25	2	0.23
管理科学	3	0.55	2	0.13	1	0.20	4	0.60	3	0.70	5	1.20	8	1.86
环境科学	0	0	0	0	1	0.10	0	0	0	0	0	0	2	0.8

山东工业大学青年科学基金

一、综　述

为提高山东工业大学科研水平，促进优秀青年科学人才的成长，山东工业大学于1991年设立了山东工业大学青年科学基金（含博士毕业生基金）基金来自学校拨款，1991年13.30万元，1992年16.40万元。

基金设立的宗旨是培养和选拔年轻的学术带头人，建设一支高水平的研究队伍，鼓励青年教师大胆创新，尽快出人才出成果。

山东工业大学青年科学基金资助对象是年龄在35周岁以下（含35岁），已取得硕士学位，或具有中级专业技术职称，有独立开展科研工作的能力，思想活跃，有开拓、创新精神，有较好的理论基础和动手能力，具有较高的学术水平的青年科技工作者。研究课题应属于前沿学科、边缘学科、交叉学科，能促进学校重点学科的发展及结合学校的特色和优势，具有开拓和创新内容或具有较高的应用价值，以及为承担省级以上重大项目需进行的预研工作。

山东工业大学还设立了博士毕业生基金，旨在引进高层次、高水平人才，为学校教学、科研上档次，上水平提供强有力的人才保证。对获得博士学位来本校工作的人员，由校博士生基金拨给每人科研启动费壹万元。

基金设立两年来（1991—1992），共资助了青年基金项目66项，资助金额24.7万元，资助博士毕业生5人，资助金额5万元。在国内外杂志公开发表论文68篇，获得省级以上奖励9项，还有30多项资助项目是为争取省级以上研究课题进行的前期预研工作。在获得青年科学基金资助的人员中，已有2人晋升教授，8人晋升副教授。科学基金在出成果出人才，以及对山东工业大学中青年师资队伍的成长上，起到了积极的作用。

二、统　计

历年申请、批准资助概况

（金额单位：万元）

项目 \ 年度		1991	1992	总计
申请	项数	42	50	92
	金额	24.00	34.00	58
批准资助	项数	34	37	71
	金额	13.30	16.40	29.7
批准率（%）	项数	80.0	74.0	
	金额	55.0	48.0	
资助强度（万元/项）		0.3	0.4	

1991 年资助项目按学科统计

学科＼项目	申请		批准		批准率（%）		平均资助强度（万元/项）
	项数	金额（万元）	项数	金额（万元）	项数	金额	
合计	51	34.7	34	13.3	66.0	38.0	0.39
数理	2	1	2	0.6	100.0	60.0	0.3
化学	4	2	2	1	50.0	50.0	0.5
材料与工程	19	16	14	6.2	73.0	58.0	0.45
信息	17	12	9	4	52.0	33.0	0.44
管理	5	2.5	3	0.7	60.0	28.0	0.23
其他	4	1.2	4	0.8	100.0	66.0	0.2

1992 年资助项目按学科统计

学科＼项目	申请		批准		批准率（%）		平均资助强度（万元/项）
	项数	金额（万元）	项数	金额（万元）	项数	金额	
合计	50	34	37	16.4	74.0	48.0	0.40
机械	8	6	5	3.3	62.0	55.0	0.66
电力自动化	5	3	4	1.8	80	60.0	0.45
电子计算机	8	5	6	2.8	75.0	56.0	0.49
水利	3	3	2	0.7	66.0	23.0	0.35
化学	5	3.5	4	1.5	80.0	42.0	0.37
材料	12	8	9	4.4	75.0	55.0	0.48
动力	5	4.5	4	1.5	80.0	33.0	0.37
其他	4	1	3	0.4	75%	40%	0.13

山东农业科学院
青年科学研究基金

山东农业科学院青年科学研究基金自 1987 年设立至 1992 年，共批准资助项目 52 项，批准资助经费 36.28 万元。

历年批准资助情况

项目＼年度	1987	1988	1989	1990	1991	1992
批准项数	16	8	4	11	5	8
批准经费（万元）	7.78	6.9	2.0	8.6	4.6	6.4
资助强度（万元/项）	0.49	0.86	0.50	0.78	0.92	0.80

福州大学科技发展基金（含青年科技发展基金）

福州大学于1986年4月设立科技发展基金。1988年又在基金中专设青年科技发展基金，资助本校年龄在35岁以下的优秀青年教师，重点为支持留学回国青年教师从事基础性研究提拱“启动基金”。

校科技发展基金设立以来，对发现和培养人才，实施高等教育“稳定规模，优化结构、深化改革、提高质量”等方面，起了积极作用。取得了一批可喜的研究成果，有一项成果获国家发明三等奖，并取得国家专利。有一批“打基础”的课题，经校基金支持，提高了竞争能力，获得国家和地方有关部门的专款资助，真正起到了“启动基金”作用。

1990至1992年共批准了8项，资助经费6.1万元，其中材料科学3项（1.7万元），信息科学2项（2.2万元），数理科学1项（0.5万元），化学科学2项（1.7万元）。

福建省亚热带植物研究所所长基金

一、综　述

80年代以来，为了贯彻党中央的“现代科学技术和现代化管理是提高经济效益的决定性因素，是使我国经济走向新的成长阶段的主要支柱”的精神，推进科技体制的改革，促进科研与经济建设的紧密结合，强化科技开发能力，使科技工作更有效地为经济建设服务，促进科学水平的提高和优秀人才的培养，福建省亚热带植物研究所于1990年设立了所长基金，用于资助本所有关植物学基础研究和应用研究工作。

基金来源于本所事业费拨款，1990年为7.50万元，1991年8.50万元，1992年13.60万元，所长是基金的主管，所长办公室负责基金的管理和日常工作，所学术委员会根据所科技发展规划和福建省社会经济发展的需要，科学合理地安排资金投向，对项目进行评审，领导和组织基金办法的贯彻、执行。

本基金采取自由申请、专家评议、择优支持的办法，支持具备以下条件而又缺乏经费的研究项目：①有重要科学意义或有重要应用前景的研究工作，尤其是结合国家现代化需要，针对福建省自然条件，自然资源特点的研究工作；②学术思想新颖、立论根据充足、研究内容和目标明确、具体、先进、研究方法和技术路线合理、可行，二三年内可望取得预期成果和结果的研究工作；③申请者和合作者具备相应的研究能力，研究工作有一定基础，基本工作条件和时间有可靠保证；④经费预算实事求是，根据充足。各课题组或研究室根据全所科技规划和实际需要，提出申请，填写统一申请书；由所长办公室受理，筛选，并提出初步审查意见后提交所学术委员会讨论通过，最后由所长批准后立项。

项目经审批下达后，项目承担者直接与所长办公室签订合同，并在所财务室设立专款专用账户；执行期间，项目承担者须定期向所长办公室汇报执行情况及存在问题，并进行年度总结；项目结束后应送项目完成情况总结报告，经所学术委员会讨论通过，认为达到预期目的的方可予以结束；结题后将所有材料交所科技档案室存档。所长基金的设立，提高了所内科研水平，培养了一批优秀科研人才，获得了相当数量的科研成果。1990至1992年共资助项目19项，批准经费29.6万元。大部分项目进展顺利，有些已取得预期结果，在已完成21项（含1990年前资助项目）中，通过鉴定验收5项，大部分项目已在生产中应用并取得了显著的效果，其中1项获市科技进步二等奖，并已推广应用；发表论文（其CN号）39篇，在各级学术会议上宣读论文80篇，以上成果获得了良好的社会、经济效益，如“巴戟天转家种栽培及模拟生态提高存苗率研究”的成功，使我国传统南药巴戟天发展得以新生，产量大增，为国家出口创汇，争取外汇做出了积极的贡献，由于该成果的前景广阔，农业部在省内特建立了6 000亩的巴戟天基地。又如

“非豆科树种杨梅和羊奶果结瘤固氮研究”完成了杨梅及羊奶果固氮生理、生态的一系列研究，发表学报级论文5篇，有的还在国际学术讨论会上作专题报告或学术交流，并且首次引进热带羊奶果成功。另外，“P86-1防止春播大豆烂种研究”针对我国华南地区春播大豆烂种严重这一问题，研制成功的P86-1药剂能有效地防止春播大豆烂种，平均增加出苗率12%。

福建省亚热带植物研究所是60年代成立的专业研究所，在热、亚热带植物学基础及应用、开发研究上取得了显著的成绩。特别是改革开放后的80年代及设立所长基金以来，资助了一大批有前途，有效益或有探索意义的研究项目，使一些项目很快取得成果，同时使部分纵向经费不足而又有相当能力和水平的科研人员，能继续开展科研工作，这对于在地处厦门特区的研究所来说十分难能可贵，因此多次受到省科委的嘉奖。

二、统　计

历年申请、批准资助概况

（金额单位：万元）

统计指标		1990	1991	1992	总计
申请	项数	7	9	5	21
	金额				
批准资助	项数	6	8	5	19
	金额	7.50	8.50	13.60	29.6
批准率（%）	项数	85.7	88.9	100	
	金额				
资助强度（万元/项）		1.25	1.06	2.72	

资助项目组人员统计

年度	合计	高级职称	中级职称	初级职称	博士后	博士生	硕士生	辅助人员
1990	25	4	11	9				1
1991	21	3	9	3			3	3
1992	16	4	5	5			1	1
总计	62	11	25	17			4	5

资助项目完成论著统计

年度	发表论著数（含审稿通过）										待发表数	合计
	国际会议			国内会议			刊物发表			专著数		
	特邀报告	大会报告	分组报告	特邀报告	大会报告	分组报告	全国科技刊物	国外学术刊物	其他			
1990					5	17	22			2		46
1991					4	16				5		25
1992	1	2	1		14	20	14	3		1	2	59
总计	1	2	1		23	53	36	3		8	2	130

华南理工大学自然科学基金

一、综　述

在近年来的科研管理工作中发现，有些青年教师在科研工作中产生了一些很好的构思，由于没有预研工作基础，得不到有关部门的经费资助，致使这些新思想不能及时得到扶持和发展；有些刚参加工作的博士生、博士后以及一些从国外学成回国的青年教师，具有较好的研究能力和素质，但苦于一时没有科研经费而无法将原来所开展的工作继续下去以扩大科研成果；有的教师在申请基金项目时，专家对其申请课题的评审意见都不错，但却由于其他各种各样的原因使一些较好的课题最终未能获得资助，以致个别青年教师因没有及时得到一定的科研工作条件而离开学校，带走了本应在学校研究成功的成果。针对这一情况，华南理工大学为了稳定基础研究和培养人才，在科研经费紧缺的情况下，于1987年开始，从科研业务费中划出一定额度的经费，重点支持了一批从事自然科学基础研究和应用基础研究的优秀中青年教师，特别是一些从国外学成归国的有志青年。虽然这笔经费不多，却为他们的前期预研工作创造了有利条件，提高了他们的竞争能力。在促进基础理论研究，加强学术研究气氛以及更好地培养又红又专的中青年教师等方面均收到了较好的效果。为了使这项工作能长期化、制度化，1990年5月，设立了华南理工大学自然科学基金，并制定了《华南理工大学自然科学基金暂行办法》。

基金宗旨是促进本校基础理论研究工作的开展，促进科研成果转化，提高科技竞争能力，加快中青年人才的培养和学术梯队的建设。

华南理工大学自然科学基金由学校科研业务费，学校发展基金及通过其他渠道获得的经费构成，根据基金来源的不同，分别资助不同类型的课题：

第一部分：从校科研业务费中，每年划出20万元经费，主要用于择优资助以下各个方面的基础研究和应用基础研究的项目：

（1）有重要的科学价值和意义，以及能开拓新兴技术领域、填补空白、促进薄弱和交叉学科发展的研究工作；

（2）学术思想新颖、立论依据充分、技术路线可行、研究内容明确，与国内其他单位的研究工作不重复或有独到之处的研究工作；

（3）符合本校学科建设和科技发展战略方向及中近期规划和计划目标的前期探索性和基础性的研究项目，优先支持跨学科、跨单位的合作研究；

（4）为了科技成果的深化和转化，深入探寻机理和规律，使之上升为科学理论认识，以利于进一步开发、应用的研究项目。

这部分基金一般为无偿的部分资助或全额资助。每个项目资助金额为1—2万元。这部分基金一般只为申请者将来申请国家及有关部门的各种科学基金或科研项目作前期的预研工作，起到一种育苗的作用。此外，对承担国家基金、省科委基金或其他基金项目，进展情况良好、能够较快出成果，而经费确实不足的项目，也可作适当的补助，但需按华南理工大学基金申请办法申请。

第二部分　在校发展基金中，从1992年起，每年划出20万元经费，主要用于支持以下各方面的应用开发和成果转化等研究工作：

（1）有重要科学价值和重大的应用前景，研究工作有较好的工作基础，研究内容为国内先进水平，目标明确，具有深入开展研究工作的基本条件，可望在短期内取得经济效益和社会效益的项目；

（2）能结合本校的特色和优势，促进产、学、研的结合和加速科技成果的推广、转化工作的研究项目；

（3）针对广东省的自然条件与自然资源特点、能密切结合生产发展需要，对开拓新技术、新产品或改进现有产品具有重要意义，或解决目前关键性科学技术问题的应用开发项目。

这部分基金在运转中实行适当的偿还或贷款的形式，资助金额一般为每项10万元左右。

第三部分　根据本校各年度从其他渠道（如地方各级政府部门、社会各界、海外华侨等等）获得经费额度的情况，有选择地支持一些应用基础研究、应用开发研究或成果转化等研究工作，也可以根据提供资金部门的科技、经济的发展规划或有关要求，有针对性地指定资助范围和明确申报要求。

这部分基金一般为无偿资助形式，资助金额根据每个项目的需要而定。华南理工大学自然科学基金面向全校，主要用于资助45周岁以下的优秀中青年教师，特别是一些从国外学成归国的有志青年。对于具备以下条件的优秀青年科技工作者给予优先资助。

①年龄在35周岁以下（含35周岁）；

②已取得博士学位；

③学术思想活跃，有开拓、创新精神，可望成为未来的学术带头人；

④学风端正、工作勤奋、作风正派；

⑤组织跨学科的课题，具有较好的合作精神，由申请者提任课题负责人，课题组成员以青年教师为主；

⑥申请者与合作者具备承受科研项目的研究能力，有丰富的工作实践经验和知识积累，基本工作条件和研究时间有可靠保证。

华南理工大学自然科学基金实行专家推荐、同行评议、择优支持的原则。华南理工大学自然科学基金可随时申请。第一部分基金每年集中评审一次，第二部分和第三部分则根据具体情况，成熟一项，讨论一项，批准一项。

华南理工大学自然科学基金的设立，有力地促进了本校学术研究和人才培养工作的深入开展，有效地调动了青年人开展科研工作的积极性，提高了他们独立开展科研工作的能力，鼓励了他们大胆创新、勇攀高峰。校基金还可以根据自己的优势和特色，结合本地经济建设的急需，有力地促进了成果转化工作的开展和产、学、研的有效结合，创造了一定的社会效益和经济效益

据统计，自1987年以来，已有23项获国家自然科学基金资助，有19项获广东省科委科学基金资助，有1项获博士点基金资助，有2项获霍英东教育基金资助，有1项获国家教委优秀年轻教师基金资助，还有14项获其他各层次的科研经费支持。单1991年度，在各种学术会议或学术刊物上就发表论文101篇；1992年度，有4项获得国家教委科技进步奖三等奖，有1项获得广东省自然科学奖三等奖，有4项获得广东省高教科技进步奖二等奖，1项获得广东省高教科技进步奖三等奖。在校基金的资助下一些人得到了提拔晋升。校基金与国家自然科学基金、广东省科委科学基金等资助工作相互衔接、相互补充，完善了基金体系，受到广大教师特别是青年教师的欢迎，也使学校初步形成了一支德才兼备的中青年科技骨干队伍。

华南理工大学自然科学基金由分管科研工作的副校长主管，科研处计划科为常设机构，专家评审小组由学校学术委员会聘任。

二、统　计

华南理工大学经费情况

（单位：万元）

年度		1987	1988	1989	1990	1991	1992	总计
收入	合计	4.50	7.00	2.50	20.00	20.00	70.00	124.00
	科研业务费	4.50	7.00	2.50	20.00	20.00	20.00	74.00
	学校发展基金						20.00	20.00
	赞助						30.00	30.00
支出	基础、应用基础	4.50	7.00	2.50	10.20	19.95	15.50	59.65
	成果转化	1993年才						
	应用开发	正式立项						

历年申请、批准资助概况

年度		1987	1988	1989	1990	1991	1992	总计
批准资助	项数	4	1	4	20	28	20	77
	金额（万元）	4.50	7.00	2.50	20.00	28.00	20.00	82.00
资助强度（万元/项）		1.13	7.00	0.63	1.00	1.00	1.00	1.06

历年批准的资助项目按学科统计

（金额单位：万元）

学科＼年度	1987		1988		1989		1990		1991		1992	
	项数	金额	项数	金额	项数	金额	项数	金额	项数	金额	项数	金额
合计	4	4.5	1	7.0	5	2.5	20	20.0	28	28.0	20	20.0
数理							3	3	4	4	2	2
化工	2	1			1	0.5	10	10	5	5	7	7
生命							1	1				
材料工程	1	3	1	7	4	2	6	6	13	13	8	8
信息	1	0.5							6	6	3	3

湖南省农业科学院院长科学基金

一、综述

湖南省农业科学院于1986年春设立院长科学基金（原名院长科教基金），用于资助该院：①有重大科学价值和应用前景，并符合院科技发展规划要求的研究课题；②学术思想新颖、立论根据充分、研究目标明确、内容具体、研究方法和技术路线合理可行，两三年内可望取得显著进展或阶段性成果的项目；③一时未获国家资助而确有较大科学意义和开发价值的项目，或需经预研后方可向国家有关部门申请的课题。基金来源于省科委的科研切块经费和院属各单位部分上交开发收入。基金项目的评审未设专门机构，由院学术委员会代行其职能。日常工作由科研处负责。

基金课题申请者须认真填报申请书，不具备高级职称的科技人员须有两名同行高级科研人员推荐。院科研处统一受理课题的申请，并负责形式审查。课题的评审，由院学术委员会负责，最后由院长审批，院科研处下达各课题评审结果通知书。获准资助的课题申请者与科研处签订合同，计财处按题拨款。每个课题资助经费不等，研究期限一般不超过三年。课题资助费各单位不得截留。该基金随时受理申请，每年定期集中审批1—2次。

基金课题由院科研处负责管理每年进行年度检查，并要求课题组每年年终向科研处提交书面总结和经费决算报告。科研处根据研究进展情况，按资助课题总数的5—20％调整。对不按计划执行，又没有说明原因的课题，将中止资助。课题结束时，要提交研究工作总结。研究成果的鉴定、申报奖励、技术转让、申请专利等由院科研处按成果管理的有关规定组织评议、鉴定、申报等工作。

该基金自1986年设立至1992年底止，共资助课题98项，资助金额81.975万元，平均资助强度0.84万元/项。已进行成果鉴定36项，30项获奖，其中获省级以上奖励的8项。资助工作的效果是多方面的。

1. 产生了显著的经济社会效益

科研人员利用院科研经费，边研究边开发新技术、新成果、新产品，加速了科技成果向现实生产力转化，同时也获得了较大的直接经济效益。如西瓜育种课题组经院长基金资助，自1988年以来已连续选育出湘西瓜3号、湘杂3号、湘西瓜8号、湘西瓜10号等4个早熟、优质、抗病、高产的西瓜良种，不仅为本省西瓜生产品种更新换代作出了重大贡献，同时也产生了可观的直接经济效益。仅制种一项，近几年来已创收80余万元。基金资助过的软科学研究课题虽然没有直接经济效益，产生的社会效益却很好。如情报所牵头承担的《湖南创汇农业发展研究》，其成果在全国同类研究中居领先水平，对发展湖南省今后创汇农业具有指导意义，受到省政府有关部门领导的高度重视。

2. 维持了一些科研领域

某些基础性研究工作及部分应用性基础研究课题，在国家科研经费困难的情况下不易获得批准，如茶叶、柑桔、水稻及旱作资源，棉花免耕、平衡施肥长期定位试验，大麦、小麦、高粱育种的研究等，但它们关系到本院科研发展后劲。对此，院基金给予维持费并取得成效。如本院70年代开始高粱育种工作，后因种种原因于80年代中断，育种材料几至散失。在院长基金资助下1988年继续该项研究，并将工作重点由原来的糯高粱品种选育转至高粱两系法杂优利用上来。至1992年已成功地育成高粱光温敏雄性不育系，配制了两系法糯高粱杂交组合，研制出了两系法杂交高粱的繁殖、制种和丰产栽培配套技术。研究成果居国际同类研究的领先地位，使本院高粱育种研究水平上了一个新台阶。

3. 扶植了许多好的项目

基金资助的目的之一是培育一些有发展前景的科研项目，尤其对新的研究工作起奠基和铺路的作用。几年来，约有17人以此为基础获得国家自然科学基金、国家各部委及省重点科研计划、省自然科学基金的支持，大大增强和扩大了院基金资助项目的作用，使许多好项目得到及时扶持和培育。如园艺所从50年代即开始进行桃、李、梅、杏品种资源的收集、引进、鉴定和整理工作，经院长基金资助，初步完成了48份果梅品种资源中桃、杏、李种质渗入状况的分析，积累了大量的数据和资料，为“四种李属果树间种质渗入现象的研究”项目获1992年度国家自然科学基金的资助奠定了基础，资助金额5.5万元。该项研究的完成将为充分发掘现有李属品种资源中丰富的渗入杂种及其育种潜力提供科学依据和应用方法，可能为有效利用核果类果树种间杂种优势开辟一条捷径。

4. 培养了科技人才

不少科技人员，尤其是年轻人科研热情高，但苦于立项困难，一些好的想法无法实施。院长基金逐年增大了对年轻人的资助比例，累计已有20多名硕士、本科生不同程度地得到基金的扶植。最近，院基金准备原则上不资助副研究员以上的科技人员的新开课题，集中经费支持青年人的科研工作。这将对促进青年科技人才的成长，培养一批科技接班人产生深远的影响。

二、统　计

经费情况

（单位：万元）

年　度		1990	1991	1992
收入	合　计	26.50	26.50	26.50
	省专项	6.50	6.50	6.50
	所上交	20.00	20.00	20.00
支出	合　计	24.03	19.40	23.70
	资助项目	22.53	17.20	22.70
	活动费	0.50	1.10	
	奖励费	1.00	1.10	1.00

历年批准资助概况

年度		1990	1991	1992
批准资助	项数	53	50	14
	金额（万元）	22.53	17.20	22.70
资助强度（万元/项）		0.43	0.34	1.62

华南热带作物科学研究院、华南热带作物学院科技基金

华南热带作物科学研究院、华南热带作物学院（简称“两院”）于1992年设立了科技基金。两院科技基金的宗旨是：根据国家发展科学技术的方针、政策和规划，依靠院热带作物科学技术长期发展战略方向及十年发展规划和“八五”计划，通过安排科技基金项目，指导、协调和资助本院热带作物基础研究，应用基础研究和应用研究工作，发现和培养人才，增加技术储备，促进本院科学技术进步和经济发展。

资金主要从两院每年事业费中提取1%和农业部科技三项机动费中划分一定额度，同时接受院内外单位和个人的捐赠，由院直接管理。1992年资助项目37个，经费34.0万元，预计今后每年以12%的比例递增。

两院科技基金择优支持如下方面的研究项目：①有重大科学价值和重大应用前景的研究项目；②能带动新学科、新兴技术领域和新产业的形成与发展，加强两院科研能力的研究项目；③针对热带作物区自然社会条件与自然资源特点、对热带作物区有普遍应用、推广意义，或解决关键性科学技术或经济管理问题的研究项目；④符合两院热带作物科技发展战略方向及十年发展规划和“八五”计划的研究项目；⑤从两院实际需要出发，促进国际间科技合作与交流的研究项目。

每年根据两院科研工作的特点和实际情况制订指南。1992年指南设6个学科组：①生物与生物技术学科组；②农学学科组；③化学与化学工程学科组；④材料与工程学科组；⑤信息与管理学科组；⑥经济学科组。

两院各所、系、中心站、试验场及管理部门的科技工作者均可按规定申请，每年受理申请一次，于5月份进行评审。评审工作由专家组成的各专业评审小组实施，评审小组委员由两院聘请，任期一年，一年一聘。评审委员还对学科发展和项目资助方向等重大问题提出咨询。

两院基金大多支持的是年青人的短、平、快项目，和为申请国家基金、省基金项目而打基础的项目。

1992年申报项目67项，申请经费75万元，批准资助37项，批准金额34万元，平均资助强度0.9万元。

两院基金由主管科研的副院长直接领导，科研处为办事机构。

申请基金及资助情况见下表。

1992年申请与资助情况按学科统计

学科	申请		批准		批准率（%）		平均资助强度（万元/项）
	项数	金额（万元）	项数	金额（万元）	项数	金额	
生物与生物技术	12	12.0	6	5.5	50.0	45.8	0.91
农业	16	24.5	9	11.5	56.3	46.9	1.28
化学与化学工程	12	16.0	8	7.0	66.7	43.8	0.88
材料与工程	12	10.0	6	6.0	50.0	60.0	1.00
信息与管理	10	6.5	4	2.0	40.0	30.8	0.50
经济	5	6.0	4	2.0	80.0	33.3	0.50
合计	67	74.0	37	34			

华西医科大学科学研究基金

一、综　述

华西医科大学于1985年设立华西医科大学科学研究基金（下称校基金），又于1987年设立华西医大青年科学研究基金(下称校青年基金)。基金来源为校财政拨款，平均每年15万余元。两项科学基金均以无偿方式资助本校择优遴选出的、具有一定研究后劲的科研课题。1990—1992年共批准校基金、校青年基金课题85项，资助金额54万元，年平均批准资助课题数约28项，课题平均资助强度约0.6万元/项。

华西医科大学校基金、校青年基金总经费虽然少，资助强度低。但是，为一些科技人员科研起步，申报更高一级的科研项目奠定了基础，取得了一定的效果。如本校的部级、国家级项目的申请或研究，实际上部分是校基金、校青年基金资助课题研究的继续。1985—1992年已完成项目157项。其中1项获国家发明四等奖，8项获省科技进步三等奖，1项获中国人民解放军科技进步三等奖，2项获专利。这些项目的成果已有4项推广应用，另外6项正在酝酿推广应用。学校拟增加校基金、校青年基金的总经费和资助强度，大力培育新思想，新概念，孵化“苗圃”课题，增强争取部级、国家级项目的竞争力。

二、统　计

历年批准资助概况

项目＼年度	1985年及以前	1986	1987	1988	1989	1990	1991	1992	合　计
项　数	40	31	47	24	27	33	22	30	254
金额（万元）	17.00	15.00	16.00	13.00	13.00	16.00	15.00	18.00	123.00
资助强度（万元/项）	0.43	0.32	0.34	0.54	0.48	0.48	0.68	0.68	0.48

资助项目组人员统计

年　度	合　计	高级职称	中级职称	初级职称	博士后	博士生	硕士生	辅助人员
1989	465	152	158	108			24	23
1990	360	118	122	85		4	13	18
1991	413	117	137	96		7	23	33

注：以上人员统计为当年在研项目数（包括新上项目与未结束项目）。

资助项目完成论著统计

年度	发表论著数（含审稿通过）										待发表数	合计
	国际会议			国内会议			刊物发表			专著数		
	特邀报告	大会报告	分组报告	特邀报告	大会报告	分组报告	全国科技刊物	国外学术刊物	其他			
1988		2			13		51		6		58	130
1989	1	2	3		43		39	2	13	2	41	146
1990		2	1	2	14		19	3	8	1	34	84
1991		4	1		13		23	2			35	78
1992		3	4		22		56		4		31	120
总计	1	13	9	2	105		188	7	31	3	199	558

昆明工学院科研发展基金 青年科学基金

一、综 述

昆明工学院科研发展基金、青年科学基金在1990—1992年共资助基金项目78项、资助金额34.77万元，其中科研发展基金项目41项，资助金额20.57万元；青年科学基金项目37项，资助金额14.20万元。

三年来，在主管科研副院长直接领志下，科研处具体负责组织实施，不断完善基金项目管理，并且主要加强了基金资助项目的后期管理工作。具体做法是：院基金项目实行院系两级管理，对基金项目按年度进行检查。首先由系（部）组织自查，要求项目负责人向所在单位提交“昆明工学院科研发展（青年科学）基金资助项目进展情况报告”，由系（部）将检查情况写出昆明工学院科研发展（青年科学）基金管理工作报告”，科研处再将各系（部）管理工作报告情况写出全院管理工作报告，送主管科研副院长，处长审查。对检查中不按计划进行研究工作，又未提出充分理由和失去研究条件的项目，中止其研究工作，收回经费，并且三年之内该项目负责人不得再申请院基金资助项目。科研处将全院检查情况打印发送各系（部），项目负责人。

由于加强了基金资助项目的后期管理，三年来，按计划进行和按期完成项目占资助项目的86%，共完成项目59项，通过技术鉴定7项，获云南省教委科技进步三等奖2项，省部级科技进步奖2项。有18项成果已推广或准备推广。在国内外学术刊物上发表论文38篇（待发表21篇），在国内外学术会议上宣读论文18篇。另外有17个院基金资助项目争取到国家级，省部级和横向合同项目。

这些成果表明，院科研发展基金、青年科学基金有力地支持了本校基础研究和应用基础研究的开展，促进了人才的培养和成长。

二、统　计

经费情况

（单位：万元）

项目＼年度		1990	1991	1992	总　计
收入	合　计	10.62	9.60	17.11	37.33
	财政拨款	8.50	8.08	12.84	29.42
	集　资	2.12	1.52	1.16	4.8
	增　值			3.11	3.11
支出	合　计	10.62	9.60	17.11	37.33
	资助项目	10.62	9.60	14.00	34.22
	奖　励			3.11	3.11

历年申请、批准资助概况

（金额单位：万元）

项目＼年度		1990	1991	1992	总　计
申　请	项　数	53	38	64	155
	金额（万元）	34.08	25.50	35.40	94.98
批准资助	项　数	33	21	26	80
	金额（万元）	10.62	9.60	14.00	34.22
批准率（%）	项　数	62.0	55.0	46.0	52
	金额（万元）	31.0	37.6	40.0	36
资助强度（万元/项）		0.32	0.46	0.53	0.43

历年批准资助项目按学科统计

（金额单位：万元）

学科＼年度	1990		1991		1992		平均资助强度（万元/项）
	项　数	金　额	项　数	金　额	项　数	金　额	
材料与工程	19	6.29	10	5.4	14	9	0.54/项
地球科学	4	1.73	3	1.5	5	2.6	0.5/项
数理科学	3	0.65	3	0.9	1	0.4	0.3/项
信息科学	2	1.0	1	0.2	1	0.5	0.2/项
化学科学	1	0.3	2	1	2	0.9	0.5/项
管理科学	4	0.65	2	0.6	3	0.6	0.3/项
合　计	33	10.62	21	9.6	26	14	0.46

资助项目组人员统计

（单位：人）

年 度	合 计	高 级	中 级	初 级	博士后	博士生	硕士生	辅助人员
1990	110	28	47	25			5	5
1991	66	6	39	21				
1992	75	19	34	17			3	2
总 计	251	53	120	63			8	7

资助项目完成统计

（单位：项）

学科＼年度	1990	1991	1992	合 计
合 计	15	17	11	43
基础研究	/	/	1	1
应用研究	14	14	10	38
软科学	1	3	/	4

资助项目完成论著统计

（单位：篇）

年度	发表论著数（含审稿通过）										待发表数	合计
	国际会议			国内会议			刊物发表			专著数（种）		
	特邀报告	大会报告	分组报告	特邀报告	大会报告	分组报告	全国科技刊物	国外学术刊物	其他			
1990			5		1	3	9	1			6	25
1991			3		1	2	11	1	4	1	10	33
1992						3	6	2			5	16
总计			8		2	8	30	4	4	1	21	78

贵阳市科学技术发展基金

贵阳市政府于1986年4月设立贵阳市科学技术发展基金。该资金使用科技三项费用，以有偿资助为主，回收贷款资金滚动使用，使资金来源扩大，以资助本市更多的各类科技项目。

具体经费及资助情况见下页表。

经费情况

(单位：万元)

项目 \ 年度		1990	1991	1992
收入	合计	175.50	202.80	214.84
	科技三项费	120.00	120.00	140.00
	回收贷款	55.50	82.80	74.84
支出	合计	125.00	138.70	157.80
	项目资助	125.00	138.70	157.80

历年申请、批准资助概况

项目 \ 年度		1990	1991	1992
批准资助	项数	25	19	28
	金额（万元）	125.00	138.70	157.80
资助强度（万元/项）		5.0	7.3	5.6

资助项目分布统计

年度	合计	单位性质			
		高等院校	研究机构	企业	其他
1990	25		4	19	2
1991	19		3	15	1
1992	28		3	25	
总计	112		14	94	4

宁夏农林科学院青年科学基金

宁夏农林科学院于1989年设立青年科学基金。资助对象为本院35岁以下的科技人员，该基金择优资助那些结合宁夏区情和生产发展需要开展研究，构思新颖、方法先进，充分发挥青年人的特点和专长，有一定独创性的研究课题。

基金来源分为两部分，一部分从科研业务费中切块，一部分从院创收提成中筹集，资助经费总额每年控制在5万元之内 。

青年科学基金的申报与评审由院科研处组织。基金采取自由申请、公平竞争两级管理原则。先由青年科技人员向所在基层研究所（室）提出课题申请报告，经基层单位初审同意后，推荐报送院科研处复审。然后再提交院学术委员会进行论证答辩和专家评议，通过后经院领导批准实施。评定的标准是：根据院情况以侧重基础研究和应用研究为主，评审的项目必须具备必要性，先进性，可行性和经费预算合理性。

1989—1992年，院共受理青年科学基金申报项目40项，申请经费总额为40万元，经过专家严格评审，已批准资助项目8项，资助金额9.61万元，项目批准率为20%，经费资助率为24%。至1992年，已有5个项目完成预定研究计划。

民间科学基金

中国科学技术发展基金会

一、综　述

中国科学技术发展基金会于1991年9月正式启动。其前身是1988年4月成立的“中国科协振华基金会。”

基金会的宗旨是：争取海内外关心中国科技事业发展的团体、人士的支持和赞助，通过资助科技人员社会化的创造发明，推动科技界、学会和各地科协等组织开展学术研讨、技术开发和人员培训，奖励优秀科技人员，开展民间的科学技术活动，促进科学技术的发展和科学技术的社会化。

基金会的任务是：①与国内外民间科技性基金会建立友好往来与合作联系；②充分利用国内外民间渠道筹集科技发展资金；③资助中国科协所属学会会员的创造发明活动；④资助会员中优秀中、青年科学家参加国际科技交流活动；⑤表彰、奖励在科技界作出突出贡献或取得显著社会效益、经济效益、学术成果的优秀科技人员；⑥中国科学技术发展基金会对不具备成立基金会的全国性学会，汇集其自筹用作专项基金的资金。

基金会基金的主要来源为国内外友好团体、企业和个人的捐赠，以及中国科协所属学会和事业单位的资助。1988年基金会注册资金为300万元，到1992年底基金已增至2700万元。年度经费主要依靠基金增值和专项赞助。

基金会已设立专项基金44个，其中以著名科学家，知名人士以及特指范围设立的专项基金有：华罗庚管理科学基金；周培源国际科技交流基金；茅以升科技教育基金；李成智国际象棋基金；科技耆英奖励基金；李时珍基金；詹天佑铁道科技基金；孙越崎科技教育基金；国际中学生奥林匹克奖励基金；“希望工程”优秀教师奖励基金；“国际科学与和平周”基金；“中国科技之星”奖励基金。此外，还资助各种有利于中国科技事业发展的活动，现已投入启动资金五百多万元，吸引资金二千多万元。几年来，共资助学术交流活动（包括国际性学术会议）23次，奖励优秀科技人才543人次，选送出国深造和参加国际会议6人次，扶持报刊4种，资助专著出版4套，资助科研与开发项目46项，扶持社会公益活动10次，等等。

1992年到1996年是基金会由初创到发展的关键时期。计划至1996年底，基金总数达到5000万元人民币（包括外币）。在广泛资助科研开发与学术交流等活动的同时，加强奖励工作，使奖励工作实现科学化，系统化和多层次。根据四年来的实践经验。要实现上述任务，必须抓好基金运行的两种良性循环方式：一是以资金融通，用经济效益增强实力；二是以社会形象，靠有社会效益的活动吸引资金。中国科学技术发展基金会的目标是使自身成为国内外著名的科技基金会，以至办成“中国的诺贝尔基金会”。

二、组织机构

1. 中国科学技术发展基金会第一届理事会

理事长　高　潮

副理事长（兼秘书长；第一法人代表）　王治国

副秘书长（兼司库，第二法人代表）　沈晓丹

---

*　各基金会以笔画为序排列。

理　事（按姓氏笔画为序）

方　均　王应伟　王治国　叶正明
许绍高　华贻芳　李　骏　李若珊
李明扬　沈　元　沈晓丹　吴甘美
宋育哲　陆廷杰　陈可冀　范乐年
胡道芬　侯祥麟　高　潮　高昌文
杨嘉墀　黄毓礼　陶少杰　潘振基

各专项基金主任

王安基金筹备委员会主任　杨嘉墀
中国铁道学术奖励基金委员会主任　李明扬
中国金属学术奖励基金委员会主任　陶少杰
中国造船科技发展基金委员会主任　王应伟
中国煤炭学术奖励基金委员会主任　钮锡锦

2. 中国科学技术发展基金会第二届理事会

名誉理事长　周培源　卢嘉锡
国内顾问　裴丽生　唐敖庆　吴阶平
　　　　　张　维　裘维蕃
海外顾问　吴健雄（美籍华裔）（女）
　　　　　袁家骝（美籍华裔）
　　　　　拜　尔（德国）
　　　　　桥口隆吉（日本）
理事长　高　潮
副理事长　侯祥麟　张存浩　聂　力（女）
　　　　　王治国
秘书长　沈晓丹（法人代表）
理　事（27名，按姓氏笔画为序）

王应伟　王治国　田春茂　卢景霆
叶正明　冯长根　沈晓丹　吴甘美（女）
李方训　杨嘉墀　杨时光　陈章良
陈可冀　范乐年　罗冬树　张存浩
张树青　姜东华　胡道芬（女）　侯祥麟
高　潮　聂　力（女）　郭子珍　陶少杰
程瑞全　管　德　潘蓓蕾（女）

（1）奖励与宣传工作委员会

主　任　高　潮
副主任　侯祥麟　郭子珍
委　员　杨时光　王应伟　陈章良
　　　　吴甘美（女）　李方训　田春茂

项目与科研开发工作委员会

主　任　张存浩
副主任　程瑞全
委　员　陈可冀　胡道芬（女）　冯长根
　　　　罗冬树　张树青　陶少杰　姜东华

（2）海内外集资与专项基金工作委员会

主　任　王治国
副主任　潘蓓蕾（女）　管　德
委　员　聂　力（女）　杨嘉墀　范乐年
　　　　卢景霆　叶正明　沈晓丹

三、统　计

历年资金情况

（金额单位：万元）

项目＼年度	1988	1989	1990	1991	1992
基金总额	425	803	1 291	1 979	2 700
当年收益	9	22	140	178	237

中国社会科学院青年语言学家奖金

中国社会科学院青年语言学家奖金是由中国著名语言学家吕叔湘先生倡议并捐助设立的。与本奖金有关的评选、管理办法的详细情况参见1990年《中国科学基金年鉴》第247页。

本奖金自1983年设立至今，已进行了六次评选，共评出一等奖1名，二等奖20名。自1986年起，改为每两年评选一次。1990年评出一等奖1名，获奖者为中国社会科学院语言研究所杨顺安；获奖论文是《浊声源动态特性对合成音质的影响》。二等奖4名，获奖的论文是：苏州大学蔡镜浩的《中古俗词语与古籍校点失误》、《魏晋南北朝词语考释方法论》；中国社会科学院语言研究所冯爱珍的《福建省顺昌县境内方言的分布》；吉林大学刘钊的《释甲骨文‘耤’、‘羲’、‘蟺’、‘敖’、‘栽’诸字》；中央党校王建平的《语言交际中的艺术——语境的逻辑功能》。1992年评出二等奖3名，获奖论文是：徐州师范学院李申的《金瓶梅方言俗语汇释》；新疆大学刘俐李的《回民乌鲁木齐语言志》；吉林大学吴振武的《试说齐国陶文中的‘锺’和‘溢’及‘釋屬’》。

中国博士后科学基金会

一、综述

中国博士后科学基金会于1990年5月成立，是经中国人民银行批准并在中华人民共和国民政部注册的非营利机构，具有法人地位，受全国博士后科研流动站管理协调委员会领导。

基金会严格遵守国家的方针、政策和有关的金融法规，并按国务院公布的《基金会管理办法》的各项规定开展业务活动。

基金会的任务是做好博士后科学基金的评审、使用和管理工作；开拓多种渠道，采用多种形式，筹集资金，扩大基金来源；监督和检查基金资助金的使用情况和所取得的成效；同国内外各种基金会组织进行交流和合作；开展博士后科研成果推广、技术咨询及开发，以扩大博士后科学基金的使用效果等。

基金会的基金来源于以下四个方面：

(1) 国内外各种机构、团体、单位或个人的赞助和捐赠；

(2) 各级政府部门资助；

(3) 存款利息及各种收益；

(4) 其他收入。

自1985年7月设立博士后科学基金以来，国家资助人民币1400万元和美元600万元作为基金本金。

自1990年5月，中国博士后科学基金会正式成立以来，一些热心于祖国教育事业、科技发展事业的部门、公司和个人纷纷向博士后科学基金会捐款，以资助那些具有科研潜力的年轻优秀人才。截止到1992年底，已有中国国际信托投资公司、华润集团公司、海南赛格国际信托投资公司、杨振华等22个单位或个人共捐款613万元人民币（含外币折合人民币）。

基金会实行独立核算，所有资金扣除基金会开展博士后工作所必需的开支外，全部用于资助优秀博士后研究人员。

基金会的最高领导机构是理事会，理事长、副理事长和理事均由全国博士后管委会聘任。

基金会实行理事会领导下的秘书长负责制，设秘书长一人、副秘书长二人，均由理事会提名，报全国博士后管委会任命。基金会办事机构在秘书长直接领导下承担基金会的日常工作。

二、统　计

经　费　情　况　　（金额单位：万元）

收支 \ 年度		1990	1991	1992
收入	合　计	453.37	1 525.05	1 494.63
	国家专项拨款	—	1 050.00	1 050.00
	利息收入	205.17	180.37	220.28
	捐款收入	61.00	155.00	117.50
	外汇收入折人民币	188.20	139.68	106.85
支出	合　计	229.85	272.69	241.48
	资 助 金	229.85	272.69	241.48

历年申请、批准资助概况

（金额单位：万元）

申、批数 \ 年度		1987	1988	1989	1990	1991	1992	总计
申请	项数	43	86	178	259	322	516	1 400
	金额	/	/	/	/	/	/	/
批准资助	项数	43	82	178	220	193	222	938
	金额 人民币	37.50	61.50	129.10	148.50	133.00	147.00	657.60
	金额 美元	7.15	11.75	17.05	16.30	26.75	29.06	108.06
批准率（%）	项数	100	95.0	100	85.0	60.0	43.0	
平均资助强度（万元/项）	人民币	0.87	0.75	0.73	0.68	0.69	0.66	
	美元	0.17	0.14	0.10	0.07	0.14	0.13	

1992年资助项目按学科统计

学科 \ 申、批数	申请		批准		批准率（%）	
	项数	金额	项数	金额	项数	金额
理学	209	—	89	—	43%	43%
工学	260	—	112	—	43%	43%
农学	19	—	8	—	43%	43%
医学	23	—	10	—	43%	43%
法学	5	—	3	—	60.0%	60.0%

资助项目分布统计

年度	项目合计	单位性质	
		高等院校	研究机构
1992	222	163	59
1991	193	130	63
1990	220	156	64
1989	178	134	44
1988	86	57	29
1987	43	25	18

中山大学高等学术研究中心基金会

一、综　述

中山大学高等学术研究中心基金会是由著名物理学家杨振宁教授提议，于1983年8月在香港立法注册正式成立的非牟利机构。杨振宁教授担任基金会主席，基金会董事会由香港工商企业界、学术界知名人士及中山大学在港的校友和中山大学的代表组成，董事会顾问为梁球琚先生。1987年起中山大学副校长李华钟教授任基金会常务副主席。1988年增选香港万雅珠宝有限公司董事长冼为坚先生为基金会副主席。

基金会的宗旨是支持和资助广州中山大学开展学术研究，促进中山大学与国内外的学术交流。基金会向香港及海外的赞助者募捐基金，主要资助理论物理、数学、人类学、古文字学四个学科的研究课题。凡是这四个学科的教师均可提出课题申请，不受职称、年龄的限制。基金会设有执行委员会，负责日常工作，还设有学术评议委员会、筹款委员会、投资与发展委员会等机构。

学术评议委员会负责评审申请的课题；经同行专家评审后，提出资助建议，最后报送基金会董事会批准。

基金会成立以来已在香港工商界募集到基金1000多万港元，分别由冼为坚、梁球琚、郑裕彤、杨志云、于元平、曾宪梓、王文钧、吕振坤、吴之济、陈汉基、李文彦、林大芽12位先生捐款。基金主要用于资助研究课题费、行政办公费和研究设备费。1988年基金会在中山大学捐建高等学术研究中心大楼——冼为坚堂，面积4000平方米。

基金会成立10年来已资助132项课题，其中理论物理学科13项、数学学科74项、人类学学科23项和古文字学学科12项；已结题117项，完成学术论文907篇，出版专著27部，资助召开学术会议40次，邀请专家讲学127人次，资助教师出席国内学术会议210人次，资助研究人员工资津贴267人次。

二、组织机构

1. 中山大学高等学术研究中心基金会董事会

主　　席　杨振宁
常务副主席　李华钟
副 主 席　冼为坚
顾　　问　梁球琚
董　　事　杨振宁　何　贤　杨志云
　　　　　马　临　冼为坚　陈耀华
　　　　　李华钟　梁钊韬　费　龙
　　　　　杨纲凯
执行董事　冼为坚　陈耀华　李华钟
　　　　　费　龙

2. 学术评议委员会

主　席　杨纲凯
委　员　郑德坤　罗慷烈　冼定国　黎景辉

3. 投资与发展委员会

杨振宁　马　临

4. 筹款委员会

主　　席　冼为坚
秘　　书　陈淑贞
会 计 师　屈洪畴会计师事务所
律　　师　陈淑贞
执行干事　梁雄杰

三、统　计

历年申请、批准资助概况

（金额单位：万元）

申、批数 \ 年度		1985及以前	1986	1987	1988	1989	1990	1991	1992	总　计
申　请	项　数	34	19	21	20	29	0	17	17	157
	金　额	17.18	15.14	16.17	13.74	23.10	0	16.83	18.31	120.47
批　准 资　助	项　数	27	16	20	18	15	0	12	13	121
	金　额	11.11	10.04	12.98	11.58	12.34	0	12.47	17.22	87.74
批准率 （%）	项　数	76.5	84.2	95.2	90.0	41.9	0	70.6	76.5	
	金　额	64.7	66.2	80.3	84.2	53.4	0	74.1	94.0	
资助强度（万元/项）		0.43	0.63	0.65	0.64	0.95	0	1.04	1.32	

历年资助项目按学科统计

（金额单位：万元）

学科 \ 年度	1984—1985		1986		1987		1988		1989		1991		1992		总计	
	项数	金额	项数	金额	项数	金额	项数	金额	项数	金额	项数	金额	项数	金额	项数	金额
合　　计	27	11.10	16	10.07	20	12.98	18	9.68	15	12.90	12	12.52	13	17.21	121	86.46
数　　学	14	6.21	9	7.12	9	6.50	9	6.61	9	10.02	8	8.87	7	9.16	65	54.49
理论物理学	2	1.16	1	0.47	2	0.87	3	1.96	1	0.62	1	1.45	2	2.61	12	9.14
人　类　学	4	1.80	3	1.18	2	1.18	4	2.56	3	1.63	2	1.71	3	4.67	21	14.73
古文字学	5	1.33	1	0.1	0	0	2	0.55	0	0	1	0.49	1	0.77	10	3.24
其　　他	2	0.6	2	1.2	7	4.43			2	0.63	0	0			13	6.86

资助项目人员职称统计

年　度	人员合计	高　级	中　级	初　级
1985及以前	49	22	24	3
1986	31	13	16	2
1987	47	27	12	8
1988	39	22	11	6
1989	22	18	2	2
1990				
1991	30	23	4	3
1992	29	22	5	2
总　计	247	147	74	26

中国物理学会吴健雄物理奖

香港亿利达（ELITE）工业发展集团有限公司于1986年开始在我国设立“吴健雄物理奖”，按1986年5月15日通过的“吴健雄物理奖”奖励条例，组成了以著名物理学家黄昆教授等7人的评审委员会负责此项奖励的评审。本奖①以奖励我国青年物理学工作者（可到35岁左右）所取得的实验物理的优秀研究成果为主，一般不授予我国学者在国外取得的物理学研究成果；②授予在国内外重要学术期刊上已公开发表的优秀物理学研究成就（以近期为主，但不受时间限制）的作者个人或集体；③凡在发现新现象、阐明物理规律、运用规律解决关键问题等方面，取得优秀实验物理研究成果的个人或集体，可授予“吴健雄物理奖”。该奖每两年颁发一次，奖金总额为港币5万元，同时颁发荣誉证书和金质奖章。该奖每两年评选一次。自1986年开始至1992年6月3日，“吴健雄物理奖”已颁发三次。

第一届吴健雄物理奖（1987年）获奖项目和人员

（1）五次对称与 N_iT_iV 准晶的发现，沈阳中科院金属研究所　张　泽、王大能

（2）双共振多光子电离（CODR-MPI）光谱的新进展，大连化学物理研究所　解金春

第二届吴健雄物理奖（1990年）获奖项目和人员

（1）8次与12次对称及有关准晶的发现，北京中科院电子显微镜实验室　王　宁、陈　焕

（2）SBN光折变新效应及其应用，上海中科院光学精密机械研究所　马　健

第三届吴健雄物理奖（1992年）获奖项目和人员

（1）传输限制系统中的非平衡态生长和聚焦，南京大学　王　牧

（2）固体薄膜中的分形及相变，北京中科院物理所　尚昌和

每届授奖大会，中国物理学会均请国内外著名物理学家参加，吴健雄教授亲自授奖，刘永龄先生及夫人先后都参加了颁奖，大会隆重热烈。通过前三届的评奖，达到了奖励我国青年物理学工作者的学术成就，加速物理学发展的目的，是一件很重要和有意义的工作。中国物理学会十分感谢吴健雄教授，刘永龄先生及夫人对我们前一阶段工作的支持与关怀。

中国物理学会今后将继续进一步搞好吴健雄物理奖的评审和奖励工作。

中国物理学会吴健雄物理奖评选委员会组成

主　任　黄　昆

副主任　虞福春

委　员　（以姓氏笔画为序）

丁大钊　王之江　李　林　杨福家　冯　端

黄　昆　虞福春

中国物理学会胡刚复、饶毓泰、叶企孙、吴有训物理奖

为纪念我国物理界四位老前辈在开创我国物理学事业和创建中国物理学会所作出的贡献，鼓励为发展中国物理学事业、在科学和技术上作出突出贡献的中国物理学工作者。中国物理学会于1987年设立四种物理奖：

（1）胡刚复物理奖（实验技术）；

（2）饶毓泰物理奖（光学、声学、原子和分子物理）；

（3）叶企孙物理奖（凝聚态物理）；

（4）吴有训物理奖（原子核和粒子物理）。

为此，中国物理学会成立胡刚复、饶毓泰、叶企孙、吴有训物理奖基金委员会，基金委员会成员由中国物理学会聘请。每届任期为四年。基金来源由基金委员会募集，也接受物理学会会员和社会各界人士个人赞助。以存款利息支付各项必要费用。

物理奖推荐评选办法为：

（1）前两年内曾经对我国物理学有关领域的发展作出最大贡献的成果，包括那些其重要性直到

前两年内才显露出来的两年以前的工作，该成果应该是已经发表的。

(2) 多年来对我国物理学发展，在科学技术上作出突出贡献的物理学家。

物理奖评选分为三个步骤：第一步向评选委员会推荐，第二步由各评选委员会进行评选，第三步由基金委员会审批。各评委会根据推荐，经过初步了解审核，提出物理奖推荐候选项目。然后将推荐项目材料送推荐人以外四位同行专家评议，提出初审意见。评委会主任、副主任、秘书根据推荐意见、初审意见，提出正式参加评选项目。物理奖基金委员会最后以无记名投票过半数通过确定获奖项目和人员。

物理奖每两年评选和颁发一次。每种奖每次一般只评一项，最多不超过两项。

第一届中国物理学会物理奖获奖人员

胡刚复物理奖（实验技术）获奖者：周　远、洪朝生。

饶毓泰物理奖（光学、声学、原子、分子物理）获奖者：王育竹。

吴有训物理奖（原子核和粒子物理）：邝宇平。

第二届中国物理学会物理奖获奖人员

胡刚复物理奖：林尊琪。

饶毓泰物理奖：叶佩弦，傅盘铭。

叶企孙物理奖：李方华，范海福。

吴有训物理奖：张焕乔，许谨城，刘祖华，陈永寿。

第三届中国物理学会物理奖获奖人员

胡刚复物理奖：王泰杰，李卫国，许榕生。

饶毓泰物理奖：杨东海，王义遒。

叶企孙物理奖：柳百新。

吴有训物理奖：李　金，漆纳丁，薛生田。

中国癌症研究基金会

中国癌症研究基金会是由全国主要肿瘤防治研究机构、医药研究机构、相关企业单位以及关心癌症事业的社会各界人士自愿参加组织的全国性学术基金组织，创建于1984年10月，1989年重新登记，1991年经中国人民银行与民政部复审批准，于1992年3月由中华人民共和国民政部正式颁发全国性社团证书。

本基金会系民间学术基金社团组织。全部资金来自港澳同胞、爱国华侨以及国内外热心社会福利事业的团体和个人。

本基金会宗旨：广泛联系和团结国内外关心癌症研究事业的团体和个人，征集社会上的财力、物力以及道义支持，匡助政府加强癌症防治研究，为早日征服癌症，保障人民的生命健康，保护社会劳动生产力而奋斗。

目前参加本基金会的有88个专业机构（包括医院、防治合作中心等），分布于全国各地，为我国肿瘤防治研究的骨干力量，也是本会的工作对象。1984—1992年举办和参与举办了国际和全国性学术会议、讲习班50次，支持了癌症高发区、贫困地区的抗癌工作，以及癌症科研、癌症专业进修教育和医药研制生产；开展了防癌宣传、国际学术交流；扶持了一些省市、地区的肿瘤防治机构；参与主办和支持了若干癌症学术期刊；出版3本学术大会论文汇编3本，收入623篇论文；参加了与台湾的癌症合作项目等。为上述活动合计提供资金150余万元，取得了良好的社会效益。

北京大学王力语言学奖金基金

一、综　述

北京大学王力语言学奖金基金是已故著名语言学家王力教授于1985年捐出《王力文集》稿酬10万余元设立的，由“北京大学王力语言学奖金基金委员会”负责基金管理工作；北京大学王力语言学奖金评选委员会负责评奖工作。本基金的宗旨是培养扶持语言学人才，推动我国语言科学的发展，为我国的四化建设做出贡献。

1992年修改后的基金章程规定：本奖金授予

对汉语或中国境内其他语言的现状或历史的研究有贡献的中国学者，获奖人年龄不得超过60周岁(论著公开发表时的年龄)；获奖著作必须是在规定的评选日期以前五年内公开发表过的；评奖活动每两年进行一次；现行的奖金数额为一等奖5 000元、二等奖3 000元、三等奖2 000元。评委会只依据专家推荐的著作进行评选，不接受本人申请。

自奖金设立到1992年，共进行过四届评选工作，下面是历届获奖人和获奖论著。

第一届(1986年)：中国社会科学院语言研究所杨耐思的《中原音韵音系》；吉林社会科学院语言文学研究所宁继福的《中原音韵表稿》；南京大学中文系鲁国尧的《宋代苏轼等四川词人用韵考》和《元遗山诗词用韵考》；天津大学人文系施向东的《玄奘译著中的梵汉对音和唐初中原方音》。

第二届(1987年)：四川大学中文系向熹的《诗经词典》。

第三届(1989年)：商务印书馆李思敬的《汉语“儿”音史研究》；南京大学中文系鲁国尧的《泰州方音史与通泰方言史研究》；中国社会科学院语言研究所黄雪贞的《客家话的分布与内部异同》、《客家方言声调的特点》和《客家方言声调的特点续论》。

第四届(1991年)：中国社会科学院语言研究所曹广顺的《<祖堂集>中的“底(地)”、“却(了)”、“著”》、《<祖堂集>中与语气助词“呢”有关的几个助词》、《语气词“了”源流浅说》和《魏晋南北朝到宋代的“动十将”结构》；四川大学中文系崔荣昌的《四川境内的老湖广话》、《四川乐至县靖州腔音系》、《四川达县“长沙话”记略》；杭州大学中文系郭在贻、张涌泉，黄征的《敦煌变文集校议》；汉语大词典出版社陆锡兴的《汉代简牍草字编》和《释卩》；南开大学中文系马庆株的《自主动词和非自主动词》。

二、组织机构

1992年，基金委员会和评委会的组成进行了调整，现任的两会成员如下。

1. 基金委员会

主　任　唐作藩

副主任　王洪信

委　员(以姓氏笔画为序)

王洪信　王缉志　王缉思　叶蜚声

吉常宏　张双棣　张剑福　陆俭明

唐作藩　郭锡良　曹先擢　程湘清

蒋绍愚

秘　书　耿振生

2. 评选委员会

主　任　周祖谟

委　员(以姓氏笔画为序)

王　均　刘　坚　李　荣　陆俭明

林　焘　周祖谟　俞　敏　唐作藩

郭锡良　曹先擢　裘锡圭

秘　书　宋绍年

江铃科技奖基金会

江西省科学技术协会与江铃汽车集团共同设立江铃科技奖，其管理机构是江铃科技奖基金会。江铃汽车集团捐赠120万元作为科技奖的基金，并提供购买江铃汽车集团的优先股股票的优惠，以保证年收益率达到15%以上。每届的奖励经费是基金的年度增值部分。

江铃科技奖宗旨是奖励为本省科技进步和经济发展做出突出贡献的优秀科技人才。

江铃科技奖分科技精英奖、青年科技奖、科技贡献奖三种。科技精英奖旨在奖励为本省科技进步和经济建设作出突出贡献的拔尖人才，每三年评选一次，每次奖励10人，每人获奖金1万元；青年科技奖奖励35周岁以下有突出业绩的优秀青年科技工作者，每两年评选一次，每次奖励10人，每人获奖金5 000元；科技贡献奖奖励在经济建设中将科技成果转化为生产力方面作出突出贡献的本省科技人员，每年评选一次，每次奖励20人，每人获奖金3 000元。

江铃科技奖的评审办法为：工作在江西省的科技人员向所在地、市科协或省级学会提交江铃科技奖励申请表与所获科技成果的各种证明材料。由承接申请表的单位对申请者进行资格审查，并在此基础上组织专家初审，确定候选人上报省科协科技奖励工作办公室。最后，由江铃科技奖评审委员会按照奖励限额确定获奖者名单，并向全省公布。自公布之日起一个月内接受异议处理。最后，由省科协常委会和江铃科技奖评审基金理事会核准，获奖者由省科协和江铃汽车集团授予荣誉证书，颁发奖金，并通报获奖者所在单位将获奖事迹载入本人档案。为了强化人民的科技意识，形成尊重知识、尊重人才的社会风尚，将通过各种方式向社会广为宣传获奖者的业绩和奉献精神，提高知名度。

江铃科技奖基金会不设专职办事机构，日常工作由省科协负责，1993 年组织青年科技奖和科技贡献奖的第一次评选；同一年三种奖不得同时申报。

金岳霖学术基金会

1990 年 6 月金岳霖学术基金会按制定的《1990 年奖励优秀科研成果条例》开展了第一次学术奖评选活动。评审程序包括：资格审查、初评和复评。基金会评选办公室负责对申报参评作品的资格审查;评审委员对参评作品先进行初评,然后，召开评审委员会全体会议，按以下四步确定获奖作品：第一步提出初步候选作品；第二步筛选候选作品；第三步评出正式候选作品；第四步用无记名投票方式产生一、二、三等奖及优秀奖作品。

1990 年共收到参评作品 65 项，其中论文 46 篇，专著 19 部。参评作品内容广泛，涉及逻辑学各分支：数论逻辑（非经典逻辑、递归论等)、普通逻辑、自然语言逻辑、辩证逻辑、现代归纳逻辑、逻辑哲学、中国逻辑史、西方逻辑史等，还有用蒙文写的逻辑著作。

经上述程序，共评出获奖作品 12 项，其中一等奖 1 项、二等奖 1 项、三等奖 4 项、优秀奖 6 项。

1992 年开始，金岳霖学术基金会实施金岳霖奖学金。按基金会的章程，奖学金的奖励对象为国内高等院校哲学系逻辑学专业的德、智、体 全面发展，成绩优秀，热爱本专业的优秀本科生。

1992 年 10 月评选出首届金岳霖奖学金获得者：一等奖 1 名、二等奖 3 名，并颁发了奖金和获奖证书。

振兴中华教育科学基金会

振兴中华教育科学基金会是由国外爱国同胞陈水俊先生发起，在廖承志副委员长生前支持下创办的。本基金会 1985 年开始起步，1989 年经中国人民银行批准正式成立，同年民政部准予登记注册，成为具有法人资格的全国性民间社会团体。

基金会自成立以来，坚决贯彻国务院《关于基金会管理办法》和《社会团体管理条例》的有关规定，制定了本会的《章程》、《细则》、健全了机构，完善了内部的管理制度；并依据为四化建设培养高级专门人才，资助国内优秀青年出国深造，或聘请国外专家在国内培训；奖励对中国现代化建设在科学技术上做出突出贡献者的宗旨，不断向社会开展了奖学、奖励、资助、聘请等一系列相关活动，为发展祖国的教育、科学事业做出了贡献。几年来，主要做了下述几方面工作。

一、培养高级专门人才

本基金会自 1985 年起即选派高级访问学者出国进修，首先以清华、复旦、吉林、暨南、华侨五所大学为试点，先后分三批，资助了 20 名访问学者去美国、日本进修。他们在国外进修的时间一般为一年或二年，至 1992 年已学成回国的有 15 人，其中 6 人已经由派出前的副教授晋升为教授，4 人由讲师晋升为副教授，并均在各自的教学、科研岗位上发挥着骨干作用。

二、设立科研起动基金

为了使学有所成的留学人员回国后能够发挥自己的学术专长，直接为祖国的经济建设服务，需要有一个进一步研究和开发的过程。为此，本基金会特地设立了专项科研起动基金，对他们进行一条龙式的扶持和帮助。对这项工作，首先委托了暨南大学聘请有关专家、学者组成科研起动基金的评审委员会，对申请基金的课题进行审议，然后由基金会理事会审定批准。

到1992年为止，共批准了11位学者的科研起动基金申请，已支付科研起动基金人民币201 600元。

三、促进教育事业

1. 资助高等教育

北京市侨联主办的燕京华侨大学办学成绩卓著，根据政府有关部门的评估，学校的教学质量完全符合国家要求，是市级精神文明单位，为祖国培养了大批的合格人才。但是，由于政府未批拨经费，办学条件比较困难，因此本基金会于1993年2月首次资助该校人民币5万元，用于改善办学条件。近期，该校为建立校舍（北京市政府已划拨100亩建设用地），需要自筹资金，本基金会又根据实际情况，资助该校5万美元建设校舍专款。

2. 资助小学教育

本会从1991年起，对福建省南安市鹏峰小学每年捐助人民币两万元。这项资助体现了本会会长陈水俊先生的爱国爱乡爱母校的一片深情，也说明本会为祖国教育事业的普及发展和培养典型做出了贡献。

3. 资助普及教育

（1）建立“希望工程特别奖学金”。本会与“青少年发展基金会”协作，建立了“希望工程特别奖学金”。本会出资人民币20万元作为第一笔捐款，每年向“希望小学”200名优秀生及来自贫困地区的400名中学生和100名大学生发放奖学金。

今后，本会还要继续努力，不断宣传，扩大影响，广泛发动海外侨胞捐资于这项基金，为祖国贫困地区失学儿童的就学，奖励优秀生升入中学、大学而进行一条龙式的扶持和帮助。

（2）本会与中央电视台、科学普及出版社合办“思维联想”广播讲座，配套出版《联想魔方》一书，本会出资人民币15 000元。这项活动对青少年来说，能够激发参与意识，启发思维联想，锻炼辩证唯物的思维能力，增强表达能力，对普及教育的发展与提高都有积极意义。

四、重奖优秀科技工作者

奖励对我国现代化建设有突出贡献的科技工作者，是本会的一项任务，1992年首次颁奖。经理事会研究决定，将此项奖金发给在高科技领域作出突出贡献的人士，重奖发射澳星的有功人员。1992年12月26日，本会在航空航天工业部火箭研究院，对两颗澳星发射的有功人员发给了“振兴中华教育科学大奖”20万元，藉以树立旗帜，推动我国科学事业的发展。航空航天工业部火箭研究院将这项奖金分为三个档次，发给了30名受奖人员，即一等奖3人，二等奖10人，其余为三等奖。

五、资助华侨历史、现状及教育研究

资助中国华侨历史学会每年8 000美元，作为侨史研究的专项基金，藉以发展和加强对华侨华人经济等方面的研究；资助华侨大学华侨教育研究，拨给人民币2.5万元作为该项研究的基金；资助中国华侨历史学会出版《华侨华人资料报刊剪辑》，每年拨给出版补贴费人民币1万元，并为有关部门提供华侨华人情况的信息资料。

本基金会给予华侨华人的历史、现状及教育研究工作的资助，对于广大华侨华人和港、澳、台同胞建设家乡，建设祖国，弘扬中华文化的事业，已经取得了一定的社会效益和经济效益。

六、资助侨乡医疗卫生及计划生育

（1）给予福建南安市市医院一次性资助人民币43万元，用于该医院添置医疗设备和奖励优秀医务工作者。

（2）给予福建南安市中医医院一次性资助人民币12万元，用于该医院购置B超仪等医疗设备。

（3）中国人口福利基金会组织了首届“中华人口奖”遴选活动，本基金会认为，这项活动必将对控制人口数量和提高人口素质等方面起到重要的作用，并将在海内外产生深远的影响。这是一项利国利民的大好事。为此，本基金会理事会经研究决定：资助首届“中华人口奖”遴选委员会美金1万元。

本基金会通过以上这些资助活动，对于我国的教育、科研和医疗卫生事业已作出了力所能及的贡献。这些活动的影响将会不断扩大，为本基金会今后对海外的宣传、筹集基金、发展会员等项工作奠定了良好的基础。

叔频公奖学金

叔频公奖学金1939年设立于上海。它的创办人是现香港怡和有限公司顾问、顾氏有限公司董事长顾乾麟先生。

顾先生原籍浙江南浔，1909年出生于工商界人士的家庭。1926年，17岁的顾先生因其父顾叔频去世，便继承父业，入怡和公司任职。由于顾先生的勤奋经营，从1936年起，怡和公司委托他代理经营拥有20多万纱锭、4000多台布机的怡和纱厂的棉花、棉纱、棉布业务。第二次世界大战结束后，顾先生为五个部的经理。

顾乾麟先生目睹社会上许多学业优异而因为家境贫寒而不能继续升学的青少年，十分怜惜，便决定依靠自己的财力，资助这些青少年，创办了“经念叔频公高初中学生奖学金”。在奖学金规章的第一条“宗旨”中写明：“为纪念顾公叔频生前乐善好施、提倡教育不遗余力之遗志，特设纪念奖学金，以造就本埠贫寒男女中学生或高小毕业生之无力负担学费以继续升学者，由本处给予奖学金以培植之。”得奖学生必须是学期总平均成绩在85分以上，品行端正，家境贫寒，经过奖学金管理处的考试和家庭经济状况核查，确实符合条件的。奖学金起初规定资助学生上中学的学、杂、书费，以后待遇越来越优厚，如：生病治疗可资助医疗费；成绩特别好的可资助膳宿费；高中毕业后升大学的继续资助学费（私立大学），或膳食费（国立大学）；大学毕业后出国留学的资助出国费用。

从1939年奖学金设立到1949年，共办了20期（以一学期为一期），得奖学生累计达1 000多名。以个人的财力，资助那么多学生上学，这在当时的上海是首屈一指的。

太平洋战争爆发后，顾乾麟的企业资产遭到冻结。在当时物价飞涨、生活普遍困难的情况下，顾乾麟毅然靠变卖一部分家产来维持几百名得奖学金学生的上学费用。顾乾麟用“得诸社会，还诸社会”八个字，来表达他的志向和抱负。1949年，顾乾麟从上海移居香港。

1982年以来，顾乾麟每年都要到上海、北京看望原获“叔频公奖学金”的学生。他当年资助过的学生，现在分散在祖国各地、各部门工作，其中有教授、高级工程师、研究员、医师、公司经理、工厂厂长，还有的在国家机关担任了领导职务。顾乾麟对此感到无限欣慰，他设立“叔频公奖学金”的崇高目的和巨大功绩重新得到了理解和承认。近几年来，上海市政府和上海市委统战部的领导同志几次会见顾乾麟，对他热诚为祖国教育事业进行智力投资表示感谢。1986年5月，全国政协副主席吕正操和中央统战部副部长李定在北京会见了顾乾麟。吕正操热情赞扬顾乾麟创办“叔频公奖学金”对国家和社会所作的贡献，指出在中国办教育的人都是桃李满天下、名留青史的。《中国教育报》在1986年5月17日的一篇报道中，称赞顾乾麟“体现了中华民族重教的传统美德和爱国之心，堪为人们所钦敬。”

为此，顾先生决定从1986年起，继续办“叔频公奖学金”。具体确定先在上海市第三女中和上海中学各设40个名额，由在上海的原“叔频公奖学金”得奖学生代为主持。如办得有成绩，打算把名额逐步扩大到400名，他还立下遗嘱，说明他一旦去世，在他的遗产中，将有一笔足够的款项作奖学金，把奖学金坚持办下去。

科技出版基金*

水利部科技专著出版基金

水利部于1991年9月5日设立了“水利部科技专著出版基金”。基金每年30万元，其中水利部拨款20万元，水利电力出版社筹集10万元。

该出版基金面向全国，专门资助有明显社会效益而印数较少的水利科技优秀著作的出版。资助对象为：①学术水平高，内容有创见，在学科上居领先地位的水利基础学科理论专著；②反映水利重大科研成果，或填补我国水利科技某个空白领域的学术专著；③在水利工程技术、经济管理方面有重大实用价值的专著；④对我国水利科技发展有重要参考价值的国外水利科技著作的中译本。

评审原则是“专家评议，公平竞争，择优支持”。申请者可在已有全部书稿，或对拟写书稿已有详细编写提纲并写出样章之后，向该基金办公室提出申请。基金办公室收到申请书后，先进行初步审查筛选，然后送请3名以上同行专家审查，就申请书稿的学术水平、应用价值、著述特点、写作水平及总体质量等方面作出详细评价。基金办公室每半年汇总一次，根据申请书稿的具体情况，做出资助金额预算，正式提交专家委员会评审。专家委员会视情况每半年或一年集中进行审议、评定后无记名投票表决。获得投票人数的2/3以上票数方获得资助。出版事宜由水利电力出版社具体负责。

基金办公室每年开列给予出版基金资助的申请项目和相应的资助金额，以及全年的资助总余额，上报水利部并向社会公布。

从出版基金设立到1992年6月止，共收到66个申请项目。

按照《基金试行条例》对申请项目进行评审，确定首批资助出版的科技专著14种，共资助经费28万元。其中直属单位7项，非直属单位7项。平均每项资助强度为2万元。这些专著涉及水文、河流泥沙、水工建筑物、农田水利、水利规划、水利史等各个专业。获得出版资助的作者中，有德高望重的老专家施嘉炀、张瑞瑾、姚汉源、赵人俊等，也有年富力强的中年专家朱伯芳，谢鉴衡、夏念凌等，还有刚获博士和硕士学位的年青学者张文合和唐绍忠。基金执行的情况表明，设立水利科技出版基金深得人心，颇受广大科技人员的欢迎，并得到了他们的积极响应。

水利部科技专著出版基金评审委员会

主　任　徐乾清

副主任　李昌凡　戴定忠　郭学恩　魏炳才　史梦熊

委　员（以姓氏笔画为序）

孔令文　牛运光　王桂银　纪云生
朱伯芳　朱建亚　何考俅　陈绍炯
陈家琦　陈道周　陈肇和　金　炎
郑哲仁　姚榜义　梅祖彦　谢良华
窦以松　蒋国澄　戴定忠　魏炳才

另，出版基金评审委员会下设办公室，挂靠在水利电力出版社。

---

* 出版基金会依笔画为序排列。

中国科学院科学出版基金专家委员会

1990—1992 年三年间，中国科学院科学出版基金专家委员会共受理书刊申请 871 项，组织了近 2 000位不同地区、不同单位、不同学科领域的专家学者对受理的书刊申请项目进行了评议、评审，先后共批准资助书刊 551 项。这些书刊涉及数理科学（含力学、天文学）、化学、生命科学、地球科学和技术科学等各个门类，基本上包括了自然科学和技术科学各个领域的重要科学著作和学术期刊。

1. 期刊

三年共受理期刊申请项目 155 种，批准资助各类期刊共 129 种，这些期刊绝大部分是在国内外享有盛誉的重要科技期刊，其中有 41 种获得首届全国优秀科技期刊奖（占获奖总数 132 种的 31%），44 种获 1990 年中国科学院优秀科技期刊奖（占获奖总数 52 种的 84.6%），52 种获 1992 年中国科学院优秀科技期刊奖（占获奖总数 62 种的 83.9%），43 种进入全国核心期刊百名表。

2. 图书

三年共受理图书申请 716 项，办公室初审后评审 585 项，批准资助 422 项，资助项目累计字数达 18 900 万字。三年中先后共组织了1 200多人次的同行专家进行评议。在评审组集体评审中，重点对申请项目的学术内容的科学性、科研积累和创造性、资料数据的可靠性和完整性、技术线路的正确性、实验手段的先进性以及应用价值等进行综合评审和全面论证，在进行纵向审查和横向比较后提出资助与否的初步意见，最后由专家委员会审定。

在批准资助的图书项目中，绝大多数是高层次、高质量、达到国内先进水平的研究成果专著，其中不乏居国际领先地位的优秀科技著作。如方开泰的《广义多元分析》、金善宝的《中国小麦生态》、刘建康等的《中国淡水鱼类养殖学（第三版）》、吴传钧的《中国经济地理》、刘光鼎的《中国海区及邻域地质地球物理特征》等等。获得基金资助的图书，已出版了 123 种，其中符合全国各种优秀图书评选参评年份、范围和限定推荐比例的有 8 种，6 种获全国各种优秀科技图书奖。

1992 年，中国科学院科学出版基金专家委员会与国家自然科学基金委员会协商，同意在出版自然科学基金资助项目优秀研究成果专著方面进行合作。并对 1992 年审批的 28 种与国家自然科学基金项目有关的优秀研究成果专著实行联合资助。另外，还与国家自然科学基金委员会数学天元基金共同资助了一个项目。为探索联合资助迈出了可喜的一步。

中国科学院科学出版基金通过三年的评审工作，初步建立起一支近千人的、有较高学术造诣，作风严谨、公正客观、热心科技出版事业的专家评审队伍，从而保证了评审结果的客观公正性与权威性，使科学出版基金在社会上树立起良好的形象。

三年的实践表明，科学出版基金在支持学术书刊出版、促进科学研究、国民经济建设和培养科技人才等方面发挥了积极的作用。即在高层次高水平科技书刊出版遇到严重困难的情况下，科学出版基金起到了对重要科技期刊和国家重点科技图书出版的保证作用；对具有重要出版价值的存稿和老专家传世著作出版的抢救作用；对介绍学科新生长点和边缘交叉学科、出版年轻学者重要成果的著作起到扶持作用；对科技书刊作者和编辑队伍的稳定作用，以及通过基金评审、引入竞争机制，对科技书刊总体质量提高起到促进作用。

1990—1992 年期刊批准资助情况统计表

期刊类别 / 统计指标	合计（种）	学报类（种）	通报类（种）	科普类（种）
批准资助	129	101	24	4
重点资助	21	21		
全额资助	92	66	22	4
部分资助	12	11	1	
暂全额资助	4	3	1	

注：在批准资助的 129 种期刊中，125 种期刊为 1990 年批准的项目，采取一次审定，连续资助三年的办法；2 种期刊为 1991 年批准的项目；2 种期刊为 1992 年批准的项目。三年累计期刊批准率为 83.2%。

各学科图书申请及批准资助情况统计表

学科＼项目	申请数（项）	批准数（项）	批准率（%）
合　计	716	422	58.9
数学、物理学（含力学、天文学）	132	76	57.6
化　学	56	34	60.7
生命科学	201	118	58.7
地球科学	188	117	62.2
技术科学	139	77	55.4

注：表中各项数据均为1990—1992年三年累计，下同。

各类图书申请及批准资助情况统计表

书类＼项目	申请数（项）	批准数（项）	批准率（%）
合　计	716	422	58.9
成果专著	335	221	66.0
基础理论	156	96	61.5
应用技术	57	31	54.4
基本资料	66	32	48.5
工具书	48	25	52.1
中译本	49	15	30.6
科普读物	5	2	40.0

图书资助项目按申请人员类别统计表

年度＼类别	合　计	学部委员（项）	高级职称（项）	中级职称（项）
1990	134	22	108	4
1991	112	16	94	2
1992	176	22	149	5
总　计	422	60	351	11
占总资助项目（%）	100	14.2	83.2	2.6

图书资助项目系统分布统计表

年度＼系统	合　计	中国科学院（项）	高等院校（项）	其他（项）
1990	134	62	47	25
1991	112	64	37	11
1992	176	99	62	15
总　计	422	225	146	51
占总资助项目（%）	100	53.3	34.6	12.1

国防科技图书出版基金

国防科技图书出版基金设立以来，在资助学术水平高的科技专著，与国防科技发展相关的高新技术内容的科技图书，以及填补目前我国科技领域空白的薄弱学科的图书等方面，发挥了重要作用。

国防科技图书出版基金评审委员会负责掌握出版基金的使用方向，评审受理的图书选题，决定资助的图书选题和资助金额，以及决定中断或取消资助等。第二届评审委员会由23人组成。下设办公室，负责受理申请和处理日常事务。

《国防科技图书出版基金管理办法》和《国防科技图书出版基金评审工作程序》是评审委员会开展工作的主要依据。设立出版基金至今五年来，评审委员会共召开了九次会议，评审选题300多种，审定给予资助的选题140种，1990年以来已陆续出书30多种，其中11种图书获奖：1本获全国优秀科技图书奖，10本获国防工业出版社优秀图书奖。

在评审出的140种选题中，许多选题（如《全系数自适应控制理论及其应用》、《动力学系统辨识与建模》、《机动目标跟踪》、《航天医学工程基础》等）的内容具有较高的学术水平和实用价值，不少还有较高层次的相关获奖科研成果作为撰著成书的基础。这些选题从各方面反映了我国国防科学技术达到的先进水平，反映了科技工作者在党的方针政策指引下所取得的成果，符合国防科技图书出版基金资助方向。它们的出版，缓解了出书难、出版科技专业图书更难的状况，促进了国防科技事业的发展，达到了设立出版基金的目的。

通过受理申请、广泛征集，加强了评审委员会与有成就的科技工作者的广泛联系与合作，调动了他们著书立说的积极性，推动了出版工作，有助于出版事业的繁荣，取得了很好的效益。

经 费 收 支 情 况　　（单位：万元）

年度		1988	1989	1990	1991	1992	合计
收入	合　计	30.00	60.00	60.00	60.00	60.00	270.00
	上缴利润返还		30.00	30.00	30.00	30.00	120.00
	技术基础科研费	30.00	30.00	30.00	30.00	30.00	150.00
支出	合　计	30.88	54.52	61.00	71.93	45.82	264.07
	图书成本	30.54	54.00	60.00	70.48	44.24	259.26
	评审费	0.20	0.32	0.40	0.48	0.87	2.27
	会议费	0.16	0.20	0.60	0.98	0.72	2.66

历年申请、批准资助概况

年 度		1988	1989	1990	1991	1992	总计
申 请	项 数	35	86	41	76	41	279
	金额（万元）						
批 准 资 助	项 数	17	28	25	46	24	140
	金额（万元）	30.54	54.00	60.00	70.48	44.24	259.20
批准率（%）	项 数	0.49	0.33	0.61	0.61	0.59	
	金 额						
资助强度（万元/项）		1.80	1.93	2.40	1.53	1.84	

资助项目分布统计

年度	合计	单 位		隶属关系	
		高等院校	研究机构	直属单位	非直属单位
1988	17	8	9	3	14
1989	28	21	7	3	25
1990	25	19	6	1	24
1991	46	33	13	6	40
1992	24	16	8	2	22
总计	140	97	43	15	125

注：高等院校包括其所属研究机构。直属单位指国防科工委直属研究机构和院校。非直属单位主要包括各国防工业部和总公司所属研究机构和院校。

资助项目组人员统计

年 度	合 计	高级职称	中级职称
1988	17	17	
1989	28	27	1
1990	25	24	1
1991	46	45	1
1992	24	21	3
总计	140	134	6

能源部电力科技专著出版基金

能源部于 1991 年 8 月设立了“电力科技专著出版基金”，以支持电力科技专著的出版工作。

出版基金每年 30 万元，其中由电力科技发展基金中拨款 20 万元，水利电力出版社自筹 10 万元。本基金面向全国，专门用于资助下列对发展电力工业有重要意义而印数较少的电力科技优秀著作（含译著）的出版：①学术水平高，内容有创见，在学科上居领先地位的电力基础理论专著；②反映电力重大科研成果的学术专著；③在电力工程技术方面有重大实用价值的专著；④对我国电力科技发展有重要参考和借鉴价值的国外电力科技专著的中译本。

申请基金者可在已有全部书稿，或部分书稿，或对拟写书稿已有总体设想并拟就详细写作提纲之后，向本出版基金评审委员会办公室提出申请。

出版基金的评审工作坚持依靠专家，公平竞争，择优支持的原则。基金办公室将基本符合要求的申请项目送请三名以上的同行专家评议，专家就该项目的学术水平、应用价值、著作特点、写作水平及总体质量等作出评价，并提出可否给予资助的意见。办公室每半年汇总一次经同行专家评议过的申请项目，提交评审委员会评审。

委员要在详细审读各有关材料，并充分发表意见后，通过无记名投票方式表决。对获得出版基金资助的项目列入水利电力出版社出版计划中，并作为重点书稿处理，保证质量，准时出书。

时至1992年12月底，基金办公室共收到申请项目52个，其中电力工程21个，热力过程18个，水 电工程7个，其他6个，申请的作者有大专院校、研究院（所）、设计院、电管局、供电局、电厂等，申请者来自各个部门、各个层次、各个专业，具有相当的代表性，覆盖了电力系统的各个方面，说明电力科技专著出版基金深受广大科技人员的欢迎，并得到他们的支持响应。

1992年5月27日和1992年12月28日，基金评审委员会先后召开两次评审会议，对52个项目进行评审，最后共评选出19个选题为基金资助项目。这些项目中有介绍学科上居领先地位的热工及电力基础理论、反映重大科研成果的学术专著、对工程技术有重大实用价值的专著、国外电力科技著作的中译本，内容涉及电力系统分析、运行、设计、试验等方面。

电力科技专著出版基金评审委员会由电力各专业有较多学术造诣，热心并熟悉出版事业的专家及有关部门的领导共29人组成。著名电力专家，原水利电力部副总工程师，《中国电力百科全书》主编沈根才任主任。

评审委员会下设办公室，负责基金资助项目的受理、申请、登记，评审准备等具体事务工作。办公室设在水利电力出版社，由该社抽调数名编辑和编务人员组成工作班子。

电力科技专著出版评审委员会组成

主　任	沈根才		
副主任	王建忠	游吉寿	
常务委员	都兴有	梁益华	毛文杰
	贺至刚	程忠智	徐平善
	江哲生	谢长军	
委　员	徐博文	吴竟昌	周庆昌
	唐仲南	雷定坤	罗道坦
	刘纫茝	宋珊卿	王瑞樑
	杨德晔	马君寿	王加璇
	郑健超	李常禧	韩英铎

泰山科技专著出版基金会

泰山科技专著出版基金于1988年设立，五年来先后收到全国，包括台湾在内的各省、市、自治区和部队系统提供的选题提纲，书稿共700余部，与2 000余名作者建立了联系。经过基金委员会的评审，先后有86个选题获得资助并已陆续出版，或在编在印。在已出版的33种图书中，21种图书46次获省部以上优秀图书奖。

已资助出版的专著取得了重大的社会效益与经济效益。如《水库群调度与规划的优化理论与应用》一书所反映的成果应用于实践，产生了巨大经济效益，在水电站调节和调度方面，比常规方法增加出力4—10%。该成果已在黄河以南的半个中国得到了应用。可节约国家投资5.8—6.3亿元，14个月增加发电量4亿度。《心脏外科手术技巧》一书问世后，几千册书便被抢购一空，南京大学医学院附属鼓楼医院心胸外科教授翁品光先生指出：“该书是一部具有国际先进水平的专著，是一部具有实用性、先进性和科学性的专业读物”，“该书的问世，对进一步提高临床心血管外科水平，将发挥重大作用，产生巨大的社会效益和经济效益。”由中科院学部委员、著名地学家陈国达、陈述彭担任总主编的《中国地学大事典》，是我国首本全面记写中国古今地学大事的大型工具书。是对中国5 000年来所涉及的重要地学史事的一次空前大整理、大总结。因而具有极为重要的保存和实用价值。全书13卷200余万字，由700余位专家参加撰稿，其中台湾和香港的10位专家、教授也参加了编写工作。由中国医学科学院名誉院长、中科院学部委员、著名泌尿外科专家吴阶平教授主编的《泌尿外科》是一部理论与实践相结合、临床与科研兼顾、国内与国外互见、系统性与专题性交融的泌尿外科权威巨著，现正在紧张印制，医学界闻讯已纷纷来函索要。

为了适应科技专著出版的需要，经中国人民银行批准，于1992年11月成立泰山科技专著出版基金会。在山东省政府及社会各界支持下共筹资532万元，（山东省财政厅250万元，山东省出版总社125万元，山东科学技术出版社125万元，山东泰山酿酒饮料集团总公司10万元，济南金泰集团股份有限公司 2 万元）。

出版基金会的常设机构是基金会办公室（设在山东科学技术出版社），随时受理作者稿件，并将书稿交由 8 位著名科学家组成的评审委员会按发扬民主、公平合理、择优支持的原则评议。凡经评审委员会评议通过的选题，将由山东科技出版社优先安排出版。

江苏省金陵科技著作出版基金

江苏省委，江苏省人民政府为了贯彻“科技兴省”决定的精神，适应社会主义现代化建设的需要，促进科技进步，在科技著作出版难的情况下，支持、扶助优秀科技著作的出版，于 1991 年设立了江苏省金陵科技著作出版基金，并成立了出版基金管理委员会，下设办公室负责日常事务。

该基金由江苏省科学技术委员会、江苏省出版总社、江苏科学技术出版社和其他大的集资单位共同筹集而成，每年提取一定的金额作为年度出版基金，由出版基金管理委员会统一管理使用。

该基金资助范围①在工、农、医、卫基础理论方面和新学科、高科技，新技术方面具有开拓性的、在国内外有影响的著作；②具有较多学术价值，并填补我国科技领域某些方面空白的著作；③反映先进科技水平和科研成果，对促进科技兴省具有显著社会效益和经济效益的著作；④在挖掘、积累和发展我国科学技术遗产方面具有重大价值的著作。

该基金立足本省，面向全国，择优补助，但不资助翻译和编译稿，凡获得本基金资助的科技著作，统一安排在江苏科学技术出版社出版。该基金的具体评审办法是，受理申请书、稿后，基金管委会办公室在 1 个月内提出资格审查意见，并将符合申请条件的送江苏科技出版社征求意见，出版社从出版角度提出意见后，由办公室送专家评审组（分理、工、农、医四个专业组）评审。评审组对申请本基金的著作在学术水平、出版价值、社会效益、经济效益等方面提出书面评审意见，并排出基金资助的顺序，基金管委会每年召开两次例会进行最后评审，以无记名方式投票决定批准申请的书稿，同时确定出版补助的金额和稿费返回基金的比例，出版补助分为全额补助和部分补助。

江苏省金陵科技著作出版基金管理委员会组成

主 任 委 员　姚应才

副主任委员　戴金生　王於良　张崇高

委　　　员　朱进泉　胡阿兴　胡明琇

　　　　　　华锡全

西安交通大学学术专著出版基金

西安交通大学学术专著出版基金于 1988 年 3 月设立，主要用于解决高水平学术著作印数少、出版难、经济亏损的补贴资助，从而积极扶植学术著作的出版，促进学术著作出版的繁荣。

基金由学校拨款和校出版社、校研究生院、校科研处共同集资 15 万元，新加坡华侨林大芽先生捐赠新加坡币 1 万元。

基金资助出版的学术著作，必须是作者或与合作者研究的成果，具有鲜明的特色和独到的见解，并能结合吸收本学科当前世界领域已取得的成就加以分析综合，从而形成作者独具的风格，达到国内外先进水平。由校长聘任本校各主要专业有造诣的教授（大部分为博士导师），组成西安交通大学学术专著出版基金委员会。书稿由基金会聘请同行专家（2—3 名教授）评审，达到出版标准者，即提供资金资助出版。

基金会成立后面向本校教师和海内外校友，积极开展工作，先后接到 20 多个选题，经过筛选列入计划论证组稿的有 12 种，基金会每年在校内公开征稿一次。

到 1992 年底已有 2 种学术著作，《气液两相流特性及其工程应用》和《强度理论新体系》公开出版发行，这两种书都是作者长期研究的成果。

基金会努力创造条件为学术著作出版开辟途径，西安交通大学校长亲自关心学术专著出版工作，计划到 1996 年出版 10 种著作，逐步形成一个系列。

重庆出版社科学学术著作出版基金

重庆出版社自1988年拨出百万元专款，设立科学学术著作出版基金以来，在广大科技工作者的支持下，在以全国著名专家组成的指导委员会的帮助下，通过全社职工共同努力，从上千的稿件、选题中，分六批，精选了67部优秀专著列选。到1993年2月底止，已出书50部。这批专著多数具有全国先进水平，经过精编精印，出版后备受欢迎，其中31部获得了全国性或专业性优秀图书奖（刚出版的专著，未及参评）。

科学基金群众性学术团体

中国科学基金研究会

一、综 述

中国科学基金研究会的英文名称为China Association of Science Foundations (CASF)，经国家科委批准（92国科发计字002号）、民政部社团登记（社证字第1260号）正式成立。

中国科学基金研究会业务主管部门是国家科委，挂靠在国家自然科学基金委员会，是全国性的学术团体，具有独立法人地位。

研究会的宗旨是：遵循国家科技发展的战略、方针和政策，团结有志于科学基金制研究的有关人员，紧密结合我国实际，探讨科学基金制的理论和方法，交流科学基金工作经验，开展咨询服务，以提高我国科学基金管理水平，发展和完善中国科学基金制。

主要任务是：

(1)总结和借鉴国内外科学基金工作的实践经验，开展科学基金工作经验交流和科学基金制理论的学术研讨活动，并就实施科学基金制中的重大问题向国家有关部门提出建议；

(2)向科学基金管理部门及从事科学基金管理和研究的人员提供信息咨询服务和业务培训；

(3)与国外科学基金研究或管理组织建立联系并进行学术交流；

(4) 编辑出版科学基金学术刊物和信息资料。

二、组织机构

研究会第一届理事会由来自全国科学基金管理、研究的学者专家89位理事组成。研究会的常设办事机构是研究会办公室。研究会下设三个工作委员会，即组织联络工作委员会、学术交流工作委员会和宣传出版工作委员会。研究会现有团体会员70个，个人会员近千人。

中国科学基金研究会理事会的组成

名誉会长　唐敖庆

顾　　问　张存浩　师昌绪　高镇宁

理 事 长　胡兆森

副理事长　袁海波（常务）　陈　颙　毕东芬　林文兰　李中和　张知非

常务理事（以姓氏笔画为序）

于永正　于安成　于维栋　尹志良
宁玉田　刘锡山　朱明权　许庆瑞
李中和　毕东芬　张知非　张秀梅
张恩诚　陈　勇　陈　颙　陈　淼
林　泉　林文兰　竺　玄　范肖梅
胡兆森　袁海波　高　原　顾昌跃
郭师曾　程振登　颜呈准　潘振基
潘奇才

秘 书 长　郭师曾

副秘书长　商玉生（专职）　吴宁远　吴祖聪　韩培立

理　　事（以姓氏笔画为序）

于永正　于安成　于维栋
方　旋　王凤麟　王可寰
王远忠　王　锋　邓宗良
邓寿鹏　宁玉田　甘子光
尹志良　齐超仁　刘长缨
刘兴民　刘须钦　刘继成
刘锡山　许庆瑞　李万臣
李中和　李　立　李光岑
李克健　李国泮　李铁生

杨应敏　杨时光　杨　竫
吕秀山　朱明权　任元林
竺　玄　辛耀权　苏炳坤
苏焕兰　沈晓丹　张秀梅
张知非　张信传　张恩诚
张瑞祥　陈完璞　陈　勇
陈　淼　陈祖鹤　陈鹏飞
陈　颙　陆剑英　吴启乾
吴棣华　季　烽　邹珊刚
毕东芬　林文兰　林　泉
范肖梅　周世永　周复元
卓培荣　郭师曾　胡龙孙
胡兆森　赵红洲　赵宗良
赵蜀平　洪　琅　高　原
袁海波　贾大平　顾明达
顾昌跃　柴本良　钱文藻
商玉生　曹　辰　屠海令
谢良安　韩金远　程振登
葛朝阳　喻永昌　楼兆美
谭仁泰　颜呈准　潘奇才
潘振基　薛志福　戴定忠

三、有关文件

1. 关于中国管理科学研究会科学基金研究分会改为中国科学基金研究会的请示

(1991) 国科金发政字第 144 号

国家科委：

作为我国科技体制改革的一项重大措施——科学基金制，已在我国逐步实施，并不断得到发展、完善。

在过去 10 年中，设立面向全国的科学基金，有中国科学院科学基金委员会 1981 至 1985 年 4 年多实践，有国家自然科学基金委员会 1986 年以来的 5 年多实践，还有 20 多个全国性行业（部门）和 20 多个省（直辖市、自治区）级地方科学基金的实践，以及基层、民间等多种类型科技基金的实践，我国科学基金工作的公正性、科学性、权威性经受了严峻的挑战和考验，积累了丰富的经验，并在促进我国科技进步、人才培养、经济和社会发展中发挥了积极的作用。科学基金制作为基础性研究一种稳定的经费来源和富有生机活力的管理模式，受到科技界、教育界的一致肯定和赞誉。

伴随着科学基金事业的发展，对科学基金管理工作经验的总结交流和理论研究已引起人们的日益重视，并在许多科学基金会和高等院校、研究院所及科研管理部门开展起来。科学基金管理的实践向我们提出许多亟待研究解决的理论课题，剖析这些问题的真缔，寻觅符合实际的答案，将对我国科学基金制的进一步完善及其优越性的充分发挥，产生有益的作用。

为了团结全国科学基金组织和科学基金工作者，切磋交流科学基金工作经验，商讨共同关心的问题，开展科学基金制理论、方法的研究，在国家科委、国家自然科学基金委员会和中国管理科学研究会及有关科学组织的支持下，由一批热心科学基金制研究的科学基金工作者发起，经中国管理科学研究会批准，于 1987 年 12 月成立了中国管理科学研究会科学基金研究分会，挂靠在国家自然科学基金委员会。

该分会成立近四年来，广泛联系各层次、各类型科学基金管理组织和从事基础性研究的科研机构、高等院校，做了如下主要工作：发展了 27 个团体会员和 930 名个人会员；主持编纂了《中国科学基金年鉴》；在浙江省宁波召开了第一次代表大会暨综合性交流研讨会；在河北省昌黎召开了行业科技基金工作研讨会；在贵阳市召开了地方科学基金工作研讨会；今后拟围绕科学基金制的法律保障、专家评审、后期管理、青年科技人才培养等问题，组织专题研讨。上述活动的开展，对探索具有中国特色的科学基金制理论，活跃学术气氛，提高科学基金管理水平，都产生了积极的促进作用。

但是：由于该分会是二级学会，使其活动范围、层次及受重视程度，受到一定的局限，影响了研究分会作用的发挥，与目前科学基金事业的发展规模和今后进一步发展的需要不相适应。有鉴于此，同时考虑该分会四年多的工作基础，目前申请成立中国科学基金研究会的条件已经具备，为此，我们同意分会及众多科学基金工作者的要求，报请批准成立中国科学基金研究会。现将有关问题请示如下：

一、中国科学基金研究会的基本任务是：组织科学基金制的经验交流和学术研讨活动，探讨研究具有中国特色的科学基金制理论；就实施科学基金制的重大问题向国家有关部门提出建议；编辑出版科学基金工作通讯、年鉴、论文集、国外参考资料；为资助单位和受资助单位的科学基金管理提供咨询、服务和业务培训；和国外科学基金管理及研究组织开展学术交流；发展会员等。

二、学会拟设理事若干名，其中理事长一名，副理长若干名，秘书长一名，副秘书长若干名。

经初步研究，拟请方毅同志担任研究会名誉理事长，卢嘉锡、唐敖庆任研究会特别顾问，国家自然科学基金委员会常务副主任胡兆森同志任研究会理事长，其他副理事长、秘书长、副秘书长人选商定后再报。下设研究会办公室、组织联络部、学术交流部和宣传出版部。拟申请五名社团编制。国家自然科学基金委员会同意作为挂靠单位，支持该会的工作。

三、学会的经费来源主要是：会费收入；国内外捐赠，有偿服务等合法收入；挂靠单位和其它有关部门资助。

四、自中国科学基金研究会批准成立之日起，原中国管理科学研究会科学基金研究分会停止活动，印章作废，与中国管理科学研究会不再是隶属关系。

现将该研究会的章程（草案）附上，请审阅。待学会批准成立后，经理事会通过再报。

以上当否，请审批。

国家自然科学基金委员会

1991年10月15日

抄报：民政部社团司

2. 国家科委关于同意成立中国科学基金研究会的批复

（1992）国科发计字002号

中国科学基金研究会筹委会：

（91）国科金发政字第144号文收悉。经研究，同意中国管理科学研究会科学基金研究分会改为中国科学基金研究会。

该研究会的宗旨是：结合我国实际，开展科学基金学术活动；并进行发展基金管理模式的研究和交流；探讨各种类型科学基金的理论和方法以及运行机制。

该研究会为全国性科学技术社会团体，请按照国家有关规定，报民政部登记办理有关手续。

此复。

中华人民共和国国家科学技术委员会

1992年1月4日

抄送：民政部

本委领导，办公厅、政策法规司、科技体制改革司、条件财务司、存档。

3. 关于申请中国科学基金研究会注册的报告

（1992）国科金发计字第060号

民政部社团司：

1987年经中国管理科学研究会批准，成立了中国管理科学研究会科学基金研究分会（现改为科学基金专业委员会），挂靠国家自然科学基金委员会。

该分会成立5年来，广泛联系国内各层次、各类型科学、技术基金组织和高等院校、科研机构，开展多种方式的活动，以加强各科学基金组织之间的联系、信息和经验交流，探索中国科学基金管理体制和具有中国特色的科学基金制理论和方法。目前已发展了40个团体会员和千余名个人会员；1989年在浙江省宁波市召开了第一次代表大会暨综合性学术、经验交流研讨会；1990年分别在河北昌黎和贵州省贵阳市召开了行业科学基金工作交流研讨会和地方科学基金工作交流研讨会；指导地区性科学基金管理经验交流研讨活动；主持编撰了1992年版《中国科学基金年鉴》等工作。

目前，科学基金制已成为全国基础性研究工作的一种重要管理模式，形成了由国家、行业、地方、基层、民间等不同层次、不同类型科学、技术基金会组成的科学基金工作网络。从事科学技术基金管理的工作人员已遍及国务院所属各部委及各省（直辖市、自治区）的高等院校、科研机构及科技管理部门。

为了适应科学基金制不断发展、完善的需要，而且在过去几年的工作积累中，为建立一级学会创立了条件和基础，经报请国家科委批准，同意中国管理科学研究会科学基金研究分会改为中国科学基金研究会。我们遵照关于申请社团登记的有关规定，落实申请“中国科学基金研究会”注册的有关事项，现正式向民政部申请，请准予注册，并申请五名社团编制。

附件：

1. 国家科委“关于同意成立中国科学基金研究会的批复”

2. 关于中国管理科学研究会科学基金分会改为中国科学基金研究会的请示

3. 关于中国科学基金研究会筹备工作情况报告

4. 中国科学基金研究会章程（草案）

5. 中国科学基金研究会财务情况报告

6. 中国科学基金研究会负责人及理事名单

7. 中国科学基金研究会会员情况

8. 中国科学基金研究会工作机构、职能及办公地址

中国科学基金研究会筹委会

国家自然科学基金委员会（代章）

中国科学基金研究会　负责人

胡兆森（签字）

1992年8月30日

4. 中国科学基金研究会成立大会暨第一届理事会纪要

（1992年12月26日）

中国科学基金研究会成立大会暨第一届理事会于1992年12月21日至22日在北京举行。中国科学基金研究会（以下简称研究会）第一届理事会由来自国内各团体会员单位代表，从事科技政策研究和从事科学基金制研究与管理的专家、学者，以及国家有关部门科技方面负责人共89位理事组成。

53位理事、各工作委员会的负责同志，以及京内一些单位近40位有关方面人士出席了会议。中国科协副主席高镇宁，国防科工委综合计划部部长陈达植，国家科委综合计划司副司长李学勇，中国管理科学研究会理事长骆茹敏；国家自然科学基金委员会名誉主任唐敖庆，特邀顾问师昌绪，副主任陈佳洱、金国藩，秘书长梁森等同志应邀出席了成立大会，并作了热情洋溢的讲话。国家自然科学基金委员会副主任、研究会筹备组组长胡兆森同志作了“组织起来，研究探索，开拓中国科学基金制的新局面”的报告。原中国管理科学学会科学基金专业委员会理事长潘振基同志作了工作汇报。会议圆满完成了预订的各项议程。现将会议讨论通过议定的主要事项纪要如下：

一、通过、选举产生了研究会组织机构及领导成员

1. 通过产生了研究会第一届理事会89名理事；

2. 理事会一致同意聘请唐敖庆同志为研究会名誉理事长；聘请国家自然科学基金委员会主任张存浩同志，国家自然科学基金委员会原副主任师昌绪同志为研究会顾问；

3. 理事会选举产生了28名常务理事；

4. 常务理事选举产生了研究会的理事长、副理事长；

5. 理事会通过任命了秘书长、副秘书长，通过了三个工作委员会和研究会办公室的职能及领导成员。

二、讨论修改了中国科学基金研究会章程（草案）

理事会原则通过章程（草案），责成理事长根据理事和代表们提出的意见，组织作进一步修改，征求常务理事意见后定稿印发实施。

三、关于1993年的工作

研究会刚刚成立，1993年工作的指导思想是，认真贯彻邓小平同志南巡讲话和党的十四大精神，深入改革开放，解放思想，实事求是，积极开拓，扎扎实实，稳步前进。据此，1993年重点做好以下几项工作。

1. 积极发展会员

1993年发展会员的重点是：

1）原中国管理科学学会科学基金专业委员会个人会员履行转会手续；

2）发展研究会理事单位、团体会员单位从事科学基金管理工作多年，有丰富经验的人员入会；

3）发展从事管理科学、科学基金政策研究的专业人员入会；

4）发展团体会员。

2. 积极开展学术研究与交流

1993年主要抓三项活动：

1）社会主义市场经济体制下中国科学基金制理论与实践的研讨；

2)与国家自然科学基金委员会有关部门结合，组织“同行评议机制的评估与改进”的研讨与交流；

3)组织行业科技发展基金与技术进步、经济发展关系的研讨与交流。

会后责成学术研究与交流工作委员会研究提出组织实施方案。

3. 宣传出版工作

重点抓好：

1）编印“中国科学基金研究会简介”；

2)编辑发行“科学基金研讨与交流通讯（暂定名），暂为不定期的非公开交流刊物；

3）编辑《中国科学基金年鉴》第二卷（1990—1992）。

关于研究会会刊的问题，需与国家自然科学基金委员会协调后，提出意见。

4. 关于培训和信息咨询问题

根据条件，积极开展培训、信息咨询等有偿服务活动。做好数据信息的收集、整理工作，为今后建立数据库打好基础。

5. 关于下设专业委员会的问题

关于设立专业委员会的问题，考虑到研究会刚成立，研究会将首先依据不同类型的科技基金的特点，积极组织各种类型的学术研讨交流活动，适应各层次发展的需要。经过一段实践，认真总结经验，酝酿准备意见，提交常务理事会研究。

第Ⅳ部分

基金会章程、条例与管理办法

全国性科学基金

国家自然科学基金面上资助项目申请办法

1992年11月20日

第一章　总　　则

第一条　国家自然科学基金（简称科学基金）资助自然科学基础研究和应用基础研究，以促进国家科学和技术的进步与繁荣。

第二条　科学基金面向全国，各部门、各地区、各单位的科技工作者均可通过所在单位提出申请。

第三条　国家自然科学基金委员会（简称科学基金委员会）接受具备下列条件研究项目的申请：

1.有重要科学意义或有重要应用前景，特别是学科发展前沿的研究；结合我国社会主义现代化建设需要，针对我国自然资源和自然条件特点，以及开拓新兴科学技术领域的研究。

2.学术思想新颖，立论根据充分，研究目标明确，研究内容具体，研究方法和技术路线合理、可行，可获得新的科学发现或近期可取得重要进展的研究。

3.申请者与项目组成员应具备实施该项目的研究能力和可靠的时间保证，并具有基本的研究条件。

4.经费预算实事求是。

第四条　科学基金委员会根据国家发展科学技术的方针、政策与规划，结合学科发展战略，每年发布《国家自然科学基金项目指南》，提出资助的主要范围、鼓励研究领域和定向研究课题，指导申请。

第五条　科学基金的申请，每年集中受理一次。

第六条　本办法适用于科学基金面上项目的申请，包括自由申请项目、青年科学基金项目、地区科学基金项目和高技术新概念新构思探索项目（简称高技术探索项目）等。

第二章　申请条件

第七条　申请项目的研究内容，必须符合科学基金的资助范围。

第八条　申请者必须是项目的实际主持人，并具有高级专业技术职务。不具有高级专业技术职务的申请者，必须由两名具有高级专业技术职务的同行专家推荐。

第九条　申请者和具有高级专业技术职务的项目组主要成员的申请项数，连同在研的科学基金项目数（不含重点项目、重大项目）不超过两项。

第十条　申请手续必须完备，所需资料必须齐全。

第三章　申请程序

第十一条　申请者须按规定的格式，认真、实事求是地填写《国家自然科学基金申请书》。项目组主要成员应在申请书上签字，以郑重表示参加申请与合作研究。

第十二条　申请者所在单位应负责对本单位的申请项目严格审查，认真推荐。

申请者所在单位学术委员会应对研究项目的科学意义、研究特色和创新点、研究方法和技术路线的可行性等进行全面审查并签署具体意见。

申请者所在单位（包括合作单位）领导，应对支持该项研究及监督其计划的执行等做出保证。

第十三条　申请者所在单位应按规定的受理时间，将申请书（一式6份）统一报送科学基金委员会对口科学部；将本单位申请项目清单及按规定录制的全部申请书简表内容的软盘报送综合计划局。

第十四条　申请各类项目时，均按国家有关部门的统一规定，每项交纳评审费100元，由申请者所在单位统一汇寄科学基金委员会。未交纳评审费的申请项目，不予受理。

第十五条　申请者及所在单位了解申请事宜、购买申请表格和有关资料、复制申请书简表录入程序，可迳向科学基金委员会或就近到科学基金管理工作地区联络网组长单位联系。

第四章　青年科学基金

第十六条　为促进青年科技工作者的成长和优秀青年人才的脱颖而出，特设立青年科学基金。

第十七条　青年科学基金的申请者，必须是：

1. 截止受理申请时的年龄在35周岁以下（含35岁）。

2. 已取得博士学位或具有同等水平。在读（含在职）研究生不得做为第一申请者。

3. 具有领导一个研究组开展工作的能力。项目组的主要成员以青年为主体。

第十八条　受资助者，只能获得一次青年科学基金的资助。如要求继续资助，可申报其他类型项目。

第五章　地区科学基金

第十九条　为加强对边远地区、少数民族地区和科学研究基础薄弱地区研究工作的支持，促进全民族科学技术水平的提高，特设立地区科学基金。

第二十条　地区科学基金仅接受内蒙古、宁夏、青海、新疆、西藏、广西、海南、云南、贵州、江西等省、自治区和延边朝鲜族自治州所属单位科技工作者的申请。重点支持结合当地条件和特点的研究项目。

第二十一条　在上述限定地区内的国务院各部委、中国科学院和中国人民解放军所属单位的科研人员，以及其他地区在上述限定地区兼职的科研人员均不得作为第一申请者提出申请，但可作为合作者参加。

第六章　高技术探索项目

第二十二条　高技术探索项目是国家高技术研究发展计划（863计划）的组成部分。国家拨专款，由科学基金委员会负责受理申请，组织评审，批准立项和进行管理。

第二十三条　高技术探索项目必须根据国家高技术研究发展计划的需要，开展创新性研究，以期为高技术计划目标的实现和发展探索新理论或新技术途径。

第二十四条　高技术探索项目按限定的领域和主题进行资助。申请者必须依据科学基金委员会每年发布的《国家高技术研究发展计划纲要新概念新构思探索项目指南》的要求，定向提出申请。

第七章　附　　则

第二十五条　国外留学人员，可在回国前按科学基金委员会规定的申请时间提出申请。项目获准后，待申请者回国并确定了工作单位，即予以资助。保留时间为一年。

第二十六条　本办法自公布之日起施行，1987年11月23日公布的《国家自然科学基金资助项目申请办法》、1986年10月8日公布的《国家自然科学基金委员会青年科学基金暂行办法》、1988年11月7日公布的《国家自然科学基金委员会关于设立地区科学基金的暂行规定》同时废止。

第二十七条　科学基金委员会责成综合计划局负责解释本办法。

国家自然科学基金面上项目评审办法

1992年11月10日

第一章　总　　则

第一条　为了正确把握国家自然科学基金

（简称科学基金）资助方向，科学、公正地遴选资助项目，特制订本办法。

第二条　科学基金资助自然科学基础研究和应用基础研究。择优支持具备下列条件的研究项目：

1.有重要科学意义或有重要应用前景，特别是学科发展前沿的研究；结合我国社会主义现代化建设需要，针对我国自然资源和自然条件特点，以及开拓新兴科学技术领域的研究。

2.学术思想新颖，立论根据充分，研究目标明确，研究内容具体，研究方法和技术路线合理、可行，可获得新的科学发现或近期可取得重要进展的研究。

3. 申请者与项目组成员具备实施项目的研究能力和可靠的时间保证，并具有基本的研究条件。

4. 经费预算实事求是。

第三条　在条件相近时，属下列情况的研究项目，科学基金应优先予以支持：

1. 优秀青年科学工作者；

2. 少数民族地区和边远地区的科学工作者；

3. 利用国家重点实验室的条件开展的研究项目。

第四条　支持创新是科学基金资助工作的主要宗旨，评审中要特别注意发现和保护创新性强的项目。积极支持交叉学科的研究，注意扶植新的学科生长点。

第五条　科学基金资助项目按照依靠专家、发扬民主、择优支持、公正合理的原则评审遴选。

第六条　科学基金项目的评审按初审、同行评议、学科评审组评审、国家自然科学基金委员会（简称科学基金委员会）委务会议审批的程序进行。

第七条　为保证评审工作的公正性，坚持回避制度。

1. 科学基金委员会专职及兼聘人员不得申请或参加科学基金项目，并回避直系亲属申请项目的评审。

2. 学科评审组成员和科学基金委员会兼职专家，回避本人及直系亲属申请或参加的项目的评审活动。评审组成员和兼职专家的申请项目，需学科评审组逐项以无记名投票方式表决，赞成票达出席人数的2/3以上方予通过。

第八条　参加评审工作的专家和工作人员应严格遵守《国家自然科学基金委员会关于评审工作的保密规定》，切实保护申请人和评审人的权益。

第二章　初　　审

第九条　科学部负责申请项目的初审，有以下情况之一者可建议不予资助：

1. 申请手续不完备，申请书填写不符合规定；

2. 不符合科学基金资助范围；

3. 申请者或具有高级专业技术职务的项目组主要成员的申请项数，连同在研的科学基金面上各类资助项目数超过两项；

4. 与同类研究低水平重复；

5. 明显缺乏立论根据，或研究方法、技术路线明显不清，无法进行评审；

6.不具备实施该项目的研究能力，或缺乏基本的研究条件；

7. 申请经费过多，科学基金无力支持；

8. 已从其他部门获得充足的经费；

9.申请者对已获资助项目，不执行科学基金资助项目管理的有关规定，且未按要求补正的；不认真开展研究工作，未发表一篇论文或未取得研究结果的。

第十条　经初审建议不资助的项目，学科负责人须填写《国家自然科学基金申请项目审批意见表》，由科学部主任（副主任）审核同意。

第三章　同行评议

第十一条　同行评议是遴选项目的基础，由科学部负责实施。一般采取通迅书面评议。

第十二条　选准评议人是做好同行评议的关键，应针对申请项目的研究内容进行选择。

1.选择实际从事研究工作、学术造诣较深、学术思想活跃、熟悉被评项目学科领域的国内外情况、有评议分析能力、学风严谨、办事公正的科学工作者作评议人；

2.选择评议人要注意群体结构，既要考虑专业对口，又要考虑知识的覆盖面和不同学术观点、不同单位的代表性；

3.交叉学科项目的评议人，应包括所涉及不同学科的专家；

4.高技术新概念新构思探索项目（简称高技术

探索项目）的评议人，必须有“863计划”专家组成员。

第十三条 为保证评议结果的客观、公正，每个申请项目须请五名同行专家进行评议，可作为评审依据的明确、具体的同行评审意见应不少于3份，内容相近的申请项目，应尽可能请同一组专家进行评议。

第十四 条评议人应以认真负责的科学态度对被评项目的科学价值、学术水平、创新性及研究条件等提出具体分析意见，作出实事求是的评价，并填写《国家自然科学基金申请项目同行评议意见》。

第十五条 学科负责人应实事求是地综合、分析、归纳评议人的实质性意见，填写《国家自然科学基金申请项目审批意见表》。对同行评议意见分歧较大的项目可进行必要的调查，并将调查情况写成报告，提供学科评审组参考。

第四章 学科评审组评审

第十六条 科学基金委员会根据学科发展和评审工作需要，设若干学科评审组，在初审、同行评议基础上，对申请项目进行复审，根据择优支持条件和资助控制指标，提出资助项目及资助金额的建议。

第十七条 学科评审组由学术造诣深、知识面较广、作风公正、热心科学基金工作、有一定声望的科学家组成，并实行任期制。

第十八条 学科评审组专家应以科学、公正的态度参加评审工作，不代表部门和单位，不为部门、单位或个人谋取利益，自觉维护科学基金评审工作的声誉。根据评审工作的实际需要，经科学部主任（副主任）批准，可酌情特邀少数专家参加当年学科评审组的评审，特邀专家享有学科评审组成员的同等权利和义务。

第十九条 学科负责人应就初审、同行评议及计划资助项目数的经费指标等重要问题，向学科评审组作汇报说明，并根据同行评议情况，选择优秀项目建议学科评审组重点评审，建议重点评审的项目数一般不得低于计划批准项目数的120%，并将未建议重点评审的其他申请项目及其初审、同行评议材料提供学科评审组调阅审查，如发现其中有须复议的项目，经两名以上评审组成员提议，可纳入重点评审，但须经投票表决，三分之二以上出席人数赞成方予通过。

第二十条 对创新性很强的探索项目，评审时如不能取得共识，由评审组写明情况，组长签署意见，科学部在评审会后进一步征求专家意见，提出资助与否的意见。如需资助，可用科学部当年面上项目经费，也可用科学部主任基金。

第十一条 项目的评审要与资助项目的后期管理结合。对资助项目完成质量优秀、成果突出并遵守科学基金委员会有关规定的申请者的申请项目，可连同其完成项目的《国家自然科学基金资助项目总结报告》，提交学科评审组重点评审，建议优先资助。

第二十二条 青年科学基金项目的评审，必要时可安排申请者到评审会答辩或委托评审组成员会前、会后就地组织答辩。

第二十三条 地区科学基金项目在限定的地区范围内竞争，科学部统一综合平衡，择优资助。

第二十四条 高技术探索项目的评审，要以其项目指南为依据，遴选为“863计划”起探路和先导作用的创新性强的项目，避免成为“863计划”的一般性补充。

第五章 审批下达

第二十五条 科学部根据学科评审组的建议，进行综合平衡，提出计划资助的研究项目、资助总金额、评审工作总结，以及按第二十条规定提出的非共识项目的资助意见，经主管委主任（副主任）审核同意后，提请委务会审查批准。单项资助金额超过15万元的项目、科学基金委员会兼职专家的项目等，委务会议逐项审查批准。

第二十六条 申请项目评审结果经委务会议批准后，科学部书面通知申请者及所在单位，并对未获资助的项目反馈不资助的原因。

第六章 附 则

第二十七条 本办法适用于科学基金面上项目的评审，包括自由申请项目、青年科学基金项目、地区科学基金项目和高技术探索项目等。

第二十八条 本办法自发布之日起施行。1986年5月23日公布的《国家自然科学基金委员会关于申请项目评审工作暂行办法》同时废止。科学基金委员会以往发布的评审工作的其他规定，凡与本办法不一致的，执行本办法。

第二十九条　本办法由科学基金委员会责成综合计划局负责解释。

国家自然科学基金面上资助项目管理办法

1992 年 2 月 2 日

第一章　总　　则

第一条　为加强国家自然科学基金面上资助项目（简称科学基金资助项目）的管理，保证研究工作的顺利开展和经费的有效使用，推动我国科学技术进步，促进科技人才的培养，特制订本办法。

第二条　科学基金资助项目的管理（包括计划实施、经费管理、结题评议等）是国家自然科学基金管理的重要环节。国家自然科学基金委员会（简称科学基金委员会）、受资助单位和项目负责人要各负其责，协同配合，按照基础研究的特点，共同做好科学基金资助项目的管理。

1. 科学基金委员会是科学基金资助项目的主管部门，负责项目的宏观管理，检查项目的实施和完成情况，审批有关重要事项；

2. 受资助单位应将科学基金资助项目列入本单位的重点科研计划，指定专门部门和专人负责管理，保证科学基金资助项目的计划实施、条件落实、财务管理和结题评议。科学基金资助项目多的单位，可根据本办法结合本单位情况制订管理细则，报科学基金委员会综合计划局（简称计划局）备案；

3. 项目负责人全面负责科学基金资助项目的计划实施、经费使用，结题总结。

第三条　本办法是管理自由申请项目、青年科学基金项目、地区科学基金项目、高技术新概念新构思探索项目的依据。科学基金委员会有关部门、受资助单位、项目负责人应严格执行。

第二章　计划实施

第四条　项目负责人接到科学基金资助项目批准通知的一个月内，应在申请书的基础上，根据批准通知，认真填写《国家自然科学基金资助项目研究计划》，经所在单位审核后，报送科学基金委员会对口科学部审查（一份），作为拨款和检查的依据。科学部审查后，如有不同意见，应于收到计划一个半月内通知项目负责人及所在单位。逾期不报，又不在规定期限内说明理由的项目，作自动放弃处理。

第五条　研究计划实施中，鼓励项目组对研究工作进行创新。涉及降低预定目标、减少研究内容、中止计划实施、提前结题或延长年限等变动，项目负责人须提出报告，经所在单位审查签署意见，报对口科学部审批。

第六条　项目负责人和项目组具有高级专业技术职务的主要成员必须保持稳定，确须变更的，按下列规定报批或备案：

1. 项目负责人工作调动，经调出、调入单位协商同意，可继续担任项目负责人，在原单位完成项目研究，由项目负责人提出报告，经调出、调入双方签署意见报对口科学部备案；如调入单位具备条件，也可将项目转到调入单位继续研究，由项目负责人提出报告，经调出、调入双方签署意见报对口科学部审批；

2. 项目负责人一般不得代理或更换，遇有特殊情况（如出国、病休等）离开该项目研究半年以上、一年以内的，所在单位须安排合适人选代理，并报科学基金委员会对口科学部备案；离岗超过一年及擅自离岗的，须更换合适的项目负责人，由所在单位专报对口科学部审批，并附更换者的简历、学术水平、研究能力等情况的材料。如无合适的人选更换，按中止计划实施办理；

3. 青年科学基金项目负责人不得代理或更换。离岗半年以上、一年以内的，报所在单位和对口科学部备案；超过一年的，按中止计划实施办理；

4. 为保证资助项目研究工作的顺利进行，项目组主要成员一般不得退出。如确属出国、调离、病休等原因（一年以上），需要退出的，按本条第二款程序办理。

第七条　对研究计划执行不力或难以取得研究结果的项目，所在单位和对口学科主任可建议予以撤销或中止，报对口科学部审批。

第八条　研究计划执行中，项目负责人每年须填写《国家自然科学基金资助项目年度进展报告》(简称《进展报告》)，报送所在单位。所在单位在检查考核基础上，对《进展报告》实事求是地签署意见，于次年1月15日前统一报送对口科学部一份。地区科学基金及联合资助项目，同时报送匹配经费的主管部门。

第九条　受资助单位每年须对本单位的科学基金资助项目的执行与管理情况，进行综合、统计、分析，填写《国家自然科学基金资助项目管理工作年度报告》(简称《管理报告》)，于次年1月15日前报送计划局一份。

第十条　对不报送《进展报告》，或工作无进展，或经费使用不当的项目，缓拨经费。于3月底前按规定纠正、补报的，下半年补拨；逾期不纠正、补报的，中止资助。

第十一条　不按规定要求、不按规定时间向科学基金委员会报送《进展报告》和《管理报告》的受资助单位，缓拨其次年资助经费，直到按规定纠正补报。

第十二条　科学基金委员会对口科学部根据工作需要，每年安排一定时间，对资助项目有重点地进行检查。

第三章　财务管理

第十三条　科学基金资助经费，按项目分年度拨至受资助单位。受资助单位应按项目单独建帐，专款专用，严格依照《国家自然科学基金资助项目财务管理办法》(简称《财务管理办法》)进行管理。在本单位财务部门和科学基金项目管理部门的管理监督下，项目负责人按计划自主支配使用，任何单位、个人无权截留、挪用。

第十四条　中止计划实施和撤销的项目，科学基金委员会停止拨款。其中，受资助单位建议中止、撤销的项目，经科学基金委员会对口科学部审查批准后，该项目已拨经费的余额，由单位用于其他国家自然科学基金资助项目的追加，其追加方案，随年度《管理报告》报送计划局，由计划局通知对口科学部。如无科学基金项目追加需要，将结余经费退还科学基金委员会，不得挪作他用。科学部建议中止、撤销的项目，已拨经费的余额追回，连同该项目的待拨经费进入科学部次年面上项目经费。

第四章　结题与评议

第十五条　科学基金资助项目结束后3个月内，项目负责人应认真撰写《国家自然科学基金资助项目总结报告》(简称《总结报告》)，包括研究工作总结、结题简表、研究成果目录。完成论著目录、经单位审查、验收并签署意见后，由单位统一报送对口科学部(一式两份)。科学部审查后，将一份转计划局。地区科学基金及联合资助项目，同时报送匹配经费部门。各单位应将本单位结题的全部项目的结题简表，按统一规定录入软盘，同时报送计划局。

中止计划实施、撤销和提前结题项目，均按结题要求和程序，报送《总结报告》和结题简表软盘。

第十六条　科学基金委员会科学部对资助项目的《总结报告》提出验收意见，作为评审新申请项目的依据之一。对不按时报送《总结报告》，不认真开展研究工作、未发表一篇论文或未取得研究结果的项目负责人，两年内不受理其新申请。对项目完成质量优秀的项目负责人，科学部可将其《总结报告》连同新的申请，送学科评审组评审，建议优先资助。

第十七条　资助项目的有关论文、专著、成果评议鉴定资料等，均应标注“国家自然科学基金资助项目”，未标注的，检查、验收时不计。

第十八条　科学基金资助项目的研究成果，按《中华人民共和国国家科学技术委员会关于科学研究成果管理的规定(试行)》进行管理、上报登记和申请奖励。需科学基金委员会组织评议、鉴定的科学基金资助项目研究成果，按《国家自然科学基金资助项目研究成果评议鉴定试行办法》规定执行。

第十九条　科学基金委员会定期编印《国家自然科学基金资助项目结题年报》、《国家自然科学基金资助项目优秀成果选编》等，作为评价科学基金资助效果和各单位完成情况的依据。项目结束后的3年内，受资助单位应将已结束项目专著、论文的被引用以及新发表情况，成果鉴定推广效益情况，每年随《管理报告》报送计划局。

第二十条　科学基金资助项目结束后3个月内，项目负责人应按《财务管理办法》的规定，认真填写《国家自然科学基金资助项目财务决算表》，报所在单位财务、审计部门审核、审计。所在单位科学基金项目管理部门据以汇总编制《国家自然科学基金资助项目财务决算汇总表》，报送计划局审核，同意后批复核销。

中止计划实施、撤销和提前结果题项目，均按结束项目要求和程序，报送财务决算。

第五章　附　　则

第二十一条　凡本办法规定的有关报批事项（不含增加资助经费、国际合作交流等），科学基金委员会有关部门应在收到报告后一个半月内予以批复，逾期不批复的，申报自动生效。

第二十二条　科学基金资助项目获得的应用成果，有关部门、受资助单位、项目组成员应大力推广，促其转化为生产力。

第二十三条　受资助单位、项目负责人报送的各类报表，科学基金委员会有关部门的批复等，凡有限期规定的，以邮戳为据。

第二十四条　受资助单位、项目承担者在科学基金管理中弄虚作假、违反规定的，必须坚决纠正，情节严重的，将撤销对有关项目的资助，甚至暂停受理承担者或单位的新申请。

第二十五条　本办法自发布之日起执行，科学基金委员会以往颁发的有关规定凡与本办法不一致的，均执行本办法。

第二十六条　本办法由科学基金委员会责成计划局负责解释。

国家自然科学基金委员会主任基金管理办法

1992年3月9日

一、国家自然科学基金委员会主任基金（以下简称委主任基金）用于资助需要及时支持并具有重大科学意义的创新性项目和其他特殊需要。

二、委主任基金不超出当年科学基金总数的2%，年度预算指标由委务会议决定，结余不结转。

三、委主任基金随时受理科学家个人或集体的申请与推荐。

四、项目申请须填写《国家自然科学基金申请书》（简称申请书），由对口科学部（组）与综合计划局（以下简称计划局）初步审查，经委主任或分管副主任同意立项评议后，交科学部（组）组织同行专家通讯评议，并负责综合评议意见和提出资助建议，经计划局复核，报委务会议审批。项目批准后，由科学部（组）通知申请者及其所在单位，将《申请书》及录有申请书简表的软盘交计划局。

五、委主任基金资助项目原则上只受理10万元以上的申请，最高资助金额一般不超过30万元，资助时间1—3年。由对口科学部（组）依据《国家自然科学基金面上资助项目管理办法》负责管理。必要时，项目资助经费可由委主任基金和科学部主任基金共同支持。

六、委主任基金由计划局负责单独建帐。依据《委主任基金申请项目审批表》和《资助项目研究计划》，一般在单月进行拨款。

七、科学部（组）负责管理的委主任基金项目，每年2月底前应将其《年度进展报告》或《总结报告》等报送分管委主任或副主任审查，并复印一份送计划局。必要时，可组织结题验收。

八、特殊需要的申请由计划局受理，委务会议审批后，责成有关部门负责管理。如遇特殊紧急情况，经有关部门提出意见，由委主任审批，并由委务会议追认。

九、本办法自公布之日起执行。1987年6月19日委务会议通过的《国家自然科学基金委员会主任基金试行办法》同时废止。

十、本办法由计划局负责解释。

国家自然科学基金委员会科学部主任基金管理办法

1992年3月9日

一、为不失时机地资助具有创新性的研究项目和支持为国家自然科学基金（以下简称科学基金）发展必须开展的工作，特设立科学部主任基金。

二、科学部主任基金从科学基金中划出，不超出当年科学基金总数的3%，并按相应比例分配到科学部（组）。年度预算指标由委务会议批准。

三、科学部主任基金的使用范围：

1. 两个年度评审会之间需要紧急资助的创新性项目；

2. 资助项目有可能取得突破性进展或取得重大效益，而又急需经费的，可给予追加资助；

3. 为科学基金工作的发展，需要科学部委托和安排的任务。

四、科学部主任基金随时接受申请，两个年度评审会之间资助项目的申请与受理的要求与自由申请项目相同。在同行专家评议基础上，由科学部主任会议审查。

五、项目资助经费的追加，一般需在第一次拨款一年以后、结题半年之前由项目负责人提出申请，学科主任提出追加资助建议，科学部主任会议审查。

六、科学部委托和安排的任务，经科学部主任或副主任审查批准后，由科学部与承担单位签订协议书或合同后执行。

七、科学部主任基金资助项目（含委托与安排的任务）的资助金额在5万元（含）以下的，由科学部主任会议批准；5万元以上、15万元（含）以下的，科学部提出审查意见，由分管委主任或副主任批准；15万元以上的，由委务会议批准。

八、科学部主任基金资助项目批准后，科学部应将《科学部主任基金申请项目审批表》及录有申请书简表的软盘或《资助项目追加经费审批表》或《委托任务审批表》（附协议或合同）等，一式两份，送综合计划局（以下简称计划局）复核使用范围、审批程序、经费情况等后，办理拨款和资助项目入数据库等手续。

九、科学部主任基金资助项目一般每单月下旬拨款，由计划局负责分科学部记帐，结余经费可跨年度使用。

十、科学部每年应将两次评审会议间资助项目的情况，在审批面上项目时，向委务会议报告。

十一、本办法自公布之日执行。1987年7月10日委务会议通过的《国家自然科学基金委员会科学部主任基金试行办法》同时废止。

十二、本办法由计划局负责解释。

国家自然科学基金重点项目立项、评审、管理试行办法

1990年10月30日

第一章 总 则

第一条 国家自然科学基金委员会为适应基础性研究工作的特点和学科发展的需要，设立国家自然科学基金重点项目（以下简称重点项目）。

第二条 国家自然科学基金重大项目、重点项目、面上项目是既有区别又有联系、相辅相成的三个层次。重点项目主要是针对我国科学发展与布局中的关键科学问题和学科领域新生长点开展系统、深入的研究工作。它必须具备以下条件：

1. 意义重要，包括：学科前沿和新生长点的研究；对开拓新兴技术领域、发展高技术起关键作用或对促进科技进步和经济、社会发展有重要指导意义和深远影响的基础性研究；以及针对我国自然条件、资源特点和有重要意义的基础性研究等。

2. 有先进、可行的研究方案，创新的学术思想和必要的基本实验研究条件。

3. 有高水平的学术带头人和精干的、以中青年研究人员为主的研究队伍。

4. 具有国内领先的研究工作基础，近期可望取得重要成果或突破性进展。

第三条 重点项目的遴选要在国家“中长期科学技术发展纲要”所确定的学科布局和优先领域的指导下，结合国家自然科学基金委员会的学科发展战略研究，并在广泛征求科学家意见和建议的基础上进行。

第四条 重点项目要体现有限目标、有限规模、重点突出、队伍精干。每项资助强度一般在50万元左右。研究年限3年至5年。要重视学科的交叉和渗透，但不强调跨部门、跨单位的联合研究。注意发挥国家重点实验室的作用。

第五条 重点项目由国家自然科学基金委员会委务会议审查批准，并定期向全委会报告。受理

申请、同行评议、学科组评审等工作注意与面上项目同步安排。

第六条　重点项目经费由国家自然科学基金中划出适当比例的额度，专款专用。

第二章　立项、申请、评审、批准程序

第七条　国家自然科学基金委员会各科学部在研究优先发展领域、学科发展重点和征求科学家意见基础上，提出本年度重点项目立项方案，经委务会议批准后，将拟立项目名称、内容和研究目标等在国家自然科学基金项目指南中予以公布。

第八条　具备相应研究能力和条件的各单位的科技人员均可根据重点项目指南，向有关科学部提出定向申请。申请书格式、填报要求、受理时间与国家自然科学基金面上项目相同，申请书封面左上角应标明“重点项目”字样。按规定格式录制的计算机软盘送综合计划局。

第九条　各科学部将受理的申请书按项目集中送同行专家评议，每项应有三至五位同行专家书面评议意见。

第十条　科学部将汇总的同行专家书面评议意见，提交学科评审组评审，择优确定项目承担单位及负责人。学科评审组可根据需要组织评审答辩，也可以专项组织评审论证。

第十一条　重点项目评审答辩结果，由国家自然科学基金委员会有关科学部填写《重点项目评审意见》，经委务会议批准后，向项目负责人（设置课题的项目含课题负责人）及其所在单位下达批准通知。

第十二条　项目负责人在接到批准通知后，按照审批意见和规定格式编制研究工作计划和经费开支计划，于一个月内报送有关科学部审核后执行。

第三章　项目管理

第十三条　国家自然科学基金委员会对重点项目执行情况，采取逐项跟踪、实地检查、定期评议、拨款调控等手段，或将相近学科的几个重点项目集中检查、交流等办法，加强重点项目管理。督促项目顺利进行，促进出成果出人才。项目结束时，按要求进行验收。

第十四条　重点项目的承担单位应将项目列入本单位的重点科研计划，加强项目的组织管理，定期检查进展，落实所需条件，解决存在问题，及时反映情况，发挥监督、保证作用，确保按时完成。

第十五条　重点项目负责人每年均应写出项目执行报告向国家自然科学基金委员会有关科学部汇报研究工作进展，取得的成果，学术交流和国际合作等情况，并得出下年度工作计划。设置课题的重点项目，应成立由项目负责人和中青年骨干人员组成的学术领导小组，负责组织、协调项目研究计划的实施。学术领导小组成员名单应报科学部备案。

第十六条　重点项目经费采取一次批准总金额、分年度核定拨款额的办法，拨至项目和课题负责人所在单位。项目经费的使用，按照《国家自然科学基金资助项目财务管理暂行办法》执行。

第十七条　国家自然科学基金委员会鼓励重点项目开展国际合作与学术交流活动。申请与审批办法详见国际合作交流有关规定。

第十八条　重点项目研究成果按国家自然科学基金委员会的规定报送有关文件、材料，进行登记和管理。所有论文、著作、研究报告及各种成果资料，均须按规定标注“国家自然科学基金资助项目”字样和项目的编号。

第四章　附　　则

第十九条　本办法经国家自然科学基金委员会委务会议批准施行。

《国家自然科学基金重点项目立项、评审、管理试行办法》的若干补充规定

1992年2月20日

一、立项、申请与评审

1. 重点项目的研究应体现有限目标、有限规模、重点突出、队伍精干的原则。项目一般不设课题，如确有必要，课题设置不超过3个。

2. 申请者应根据《国家自然科学基金重点项目指南》公布的名称、内容和目标进行整体申请，不具备整体申请能力的研究人员可以组织联合申请，但合作单位不宜过多。

3. 具有高级专业职称的科技人员，只能参加一个重大或重点项目的研究，项目负责人，课题负责人及项目、课题的主要参加者均视为参加研究。

4. 学科评审组专家回避本人和本单位参与申请项目的评审活动。如组织专项评审论证，不邀请参与项目申请单位的专家参加评审组。

二、计划实施与管理

1. 重点项目实施过程中，若须变更项目研究计划，经项目学术领导小组研究提出，由项目负责人通过所在单位提出书面报告；属课题计划的变更，由课题负责人征得项目学术领导小组同意后，通过所在单位提出书面报告。研究计划的变更均应报对口科学部审查，经分管委主任批准，送综合计划局（以下简称计划局）备案。

2. 每年由项目负责人汇总各课题的《年度进展报告》，并在此基础上填写项目的《年度进展报告》（《年度进展报告》的格式均同面上项目），于次年1月15日前报对口科学部审查，作为下一年度拨款的依据。

3. 重点项目实施中期，各科学部应采用适当方式对项目的进展情况进行检查，并视情况对项目的研究计划、人员和经费提出调整意见。中期检查结束后，科学部填写《重点项目中期检查报告》，报分管委主任（副主任）批准，并送计划局备案。

4. 项目负责人变更及项目中止

（1）项目负责人（课题负责人）因故离开项目（课题）研究工作半年以上、一年以内者，项目学术领导小组应事先提出合适的代理人选，经所在单位同意后报对口科学部审批。

（2）项目负责人（课题负责人）因故离开项目（课题）研究工作一年以上的，项目学术领导小组应及时安排合适的更换人选（课题负责人的更换须征得项目负责人同意），经所在单位同意后报对口科学部审核，分管委主任（副主任）批准，送计划局备案。

（3）项目（课题）中途无法进行，或因上款（2）的原因，项目（课题）负责人无合适人选更换，应中止项目（课题）资助。课题中止资助，征得项目学术领导小组同意后，由所在单位报对口科学部批准；项目中止资助，经项目学术领导小组研究后，由项目负责人提出，经科学部审核，报分管委主任（副主任）审批。结余经费（含已拨、未拨），收回进入科学部重点项目经费，并按《国家自然科学基金面上资助项目管理办法》规定，办理中止手续，报送财务决算。

（4）重点项目实施过程中，属项目（或课题）负责人的变更、项目（或课题）的中止、中期检查确定的经费变更，科学部均应填写《资助项目变更通知单》，送计划局进行相应变更。

三、经　费

1. 重点项目经费，与在研面上项目同步，于每年第一季度拨出。

2. 凡联合资助的项目，计划实施前，科学部应就联合资助的金额、使用范围、各方应承担的义务等与提供资助单位进行协商，商计划局后，签订“协议书”。

四、结题与验收

重点项目结题后6个月内，由项目负责人按《国家自然科学基金面上资助项目管理办法》第十六条要求组织写出《总结报告》（格式同面上项目），并汇集发表的论文、著作，以及与研究成果有关的其他资料，经科学部会同计划局审查合格后，组织专家进行验收。

国家自然科学基金“八五”重大项目立项、评审、管理暂行办法

1990年12月5日

第一章　总　　则

第一条　为了适应基础研究和应用基础研究（以下简称基础性研究）特点和组织管理的需要，国

家自然科学基金委员会在“八五”期间继续设立重大项目、重点项目、面上项目，形成既有战略纵深部署又有学科发展布局、既有区别又有联系、相辅相成的资助格局。

第二条　国家自然科学基金重大项目（以下简称重大项目），要服务于我国社会主义建设总目标，针对经济、科技、社会发展中的重大科学问题，组织多学科、跨部门、跨单位的联合研究。资助项目的遴选，必须符合以下条件：

1. 意义重大，目标先进。包括：在国内有较强的研究工作基础和优势，近期可望取得重大突破，达到国际先进水平的前沿性基础研究；或具有重大应用前景，近期可能对科技、经济、社会发展做出优异成绩的应用基础研究；或以关系国计民生的重大自然科学问题为目标，发挥我国自然条件和自然资源特点，具有中国特色的基础性研究。

2. 要有总体思想和清晰、可检查的目标，课题之间研究内容须是有机联系，能够发挥跨学科、跨单位合作研究的优势。

3. 要有创新的学术思想和研究方法，先进、合理、可行的研究方案和必要的实验研究条件。

4. 要有学术水平高、组织能力强的学术带头人和相应的学术梯队，形成国家水平的研究队伍，有利于高级科研人才作用的发挥和中青年学术带头人的成长。

第三条　重大项目要少而精，规模适度，所含子课题不宜太多。资助强度平均每项200万元，研究年限一般不超过5年。所需经费从国家自然科学基金中划出适当比例，专款专用。

第四条　重大项目的组织应以国家“中长期科学技术发展纲要”和科学技术工作的战略布局为指导，注意与国家基础性研究重大项目计划、国家高技术研究发展计划以及国家科技攻关计划的协调和衔接，注意与国家重点实验室、部门开放实验室的研究工作相互配合，充分发挥现有仪器设备的作用。

第五条　重大项目采取在专家建议基础上统一规划，在项目指南引导下定向申请，在同行评议基础上逐项论证，自下而上、自上而下相结合的办法，有计划、有步骤地组织实施。

第六条　重大项目的评审，要贯彻“依靠专家、发扬民主、择优支持、公正合理”的原则，保证决策的科学化、民主化，增强透明度。

第七条　要把竞争机制贯穿于重大项目的申请、评审、管理全过程，强化资助项目的检查管理。

第二章　立　　项

第八条　有关科学家个人或集体及有关部委，均可根据国家“中长期科学技术发展纲要”和国家自然科学基金委员会（以下简称基金委员会）组织重大项目的战略设想与要求，提出重大项目立项的建议，亦可在优秀的面上项目、重点项目的基础上，或在已经完成并取得了重要成果，有待进一步深入和扩展的原重大项目基础上，提出立项建议。

第九条　所有立项建议均需具有高级专业职务的专家填写《重大项目建议表》，经建议人所在单位加盖公章后，一式8份送基金委员会有关科学部。

第十条　基金委员会有关科学部组织专家对立项建议进行筛选、综合，并根据建议的重要性、迫切性、先进性、可行性和经费的可能，分期分批地提出重大项目立项计划草案（跨科学部的项目由委组织协调），经委务会议审议后，提请基金委员会全委会批准。

第十一条　经基金委员会全委会批准立项的重大项目，根据其组织工作的成熟程度，通过重大项目指南，分批分年度公布项目的名称、主要研究内容、关键科学问题、研究目标和课题构成等，引导科技人员定向申请。

第三章　申请与评审

第十二条　凡有能力、有条件承担重大项目的全民所有制单位的科技人员，均可根据公布的项目内容和目标，对重大项目所属课题提出申请。申请书格式、填报要求与国家自然科学基金自由申请项目相同，并在封面左上角标明“重大项目”字样和所属重大项目的名称。

第十三条　课题申请书经基金委员会有关科学部初审后，按所属重大项目归类，送同行专家评议，择优遴选重大项目及其所属课题的学术带头人和参加者。未经同行评议的课题和申请者，不得进入重大项目。

第十四条　基金委员会有关科学部根据同行专家评议结果，就重大项目课题构成、研究队伍、经费框算等问题与选定的学术带头人和参加者研讨、协调、组织填报《重大项目联合申请书》。

第十五条　重大项目的评审采取论证会方式，按项目成立专家评审组，就项目的主要研究内容、研究目标、预期成果、研究技术路线、队伍构成及所需经费等，进行面对面答辩和背靠背的评审论证，成熟一项、论证一项。

第十六条　项目主持人和课题负责人根据专家评审论证结果，对重大项目研究方案进行补充、修改，填写“重大项目任务书”和“重大项目课题任务书”，报基金委员会有关科学部审核后，提请委务会议审批。

第十七条　基金委员会向项目主持人、课题负责人及其所在单位下达“重大项目批准通知”和“重大项目任务书”及“重大项目课题任务书”，做为执行和检查研究计划的依据。

第四章　项目管理

第十八条　重大项目的管理要依靠专家，充分发挥经济杠杆的调控作用。实行优存劣汰、有进有出、有增有减、浮动拨款的动态管理方法。

第十九条　每一重大项目推选出以项目主持人为首、由若干名专家组成的学术领导小组。学术领导小组对基金委员会负责，其具体职责是：

1. 负责研究计划的组织实施和协调，发挥学术上的指导和咨询作用。

2. 提出经费预算年度分配的建议。

3. 拟订整个项目的国际合作研究与学术交流计划。

4. 检查研究计划执行情况，评价研究工作水平，根据执行情况，提出必要的修改和调整建议，向基金委员会提出项目执行和完成情况的综合性报告。

5. 组织学术交流与国内外研究动态分析，协调解决各参加单位合作中存在的问题，发挥跨学科、跨单位联合研究的优势。

第二十条　重大项目学术领导小组每年召开一次工作检查交流评议会，听取各课题组和承担单位的工作报告，对研究工作进展、经费使用和研究成果进行检查、评议，在此基础上研究下年度工作计划和经费分配方案，向基金委员会提出建议。检查评议活动应邀请项目主持人所在单位及主要承担单位科研管理部门派人参加。研究计划执行中期的检查、评议，应邀请原评审论证专家或学科评审组有关专家参加。

第二十一条　重大项目主持人和课题负责人，每年度应填写项目和课题执行情况报告，送国家自然科学基金委员会有关科学部。项目完成时应写出全面工作总结、经费决算和研究成果报告，国家自然科学基金委员会组织有关专家予以验收。

第二十二条　国家自然科学基金委员会通过对重大项目的检查，可根据学科前沿发展需要、研究计划执行情况及重大项目学术领导小组的建议，对研究内容、研究队伍进行调整。必要时中止对某些课题的资助，或撤销某些单位承担的任务。需新增课题和新增单位时，应按规定程序进行评审论证，报委务会议批准。

第二十三条　重大项目的管理要发挥各有关部门和单位的作用。各承担部门和单位应将研究任务纳入本部门、本单位的科研计划，加强监督检查，解决存在问题，落实所需设备、设施、人员、资金、消耗性器材等条件，确保研究工作的顺利进展。

第五章　国际合作

第二十四条　重大项目要积极开展国际合作研究和学术交流活动，吸收世界上科学技术最新成就，提高我国科学研究的水平，促进优秀人才的成长，为世界科学技术的繁荣作出贡献。

第二十五条　重大项目国际合作交流计划及所需经费，由项目学术领导小组负责向基金委员会提出申请，经有关科学部会同国际合作局按相应规定，逐项办理审批手续后执行。

第六章　经　　费

第二十六条　重大项目经费要积极争取多渠道来源，鼓励有关部委、地方政府、企业与基金委员会联合资助。

第二十七条　重大项目经费采取一次批准资助总金额，分年度核定，浮动拨款的办法，由基金委员会拨至重大项目主持人和课题负责人所在单位，在单位监督下按计划使用。重大项目经费的使用范围限于研究工作直接需要的开支，具体范围和管理要求，按《国家自然科学基金资助项目财务管理暂行办法》执行。各承担单位要充分利用本单位现有条件和所在地区的协作条件，精打细算，力求节约，提高经费使用效果。

第七章　成果管理

第二十八条　重大项目研究成果（包括科学

理论成果、应用技术成果以及软科学研究成果）的鉴定和管理，按照国家科委和基金委员会有关规定执行，并积极促进成果的应用和推广。

第二十九条　重大项目所有研究成果、专著、论文、研究报告、总结、鉴定证书及成果报道等，均应标注“国家自然科学基金资助项目”字样和项目的编号。属联合资助的重大项目可同时标注有关部委或单位的名称。

第八章　附　　则

第三十条　本办法经委务会议批准后实施。

《国家自然科学基金“八五”重大项目立项、评审、管理暂行办法》的若干补充规定

1992 年 2 月 20 日

一、申请与评审

1. 申请者根据《项目指南》公布的内容和目标，既可对整个项目组织联合申请，也可对项目所属课题进行单独申请。课题申请书格式与科学基金面上项目相同，但应于封面左上角标明“重大项目”字样和所属重大项目名称。联合申请，除每个课题须填报《申请书》外，还应填报《重大项目联合研究申请书》，各一式 10 份送对口科学部。

2. 具有高级专业职称的科技人员，只能参加一项重大或重点项目的研究。项目主持人、课题负责人及项目、课题主要参加者均视为参加研究。

3. 科学部送同行书面评议应于截止申请日期的 15 天以后开始，将每个项目的全部申请书送 5—7 名同行专家进行评议。跨科学部项目，应适当增加同行评议专家人数。

4. 科学部在综合分析同行评议意见基础上，提出项目主持人及其研究队伍、课题构成、经费框算方案，提出专家评审组名单，填写《重大项目评审意见表》有关栏目，经综合计划局（以下简称计划局）复核报分管委主任（副主任）批准后，组织评审论证。专家评审组一般由 7—11 名专家组成，不邀请参与项目申请单位的专家参加。

二、跨科学部项目的协调

跨科学部重大项目，由负责受理申请的科学部主任（或副主任）牵头，与相关科学部协商共同组成“协调小组”，负责该项目的立项、评审、管理、验收等工作的协调与组织实施。和“协调小组”成员名单，送计划局备案。

三、计划实施

1. 项目主持人因故临时离岗半年以上、一年以内，由该项目学术领导小组协商确定合适的代理人选，经所在单位同意后，报对口科学部批准；课题负责人临时离岗半年以上、一年以内的，由学术领导小组商课题负责人所在单位推荐合适人选代理，由所在单位报对口科学部批准。

2. 项目主持人或课题负责人，离开该项目研究一年以上，前者由项目学术领导小组商定，后者由项目学术领导小组与课题负责人所在单位商定更换人选，报对口科学部审查，分管委主任（副主任）批准，送计划局备案。

3. 课题中途无法进行，或因上款 2 的原因，课题负责人无合适人选更换，应中止资助，经项目学术领导小组研究提出，所在单位同意后报对口科学部审核，分管委主任（副主任）批准，并送计划局备案。结余经费（含已拨和未拨）或根据需要纳入项目滚动管理经费或回收进入科学基金重大项目经费。

4. 项目中止，学术领导小组研究，项目主持人提出，由科学部提出意见，分管委主任（副主任）审核，报委务会议审批。结余经费（含已拨、待拨）进入科学基金重大项目经费。

5. 上述两款中止资助回收的经费，属科学部切块经费，由科学部掌握；属跨科学部经费，由科学基金委员会统一掌握。

四、经　　费

1. 项目组可控留一定数额的机动费，主要用于滚动管理，以及学术交流、年度检查和项目验收，一般控制在批准经费总额的 10%左右。

2. 科学部应根据重大项目的具体情况，争取与

有关部门或单位进行联合资助。联合资助实施前应由资助各方签署协议书，以保证项目计划的顺利执行。协议书内容包括：联合资助的范围，各方投入的经费数额及方式（一次性投入或分年度投入），各方承担的义务。

协议书由科学部与计划局会商后签署。

3. 重大项目经费按年度一次拨至项目主持人和课题负责人所在单位。科学基金委员会于每个季度最后一个月的下旬进行拨款。

4. 重大项目国际合作与交流所需经费，不包括在项目批准金额中，由项目主持人或课题负责人通过所在单位按国际合作有关规定向科学部另行申请。

五、结题与验收

重大项目研究计划结束后6个月内，项目主持人应及时组织各课题按《"八五"重大项目验收意见》要求进行总结和编制财务决算，由对口科学部组织验收。《重大项目验收评议书》由分管委主任(副主任)审核签署意见，必要时报请委务会议审查批准。

国家自然科学基金重大项目验收意见

1990年8月30日

国家自然科学基金委员会"七五"期间组织的重大项目将陆续结束，为了检验项目研究工作取得的成果及水平，现就项目的验收提出以下意见。

一、验收对象

经国家自然科学基金委员会批准执行、按照起止年限应予结束的国家自然科学基金重大项目。

二、验收依据

1.《国家自然科学基金委员会关于重大项目评审管理暂行办法》。

2.《国家自然科学基金重大项目任务书》、《国家自然科学基金重大项目课题任务书》。

3. 经科学基金委员会主管科学部审查同意的研究计划修改文件，国际合作交流计划。

三、验收内容

1. 规定的研究内容完成情况。

2. 达到的目标与取得成果的水平、意义及作用。

3. 人才培养的数量和质量（包括：博士后、博士、硕士；中青年学术带头人；科研梯队结构；优秀人才的学术成就和事迹等）。

4. 经费使用情况及合理性分析。

5. 国际合作交流计划执行情况及其对项目研究工作所起的作用。

6. 项目实施管理经验。

四、验收准备

1. 项目所属各课题负责人根据验收内容提供本课题的研究工作总结（格式同《国家自然科学基金资助项目研究工作总结》），于验收前两个月送交项目主持人汇总。

2. 项目主持人根据各课题的总结和学术领导小组的意见，认真分析、全面归纳，提供《国家自然科学基金重大项目研究工作总结》。

3. 提供《国家自然科学基金重大项目研究工作论著目录》和《国家自然科学基金重大项目研究工作主要论著摘要集》（内容包括论著名称、作者姓名、发表刊物、期号、主要论著的400字左右的内容摘要等；完成期限前已通过的送审稿，可以列入）。

4. 提供主要成果介绍，包括成果的评议、鉴定及应用情况，成果推广后取得经济效益、社会效益的证明文件，并汇编为《国家自然科学基金重大项目成果简介》。

5. 上述文件填报时间范围一律以项目执行起止时间为准，于验收前一个月送交国家自然科学基金委员会主管科学部（一式10份）。

6. 项目验收一般应于研究计划终止后的6个月内完成，特殊情况须征得主管科学部同意，推迟验收时间。

五、验收方式

重大项目验收采取专家评议方式进行。由国

家自然科学基金委员会聘请5—9位专家组成验收组（可含参加该项目论证评审的专家、基金委员会委员中专业对口的专家、有关学科评审组成员）。联合资助项目须与有关部委协商，共同聘请专家，联合组织验收。重大项目验收还可邀请主管部门和有关单位的项目管理人员列席参加，但在专家组讨论时实行回避。验收程序如下：

1.每位专家将对重大项目各课题的完成情况、成果与水平、研究队伍等方面，提出个人评价意见，填写《重大项目课题验收评议表》。

2.专家验收小组集体讨论提出验收意见，填写《国家自然科学基金重大项目验收评议书》。

3.科学部提出结题验收审核意见，报国家自然科学基金委员会委务会议审查批准。

4.公布重大项目验收结果，成绩优秀者给以表扬。

六、关于验收的几点说明

1.验收工作属于项目结束时的考核，不能代替成果鉴定。

2.成果评议鉴定，须依照《中华人民共和国国家科学技术委员会科学技术成果鉴定办法》与《科学技术成果鉴定办法若干问题的说明》及《国家自然科学基金资助项目研究成果评议鉴定暂行办法》的要求，向部门、地方成果管理机构或国家自然科学基金委员会申报。

3.重大项目验收会议及专家验收的有关费用，包括项目组人员参加验收会议及准备资料、编印《论著目录》、《主要论著摘要集》、《成果简介》等费用由被验收重大项目经费中开支。

国家自然科学基金委员会优秀中青年人才专项基金试行办法

1992年8月1日

第一条　国家自然科学基金委员会（以下简称科学基金委员会）为促进优秀中青年科学人才的成长，特设立优秀中青年人才专项基金，鼓励优秀中青年科学家在无须事先提出项目建议的情况下申请资助，进行创新性研究。

第二条　优秀中青年人才专项基金从基金中列支，年度金额由科学基金委员会委务会议（以下简称委务会议）决定。

第三条　优秀中青年人才资助年度名额由委务会议决定，按科学部公布。

第四条　申请条件

1. 申请时年龄一般45周岁以下；

2. 申请者一般须获得博士学位或具有相当副教授（含）以上专业技术职务（职称）；

3. 热爱社会主义祖国；

4.从事自然科学基础性研究，并在学术上已取得突出的创新性成果；

5. 在国内从事基础性研究的精力和条件能得到保证。

第五条　经所在单位严格优选后，择优推荐的申请者填写《国家自然科学基金委员会优秀中青年人才专项基金申请书》(以下简称《优秀人才基金申请书》)，并就以下内容作详细说明。

1.近5年在基础性研究方面，取得的学术上的创新成果，国内外对其成果（论文）引用情况及直接评价意见（须附复印件）；

2.近5年国内外获得奖励情况，只填国际学术性奖励，国家自然科学奖、国家发明奖、国家科技进步奖以及省部级科技成果一等奖以上的奖励，并说明本人在所获奖励中的名次和作用，奖励须附证书的复印件及表明本人在所获奖励中作用名次的报奖及批件的复印件；

3.说明目前主要合作成员、实验条件的主要情况，本人获得资助后进行基础性探索研究的精力、条件保证等；

4.目前已负责或参加各类科研项目(含基金项目）的名称及编号；

5. 主要论文、著作（限10种）目录。

第六条　申请者须填写《优秀人才基金申请书》一式6份，经单位审查签署意见，报送对口科学部，每项交纳100元评审费。

第七条　评审要贯彻从严优选，宁缺勿滥的原则。科学部进行初审后组织专家评审，提出资助建议，送综合计划局（以下简称计划局）综合平衡后报委务会议审批。

第八条 资助一般2—3年，每年资助金额一般数万元至10万元，一次审批，分年度拨款。资助必须用于创新的基础性研究，课题、内容、目标由受资助者自行确定，并填写国家自然科学基金优秀人才资助《研究计划书》，一式两份经所在单位签署意见后，报送对口科学部，提出审查意见，报分管委主任签署意见后，一份转送计划局复核拨款。

第九条 资助计划执行中，受资助者应将上一年的研究工作进展情况填写国家自然科学基金优秀人才资助《年度进展报告》一式两份，于1月15日前报送对口科学部审核后，一份转送计划局复核拨款。

第十条 资助结束后的3个月内，受资助者撰写《总结报告》（一式两份）并附主要论文、专著，经单位审查签署意见后，一份报送对口科学部组织同行专家对其学术成就做出评价，一份报送计划局。

第十一条 优秀中青年人才专项基金一般限获一次资助。但根据第十条的评价结果，对个别学术成就特别突出的、年龄45周岁以下的，可连续资助，资助年限与金额由科学部根据专家评价与建议提出意见，经计划局综合平衡后报委务会议审批。

第十二条 资助结束后的3年内，受资助者每年12月31日前，应将已发表的论文、著作的引用情况、获奖情况，以及继续发表的论文、专著，填写国家自然科学基金优秀中青年人才资助《跟踪管理表》一式两份分别报送对口科学部和计划局。

第十三条 论文、专著的标注，成果的管理，按《国家自然科学基金面上资助项目管理办法》的第十八条、十九条规定执行。

第十四条 资助经费，受资助单位严格依照《国家自然科学基金资助项目财务暂行管理办法》专门建帐，专款专用。在单位的监督下，由受资助者支配使用，任何单位、个人不得克扣、挪用。特殊情况，须用于国际合作与交流的，受资助者提出申请（附合作协议、邀请信等），单位审查盖章，报对口科学部、计划局审批。

国际合作与交流的外事手续，按外事规定办理。

第十五条 受资助者工作调离，若新调入单位具备研究条件，可申请将资助转调入单位，调入单位审查签署意见后，报对口科学部、计划局审批。因病或出国一年以上，无法继续研究工作，受资助者主动申明理由，所在单位签署意见，报对口科学部申请暂停资助，待恢复正常研究工作，请求继续资助；因病或出国超过两年或擅离岗位或不认真从事研究工作者，撤销资助，结余经费退还基金委员会。任何情况，不得更换受资助者。

第十六条 本办法自公布之日起施行。由国家自然科学基金委员会责成计划局负责解释。

国家自然科学基金委员会
新医药、新农药基础性研究
基金试行办法

1992年8月1日

第一条 总 则：

1.为适应知识产权国际一体化，促进我国药物研究的创新，国家自然科学基金委员会（以下简称科学基金委员会）特设立新医药、新农药基础性研究基金（以下简称新药物基金）。

2.新药物基金从科学基金中划出，年度经费额度由科学基金委员会委务会议决定。

3. 新药物基金用以资助新药物前期的关键基础性研究和实验。

第二条 项目的选择：

1.选择项目的控制数额由综合计划局（以下简称计划局）根据年度金额与有关科学部会商提出，经主管委领导审定。

2.有关科学部选择项目，应以该项目在现有研究基础、水平和条件下可能在近期研究出创新药物为前提，从受科学基金资助的或当年面上申请的项目中选择，或接受专家及有关方面推荐与建议的药物创新项目。

第三条 项目的申请：

1. 有关科学部将选出的项目报分管委主任审核后，通知项目负责人按面上项目申请办法提出

申请。项目清单送计划局一份。

2.申请人在递交申请书时，必须提交一份与该项目研究有关的文献及专利查新报告。

第四条　项目的评审：

1.有关科学部根据申请项目的实际情况，商计划局邀请同行专家和有关部门管理专家组成专门评审组，报分管委主任（副主任）批准后，组织评审。

2.项目评审前，科学部可根据需要委托专家对申请项目进行查新确证。

3.项目评审，科学部根据具体情况，可先同行评议，后评审组评审，亦可由评审组一次评审。

第五条　项目的审批与管理：

1.经评审组评审，建议资助的项目报分管委主任（副主任）审批，资助金额超过15万元的由委务会议审批。

2.新药物基金资助项目由有关科学部按《国家自然科学基金面上资助项目管理办法》进行管理。项目执行期间，科学部可根据需要组织检查交流。

第六条　项目的验收

新药物基金资助项目研究结束时，有关科学部应组织专家对其进行评价验收；对于已研究出新药样品的项目，应适时对其成果组织鉴定，并根据具体情况与可能向国家提出申报。

第七条　附则：

本办法自公布之日起试行，由科学基金委员会责成计划局负责解释。

国家自然科学基金委员会国家重点实验室研究项目基金试行办法

1992年8月1日

第一条　总则：

1. 为支持国家重点实验室贯彻“开放、流动、联合”的运行机制，开展基础研究及应用基础研究，培养人才并促进实验室的稳定发展，国家自然科学基金委员会（以下简称科学基金委员会）特设立国家重点实验室研究项目基金（以下简称项目基金）。

2.经费从科学基金中划出，年度额度由综合计划局（以下简称计划局）提出，委务会议决定。

3. 项目基金用以资助优秀国家重点实验室的高水平基础性研究。

第二条　资助条件：

1.贯彻择优支持的原则，根据项目基金总额及实验室的具体情况，每年对优秀国家重点实验室的少数优秀课题给予一次性项目基金支持。

2. 接受资助的实验室应具备下列条件：

(1)经国家计委或国家科委委托科学基金委员会组织评议，被认定为优秀的国家重点实验室。

(2)有造诣较深的学术带头人及优秀的科技骨干队伍，对开展基础研究与应用基础研究有较大发展潜力，学术上有较突出的创新能力。

3. 项目基金资助的课题应是符合实验室研究方向、具有创新学术思想、预期可取得世界水平研究成果的、非重复性的课题。

4. 在支撑条件上能得到充分保证。

5. 在经费上需要给予资助。

第三条　项目申请与评审：

1.科学基金委员会实验室工作办公室（以下简称实验室工作办公室）每年根据第二条所述条件，以及科学基金委员会核定的当年度资助总额，提出可申请资助的实验室名单。

2. 实验室工作办公室通知各有关实验室进行课题限额申报，并按《国家自然科学基金面上资助项目申请办法》有关规定，按课题逐项填报《国家自然科学基金申请书》，申报的课题经本实验室学术委员会评议通过后，报送实验室工作办公室组织专家复审，提出择优资助的建议，经计划局审核，报主管委主任批准。15万元以上的项目报委务会议批准。

3.实验室学术委员会组织评议时，科学基金委员会派人参加。

第四条　项目管理和经费使用：

1.项目批准后，实验室工作办公室填写《批准通知书》，通知申请者和实验室，实验室填报《资助项目研究计划》，按规定要求报送实验室工作办公室，经审核后拨款。

2. 项目基金经费按课题一次拨至实验室，实验室按课题建立专帐，专款专用。经费使用严格执行《国家自然科学基金资助项目财务管理办法》，但一般不得用于 2000 元以上的设备购置。

3. 课题执行中，实验室负责全面管理，做好课题实施计划安排和条件保证等组织协调工作。课题负责人全面负责计划实施，并按《科学基金面上资助项目管理办法》有关规定填写《年度报告》，经实验室及其学术委员会审查签署意见后报送实验室工作办公室。

第五条　结题与成果

1. 项目基金资助项目的有关论文、专著、成果评议和鉴定资料等的标注及结题后的管理，执行《国家自然科学基金面上资助项目管理办法》第四章有关规定。

2. 项目基金资助项目结束后，由实验室学术委员会按规定进行评议验收，并按《国家自然科学基金面上资助项目管理办法》第四章有关规定，认真填写有关总结及报表，报送实验室工作办公室。

第六条　附则：

本办法自公布之日试行，由科学基金委员会责成实验室工作办公室负责解释。

国家自然科学基金委员会优秀研究成果专著出版基金试行办法

第一章　总　　则

第一条　为支持科学基金优秀研究成果专著尽快出版，提供社会广泛使用，国家自然科学基金委员会（以下简称科学基金委员会）特设立优秀研究成果专著出版基金（以下简称出版基金）。

第二条　出版基金从国家自然科学基金中划出，由综合计划局（以下简称计划局）提出年度金额及科学部年度出版经费控制指标，报委务会议批准。

第三条　出版基金用于资助以国家自然科学基金资助项目近期研究成果为基础的学术专著。

第四条　出版基金按照自由申请、公平竞争、专家评议、择优支持的原则，资助学术价值高、具有创新性和先进性的专著的出版。对青年科技工作者的专著，在书稿条件相近的情况下，优先考虑。

第五条　出版基金资助出版的专著，统一安排在科学出版社（以下简称出版社）出版，扉页标注《国家自然科学基金委员会出版基金资助出版》。作者须在前言中注明本书系国家自然科学基金资助项目研究成果。

第六条　出版基金日常工作由计划局成果处负责。

第二章　申　　请

第七条　申请者原则上必须是著作权所有者。受人委托，须有委托证书；著作权属多人时，须具有全体人员签署的意见。

第八条　下列情况不属于资助对象：

1. 不在市场上公开销售的图书；
2. 编著、译著、论文集；
3. 系列丛书、科普读物；
4. 教科书、工具书和一般数据库；
5. 音像制品。

第九条　申请者一般应有全部书稿后方可提出申请。须填写《优秀研究成果专著出版基金申请书》一式 4 份，并附相应材料，如：书稿的“前言”和“目录”（至少到节一级），能反映书稿水平和特点的部分样稿（一章或若干节），主要参考文献（注明出处、时间）和其他可反映水平的材料（奖励情况、鉴定证书、评价）等。

第十条　申请者和合作者不能同时提出两项申请。如拟申请第二项，须待第一项完稿后提出。

第十一条　出版基金的申请由计划局成果处受理。

第三章　评议和审批

第十二条　计划局成果处会同科学部有关学科对申请进行初步审核与筛选；对基本符合要求的申请，由科学部有关科学送 3 位同行专家对其学术水平、应有价值、著述特点、写作水平及总体质量进行评议。

第十三条　有关学科在综合同行评议的基础上，提出资助与否的建议，经科学部主任审查签署意见后送计划局汇总。

第十四条 建议资助出版的专著，由计划局成果处送交中国科学院科学出版基金专家委员会（以下简称专家委员会）办公室，按其有关规定提交专业评审组和专家委员会评审。

第十五条 科学基金委员会派人参加专家委员会和专业评审组，并参加其评审工作。

第十六条 计划局根据专家委员会的评审结果，报科学基金委员会主管出版基金的主任审批。

第十七条 计划局成果处将审批结果书面通知申请者和出版社。作者与出版社签订出版合同，并报计划局备案。出版社指定责任编辑与其保持经常联系。

第四章 附 则

第十八条 对不能按期完稿或达不到预定要求的书稿，计划局可与出版社协商提出中止出版和撤销资助的建议，征求科学部意见后报科学基金委员会主管出版基金的主任审批。

第十九条 对已自筹部分出版经费的专著，在相同条件下优先资助。

第二十条 科学基金委员会按批准的金额，一年分两次将出版基金资助的经费拨至出版社。出版社须按财务规定于当年年底填写经费决算表报送计划局。

第二十一条 本办法自公布之日起试行，由科学基金委员会责成计划局负责解释。

数学天元基金管理试行办法

1992 年 3 月 27 日

数学天元基金（简称天元基金）是国家为支持数学在 21 世纪率先赶上世界先进水平而设立的数学专项基金，由国家自然科学基金委员会（简称科学基金委员会）负责管理。

一、使用范围

本项基金和国家自然科学基金（简称科学基金）中的数学经费统一用于对数学的支持，彼此配合相辅相成，其主要部分用于研究工作的资助；另一部分，用于改善研究工作的条件和加快优秀青年人材的培养。包括：

1. 数学研究项目的资助

（1）重点项目；

（2）自由申请项目和青年基金项目；

（3）国内合作研究项目，主要资助国内研究条件较差单位的优秀青年与研究条件较好单位的数学家进行专题合作研究。

2. 数学学术交流的资助

（1）国际合作与交流的项目；

（2）国内有组织的讲学活动，讲习班和专题学术讨论会。

3. 为改善数学研究工作条件和环境的资助

（1）购置国外高水平数学专著和刊物的版权及影印和翻译工作；

（2）组织国内“当代数学园地”、“研究生丛书”、“应用数学方法丛书”和“走向数学”等数学专著的出版。

（3）支持数学教育现代化改革的先行性的部分研究。

（4）支持数学普及和传播的部分工作。

（5）为需要运用计算机等设备进行研究工作的科学基金和天元基金重点项目成员做必要的配备。

4. 天元基金的评审会议、工作会议及其他突出性活动的费用

二、学术领导小组和办公室

天元基金由数理科学部管理。在数理科学部内设立数学天元基金办公室，负责天元基金的日常管理工作。

天元基金设立学术领导小组，它的任务是负责天元基金各类项目的组织、评审和协调工作，学术领导小组实行任期制，组建的换届程序和办法同科学基金委员会的有关规定。

三、实施管理

1. 重点项目

申请、受理、审批拨款及管理与科学基金的重点项目基本相同，仅申请指南由天元基金办公室单独向全国数学界发布。

2. 自由申请项目和青年基金项目。每年从天元

基金中划出一定数额经费，补充科学基金对自由申请项目和青年科学基金项目的资助。由科学基金委员会数学学科评审组统一评审，批准后，部分项目划属天元基金资助并归天元基金办公室管理。

3. 国际合作与交流项目的类别与科学基金国际合作与交流项目相同，其管理按“数学天元基金国际合作与交流的管理实施办法”执行。

4. 国内合作研究、国内学术交流以及改善研究条件和环境的各项资助，均由天元基金学术领导小组制定计划组织实施，并须在每年第一季度末提出书面实施计划报科学基金委员会数理科学部天元基金办公室。3万元以下的项目由数理科学部审批，3万元以上的项目由委主管副主任审批，批准后，由天元基金办公室负责通知有关项目负责人和单位，由综合计划局以委托项目方式拨款，每年12月31日前天元基金学术领导小组要向科学基金委员会报当年各项开支的决算和各项活动开展情况的总结。

5. 每年资助的天元基金项目列入《国家自然科学基金资助项目汇编》，所取得的研究成果列入《国家自然科学基金成果汇编》，资助项目发表的有关论著，均须标注“数学天元基金资助”的字样。

四、其　他

本试行办法于1992年4月1日实行，由国家自然科学基金委员会综合计划局负责解释。

国家自然科学基金国际合作交流项目资助经费管理暂行办法

1992年11月11日

第一章　总　　则

第一条　为适应改革开放，加强国家自然科学基金（以下简称科学基金）国际合作交流项目资助经费管理，根据国家有关财政法规，结合科学基金资助经费的特点，特制定本办法。

第二条　科学基金国际合作交流项目资助经费是国家财政拨款，受资助单位必须指定专门银行帐号，单独建帐，专款专用。任何单位、部门不得自立章程，截留挪用。

第三条　各受资助单位必须严格遵守国家财政法规和外事财务规定，并依据本办法对国际合作交流项目资助经费进行管理，接受上级财政、监察、审计部门的检查、监督、审计。

第二章　国际合作交流项目资助经费范围

第四条　资助经费范围

1. 资助有科学基金项目的受资助单位组织的国际学术会议经费；

2. 资助科学基金项目研究工作需要邀请的外籍学者，在华合作研究和讲学期间的接待费；

3. 资助科学基金项目承担者，根据研究工作需要进行国际合作交流的国际旅费和境外生活费；

4. 资助科学基金项目承担者参加国际学术会议费用；

5. 资助我国留学人员短期回国进行科学活动的国内接待费。

第五条　国际合作交流资助经费类型

1. 资助科学基金项目国际合作交流所需的人民币；

2. 资助科学基金项目国际合作交流所需的外汇额度；

3. 资助科学基金项目国际合作交流所需的国际机票外汇三联单。

第三章　国际合作交流项目资助经费请领、拨款程序

第六条　科学基金委员会国际合作局审核批准的科学基金国际合作交流项目资助的人民币，综合计划局财务处复核后依据资助通知书将其拨入资助项目所在单位。

第七条　国际合作交流项目资助的外汇额度，由受资助项目者携带本人工作证、身份证、资助通知书及相应数额（外汇额度匹配）的人民币（北京可带支票）到科学基金委员会综合计划局财务处

领取非贸易外汇支出申请书(以下简称申请书),到中国银行换汇。银行领汇后,将申请书第一联送回科学基金委员会综合计划局财务处。

第八条　国际合作交流项目资助的国际机票三联单,由受资助者携带资助通知书、本人工作证、身份证和相应的人民币(北京可带支票)到科学基金委员会综合计划局财务处办理,取到机票后,将机票三联单第一联送回科学基金委员会综合计划局财务处。京外受资助者,如机票在当地购买,接到批准通知书后与科学基金委员会联系可将三联单寄到所在单位科研处,购票后及时将机票三联单第一联寄回科学基金委员会综合计划局财务处。

第四章　国际合作交流项目资助经费的管理

第九条　国家科学基金国际合作交流项目资助的人民币、外汇额度,均按批准资助项目拨(或领)到受资助单位,在单位财务部门管理、监督下,由受资助者按批准资助用途使用。

第十条　国际合作交流资助项目完成后,受资助者应及时到所在单位财务部门严格按照财政部、外交部(92)财外字第1100号文规定的外事财务标准、报销办法及资助通知书批准的用途,报销结帐,并会同单位财务部门根据合作交流事项的实际支出编报《国家自然科学基金委员会国际合作交流项目资助经费(人民币、外汇额度)支出决算表》(以下简称《决算表》见附件),一个月内报送科学基金委员会综合计划局财务处。

第十一条　国际合作交流项目资助经费(人民币、外汇额度)超支或结余,科学基金委员会不补、不收。结余人民币留单位补充科学基金资助项目的研究经费;结余的外汇额度留单位用于其他国际合作交流项目,不得兑换给个人。

第十二条　因故终止的国际合作交流资助项目,所拨入的人民币、领取的外汇额度及国际机票三联单,必须及时如数退回科学基金委员会综合计划局财务处。

第十三条　违反本办法规定,或不按时报送《决算表》,或根据十二条未按时如数退回经费的受资助单位,科学基金委员会停止受理该单位的国际合作交流项目的申请,限期补正,不按时按要求补正的,除停止受理资助项目申请外,将从该单位其他科学基金资助项目经费拨款中扣除应追回的经费。

第五章　附　　则

第十四条　本办法自1993年1月1日起施行。

第十五条　本办法由科学基金委员会综合计划局负责解释。

国家自然科学基金委员会关于资助对外合作研究项目的实施办法

1992年12月23日

基金项目的对外合作研究是国家自然科学基金委员会国际合作与交流的资助重点。合作研究的原则应是平等互利、取长补短、共同提高、共享成果。为做好此项工作,特制定本办法。

第一条　批准对外开展合作研究的基金项目应具备下述条件:

(1)有利于开阔思路、加快研究速度、提高水平、节约研究经费和培养人才;

(2)有利于利用对方研究条件,推进基金项目的进程;

(3)非对外保密的项目。

第二条　合作研究双方应签订合作研究协议书、合同、谅解备忘录或有相互确认函电,内容应包括:研究的课题和所要达到的研究目的;双方的项目主持人和参加者;研究的计划和时间;研究的方式;研究发明所有权、专利所有权、标本和样品的处理以及成果共享条件;研究经费等事项。合作研究期限一般不超过3年。双方人员在对方国家工作期间的生活费用原则上由接待国支付,国际旅费由派遣方负责。

第三条　申请者应是正在从事基金项目研究

的科研人员。但在基金项目结束后一年内，对于上年度已批准确认延长的项目仍可开展合作研究；对于以前批准、目前正在进行并确有显著价值的合作研究项目，在基金项目结束一年内，也可作为特殊情况酌情考虑予以资助。申请者应填报《国家自然科学基金委员会资助国际合作研究项目申请书》，连同合作研究协议书或确认函电等附件送交有关科学部。

第四条　合作研究项目的立项要严格掌握，择优支持，合作提案由基金项目申请人提出，科学部审核，国际合作局会签审定，特殊重要的合作研究项目由委员会领导审批。

第五条　经批准生效的国际合作研究项目，国际合作局将从经费上优先资助，同时优先纳入国外科学基金组织和科研机构与我委员会签订的双边协议中。

第六条　我委员会国际合作局要加强对已批准执行的合作研究项目的管理，对成效显著的可视其需要继续予以支持；对执行较差的应视情况减少或停止资助。

第七条　合作研究项目由国际合作局会同各科学部共同负责管理。

第八条　本办法解释权在国际合作局。

国家自然科学基金委员会关于资助在华举办国际学术会议的实施办法

1992年12月23日

第一条　举办国际学术会议有助于提高我委员会资助的科学基金项目的研究水平，有利于促进我国科技事业的发展。为此，我委员会决定每年从国际合作与交流经费中拨出专款，主要资助一批由从事基金项目研究工作的单位组织的、学术水平较高的国际学术会议。为确保所资助的国际学术会议达到预期的效果，特制定本办法。

第二条　申请者必须是受到科学基金资助的，具有独立的科研工作条件并且有能力、有条件举办国际学术会议的实体单位。

第三条　申请单位在提出申请时必须有相应主管部门签发的举办国际学术会议的批准件复印本。

第四条　凡符合本办法第二、三条者，可填写《国家自然科学基金委员会资助在华举办国际学术会议申请书》一式一份连同第三条所述的文件送我委员会有关科学部审核。

第五条　国际合作局根据申请者的要求和有关科学部(局)的审核意见，进行综合平衡后审批。一旦申请得到批准，国际合作局将给申请单位正式发出资助通知书。

第六条　具备下列条件者可以得到资助：

(1)该国际会议与我委员会科学基金项目关系密切；

(2) 学术水平高，有国际知名科学家与会；

(3)申请资助的学术会议主题对我国相应学科的发展有重要意义；

(4) 在相同条件下，优先资助在中小城市或内地边远地区列为开放城市召开的会议。

第七条　申请单位在制定会议预算时应参照中国科协、财政部印发的关于《在我国召开国际会议的国内与会人员经费渠道和开支标准的暂行规定》办理，不得自定标准。申请单位应本着“勤俭办会”的方针，精打细算，严格掌握减免注册费的外国学者的数量。原则上要做到收支平衡，力争略有节余，申请单位不得以盈利为目的而不适当地收取会议费用。

第八条　我委员会可作为会议资助单位之一提供资助，对会议费用的盈亏不负责任。资助额度根据会议的重要程度、会议规模以及与会外宾的多少等多种因素决定，一般在会议筹备开始阶段予以资助，作为会议的启动费。

第九条　申请获得批准后，我委员会将和受资助单位签署《资助在华举办国际学术会议合同》，明确责任，会议组织单位应接受我委员会检查，确保会议开好，使与会者学术上有收获，生活上满意。我委员会将根据情况和需要，组织中外与会者对会议的学术水平和组织工作进行评价。

第十条　根据“资助合同”，资助费用分两次拨款，在“资助合同”签字生效后先拨80%资助款，在全部合同内容完成后经国际合作局审查认可，即可拨全部余款。

第十一条　凡我委员会资助的国际学术会议，必须在其会议的各项通知、文件、出版物以及宣传报道中注明国家自然科学基金委员会资助字样。

第十二条　会议结束后，会议主办单位应在两个月内将会议的全套文件，包括论文集、会议工作总结、中外参加者名单等，送我委员会国际合作局备案。

第十三条　资助召开国际学术会议由国际合作局归口管理。本办法解释权亦在国际合作局。

国家自然科学基金委员会关于资助出国参加国际学术会议的实施办法

1992 年 12 月 23 日

第一条　有重点地资助一批从事基础研究和部分应用研究的科研人员出国参加国际学术会议，对于了解国外学科主要研究领域的重大进展和主功方向、新出现的学科领域与生长点、制定我国学科发展战略以及和国外学者建立联系开展基金项目的合作研究都具有重要意义。为做好此项工作，特制定本办法。

第二条　向我委员会申请资助出国参加国际学术会议必须具备下列条件：

(1)申请者应为国家自然科学基金项目的承担者；基金项目结束后一年以内仍具有申请资格：

(2)拟参加的国际学术会议主题必须与申请者承担的基金项目研究内容紧密相关，并有利于促进该基金项目的研究工作，有利于我国相应学科发展战略的制定；

(3)应有国际学术会议的邀请信和已被国际学术会议接受的论文（一般情况应为口头宣读的论文）；

(4)经审核，本人具有一定外语水平，能自由会话宣读论文和进行会内外学术交流。一般情况下，应有国家级外语考试成绩证明或外语学院、综合性大学外语系考试成绩证明；经单位证明，有近年内在国外进修或工作一年以上经历者可不必提供外语证明。

第三条　申请者须填报《国家自然科学基金委员会资助出国参加国际学术会议申请书》。除申请书外，还要附下述材料：

(1)论文被国际会议接受的证明或国际学术会议所接受的论文摘要；

(2) 会议给申请者的邀请信（复印件）和会议通知书。

第四条　提出申请时间应在上年度的 11 月 1 日之前，以便考虑是否纳入下年度的国际合作与交流计划中。如在上述时间之前申报材料不全，可先报申请书，同时来函要求缓报相应证明材料，以便统筹安排。

第五条　有关科学部、局对申请者的申请书审核签署意见后送国际合作局会签审批。

第六条　本类项目批准后，国际合作局即书面通知受资助者所在单位。申请者根据收到的《国家自然科学基金委员会批准资助对外交流与合作项目通知书》，办理有关出国手续和资助经费。

第七条　我委员会所提供的资助视不同情况分为全额资助（国际旅费、国外生活费、会议注册费、必要的城市间交通费）和部分资助。国际学术会议前后与国家自然科学基金项目有关的顺访项目将酌情予以资助。

第八条　申请者在完成国际学术会议回国之后，须在一个月内参照我委员会提供的《资助出国参加国际会议学术总结提纲》，将参加会议的总结报我委员会国际合作局及有关科学部局备案。财务手续亦同时结算完毕。我委员会有权要求申请者来我委员会口头汇报出席会议情况和收获，必要时就其所出席的国际学术会议向有关学术界人士作学术报告。参加会议人员有义务就相关学科发展战略问题向基金委员会相关科学部和学科提供咨询。

第九条　对于非常重要的国际学术会议，我委员会科学部可商国际合作局，并报委员会领导批准，选派业务基础扎实、基金项目进展情况好、外语水平高的基金项目研究人员出国参加该学术会议。会后与科学部管理人员一起就相关学科发展战略及有关学术事宜进行讨论。

国家自然科学基金委员会资助留学人员短期回国工作讲学专项基金的试行办法

1992 年 8 月 1 日

第一条　为了给我国在海外的留学人员和学成后尚留在国外的学者（以下简称留学人员）积极关心、支持和参加国家自然科学基金项目的研究工作创造条件，发挥他们的聪明才智，为祖国科学技术事业，尤其是基础研究和应用基础研究做出贡献，国家自然科学基金委员会（以下简称科学基金委员会）决定拨专款设立资助留学人员短期回国工作讲学专项基金。

第二条　本专项基金资助的主要对象是已获得博士学位的优秀中青年科技专家（包括出国留学后已获得外国长期（永久）居留权或留学国再入境资格者）。

获得资助需具备下列条件：

(1) 本人有突出的学术成就，近期在有影响的学术刊物上发表过高水平的学术论文或获得过有影响的自然科学奖励或有突出的发明创造等；

(2)已落实国内接待单位和回国短期工作讲学计划。

对符合上述条件的其他留学人员也将予以资助。

第三条　本专项基金资助科学基金委员会项目指南所包括的各个学科领域内的下述活动：

(1) 参加国家自然科学基金项目的研究工作；

(2)作为主讲人参加与国家自然科学基金项目有关的讲习班或研讨班；

(3)参加在国内举办的各类学术会议并有特邀报告。

第四条　申请审批程序

(1)申请人须通过国内接待单位向科学基金委员会提出资助申请。接待单位需填报《国家自然科学基金委员会资助留学人员短期回国工作讲学申请书》，并附该留学人员要求回国短期工作讲学的信函和证明其学术成就的材料，一并报送科学基金委员会的有关科学部；

(2) 在一时难于找到接待单位的情况下，申请人可通过我驻在国的使、领馆科技处、组或直接同科学基金委员会国际合作局联系，协助落实接待单位；

(3) 根据本专项基金资助经费金额，科学基金委员会将于每年一月份公布资助名额，并常年受理留学人员的申请，择优资助，满额为止。对获得资助或未获得资助的申请者，都将在受理申请书之后及时给予答复。

国际合作局组织机构

<table>
<tr><td>地　　址</td><td colspan="4">北京市海淀区花园北路 35 号东门</td></tr>
<tr><td>邮政编码</td><td colspan="2">100083</td><td>电挂</td><td>6199 北京</td></tr>
<tr><td>电　　传</td><td colspan="2">222434NSFCCN</td><td>传真</td><td>2010306</td></tr>
<tr><td rowspan="4">单位负责人</td><td>职　务</td><td>姓　名</td><td colspan="2">电　话</td></tr>
<tr><td>局　长</td><td>顾明达</td><td colspan="2">2018984</td></tr>
<tr><td>副局长</td><td>刘才铨</td><td colspan="2">2018984</td></tr>
<tr><td>副局长</td><td>张连仲</td><td colspan="2">2018984</td></tr>
<tr><td colspan="2">处　名　称</td><td colspan="2">负责人姓名</td><td>联系电话</td></tr>
<tr><td colspan="2">综　合　处</td><td colspan="2">汤锡芳</td><td>2026387</td></tr>
<tr><td colspan="2">西 北 欧 处</td><td colspan="2">吕蓓蕾</td><td>2026374</td></tr>
<tr><td colspan="2">美大东欧处</td><td colspan="2">刘玺书</td><td>2026381</td></tr>
<tr><td colspan="2">亚　非　处</td><td colspan="2">白　鸽</td><td>2026386</td></tr>
</table>

第五条　本专项基金原则上资助留学人员在国内期间的部分或全部费用（含住宿费、伙食费、交通费和研究费用）。不足部分可商请接待单位解决。

第六条　资助留学人员短期回国工作讲学专项基金由科学基金委员会国际合作局归口管理。本试行办法由国际合作局负责解释。

关于国家自然科学基金资助项目研究成果标注方法的通知

（86）国科基金委发综第036号

科学基金资助项目负责人并所在单位：

为了加强国家自然科学基金资助项目研究成果的统计和管理，现就资助项目研究成果有关论著、资料的标注方法规定如下：

（一）标注内容。

中文：国家自然科学基金资助项目

英文：The Project Supported by National Natural Science Foundation of China

缩写：The project Supported by NSFC

译成其他语种时，参考英文译法。

（二）标注位置。

专著或有封面的论文、资料、研究总结、鉴定（评议）证书等单行本，将标注写在封面的中间，即著作名称、作者姓名之下，编印单位或出版单位名称之上；无封面或汇编中的文章、资料，将标注写在第一页的地脚，并在标题右上方和脚注前方各打一 * 号。

（三）原中国科学院科学基金资助的课题，已转入国家自然科学基金委员会管理。这部分课题的论著、资料、鉴定（评议）证书等，凡未付印发表的，均按此规定进行标注。

正确地标注研究成果，是考核国家自然科学基金资助效果的重要依据，也是评审受资助者继续申请科学基金的主要依据，务请认真做好。

行业、部门科技基金

机械工业技术发展基金项目评审细则

1990年2月

1986年根据《机械工业技术发展基金暂行管理办法》申请基金项目应经过同行专家评议的规定，拟订了机械工业技术发展基金项目评审细则试行稿。根据3年来试行情况，现对原细则进行补充修订。

一、评审形式

机械工业技术发展基金项目的评审工作，由基金委员会秘书机构(以下简称基金会)组织领导，具体工作由基金会项目室（含共性技术办事组）负责。项目评审，可根据情况分下列三种形式进行。

1. 通讯评审。由基金会项目室（含共性技术办事组）负责，每一基金项目需从评审专家队伍中选定5—9名为该项目的评审成员。将该项目各单位申报的《机械工业技术发展基金项目申请表》、《可行性分析报告》,连同《机械工业技术发展基金项目专家评审意见书》等分送各专家评审。根据专家返回的意见（打分和书面意见），统计分析，提出评选意见，经基金会组织各专业组会议进行民主审议、综合平衡，报委员会有关领导批准后，正式通知中选单位。

2. 会议评审。少数重大项目，由基金会（含共性技术办事组）组织小型专家会议评审，有关评审专家及各申请单位项目负责人出席会议。

3. 个别项目，牵涉面较小，资助费用在5万元以下，经基金会项目室（含共性技术办事组）初审后，认为要求合理，可以不组织专家评审，由基金会审定后，向有关领导汇报批准，予以资助。

二、评审专家队伍

1. 经3年试行基金制以来，在现有1500多名专家队伍的基础上，由基金会分别在机械系统各行业内（包括研究院、所、企业、高等院校及机械部门机关科技管理的专家），根据项目需要可增聘有技术专长、熟悉行业情况、办事公正的专家，以不断充实各行业的评审专家队伍。

2. 根据某些项目的需要，也可一次性地临时选聘个别评审专家。

3. 每个项目选聘5—9位专家参加评审，每个评审专家的权力相等；基金委员会委员和各专业组组员也可根据专长参加项目评审工作；基金会工作人员（含共性技术办事组）一律不能以专家身份参加项目评审；在管理部门工作的专家人选不得超过该项目评审专家人员的三分之一。

三、评审方法及有关问题

1. 项目评审。主要根据申报单位报送的技术方案、科研或生产条件、科研技术的前期工作、技术队伍情况、完成时间、需要经费、科研与生产结合情况等内容，采用专家评分办法进行评定。

2. 项目评审记分。根据所列技术方案、试验测试、生产制造条件……等各项评审指标的满分标准，由专家评定后，用数学统计办法记分。专家评审除记分外，对各个方案尚可补充书面评价意见。

3. 部机械口已经实行技术合同制而减拨事业费的部属研究所（院）申请的项目，在评审时应将申请费用总额中的课题人员工资和管理费用扣除后（由基金会项目室或共性技术办事组在送专家评分前注明应扣除数），再与其他单位的事业经费作比较而择优。

4.由科研单位与生产企业联合申请(附有合同或签章协议书等凭证)，有利于科研和生产结合，保证成果有后续单位的项目，应优先中选。凡属开发项目或需直接应用于生产的技术，大专院校申请时，必须与生产企业联合申请。

5.凡项目申请单位和项目协作单位中的专家，不得参加该项目的评审工作。

申请单位不得以任何不正当形式影响评审专家的公正评审。

6.评审专家、基金会（含共性技术办事组）工作人员，不得透露任何项目的技术方案、申请费用金额以及参加评审的人员名单、评审意见等有关情况。

7.如采用会议形式评审时，申请单位应向会议说明方案并回答问题。为使参加评审的专家能充分发表意见，在作评审结论时，申请单位应回避。

8.各申请单位所报申请表、可行性分析报告及口头说明等必须实事求是，如发现有内容失实，影响评价结果时，应严肃处理，从严扣分直至取消其参加评比资格和中选资格。已签订合同的，取消合同，追回全部经费，对工作造成损失的，必须追究责任。

9.基金会（含共性技术办事组）对历年评审项目的全部《申请表》、《可行性分析报告》、《专家申请意见书》等有关原始资料，不论中选与否，均要按项目立卷保存，未中选的至少保存一年备查。中选的项目按《机械工业技术发展基金暂行管理办法》和《实施细则》进行管理。

10.某些项目虽只有一家申请时，也应对其方案进行评审，如其方案明显不合理，可不评审，在管理办法中已有规定，不再重复。不先进、不可行的仍不能中选，宁缺勿滥。

11.各单位应按《项目指南》所列项目申请，个别单位上报项目指南以外的项目，应经基金会（含共性技术办事组）初审后，与有关专业专家认真研究，并经基金会领导确认该项目对机械工业发展有重要意义后，才能受理，按规定程序评审。

本评审细则自颁发之日起在机械工业技术发展基金制试行范围内实行。原1986年3月制订的试行稿废止。

机械工业技术发展基金贷款办法

1992年6月修订

第一条　贷款宗旨：

为促进机械工业科技成果转化为生产力，解决资金短缺问题，基金会开展科技贷款工作，为此，制订本办法。

第二条　贷款范围：

1. 科技成果的推广应用；

2. 新产品、新工艺、新材料、新技术的中间试验，试生产；

3. 引进技术的消化、吸收与创新。

第三条　贷款项目必须具备的条件：

1.要有较大的科技意义，所采用的技术必须先进、适用；

2.要有良好的市场前景和显著的经济效益，或较大社会效益；

3. 完成项目的周期短、投资少、见效快；

第四条　借款单位必须具备的条件：

1. 具有法人资格，并实行独立经济核算。

2. 具有将科技成果转化为商品的能力，包括：管理能力、技术水平、经济实力等。

3. 项目总投资中贷款以外的匹配资金必须在取得贷款以前存入开户银行。对于分阶段完成后即具备还款能力的项目，则需在开户银行存有完成阶段项目所需的匹配资金。若有关部门同意给予项目以资金支持时，则须有该部门的证明。

借款单位的自有资金必须大于投资总额（或阶段投资额）的10%。

4.有偿还贷款的能力。由具有法人资格并有资金保障的单位承担经济担保。

第五条　贷款利息：

1. 借款单位在办理贷款手续时先按中国人民银行现行的流动资金贷款利率，或与基金会商定的利率签订合同，按季交付利息。

2. 为促进、鼓励科技成果转化为生产力，对高技术、新技术成果的商品化贷款予以贴息，贴息率在批准贷款项目时确定。贴息款额待项目完成后，根据任务完成及归还贷款等情况，由基金会一次全拨，或减拨给借款单位（贴息办法见附件）。

第六条　贷款项目的申请、审批程序

1. 由借款单位向基金会提出申请，填写《基金贷款项目申请报告》各2份。

2. 贷款项目由基金会进行审批。同意贷款的项目，由基金会通知中国工商银行信托投资公司，对贷款项目及借款单位情况进行核查，重点核查其经济状况、资信情况及还款能力等。

3. 中国工商银行信托投资公司将核查的结果通知基金会，同意贷款的项目，由借款单位同中国工商银行信托投资公司，或其指定的代理单位，按其有关规定办理贷款手续。

第七条　贷款项目的管理：

1. 借款单位负责项目的实施，努力完成"申请报告"中的预期目标，完成计划内容。其间应接受基金会、中国工商银行信托投资公司、或其代理单位，就贷款的使用和项目的执行情况进行监督和检查。借款单位应按要求提供项目进行情况的报告。项目实施中出现的重大问题，应及时向基金会反映。

2. 借款单位在全部偿还本息时，应填写《基金贷款项目完成情况表》，报送基金会。

3. 借款单位必须严格按有关规定和批准的"基金贷款用途"的范围使用资金。必须单独立帐，独立核算，专款专用，不得挪作它用。否则，基金会、中国工商银行信托投资公司或其代理单位有权对借款单位实行信贷制裁。

4. 借款单位应在贷款到期10日内（以贷款合同签订的还款日期，或经批准的延期还款日期为准），将应归还的贷款拨入指定的银行帐户，以财务拨款凭证的日期为准。并将该凭证的复印件寄至基金会备查，以便核定贴息、奖励、处罚。

5. 贷款延期的规定及办理程序。

借款单位确因事先未料到的原因不能按期归还贷款时，应填写《基金贷款延期申请表》，在贷款到期前一个月报至基金会。经基金会审批、同意延期的项目，由基金会通知中国工商银行信托投资公司办理延期手续。贷款延期的部分将执行延期利率。未经同意延期的，仍须按时还贷。

6. 逾期贷款和处理规定。

（1）贷款到期，或申请延期未获批准的项目，如超过办法中第七条、第4款规定的时间仍未还款，即视为贷款逾期，将按中国人民银行有关逾期贷款加息的规定予以处理。

（2）如未按已批准的《基金贷款项目申请报告》中"贷款用途"的范围用款，即视为挪用资金，将从贷款之日起按中国人民银行有关挪用贷款加息的规定予以罚息。

附件

基金贷款贴息办法

为了加强基金贷款的管理，现对基金贷款贴息作如下规定：

一、基金贷款利率确定的原则是，有利于促进科技成果的推广应用，有利于基金贷款的增值，以便逐步增强基金贷款的资助强度。为此，对机械工业高技术、新技术成果转化为商品的基金贷款实行优惠，予以贴息。

二、贴息办法：

1. 借款单位按照国家规定的流动资金贷款利率或与基金会商定的利率交付利息。

2. 贴息额度在审批贷款项目时确定，贷款项目经基金会批准后，正式通知借款单位。

3. 借款单位向银行或代理单位办理贷款手续时，贷款手续费暂由基金会垫付，待项目完成时由贴息额中扣除。

4. 贴息款额在贷款偿还后（以向银行还款凭证为准），由基金会一次退拨给借款单位。

5. 凡有下列情况之一者，不享受贴息待遇：

(1) 没有特殊原因而未达到原定项目计划目标，或未按贷款规定的范围用款，挪作它用。

(2) 未按期偿还贷款（以贷款合同签定的还款日期，或延期还款的日期为准）。

(3) 未按时交付利息。

(4) 申请延期未被批准，且未按期还款（必须提前一个月向基金会提出《基金贷款延期申请表》）。

(5) 贷款到期时，未向基金会提交《基金贷款项目完成情况表》。

6. 经基金会批准延期的项目，按有关规定重新确定贴息额，此次确定的贴息额从贷款之日起计算，原定贴息额作废。

7. 未按期还款，除不再享受贴息外，从贷款到期之日的第二天起，按规定执行罚息。

8. 提前偿还贷款者，予以贷款额1‰的一次性奖励(以向银行还款的银行凭证为准)。

9. 如遇国家利率调整，已签订的合同不变。

10. 本规定从1992年6月1日起执行。

地质行业科学技术发展基金委员会章程

1989年4月24日

第一章 总 则

第一条 征询国家科委、国家自然科学基金会意见后，经地矿部党组研究决定，从1987年起筹集资金，建立地质行业科学技术发展基金委员会(简称地质科技基金会)。英译 THE CHINESE FOUNDATION FOR DEVELOPMENT OF GEOLOGICAL SCIENCES AND TECHNIQUES. 缩写CFDG。

第二条 地质科技基金会的宗旨是：调动科技队伍的积极性，更好地引导地质科技工作面向经济建设和地质找矿，促进科研、生产、教育相结合，促进地质科学事业的发展。

第三条 地质科技基金会是非赢利的经济组织，具有法人地位。是地质矿产部领导下的一个事业单位。

第四条 地质科技基金是国家自然科学基金的补充，是沟通基础研究与技术开发的桥梁。逐步面向全国地质行业的科技工作，重点支持应用基础研究，兼顾基础研究和应用研究，保证重点项目和重点领域的发展。

第二章 基金来源

第五条 地质科技发展基金来源，应由各地质部门集资、提取科研单位逐年减拨的事业费，以及国家拨款，争取社会赞助等构成。当前主要由地矿部直属研究所中技术开发部分减拨事业费的1/3和部分科技三项费用构成。

第三章 任 务

第六条 根据国民经济建设和地质矿产工作的需要及科学技术发展的方针、政策的规划，制订并发布地质科技项目指南，受理课题申请、组织同行评议，批准并实施项目计划，发现和培养人才，促进地质科技进步，为四化建设服务。

第七条 加强同国家自然科学基金委员会及其他科技基金会的联系，交流信息，协同工作，可以联合资助一些共同关心的课题。

第八条 同其他国家的各种科学基金组织建立联系，努力开展国际地学合作。

第四章 组 织

第九条 地质科技基金的最高权力机构是基金委员会。委员会由有关领导和地质行业中学术造诣较深、热爱地质科技工作，办事公道的科学家、教授和管理专家组成。委员由地质矿产部聘任，实行任期制。基金会下设基金办公室，负责处理日常事务。

第十条 基金委员会设主任一人，副主任若干人，由地质矿产部聘任。委员会每年召开一至二次全体会议，必要时可以召开委员会特别会议。

第十一条 委员会的职责如下：

1. 制订和修改章程；
2. 制订和修改与本基金有关的方针、政策；
3. 审定资金使用方向和重点；
4. 审批限额以上的申请项目；
5. 发布地质科技基金项目指南；
6. 检查、指导基金办公室工作。

第十二条 基金办公室的职责如下：

1. 执行委员会制订的方针、政策，向委员会负责。
2. 主持基金会日常业务工作，负责受理项目申请，组织评审，按照权限审批限额以下项目，检查项目进展、基金使用情况和效益，进行动态管理。
3. 代表基金会签订合同、签发日常业务文件。
4. 根据工作需要，决定专业组的设置并聘任负责人。

5. 制定项目指南。

6.根据工作需要，制订各种内部管理制度和业务规范，并发布执行。

7. 定期向基金委员会提交工作报告和年度报告。

8. 完成委员会交办的其他事项。

第十三条　基金办公室编制应根据高效精简的原则，暂定10人，由中国地质科学院内部调配解决。人员组成可有专职人员、兼职人员和短期工作人员。工作人员采用聘任制。

地质行业科学技术发展基金暂行管理办法

1987年10月16日

(一)

第一条　地质行业科学技术发展基金(简称地质科技基金)是一项行业基金，主要对基础地质、矿产地质、环境地质(广义)、地球化学、地球物理、探矿工程等学科中的应用研究和部分应用基础研究提供资助，以确保地质行业具有相当技术储备，促进地质科技持续发展。

第二条　提取基金总额的10%建立青年基金，用于资助从事地质科学研究的年龄在35岁以下，学术思想活跃，有开拓、创新精神，学风端正，能独立开展研究工作的年青科学工作者，促进优秀青年科学工作者的成长。

第三条　受资助项目必须符合地质科技发展规划的要求和密切结合生产发展的急需，可望获得较大的社会效益。

第四条　受资助项目的研究内容在国内应无重复。

(二)

第五条　地质科技发展基金来源，应由各地质部门集资、提取科研单位逐年减拨的事业费，以及国家拨款、争取社会赞助等构成。当前主要由地矿部直属研究所心技术开发部分减拨事业费的1/3和部分科技三项费用构成。

(三)

第六条　地质科技发展基金由基金委员会负责管理。基金委员会按照委员会章程行使职责。委员会委员实行任期制，每3年轮换1/3。轮换人员由委员会提出，报地质矿产部批准聘任。

第七条　地质科技基金委员会下设基金办公室，负责基金会日常工作。基金办公室按照地质行业科学技术发展基金委员会章程行使职责。负责管理基金项目。

第八条　基金委员会办公室下设若干专业组，聘任若干兼职和专职项目主任。负责项目的筛选、评议、评审工作。

(四)

第九条　地质科技发展基金是面向全国各部门地质科研单位，地质院校和高等学校地质系，基金委员会每年发布一次项目指南，上述各单位科技人员均可按项目指南提出申请，项目申请之前必须得到申请者所在单位认可。为便于管理，每个单位的申请项目请组织统一报送。

第十条　基金会对所有申请项目，经同行评议后，择优支持。重点支持学术思想新颖，并在短期内(一般以不超过3年为宜)可望得到预期结果的研究课题，支持边缘学科和交叉学科新成果的引入。

第十一条　项目申请的主要内容包括：

1.项目名称，研究目的及其在科学上的意义及国内外研究现状；

2. 科学思路，拟采用的技术方法及预期成果；

3. 主要研究者资历和所在单位；

4. 研究者及所在单位已具备的研究条件；

5. 项目计划完成时间、工作制度和人员安排；

6. 经费预算。

第十二条　申请者必须认真填写项目申请书，经本单位认真审查，对申请项目的必要性、研究目的和意义、研究方案的可行性、申请者和主要成员的素质和水平、经费预算是否合理、保证完成任务的条件是否具备等，提出意见，由单位领导签字后，报送基金办公室。

第十三条　基金申请应由基金办公室统一管理，经筛选初审后，按专业送各专业组进行审核，经过同行专家评议，然后按照规定的权限进行审批。

第十四条　基金项目评审结束，由基金委员会办公室通知获准单位和项目申请人，要求其在一定期限内编制工作计划、经费开支计划和第一次拨款申请书。

（五）

第十五条　地质科技发展基金积极同国家自然科学基金会和其他科技基金会开展合作，对一些共同感兴趣的项目，采取联合资助。及时同有关基金会交流情报，沟通信息，避免重复。

第十六条　地质科技发展基金委员会积极开展国际合作，同国际地质计划及各国有关基金组织建立联系，开展联合资助，促进地质事业发展。

（六）

第十七条　受资助项目的经费，采取一次核定，分期或一次拨款；年终结余经费，可结转下年度使用。某些开发性项目可向基金会借款研究。完成后一次或分期偿还。

第十八条　基金的使用范围为直接的和间接的科研支出，包括野外调查差旅费，购买必要的小型仪器设备、材料、加工、测试、计算、资料及参加学术交流费用。不得用于支付人员工资、补助工资、福利劳保、基本建设、购买大型仪器设备和出国考察及其他国际活动费。

第十九条　受资助单位接到批准通知后，应按要求编制研究工作计划和经费预算，在指定期限内报送基金办公室，经审核批准后方可拨款。如无特殊情况，又未申明原因，不能按时报送计划者，视为自动放弃接受资助。

第二十条　项目经费使用情况应按年度编报会计报表，于次年1月30日前报送基金办公室。研究工作全部完成后，应在两个月内编报总决算。剩余经费，由承担单位作为收入。承担单位提取管理费，不得超过5%。

第二十一条　申请者利用基金购买的小型仪器设备，项目完成应归单位所有。

第二十二条　项目因故撤销或停止时，应将剩余经费和器材处理收入，悉数交回基金会。

（七）

第二十三条　受资助单位对本基金资助项目，加强领导和检查，并从各方面给予积极支持，保证工作顺利进行。

第二十四条　项目执行单位要定期向基金会汇报工作计划执行情况和经费使用情况，每年7月10日前汇报上半年执行情况，次年1月30日前报出上年度工作总结和本年度工作计划与要求拨款申请。过期不报者，暂停拨款。

第二十五条　对无故未按要求完成任务的申请者，应予停拨、减拨经费。如系研究者能力不能胜任使项目不能完成者，其主要研究人员两年内不得再申请本基金。

第二十六条　项目完成后，应认真总结，90天之内写出报告报送基金会。报告应数据完整，资料齐全，基金会将按设计认真组织评审验收。

第二十七条　项目成果可按正常渠道公开发表，但必须注明是本基金所支持的项目。

项目成果可按国家和部门有关规定和程序申报成果奖，获奖后应向本基金会备案。

第二十八条　对于完成任务较好的成果，基金会将给予适当奖励。

地质行业科学技术发展基金项目评审办法

1987年10月16日

一、总　则

（一）地质行业科学技术发展基金资助应用研究和部分应用基础研究项目。评审工作必须从应用研究和应用基础研究出发，贯彻科技面向经济建设、面向地质找矿的方针，择优支持具备以下条件的项目：

1. 有重要科学意义或有重要应用前景的研究工作，特别是针对地质找矿中关键地质问题、重大地质问题和开拓新兴技术的研究工作。

2. 学术思想新颖，立论依据充分，研究内容和目标明确、具体、先进，研究方法和技术路线合理、可行，2—3年内可望得到预期成果。

3. 申请者与合作者具有相应的研究能力，研究工作有一定积累，基本工作条件和工作时间有可靠保证。

4. 经费预算实事求是，根据充足。

(二)本基金会受理的项目，均需经过评审，方能确定该申请项目可否得到资助。

(三)评审工作依靠专家，充分发扬学术民主，坚持公正原则。

二、评　审

(四)本基金项目申请书由基金办公室受理，评审工作由基金办公室组织进行。

评审工作分预审、同行评议、学术组评审、综合评审和重大项目评审。

1. 预审：

项目申请书由基金办公室负责预审，进行初步筛选。有以下情况者不予受理：

(1) 申请项目不符合本基金会资助范围；

(2) 明显缺乏立论根据或明显重复前人工作；

(3) 项目申请人明显不具备相应的研究能力；

(4) 申请者与主要合作者已获其他项目资助，无力承担新的项目；

(5) 已获资助项目，而进展不好的，或申请人处于被取消申请资格期限；

(6) 申请经费明显不合理，或申请金额远远超过本基金资助能力；或已在其他部门获得了必要的经费。

凡出现以上情况之一者，均作预审否决处理，不再进行同行评议。

2. 同行评议：

基金办公室将项目申请书副本分送有较高学术造诣、认真负责、办事公道的同行专家，就项目的方向、内容、意义、学术思路、申请者能力诸项，提出书面评审意见。同行评议意见不应少于3份。

基金办公室综合整理同行专家意见，形成初审意见。

3. 学术组评审：

经过初审的项目，交学术评审组集中评审。对申请项目的研究方向、研究内容、预期成果、科学思路、技术措施及申请人的承担能力等学术内容进行评议。

基金委员会聘请若干学术造诣深、知识面较广、办事公道、热心基金工作的专家担任不同专业的学术评审组主任，学术评审组由若干同行专家组成。学术评审组的设立，视评审项目内容而定。评议工作由学术评审组主任主持。

通过学术组评审后提交：

——应予以资助的项目及资助金额建议；

——有关申请项目合并或分解建议；

——提出重大项目须增大资助的建议；

——应予以否定的项目。

4. 综合评审：

基金办公室根据各学术组的建议，进行综合平衡，提出计划资助的研究项目、资助金额和第一年度拨款额。

综合评审的主要内容：

——项目的人员安排和经费要求是否合理；

——项目所需时间期限是否合理；

——项目需要的技术条件是否具备；

——申请人是否承担项目过多，超出本人承担能力；

——是否属于须经基金会进行最终评审的较大项目；

——各专业应予资助的比例；

——平衡基金总额与各项目的资助总额。

评审结论是：

——接受申请，予以资助；

——修改后可接受，可以资助；

——属于重大项目，有重要科学意义和实用价值，但要求经费高，需提交委员会专门评审；

——否决。

5. 较大项目评审：

具有重要科学意义和实用价值，要求经费超过10万元的项目，在基金委员会会议上逐项审定。

三、审批下达

(五)属于一般项目，经基金办公室综合评审后，提交委员会主任或主管副主任签发。属于10万元以上项目，由委员会会议审定，主任签发。

（六）凡需要修改的申请项目，由办公室将修改建议通知书通知申请人，并要求其在限定日期内将修改后的申请送交办公室，过期不送者，即为自动撤销申请。

（七）通过上述评审后，由基金办公室将最终意见通知申请人。

最终评审意见可以是：

决定资助

否决

如果决定资助，则通知申请人和所在单位，项目的资助方式和金额。

如系否决，则通知申请人否决理由。

（八）申请项目被接受后，该项目即为基金会执行项目，申请人即做为项目负责人，合作者即为项目参加者，基金会即按照确定的方式拨款。

（九）基金会保护评审人员的权益，参予评审的人员应对各种评审意见负有保密责任，不得以任何理由、方式泄漏评审内容。

基金办公室是唯一授权可以宣布最终评审意见的机构。

如果一个项目的中间评审意见被泄漏，则直接泄漏者将承担由此引起的后果。

（十）申请人或其他人对评审确定的项目有异议，并对基金办公室的说明不能满意时，可向基金委员会提出申诉，并有权要求基金会给予复审或裁定。

地质行业科学技术发展基金资助项目研究成果评审鉴定办法

1989年4月26日

第一条　为了及时掌握地质行业科学技术发展基金资助效果，正确评价资助项目研究成果的水平和意义，促进研究成果的交流和推广应用，根据《中华人民共和国国家科学技术委员会科学技术成果鉴定办法》的原则，参照《国家自然科学基金资助项目研究成果评审鉴定试行办法》，结合地质行业科学技术发展基金资助项目研究成果的不同情况，特制定本办法。

第二条　地质行业科学技术发展基金资助项目研究成果和评审，分别由地质行业科学技术发展基金委员会（以下简称地质科技基金会）或委托受资助项目所在单位负责组织。

第三条　不同性质的研究成果采用不同的评价方法。理论性研究成果采用学术评审的方法：应用性研究成果采用技术鉴定的方法。

第四条　资助项目研究成果组织评价，必须具备以下条件：

1. 理论性研究成果，其代表性论文、报告、专著一般应公开发表并得到公认以后；

2. 应用性研究成果，必须经过试验或试用，取得准确、可靠的数据；

3. 反映研究成果的学术、技术文件及资料齐全；

4. 研究成果的权属无争议。

第五条　地质科技基金会组织评价的研究成果，须由所在单位准备下列材料，于评审、鉴定前两个月报送基金办公室：

1. 简述研究成果意义、水平及需由地质科技基金组织评价理由的报告，并加盖单位公章；

2. 按第四条规定应报的有关资料；

3. 评审或鉴定委员会成员和正、副主任的建议名单；

4. 所在单位学术委员会的综合评价意见。

基金办公室收到材料后，进行研究，提出意见，报基金会领导审核后，批复成果所在单位。

第六条　研究成果的评价必须依靠专家、发扬民主、贯彻百家争鸣的方针，坚持实事求是、严肃认真、精简节约、注重实效的原则。对被评价研究成果论点的可靠性、创造性、数据的准确性、资料的完整性、技术的先进性、合理性，以及研究成果的理论意义、应用价值、研究特色、已达到的水平，推广应用范围与可望取得的社会、经济效益，存在问题与改进方向等有关内容，作出客观公正的评价结论。

第七条　研究成果评价应尽可能采取通讯的方式进行评审或鉴定，由组织单位将有关学术、技术文件发给熟悉评价研究成果国内外情况、作风公正严谨、有代表性的高级同行专家（一般5—7人），提出书面审查意见，由组织单位综合分析作出结论。资助项目研究成果所在单位的专家，一般不参与本单位研究成果的通讯评审或鉴定。

第八条　需要召开评审或鉴定会议对研究成果进行评价时，须由熟悉情况、严谨公正、有代表性的同行专家（一般7—11人）组成评审或鉴定委员会进行审议，做出结论。委员中，具有高级专业职务者应占2/3以上，研究成果完成单位参加评审或览定委员会的人员不得超过总人数的1/4，并不得担任评审或鉴定委员会的正、副主任。研究成果完成者不得参加评审或鉴定委员会的活动。

第九条　对参加评审、鉴定的同行专家，可视具体情况给予一定的评审费。

第十条　评审或鉴定委员会应对评价结论的正确性负责，有要求研究成果完成者进行答辩或重复试验的权利。评审或鉴定委员会全体成员对被评价的研究成果均有充分发表个人意见的权利，并应在评审或鉴定证书上签字。对评价结论有异议的，可在评价意见中写明。全体评委应对评审情况和技术内容保密。

第十一条　资助项目研究成果的评审或鉴定证书，经组织评价单位审核批准并加盖公章后生效。评审或鉴定意见如有不实或弄虚作假之处，组织评价单位有权责成原评审或鉴定委员会进行补充评价，以至另行组织评审或鉴定委员会重新进行评价。

第十二条　不属于地质科技基金会组织评价的资助项目研究成果，由有关地方或所在单位负责组织，并通知地质科技基金会。地质科技基金会视情况派人参加。

第十三条　凡地质科技基金资助项目的研究成果，均须经过评价，并于评审或鉴定后两个月内，由所在单位负责将下述材料报送地质科技基金办公室（一式两份），进行登记、汇编：

1. 评审或鉴定证书及有关附件；

2.《地质行业科学技术发展基金资助项目研究成果登记表》

3. 反映研究成果的代表性论文、专著、文件、资料等。

第十四条　具备下列情况之一者，可不专门组织评价：

1. 公开发表的论文、报告、专著被国内外同行多次引用，或在国内外重要学术会议上作特邀报告，所收集到的同行反映足以对研究成果作出评价，并由所在单位或上级主管部门写出综合评价结论的；

2. 经生产中使用，证明技术上成熟，经济上合理，由使用单位及其上级主管部门出具证明的；

3. 经国家或省部级专业技术检测，确认达到先进水平并出具证明的；

4. 经国内外专利机构批准授予发明专利的；

5. 获国家、省部级科技奖励的。

符合上述情况之一的研究成果，经所在单位或上级主管部门审定提出综合评价意见后，视同通过评审或鉴定，并按第十三条的规定，报送《地质行业科学技术发展基金资助项目研究成果登记表》、反映研究成果的资料以及有关证件（如奖励证书、专利证书、检测证明、用户证明、同行引用情况证明材料及综合评价意见书等）。

第十五条　本办法自公布之日起实施。解释权属地质行业科学技术发展基金会委员会。

地质行业科学技术发展基金资助项目财务管理暂行办法

1989年4月26日

一、总　则

第一条　为了加强地质行业科学技术发展基金（以下简称地质科技基金）资助项目经费的管理，有效与合理使用资助经费，多出成果，多出人才，促进地质科技发展，根据国家财政制度有关规定，参照国家自然科学基金资助项目财务管理暂行办法，结合地质科技工作特点，制定本办法。

第二条　地质科技基金资助项目的经费申报、

使用，要本着勤俭办一切事业的方针、充分利用现有仪器设备等工作条件和可以利用的协作条件，精打细算，力求节约。

第三条　地质科技基金资助项目的经费采取一次核定、分期拨款、年终结转、项目结束后决算核销的办法。资助经费分年度拨至受资助者所在单位，在本单位领导和财务、业务部门的管理下，由项目组按计划支配使用。某些开发性项目可以向地质科技基金会借款研究，由申请者所在单位担保，签订合同，完成后一次或分期偿还。

第四条　地质科技基金资助项目的经费，必须专款专用，单独建帐进行核算，不得任意截留、挪用或挤占。

二、经费开支范围

第五条　地质科技基金资助项目的经费开支范围，限于资助项目研究工作直接需要的费用。主要包括：

1. 科研业务费：包括野外调查差旅费，野外津贴，计算、测试、分析费用，业务资料、报告、论文印刷费，参加本项目必需的国内学术交流的费用，零星临时用工劳务费。

2. 实验材料费：原材料、试剂、药品等消耗性物品购置费，标本、样品采集加工费，运杂包括装费。

3. 仪器设备费：仅包括必要的小型仪器设备购置费，自制专用仪器设备的材料、配件和外协加工费。不包括交通设备、声象录放设备、复制打印设备、空调冷藏设备、办公设备、大型仪器设备、电子计算机（含微型机）、幻灯机、照像机等。

4. 实验室改装费：根据地质科技基金资助项目研究工作需要，为改善实验室条件所进行简单装修的费用。土建、房屋维修、实验室扩建等费用，不得列入。

5. 协作费：指外单位协作者承担资助项目研究所需要的费用。

6. 管理费：地质科技基金资助项目所在单位对项目负有领导、管理与提供服务和责任，可以从项目经费中提取管理费，但每项不得超过资助经费的5%，单项最高额不得超过5000元，并应按拨款进度分年度提取，用于冲抵项目应分摊的水、暖、电、气等及其他费用，不得层层重复提取或提高限额。

第六条　本办法规定的开支范围，不包括人员工资、补助工资、福利劳保、基本建设和出国考察及其他国际活动等。

三、拨　　款

第七条　地质科技基金申请者及其所在单位接到批准通知后，应按批准的资助金额、研究年限和研究内容编制研究工作计划和经费开支计划，在指定日期（一个半月）内报送地质科技基金办公室，一式两份。经审核批准后，作为拨款依据按年度拨款。3年或3年以上的项目第一次拨款额不超过总资助额的40%。因故不能按期报送的，应提前向基金办公室书面申明原因，否则按自动放弃资助处理。

第八条　资助项目的拨款，一般每年一次。第一次以核准的《经费开支计划》为凭；第二次以后的继续拨款，待收到资助项目年度研究进展情况报告及经费开支会计年报，经地质科技基金办公室审查提出处理意见后拨款：工作进展正常的，按原计划拨款；工作进展不正常或经费使用不当的，将减少或暂停拨款，直至撤销资助。不报送上述两个年报的，暂不拨款。有特殊需要的，可提出申请。

第九条　资助项目协作者所需经费，由项目负责人与协作者商定，报基金办公室备查。如需拨至协作者所在单位，其所在单位负责监督、管理，由协作者支配使用。

四、监督与管理

第十条　地质科技基金资助项目经费的使用、管理，要方便科研，有利于发挥科研人员的积极性、主动性。计划内的支出，均由项目负责人审签，根据实际需要使用。如改变经费用途需经所在单位领导审批并报基金办公室备案。

第十一条　资助项目所在单位只设一个开户银行帐号办理地质科技基金财务业务。如有变动，应及时通知地质科技基金办公室。

第十二条　资助项目所在单位，应指定专人负责地质科技基金财务工作，按时报送会计年报。对财务管理混乱或不按时报会计年报的，将暂停拨款。协作者所在单位，应按规定向资助项目所在单位提供财务报表。

第十三条　资助项目负责人一年以上不能参

加本项目研究工作（如出国、重病、死亡），一般按中途停止或撤销资助处理。所在单位如有能力继续完成资助项目研究计划，须提出更换项目负责人的申请报告，经地质科技基金办公室审查同意，继续予以拨款。

第十四条 资助项目一经批准，一般不得无故中止。资助项目负责人如调动工作，需把资助项目带到新单位继续开展研究，应写出书面报告，商得调出、调入单位同意并签署意见，经地质科技基金办公室审查同意后，可将结余经费划拨至新单位继续使用。

第十五条 资助项目因故中止或撤销，申请者所在单位要及时清理帐目，将余款和已购器材处理收入，悉数交回地质科技基金办公室。同时编报《地质行业科学技术发展基金资助项目中止、撤销经费收支结算表》和《地质行业科学技术发展基金资助项目中止、撤销器材处理收入一览表》各一式两份，在3个月内报基金办公室审查后核销。

第十六条 资助项目研究工作全面完成后，应抓紧清理历年收支帐目，在两个月内编制《地质行业科学技术发展基金资助项目经费决算表》，连同其他总结材料，一式两份报基金办公室，经审查签署意见后，一份批复所在单位核销。所购买的小型仪器设备，仍用于受资助者的研究工作。已拨结余经费由承担者单位作为收入，仪器设备归单位所有。

第十七条 资助项目经费的使用情况，应接受所在单位审计部门的定期审计或专项审计。编报的《地质行业科学技术发展基金资助项目经费决算表》和《年度会计报表》，应经审计部门签注审计意见。基金办公室每年不定期检查研究工作进展及经费使用情况。

第十八条 受资助项目组成员、协作者及所在单位，均应严格遵守国家财务制度和本办法规定。对于弄虚作假、截留挪用或挤占经费等违反财经纪律的行为，所在单位财务部门有权抵制和越级反映。地质科技基金委员会根据情节轻重，采取通报批评、停止拨款、撤销资助、不受理当事人或所在单位再次申请地质科技基金等措施，以至追究有关人员的法律责任。

第十九条 资助项目所在单位，应加强经费使用的管理和监督。地质科技基金委员会将重点地进行检查，受资助者和所在单位应积极配合，如实反映情况。

第二十条 本办法各项规定未尽之处，将不断补充完善，解释权属地质行业科技基金委员会。本办法自发布之日起实施。

高等学校博士学科点专项科研基金暂行管理办法（草案）

第一章 总 则

第一条 为了进一步促进高级专门人才的培养，加强博士学科点的建设和高等学校科学研究的发展，设立高等学校博士学科点专项科研基金。

第二条 国务院1982年批准对中央有关部门所属重点高等学校增拨的科研经费，从1985年起列为高等学校博士学科点专项科研基金。

第三条 该项基金只限于资助中央部门所属重点高等学校经国务院批准的博士学科点科学研究中的基础研究和应用基础研究工作，择优资助以下课题：

1.学术思想新颖、有重要科学意义或重要应用前景的研究课题；

2.促进新学科、新专业的形成与发展以及加速高等学校重点学科点建设和国家重点实验室建设的研究课题；

3.促进学科间渗透，开拓边缘学科和交叉学科的研究以及有利于发挥高等学校优势的跨学科联合研究的课题。

第四条 为了搞好博士学科点专项科研基金的管理工作，国家教委设立高等学校科学技术基金办公室（简称基金办公室）及专家评审系统。基金办公室负责组织课题申请、评议；检查资助课题的执行情况和年度总结；以及课题完成后的工作总结与成果汇总等日常管理工作。学科专家评审系统由按三级学科分类的同行评议人及国家教委科学技术委员会学科组成员组成。

第二章 课题申请与审批

第五条 高等学校博士学科点专项科研基金

由国家教委归口管理，基金办公室设在国家教委科学技术管理中心。基金办公室下设理工、农、医、文科4个归口部门，负责有关高校基金项目申请、评审及管理。

第六条　申请资助的课题，应具备以下条件：

1. 目的意义明确，立论根据充足，研究技术路线合理可行；

2. 作过国内外情况调研，研究内容有独到之处，与其他单位不重复；

3. 有一定的研究工作基础和实验工作条件；

4. 人员落实，具备深入开展本课题研究的能力；

第七条　中央有关部委重点高等学校博士生指导教师、博士学科点上的正教授及博士学科点上科研成绩突出的副教授，均可申请资助。申请者必须对研究课题负责并主持研究工作。

第八条　基金办公室每年受理一次基金项目申请，受理的时间自3月1日到3月31日。高等学校按分配的经费限额提出申请。每校申请自然科学类课题的每个项目平均经费不少于3万元，单项申请经费以十万元为限。

第九条　申请资助的课题一般以3年为限。已得到资助的申请者在3年内一般不得再提出申请，需等资助课题完成后，方可申请。

第十条　申请者必须填写《高等学校科学技术基金申请书》(简称《申请书》)，学科编码按《高等学校科学技术基金项目成果评审学科目录表》填写。所在学校应按本办法的要求，对申请资助的必要性、申请内容的真实性、研究方案的可行性、经费概算是否合理及能否保证其基本工作条件等进行审查，签署意见后，《申请书》一式6份报送基金办公室的各归口部门。

第十一条　基金办公室各归口部门对受理的《申请书》进行形式审查，合格的送请具有一定学术造诣的副教授以上职称的同行专家进行评议，评议意见对外保密。对参加评议的专家酌付酬金。

第十二条　基金办公室负责对各归口部门的评审结果进行汇总平衡、择优资助，并将核定的项目及经费指标通知各归口部门及有关学校。

第十三条　申请单位接到批准资助课题列入计划的通知后，在一个半月内填写《高等学校科学技术基金资助课题年度实施计划表》和《经费开支计划》，报基金办公室各归口部门，抄送基金办公室。在规定的时间内如不返回，按自动放弃处理。

第十四条　基金办公室在收到《高等学校科学技术基金资助课题年度实施计划表》和《经费开支计划》并经审查合格后，将资助课题经费核拨各归口部门及有关高校，课题即开始执行。

第三章　经费使用与项目管理

第十五条　资助经费采取一次核定，分年度拨款，年终结转，节约留用的办法。

第十六条　使用基金的单位必须严格按照财务部门对科技费用的有关规定，按课题建帐，单独核算，专款专用，任何单位和个人不得私自挪作它用。

第十七条　基金使用单位可以从研究项目经费中提取部分经费作为管理费，每个项目提取的管理费不得超过项目资助金额的5%，最高金额不得超过5000元，与年度拨款同步，分年度提取。

第十八条　经费开支范围限于该课题直接需要的、单价5万元以下的仪器设备，以及必要的实验材料、实验室装修、出差、国内考察和学术会议、业务资料、劳务和管理等费用。资助课题购置的仪器设备，由所在单位按《高等学校仪器设备管理办法》进行管理。凡违反资助经费使用规定者，将停止资助或追回资助经费。研究工作全部结束的课题，节余经费一般留给所在单位并优先用于申请者的研究工作。资助课题因故中途停止或撤销，应将余款和已购器材处理收入如数交回基金办公室。

第十九条　经批准资助的课题，作为国家资助的项目列入所在学校的研究计划，学校负责课题执行过程中的日常管理，并在人力、物力等条件上给予支持保证。

第二十条　课题负责人于每年1月15日前填写一次上年度《高等学校博士学科点专项科研基金资助项目年度工作报告》和本年度的工作计划及经费使用计划，并由学校汇总于1月30日前统一报基金办公室各归口部门。过期不报，将暂缓拨款。

第二十一条　承担项目的负责人及学校财务部门在课题结束3个月内向国家教委报总决算。

第二十二条　资助课题执行过程中如有重要

人事变动，应报基金办公室备案。研究课题的计划与方案有重大修改，应报基金办公室各归口部门审批。

第二十三条　资助课题完成后，必须填写《博士学科点专项科研基金资助项目研究工作总结》，由所在学校的学术委员会组织验收，并将评审意见写入工作总结，报基金办公室各归口部门。各归口部门应填写《国家教委管理的科研课题已完成项目统计表》，连同项目负责人填写的工作总结表报基金办公室。

项目负责人再次申请博士学科点专项科研基金时，原资助项目的执行情况（《年度工作报告》、《项目研究工作总结》）将作为附件与所申请项目的《申请书》一并送同行专家评审。

第二十四条　基金办公室各归口部门负责组织专家和科研管理人员对资助课题的执行情况进行检查、验收，总结经验，改进工作。如发现资助不当或不具备继续进行研究的条件时，可中止或取消资助。

第二十五条　基金办公室将根据各学校承担课题的完成情况，作为下一年度申请项目、评审、资助的参考条件。

第四章　成　　果

第二十六条　在课题资助期限内完成的各项研究成果（论文、专著）及研究报告必须注明“高等学校博士学科点专项科研基金资助课题”。抽印本报送基金办公室各归口部门。

第二十七条　课题完成后其研究成果符合请奖条件的，可按有关规定向省、市（部门）和国家申请奖励。研究成果的评审或鉴定，按照国家科委(88)国科发成字539号文执行，科学理论成果应通过百家争鸣得到评价；技术成果可以通过市场机制进行鉴别、评价和得到社会的公认，一般可以不组织鉴定。确实须要鉴定的，也要注重实效，凡可以检测鉴定、验收鉴定、背靠背评议的，或已具备视同鉴定条件的，一般不要召开会议鉴定。

第二十八条　研究成果的专利申请、成果转让按国家及有关部门的规定办理。

第二十九条　本管理办法自1989年开始执行（1987年、1988年资助课题同时按照本办法执行）。

国家气象局
气象科学基金管理办法

1991年11月20日

第一章　总　　则

第一条　根据《气象科学技术研究体制改革方案》，为加强应用基础性科学研究，国家气象局设立气象科学基金。对气象科研计划中的一部分基础性、规律性（特别是学科前沿及新思路、新方法）的研究课题，按基金形式管理，并设立本基金管理办法。

第二条　气象科学基金是部门基金，是国家气象局重点科技研究计划的一个组成部分。主要面向全国气象科研、业务、教学单位。气象部门以外的高等院校、科研单位的气象科技人员也可申请。

第二章　管理机构和职责

第三条　国家气象局科技教育司（以下简称科教司）负责气象科学基金工作的管理。其主要职责是：制定和修订基金工作有关政策和章程；组织制定和发布基金项目指南；组织审定基金课题立项；核定课题支持经费；对部分基金课题组织验收或鉴定。

第四条　科教司下设气象科学基金办公室，其主要职责是：受理基金课题申请；组织基金课题评审；下拨课题经费；检查基金课题执行情况等。

第五条　科教司委托气象科学基金申请者所在单位的科研管理机构负责本单位基金课题工作的日常管理，包括基金课题申请书初步审核、集中上报；基金经费的使用监督；课题研究工作的检查；组织部分结束课题的委托验收或鉴定；负责基金课题的档案管理。

第三章 基金课题的申请和审批

第六条 一般情况下，科教司每两年发布一次气象科学基金项目指南。申请者须根据项目指南中规定的资助范围和要求选题申请。基金课题的研究时间最长不超过3年。

第七条 气象科学基金采取个人申请，所在单位科研管理机构推荐，同行专家评审，择优资助的办法。

第八条 气象科学基金课题的申请者需具有中级技术职称或高级技术职称的气象科技人员。具有初级技术职称的科技人员申请气象科学基金须有两名具有高级技术职称的同行专家推荐。

第九条 基金课题主持者和参加者应切实进行该课题的研究工作，一律不得挂空名。

第十条 申请气象科学基金，须按要求填写《国家气象局气象科学基金申请书》。字体要工整，内容要简明扼要。所填内容不符合要求者，不予评审。

气象科学基金申请书一式6份，由本单位科研管理机构按规定时间集中迳寄国家气象局科教司气象科学基金办公室。同时随寄课题申请手续费，每项30元。

第十一条 气象基金课题申请总金额一般不超过3万元。

第十二条 气象科学基金办公室对申请书预审后，组织同行专家评审。评审时主要对以下几方面提出意见：

课题研究内容和研究方法的合理性，预计成果的水平和科学价值；

预期科技成果转化为气象业务应用的可能性及其可能带来的效益；

课题承担者的素质和水平及所在单位可提供的条件，有无完成任务的可能性以及经费申请额度是否合适等。

第十三条 基金课题经专家评审后，由科教司综合审定，编制计划报国家气象局主管局领导批准后正式立题并通知课题主持人及其所在单位科研管理机构。课题执行起始时间为批准后一个月。对于未批准的申请，亦同时通知申请者所在单位及本人。

第十四条 基金课题申请者在接到批准通知后，无论对批准内容是否同意，均须在一个月内函告气象科学基金办公室。否则，按自动放弃处理。

第十五条 为了促进边远地方气象科学事业的发展，在基本条件相同时，对于边远地区气象科技人员申请的课题予以优先考虑。对于某些课题，鼓励跨部门、跨地区、跨单位的科技人员合作，联合申请。

第十六条 为鼓励和支持青年科技人员的成长，在气象科学基金中提取一部分作为青年气象科学基金。青年气象科学基金的申请者必须是年龄在35周岁（含35周岁）以下，并在气象科学基金申请书封面注明“青年气象科学基金”字样。在国外攻读学位的青年科技工作者可以在回国前一年提出申请，如经评审通过，将保留资格一年，待回国后予以资助。

第四章 课题管理和监督

第十七条 基金课题承担者所在单位和科研管理机构应将基金课题纳入各自的工作计划，加强领导和监督，并给以保证和支持。课题承担者应服从本单位的领导和监督，严格按批准的研究内容工作。

第十八条 按期完成任务，取得预期研究成果的基金课题承担者，再次申请基金时，给予优先考虑。

第十九条 因能力不及或非不可抗拒原因，课题承担者已显然不能完成课题任务时，所在单位科研管理机构应及时报告气象科学基金办公室，中止课题，退回剩余经费。

第二十条 课题主持人因故（含出国）不能连续参加课题研究工作时间在半年以上，或不能按要求进行研究时，所在单位和本人要及时向气象科学基金办公室报告情况，由基金办公室根据情况作出处理，未经同意，不得擅自更换课题主持人。

第二十一条 课题承担者或所在单位如擅自修改批准后的研究内容、技术指标、挪用基金经费，或在研究工作中弄虚作假，一经发现即撤销资助，并追回剩余经费和含所购置的设备器材等物资。对于以上行为的直接责任者，3年内不得申请气象基金。

第五章 经费及其管理

第二十二条 气象科学基金资助课题的经费，

原则上一次核定，分期拨款。年度拨款在收到上一年度课题研究总结报告后进行，报告中须附有年度经费结算及使用说明。

第二十三条　基金课题的经费拨到课题主持人所在省、市气象局科研财务管理机构，独立核算，专款专用，遵守财务规章制度。财务管理人员应对经费的使用情况进行监督，不允许收取管理费和用于支付奖金。

第二十四条　气象科学基金主要用于课题研究的计算费、资料费、实验材料费、调研费、野外考察费、小额专用仪器费、临时工工资、有关科研差旅费等。

第二十五条　气象科学基金的经费使用情况，课题承担者所在单位财务部门须按年度编制会计报表，于下年度2月底前，由本单位科研管理部门连同课题研究总结报告一起，集中上报气象科学基金办公室。课题结束后，须报课题经费决算清单。

第六章　基金成果管理

第二十六条　气象科学基金资助课题研究结束后，应认真进行总结，提交完整的数据、图纸和资料，写出课题研究总结报告并附上有关技术报告和论文，报给本单位科研管理机构初步审查。

发表气象科学基金的研究论文，必须注明“国家气象局气象科学基金资助”字样。否则，在气象科学基金课题的成果中不予认可。

第二十七条　气象科学基金课题一般采用验收（视同鉴定）结题方式。对于具有较为完整的理论和实用价值，或者在多年研究工作的基础上，有系列性成果，课题承担者和所在单位认为必要时，可向国家气象局申请组织鉴定。

第二十八条　每项气象科学基金课题在成果验收之后，课题完成者需另将代表性论文的摘要及时报给气象科学基金办公室。每篇论文摘要1500字左右。

第二十九条　气象科学基金课题的研究成果，可以按照有关规定申请国家（部门）有关奖励。

第三十条　本管理办法自1992年1月1日起实施，由国家气象局科教司负责解释。1986年4月18日公布的《国家气象局气象科学基金管理办法》同时废止。

航空航天工业部航空科学基金暂行规定

1991年6月1日

第一章　总　　则

第一条　为了贯彻《中共中央关于科学技术体制改革的决定》的精神，合理部署科研纵深配置，使航空科技发展分层次进行，特设立航空科学基金。

第二条　设立航空科学基金，是为了加强基础性研究工作，充分调动科技队伍的积极性，发现和培养人才，增强技术储备，促进航空科学技术的进步和发展。

第三条　航空科学基金主要用于支持航空科学领域的应用基础研究，特别是新思想、新概念、新原理、新方法的探索性研究活动，是航空科技预研工作的重要组成部分。

第四条　航空科学基金，面向部内有关高等院校和专业技术研究所。

第五条　航空科学基金实施程序为：发布项目指南，项目申请和评审，实施和管理，成果的验收和鉴定。

第二章　基金的来源和使用

第六条　航空科学基金主要来自国家拨款，也可接受国内外个人或企业、团体的捐赠。

第七条　航空科学基金财务管理，按国家有关财务管理规定执行，单独建户，专项使用。

第八条　基金项目资助经费，一次核定，分期拨款。统一拨至申请者所在单位，由所在单位监督使用，专款专用，在财务制度范围内，项目承担者，有权按研究计划支配经费。

第三章　组织领导

第九条　设立航空航天工业部航空科学基金理事会（以下简称基金会），为航空科学基金组织领导机构；设立航空航天工业部航空科学基金办公室(以下简称基金办)负责基金的实施和管理工作。

第十条　基金会属航空航天工业部领导，主要负责筹集资金，掌握航空科学基金资助方向和重点，制定基金管理规章和制度，编制和发布项目指南，审定基金项目，开展同国内外科学基金工作的合作与交流。

第十一条　基金会由科学家和管理专家组成。设理事长一名，副理事长（含常务副理事长）若干名，理事若干名，秘书长一名；副秘书长若干名。理事长由一名部领导兼任，其他成员由部聘任，每届任期4年，可连聘连任。

第十二条　基金办是部航空科学基金管理机构，又是理事会的常设办事机构，设正、副主任及相应工作人员。

第四章　项目申请和选择

第十三条　基金项目的确定，贯彻“依靠专家、发扬民主，择优支持、公正合理”的原则。

第十四条　基金项目的申请者，须是副教授(或相当副教授)以上的科技人员，其他申请者应由两名教授（或相当教授）的书面推荐。

第十五条　申请者须认真填写《航空科学基金申请书》，经本单位审查后，统一申报。

第十六条　航空科学基金项目的申请每年受理一次，经同行业专家评议后，报经基金会审批。评议方式，可采用通讯，或小型会议集体讨论等方式进行。

第十七条　航空科学基金项目研究周期一般不超过3年，每项资助金额以不超过5万元为原则。已得到基金资助项目研究结束，方能提出新项目申请。

第十八条　凡申请航空科学基金项目，不论批准与否，对同行评议专家的名单、评议意见，要严格保密；申请书的研究内容、技术路线、实施方案等，均属申请者的劳动成果，应受到法律保护。基金项目有重大技术突破，或取得较大科研成果者，下次申请在同等条件下，将优先得到资助。

第五章　监督和管理

第十九条　经批准资助的基金项目，即列入部管科研计划执行，各单位应指定专门机构和人员进行管理。

第二十条　各单位按批准的基金项目申请书内容，加强研究工作的实施和管理，保证项目研究任务的完成。

第二十一条　基金项目承担者，每年应提出执行情况报告。如取得重要进展和成果，或因各种原因需要对计划作重要变更等，均应提出专门报告。项目终了，提交研究工作总结报告和主要成果、文件资料。

第二十二条　基金会及基金办，应制订具体措施，加强对航空科学基金项目研究工作进行督促和检查，发现问题及时予以纠正和处理。

第二十三条　项目承担单位，应制定具体鼓励办法，使承担金项目研究任务的科技人员和管理人员所得奖金不低于从事其他科研任务人员的平均水平。不了弥补基金资助项目的经费的不足，根据研究工作进展的需要，各单位可给予基金项目必要补贴经费。

第六章　成果的验收和鉴定

第二十四条　航空科学基金项目研究结束后，本单位应及时组织验收鉴定，并报送基金办公室。取得重大成果者，向基金办提出申请，由基金办或有关主管业务部门主持鉴定。

第二十五条　基金项目成果是航空科技成果的组成部分，有关其奖励、转让和专利申请，按国家和部有关规定执行。

第二十六条　加强基金项目研究成果推广应用工作，搞好与预研工作的衔接，提高航空科学基金的总体效益。

第二十七条　反映航空科学基金项目成果、论文、资料上报、发表和归档时，必须注明：“航空科学基金资助项目”。

第七章　附　　则

第二十八条　结合实际情况根据本规定基金会和基金办可制定具体管理办法。

第二十九条　本规定自公布之日起施行，由部科技司负责解释。

航空航天工业部
航空科学基金资助项目管理暂行办法

1991 年 8 月 8 日

一、总　　则

第一条　为保证有效地进行航空科学基金资助项目的研究工作，更好地发挥航空科学基金在航空科学技术发展、国防建设以及国民经济中的积极作用，根据《航空科学基金暂行规定》特制定本管理办法。

第二条　本管理办法仅反映基金申请项目批准后的管理工作程序、内容和要求。

二、组织管理

第三条　申请项目批准下达后，即纳入部管科研计划执行，由项目承担单位科技管理部门具体组织实施。

第四条　项目承担单位，应在科技管理部门设立专职或兼职人员从事航空科学基金项目的计划管理工作，并负责成果鉴定、上报，申报奖励，组织资料归档和成果推广应用，总结管理经验。

第五条　项目承担单位，应制定具体鼓励方法，使承担基金项目科研任务的科技人员和管理人员所得奖金不低于从事其他科研任务人员的平均水平。

三、计划实施

第六条　项目申请者在接到批准资助通知后，应在一个月内根据专家意见和批准的经费修订研究内容，编制工作计划并填写《航空科学基金资助项目研究计划》(一式两份)，经所在单位审查后报基金办公室。无特殊情况，又未申明原因，不能按期报送者视为自动放弃接受资助。

第七条　资助项目负责人，对项目的完成负主要责任。项目负责人每年提交上年度计划执行情况，以及下年度的工作计划（见《航空科学资助项目年度进展情况报告》)，项目承担单位每年 10 月底前集中上报（一式一份)，逾期不报者，将停止拨款。

第八条　资助项目研究过程中，项目负责人因故无法继续进行工作，所在单位应采取措施，经基金办公室同意及时更换项目负责人，保证研究工作计划进行，或经基金办公室同意撤销原研究项目。资助项目若因故需要修改研究内容或延长计划完成时间，须提前向基金办公室提出报告，经审核同意后，方能按新计划执行。

第九条　航空科学基金资助项目结束形式是：

基础研究为论文、著作、研究报告等。

应用基础研究为论文、著作、研究报告、计算机程序、仿真试验数据等。

应用研究为原理样机（或样件)、试样、技术报告、实验数据、专利等。

项目结束后按计划规定的结束形式验收。

第十条　资助项目在规定期限内完成研究计划后，必须进行认真总结，并于 3 个月内向航空科学基金办公室报送下列资料。

1. 研究工作总结报告即《航空科学基金资助项目研究工作总结》一式一份，以及财务决算表（见《财务管理暂行规定》附表）一式两份。

2. 研究项目的归档资料清单。

第十一条　结束项目的文件资料应整理归档，归档资料包括：

(1) 项目申请书

(2) 航空科学基金资助项目研究计划（含拨款申请)

(3) 年度进展情况报告

(4) 研究工作总结

(5) 资助项目决算表

(6) 作为项目结束形式的论文、著作、研究报告、技术报告、实验数据、设计图纸、软件等资料。

归档资料由承担单位保管，需要时基金办公室可调用。

第十二条　资助项目工作结束后，所在单位应及时评审和考核，并作出学术评价和审核意见，连同项目结束总结资料一同报送基金办公室。

四、检查和验收

第十三条　项目承担单位每年要对在研项目进检查、考核，了解项目进展情况，及时解决存在问题，保证计划实施，并于次年1月底前上报资助项目管理工作年度报告（一式一份）。

第十四条　基金办公室不定期对在研项目或结束项目采取各种形式进行检查。对研究工作完成好的项目负责人，若再次申请时，在同等条件下优先资助；对差者给予批评或停止资助。

第十五条　根据结束项目总结和检查情况基金办公室对每一项目进行评价验收。为更准确地反映成果，评价结论将在项目结束一年后作出。在此期间项目负责人应向基金办公室填报《航空科学基金资助项目成果跟踪表》（一式一份）

五、成果鉴定和管理

第十六条　航空科学基金研究成果，根据《航空航天工业部科学技术成果鉴定实施细则》规定可分为：科学理论成果、应用技术成果和软科学研究成果。所有成果均为航空科技成果的重要组成部分，应当正确评价其成果水平，促进推广和应用，并作为申报奖励的依据。

第十七条　航空科学基金研究成果的鉴定申请和组织，根据成果的大小和重要程度，可采用以下两种方式：

1. 一般性成果。由所在单位自行组织评议、鉴定。

2. 须申请部级以上科技奖励的重大成果，在成果具备鉴定条件后，向基金办公室提出申请，经审查同意后，由基金办公室或有关主管业务部门主持鉴定。

以上鉴定的程序、要求及表格，均按《航空航天工业部科学技术成果鉴定实施细则》进行。

第十八条　资助项目在评议鉴定后两个月内向基金办公室报送《航空科学基金资助项目研究成果登记》和《鉴定证书》或《评议书》（一式一份）。

第十九条　航空科学基金资助项目研究成果鉴定、发表和归档时，有关资料必须标注“航空科学基金资助项目”字样；如用于国际交流，必须标注英文“The Project Supported by Science Foundation of Aeronautics”字样，缩写为“PSSFA”。

标注位置：专著或有封面的论文、资料、研究报告、总结、鉴定证书等单行本，将标注写在封面中间（即著作名称、作者姓名之下，编印单位或出版单位名称之上）。无封面或与其他文章、资料汇编在一起时，将标注写在第一页的地脚左下方，并在标题右上方和注脚前各打一个“*”号。

第二十条　为充分发挥科学研究技术成果在国民经济建设和国防现代化建设中的积极作用，把研究成果转化为直接生产力，项目承担单位必须注意研究成果与预研的衔接，及其推广和应用。

第二十一条　资助项目承担单位应组织本单位的基金项目学术交流，促进学术空气的发展。召开学术交流会应通知基金办公室。

有关航空科学基金项目内容的简报，必须送基金办公室，基金办公室将不定期地出版基金项目成果汇编、论文汇编，举办学术交流及推广应用活动。

第二十二条　航空科学基金项目经费由国家拨款，其成果应为国家所有，持有权在单位。部内单位将基金成果用于军品研制生产时，应向成果持有单位支付一定的技术服务费。如成果用于开发民品和进入国民经济技术市场，应实行有偿转让，可收取转让费。

第二十三条　基金项目成果凡符合国家发明奖、自然科学奖、科技进步奖申报条件的，按国家科委、国防科工委和部有关规定办理，并将审批结果报基金办公室。

第二十四条　基金资助项目成果的专利申请、实施按国家有关规定办理和执行，并将结果报基金办公室。

第二十五条　所有基金资助项目及其成果应根据部保密条例规定定出密级。成果转让时必须按保密规定办理必要手续，进行保密处理。

六、附　　则

第二十六条　本办法自公布之日起执行，其解释权属航空科学基金办公室。

航空航天工业部航空科学基金项目申请、评审实施办法

1991年8月8日

一、总　　则

第一条　根据《航空科学基金暂行规定》，为组织好航空科学基金资助项目的申请、评审，提高申请质量和评审效果，特制定本办法。

第二条　航空科学基金主要用于支持航空科学领域的应用基础研究，即新思想、新概念、新原理、新方法的探索性研究活动。航空科学基金理事会将定期制订和发布项目指南，以指导申请。

第三条　基金申请和评审工作，坚持“依靠专家、发扬民主、公正合理、择优支持”的原则。参加评审工作的专家，如本人有申请项目，一律回避有关评审活动。参加评审的有关人员，对申请书的内容、评审情况、评议人及其评议意见，严格进行保密，任何人不得擅自打探或外泄。

二、申　　请

第四条　航空科学基金采取个人自由申请、单位申报，平等竞争的办法。

第五条　航空科学基金是面向航空航天部所属6所高等院校（北京航空航天大学、西北工业大学、南京航空学院、沈阳航空工业学院、郑州航空工业管理学院、南昌航空工业学院）及18所专业技术研究所（303，304，607，608，609，610，014中心，613，615，618，621，623，624，625，626，627，629，631所）的科技工作者。暂不受理部内、部外其他单位申请。

第六条　航空科学基金每年集中受理一次，其他时间不再受理。具体受理时间由基金办公室届时另发申报通知。

第七条　航空科学基金的申请者，必须是实际主持申请项目的研究工作项目负责人，并具有高级专业技术职称；若申请者不具备高级技术职称，须有两名同行具有教授或同等技术职称的科技人员书面推荐。

第八条　每位申请者和主要合作者申请的项目数，连同在研的资助项目数，不得同时有两项。

第九条　根据航空科学基金理事会制定和发布项目指南，结合研究工作积累，选择最佳、最能发挥自己优势的研究项目，按照自愿原则组成项目组，由项目负责人提出申请。

第十条　航空科学基金申请资助金额，一般每一个项目以5万元为限，研究期限一般不超过3年。

第十一条　申请航空科学基金，须按规定的内容和格式填写《航空科学基金申请书》。申请书是评审工作的主要依据，填写必须严肃认真，实事求是。

第十二条　申请者所在单位要加强科学基金申报工作的指导和组织协调工作。对申请者的申请应进行认真的审查和筛选，严格把关，并对申请书内容的真实性、研究方案的可行性、经费预算的合理性，以及基本工作条件能否保证等，签署审查意见，加盖公章，并按项目交纳申请费。

第十三条　各单位在报送申请书时，须将本单位所有的申请书中的简表内容，按航空科学基金办公室制定的录入程序，录入微机软盘，报送基金办公室。

三、评　　审

第十四条　基金项目是严格按基金制工作程序，采用同行评议与专家审查相结合的评审方法。

第十五条　基金申请项目，经基金办公室初审后，邀请熟悉本专业国内外发展情况、学术上有造诣的3—5位专家进行同行评议。不得邀请和申请者同一单位的专家进行评议。尽量避免邀请同一单位的多位同行专家评议同一申请项目。

同行评议采用通讯方法，由专家个人单独完成。每项申请须有3名以上同行专家的有效评议意见方为有效。

第十六条　参加评议的专家，除要具有较高的学术水平，还应有高度的事业心和责任心，要正直、公正、严肃、认真。对按时、按质、按要求完成评议的专家，给予适当的报酬。

第十七条　为了使评议结果更客观，避免片面性，必要时，可再邀请较高层次的各专业专家召开评审会议进行专业组评审。

四、审　　批

第十八条　基金办公室对评议结果进行整理、综合，对经费进行审核、汇总后将《航空科学基金资助项目（草案）》报基金理事会审批。

第十九条　理事会一般每年度召开一次审批会，集体讨论，逐项审查，集中审批。理事会闭会期间，由理事长召集小型会议讨论审批。

五、附　　则

第二十条　申请项目经基金理事会批准后，由基金办公室书面通知申请者和所在单位，即正式列入部管科研计划执行。

第二十一条　本办法自公布之日起执行，其解释权属航空科学基金办公室。

航空航天工业部航空科学青年基金实施办法

1991年8月8日

第一条　为了发现和培养人才，促进优秀青年科技工作者脱颖而出，根据航空科学基金理事会决定，在航空科学基金中划出一定额度经费，设立航空科学青年基金。

第二条　航空科学青年基金，用以资助从事航空科学领域应用基础研究的青年科技工作者。鼓励青年在航空科学技术发展前沿进行探索和开拓。

第三条　航空科学青年基金申请者，必须具备以下条件。

1. 年龄在35周岁以下（含35岁）。

2. 已取得博士学位（或硕士学位后工作满3年者），能独立开展研究工作。

3. 学术思想活跃，有开拓创新精神。

4. 研究项目新颖，研究方案切实可行，由申请者担任项目负责人，项目组成员以青年为主。

第四条　航空科学青年基金，实行专家推荐、择优支持的原则。申请者需有两名具有高级技术职称的同行专家书面推荐。推荐者应认真负责地介绍申请者的业务素质、研究能力和科学作风。

第五条　航空科学青年基金资助项目，分年度采取集中申请统一审批的办法。申请者需按统一的格式，认真填写《申请书》（一式5份），由所在单位主管部门加盖公章后一同报送航空科学基金办公室。每年度的申请时间和具体要求，届时由基金办公室另行通知。

第六条　航空科学青年基金的《申请书》，由航空科学基金办公室进行资格审查，通过函评进行初审，最后由理事会审批。必要时组织答辩，以进一步核查申请者的业务素质和表现。

第七条　航空科学青年基金为限额资助。基金办公室在每年度受理申请前，公布限额名额。每项资助最高金额不超过4万元，研究年限一般不超过2年。申请经费只限于和《申请书》所报内容直接有关的支出。

第八条　航空科学青年基金资助经费，分年度核拨至受资助者所在单位，由单位监督使用，专款专用，财务管理参照《航空科学基金财务管理暂行办法》执行。

第九条　航空科学青年基金资助项目，每年10月底前须向基金办公室报送年度研究工作进展、经费使用情况和下一年度工作计划；项目研究结束后，要认真写出研究工作总结（格式和要求同航空科学基金资助项目），于3个月之内报基金办公室。有关成果鉴定、标注方法和管理均参照《航空科学基金资助项目管理暂行办法》执行。

第十条　航空科学青年基金的资助，原则上一人只进行一次，如需要继续支持，可申请航空科学基金。已受过航空科学基金的资助者，也不得再申请航空科学青年基金项目。

第十一条　基金办公室对受资助者进行考查，成绩优秀者将给予奖励，并向有关单位提出继续支持的建议；在申请航空科学基金项目资助时，予以优先考虑。

第十二条　申请者获准资助后必须及时开展工作。受资助期间因故中止研究工作，须经航空科学基金办公室同意方可。未能及时开展工作或擅自中止者，须退还全部拨款，已支出部分由所在单位偿还。受资助者如工作调动，原则上作撤销或中止资助处理。个别特殊情况，又是在部内单位调动，本人和调入单位能确保原项目继续开展研究工作的，在报经基金办公室同意后，可将原经费拨至新单位。项目结束后需向基金办公室和原单位报送结束报告。

第十三条　受资助者所在单位和推荐人，应关心支持受资助者的成长，对其研究工作和经费使用加强指导和检查，并在年度工作报告和研究工作总结上认真填写评价意见。

第十四条　本实施办法自公布之日起执行。其解释权在航空科学基金办公室。

航空航天工业部航空科学基金财务管理暂行办法

1991 年 8 月 8 日

一、总　则

第一条　为了加强航空科学基金资助项目经费的管理，有效和合理地使用资助经费，根据国家有关财政制度和《航空航天工业部航空科学基金暂行规定》特制定本办法。

第二条　凡在规定可申请航空科学基金的单位内工作，并符合申请条件的科技人员，均可按规定程序，向航空科学基金办公室提出项目申请，并须缴纳项目申请费。

第三条　获准资助的航空科学基金项目经费，实行一次核定、分期拨款、年终结转、节余留用的办法，即资助经费经理事会核定后，由基金办公室分年度拨至资助者所在单位，在单位领导和财务、业务部门的监督管理下，由项目负责人按计划支配使用，上年度节余的经费可结转次年度继续使用。研究工作全部结束后，节余经费一般留在所在单位，可优先用于申请者的研究工作。

第四条　项目申请者在接到批准资助通知后1个月内，必须根据批准资助总金额、研究年限和研究内容，认真填报《航空科学基金项目研究计划》中之第三栏“经费开支计划”(见《航空科学基金项目管理暂行办法》第六条附表)，经审核后报基金办公室，因故不能按期报送者，应提前书面向基金办公室说明原因，否则按自动放弃接受资助处理。

第五条　航空科学基金项目经费，专款专用，单独核算，有关单位财务部门应指定专职或兼职人员管理科学基金财务工作，并纳入所在单位财务管理，不得任意截留、挪用或挤占。

二、拨款及开支范围

第六条　资助项目的经费拨款，一般每年一次。第一次以“经费开支计划”为依据，第二次以后的继续拨款，则按“经费开支计划”中的相应年度用款额拨款；工作进展提前的，视具体情况可申请提前拨款；工作进展不正常或经费使用不当的，将减少或暂停拨款，以至撤销资助。不报年度研究工作进展情况报告的，不予拨款。

第七条　航空科学基金资助项目的经费使用，应本着勤俭办一切事业的方针，力求节约，充分利用本单位现有仪器设备和本地区的协作条件，开支范围限于与资助项目研究工作直接有关的必须费用。

开支范围包括：

1. 科研业务费：本项目必须的国内调研费，学术会议费，业务资料、报告、论文印刷费，计算测试费、试验费等（使用本单位设备尽量不收费或只收消耗费）以及资助项目所在单位提取的间接费(原则上不得超过该项目资助经费的 5%)，已提取间接费的课题，不再分摊水、电、气等公用支出。

2. 仪器设备费：项目专用的小型仪器设备，包括仪器设备的购置费、运杂包装费等，自制仪器设备的材料和外协加工费。

3. 材料费：消耗性的原材料，辅助材料的采购费，运杂包装费。

4. 协作费：指跨地区、跨部门的协作者参加资助项目研究工作所需经费。

第八条　以下开支不属于资助经费开支范围：

1. 办公费：办公室设备，空调冷藏设备。

2. 实验室仪器设备更新、扩充费。

3. 资助项目批准前已发生的支出，包括已订购的仪器设备。

4. 出国考察、进修、参加会议及从事研究工作等费用。

5. 交通运输设备、复制打印设备、声像录放设备、微型计算机、计算器等的购置，一般不属于科学基金开支范围，如属研究工作特殊需要，在报送基金资助项目研究计划时应说明理由。

三、监督与管理

第九条　因研究工作特殊需要由航空科学基金资助购置的贵重仪器，在其他项目需用时，航空科学基金办公室有权互相调用。

第十条　批准资助项目“经费开支计划”上报后，如航空科学基金理事会或基金办公室没有提出异议即可执行。项目负责人有权按计划支配资助经费的使用，支出时由项目负责人审签。在符合航空科学基金使用范围、不超出批准资助总金额的前提下，项目负责人可以根据研究工作的进展和器材供应情况的变化，调整年度经费支出额和单项用款额以及购置仪器设备的型号、规格，但如涉及经费用途和购置仪器设备品种的改变，须经所在单位领导批准。

第十一条　为进一步调动科研人员积极性，经考核在不影响项目进展情况下，可从资助经费中提取适量奖金，以鼓励在研究中有贡献的人员，奖励办法参照航劳函（1988）377号文办理。

第十二条　项目负责人所在单位应尊重项目负责人对资助经费的支配权，各单位现行制度与本规定不一致的，属于航空科学基金使用方面的问题应按本规定执行。

第十三条　资助项目研究工作全部完成后，应抓紧清理历年资助经费收支帐目，在3个月内编制《航空科学基金资助项目经费决算表》一式2份，报航空科学基金办公室核销。

第十四条　资助项目一经批准，一般不得无故中止。资助项目负责人调离原单位时，项目及经费原则上不能带走，项目负责人所在单位应及时更换项目负责人继续完成研究任务，并报航空科学基金办公室备案；如由于原项目负责人调离而无能力进行研究的，则按中途停止或撤销资助处理，其经费按本管理办法第十六条办理。

第十五条　资助项目负责人半年以上未能参加本项目研究工作（如出国、重病、死亡），一般按中途停止或撤销资助处理。所在单位如有能力继续完成资助项目研究计划，须及时更换项目负责人并报航空科学基金办公室备案。

第十六条　资助项目因故中途停止或撤销，申请者和所在单位要及时清理帐目，并编制《中止、撤销项目经费收支情况表》和《中止、撤销项目器材处理收入一览表》各一份，在两个月内报航空科学基金办公室审核处理。

第十七条　协作者所需的研究经费，从申请者获准资助总金额中划给，由申请者所在单位核拨至协作者所在单位监督使用。

第十八条　使用航空科学基金的有关人员及所在单位应遵守国家财政制度和航空科学基金的有关规定，并及时编报财务报表，对弄虚作假、挪用经费、贪污浪费等违反财经纪律行为，所在单位财务部门有权抵制和越级反映。航空科学基金理事会将根据情节轻重采取相应措施，如通报批评、停止拨款、撤销资助、不受理当事人或所在单位再次申请航空科学基金等，以至追究有关人员的法律责任。

第十九条　航空科学基金理事会及其办公室对资助项目的经费使用情况进行检查，申请者所在单位应积极配合，如实反映情况。

四、附　　则

第二十条　本办法的各项规定的基本精神，也适用于航空科学青年基金项目的财务管理。

第二十一条　本办法自公布之日开始试行，解释权属于航空科学基金办公室。

航空航天工业部航空科学基金理事会组织章程

1991年9月13日

第一章　总　　则

第一条　根据《航空科学基金暂行规定》，设立航空科学基金理事会（以下简称基金会）及其常设办事机构航空科学基金办公室（以下简称基金办）

第二条　基金会的宗旨是：根据航空科学发展规划、方针和政策，有效地运用科学基金，指导协调和资助航空科学领域的应用基础研究，特别是新思想、新概念、新原理、新方法的探索性研究活动，充分调动科技队伍的积极性，发现和培养人才，增强技术储备，促进航空科学技术的进步和发展。

第三条 基金会实行民主决策，科学管理，坚持“以专家为主体、以竞争为动力、以创新为目标、以公正为准则”的工作方针。

第二章 航空科学基金理事会

第四条 基金会属航空航天工业部领导，是航空科学基金的组织领导机构。

第五条 基金会实行任期制，其成员由部聘任，每届任期四年。每次换届，新增补的理事不得超过基金会人数的2/3。

第六条 基金会设理事长一名，常务副理事长和副理事长若干名，理事若干名，秘书长一名，副秘书长若干名。

第七条 基金会理事，应由熟悉航空工业有关专业学科发展状况，有较高的科技水平，且具有一定的权威性、代表性和公正性的专家兼任。

第八条 基金会的任务和职责为：

1. 贯彻执行国家和部有关科学技术发展方针政策；制定和修订航空科学基金管理规章制度。

2. 制订和发布基金项目指南；

3. 负责筹集基金，掌握基金使用方向和重点、审批基金资助项目；

4. 接受委托，对航空科学技术的基础性研究方面的重大问题，提供咨询；

5. 加强和部内外其他部门及科学基金组织的联系，开展基金研究工作的合作与交流。

6. 同其他国家同行业基金组织和有关学术团体，逐步建立联系并开展合作。

第九条 基金会全体会议，每年召开1次至2次。特殊情况，理事长可召开办公会议，研究决定有关问题。办公会议由理事长（副理事长），秘书长（副秘书长）及办公室同志参加，必要时可吸收部分理事，或邀请部机关有关领导同志参加。

第十条 基金会研究决定问题，采取集体讨论、民主决策方式，执行少数服从多数的原则。理事要切实履行职责，如因故不能出席会议，必须事先请假。

第三章 航空科学基金办公室

第十一条 基金办是部设立的航空科学基金管理机构，又是理事会常设办事机构。设正副主任及相应的工作人员。

第十二条 基金办公室主要职责为：

1. 贯彻执行航空科学基金工作的方针政策，向基金会负责；

2. 负责基金项目的组织、实施管理和理事会的日常业务工作。

3. 根据基金会要求，负责起草、编制有关规章制度，经基金会审定后发布执行。

4. 加强对其他部门的横向联系与合作；

5. 及时出刊基金简报、成果汇编、反映情况、交流经验；

6. 定期向理事会提出工作报告；

7. 完成理事会交办的其他事项。

第四章 附 则

第十三条 本章程自发布之日起生效，其解释权在航空科学基金理事会。

中国统配煤矿总公司煤炭科学基金项目管理细则

1990年8月16日

第一章 总 则

本细则是根据1985年煤炭工业部科技发展基金管理暂行办法制定的。

煤炭科学基金主要用于：煤炭科技发展中的基础研究、中长期应用研究，对各专业的技术发展有突破性影响，或对各专业发展起关键性作用的应用基础性研究。

煤炭科学基金委员会及其下设的专业组由煤炭科学界的专家组成。委员会设顾问若干名，主任1名，副主任3—5名，组员若干名，由中国统配煤矿总公司聘任，任期4年。专业组设正、副组长各1名，组员若干名。中国统配煤矿总公司技术发展局（煤炭科学研究总院）为煤炭科学基金委员会的办事机构，设立秘书处，处理基金委员会日常工作。

基金委员会的职责：根据煤炭科技发展规划，制定和颁发项目指南，接受项目申请，组织评审，择优立项资助；对资助项目进行管理、检查和成果的鉴定验收；向有关单位提出对成果进一步开发的推荐建议。

煤炭科学基金项目，采取计划指导、个人申请、单位审查、同行评议、择优支持、按项目和进度拨款、专款专用、单位监督保证的办法进行管理。

资助额度根据申请项目有无其他经费来源，分全额资助和部分资助两种。

第二章　项目的申请

一、申请的项目，必须符合《煤炭科学基金项目指南》规定的范围，优先支持具备如下条件的项目：

1. 属于项目指南中鼓励研究领域的项目；

2. 学术思想新颖，立论有据，目标明确，内容具体，路线先进，方法科学；

3. 申请者和主要合作者，具有相应的研究能力和开展研究工作的条件，研究工作有一定积累，研究时间有可靠保证，并可望在3年左右时间内取得预期成果；

4. 经费预算实事求是，根据充足。

二、项目申请者必须是实际主持和从事申请项目研究工作的负责人，一般应是具有高级职称的科技人员，不具有高级职称，而主要参加者又无高级职称的，须由两名具有高级技术职称的同行推荐。对35岁以下青年科技人员申请的项目，实行同等优先。

三、项目申请者按规定的格式和内容实事求是、认真地填写项目申请书。鉴于目前基金委员会的资助能力有限，为了更好地发挥基金的作用，每一申请者和主要合作者同时申请的项目不得超过两项，而同时获得资助的项目不得超过一项。

四、申请者所在单位的学术委员会（或相应机构）就学术、技术和申请经费进行认真严格的审查，签署具体意见，并由负责人签章；申请者所在单位领导，就其申请经费、能投入的人力、物力、工作时间、试验条件等签署具体意见，并由单位负责人、单位签章。否则不予受理。

五、申请书一式5份，报煤炭科学基金委员会秘书处。

第三章　项目的评审

六、凡申请的项目，必须经过评审方能决定是否上项和获得资助，评审工作由秘书处组织。

七、评审工作要依靠专家充分发扬学术民主，坚持公正、平等竞争的原则，与本人有关的项目，在评审过程中一律回避。

八、项目评审，一般须经预审、同行评议、专业组评审、基金委员会综合审定几个程序。

九、预审

由秘书处会同有关单位对申请的项目进行预审。有以下情况之一者，不予受理：

1. 不符合基金资助范围；

2. 明显缺乏立论根据或项目内容与正进行项目内容重复，或不具备相应的研究能力和条件；

3. 申请者与主要合作者，获资助的项目已超过一项，或项目进展不好的；

4. 申请书填写不符合要求，或申请手续不完备；

5. 申请金额远远超过基金的承担能力；

6. 所申请项目已列入国家或部科研计划。

有特别重大意义的项目，经主任、副主任同意，可经申请者补充、修改后受理。

十、同行专家评议

经预审后的项目，凡申请资助金额较大的由秘书处请学术造诣较高、工作负责、处事公正的同行专家，对申请书内容逐项评议，提出负责的书面评议意见。同行专家评议意见一般不少于3份。

同行专家可由专业组人员担任，也可另聘，但必须去除不利于保证公正的因素。内容相似的申请项目，应尽可能请同一组同行专家评议。

评议意见由秘书处汇总，提交专业组评审。对争论较大、影响较大的项目，可由秘书处组织进行必要的调查，供专业组评审参考。

十一、专业组评审

专业组评审是项目立项的关键程序。经同行专家评议后的项目，连同评议意见，交专业组评审。专业组对申请项目进行全面评审并提出评审结论建议：

——同意按申请书内容立项，提出建议资助金额；

——建议立项，提出建议资助金额和对申请书的修改意见；

——否决立项，并提出否决的主要理由。

专业组由组长、副组长主持会议，评审时发扬学术民主，贯彻平等协商、认真公正的原则。对评审结论、建议，采取无记名投票方法表决。

十二、综合审定

秘书处汇总各专业组的评审意见，进行各专业组间的综合平衡后，由基金委员会综合审定。

十三、审批下达

经基金委员会综合审定的项目，由基金委员会主任或副主任签发下达。

申请者接到批准通知书后，按审批意见和规定格式，编制研究计划，一个月内报基金委员会秘书处，过期不报又不及时申诉者，即为自动撤销申请。

如申请人或其他人对审批意见有异议，可于1个月内向基金委员会提出申诉。

十四、基金委员会有义务保护申请人、评议人和评审人的权益。项目评审过程中，有关人员应严守职业道德，参与预审、评议和评审工作的人对申请人的立论、方案、途径以至各种评议评审意见有保密责任，不得泄漏，申请人亦不得以各种借口，抵毁预审、评议和评审人。

十五、秘书处代表基金委员会，定期公布项目评审结果。

第四章　基金项目的管理

十六、秘书处代表基金委员会对资助项目进行日常管理。

十七、受资助项目的所在单位，要对资助项目加强领导，督促检查，并给予积极支持；受资助项目的承担人，要认真努力，保证研究计划的实施。如无特殊原因，纯属承担人或所在单位责任所致，不能按年度计划完成80%以上任务的项目，将核减该项目下一年度的拨款。如所承担项目无法完成，视责任的大小、主要责任单位、责任者，1—2年内不得再申报新项目，并据不同情况，追回和部分追回资助经费。

十八、项目负责人通过所在单位定期书面向基金委员会汇报计划执行和经费使用情况，每年7月15日前报上半年执行情况，次年1月20日前报前一年度执行情况。到期不报者，除暂停拨款外，暂不受理该单位下一年度项目申请。

十九、在项目执行中，如有新的发现，或需对原计划做某些调整时，项目负责人应及时报基金委员会秘书处，经秘书处研究，必要时征求专业组的意见，同意后，由基金委员会正式下达调整的计划。

二十、项目立项后，如发现隐瞒国家或部级科研计划拨款，要视情节扣除其相应资助部分，必要时停止全部资助，所造成的后果由项目负责人承担。

二十一、项目完成后，应认真进行总结，在2—3个月内将数据完整、资料齐全的研究报告及有关材料，报送基金委员会，本着简化程序、精简节约的精神，根据不同情况，采取不同的方式进行鉴定或验收。

二十二、项目成果可按正常渠道发表，但要注明“煤炭科学基金项目”。成果奖的申请，亦按国家和部门有关规定和程序，向有关上级部门申报。获奖后，应向基金委员会备案；

二十三、各专业组定期在本专业资助项目的成果中，选择对科学发展及生产应用有较大意义和前景的成果，提出推荐建议，由秘书处汇总，主任签发，向有关单位和部门推荐。

中国统配煤矿总公司煤炭科学基金项目鉴定、验收实施办法

1991年9月

第一条　根据国家科委(87)国科成字0781号文《中华人民共和国国家科学技术委员会科学技术成果鉴定办法》的规定，和《科学技术成果鉴定办法若干问题的说明》，结合《煤炭科学基金项目管理细则》，特制定本实施办法。

第二条　本办法实施中的具体管理工作，由煤炭科学基金委员会秘书处负责。

第三条　凡煤炭科学基金资助的项目，都须按计划进行鉴定或验收。凡对煤炭科技发展有较大促进作用，或在学术上有较大影响的项目成果，可进

行鉴定；其余项目进行验收。鉴定是对成果的科学性、创造性、先进性、系统性、学术意义和应用前景等做出结论；考核其是否完成任务；并对推广或进一步开发提出建议。验收是对计划完成情况进行评价。

第四条　成果鉴定的程序和方法。

凡符合鉴定条件的项目，由项目负责人和承担单位向基金委员会提出鉴定申请表，并附成果研究报告等有关材料。

鉴定形式分检测鉴定和专家评议两种。

检测鉴定：由专业检测机构按照国家标准、行业标准或者有关技术指标进行检验、测试和评价，并做出结论。必要时可聘请少数同行专家参与咨询、评议。

专家评议可采取两种形式：函审鉴定或会议鉴定。

函审鉴定：由3名非专业组成员，又非项目承担单位的专家（其中两位是具体从事本类研究工作的专家），对成果有关技术资料以书面形式进行审查、评价，并由两名以上专业组成员根据函审意见进一步研究做出鉴定结论。评议专家由5—13人组成。

会议鉴定：对需通过答辩、讨论才能做出结论的项目成果，可进行会议鉴定。鉴定委员会对成果做出鉴定结论。鉴定委员会的成员由5—13人组成，其中非专业组的成员，专家必须超过委员会成员总数的1/3以上。

经鉴定的成果，由基金委员会主任审定后，中国统配煤矿总公司或总公司技术发展局按国家统一规定格式颁发鉴定证书，并注明基金项目成果统一编号。

第五条　项目验收的程序和方法。

项目完成后，项目负责人和承担单位在2—3个月内，将数据完整、资料齐全的研究报告等有关材料和煤炭科学基金项目验收申请表报基金委员会。

验收由专业组负责进行。验收应对研究报告等有关材料进行审查，对其任务完成情况和研究工作水平做出评价，并提出进一步开发或应用的建议。

对虽已进行了工作，但无法完成原定计划和目标的项目，也须进行验收，并做出评价，提出对项目下一步处理的建议。

经验收的项目，由基金委员会主任审定后，基金委员会颁发“煤炭科学基金项目验收证书”

第六条　为改进煤炭科学基金工作，在验收或鉴定时，都要对立项是否合理、是否符合煤炭科学基金资助原则、承担单位是否提供了应有条件等，做出评价。

第七条　本实施办法自公布之日起试行，在试行中如国家有新的规定时，按国家新的规定进行修订。

解释权归煤炭科学基金委员会。

兵器科学技术预研基金管理条例

第一章　总　　则

第一条　本条例是根据中央关于科技体制改革决定的精神和国防科工委颁发的《国防科学技术应用、基础研究暂行管理办法》、《国防科学技术预先研究基金管理暂行规定》，结合兵器科技预研的实际情况而制订的。

第二条　兵器行业国防科学技术预研所需的基金（以下简称兵器预研基金）支持的范围为：兵器行业应用基础研究和少部分探索性强的应用研究。重点支持对兵器行业科学技术发展有重大意义具有先进性、独创性，一般应在二三年内可以得到预期结果的项目（含课题、专题，下同）及探索性较强的长远项目。

第三条　兵器预研基金主要面向兵器行业确有科研优势并有利于研究成果进一步开发应用的院校、科研单位以及科技工作者个人。

第二章　组织和职责

第四条　兵器科学技术预研基金委员会。

中国兵器科学研究院（以下简称兵科院）设置兵器科学技术预研基金委员会（以下简称基金委员会），基金委员会由主任1人，副主任2—3人和委员若干人组成。主任、副主任由兵科院任命，委员由兵科院聘任，任期4年。基金委员会成员以工作在第一线的专家为主。

第五条　基金委员会是兵器预研基金管理的专家组织，其任务是：

1. 评审根据规划编写的兵器行业预研基金选题指南；

2. 审定兵器预研基金课题；

3. 对重大预研基金课题进行检查，听取重大预研基金课题技术鉴定汇报；

第六条　兵器科技预研基金办公室（以下简称预研基金办公室）设在兵科院科研计划处，该办公室为基金委员会的日常办事机构。其主要任务是：

1. 负责发布兵器科技预研基金选题指南；

2. 统一受理单位和科技工作者的《预研基金申请书》，负责组织有关专业处对《预研基金申请书》进行同行专家评议，根据专家意见整理出书面综合意见，报预研基金委员会审批；

3. 根据预研基金委员会审定的课题，统一发布预研基金任务书；

4. 汇同有关专业处检查课题进展情况，负责组织预研基金课题技术鉴定，定期向预研基金委员会成员通报情况；

5. 检查兵器预研基金经费使用情况，按进度拨款；

6. 承办预研基金委员会交办的工作。

第七条　基层单位科研计划管理部门为负责预研基金课题申请、管理单位，应有专人负责该项工作。

第三章　技术管理

第八条　兵器预研基金课题的申请。

1.《兵器科技预研基金选题指南》是基金项目申请的依据，单位或科技工作者个人可在指南范围内选择提出拟研究的课题，填写预研基金申请书，申请预研基金。

2. 对领导机关建议的基金课题，承担单位应在进行初步论证后，按程序办理。

3. 预研基金项目的申请者原则上须是在一线从事研究工作，并具有高级专业技术职称（或相当水平）的科研人员；若申请者不具有高级专业技术职称，须有两名具有高级技术职称的同行科技人员推荐。

4. 每年6月15日前为下年度兵器预研基金课题申请时间。各单位的科研计划部门应对申请书进行严格的形式和内容审查，并经科技委或学术委员会和主管科研的领导审查签章，然后报送预研基金办公室。

第九条　兵器预研基金课题的评议与审批。

兵器预研基金课题在立项前均须通过非本单位3位不同单位同行专家评议，最后经基金委员会审定才能列入年度计划。

第十条　凡申请的预研基金课题，不论批准与否，对参加评审专家的名单、评审意见，要严格保密，申请书的研究内容、技术路线、研究方法等均属申请者的劳动成果，应受到法律的保护。

第十一条　预研基金课题一经批准下达到任务承担单位，即纳入本单位的科研计划组织实施，加强督促、检查和管理，保证基金任务的完成。

第十二条　实行课题组长负责制。

基金课题申请人即为课题组组长。课题组长应承担课题的主要科研任务，技术上进行具体指导，负责课题的组织实施，对课题的研究工作进行技术协调，提出课题经费预算方案，并按核定的范围使用经费。课题负责人原则上不得更换，若有更换须由课题负责人提出申请，并经所在单位主管科研的领导同意，报请预研基金办公室批准后方得执行。

第十三条　任务承担者每年年底以前写出基金课题的年度研究或工作进展报告；在研究工作完成后，写出研究工作总结报告，并附有关资料、论著等，经所在单位签署意见后一式两份报预研基金办公室。否则下一年度不列入计划。

第十四条　成果鉴定与验收。

科研任务完成以后，承担任务者应按要求及时整理出完整的图纸、技术资料、论文、总结，由本单位科研管理部门组织本单位同行专家对成果进行预审。通过预审的成果，由预研基金办公室根据国防科工委发的《国防科学技术预先研究成果管理暂行规定》进行技术鉴定。技术鉴定可以采用“实测验收鉴定”、“通信鉴定”和“会议鉴定”三种形式。课题经过技术鉴定后，各单位要把研究报告及总结、试验报告等技术材料及技术鉴定意见一式两份报预研基金办公室。

第十五条　严格保密制度，未经课题主管部门允许不得将成果及研究试验情况公开发布和发表。

第十六条　研究成果经课题主管部门同意后可以转让，有关成果转让的具体规定按《国防科学技术预先研究成果管理暂行规定》执行。

第四章　经费管理

第十七条　兵器预研基金是国家拨给兵器预研经费的一部分，只能用于已审批的兵器预研基金项目。

兵器预研基金课题经费采取一次核定、分年度按进度拨款的办法。凡未按进度完成者应视情况少拨、缓拨或停拨经费。

第十八条　承担预研基金课题任务的单位其经济收益和奖励办法按科工委（1990）计字第765号文《国防科研试制费核算暂行规定》执行。

第五章　附　　则

第十九条　本条例是对兵总科（1990）35号文印发的《兵器科技预先研究暂行管理办法》中有关预研基金管理方面的补充和进一步完善。

第二十条　本条例自发布之日起执行，由中国兵器科学研究院负责解释。

地方科学基金

北京市自然科学基金委员会章程

1990年9月7日

（一）为了加强和发展北京市的应用基础研究、高新技术的技术基础研究和部分基础研究（上述方面简称应用基础研究），北京市人民政府决定成立北京市自然科学基金委员会（以下简称市科学基金会）。

（二）市科学基金会受北京市人民政府的委托，指导和推动应用基础研究工作，下设办公室。业务工作归口北京市科学技术委员会，受国家自然科学基金会指导，是独立事业法人。

（三）市科学基金会的宗旨是根据北京市科技、经济和社会发展的需要，加强和发展相应的应用基础研究，以促进北京市科学技术进步，持续不断地支持经济振兴和社会发展。

（四）市科学基金会的主要任务是根据国家科学技术发展方针、政策，结合北京市经济和科技发展的需要，编制、发布项目指南，有效地运用自然科学基金资助手段，指导协调北京市应用基础研究工作；组织推动重点研究项目；促进可直接应用的研究成果的开发；鼓励青年科技人员承担项目，发现和培养人才，促进科技队伍的成长；组织和推动相应的国际合作和学术交流（有关国际合作和交流另订规定）。

（五）市科学基金会设委员19至25名，由科学家、工程技术专家和管理专家兼任，实行任期制，每期3年。市科学基金会可聘请名誉会长、顾问。

市科学基金会设会长1名，副会长2至4名，秘书长1名，副秘书长1至3名，设立若干学科评审组。

市科学基金会委员、会长，由市科学技术委员会提名，市人民政府聘任。

副会长、正副秘书长由会长提名，委员会全体会议通过。

（六）市科学基金会全体委员会议，每年召开2至4次，主要任务是讨论、修订市科学基金会章程及有关规章办法；根据市科学基金会的宗旨、任务，讨论确定在一定时期内资助的科技领域和重大研究项目；审定项目指南；制定市科学基金会年度工作计划；听取办公室年度工作计划汇报，审定基金计划预决算和其他重大事宜。

（七）市科学基金会全体委员会闭会期间，由市科学基金会会长、副会长、正副秘书长、办公室主任，组成常务工作会议，主持市科学基金会工作。

（八）办公室是市科学基金会的常设机构。由市编办核定事业编制。负责处理市科学基金会的日常业务工作。

（九）市科学基金主要资助市属研究院所、市属高等院校、有条件的企事业单位，也资助承担北京市科技研究任务，或与北京市属单位共同承担科研任务的中央在京科研单位和高等院校。上述单位的科技人员，要求资助时，均按《北京市自然科学基金会资助项目的申请、评审和管理办法》，办理申请。

（十）市科学基金会对资助项目的评审工作，坚持依靠专家、发扬民主、择优支持、公正合理的原则。不得泄露抄录、留用申请人的申报材料，不泄露同行评议人姓名、意见。

（十一）市科学基金资助的项目，要求学术技术思想新颖，有较充足的理论根据，研究内容与目标明确，一般应有中长期应用前景，研究方法和技术路线先进、合理可行，一般在二三年内取得研究成果。

（十二）市科学基金的申请者，必须是实际主持和从事申请项目研究工作的负责人，一般应具有高级技术职称，或已获得博士学位的青年科技人员，不具备上述条件的申请者，应有两名高级技术职称的同行推荐。申请者所在单位，应对申请项目作实质性审查并签署意见，所在单位或合作单位，应有相应的研究设备等有关条件供使用。

（十三）获得基金资助的项目，应列入申请者所在单位的科研计划和财务管理。参加的科技人员，享受所在单位人员应享受的待遇和奖励。

（十四）鼓励跨学科、跨行业、跨单位的科技工作者，合作承担科研项目，共同申请。

（十五）市科学基金会的基金，每年由市财政预算安排专项拨款，同时接受国内外单位和个人捐赠（经费使用管理办法另订）。

（十六）本章程经市科学基金会讨论通过，市科学技术委员会核准并公布。

北京市自然科学基金委员会资助项目的申请、评审和管理办法

1991年3月14日

（一）根据北京市自然基金委员会（以下简称市科学基金会）章程规定，北京市自然科学基金，面向全市，资助或部分有偿资助北京市的应用基础研究、高新技术的技术基础研究的部分基础研究（上述方面简称应用基础研究）。市属高等院校、市属科研机构，有条件的企事业单位，以及中央在京科研单位和高等院校单独或合作开展应用基础研究的科技人员，均可根据市科学基金会章程和本办法，办理基金申请。

（二）申请者应按照市科学基金会章程中有关规定，填写《北京市自然科学基金申请书》（以下简称申请书）。必须如实、认真逐项填写，字迹端正清晰，一式8份，由申请者所在单位，报送市科学基金会办公室（以下简称办公室）。

（三）申请者所在单位对申请书应认真审查。对申请书内容的真实性，研究方案的可行性，经费预算的合理性以及基本工作条件能否保证等方面，签署实质性的审核意见，加盖公章。合作单位也要在申请书上签署意见，加盖公章。

（四）申请人所在单位报送申请书时，每一项目交项目评审费100元。年度申报截止日期为4月底。

（五）市科学基金会对申请项目的评审分形式审查、实质审议、最终审定三阶段进行。形式审查则办公室负责；实质审议分两步进行，先由办公室组织同行专家评议，再由市科学基金会各学科评审组评审；市科学基金会委员会对申请项目作最终审定。

（六）形式审查中，申请书有以下情况者，将不予受理，或退交申请者补充修改后再申报。

1. 不符合市科学基金会资助范围；

2. 不具备相应的研究能力和条件；

3. 申请书填写不符合要求或申请手续不完备；

4. 申请者或主要合作者获资助的项目，已有两项，尚未结束，又申请新的研究项目。

（七）不符合形式审查要求的申请项目，在同一年度申报期内补充、修改后重报者，不再交项目评审费。

（八）同行专家评议。采取通讯评议、集体评议两种形式，以通讯评议为主的办法。同行评议专家，由市科学基金会聘邀。办公室将形式审查通过的项目，送请不少于3名同行专家进行通讯或集体评议。同行评议专家应根据市科学基金会章程和有关规定，填写评议意见表，在限定日期内将评议意见表返回办公室。

（九）学科评审组评审。市科学基金会聘请有较高学术水平、有一定声望、办事公正、热心于基金工作的专家，成立若干学科评审组，实行年聘任制。学科评审组一般由5—9名专家组成，由各学科评审组成员推选组长。必要时，临时聘请专家，评审交叉和边缘学科项目。

（十）办公室收到同行评议意见表后，分学科整理，分析归纳，对被评议项目及所需资助金额进行综合平衡，并提出各学科可资助项目数与经费限额方案的建议，经常务工作会议讨论通过后，通知各学科评审组掌握。

（十一）各学科评审组集中本学科范围内已通过形式审查和同行专家评议过的基金申请项目。根据市科学基金会章程中有关条文规定，认真研究，充分酝酿讨论，必要时，可请申请者出席答辩。在此基础上，结合本学科可资助项目数与经费限额数，以无记名投票方式确定资助项目和重点项目，并提出资助金额的建议，并填写《北京市自然科学基金分学科评审结果意见书》。

（十二）办公室对各学科组评审结果，进行汇总和综合平衡，经常务工作会议研究通过后，提出供委员会讨论审定的下列文件和材料：

1. 资助项目及金额名单、青年科技人员承担的项目名单及有关材料，同时提出须进一步讨论审定的问题；

2. 超过平均资助金额强度较大的项目的说明和有关材料；

3. 重点项目的说明及有关材料；

4. 其他需委员会讨论审定的事项。

（十三）市科学基金委员会审定办公室提交的上述各项文件。必要时，可请学科评审组长列席和申请人到会答辩。

（十四）办公室根据市科学基金委员会议审定结果，及时书面通知各申报单位及申请人。

（十五）申请人接到通知后，按照审定意见，编制研究计划和经费分年度明细计划，并经所在单位审核签章后，于一个月内报送办公室。逾期不报作自动放弃处理。办公室据此编制北京市自然科学基金资助项目年度计划，办理年度拨款，检查项目进展情况。

（十六）为了不失时机地支持一些具有重大应用前景的基础性研究项目，在自然科学基金中划出10%的机动基金，使用办法另订。

（十七）办公室及各阶段审议项目的专家，均应遵照市科学基金会章程中有关规定，不得泄露、抄录、留用申请人的申请资料；不泄露审议专家的姓名、意见。评审专家、市科学基金会委员申请的项目，在各阶段审议时，均采取回避原则。

（十八）获得基金资助项目的申请人及其所在单位，每过半年，应向市科学基金会办公室书面报告工作进展情况及存在问题，年终报经费收支年报表。

（十九）市科学基金会办公室对资助的项目，实行计划管理。及时了解工作进展情况。资助项目所在单位，应加强管理，协助解决工作中的困难。

（二十）基金资助项目的申请人，发表该项目的论文、著作或成果报告时，应注明是市科学基金会资助项目，并交市科学基金会办公室论文著作和成果文件一份。

（二十一）市科学基金会资助项目获得专利或可开发应用的成果时，项目负责人及所在单位，应及时告知市科学基金会办公室，协商实施或开发方案，合理处理技术经济权益。

（二十二）基金资助或部分有偿资助项目的成果验收、鉴定及基金偿还等办法另定。

（二十三）本规定自公布之日起执行，解释权属北京市自然科学基金会。

北京市自然科学基金会基金资助项目经费管理办法

1991年3月14日

一、总　　则

第一条　为使北京市自然科学基金（以下简称本基金）资助项目经费能有效合理地使用，以利出成果、出人才。根据北京市自然科学基金委员会章程和市财政制度有关精神，结合本基金实际，制定本办法。

第二条　本基金是资助性质。资助项目经费的申报、使用，要本着勤俭节约、精打细算原则，并充分利用本单位现有仪器设备等条件和社会上协作条件。

第三条　本基金按批准资助项目一次核定经费，分期拨款，年终可结转使用，项目完成后编报决算核销。资助经费拨至受资助者所在单位，在本单位财会部门管理下，由项目负责人按计划，按研究工作的需要节约使用。本基金是以无偿资助为主，也可部分有偿，回收经费纳入本基金管理使用。

二、经费开支范围

第四条　本基金的经费，以资助项目的研究工作直接需要为限，开支范围主要包括：

1. 实验消耗费：实验用材料、试剂、实验用动植物、种植养殖补助费；标本、样品采集、加工、购买、运杂费。

2. 科研业务费：计算、测试、分析费用（使用本单位仪器设备的开支消耗经费），业务资料、论文印刷费，经所在单位批准科技交流活动费用与实验临时工的劳务报酬。

3. 小型仪器设备费：小型仪器购置费，自制设备的材料、配件和外协加工费，必需的实验条件装修费。

4. 协作费：指外单位协作者承担资助项目内研究试验工作所需的经费。

5. 管理费：资助项目所在单位应为项目提供科研条件与服务，为补助所在单位的管理费用，可以按资助项目经费数提取 5%（最多不超过 2000 元）的管理费。

第五条　本基金资助的经费不得用于项目科研人员的工资等劳务费，不得用于购置办公家具、复印、声像录放、空调设备和实验室扩建以及出国费用等开支。科研人员承担本基金资助项目应视同承担本单位科研任务，同样加强管理、考核和奖励。

三、拨款与决算

第六条　本基金申请者接到《北京市自然科学基金委员会资助项目批准书》后，编制《项目经费计划表》连同项目研究计划一式 2 份，在一个月内报市科学基金会办公室，经审核后，据以拨款，因故延期报送，应提前书面说明原因，否则按自动放弃接受资助处理。

第七条　对资助项目的拨款，每年一次，第一次按《项目经费计划表》核拨，第二次以后的拨款，根据资助项目研究工作进展的年终报告《项目经费收支年报表》（各 2 份），经市科学基金委员会办公室审核，属工作进展正常的，按原计划拨款；工作进度提前的，可来函说明情由，申请提前拨款；工作进展不正常或经费使用不当的，要推迟、减少或暂停拨款，以至撤消资助。

第八条　对协作者需提供经费时，可以和协作者事前商定费用范围，由项目负责人核签，向所在单位报销，也可由项目负责人所在单位拨款该协作者所在单位管理，由协作者节约使用。

第九条　资金项目按计划完成任务后，经市科学基金会验收或鉴定，对完成计划好的项目可予奖励（办法另订）。所在单位要编《项目经费收支决算表》一式 2 份报市科学基金会办公室办理核销，资助经费如有节余不收回，超支也不补。

四、监督与管理

第十条　本基金资助项目经费，坚持合理使用，方便科研，遵守制度。计划内的开支，由项目负责人审批报销，如调整经费计划，变更用途，须经所在单位领导审批使用，并报本基金会备案。

所在单位的财会部门应负责市资助项目经费的财会管理工作。设项目帐户，专款专用专管，不得截留，挪用或挤占。

第十一条　资助项目负责人不能参加本项目研究工作时，按中途停止或撤销资助处理。所在单位如有能力继续完成项目，可提出更换项目负责人的报告，经市科学基金会办公室审查同意的可继续用款拨款。

第十二条　资助项目一经批准，不得无故中止，资助项目负责人如调动工作，须把项目带到新单位继续研究时，应写出书面报告，须得调出、调入单位同意，并签署意见，再报市科学基金会审批，批复后，可将已拨经费和已开支的帐目划到新单位继续使用管理。

第十三条　资金项目因故中止或撤销，所在单位要及时清理帐目，将余款和已购器材变价收回款，悉数交回市科学基金会，同时编报《项目中止撤销经费结算表》，在一个月内报市基金委员会办公室审查核销。

第十四条　使用本基金经费的个人或单位均应严格遵守国家财务制度和本办法规定，对于弄虚作假，挪用、挤占经费等违纪行为，所在单位财务部门有责任抵制和越级反映，市科学基金会，根据情节采取通报批评、停止拨款、撤销资助及不再受理当事人或单位再次申请项目等制裁措施，以至追究有关人员的法律责任。

第十五条　本办法自发布之日起实施，解释、修改由北京市自然科学基金委员会负责。

北京市自然科学基金委员会会长基金试行办法

1991 年 7 月 16 日

第一条　为了发挥自然科学基金的灵活性，不失时机地支持适合北京市经济、社会发展和科学进步并具有明显应用前景的基础性研究项目，根据市自然科学基金委员会第二次会议的决定，设立会长基金。

第二条　会长基金用于两个年度基金项目申报期之间，需要及时支持的项目；或已资助项目中有突破性进展，或取得重要阶段成果，或将要产生明显效益，需要追加经费的项目；以及其它特殊需要的资助。

第三条　会长基金资助项目，坚持“依靠专家，发扬民主，择优支持，公正合理”的原则。

第四条　申请会长基金资助项目，由项目负责人填写《北京市自然科学基金申请书》，由所在单位按第二条要求进行审核并签署意见后，一式 6 份报北京市自然科学基金委员会办公室，提交基金会常务工作会议审定，会长批准下达。

第五条　申请书要根据有关规定认真详细填写，并在申请书封面左上角标注“会长基金”字样。

第六条　会长基金资助项目批准后，由办公室按照基金项目管理办法和程序进行管理。

第七条　会长基金经费，暂定为不超过市自然科学基金年度经费总额的 10%。

第八条　会长基金的使用情况，在年度工作总结中向市自然科学基金委员会报告。

第九条　本办法自公布之日起试行，解释权属北京市自然科学基金委员会。

北京市自然科学基金委员会关于资助项目的实施和后期管理细则

1991 年 10 月 7 日

(一) 根据本会“章程”和有关规定精神，为使本会资助项目按计划进行研究，做好成果鉴定验收、应用和奖励等项工作，特制定本管理细则。

(二)资助项目的实施和后期管理，是推动出成果、出人才，继而促进成果应用开发的一项重要工作，必须抓紧抓实。由项目负责人、所在单位和本会办公室按本细则要求，各负基责，密切合作，协同管理。

(三)项目负责人的责任：项目申请人在得到批准资助后，即为项目负责人，应按计划内容安排工作。具体责任是：

1. 落实研究工作。按批准资助的目标、内容，制定具体研究计划与经费计划，并组织本项目成员，按时按质完成研究工作。

2. 合理使用经费。严格执行《北京市自然科学基金委员会资助项目经费管理办法》，以保证研究工作按计划进行。原定其他渠道或所在单位筹集的经费，应抓紧落实不得影响工作。

3. 按时报告进度。每年年终向本会办公室填报“资助项目年度进展情况报告”，如实写明进展情况与存在问题。

4. 做好研究总结和成果报告。详见本细则“六”。

5. 资助项目成果的论文、专著、技术资料和文章，必须注明“北京市自然科学基金资助项目”(The Project Supported by Beijing Municipal Natural Sciences Foundation)。并将上述论著、资料复印件交本会办公室一份。

6. 调整计划要报批。在研究过程中，出现必须调整主要研究内容、改变研究目标时，应及时提出修订研究内容和理由，经所在单位学术组织和行政领导审查同意后，书面报本会办公室，经研究批复后，方可按修改的内容进行工作。

7. 人员变动要报批。需要变动项目负责人时，由所在单位提出理由、接替人选及其业绩等书面材料报本会办公室，经研究批复后，新老项目负责人再办理交接。

8. 转移单位要报批。项目负责人调动工作单位，要求将项目转入新单位继续完成的，应征得调出、调入单位同意并签章，以书面报本会办公室，经研究批复后，再办理研究资料、经费、帐目等划转事宜。交接清单复份送本会办公室一份备查。

（四）所在单位的责任：

1. 应将资助项目的实施，纳入本单位科研计划，同样管理，保证其人力、科研条件的需要，定时检查，协助解决疑难问题，督促按时完成任务，按时上报进度。列为重点项目的，应予重点管理与支持。

2. 所在单位财会部门，按照“北京市自然科学基金委员会资助项目经费管理办法”管理监督项目经费合理使用。按时编报经费收支报表。其他渠道给本项目的拨款，应予统筹管理使用。

3. 凡发生本细则“三”中6，7，8项事务，单位行政领导人要认真核实，提出意见，报本会办公室，经研究答复后办理。

4. 资助项目完成后的成果鉴定、交流、应用开发和转让，按照本细则“六”、“七”的规定办理。

5. 对承担基金会资助项目的科技人员，同本单位其他科研项目的科研人员同等待遇，包括考核、奖励、职称和晋升等，以鼓励科研人员从事基础性研究、增强后劲和成长人才。

6. 高等院校、科研院所内部管理，可根据本细则制定本单位的管理办法。

（五）本会办公室要认真实施本细则规定，深入实际，研究问题，坚持原则，注重效率，及时处理有关事宜，总结交流经验，切实做好管理和服务工作。

（六）资助项目成果的管理：

1. 项目负责人在项目完成或提前完成批准的计划目标后，应于两个月内提出：

（1）研究总结和成果报告。包括研究工作简要总结报告、论文、专著、试验报告、样品、标本、调查考察报告等，科学地反映研究工作和研究成果的资料；

（2）所在单位对研究总结和研究成果作出书面评价；

（3）项目完成后，下阶段工作的安排或成果交流、应用及开发设想；

2. 成果的鉴定（验收、检测、评议）

重点项目成果或重大成果的鉴定或验收，由本会办公室审核鉴定专家名单，由本会或委托所在单位或上级单位组织鉴定评议或验收。非重点项目成果的鉴定由所在单位或其上级单位组织鉴定（评议、验收）。

鉴定应对试验数据的科学性、可靠性，成果的学术水平及应用前景等作出客观的书面评价。合作承担项目的鉴定应由各方所在单位或上级单位联合组织鉴定。重要协作单位可派人参加。

鉴定的方式，也可采用同行专家通讯评审办法。由组织鉴定单位提出同行专家名单。各种鉴定形式，本单位参加鉴定的专家不能超过1/4。

3. 经鉴定后的成果由所在单位填写《资助项目研究成果登记表》报本会办公室。据以办理成果登记和核销拨款，并由所在单位择优推荐申请北京市科学技术进步奖（基础性研究成果类）。

4. 成果的建档、保密管理，由所在单位按有关规定办理。

（七）成果的应用、开发。凡具备开发条件的成果，所在单位要切实组织开发应用或推广。需要进一步研究开发或中试的可以：①向国家科委、国家自然科学基金会等部门申报有关计划；②向市科委申报（或推荐）纳入星火、火炬、工业技术振兴等计划；③本会办公室和所在单位联合组织开发推广。

联合组织开发时，本会可协助所在单位：①争取国家银行科技开发贷款；②申报科技产品的减免税；③解决短缺的“三材”等物资；④介绍合作开发的企事业单位。

本会资助项目的成果，产生经济收益时，项目所在单位向本会送交应分享的收益：①自成果产生收入时起，本会分享总收入的2—5%（或技术转让收入的10—20%）。期限一般为5年；②合作开发的，双方商定收益分配办法，按协议办理。

本会经济收益，按国家有关规定，纳入本会资金统一使用。

（八）本细则由本会办公室解释。

天津市自然科学基金管理暂行办法

1990年6月

第一章 总 则

第一条 为了适应天津市的经济建设、社会发展和科技进步的需要，促进天津市科学技术事业的发展，推动我市应用基础研究工作的开展，发挥广大科技工作者的积极性和创造性，增强经济和科技的发展后劲，天津市科学技术委员会（以下简称天津市科委）决定从1990年起，设立天津市自然科学基金。

第二条 天津市自然科学基金的资金来源是：

1. 天津市财政科技三项费用预算拨款；

2. 社会各界团体及个人的捐赠；

3. 其他渠道可用于资助自然科学基金项目的经费。

第三条 天津市自然科学基金面向全市，资助应用性基础研究工作，以及部分应用研究和基础研究工作，凡市属和中央驻津的科研院所、大专院校和各企事业单位的科技工作者（不包括在读的研究生），均可按规定提出申请。

第四条 天津市自然科学基金将结合地方的特点，注重工程技术项目中的应用基础研究工作，以充分地发挥我市的科研优势，提高学术水平，增强技术储备。天津市自然科学基金将择优支持具备以下条件的研究项目：

1. 符合天津市经济建设、科学技术与社会发展方向所确定的主要目标；

2. 学术思想新颖，立论依据充分，研究内容和目标具体明确，研究方案合理可行；

3. 申请者承担主要研究任务，已有一定研究基础和初步具备必要的研究条件，研究周期一般不超过3年；

4. 研究成果具有可应用性和推广价值；

5. 经费预算合理，精打细算，实事求是。

天津市自然科学基金近期资助的重点是同本市经济建设和社会发展结合较紧密的研究项目。

第五条 天津市科委负责受理天津市自然科学基金项目的申请，组织项目的评议、评审，对实施项目进行管理和监督工作。

第六条 天津市科委组织成立“天津市自然科学基金评审委员会”（以下简称评委会），评委会依据天津市科学技术、国民经济和社会的长远发展规划中所确定的发展重点和领域，负责拟定每年资助项目的选题指南、进行计划资助项目的复审和天津市自然科学基金项目奖励的评审工作。

第七条 天津市科委将发布“天津市自然科学基金选题指南”，以指导申请，对符合选题指南要求的研究项目择优资助，资助经费的最高限额为4万元。对申请天津市自然科学基金资助的项目，每年集中受理一次。

第八条 天津市自然科学基金在其资助的范围内，还将有计划地支持若干经过努力可以达到国际先进水平，对我市开拓和建立新兴技术产业有重大应用前景，或符合我市重点发展产业的需要，有明确应用目标和推广价值的重大研究项目。重大项目的资助强度高于一般资助课题。

第九条 天津市自然科学基金鼓励跨学科、跨单位、跨地区的合作研究项目，鼓励我市科技工作者与国外的同行开展国际间科技合作研究项目。

第十条 天津市自然科学基金项目的办理程序为：首先组成项目组，由项目负责人提出申请，经所在单位和主管部门（局、区、县科委）审查上报，同行评议，评委会复审，市科委审定批准。

第二章 申 请

第十一条 天津市自然科学基金的申请者，必须是实际主持申请项目的研究工作，并具有高级专业技术职务的项目负责人；不具备高级专业技术职务的科技工作者，也可以申请天津市自然科学基金的资助，但须由两名同行高级科技人员的推荐。

第十二条 每一申请者和主要合作者申请的项目数，连同任何尚在进行的、由天津市科委资助的项目数，不得超过两项。

天津市自然科学基金提倡项目的申请者有计划的多渠道筹集所需的资金，但已经列入过其他有关部、委的计划并接受其资助的项目，不得再申请天津市自然科学基金的资助。

第十三条 正在国外留学、进修，符合资助条件的科技工作者，也可在回归本市前提出申请资助的项目，如经评审批准，自批准之日起保留有效期一年，待回归本市落实工作单位后予以资助。

第十四条 申请者须按照《天津市自然科学基金项目申请书》的格式和要求，认真填写申请书，共一式6份；凡不符合要求的，不予受理。

第十五条 申请者所在单位应按照本办法的要求，对申请的项目进行认真地审查，其中对项目申请书中所述内容的真实性、研究计划的可行性和经费的合理性要明确地签注意见，并阐明本单位是否具备保证申请者开展此项研究所必需的基本条件，然后经主管部门审查并统一报送天津市科委。

第三章 评　审

第十六条 初步筛选：天津市科委对所受理的天津市自然科学基金项目，按本办法规定的原则，逐项进行初步筛选。

第十七条 同行评议：经初步筛选符合申报条件的项目，由天津市科委委托有关部门以通信的方式组织同行专家评议，为保证评议工作不受干扰，各项评议意见和结果均应保密。

第十八条 复审：天津市自然科学基金评委会对同行专家评议后的项目和评议结果进行复审，必要时可约见申请者，就项目的有关情况做出说明和回答问题。

第十九条 审定：参照评委会的意见，天津市科委最后复核审定当年资助的研究项目和资助经费，批准下达研究计划。

第二十条 凡经批准资助的研究项目，由项目负责人及其主要合作者所在单位填报《天津市自然科学基金项目认定书》，经天津市科委批准后正式生效。

第四章 管　理

第二十一条 天津市自然科学基金项目的管理，实行受资助者所在单位及其主管部门与天津市科委共同管理和监督的方式；其中项目负责人所在单位负责项目的日常管理工作，其主管部门负责项目在实施过程中的协调和保证工作。

第二十二条 资助项目的经费，由天津市科委按照基金项目认定书中的约定拨至受资助者单位，由该单位财务部门进行管理和监督，实行专款专用，并严格按照《天津市科学技术发展基金管理办法》的规定掌握使用，经费使用范围限于：

1. 科研业务费：包括实验用动植物购置和种植、养殖费，计算机使用、测试、分析费（使用本单位设备的，应尽量不收或只收消耗费用），本项目进行过程中所必需的国内调研和学术交流活动费用，业务资料、报告、论文印刷费，研究成果评议鉴定费；

2. 实验材料费：原材料、试剂、药品等消耗性物品的购置费，标本、样品采集加工费，运杂包装费；

3. 仪器设备费：仪器设备的购置费、运杂包装费和安装费，自制仪器设备的材料、配件和外协加工费；

4. 协作费：外单位协作者承担资助项目研究试验工作所需的费用；

5. 经批准的为实施本项目所必需的实验室改造费。

第二十三条 基金项目经费不得用于工资、福利和奖金，也不能用于基本建设、购置交通工具和照相声象录放设备，不能用于与本项目无直接关系的开支。

第二十四条 天津市科委将组织人员对资助项目的执行情况和基金的使用情况进行检查，对不遵守规定、违反财务制度者，或因主观原因使项目无法按计划执行者，要予以严肃处理（办法另定）。

第二十五条 项目负责人每年12月底要提出研究进度和经费使用情况的书面报告，经所在单位审查，报送天津市科委，同时抄报主管部门。天津市科委将以此作为发放下一年度拨款的依据，逾期不报的，缓拨下一年度经费。

第二十六条 因各种原因需要调整、变更或终止项目计划，均应由项目负责人所在单位在3个月前提出专门报告，经天津市科委批准后方可生效。

第二十七条 天津市自然科学基金项目完成

后，项目负责人及所在单位应对项目水平、存在问题、项目应用方式等做出自我评价，认真提交总结报告和财务决算报告；经主管部门审核后报天津市科委。

凡天津市自然科学基金项目，均须按照《天津市科学技术成果鉴定工作管理办法(试行)》的规定进行鉴定。

第二十八条　天津市科委将组织天津市自然科学基金评委会对每年度完成的项目进行评奖(奖励办法另定)，对获奖项目发给证书和奖金，以资鼓励。

第二十九条　凡由天津市自然科学基金资助所取得的成果，均应标注“天津市自然科学基金资助”的字样。

第五章　附　　则

第三十条　本暂行办法的解释权和修改权属于天津市科学技术委员会。

河北省自然科学基金管理办法

第一章　总　　则

第一条　为了加强河北省自然科学基金（以下简称省科学基金）的管理工作，有效合理地运用资金，充分发挥我省科技工作者的优势，多出成果，早出人才，根据河北省人民政府《关于同意设立河北省自然科学基金暨成立基金委员会的批复》，参照国家自然科学基金管理的有关规定，特制定本办法。

第二条　省科学基金由河北省自然科学基金委员会（以下简称省科学基金会）管理，下设办公室，负责日常工作。按照科技工作必须面向经济建设的方针和“依靠专家，发扬民主，择优支持，公正合理”，“突出重点、兼顾一般”的原则，资助我省自然科学研究中的基础性研究工作。

第三条　基础性研究工作的内容包括：以认识自然现象、揭示客观规律为主要目的的基础研究；围绕生产实践和学科发展提出的重大或广泛应用目标，探索新原理、开拓新领域的应用基础研究；对基本科学数据系统地进行考察、采集、鉴定，并进行综合分析、探索基本规律的研究工作。省科学基金重点资助与我省经济、社会发展战略重点密切相关的应用基础研究工作，兼顾其他基础性研究工作。

第四条　省科学基金的资助对象，主要是本省的科技工作者，凡具备相应科研能力和条件的单位和个人，均可按规定申请。

第二章　资助项目的申报、评审和确定

第五条　省科学基金会根据全省科学技术发展规划，制定并发布省基金资助项目指南，指导项目的选择和申报。

第六条　申报的项目应具备以下条件：

1. 学术思想新颖，立论根据充足，研究内容和目标明确、具体、先进，研究方法和技术路线合理、可行，一般在3年左右取得成果，进而被采纳应用；

2. 申请者和合作者具备相应的研究能力。研究工作有一定积累、基本工作条件和时间有保证；

3. 有利于培养造就人才，特别是中青年人才，有利于逐步形成我省不同特色的、具有一定优势的研究学科、专业或中心；

4. 经费预算实事求是，根据充分。

第七条　申请省科学基金资助项目，必须由申请者填写《河北省自然科学基金资助项目申请书》，经所在单位签署意见后报送省科学基金会办公室一式7份，并按隶属关系抄报归口的省直部门科技处或地、市科委备案。省科学基金每年受理申请一次，截止时间为6月底。

第八条　省科学基金会办公室对项目申请书进行形式审查。初审合格的项目，由基金会办公室分送省内外同行专家（5人以上）进行评审。

第九条　同行专家评审意见，由省科学基金会办公室综合平衡，对多数专家评价较好的项目，送交省科学基金会相应的学科组评审，提出资助项目和资助金额的建议。

第十条　省科学基金会办公室根据各学科组的评审建议，进行综合平衡，提出资助计划草案，报请省科学基金会委员会议审查批准。被批准的项目，由省科学基金会直接向申请者所在单位下达河北省自然科学基金资助项目批准书，并通知申请者所在的省直部门或地、市科委。

第三章　经费管理

第十一条　省科学基金多渠道筹措，由省科学基金会办公室在银行专户存储，省财政专项经费和省科技三项费用用于省科学基金的专款，每年初拨入该帐户。

第十二条　省科学基金资助项目经费的申报、使用、管理，要本着勤俭办一切事业的方针，精打细算，力求节约，充分利用现有仪器设备等工作条件和可以利用的协作条件。

第十三条　省科学基金资助项目的开支范围，限于资助项目研究工作直接需要的费用。主要包括：

1. 科研业务费：实验用动植物购置和种植、养殖费，计算、测试、分析费（使用本单位设备的只收消耗费），必需的国内调研和学术会议费，业务资料、报告、论文印刷费，临时用工劳务费，必需的国际合作研究费。

2. 实验材料费：原材料、试剂、药品等消耗性物品购置费，标本、样品采集加工费、运杂包装费；

3. 仪器设备费：专用仪器设备的购置费，运杂包装费，自制专用仪器设备的材料、配件和外协加工费。但交通运输设备、声像录放设备、复制打印设备、空调冷藏设备、办公设备等费用一般不得列入。

4. 实验室改装费：根据资助项目研究工作需要，改善实验室条件所进行的简单装修费。土建、房屋维修、实验室扩建等费用，不得列入。

5. 协作费：指外单位协作者承担资助项目研究试验工作所需的经费。

6. 管理费：资助项目所在单位，应为资助项目的研究工作提供良好服务。经费全部自立的研究所和高等院校，每个项目提取管理费不得超过资助金额的5%，最高金额不得超过5000元，与年度拨款同步，分年度提取，用于冲抵科学基金资助项目应分摊的水、暖、电、气等或其他费用。不得层层重复提取或提高限额。

第十四条　每个资助项目的经费，视项目和承担单位的实际情况，在上述开支范围内，一次核定资助总额、分年度拨款额及用途，由省科学基金会办公室分年度拨至受资助者所在单位，在单位领导和财务、业务部门的管理下，由项目组按计划支配使用，年终结转，项目结束后决算核销。

第十五条　资助项目的拨款，一般每年一次。

第一次拨款，申请者及其所在单位，在接到资助项目批准通知后，根据批准资助总金额、研究年限和研究内容，编制具体的研究计划和经费开支计划，并填写《河北省自然科学基金资助项目任务书》，由所在单位，在一个半月内报省科学基金会审批，然后按任务书中的经费开支计划拨款。因特殊情况不能按期报送任务书的，应提前向省科学基金会办公室说明，否则按自动放弃接受资助处理。

第二次以后的继续拨款，须待收到资助项目年度研究工作进展情况报告，经基金会有关学科组审查并签署意见后，工作进展正常的，按任务书相应年度用款额拨款；工作进展提前或有紧急需要的，可申请提前拨款；工作进展不正常或经费使用不当的，将减少或暂停拨款，以至撤销资助。不报年度研究工作进展情况报告的，暂停拨款。

第十六条　资助项目协作者所需经费，由项目负责人提出意见，由其所在单位划拨至协作者所在单位监督、管理，由协作者支配使用。

第十七条　资助项目经费，必须按规定专款专用，任何单位和个人不得任意截留、挪用或挤占。资助项目所在单位，要接受上级财政、审计部门及省科学基金会的监督。资助项目所在单位，应指定专人负责科学基金财务工作，按时报送会计年报（格式另发）。对财务管理混乱或不按时报会计年报的，暂停拨款。协作者所在单位，应按规定向资助项目所在单位提供财务报表。

第十八条　科学基金资助项目经费的使用、管理，要方便科研，有利于发挥研究人员的积极性、主动性。计划内的支出，均由项目负责人审签，并可根据研究工作进展和器材供应情况，调整用款计划；如改变经费用途，须经所在单位领导批准。

第十九条　省科学基金原则上实行无偿资助。经省科学基金会特殊批准，用省科学基金购置的大、中型仪器、设备所有权归省科学基金会，在保证原资助项目及其后续工作使用的前提下，由省科学基金会组织协作共用，任何单位和个人不得随意转卖或调拨。

第二十条　资助项目一年以上无进展，按撤销资助处理。如所在单位创造条件或调整项目组能继续完成资助项目研究计划的，经项目资助单位提出申请报告，经基金委员会审查同意后，继续拨款。

第二十一条　资助项目一经批准，不得无故中止。项目负责人如在省内调动工作，需把资助项目带到新单位继续开展研究的，应写出书面报告，商得调出、调入单位同意并签署意见，经基金会审查同意后，可将结余经费划拨至新单位继续使用。

第二十二条　资助项目因故中止或撤销，所在单位要及时清理帐目，将余款和已购器材处理收入，悉数交回基金会。同时编报《河北省自然科学基金资助项目中止、撤销经费收支结算表》和《河北省自然科学基金资助项目中止、撤销器材处理收入表》各一式两份，在3个月内报基金会审查核销。

第二十三条　资助项目研究工作全面完成后，应抓紧清理历年收支帐目，连同其他总结材料，一式两份报基金会，已拨结余经费，仍用于资助者的研究工作。

第四章　组织实施

第二十四条　省科学基金资助项目，由省科学基金会和项目承担单位为主管理，归口的省直部门或地市科委协同管理。

第二十五条　省科学基金资助项目执行过程中，项目所在单位每年12月底以前按规定要求向省科学基金会办公室报告项目进展情况及经费开支等情况。同时抄报归口的省直部门或地、市科委。

第二十六条　省科学基金资助项目的调整、中止、撤销，按立项时的程序，逐级申报、审查，经省科学基金会批准并正式行文后执行。

第五章　成果管理

第二十七条　省科学基金资助项目完成后，由申请者所在单位向省科学基金会提出鉴定验收申请，由省科学基金会或委托归口的省直部门和地、市科委组织鉴定验收。鉴定证书连同有关技术文件及财务决算表，一式2份报经省科学基金会审查后，由省科委审批。成果鉴定的有关事宜，按国家和省科技成果鉴定的有关规定办理。

第二十八条　研究成果的所有权属省科学基金会和受资助单位共有，发表论文或专著时要署明“河北省自然科学基金资助项目（The Project Supported by Natural Science Foundation of Hebei Prouince）字样”。

第二十九条　基金会参与有明确应用目标研究成果的应用和转让，加强跟踪和管理，促进成果的转化。

第三十条　省科学基金资助项目成果的申报、请奖，由归口的省直部门或地、市科委按国家和省的有关规定办理。对于其中的重大成果，省科学基金会可提出推荐意见。

第六章　附　　则

第三十一条　本办法自发布之日起试行，由河北省自然科学基金委员会负责解释。

河北省自然科学基金委员会议事规则

1992年10月6日

为了建立和保持省自然科学基金会良好的工作秩序，按照既依靠专家、发扬民主，又减少会议，提高效率的原则，制定本规则。

(一)基金会每年举行一次全体委员会例会(一般在2月份)，由主任委员或副主任委员主持，根据工作需要，按照民主协商的原则，分别讨论以下事项：

1. 讨论决定学科组设置、调整，讨论决定聘任各学科组成员；

2. 讨论决定基金会工作规章、制度；

3. 讨论全省基础性研究规划草案，并提出意见；

4. 讨论确定年度资助项目指导性意见(包括资助原则、重点、各学科经费比例等)；

5. 审定年度资助项目；

6. 听取审议基金会办公室关于基金会工作情况及资助项目进展情况的汇报，并作出相应决定；

7. 讨论通过基金会向省政府及有关部门的报告。

因工作需要或1/3以上委员要求讨论某项工作，经主任委员和副主任委员研究决定，可随时召开基金会全体委员会议，讨论决定有关事宜。

（二）资助项目的批准程序：

基金会办公室根据各学科组的评审建议，综合平衡并提出资助草案后，资助总额30万元（含30万元）以上的重点项目，召开全体委员会审批；30万元以下的一般项目，由主任委员、副主任委员和秘书长参加的碰头会审批。批准的项目，经秘书长签发，由办公室具体办理审批手续。

（三）资助项目的任务书，由基金会办公室审核，以基金会名义批复。

（四）资助项目执行情况的检查，由基金会办公室负责。对重点资助项目和其他需要抽查的项目，由办公室提出建议，由秘书长邀请基金会部分委员和学科组成员，进行重点检查。基金会委员和学科组成员认为需要重点抽查的项目，可责成基金会办公室邀请有关专家进行检查。

（五）基金会办公室在秘书长领导下负责基金会的日常工作，主要包括：

1. 研究提出基金会全体委员会议和碰头会议议题的建议，准备有关材料；

2. 负责基金会全体委员会议和碰头会议议定事项的具体组织实施；

3. 按照自然科学基金管理办法，负责资助项目的审查、综合平衡和组织实施工作；

4. 负责基金会和各学科组有关会议的组织工作；

5. 编印《河北省自然科学基金会工作简报》，经常向委员、学科组成员及有关领导、单位通报基金会工作和资助项目情况；

6. 定期向基金会委员会议和主任委员、副主任委员报告工作；

7. 按照基金会确定的原则，筹措和管理省自然科学基金；

8. 同国家自然科学基金会及省内外有关单位建立联系并开展有关工作；

9. 办理基金会交办的其他有关工作。

（六）办公室日常工作中，遇有需要以基金会名义处理的紧急重要问题，由秘书长提请基金会主任委员审批，并在下次基金会全体委员会议上向全体委员通报。

（七）本规则经省自然科学基金委员会全体委员会议讨论通过后试行。

内蒙古自治区自然科学基金委员会青年科学基金试行办法

1991年2月9日

第一条　内蒙古自然科学基金委员会决定在原有自由申请项目外，增设青年科学基金项目。

第二条　青年科学基金用以资助从事自然科学基础研究和应用基础研究的优秀青年科学工作者，以促进青年科学工作者脱颖而出，早日成长。

第三条　青年科学基金的申请者必须具备以下条件：

1. 坚持四项基本原则，学风端正，工作勤奋。年龄在35周岁以下（含35岁）；

2. 硕士研究生毕业或具有中级技术职称；

3. 学术思想活跃，有开拓、创新精神，能独立开展研究工作；在省级以上学术刊物上发表过论文，可望成为未来学术带头人；

4. 研究课题新颖，研究方案切实可行。由申请者担任课题负责人，课题组成人员以青年为主；

第四条　青年科学基金实行专家推荐、择优支持的原则。申请者需由两名高级职称专家推荐。推荐者应认真负责地介绍申请者的业务素质、研究能力和科学作风。

第五条　在国外进修，符合资助条件的青年科学工作者，可在回国前提前申请，回国落实工作单位后予以资助，批准有效期一年。

第六条　青年科学基金的推荐者和申请者要按照内蒙古自然科学基金委员会规定的格式，认真填写《申请书》（一式15份），报送内蒙古自然科学基金委员会办公室。

青年科学基金《申请书》由内蒙古自然科学基金委员会受理、评审。必要时组织答辩或现场调查，进一步核查申请者的业务素质和工作表现。

第七条　青年科学基金资助经费，拨至受资助者所在单位，由单位监督使用。专款专用。

申请者获准资助后，必须及时开展研究工作。受资助期间因故中止研究工作，须经内蒙古自然科学基金委员会办公室同意。未能及时开展工作或擅自中止工作者，须退还全部拨款，已支出部分由受资助者所在单位偿还（如属不可抗拒的原因，仅退回余额）。受资助者如调动工作，而调入单位确能保证原课题继续开展研究工作的，经基金办公室同意，可将经费转至新单位。

第八条　受资助者须在每年12月31日前书面报告研究进展情况、经费使用情况和下一年度工作计划。工作结束后3个月内，要认真写出研究工作总结，并附科研成果资料、有关论著及经费决算（各一式2份），报内蒙古自然科学基金委员会办公室。

第九条　受资助者所在单位和推荐人应关心、支持受资助者的成长，对其研究工作，加强指导和检查。

第十条　本办法自通过日起实施。解释权属内蒙古自然科学基金委员会。

辽宁省留学归国博士人员科研起动基金暂行管理办法

1991年7月31日

第一条　留学归国博士人员（含国内授予的博士，下同）是我国四化建设的宝贵财富和骨干力量，为了调动留学归国博士人员的积极性，培养一批有开拓、创新精神的各学科带头人，促进科技事业的发展，决定建立留学归国博士人员科研起动基金（以下简称科研起动基金）。

第二条　科研起动基金面向全省，主要用于留学归国博士人员的科研起动费。用于资助有创造精神和开拓能力的博士人员开展基础研究、应用研究。

第三条　科研起动基金的申请者必须具备以下条件：

1. 1982年以来取得博士学位（特别是留学归国博士），能独立开展研究工作。

2.研究课题新颖并具有重要意义，研究内容为国际或国内先进水平，目标明确、具体，研究技术路线合理可行，近期内可望取得预期成果或结果，由申请者担任课题负责人。

3.有良好工作基础，具备深入开展研究工作基本条件和研究时间。

4. 申请单位对申请者开展课题研究的时间和基本条件能予以充分保证。

5. 学风端正，工作勤奋。

第四条　科研起动基金鼓励留学归国博士人员在学科发展前沿进行新的探索；鼓励跨学科、跨单位的合作研究；对在边远地区或艰苦环境下进行开拓性研究的博士人员优先予以资助。

第五条　科研起动基金实行专家推荐、择优支持的原则。申请者须由两名教授（或同级高级职称）推荐，推荐者应认真负责地介绍申请者所从事的研究课题的情况及申请者的业务素质、研究能力和科学作风。

第六条　申请者所在单位要加强科研起动基金申报工作的指导和组织协调，对申请者的申请项目及申请书要进行认真的审查，并对申请书内容的真实性、研究方案的可行性、经费预算的合理性以及基本工作条件能否保证等签署审核意见，加盖公章，协作单位也要在申请书上签署意见，加盖公章。

第七条　科研起动基金的推荐者和申请者要认真填写《申请书》一式5份，省、市属院校、科研单位按隶属关系报市科委或省直有关厅局；中央所属院校报省教委；中央所属科研单位报当地市科委；中国科学院属科研单位报沈阳分院。经初审同意后，由初审单位一式3份报省科委。

第八条　科研起动基金实行限额资助。每项资助的最高金额原则不超过3万元。经费必须专款专用，只限于和《申请书》所报研究内容直接有关的支出。申请者要本着节约的原则，在充分利用已有研究条件的基础上编报经费预算。

第九条　科研起动基金由省财政厅按核定的额度于每年初一笔划拨省科委，建立专项财务科目，省科委按研究工作进度，分期核拨至受资助者所在单位，由单位监督使用。

第十条　科研起动基金的开支范围和申报程序请按省科委、省财政厅《关于科技三项费用管理的暂行办法》（辽科发［1986］第74号）和省财政厅《关于印发科技三项费用财务会计制度的通知》

([1990]辽财基字第203号)的规定执行。省科委负责每年年终向省财政厅报送经费决算报告。

第十一条　科研起动基金资助项目的评审工作由省科委具体组织。按照“依靠专家、发扬民主、公正合理、择优支持”的原则由专家进行评审。评审费用由科研起动基金中支付。

第十二条　参加评审的专家应是有较高学术造诣、熟悉所从事专业的国内外情况、精力充沛、办事公正、认真负责的高级科技人员、管理人员及科技情报专家。每次评审由省科委根据申请课题的学科分布，确定聘请评审专家人选。

第十三条　同行专家评审出的课题，经省科委核准后，即通知承担单位和申请者办理有关拨款手续。

第十四条　申请者获得科研起动基金资助后，必须及时开展研究工作。受资助期间因故中止研究工作，须经省科委同意。未能及时开展研究工作或擅自中止工作者，须退还全部拨款，已支出部分由受资助者所在单位偿还。如属不可抗拒的原因，经审批后可退回余额。

第十五条　当年未能完成的研究课题，受资助者须在下年度1月下旬以书面报告研究进展，经费使用情况和下一年度工作计划。工作结束后要认真写出研究工作总结，并附科研成果资料。有关论著及经费决算由所在单位认真填写评价和审核意见。一式3份报省科委。

第十六条　资助科研起动基金项目所获的成果、奖励、转让和专利申请按国家有关规定办理。

第十七条　本办法由省科委负责解释。

第十八条　本办法自公布之日起施行。

吉林省应用基础研究基金项目管理办法

1989年9月

一、应用基础研究基金

基础性研究（包括基础研究和应用基础研究）是科学技术和经济发展的基础和后盾。为了加强应用基础研究（应用研究中的基础性工作）项目的资助，特设立吉林省应用基础研究基金（以下简称基金）。

二、吉林省应用基础研究基金资助项目的重点

1. 紧密结合我省经济和社会发展中需要解决的重大问题，具有重要应用前景的应用基础研究项目，尤其是能充分发挥我省科技优势的研究项目。

2. 学术思想新颖，立论根据充分，具有重要的科学意义，已有较好基础和水平较高的学术带头人，可望取得重要突破的应用基础研究项目。

3. 对推动我省高技术的发展和技术产业的形成有重要作用的材料科学、生物科学、信息科学和工程科学中，我省有优势的应用基础研究项目。

三、应用基础研究基金专家组

1. 省科委根据全省应用基础研究的重点方向和学科，聘请10余名学术造诣较深、对国内外科技发展方向和省情比较熟悉、知识面较宽、有一定的科技管理经验、善于从全局和总体上考虑问题、办事公正的专家，组成应用基础研究基金专家组。专家组成员每2年聘任一次，可连聘连任。

2. 专家组设组长、副组长各1人，秘书1—2人。

3. 专家组下设理、工、农、医4个学科组，专家组成员按专业分别为各学科组成员。

4. 专家组的职责：

(1)协助省科委编制吉林省应用基础研究发展重点纲要和年度计划项目指南。

(2)初审《应用基础研究基金项目申报表》，优选参加评审论证的预备项目。

(3)组织同行专家，对预备项目进行可行性论证。

(4)根据同行专家论证意见和基金的额度，择优提出建议安排的项目名单。

(5)专家组成员，受省科委委托对本学科部分项目的进展情况，实施检查和监督。

(6)参加项目的鉴定或验收。

5. 专家组的活动经费，从基金中列支。对专家组成员，每年将根据工作情况，给予适当的报

酬。

四、"基金"项目的申报和审批程序

1.省科委会同应用基础研究基金专家组,根据全省科技、经济和社会发展规划和应用基础研究发展重点纲要,制订和发布项目指南。

2.科研人员参照项目指南,结合已有的工作基础,选择最能发挥自己优势的研究项目提出申请。填写《应用基础研究项目申报表》,一式5份。

3.申请者所在单位对申报表,进行初步审查,签署审核意见,排出推荐顺序,加盖公章后,报省科委综合计划处。

4.省科委将申报表汇总后,提交应用基础研究基金专家组进行初审,初审后参加评审论证的预备项目,申报者须填写《应用基础研究项目可行性研究报告》一式5份。

5.申请者所在单位,对可行性研究报告内容的真实性、研究方案的可行性、经费预算的合理性,以及基本条件能否保证等,签署审核意见,加盖公章后,报省科委综合计划处。

6.应用基础研究基金专家组,根据项目学科分类,组织同行专家,采用专家个人书面评审和专家集体评审相结合;定性与定量评审相结合的方法进行可行性评审论证。专家组根据同行专家评审意见和基金和可能,择优提出建议列入基金计划的项目。

7. 省科委综合计划处,汇总专家组推荐的项目,在征得有关业务处的意见,并向主管主任汇报后,提交省科委办公会审定。

8.经审定的项目,在征得有关部门同意后,统一下达计划。省科委与项目承担单位签定《应用基础研究项目合同》。

五、项目管理

1. 项目承担单位必须按合同书规定的内容和时间,开展研究工作。从下拨经费之日起,3个月内不开展研究工作的,按自行撤销处理,追回经费。

2.项目组在每年11月15日前,必须填报《年度研究工作进展情况报告》及下年结转计划安排方案,逾期不报的,不予结转,不拨经费。省科委将不定期地通报研究工作进展情况。

3.项目因故需调整、中止、撤销时,由项目负责人提出报告,并经单位负责人签署意见,加盖公章后,报省科委审批。

4. 项目完成后,由省科委组织鉴定或验收。

六、基金的使用和管理

1.基金项目的经费,采用按项目一次核定、分期拨款、项目结束后决算核销的办法。

2.经费开支范围,只限于项目研究工作直接需要的费用,主要包括:

(1) 科研业务费

(2) 实验材料费

原则上不包括仪器设备购置费、实验室改造费和国际合作交流费等,特殊情况需专项申请。

3.经费必须专款专用,单独建帐核算,不得截留、挪用或挤占。

4.项目拨款一般每年一次,第一次以项目合同为准。第二次以后的继续拨款,需见到项目《年度研究工作进展情况报告》后确定。工作进展正常的,按合同中的拨款计划拨款;工作进展提前或有紧急需要的可申请提前拨款;工作进展不正常或经费使用不当的,将减少或暂停拨款,以至撤销资助。

5.项目完成后,要及时清理帐目,填报《吉林省应用基础研究基金项目经费决算表》,一式2份。报省科委审查后核销。经费结余时,经省科委批准,允许提留结余的10—30%作为参研人员的奖金。

黑龙江省自然科学基金管理办法

1992年8月17日

第一章 总 则

第一条 为了促进我省自然科学研究的发展,为经济建设和社会发展储备科学技术和人才,设立省自然科学基金(以下简称基金)。为了有效地管理和合理地使用本项基金，特制定本办法。

第二条　省自然科学基金主要用于资助自然科学方面的基础研究和应用基础研究。全省各部门、各单位的科技工作者均可按规定手续申请，不受部门、单位和地区的限制。

第三条　本基金由省财政、科技、教育等部门拨款，同时接受国内外团体、个人的捐赠。

第四条　基金资助的项目，必须经过初审、同行评议、学科组审议、委员会批准的评审程序，择优支持。

第二章　基金管理机构和职能

第五条　在省科委领导下设立省自然科学基金委员会(以下简称基金委员会)，全面领导基金管理工作。其主要职能是：筹集基金、掌握基金资助原则、审议基金管理办法、审批申请项目等。基金委员会成员由省科委、省教委和省财政的领导以及全省知名科学家11—13人组成，设主任1人，副主任2—3人，秘书长1人。秘书长由基金办负责人兼任，负责基金办的常务工作。基金委员会委员每届任期3年，每届更换1/3。委员连任不超过3届，如遇特殊情况，可以根据需要随时增补、变更。

第六条　基金委员会下设办公室和7个学科组[数理组、化学组、生物Ⅰ组（农、林类)、生物Ⅱ组（医、药类)、材料与工程组、信息组、管理与其他]。

第七条　基金委员会办公室（以下简称基金办）及职能。基金委员会办公室设在省科委基础研究与社会发展科技处(简称科技三处)。在省科委和基金委员会的领导下，负责基金委员会的日常工作。其主要职能是：

1.受理基金项目的申请和初审(形式审查)，组织专家评审(同行评议、学科组评审)，上报基金委员会审批。参与整个基金评审，负责介绍、综合基金评审工作情况，并在基金评审过程中负责省科委和基金委员会授权处理的有关事宜；

2.负责组织基金项目实施，基金拨款，组织对项目执行情况和基金使用情况的检查，负责项目执行中途内容变更、经费变更与中止的审批，负责项目的后期管理包括成果验收与鉴定，促进成果转化；

3.组织、实施对外科技交流与国际合作研究活动；

4.通报基金执行情况，表彰在研究中取得突破性进展和取得优异成果的项目，批评进展不好的项目；

5．负责制定年度评审计划，定期发表项目指南、组织招标活动；

6．负责基金委员会的日常管理工作。

第八条　各学科组的人选，根据有关单位推荐，由基金委员会办公室提名，经省科委（或基金委员会）审批后实行当年聘任制。

各学科组负责本学科领域内申请项目的评审工作，并将审查通过的项目报基金委员会审批。

第三章　项目的申请与评选

第九条　基金项目分为一类项目和二类项目，实行限额资助。一类项目的每项资助额度不超过20万元。二类项目的每项资助额度一般不超过5万元，如有特殊重大项目，根据实际情况可增加经费额度。但要经过组织答辩、专家论证或现场考查、审核。

第十条　基金项目的申请者必须是具有副高级以上职称的科技人员，或有本学科两名副高级以上职称人员书面推荐的其他科技人员。

第十一条　凡申请基金项目者均应按规定的格式与要求认真填写《申请书》(一式6份)报送省基金办。字迹工整、内容表达明确、严谨、扼要、项目要齐全，外文与缩写同时用原文和中文表述，项目申请者要按规定交纳评审费后方予受理。

第十二条　评审工作坚持依靠专家、充分发扬学术民主、坚持公正合理的原则。充分尊重同行专家的评议意见，在同行评议的基础上学科组严格把关。本人如有申请项目，不能参加基金项目的评审工作。参加评审人员对申请书内容、评审情况和评议意见负有严格保密的责任。

第十三条　基金项目根据下列标准进行评选：

1．选择支持有重要科学意义或重要应用前景的基础研究与应用基础研究工作，尤其是结合我省自然条件、特点及我省有较强实力领域的研究工作；

2.学术思想新颖，立论根据充足，研究内容和目标明确、具体、先进，研究方法先进和技术路线合理、可行、可望在2—3年内取得预期成果和结果；

3.申请者和合作者具备相应的研究能力，研究工作有一定基础；其基本工作条件和工作时间有可靠保证；

4. 经费预算要实事求是，根据充足；

5. 对优秀青年科学工作者和边远地区科技人员申请的项目，对跨学科和有利于促进科研、教学、生产相结合的项目，每年应有一定的比例。

第四章　评审程序

第十四条　基金申请书由基金委员会办公室统一受理，并按规定收取评审费。

第十五条　申请书由基金办负责初步审查，有以下情况者不予受理：

1. 不符合科学基金资助范围者；

2.明显缺乏立论根据，或低水平重复，或不具相应研究能力者；

3.申请者与主要参加者(指参加项目工作的前3名)同时参加两个或两个以上项目的申报或工作者；

4. 申请书填写不符合要求或申请手续不完备者；

5. 已在国家其他部门立项者。

上述各项在申报期内申请者补充、修改后受理。

第十六条　同行评议是评审工作的基础，可以采取通信评议方式，也可以采取会议评议方式。基金办应以基层单位推荐的有较深学术造诣、熟悉本专业国内外领域情况、认真负责、办事公正的科研第一线人员作为同行评议专家的基本队伍存入专家库，并在工作中不断调整、补充。

第十七条　所有受理的申请项目，均需邀请5位同行专家进行评议，按规定格式填写《黑龙江省自然科学基金申请项目同行评议意见书》。每一申请项目的同行评议意见应不少于3份，否则无效。当意见不集中时可适当增加评议人员。

第十八条　同行专家的评议意见由基金办公室负责综合归纳，填写《黑龙江省自然科学基金申请项目审批意见表》。对有些项目可进行必要的调查，供评审时参考。

第十九条　学科组评审在同行评议的基础上进行，提出是否资助，以及资助的总金额和分年度拨款数额的意见；对于不能给予资助的项目要明确写出不予资助的书面意见；办公室将审查的结果进行综合后，报基金委员会审批。

第二十条　申请者接到项目批准书后，按要求填写《黑龙江省自然科学基金资助项目计划任务书》。在规定时间内返回基金办，否则视为自动放弃。

第五章　管理和监督

第二十一条　资助项目的经费按研究工作进度分年度拨到资助者所在单位。由单位单独使用，专项管理，专款专用。要遵守有关规定和财务制度。对不按批准书要求办理、擅自挪用基金、违反财务制度者，令其改正；情节严重者，停止拨款，追究其责任。

第二十二条　申请者获资助后，必须及时开展研究工作，按期填交《年度执行情况报告》。资助期间因故中止研究工作或需调整经费及调整研究计划的有关内容者，须经基金办同意。对不按计划任务执行或不按要求提交执行情况报告和总结报告者，将减拨或停拨经费，情节严重者由受资助者所在单位偿还原拨经费。追究其责任，并将处理意见上报基金办。

第二十三条　受资助者所在单位应认真监督、检查基金项目的实施和经费的使用。负责审查项目所提交的报告，并对受资助项目提供必要的保障条件。

第二十四条　为了保障基金项目管理工作的正常进行，基金办公室可以从每年的基金额度中提取4—5%的经费，作为召开会议、交通工具、技术咨询、资料印刷、项目评审、调研等项工作的日常管理费用。

第二十五条　基金委员会办公室定期组织有关单位和专家，对资助项目的执行情况和基金的使用情况进行检查，并将处理的意见及情况向基金委员会报告。

第二十六条　资助项目取得的成果和有关论著，均须注明“黑龙江省自然科学基金资助项目”字样。

第二十七条　本办法由省自然科学基金委员会讨论通过，经省科委批准后生效。

第二十八条　本办法由省科委（或省基金办）负责解释。

浙江省自然科学基金资助项目财务管理暂行办法

1990年6月30日

第一条　为了加强省自然科学基金（以下简称科学基金）资助项目经费的管理，有效和合理使用资助经费，多出成果，早出人才，根据国家财政制度有关规定，结合科学基金的特点，制定本办法。

第二条　科学基金资助项目经费的申报、使用，应本着勤俭办事的方针，精打细算，力求节约，充分利用现有仪器设备等工作条件和可以利用的协作条件。

第三条　科学基金资助项目的经费采取以下办法：

1. 按项目一次核定经费。

2. 自由申请项目第一次拨资助总金额的80%，经检查，正常执行计划的项目，其余20%经费在项目执行的最后一年拨给；重点项目分期拨款，年终结转。

3. 项目结束后决算核销。

4. 资助经费拨至受资助者所在单位，在本单位领导和财务、业务部门的管理下，由项目组按计划支配使用。

第四条　科学基金资助项目经费，必须专款专用，单独建帐进行核算，不得任意截留、挪用或挤占。

第五条　科学基金资助项目的开支范围，限于资助项目研究工作直接需要的费用，主要包括：

1. 科研业务费：实验用动植物购置和种植、养殖费，计算、测试、分析费（使用本单位设备的只收消耗费），本项目必需的国内调研和学术会议费，业务资料、报告、论文印刷费，经单位有关部门批准的临时用工劳务费。

2. 实验材料费：原材料、试剂、药品等消耗性物品购置费，标本、样品采集加工费、运杂包装费；

3. 仪器设备费：专用仪器设备的购置费，运杂包装费和安装费。自制专用仪器设备的材料、配件和外协加工费；但交通运输设备、声像录放设备、复制打印设备、空调冷藏设备、办公设备等费用不得列入。如特殊需要，应说明情况，经省自然科学基金委员会审查同意。

4. 实验室改装费：根据资助项目研究工作需要，改善实验室条件所进行的简单装修费用。土建、房屋维修、实验室扩建等费用，不得列入。

5. 协作费：指外单位协作者承担资助项目研究试验工作所需的经费。

6. 管理费：资助项目所在单位，应为资助项目的研究工作提供良好服务。经费全部自立的研究所和高等院校单位，每个项目提取管理费不得超过资助金额的5%，最高金额不得超过2000元，用于冲抵科学基金资助项目应分摊的水、暖、电、气等费用和其他费用。不得层层重复提取或提高限额。

第六条　购买大型仪器设备和电子计算机（含微型计算机），须详细说明理由，经省科学基金委审查同意后方可购买。

第七条　本办法规定的开支范围，不包括国际合作交流经费。资助项目如确需与国外进行合作交流，须另向省科学基金委提出申请。经省科学基金委批准的合作交流项目，在国际合作专项经费中开支。

第八条　科学基金申请者及其所在单位，在接到批准资助通知后，根据批准资助总金额，研究年限和研究内容，编制《经费开支计划》（见《浙江省自然科学基金资助项目研究计划》表式），连同《浙江省自然科学基金资助项目研究计划》，在规定时间内报省科学基金委办公室一式2份，经审核后，作为财务拨款依据。因故不能按期报送的，应提前书面说明原因，否则按自动放弃接受资助处理。

第九条　资助项目的拨款，一般第一次以《经费开支计划》为凭；第二次以后的继续拨款，待收到资助项目年度研究工作进展情况报告，经省科学基金委办公室审查后，工作进展正常的，按《经费开支计划》中的相应年度用款额拨款；工作进展提前或有紧急需要的，可申请提前拨款；工作进展不正常或经费使用不当的，将减少或暂停拨款；以至撤销资助。不报年度研究工作进展情况报告的，暂不拨款。

第十条　资助项目协作者所需经费，由资助

项目负责人提出意见，由其所在单位划拨至协作者所在单位监督、管理，由协作者支配使用。

第十一条　科学基金资助项目经费的使用、管理，要方便科研，有利于发挥科研人员的积极性、主动性。计划内的支出，均由项目负责人审签，并可根据研究工作进展和器材供应情况，调整用款计划，经所在单位领导审批。如改变经费用途，须报请省科学基金委办公室审批。

第十二条　资助项目所在单位只设一个开户银行帐号办理科学基金财务业务。如有变动，应及时通知省自然科学基金委办公室。

第十三条　资助项目所在单位，应指定专人负责科学基金财务工作。对财务管理混乱的单位，省科学基金委视规定给予必要处理。协作者所在单位，应按规定向资助项目负责人所在单位提供财务报表。

第十四条　资助项目负责人一年以上不能参加本项目研究工作（如出国、重病、死亡），一般按中途停止或撤销资助处理。所在单位如有能力继续完成资助项目研究计划，须提出更换项目负责人的申请报告，经省科学基金委审查同意，继续予以资助。

第十五条　资助项目一经批准，一般不得无故中止。资助项目负责人如调动工作，需把资助项目带到新单位继续开展研究，应写出书面报告，商得调出、调入单位同意并签署意见，经省科学基金委审查同意后，可将结余经费划拨至新单位继续使用。

第十六条　资助项目因故中止或撤销，申请者所在单位要及时清理帐目，将余款和已购器材处理收入，悉数交回省科学基金会。同时编报《浙江省自然科学基金资助项目中止、撤销经费收支结算表》和《浙江省自然科学基金资助项目中止、撤销器材处理收入一览表》各一式两份，在3个月内报省科学基金委办公室审查后核销。

第十七条　资助项目研究工作全面完成后，应抓紧清理历年收支帐目，在3个月内编制《浙江省自然科学基金资助项目经费决算表》，连同其他总结材料，一式两份报省科学基金委办公室，经审查签署意见后，批复所在单位核销。已拨经费结余，仍用于受资助者的研究工作。

第十八条　资助项目经费的使用情况，应接受省科学基金委和所在单位审计部门的定期审计或专项审计，编报的《浙江省自然科学基金资助项目经费决算表》，应经审计部门签注审计意见。

第十九条　资助项目的项目组成员、协作者及所在单位，均应严格遵守国家财务制度和本办法规定。对于弄虚作假、截留挪用或挤占经费等违反财经纪律的行为，所在单位财务部门有权抵制和越级反映。省科学基金委根据情节轻重，采取通报批评、停止拨款、撤销资助、不受理当事人或所在单位再次申请科学基金等措施，以至追究有关人员的法律责任。

第二十条　科学基金资助项目所在单位，应加强经费使用的管理和监督。省科学基金委办公室将有重点的进行检查，受资助者和所在单位应积极配合，如实反映情况。

第二十一条　本办法自发布之日起实施，解释权属浙江省自然科学基金委员会。

浙江省自然科学基金资助项目研究成果管理试行办法

1990年6月30日

第一条　为了及时掌握浙江省自然科学基金资助效果，正确评价资助项目研究成果的水平和意义，促进研究成果的交流和推广应用，特制定本办法。

第二条　浙江省自然科学基金资助项目研究成果组织评价，必须具备以下条件：

1. 理论性研究成果，其代表性论文、专著一般应公开发表一年以上；

2. 应用性研究成果，必须经过试验或试用，取得准确、可靠的数据；

3. 反映研究成果的学术、技术文件及资料齐全；

4. 研究成果的权属无争议。

第三条　浙江省自然科学基金资助项目研究成果的评价，分别由浙江省科学技术委员会（简称浙江省科委）、有关部门、地方及资助项目所在单位负责组织。浙江省科委负责组织以下研究成果的评价：

1. 科学理论上的重要发现、创新，学科前沿的突破，或对科学技术发展有重要指导意义的研究成果。

2. 对新技术领域的开拓或对我省资源的开发利用有重要作用，对我省经济、社会发展有显著效益的研究成果。

第四条 由浙江省科委组织评价的科学基金资助项目研究成果，须经省科学基金委同意并签署意见；由有关部门、地方或所在单位负责组织评价的科学基金资助项目研究成果，须通知省科学基金委办公室，省科学基金委视情况派人参加。

第五条 凡浙江省自然科学基金资助项目的研究成果，须经过评价，并于评议或鉴定后两个月内，由所在单位负责将下述材料报送省科学基金委办公室（一式1份），进行登记、汇编：

1. 评议或鉴定证书及有关附件；

2.《浙江省自然科学基金资助项目研究成果登记表》；

3. 反映研究成果的代表性论文、专著、文件、资料等。

资助项目的研究成果，是评审受资助者继续申请科学基金的重要依据，务请认真做好。

第六条 具备下列情况之一者，可不专门组织评价：

1. 公开发表的论文、专著被国内外同行多次引用，或在国内外重要学术会议上作特邀报告，所收集到的同行反映足以对研究成果作出评价，并由所在单位或上级主管部门写出综合评价结论的；

2. 经生产中使用，证明技术上成熟，经济上合理，由使用单位及其上级主管部门出具体证明的；

3. 经国家或省部级专业技术检测机构检测，确认达到先进水平并出具证明的；

4. 经国内外专利机构批准授予发明专利的；

5. 获国家、省部级科技奖励的。

符合上述情况之一的研究成果，经所在单位或上级主管部门提出综合评价意见后，视同通过评议鉴定，并按第五条规定，报送《浙江省自然科学基金资助项目研究成果登记表》，反映研究成果的资料以及有关证件（如奖励证书、专利证书、检测证书、用户证明、同行引用情况证明材料及综合评价意见书等）。

第七条 所有资助项目研究成果的评议或鉴定证书、论文、专著及图册、资料等，均应按浙江省科学基金委《浙江省自然科学基金管理暂行办法》的第十七条规定，进行标注。

第八条 本办法自公布之日起实施。解释权属浙江省自然科学基金委员会。

浙江省自然科学基金委员会机动基金的管理暂行办法

1990年6月30日

第一条 为了增加自然科学基金工作的灵活性，不失时机地支持一些具有新颖性、创造性和具有重大意义的研究项目，特设立本机动基金。

第二条 机动基金用于资助两次集中评审之间需要紧急支持的优秀项目和已资助项目中有突破性进展，或取得重要成果，或将要取得重大效益，急需追加经费的项目。

第三条 机动基金的审批程序类同自由申请项目，并纳入自由申请项目管理。由个人申请，填写机动基金申请书（该书同《浙江省自然科学基金申请书》，要求参照有关规定详细填写，并在该书封面的左上角的方框内填写“机动基金”字样），省科学基金委办公室组织专家评审，符合申请机动基金条件的优秀项目，由省科学基金委主管领导批准。

第四条 对已获资助的项目，要求追加经费，专家评审可采用下列几种方式：

1. 对尚未完成的项目，可组织专家对项目的进展情况进行检查，作出评价；

2. 对已完成的项目，进行专家鉴定；

3. 送同行专家（3人以上）进行评议。

第五条 机动基金从年度基金中提取，提取额约为年度总基金的10—15%。

第六条 机动基金的使用情况，在年度总结中向省自然科学基金委员会报告。

第七条 本办法自公布之日起执行。解释权

属浙江省自然科学基金委员会。

江苏省自然科学基金管理办法

1992年6月17日

一、总　　则

第一条　江苏省自然科学基金是省政府设立的专项基金，重点用于资助自然科学领域的基础性研究。为管好、用好自然科学基金并实行科学化、规范化管理，特制订本办法。

第二条　省自然科学基金旨在稳定和发展江苏省的科技事业，根据我省科技发展战略和经济建设的需要，重点资助既对我省科技、经济和社会发展有重要影响的、又反映学科前沿的基础性研究，为培养高层次科技人才、增加科技储备、作出切实有效贡献。

第三条　省自然科学基金归口省科委管理，并实行省自然科学基金委员会（以下简称省基金委）管理制，省基金委根据全省科技发展方针、政策、规则，负责制订发布项目指南，确定基金的投向，审查基金及基金项目执行情况，定期发布年度报告。

第四条　省基金委由学术造诣较深、有一定社会名望的、办事公道、责任心强的专家（包括科技管理专家）学者任委员，并设主任委员一名、副主任委员若干人，秘书长一人，负责省基金委的业务领导。

第五条　省基金委的日常工作由基金委办公室负责处理，办公室设在省科委，负责组织基金项目的申报、专家评审和基金项目管理，并定期向省基金委汇报工作情况。省自然科学基金项目作为全省科技发展计划组成部分。

第六条　省基金委设立专家库，由对从事学科领域较熟悉、知识面较宽、能秉公办事、责任心强、热心科学基金工作的专家组成，根据基金项目申请情况和立项要求，相应的专家对申报项目进行评审。

二、资助范围与条件

第七条　省自然科学基金面向全省，实行“自由申报，专家评审，择优支持，公正合理”的资助原则。

第八条　凡在我省工作的科技人员均可按本办法和《江苏省自然科学基金项目指南》申请资助。

第九条　基金项目支持以下带有基础性的研究：

1.有重要科学意义或重要应用前景，对我省科技、经济和社会发展有重大作用的创造性研究；

2.能带动和形成我省优势学科、促进我省新兴技术领域与高技术产业的形成和发展的开拓性研究；

3.针对我省自然条件、资源特点，对全省有普遍应用意义或能解决关键性科学技术问题的研究；

4.符合我省科技发展战略方向、针对中近期规划和计划目标的探索性研究以及高层次的国内、国际合作研究；

5.对已进行开发的技术成果作深入机理探讨，以利于在我省进一步开发应用的研究。

第十条　基金项目，在相似条件下，对以下情况优先予以支持：

1.有利于高新技术发展和新兴产业形成，对我省二区一带（开发区、火炬带）建设起重大推动作用，对国民经济产生重大影响的项目；

2. 在我省有明确应用前景和重大实用意义的项目；

3. 有利于带动和形成我省优势学科的项目；

4.以往承担国家或省科学基金项目，完成情况好并取得重要成果的人员所申请的项目；

5. 45岁以下中青年科技工作者为第一负责人的申请项目；

6.申请者出国留学或进修归来，所申请项目在留学或进修时已开题半年以上，并直接参与该研究工作的。

第十一条　基金项目立题应具备下列条件：

1. 符合基金项目的范围和指南的要求；

2.作过国内外情报资料调研或检索，学术思想新颖，立题根据充分，研究内容和目标明确、具体、先进，拟采取的研究技术路线和研究方法可行，与国内其他单位的研究不重复或有独到之处；

3.研究实施方案计划进度合理、项目期限一般不超过3年；

4.研究工作有一定基础，申请者和合作者具有相当的研究能力及必要的工作积累，基本工作条件和研究时间有可靠保证；

5. 申请资助经费预算合理；

6基金项目的申请者必须是实际主持申请项目研究工作并具有高级专业技术职称，并须有45岁以下中青年科技工作者作为第一或第二申请人。若第一申请者不具有高级专业技术职务(或职称)，须由两名同行高级科技人员推荐。

每一申请者和主要合作者申请的项目数，连同尚在进行的资助项目，一般不得超过两项。

第十二条　省自然科学基金鼓励跨学科、跨单位、跨部门、跨地区的合作研究和有利于科研、教学、生产相结合的研究。

三、申请与评审

第十三条　省基金委对申请项目每年集中受理、评审一次。受理时间一般为每年的9月。

第十四条　申请者应按照项目指南，按《省自然科学基金申请书》的格式和要求，认真和实事求是地填写，交所在单位科研业务主管部门加以审查。

第十五条　申请者所在单位的科研业务主管部门要加强对基金项目申报工作的指导和组织协调，按本办法要求对申请书进行认真审查和筛选，并就申请书内容的科学性、申请资助的必要性、研究方案的可行性、经费预算的合理性以及能否保证申请者基本工作条件和时间等签署审核意见，加盖公章，合作单位也要在申请书上签署意见，加盖公章。按规定于每年9月底前（一式5份）统一报送省基金委。

第十六条　申请单位在报送申请书时，须填报本单位申请项目汇总清单，并将本单位所有项目申请书中的简表内容，按省基金委统一制定的录入系统录入微机软盘，送省基金委办公室，并交纳基金项目申报评审费（60元/项）。

凡不符合本办法规定的要求或逾期申报者，概不受理。

第十七条　基金项目的评审，严格贯彻“依靠专家，发扬民主，择优支持，公正合理”的方针，各学科评审组主要就下列内容提出评审意见：

1. 是否同意资助及其理由；

2. 建议资助金额；

3.研究内容、实施方案和计划进度等是否需要修改和补充完善等；

4. 资助项目的优先次序。

必要时申请者须按通知规定的时间参加答辩，对跨学科的项目将提交相关专业的学科评审组进行会审，写出意见。

第十八条　评审时，严格实行回避制度，原则上不邀请有申请项目的专家参加评审。参加评审的专家和工作人员，须对评审过程中的各种不同意见，包括本人意见，以及申请书的内容负有保密责任，不得外传、复制和摘录。

第十九条　根据学科评审组的意见，省基金委进行审核和综合平衡，并作出审定，确保对45岁以下中青年科技人员的资助项目比例不低于30%，审定结果以书面形式通知申请者所在单位，并抄送主管部门。

四、项目的实施与管理

第二十条　申请者应在接到获准资助通知后2个月内与省基金委签订承担项目合同，列入省自然科学基金年度计划，无正当理由逾期未签订合同者视为自动放弃接受资助。

第二十一条　基金项目的资助经费采取一次核定、按项目实施情况、分期拨款的办法下达，每项平均资助强度为3万元。资助经费由少基金委直接拨给项目承担单位，由单位财务部门负责管理监督，按项建帐，专款专用，由项目负责人在规定的开支范围内自主支配。

第二十二条　基金项目资助经费使用范围限于资助项目研究工作直接需要的费用（不含出国访问和接待来访费用)，不包括土建和大型仪器设备的购置费用。省基金委将从省自然科学基金中划出适当比例(暂定为10%)用以建立省自然科学基金公用科技服务事业，实行大型、通用仪器设备的共用制度，项目单位交纳少量运行费用，以提高大型、通用仪器设备的共用制度。

第二十三条　在下达的基金项目资助经费中，原则上按下列比例收取项目管理费：基金项目所在单位3%；省基金委2%，不得以任何借口加大此比例。

第二十四条　业已立项的基金项目应纳入有关部门和单位的重点科研计划，保证所需条件，切实加强管理。

第二十五条　项目负责人应按计划开展研究，对资助项目的实施和完成负主要责任，并接受省基金委和所在单位的监督。每年年底应向省基金委提交《省自然科学基金项目执行情况年度综合评价报告》，书面报告研究进展、经费使用情况和下一年度工作计划。

第二十六条　项目承担者所在单位应负责项目实施过程中的日常管理工作，帮助解决实际困难，对研究进展情况予以检查监督，并建立项目档案；对有关人员的人事变动和研究计划、方案的重大修改须及时上报省基金委审批和备案。

第二十七条　省基金委按规章制度进行目标管理，每年定期组织专家和管理人员对资助课题的实施情况进行抽查。

凡有以下情况者，项目所在单位应负责向省基金委退还已获资助的经费：

1. 项目组主要成员因出国或其他非人为原因而使研究工作不能按合同进行；

2. 不具备继续实施条件；

3. 擅自停止执行或改变研究计划；

4. 违反本办法规定。

如属（3），（4）情况者，除须退还已获取的资助经费外，还要取消项目承担者下一年度申请基金项目的资格。省基金委将根据情况，对项目承担单位提出以后申请基金项目的意见。

五、项目验收与成果管理

第二十八条　资助项目的验收可采取结题、评议或鉴定的方式，参照江苏省科学技术委员会颁发的《江苏省科学技术成果鉴定办法》执行。

第二十九条　资助项目计划实施结束后，承担者须在2个月内办理结题申请，并向省基金委提交如下完整材料：

1.《省自然科学基金项目结题报告》；

2. 其他必要材料（科研成果资料、有关论著及经费决算等）。

第三十条　资助项目研究成果申请鉴定或评议时，必须具备以下条件：

1. 理论性研究成果，其代表性论文，专著一般应公开发表；或其论文在全国性（或国际性）重要学术会议上作特邀报告，并获得书面的肯定评价；

2. 应用性研究成果，必须经过试验或试用取得准确、可靠的数据，证明技术上成熟，或经国家、部省级专业技术检测机构检测，确认达到先进水平，并出具有力证明。

3. 反映研究成果的学术、技术资料和文件齐全；

4. 研究成果的权属无争议；

5. 经国内外专利机构批准授予发明专利的，或获得国家、部省级科技奖励；可视同鉴定，但须提供成套材料。

第三十一条　资助项目经过鉴定或评议后两个月内，承担单位应将下述材料报送省基金委办公室：

1. 评议或鉴定证书及有关附件；

2.《省自然科学基金项目成果登记表》；

3. 反映研究成果的代表性论文、专著、文件、资料等。

资助项目的研究成果及以上有关材料，将作为以后评审项目承担者继续申请自然科学基金资助的重要依据。

第三十二条　经评议或鉴定的研究成果，除经省基金委审定需要保密的外，一般予以公开。

有关成果奖励和专利申请等，按国家和省的有关规定办理。

第三十三条　基金项目研究实行成果由省基金委和承担单位共享，并实行跟踪管理。凡反映研究工作成果的文章、报道、资料等，均应标注“江苏省自然科学基金项目资助课题”（JNSF）。

第三十四条　省基金委参与有应用价值成果的推广、转让，不定期组织召开基金项目研究成果新闻发布会，积极促进成果的转化：理论性研究成果向应用性转化；应用性研究成果向商品化、产业化转化。

第三十五条　为鼓励发现和培养人才，使更多的优秀青年科技人员脱颖而出，省自然科学基金设立“基金项目导师奖”（具体办法另定），奖励那些全力支持青年科技人员担任项目主持人或负责人的老、中年科学家和专家学者。

六、附　　则

第三十六条　本办法自颁布之日起执行。解

释权属省基金委。

福建省“八五”自然科学基金管理办法

1992年8月12日

第一章　立项原则

第一条　省自然科学基金立项目原则，根据省“八五”科学技术的方针、政策、规划和参照《国家自然科学基金指南》而制定。申请者可根据本原则提出申请。

第二条　省自然科学基金在择优资助量大面广申请项目的同时，每个学科要有计划、有步骤地资助若干意义重大、目标明确、基础好、可望在“八五”时期取得重要成果的重大研究项目，加强管理，促进成果转化，更有效地为我省四化建设作出新贡献。

第三条　本基金重点用于资助具有重要科学意义和应用前景的基础研究和应用基础研究，尤其对符合我省自然条件、资源特点和开拓新兴技术的研究项目进行重点发展，并要注意发展具有生命力的新兴学科和边缘学科，促进空白、薄弱学科的发展，为高新技术增强后劲。

第四条　申报项目的学术思想要新颖，立项依据要充足，研究内容和预期成果目标要明确，具体研究方向和技术路线要先进、合理、可行，可望能取得预期结果或达到国内领先的基础研究。

第五条　申请者与合作者应具备从事项目研究的能力，有必要的工作积累，基本工作条件和研究时间有可靠性的保证，为我省能够形成具有国内先进水平的研究队伍打下基础。

第六条　项目要避免同国家、部委的科技项目相重复；要有利于科学研究与生产相结合，加速科研成果的推广应用；要有利于科学研究与教育相结合，发现和培养高水平的科技人才，特别对35周岁以下取得硕士以上学位或中级职称的青年科技工作者，要给予一定比例的资助。

第二章　审批程序

第七条　申请者应填好《福建省自然科学基金申请书》一式3份。项目第一申请者只能申请一项，主要合作者不得多于2项。申报学科要认真填准所属学科和代码，跨学科不评审。

第八条　第一申请者必须是在职实际主持从事申请项目研究工作的负责人，并且具有高级专业技术职务；不具有高级专业技术职务的申请者，须有2位高级专业技术职务的同行推荐。

第九条　申请书须经两位不同单位（县、系、所）的同行专家评议和申请者所在单位领导、学术组织审查推荐，签署具体审核意见，报送省自然科学基金评审委员会（暂设科研处）。每年10月1日至12月31日为省自然科学基金资助项目申报时间。

第十条　省自然科学基金评委会评审。省自然科学基金评委会评审分二阶段进行：第一阶段为数理、化学、生物（包括动、植物，医学，农，林，水，微生物）地球、材料与工程、信息等6个学科组，分别提出对评审项目的审查意见和资助经费分配计划；第二阶段为评委会全体会议，审查各专业组经费分配计划和重点资助项目以及填写评定意见，送省科委审定。

第十一条　《省自然科学基金资助项目任务书》的填写。省自然科学基金资助项目经省科委审定下达后，各单位科管部门要监督被评定项目的负责人在1个月内填好《省自然科学基金资助项目任务书》一式3份，并审核集中送省科委科研处作为核定拨款和检查依据。逾期不送报，又不说明原因者视为自然放弃处理。

第三章　项目经费

第十二条　省自然科学基金资助项目经省科委批准下达后，根据《省自然科学基金资助项目任务》的任务需要，经费采用“一次批准，分年核定”的管理办法，拨到项目主持人单位，由所在单位财务与科研部门监督使用，对违反财务制度、弄虚作假等行为要撤销其资助课题基金，并追回已拨基金。对精打细算节余经费，可留作资助新研究项目。

第十三条　省自然科学基金资助经费，主要

用于研究直接有关支出，仪器设备支出不能超过项目总经费的三分之一。具体经费开支范围详见申请书填表说明。

第十四条　项目申请经费仍然按 0.5 万元；0.51—1 万元；1.01—2 万元；2.01—3 万元等分档限额申请，超最高档概不受理，也不跨档送评。

第十五条　省自然科学基金经费来源于省科技三项费用和省财政拨款，并鼓励部门、企业和个人的捐赠。

第四章　项目管理

第十六条　省自然科学基金评委会由省科委聘请有关专家组成，它负有参与制定和执行自然科学基金的资助原则、项目的评审，还负有参与省科委组织的检查组对被评定项目进行定期或不定期的检查和督促，并反馈省科委。

第十七条　项目所在单位对该单位承担省自然科学基金项目负有全面管理、监督职责。每年 12 月 31 日前各单位科研管理部门要填写上报本年度执行情况书面总结和《福建省自然科学基金资助项目执行情况汇总表》，在研项目负责人要填写上报《福建省自然科学资助项目年度进展情况报告》，对未能按时报告或未能完成计划而又不说明原因的项目，省科委有权中止其研究项目，并收回拨款及所购买的仪器设备材料。

第十八条　研究工作全部结束后 3 个月内，项目承担单位应按统一表格要求填写研究工作总结报告，连同成果鉴定材料、经费物资总决算等，并签署意见后报省科委。

第五章　成果管理

第十九条　省自然科学基金资助项目的研究成果的评价、鉴定、评奖、转让等按国家和省有关规定执行，同时也要定期编印“成果目录”。

第二十条　凡是省自然科学基金资助完成或未完成的项目，在公开发表论文成果、学术会议报告，或内部有关报道时均应标注“福建省自然科学基金资助项目”，无故未标注者给予批评或通报，情节严重者取消资助资格。

第六章　解释权利

第二十一条　本办法解释权归福建省科学技术委员会。自公布之日起执行。原《福建省自然科学基金管理暂行办法》同时废止。

山东省自然科学基金项目评审办法

1990 年 10 月 22 日

一、总　　则

第一条　根据《山东省自然科学基金管理办法》，为坚持“依靠专家、发扬民主、择优支持、公正合理”的原则。安排和使用好山东省自然科学基金，特制定本评审办法。

第二条　山东省自然科学基金委员会（以下简称省科学基金委）科学组成员由省科学基金委主任聘任，每届任期 3 年，每科学组一般由 7—11 名专家组成。

第三条　省科学基金委设数理科学组、化学科学组、生物科学组、医学科学组、地球科学组、材料与工程科学组、信息科学组（包括软科学）。各科学组设组长 1 名，副组长 2 名。

二、评审专家

第四条　科学组成员由省内高等院校、科研院所、企事业等单位的知名学者、专家和实业家组成。

第五条　科学组成员应具有高级专业技术职务；在基础研究和应用基础研究方面，学术造诣较深，知识面较广，有一定声望，办事公正，热心自然科学基金事业；具备参加评审工作的时间和精力；年龄一般在 65 周岁以下。

第六条　同一单位的专家在同一科学组内一般不超过 2 名，以保证评审工作的合理性、公正性和科学性。

第七条　各科学组成员要保持相对稳定。对科学组需调整成员或成员本人需调换科学组以及本人不能参加评审工作者，由科学组或成员本人向省科学基金委提出报告，由省科学基金委主任审批。

三、评审责任

第八条　科学组成员受聘于省科学基金委，对省科学基金委负责，对项目进行公正合理、实事求是的评议，对评审过程和评审结果严格保密。

第九条　科学组成员申请或参与某申请项目，科学组评议该项目时，本人应予回避。

第十条　科学组成员对资助项目有指导和监督的义务。

四、评审内容

第十一条　申请书书写是否认真、清晰；申请项目是否符合资助范围；研究内容与研究课题是否相符；申请手续是否完整。

第十二条　课题意义：科学性，包括立题特色或创新之处、科学意义等；学术性，包括研究的水平、学术价值等；选题依据，包括国内外研究状况、研究内容具体程度、研究目标、要解决的具体问题等。

第十三条　课题可行性：技术路线，包括研究工作的总体安排、年度计划、实验步骤等；研究方法，包括课题设计、数据处理、分析论证、实验方法等；申请经费，包括预算及支出范围的合理性等。

第十四条　研究条件：研究试验条件，包括仪器设备、图书资料、实验场所、人员结构、研究时间等；申请者科研能力，包括研究方向、工作基础、在本项目中的地位和作用、与本项目有关的成绩等；合作者科研能力，包括合作精神、工作基础、合作能力、保证条件等。

五、评审程序

第十五条　各科学组评审时，必须有三分之二以上成员参加，方可进行评审。

第十六条　科学组实行组长负责制，由组长确定项目主审人，每个项目一般应由2—3位主审人，主审人应向科学组汇报其主审项目的主要内容和审阅意见。

第十七条　各学科组对申请项目，应参考同行专家通讯评议意见，认真审议，充分发扬民主，在民主评议的基础上进行投票表决。凡获得科学组半数（含半数）以上成员同意的项目，科学组方可通过。对某些科学组难以评审的综合性项目，由省科学基金委办公室临时组织有关学科专家进行会审。

第十八条　科学组应逐项认真填写评审意见，评审结果由组长汇总，向省科学基金委汇报。

六、附则

第十九条　各学科组可根据本办法，制定评审细则。

第二十条　本办法由省科学基金委负责解释。

湖南省自然科学专项基金管理暂行办法

1992年7月1日

第一条　为配合国家自然科学基金的实施，支持本省的基础理论和应用理论研究，省科委每年从科技三项计划中提供专项经费作为湖南省自然科学基金使用。今后将进一步争取省财政给予专项支持。

第二条　本项基金支持的重点是与湖南经济和社会发展密切相关的应用基础理论研究课题。

第三条　本项基金按科技三项经费合同办法进行管理并参照国家自然科学基金的申报、评审办法进行筛选课题。

第四条　凡本省（含中央在湘单位）科技人员所在单位同意均可填报自然科学基金项目申报书交湖南基金组组长，每年申报起止时间为8月1日至8月30日。

第五条　湖南基金组由省科委、国家自然科学基金湖南联络网正副组长单位派员组成，负责受理基金项目申报、组织评审、上报，并组织项目的实施与检查。

第六条　基金组在受理基金项目申报书后应进行项目预选和分类。再组织本省知名学者、专家和科技管理专家进行项目评审、筛选，将其结果上报省科委审定。

第七条　省科委基金专项计划下达后，承担

单位应按科技三项计划合同书办理合同手续，及时组织实施，切实做到专款专用。

第八条　因资金来源有限，本项基金仅提供一次性补助，不做跨年度安排。申报的课题研究时限一般为2年，个别项目若要深入研究须重新申报、评审、立项。

第九条　基金项目完成好坏将作为单位信誉指标。承担单位或个人每半年应将基金项目执行情况书面报告基金组长，年底向省科委条件处报财务决算表。基金项目中途要变更计划，承担单位或个人应事先提交报告，由基金组认可，省科委计划处盖章生效。

第十条　本细则自公布日起有效，其解释和修改由湖南省科委负责。

广东省科委科学基金项目管理办法

1992年3月9日

一、总　　则

第一条　为加强对广东省科委科学基金项目(以下简称科学基金项目)的管理，特制定本办法。

第二条　设立科学基金项目的宗旨是：贯彻国家发展科学技术的方针、政策，根据我省科学技术发展战略规划和经济建设的需要，有重点有选择地资助基础研究和应用基础研究课题，以便发现和培养人才，增加科学技术储备，促进我省科学技术进步与社会经济发展。

第三条　科学基金项目的经费，从省科技三项经费中划出一定额度安排，并争取专项解决。

第四条　省科委组织有关学科领域的专家和管理人员制定项目指南，并对课题的有效管理提供咨询。

第五条　成立省科委科学基金项目联合管理办公室，具体负责组织和协调本办法的实施与执行。

第六条　联合管理办公室的工作细则另定。

二、资助范围与条件

第七条　科学基金项目面向全省，凡在我省工作的科技人员均可按本办法和省科委发布的《广东省科委科学基金项目申请指南》申请资助。

第八条　科学基金项目支持以下带有基础性的研究：

1. 有重要科学价值和重大应用前景，对科技、经济和社会发展有重大作用的研究；

2. 能带动新学科、新兴技术领域与高技术产业的形成和发展的研究；

3. 针对我省自然条件、资源特点，对全省有普遍应用意义或能解决关键性科学技术问题的研究；

4. 符合我省科技发展战略方向、针对中近期规划和计划目标的探索性研究；

5. 对已进行开发的技术成果作深入机理探讨，以利于在我省进一步开发应用的研究；

6. 根据我省实际需要，促进国际科技合作与交流的研究。

第九条　科学基金项目实行保证重点、择优支持的原则。在相似条件下，对以下情况予以优先考虑：

1. 有利于高、新技术发展和新兴产业形成，对国民经济发展能直接产生重大影响的课题；

2. 在我省有明确应用前景和重大实用意义的课题；

3. 有利于促进学科间渗透、推进横向联合的课题；

4. 有利于促进教学、科研、生产相结合的课题；

5. 以往承担国家或省科委科学基金项目研究课题，完成情况好并取得重要成果的人员所申请的课题；

6. 申请者出国留学或进修两年以上归来，所申请课题在留学或进修时已开题半年以上并直接参与该研究工作。

第十条　科学基金项目立题应具备下列条件：

1. 符合科学基金项目的范围和指南的要求；

2. 作过国内外情报资料调研或检索、学术思想新颖，研究内容和目标明确具体，拟采取的研究技术路线和研究方法可行，与国内其他单位的研究不重复或有独到之处；

3. 研究实施方案计划进度合理，项目期限一般不超过3年；

4.研究工作有一定基础，申请者和合作者具有相当的研究能力，基本的实验工作条件和工作时间有可靠保证；

5.填写的《广东省科委科学基金项目申请书》（以下简称《申请书》）内容真实可信，经费预算合理。

6.科学基金项目的申请者必须是真正主持和从事所申请课题研究工作的负责人，并具有高级专业技术职务（职称），不具有高级专业技术职务（职称）的申请者，须由2名同行高级技术人员推荐。

每一申请者在同一年度内申请的和参加的省级以上课题不得多于2项。

三、申请与评审

第十一条　科学基金项目于每年第二季度接受申请（以通知时间为准），集中评审。

第十二条　申请者须认真和实事求是地填写《申请书》再交由申请者所在单位科研业务主管部门加以审查。

第十三条　申请者所在单位的科研业务主管部门，必须负责组织对《申请书》内容的真实性、申请资助的必要性、实现研究方案的可能性、经费预算的合理性以及本单位能否保证其基本工作条件和时间等进行审查，并签署具体意见，加盖公章后，列出本单位的申请课题清单，将《申请书》（一式8份），按规定集中送达省科委。

凡不符合本办法规定的要求或逾期者，不予受理。

第十四条　申请单位应将全部申请书简表内容按省科委统一制定的录入系统录入微机软盘，随《申请书》一起报送。

第十五条　省科委对受理的申请课题进行形式审查，并负责组织同行评议和专家评审，

第十六条　科学基金项目由专门成立的学科专家小组评审，各学科专家小组主要就下列内容提出意见：

1.是否同意资助及其理由；

2.建议资助金额；

3.研究内容、实施方案和计划进度等是否需要修改和补充完善等。

第十七条　经专家小组初评人围的课题，申请者须按通知规定的时间参加答辩。

第十八条　参加评议和评审的人员，对评审过程中的各种不同意见，包括本人意见，以及《申请书》的内容负有保密责任，不得外传、复制和摘录。

第十九条　根据同行的评议和评审专家小组的意见，省科委进行最终审核和综合平衡，并作出审定。审定结果将书面通知申请者所在单位，并抄送主管部门，同时予以公布。

四、实施管理

第二十条　申请者应在接到获准资助通知后2个月内与省科委签订承担课题合同。无正当理由逾期未签订合同者视为自动放弃接受资助。

第二十一条　科学基金项目的资助经费采取一次核定、按课题实施情况分期拨款的办法下达，每项资助金额一般以3万元为限。资助经费拨至获准资助者所在单位，由单位财务部门负责管理监督，按项建账，专款专用，由课题组支配。

第二十二条　资助经费使用范围按科技三项经费使用的有关规定执行。

第二十三条　课题承担者应按计划开展研究，并接受联合管理办公室和所在单位的监督。每年10月份应向联合管理办公室提交《广东省科委科学基金项目执行情况年度综合评价报告》。

第二十四条　课题承担者所在单位应负责课题实施过程中的日常管理工作，帮助解决实际困难，对研究进展情况予以检查监督，并建立课题档案；对有关人员的人事变动和研究计划、方案的重大修改须及时上报联合管理办公室审批和备案。

第二十五条　联合管理办公室每年定期组织专家和管理人员对资助课题的实施情况进行检查。

凡有以下情况者，课题承担单位应负责向省科委退还已获资助的经费：

1.课题组主要成员因出国或其他原因而使研究工作不能按合同进行；

2.不具备继续实施条件；

3.擅自停止执行或改变研究计划；

4.违反本办法规定。

如属3,4情况者，除须退还已获取的资助经费外，还要取消课题承担者下一年度申请科学基金项目的资格。联合管理办公室根据情况，对课题承担单位提出以后申请科学基金项目的意见。

五、课题验收与成果管理

第二十六条　资组课题的验收可采取结题、评议或鉴定的方式。

第二十七条　资组课题计划实施结束后，承担者须在两个月内办理结题，并向联合管理办公室提交如下完整材料：

1. 工作总结；

2.《广东省科委科学基金项目课题结题报告》；

3. 其他必要材料。

因故不能按期结题的，应提出书面报告，说明原因及所需延长的时间，联合管理办公室同意后，方可延长结题，但只能延期一次，时间一般不得超过一年。

第二十八条　资助课题研究成果申请鉴定或评议时，必须具备以下条件：

1. 理论性研究成果，其代表性论文、专著一般应公开发表一年以上或其论文在全国性（或国际性）学术会议上宣读，并获书面的肯定评价；

2. 应用性研究成果，必须经过试验或试用，取得准确、可靠的数据；

3. 反映研究成果的学术、技术资料和文件齐全；

4. 研究成果的权属无争议；

第二十九条　资助课题的评议或鉴定，可以采取通讯评议、会议鉴定或视同鉴定等方式，并视研究成果水平和质量，由联合管理办公室或其委托的单位主持。

第三十条　资助课题经过鉴定或评议后2个月内、承担单位应将下述材料报送联合管理办公室：

1. 评议或鉴定证书及有关附件；

2.《广东省科委科学基金项目成果登记表》；

3. 反映研究成果的代表性论文、专著、文件、资料等。

资助课题的研究成果及以上有关材料，将作为以后评审课题承担者继续申请科学基金资助的重要依据。

第三十一条　经评议或鉴定的研究成果，除经联合管理办公室审定需要保密的外，一般不予以公开。

有关成果奖励和专利申请等，按国家和省的有关规定办理。

省科委有权决定使用实施研究成果；由承担单位自定的成果转让或技术转移须向联合管理办公室备案。

第三十二条　凡反映研究工作成果的文章、报道、资料等，均应注明“广东省科委科学基金项目资助课题”

六、附　　则

第三十三条　本办法由省科委负责解释。

第三十四条　本办法自颁发之日起执行。

广东省科委青年科学基金项目管理办法

1992年3月9日

一、总　　则

第一条　为加强对广东省科委青年科学基金项目（以下简称青年科学基金项目）的管理，特制定本办法。

第二条　设立青年科学基金项目的宗旨是：贯彻国家发展科学技术的方针、政策，为优秀青年科技人员脱颖而出、迅速成长创造工作环境和条件；发现、培养和吸引人才，增强我省科技队伍的实力，促进我省科技进步与社会经济发展。

第三条　青年科学基金项目的经费，暂从广东省科委科学基金项目经费中划出一定的额度安排。

第四条　青年科学基金项目专用于资助年龄在35周岁以下（含35周岁）、学术思想活跃、有创新精神和开拓能力的优秀青年科技人员开展基础和应用基础研究工作。

第五条　成立省科委科学基金项目联合管理办公室，具体负责组织和协调本办法的实施与执行。

第六条　联合管理办公室的工作细则另定。

二、资助范围与条件

第七条　青年科学基金面向全省，凡在我省工作的青年科技人员（包括在职博士生、但不包括其他在读研究生）均可按本办法和省科委发布的《广东省科委科学基金项目申请指南》申请资助。

第八条　青年科学基金项目支持以下带有基础性的研究：

1. 有重要科学价值和重大应用前景，对科技、经济和社会发展有重大作用的研究；

2. 能带动新学科、新兴技术领域与高技术产业的形成和发展的研究；

3. 针对我省自然条件、资源特点，对全省有普遍应用意义或能解决关键性科学技术问题的研究；

4. 符合我省科技发展战略方向、针对中近期规划和计划目标的探索性研究；

5. 对已进行开发的技术成果作深入机理探讨，以利于在我省进一步开发应用的研究；

6. 根据我省实际需要，促进国际科技合作与交流的研究。

第九条　青年科学基金项目实行保证重点、择优支持的原则。在相似条件下，对以下情况予以优先考虑：

1. 有利于高、新技术发展和新兴产业形成，对国民经济发展能直接产生重大影响的课题；

2. 在我省有明确应用前景和重大实用意义的课题；

3. 有利于促进学科间渗透、促进横向联合的课题；

4. 有利于促进教学、科研、生产相结合的课题；

5. 以往承担国家或省科委科学基金项目研究课题，完成情况好并取得重要成果的人员所申请的项目；

6. 申请者出国留学或进修2年以上归来，所申请课题在留学或进修时已开题半年以上并直接参与该研究工作。

第十条　青年科学基金项目立题应具备下列条件：

1. 符合省科委科学基金项目的范围和指南的要求；

2. 作过国内外情报资料调研或检索，学术思想新颖，研究内容和目标明确具体，拟采取的研究技术路线和研究方法可行，与国内其他单位的研究不重复或有独到之处；

3. 研究实施方案计划进度合理，项目期限一般不超过3年；

4. 研究工作有一定基础，申请者和合作者具有相当的研究能力，基本的实验工作条件和工作时间有可靠保证；

5. 填写的《广东省科委科学基金项目申请书》（以下简称《申请书》）内容真实可信，经费预算合理；

6. 青年科学基金项目的申请者必须是真正主持和从事所申请课题研究工作的负责人。申请者如不具有中级以上（含中级及已获得博士学位）专业技术职务（职称），须由两名同行高级技术人员推荐。

每一申请者在同一年度内申请和参加的省级以上课题不得多于2项。

三、申请与评审

第十一条　青年科学基金于每年第二季度接受申请（以通知时间为准），集中评审。

第十二条　申请青年科学基金项目的课题负责人年龄不得超过35周岁，课题组中不超过35周岁的成员应占整个课题组成员的2/3以上。

第十三条　凡符合青年科学基金项目课题承担者年龄、职称或学历要求，具备相应研究能力的出国留学人员，如能确保在广东完成课题研究所需要的时间，可按本办法申请承担青年科学基金项目的研究。

第十四条　申请者须认真和实事求是地填写《申请书》，交所在单位科研业务主管部门加以审查。

第十五条　申请者所在单位的科研业务主管部门，必须负责组织对《申请书》内容的真实性、申请资助的必要性、实现研究方案的可能性、经费预算的合理性以及本单位能否保证其基本工作条件和时间等进行审查，并签署具体意见，加盖公章后，列出本单位的申请课题清单，将《申请书》（一式8份），按规定集中送达省科委。

凡不符合本办法规定的要求或逾期者不予受理。

第十六条　申请单位应将全部申请书简表内容按省科委统一制定的录入系统录入微机软盘，随《申请书》一起报送省科委。

第十七条　省科委对受理的申请课题进行形式审查，并组织同行评议和专家评审。

第十八条　青年科学基金项目由专门成立的学科专家小组评审，各学科专家小组就下列主要内容提出意见：

1. 是否同意资助及其理由；

2. 建议资助金额；

3.研究内容、实施方案和计划进度等是否需要修改和补充完善等。

第十九条　经专家小组初评入围的课题，申请者应按通知规定的时间参加答辩。

第二十条　参加评议和评审的人员，对评审过程中的各种不同意见，包括本人意见，以及《申请书》的内容负有保密责任，不得外传、复制和摘录。

第二十一条　根据同行的评议和评审专家小组的意见，省科委进行最终审核和综合平衡，并作出审定，审定结果将书面通知申请者所在单位，并抄送主管部门，同时予以公布。

四、实施管理

第二十二条　申请者应在接到获准资助通知后2个月内与省科委签订承担课题合同，无正当理由逾期未签订合同者视为自动放弃接受资助。

第二十三条　青年科学基金项目的资助经费，采取一次核定、按课题实施情况分期拨款的办法下达，每项资助金额一般以3万元为限。资助经费拨至获准资助者所在单位，由单位财务部门负责管理监督，按项建帐，专款专用，由课题组支配。

第二十四条　资助经费使用范围按科技三项经费使用的有关规定执行。

第二十五条　课题承担者应按计划开展研究，接受联合管理办公室和所在单位的监督。并于每年10月份向联合管理办公室提交《广东省科委科学基金项目执行情况年度综合评价报告》。

第二十六条　课题承担者所在单位应负责课题实施过程中的日常管理工作，帮助解决实际困难，对研究进展情况予以检查监督，并建立课题档案；对有关人员的人事变动和研究计划、方案的重大修改须及时上报联合管理办公室审批和备案。

第二十七条　联合管理办公室每年定期组织专家和管理人员对资助课题的实施情况进行检查。

凡有以下情况者，课题承担单位应负责向省科委退还已获资助的经费：

1. 课题组主要成员因出国或其他原因而使研究工作不能按合同进行；

2. 不具备继续实施条件；

3. 擅自停止执行或改变研究计划；

4. 违反本办法规定。

如属3,4情况者，除须退还已获取的资助经费外，还要取消课题承担者下一年度申请科学基金项目的资格。联合管理办公室根据情况，对课题承担单位提出以后申请科学基金项目的意见。

五、课题验收与成果管理

第二十八条　资助课题的验收可采取结题、评议或鉴定的方式。

第二十九条　资助课题计划实施结束后，承担者须在2个月内办理结题，并向联合管理办公室提交如下完整材料：

1. 工作总结；

2.《广东省科委科学基金项目课题结题报告》；

3. 其他必要的材料。

因故不能按期结题的，应提出书面报告，说明原因及所需延长的时间，联合管理办公室同意后，方可延长结题，但只能延期一次，时间一般不得超过一年。

第三十条　资助课题研究成果申请鉴定或评议时，必须具备以下条件：

1. 理论性研究成果，其代表性论文、专著一般应公开发表一年以上或其论文在全国性（或国际性）学术会议上宣读，并获书面的肯定评价；

2. 应用性研究成果，必须经过试验或试用，取得准确、可靠的数据；

3. 反映研究成果的学术、技术资料和文件齐全；

4. 研究成果的权属无争议。

第三十一条　资助课题的评议或鉴定，可以采取通讯评议、会议鉴定或视同鉴定等方式，并视研究成果水平和质量，由联合管理办公室或其委托的单位主持。

第三十二条　资助课题经过鉴定或评议后2个月内，承担单位应将下述材料报送联合管理办公室：

1. 评议或鉴定证书及有关附件；

2.《广东省科委科学基金项目成果登记表》；

3. 反映研究成果的代表性论文、专著、文件、资料等。

资助课题的研究成果及以上有关材料，将作为以后评审课题承担者继续申请科学基金资助的重要依据。

第三十三条 经评议或鉴定的研究成果，除经联合管理办公室审定需要保密的外，一般予以公开。

有关成果奖励和专利申请等，按国家和省的有关规定办理。

省科委有权决定使用实施研究成果；由承担单位自定的成果转让或技术转移须向联合管理办公室备案。

第三十四条 凡反映研究工作成果的文章、报道、资料等，均应注明“广东省科委青年科学基金项目资助课题”

六、附 则

第三十五条 本办法由广东省科委负责解释。自颁发之日起执行。

四川省青年科技基金管理试行办法

1992年6月

为解决日趋严重的高级科技人才断层问题，培养我省跨世纪的科技骨干和学科带头人，使更多的优秀青年科技人才脱颖而出，推动我省科技事业的蓬勃发展，决定设立四川省青年科技基金(以下简称“基金”)。为充分发挥基金支持和造就青年科技人才的作用，特制定本办法。

一、总 则

第一条 设立基金的宗旨是解决高级科技人才断层问题，为我省培养和造就一批跨世纪的科技骨干和学科带头人。

第二条 基金以项目形式支持和培养青年科技人才。为有利于选拔、造就人才，基金资助项目坚持公正平等、鼓励竞争、择优支持的原则。鼓励不同学科、不同单位之间青年科技人才的合作研究，提倡我省与国外青年科技人才的合作研究。

第三条 为定向培养青年科技人才，对基金资助对象建立人才档案，实行动态管理。对项目完成好、学术水平高的资助对象优先予以连续支持。

第四条 设立四川省青年科技基金专家委员会，负责基金资助项目的咨询评审，专家委员会章程另定。

第五条 基金的经费来源包括：

1. 每年从省科委掌握的科技三项费中划拨适当额度经费；

2. 社会各界的企事业单位、社会团体和个人捐赠的经费；

3. 外国政府、社会团体或个人捐赠的经费；

4. 港澳台同胞、海外华侨社团或个人捐赠的经费；

5. 其他经费。

个人捐赠经费人民币10 000元以上，企事业单位和社会团体捐赠经费50 000元以上，由省科委颁发荣誉证书，个人捐赠50 000元以上，企事业单位和社会团体捐赠100 000元以上，经省科委批准，可聘捐赠人或捐赠单位的法人代表为基金专家委员会特邀顾问。

二、资助范围和条件

第六条 基金主要资助我省农业科学、生物科学、信息科学、材料科学、医药卫生科学、工程科学、能源科学、化工化学等领域的应用基础研究项目。资助范围不包括哲学、社会科学和软科学。

第七条 基金资助对象是：省内在自然科学领域工作的，具有开拓创新精神、有实际主持和从事项目研究工作经验、大学毕业（含同等学历）以上，年龄在35周岁（含35周岁）以下的青年科技工作者（连续支持的资助对象不受35周岁年龄限制）。重点资助硕士、博士和博士后学位获得者。

第八条 基金资助项目应具备以下条件：

1. 符合四川省中、近期经济、科技和社会发展需要，在我省有科研优势或资源优势，有重要应用前景；

2. 立论根据充分，学术思想新颖，研究内容和目标明确、具体，研究路线合理，研究方案可行；

3. 具备必要的研究基础和条件；

4. 经费预算合理。

第九条　基金优先资助有重要应用前景，可望在近期取得预期成果的项目。

三、申请和列项

第十条　省科委组织青年科技基金专家委员会拟定基金项目选题指南及计划资助各学科的比例，每年6月底前发布下一年度基金项目选题指南，指导基金项目的申报。

第十一条　每年9月1日至10月31日为下一年度基金项目申报时间。省科委工业处、农村处和社会发展处分别受理工业、农业、社会发展方面的项目申请。

第十二条　申请基金资助者至少由两名高级同行专家推荐，填写《四川省青年科技基金项目申请书》一式6份，经所在单位签署意见后报主管部门审查，由主管部门统一报送省科委。推荐者应对申请者素质和研究能力、课题意义、研究条件、方案的先进性和可行性提出明确具体的意见并签名。申请者所在单位应就申请书的真实性、研究计划的可行性、经费预算的合理性和研究时间、条件保证明确签署意见并加盖公章。

第十三条　省科委有关处对申请项目初审后，提交专家委员会评审，通过评审的项目经省科委综合平衡审定后通知项目申请人所在单位。

第十四条　申请人所在单位应于接通知后两周内与省科委签订项目合同，签订合同的项目即正式列入四川省青年科技基金项目年度计划并下达经费，逾期不签订合同视为自动放弃。

四、管理和验收

第十五条　列入年度计划的项目经费按审定金额一次下达，由受资助者单位财务部门监督管理，单独建账，并严格按科技三项费管理规定开支，任何单位和个人不得以任何名义截留或挪用，项目经费不得用于工资、福利和奖金，也不得用于购置交通工具、照像器材、声像设备及其他与项目研究无直接关系的开支。项目完成后结余经费经省科委同意，可用作受资助者继续进行科研工作使用。

第十六条　受资助者应在每年11月底提出研究进展及经费使用情况的书面报告，经所在单位审查后报送省科委。项目执行中有重大发现或突破，应随时报省科委。

第十七条　省科委定期组织对资助项目执行情况和经费使用情况的检查，对不遵守项目管理规定或严重违反财务制度者提出劝告、批评，直至撤销项目，追回资助经费。

第十八条　因各种原因需变更主研人员或中止项目执行，由受资助者与所在单位提出书面报告，经省科委批准后方可生效。

第十九条　项目完成后，受资助者及所在单位应提交工作总结、技术报告及财务决算报表，经省科委审批同意后，由省科委组织或委托有关主管部门组织评审或鉴定。评审鉴定及申报奖励按国家和省的有关规定执行。

五、其　他

第二十一条　凡基金资助项目发表的论文，均须注明“四川省青年科技基金资助”字样，转让成果须报省科委备案。

第二十二条　本办法解释权属四川省科委，自发布之日起试行。

云南省科委应用基础研究基金管理暂行办法

1991年3月修订

第一章　总　　则

第一条　为加强我省应用基础研究工作，提高科研水平，发现和培养人才，增强科技实力和保持后劲，决定从1989年起设置云南省应用研究基金（以下简称“基金”）并建立云南省科委应用基础研究基金委员会（以下简称“基金会”）。基金会在省科委领导下负责该项基金的管理和使用。为管好、用好资金，特制定本办法。

第二条　资金来源。省人民政府（1988）152号文件确定，每年由省财政拨给专款100万元，省科委从三项费用中安排100万元，共计200万元。今后将逐年有所增加。同时，接受社会团体和个人捐赠。

第三条　该项基金由省科委掌握，单列帐户、专款专用。主要用于支持我省有一定学术水平、有重要应用前景的应用基础研究项目。为我省科技发展和优势资源开发利用提供科学依据、技术储备和培养人才，使我省经济发展保持有可靠后劲，并通过“基金”资助，引导我省应用基础研究的方向。

第二章　组织机构

第四条　基金委员会的组成。基金委员会由省科委聘请（21—25名）兼职委员组成，设主任（1人），由省科委主任兼任，副主任（4人），秘书长（1人），委员（15—19人）实行任欺聘任制，委员由厅局、大专院校、科研院所的主管部门提名推荐学术水平较高、知识面广、办事公道的专家、学者和科技管理工作者人选，由省科委聘任产生。每届任期2年，换届时上届委员至少轮换1/3。

第五条　基金会对省科委负责。其主要职责是：①根据不同时期的科研任务及重点，制定发布《基金项目指南》，指导基金资助方向；②主持评审和审批基金项目及资助经费；③对基金资助项目进行检查督促、协调指导、促进项目实施；④主持基金资助项目研究成果的验收鉴定和推荐优秀成果；⑤组织有关学术交流活动；⑥其他有关工作。

第六条　基金会下设办公室；挂靠在省科委计划处，负责办理具体业务工作：①受理及筛选基金项目申请；②组织专家对申请项目进行论证评审；③办理经批准资助项目的有关手续以及协调项目的管理实施；④对重点项目进行跟踪管理；⑤负责整理编制基金资助项目计划及成果的汇编；⑥基金会交办的其他工作。

第三章　资助范围

第七条　该项基金面向全省。实行自愿申请、分项论证、专家评审、择优支持、保证重点、照顾一般的原则。凡我省各地区、各部门、各高等院校、科研院所和中央驻滇研究单位，广大科技工作者在省内有条件进行符合上述要求的科研项目而经费不足的均可按本办法和基金《项目指南》要求，提出研究项目向省科委基金会申请资助。

第八条　“基金”主要资助我省自然科学领域有优势和有重要应用前景的应用基础研究项目及少数学术水平较高、意义重大、具有特色的基础性研究项目。

第九条　基金择优支持下列研究项目：

1.具有重要科学意义和技术创新，能开拓高新技术，推动新产业形成和发展的项目；

2.有广阔的应用前景，有助于发挥我省自然资源优势和潜力的，对我省经济社会发展有重要影响的项目；

3. 学术上有独特见解、近期可能有重要突破，研究水平较高、在国内外有较大影响的探索性研究项目；

4.根据我省四化建设需要，有助于促进国际科技合作交流的项目；

第十条　申请资助的项目，应具备以下条件：

1. 学术思想新颖、立论充分，研究内容、方法和技术路线先进并切实可行。

2. 研究目标明确，方案可靠，有重要的科学意义或广阔的应用前景。

3.有一定的研究工作基础和实验装备等条件，具备深入开展研究的实力，并能在三四年内取得预期成果或结果。

4. 经费预算切实。

第十一条　为有利于发现培养人才，促进边远地区科技事业发展，边远地区科技工作者，针对当地优势，提出的有特点的研究项目，在相似条件下，给予优先考虑。并鼓励和支持跨地区、跨部门、跨学科协作研究。

第十二条　为鼓励和支持青年科技人员发挥聪明才智，在科学研究领域中勇于探索创新，在科研实践中锻炼培养人才，使青年科研人才尽快脱颖而出，从1991年起，每年由本项基金中划出10%左右的经费安排35岁以下取得中级以上职称或硕士以上学位的青年科研工作者申请的、符合基金资助范围的研究项目。

青年基金项目，除与自由申请项目相同外，拟采取同行专家评议论证，申请者当面答辩的方式审定资助。

第十三条　本基金属于资助性质，实行限额资助。资助经费多少，主要以研究项目的意义和研究工作任务而定，每个项目资助金额以3万元为上限，超过限额的申请一般不予受理。意义特别重大申请金额超过3万元的少数项目另行专题评审。

第四章　申请及审评

第十四条　基金项目申请。由申请者按规定格式填写《云南省应用基础研究基金项目申请书》和基金申请简表。经所在单位学术组织评议和领导签署意见，并经主管单位或地、州、市科委对资助的必要性，申请书内容真实性，研究方案的可行性及能否保证研究工作基本条件等进行审查，签署具体意见，加盖公章后一式5份报省科委基金办公室。

第十五条　基金项目的申请者应具有主持该项研究工作能力，并具有高、中级以上专业技术职务或职称，同时必须是亲自参加该项研究的负责人。具备上述条件的中职技术人员的申请者应有两名同行高级科技人员推荐；在边远地区，也可由两名以上中级科技人员或由地州科委负责推荐。

第十六条　项目申请者，不得同时主持两个项目的研究工作。应在完成已批准资助的研究项目后，才能再申请新项目。在确保主持项目按期完成的前提下，参与其他研究的项目最多不超过两项。

第十七条　基金项目申请书，由省科委基金办公室受理。采取限期接受申请、定期评审、分批实施的方法，一般每年评审一次。3月初前接受申请（受理申请前，另发通知），6月30日前审批完毕。

第十八条　基金项目审评，由基金会聘请学术造诣较深、办事公道的有关学科专家、学者和管理工作者组成的评审组在基金委员的主持下评审，按择优支持、公正合理的原则经过初评、复审，由各学科评审专家组选定，提出受资助项目及分项资助经费，由基金办公室进行综合平衡，适当调整，提交基金委员会审定，编列计划，报省科委批准后下达执行。参与评审的人员对评审项目的研究内容、方法、技术路线以及专家对项目评审的意见负责保密。

第五章　项目及经费管理

第十九条　获准基金资助的项目，除重大项目由基金会进行跟踪管理外，其余视同省厅、局或地、州、市重点项目，由主管厅（局）科技管理部门或地、州、市科委负责管理，并纳入本地区本部门的科研计划，组织实施。所在单位应积极为课题组研究工作提供必要条件，在人力、时间和设备条件等方面给予保证。

第二十条　基金项目负责人，应经常向所在单位领导报告研究工作进展情况，及时反映存在问题。定期每年6月30日前报送半年进度报表，12月30日前书面向省科委和主管部门报送年度进展情况。研究项目完成后，报送研究总结和完整的成果（结果）鉴定资料。

第二十一条　批准资助的经费，采取一次核定，视研究工作进展情况和需要分期拨款的办法，由省科委通过主管厅（局）或地、州、市科委拨到申请者所在单位，由所在单位财务监督使用，单独列帐核算，在财务制度规定和课题计划开支范围内，由课题负责人支配使用，主管厅局不得提取管理费；所在单位提取的管理费不得超过5%。

第二十二条　资助的项目经费只能用于该项研究直接需要的开支。不得用于购买贵重仪器、设备，更不能用于土建，也不含出国访问和接待来访费用。要节约开支，尽可能利用已有设备、条件。用于添置部分必须的小型仪器、设备的费用不得超过资助总额的三分之一。

第二十三条　用基金项目费购买的耐用仪器设备，应造册登记。课题结束后应由单位科技主管部门清理回收，统一安排使用，避免无人管理随意处理或闲置损坏。

第二十四条　资助的项目经费，根据项目的延续情况，可以跨年度结转使用，但必须专款专用，不得挪用。若因挪用或乱支乱用致使项目无法进行者，除追回全部已拨款项，取消资助外，并在2年以内不得再申请新项目。

第二十五条　基金资助项目应按时完成进度要求，按期结题，写出研究工作总结报告，以及完整的研究成果（或结果）的技术文件资料等。填写结题报告书，经主管部门审查同意后，报基金办公室结题验收鉴定。若因故不能按期结题的，应向主管部门报告，说明原因及延缓结题的期限，经主管部门（科研处）同意后，方可延期结题，并报基金办备案。但只能延期一次，时间一般不超过半年。

第二十六条　由于特殊原因（如课题主持人发生工作调动，外出学习、进修或健康状况等），不能继续该项研究工作需要中断研究项目的，应及时向基金办报告，申请中断该项目。经同意后，应清理帐目，做出结算，经基金办审查同意后，交回余款，与课题无关的开支，一律不得列入。若无正当原因长期拖延乃至中断研究的，要追回全部资助经费。

第二十七条　课题结束，应及时作出经费结算。鼓励精打细算节约开支，研究工作完成后结余的经费可提取 20—30%奖给课题组，其余留单位作科技发展基金优先补助和安排该课题组其他研究项目。

第六章　成果及其他

第二十八条　基金资助项目研究的成果，由省科委主持或委托主管厅（局）、地、州、市科委主持验收或鉴定，成果由基金会与项目完成单位共享。成果奖励、技术转让、专利申请和实施等，按国家和我省科研成果管理的有关规定办理。

第二十九条　基金资助项目的研究成果、发表论文、著作等必须在封面或文稿左角注明“云南省应用基础基金资助项目”。成果（或专利）转让必须经基金会同意，并提取 20%转让费，用作基金的补充来源。基金办定期将资助项目的研究成果汇编成册，印发各地、各部门参考。

第七章　附　　则

本《办法》是在 1989 年 5 月公布实行的《管理暂行办法》基础上，根据工作需要，并听取了有关部门和专家的意见，在公布前作了必要的补充修订。于 1991 年 3 月公布实行，由省科委负责解释。办法规定的条文，以此件为准。执行中若有未尽事宜由省科委负责修改、补充。

应用基础研究基金项目申请书和基金申请简表以及定期简报表等格式，由省科委基金会制定，印发各厅（局）、各高等院校、科研院所和各地、州、市科委。各科研单位可就近索取，翻印使用。

陕西省自然科学研究项目资助经费管理办法

1991 年 9 月 2 日

根据《中共中央关于科学技术体制改革的决定》中关于“合理部属科学研究的纵深配置，以确保经济和科学技术发展的后劲”及“对基础研究和部分应用研究工作，逐步试行科学基金制”的决定，为了使我省基础研究工作稳定持续地发展，增添我省经济和科学技术发展的后劲，省政府决定每年由财政专门拿出一定数额研究项目的经费用于资助自然科学研究工作，并成立陕西省自然科学研究项目经费资助领导小组、办公室和学科专家评审组，拟定《陕西省自然科学项目资助经费管理办法》（试行）具体条款如下：

一、资助范围和原则

（一）陕西省自然科学研究项目资助经费主要用于资助自然科学基础研究和应用研究（应用研究中的基础工作），面向全省科技工作者，符合资助范围而又缺乏经费的研究工作均可按规定提出申请。

（二）省自然科学研究项目资助经费采取个人申请、同行评议和专家评审组审定的办法，本着“依靠专家，发扬民主，择优支持，公正合理”的审评原则，择优支持具备下列条件的研究项目：

1. 有重要的科学意义和应用价值，特别是结合我省经济建设和社会发展需要的基础性研究项目；

2. 学术思想新颖，立论根据充足，研究技术路线可行；

3. 研究内容和目标明确具体，同国内其他单位的研究内容不重复或有独到之处，三五年内可望取得成果；

4. 申请者和合作者具备相应的研究能力，研究工作有一定基础；

5. 已具有一定的工作条件，经费预算实事求是。

二、评审组织和办事机构

（三）为了承办自然科学研究项目资助评审的有关事宜，由主管科技工作的领导和学术上有造诣的科技工作者 7 人组成陕西省自然科学研究项目经费资助评审领导小组，聘请有关方面专家组成若干学科专家评审组，每年根据需要，对项目进行评审。

陕西省自然科学研究项目资助评审领导小组下设办公室（挂靠在省科委）负责处理日常工作。

三、申请和评审

（四）自然科学研究项目资助经费实行随时申请、定期评审的办法，每年集中审批一次。

（五）申请自然科学项目资助经费，要填写《陕西省自然科学研究项目经费申请书》，经所在单位学术委员会和行政领导按本办法的要求，对申请资助的必要性、申请书内容的真实性、实现研究方案的可能性、经费概算的合理性、单位能否保证其工作条件等提出具体初审意见，加盖公章，并经各地市科委、省级各有关部门审查上报。

（六）自然科学研究项目资助经费的申请者必须是具有中级、高级技术职称的科技人员。申请者必须是真正主持研究工作的课题负责人，不得由不参加研究工作的人员挂名。每一申请者或主要合作者同时申请和参加的项目不得多于两项。

（七）对有突出贡献的专家申请的自然科学研究资助项目，在同等条件下，给予优先考虑。

（八）为了培养青年学科带头人，由资助经费中划出一部分专门资助40岁以下的优秀科技人员的研究项目，在相似条件下，对其申请的项目，优先予以考虑，须有两位高级职称的专家推荐。

（九）《陕西省自然科学研究项目经费资助申请书》由陕西省自然科学研究项目经费资助评审领导小组办公室统一管理，初步筛选后，组织学科专家评审组进行审定后报陕西省科委审批。

（十）申请自然科学研究项目资助经费的项目，经评审同意后，将正式通知申请者及其所在单位，批准项目列入第二年陕西省科学技术研究项目计划。

四、经费和器材

（十一）陕西省自然科学研究项目资助经费主要来自省财政拨款，由省科委每年从科技三项费中划拨一定额度的经费，以及有关方面的赞助和捐赠。

（十二）自然科学研究项目资助经费实行单位监督保证下的申请者负责制，获准资助经费拨至课题承担者所在单位，专款专用，由该单位财务部门管理监督。在财政制度规定的范围内，课题承担者有权按照研究工作计划及批准的预算支配经费的使用。

（十三）资助经费的申请和使用要精打细算，力求节约，充分利用所在单位现有仪器设备及其他物质条件。开支范围限于该课题直接需要的仪器设备、实验材料及必要的旅差、购买资料费。出国考察及通用仪器设备等支出不得列入。

资助经费为一次性分期资助，一般不再补拨。

（十四）资助项目的研究工作全部完成后，课题承担者应将固定资产及剩余器材造册报陕西省自然科学研究项目经费资助评审领导小组办公室。单价5 000元以上的仪器设备，领导小组办公室有权根据需要调出，支持其他研究课题，其他一般器材无偿移交所在单位使用。

五、监督检查

（十五）资助项目承担者所在单位，应将该项目纳入本单位的科学研究计划，加强领导和监督检查，同时在人力、物力等条件上给予积极支持。项目承担者在研究工作过程中如发生工作调动及其他不能继续开展工作的情况，申请者或所在单位应采取有效措施保证研究工作按计划进行，或向自然研究项目经费资助领导小组办公室及时呈报，申请中止。

（十六）资助项目的承担者应于每年年底提出本年度工作总结和下阶段工作实施方案。各项报告均应包括经费使用和器材购置情况，并由所在单位签署意见。

（十七）陕西省自然科学研究项目资助经费评审领导小组及其办公室必要时将组织有关人员对资助项目研究情况和资助使用情况进行检查，如发现有资助不当或已从其他渠道得到足够资金、研究工作不具备进行下去的条件等情况，将停止资助。对于弄虚作假和挪用经费等行为将撤销资助，并视情节追回经费，追究责任。

（十八）项目研究工作结束后，应认真进行总结，整理出完整的数据、图纸及资料，写出研究报告、学术论文和工作总结，经所在单位签署意见后报陕西省自然科学研究项目经费资助评审领导小组办公室。

（十九）课题完成后，有关研究成果的鉴定、奖励、转让和专利申请，按国家有关规定办理。

六、其　他

（二十）陕西省自然科学研究项目资助经费申请书格式随同本办法发至陕西省各厅、局、各地市科委、高等院校、研究单位。

(二十一)凡使用本资助经费完成的课题,在发表论文成果或有关报道时,均应署明“系陕西省自然科学研究项目资助课题”。

(二十二)本办法自公布之日起实行。

甘肃省自然科学基金暂行管理办法

1992年11月10日

为了加强甘肃省自然科学基金管理,提高基金使用效益,促进我省基础性研究全面发展,特制定本办法。

第一章 总 则

第一条 根据中共甘肃省委、省人民政府省委发1985(45)号文件,设立甘肃省自然科学基金(以下简称基金)。

第二条 基金用于资助对甘肃省科技、经济、社会发展有重大应用前景的基础研究和应用基础研究。

第三条 基金面向全省,凡地处甘肃省的科研单位、大专院校和其他从事基础性研究的科研工作者均可按本办法申请资助。

第四条 基金项目立项坚持平等竞争,择优资助的原则。

第五条 基金优先资助以下方面科研项目:

1. 对我省科技、经济、社会发展有重大应用前景的、能对科技进步产生重大影响或预期能取得重大经济效益的科研项目;

2. 针对我省自然条件和自然资源开发利用进行的探索性研究项目;

3. 符合我省科技发展战略方针、规划和计划目标的探索性研究项目;

4. 对已开发的技术成果作理论方面深入研究的项目;

5. 对我省科技界学术带头人和优秀中青年专家所申请的项目;

6. 已开展国际合作的科技项目。

第二章 基金的来源和使用

第六条 甘肃省自然科学基金来源有:

1. 每年从省拨科技三项费中提取5—10%;

2. 每年从省级拨科研单位削减的科学事业费中提取10%;

3. 省财政专项拨款;

4. 各部门、各社会团体和个人捐赠。

第七条 基金项目经费属资助经费,各基金项目承担者应充分利用本单位设备仪器和本地区协作条件,使用资助经费必须精打细算、节约开支、专款专用,使用范围限于研究工作直接需要的费用:

1. 科研业务费:实验用动植物购置和种植、养殖费,计算、测试、分析费(使用本单位仪器设备只交消耗费),本项目必需的国内调研和学术会议费,业务资料、报告、论文印刷费,经单位有关部门批准的临时用工劳务费。

2. 实验材料费:原材料、试剂、药品等消耗性物品购置费,标本样品采集加工费、运杂包装费。

3. 仪器设备费:2万元以下的专用仪器设备购置费,运杂包装费和安装费,自制专用仪器设备的材料、配件和外协加工费。但交通运输设备、声像录放设备、复制打印设备、空调冷藏设备、办公设备等费用不得列入。如特殊需要,应说明情况,报省科委综合计划处审查同意。

4. 实验室改装费:根据资助项目研究工作需要,改善实验室条件所进行的简单装修费。土建、房屋维修、实验室扩建等费用,不得列入。

5. 协作费:指外单位协作者承担资助项目研究试验工作所需要的经费。

6. 管理费:资助项目所在单位,应为资助项目的研究工作提供良好服务。经费全部自立的科研单位和高等院校,每个项目提取管理费不得超过资助金额的5%,最高金额不得超过1千元,用于冲抵项目应分摊的水、暖、电、气、交通等费用,已提取管理费的项目不得再进行分摊公用费。

7. 资助项目完成前资助经费不得用于职工工资、福利和奖励。也不得用于与完成该项目无直接关系的开支。

第三章 基金项目的申报和评审

第八条 基金项目的申请者应具有完成项目

的基本素质，为使保证研究工作快出成果，原则上一个人只能申请一个基金项目，过去已承担基金项目尚未结束者，原则上不得申请。对具有较强研究队伍的学科学术带头人可适当放宽。

第九条　申请基金项目单位应支持基金项目，一般应有项目总经费20%以上的自筹资金。

第十条　基金项目申请者必须填写《甘肃省自然科学基金申请书》并摘要填写《甘肃省自然科学基金项目同行评议表》有关项目，基金项目申请者可按行政隶属关系，报所在部门或单位科技管理部门按本办法进行初审。

初审的内容是：申请书内容的真实性，经费概算是否合理，单位自筹是否落实，能否保证其工作条件等。

第十一条　初审选定项目，由省直厅局科技处、地州市科委（科技处）、大专院校及中央在甘肃省科研单位科研处汇总上报，上报资料如下：

1. 申报项目的文件或介绍信；

2. 甘肃省《年度自然科学基金项目申报表》（一式2份），按申请项目所属学科组分别汇总上报；

3.经审定并签署意见的《甘肃省自然科学基金申请书》（一式4份）及《甘肃省自然科学基金项目同行评议表》（一式3份），每个项目装一个材料袋，并在材料袋正面右上边依次标明序号、学科组代码；项目名称、性质；申请者姓名、职称、工作单位。

4. 按规定缴纳基金项目评审费。

第十二条　甘肃省科委受理基金项目后，由综合计划处组织同行专家评议，同行评议内容见附件三，每一个项目可以做为评审依据的同行评议意见不少于3份。

第十三条　组织甘肃省自然科学基金评审委员会评定。该委员会分学科组依据同行专家评议意见进行项目审查，一人主审、学科组复议，确定资助项目、资助金额，提交该委员会联组会综合平衡，评议定案。

评审中严格执行回避制度，评委不得参加本人项目的评审。

第四章　基金项目的管理

第十四条　基金项目评定后，纳入全省科技计划下达实施，同时将评审委员会意见通知基金申请者所在单位，由基金申请者根据评审意见修订、完善研究方案，填写《甘肃省自然科学基金项目任务书》，报省科委综合计划处审定。

第十五条　基金项目经费拨至基金申请者所在单位，由基金项目申请者按规定使用，由所在单位监督。

第十六条　基金申请者所在单位科技管理部门要加强管理，建立项目档案，定期检查总结，每年年终半月前向省科委综合计划处提交基金项目进度及经费使用情况报告，不按时提交报告，不得申请新的项目。

第十七条　省科委计划处应加强对基金项目管理和对经费使用监督。因各种原因需要对项目计划作重要调整、变更或中止者，应提出专门报告，经省科委综合计划处批准后生效；中止项目的剩余经费应退回省科委；对不遵守规定，擅自挪用基金者，除按违反财务制度处理外，立即撤销项目，追回全部所拨经费，并取消基金项目承担者申请资格。

第五章　基金项目的成果管理

第十八条　基金项目完成后要及时组织鉴定或结题。

1. 基金项目的鉴定：基金项目取得的成果，由基金项目承担者提出申请，填写《科学技术成果鉴定申请书》及经费预算（各一式3份），报所在单位科技管理部门和主管部门审核同意，报省科委综合计划处审批，由省科委综合计划处（或委托指定单位）主持鉴定，并办理鉴定证书。鉴定时应提交工作总结、研究报告、财务决算报告，必要时提供检测报告、用户使用情况证明，取得国内领先以上水平的研究成果应提交国家认可的19个文献情报部门的新颖性检索报告。

2. 基金项目的结题：基金项目取得的成果，已得到国内外专家承认（如论文或著作已在国内外一、二级刊物上发表或正式出版），且不需要进行成果鉴定的项目，由基金项目承担者提出申请，填写《基金项目结题申请书》，并提交已发表的专著、论文原件、经费决算（各一式3份），报所在单位科技管理部门和主管部门审核同意报省科委综合计划处审批。

3. 基金项目的结束：已确认失败的基金项目，由基金项目承担者提出申请和工作总结报告，所在单位财务部门做出经费决算，经所在单位审核，报省科委综合计划处核准，并交回剩余经费。

第十九条　甘肃省自然科学基金项目所发表的专著、论文和学术报告封面必须标有《甘肃省自然科学基金资助》字样。甘肃省自然科学基金项目成果由省科委和承担者所在单位共有，向外单位转让时应经省科委同意。

第六章　附　　则

第二十条　本办法自颁布之日起生效；解释权归甘肃省科委。

甘肃省中青年科技研究基金管理暂行办法

1990年2月17日

《甘肃省中青年科技研究基金》是中共甘肃省委组织部和省科委于1988年2月决定建立的。迄今已有一批中青年科技工作者得到资助，取得了积极效果。为加强科技基金管理工作，进一步调动中青年知识分子的积极性，根据甘科发（1988）017号文"关于建立《甘肃省中青年科技研究基金》的决定"精神，结合两年来的工作实践，特制订本办法。

一、资助范围

第一条　省中青年科技研究基金重点资助我省在国外学习或工作过的回国人员，特别是取得学位或研究成果的人员。

在地、县，尤其是在少数民族地区和边远地区工作的中青年知识分子。

在工作中取得一定成就，有创新精神和潜在发展优势，有可能成为学术带头人的中青年知识分子。

受资助者须有独立科研能力，学风正派，在自然科学领域工作。

第二条　资助项目必须和我省经济、社会发展紧密结合；与申请者所从事的专业相一致；优先资助具有明显经济效益和社会效益的项目。

申请项目可以是基础研究、应用研究和开发研究性质。

二、经费来源

第三条　从1990年起，省科委每年从省科技三项费中划出30万元，作为中青年科技研究基金的基础资金，力争以后逐年有所增加。

第四条　申请者所在单位、主管部门应给予一定额度的匹配资助。

三、申报程序

第五条　申请者年末提出次年度中青年科技基金项目，填写《甘肃省中青年科技研究基金申请书》，经同行专家推荐，所在单位和主管部门审查后，报省科委统一汇总。

第六条　回国人员申请基金项目时可附上在国外获得学位的证明，研究成果的有关材料或指导专家的推荐意见。

申报国家基金项目仅因经费原因未获得资助的，可附上有关证明材料，以便在评审时优先考虑。

四、评审办法

第七条　申请项目由省科委汇总后，会同省委组织部进行初步审查，并按科研性质进行分类处理。

第八条　应用研究和开发研究项目由省科委和省委组织部共同审批，基础研究（包括应用基础研究）委托省自然科学评审委员会集中审批。

第九条　资助项目确定后，纳入全省科技计划下达实施。

五、计划管理

第十条　省中青年科技研究基金由省科委和省委组织部共同管理，省科委具体组织实施。每年年中（7月30日前）和年末（12月31日前）由受资助者向省委组织部、省科委提交阶段工作报告。

第十一条　项目到期后，由承担者向省科委提出鉴定验收报告，并抄报省委组织部。由省科委会同省委组织部共同组织鉴定验收。

第十二条　中青年基金项目一般实行一次性资助。申请者所在单位要提供必要的科研条件，切实解决存在问题，保证专款专用和经费安排上的自主权。保持课题组成员在研究期间工作的相对稳定。

第十三条　项目视进展情况可进行必要的调整、撤销或中止。具体由课题组向主管部门提出申请，省科委会同省委组织部审批后安排实施。

第十四条　开发性研究项目实行有偿资助，可视经济效益情况决定偿还的比例，原则上最低应偿还资助额度的20%，最高偿还50%，于项目完成后一年内还清。

第十五条　偿还、撤销和中止的经费继续用于中青年科技研究基金。

第十六条　中青年基金资助完成的研究成果，按国家科技成果管理的有关规定，由省科委统一管理。课题组成员可按有关规定申报专利或奖励。专业论著或论文均应注明“甘肃省中青年科技研究基金资助项目”字样。

本办法自发布之日起施行，凡于以前有关规定不符之处，以本办法为准。

河南省普通高等学校优秀中青年教师奖励基金管理办法（试行）

1990年7月

为了调动广大中青年教师在教学、科研工作方面的积极性，改善他们的工作条件，鼓励他们做出优异成绩，尽快脱颖而出，我委决定设立“河南省普通高等学校优秀中青年教师奖励基金”。为此，制定本管理办法。

一、申请对象

河南省普通高等学校从事教学或科研工作的专任教师（含双肩挑）均可申请奖励。

二、申请条件

1. 坚持四项基本原则，坚持改革开放，忠诚人民的教育事业，具有良好的道德修养。能够教书育人，为人师表，自觉服从组织安排，并能圆满完成学校规定的教师教学工作量；

2. 年龄不超过45岁，从事教学工作满3年以上；

3. 具有强烈的事业心和责任感，对教学思想、教学内容、教学方法等坚持改革、更新，能够理论联系实际，围绕提高教学质量积极开展科学研究，连续两次在教学方面受校级表彰或两年中受省级以上表彰一次；

4. 在科学研究方面，密切联系教学实际，开展科学研究，研究课题新颖，手段先进，成果突出，目前是省级以上重点科研项目的主要承担者。

三、申请办法

1. 申请者须认真填写《河南省普通高等学校优秀中青年教师奖励基金申请书》；

2. 申请者需要写出近两年的工作总结；

3. 申请的材料，须经申请者所在教研室、系和学校签署意见，并加盖公章。

四、评审办法

1. 优秀中青年教师奖每两年评选一次，各校应于评选当年6月30日前将申请材料报省教委高教一处，逾期不报按弃权论；

2. 省教委将聘请有关方面的专家和领导，组成“河南省普通高等学校优秀中青年教师奖评审委员会”，对各个申报人的材料进行审查，确定初评人选；

3. 对初评人选进行实地考察，包括到学校召开座谈会、听课、核查有关材料等；

4. 省教委将于当年9月30日前把获奖人员名单通知各高等学校。

五、奖励办法

1. 获奖者由河南省教育委员会颁发“优秀中青年教师证书”，同时颁发奖金。

2. 获奖者在评定高一级专业技术职务时，将作为重要条件予以优先考虑。

六、奖金使用办法

奖金主要用于改善获奖者的工作条件，奖金的40%可发给获奖者个人。

七、本办法自公布之日起试行

基层单位科技基金

华东师范大学自然科学基金试行条例

1992 年 9 月

第一条　为了加强我校科学技术的基础研究，应用研究及开发性研究的前期工作，进一步促进我校高级专门人才的培养，使我校科学技术的发展具有巩固的基础和足够的技术储备，从 1985 年起设立华东师范大学自然科学基金，根据 4 年来实行情况，对试行办法修订如下。

第二条　华东师范大学自然科学基金的主要来源是：

(1)由国家教委下达的科学事业费年度经费和学校创收基金的拨款；

(2)华东师范大学自然科学基金有偿项目的创收上交部分；

(3) 校内外个人和团体的捐赠。

第三条　本基金主要用以资助本校自然科学方面的基础研究、应用基础研究以及具有明显经济效益的开发性研究项目，着重资助为争取外来经费而进行的预研究项目和开发性项目，并将逐步扩大有偿使用项目的比例。

第四条　本基金主要受理本校理科各系、研究所及校办工厂科研机构的申请。其他非理科专业单位提出的理科类型研究项目，如确有较高的学术水平或经济效益，对国家科技进步和社会经济发展有重大促进作用的，也可申请资助。

第五条　本基金对下述方面的研究项目给予优先资助。

(1)有重要科学意义或重要应用前景的研究项目，以及有明确经济效益、对我国经济发展有重大作用的开发性研究项目；

(2) 学校思想新颖，立题依据充足，研究内容和目标明确、具体，一般在一二年内可望取得预期成果的项目；

(3) 带动新学科、新专业的形成与发展，以及加速本校重点学科建设的研究项目；

(4) 促进学科间渗透，开拓边缘学科、交叉学科的研究和有利于跨学科联合的研究项目；

(5) 具有还贷能力的有偿使用项目。

第六条　申请资助的项目，应具备以下基本条件：

(1) 目的意义明确，立论根据充足，研究技术路线可行；

(2) 作过国内外情况调研，研究内容与其他项目不重复或有独到之处；

(3)项目主要研究人员具备相应的基础理论知识，并具有独立研究能力，研究工作有一定积累，基本研究条件和时间有可靠保证；

(4) 经费预算切合实际，并能提供具体的计算依据。

第七条　本基金主要采取定期申请、定期评审的方法，每两年申请、评审一次。申请资助的项目一般以两年为限。但因特殊需要，也可在预留经费范围内随时审批若干项目。

第八条　由校科研处负责具体办理本基金项目的申请、管理监督和检查工作。

第九条　本基金资助的项目，按以下程序申请和评审：

(1)由科研处根据每期经费情况确定无偿使用和有偿使用，以及各单位申报数的控制额度；

(2) 申请本基金的项目负责人应先填写《华东

师范大学自然科学基金项目申请书》，经单位学术组织按照本条例要求对申请资助的必要性、申请内容的真实性、研究方案的可行性、经费预算的合理性、基本工作条件的可靠性等提出意见，并经单位的主管领导审查后，报送校科研处；

(3)经校科研处初审后，对符合资助条件的项目由校学术委员会组织有关专家进行评议，并提出评议报告。评议人员在评议中发表的意见和申请资助者提出的研究方案，各有关人员应严守秘密；

(4)校科研处根据校学术委员会专家的评议意见，对资助项目和资助经费额度进行分析研究和综合平衡，然后根据择优原则进行审定。经审定的资助项目，由校科研处下达获准通知，并正式立项。

第十条　本基金资助的经费采取一次核准、按年度拨款的办法，由校科研处统一管理，并专款专用。

第十一条　本基金使用范围：该项目所必须增添的小型专用仪器设备费（1000元以下）、试验用的材料费、专用图书资料购置费、分析测试费、印刷复制费、调研费以及必要的劳务加班费，在项目执行过程中如有特殊开支，应报校科研处核批。

第十二条　本基金的款项不得用于土建费，辅助人员工资、奖金、劳保福利费，以及出国考察等国际活动费，通用仪器设备购置费，实验室扩大更新费等。

第十三条　资助项目的年度结余经费，可结转下年度继续使用，项目完成的结余经费，由校科研处收回归入校基金中继续使用，不得作为收入提成或移作他用。

第十四条　资助项目在执行过程中如有重要人事变动，应报校科研处备案。研究计划与方案的重大修改，应报校科研处批准。

第十五条　资助项目在执行过程中，应接受校科研处每年二次的监督检查，项目负责人在资助年度内必须作出书面总结汇报，报送校科研处。

第十六条　资助项目工作结束后，应于次年元月底之前向校科研处提交以下资料：

(1) 研究工作总结；

(2) 学术论文或研究报告；

(3) 项目经费决算表；

(4) 项目档案资料目录。

第十七条　资助项目的研究成果由校科研处组织评议或鉴定。资助项目研究成果的奖励、转让和专利申请等，按国家及有关部门的规定办理。

第十八条　本试行条例自1990年起执行。

第二军医大学青年科学基金试行条例

1993年4月14日

第一章　总　则

第一条　为了培养人才，促进优秀青年科学工作者脱颖而出，学校特拨出专项经费，设立第二军医大学青年科学基金(以下简称青年科学基金)，校科研处为常设办事机构。

第二条　青年科学基金面向全校，重点支持学术思想新颖、投资少、见效快、2—3年内可取得成果并且社会效益或经济效益显著的应用性研究课题，以及部分有明确应用目的的基础研究，特别是有发展前途的生物高技术产品开发研究与新药开发研究项目。校青年科学基金实行限额申报、限额资助，每项资助最高金额不超过3万元。

第三条　青年科学基金的申请者必须具备以下条件：

(1) 年龄在35周岁以下（含35岁）；

(2)已取得硕士学位或已取得学士学位从事科研工作5年以上，能独立开展研究工作。学术思想活跃，有开拓、创新精神，研究课题新颖，研究方案切实可行，学风端正，工作勤奋。由申请者担任课题负责人，课题组成员以青年为主，在读研究生不予资助。

第四条　青年科学基金鼓励青年科学工作者在学科发展前沿进行新的探索，鼓励跨学科、跨单位的合作研究。

第五条　青年科学基金实行专家推荐、同行评议、择优支持的原则。申请者须由2名副教授以上（或相当职称人员）推荐。推荐者应认真负责地介绍申请者的业务素质、研究能力和科学作风。

第二章 申请审批程序

第六条 青年科学基金实行随时申请、定期评审办法，申请截止日期为每年5月30日。

第七条 青年科学基金申请者要按规定格式认真填写《第二军医大学科学技术研究基金申请书》，经科(室)和院系领导审查并签署具体意见后上报科研处。由科研处邀请熟悉本专业的在学术上有较深造诣的同行专家进行评议，必要时组织答辩或现场调查，进一步审查申请者的业务素质和表现，择优批准，并将审批结果通知到申请者所在单位。

第三章 基金的使用及要求

第八条 基金采用一次定额分年度拨款方法，下拨至课题组，专款专用。

第九条 经费开支范围限于该课题直接需要的仪器、设备、实验材料等费用，申请者应充分利用所在单位的仪器设备，研究工作结束后，若经费有节余可留作本课题组进行其他课题的研究工作，不得挪作它用。资助课题因故撤销或停止资助时，由课题负责人将剩余经费和已购置设备清点造册，悉数交回科研处。

第四章 监督检查

第十条 受资助者所在单位和推荐人应关心、支持受资助者的成长，对其研究工作和经费使用加强指导和检查。受资助项目将纳入校科研处计划管理，受资助者应在次年6月底之前向科研处书面报告研究进展、经费使用情况和下年度工作计划、年度经费使用计划，逾期不报则停止下年度拨款。

第十一条 研究工作结束后，3个月内受资助者要认真写出研究工作总结。资助期间取得的研究成果，由科研处按现行成果管理办法组织评审、申报。

第五章 附 则

第十二条 本条例自公布之日生效，1992年4月20日公布的《第二军医大学青年科学基金条例》废止。

第十三条 本条例解释权属校科研处。

华东理工大学科学研究基金条例（试行）

1990年10月

第一条 为资助学科建设，设立华东化工学院科学研究基金，并成立科学研究基金委员会负责评审。

第二条 科学研究基金主要来自教委下达的事业费中的科研费、科技三项费及学校自筹经费(包括院长基金和预算外的学科建设基金)。

第三条 基金资助范围：除理科部分项目采取定向资助外，主要资助学术思想新颖、可望争取到国家项目的起动研究；预计2—3年能取得重大科研成果(即省市、部委级奖)的项目；预计有重大经济效益的项目；高技术领域的研究，特别有可能形成高技术产业的研究和重大的基础理论研究项目等。

第四条 院基金一般每年9月底前申报一次，每年视筹集资金的额度重点资助10—20项左右，每项资助额一般不超过3万元，每人只限申报一项。以无偿和有偿形式资助，对有效益的开发研究项目及通过资助可能申请到国家项目的采取贷款，将来偿还或部分偿还。

第五条 申请的基本条件：课题必须是一题一主，即已获得其他资助的项目一般不得重复申报，个别确有前景还缺少一部分经费的除外；课题组必须保证有足够人员和时间进行研究。

第六条 科学研究基金项目的申请者应提出申请书，分别交各学科委员会，各学科委员会择优推荐，写出评议意见，报院科学基金委员会评审，最后由院部批准。

第七条 院基金项目不扣水电费、不提成。经费开支范围，只限于与该项目直接有关的研究支出，包括小型仪器购置费、实验材料费、上机费、直接为课题服务的出差、资料复印和营养费等费用。

第八条 资助项目一般以2年为限，批准的项目，须签订合同书。项目申请者每半年应提交执行情况报告，项目完成后应按项目申请书及合同的条款验收，并提交研究成果。

第九条　接受资助者应按规定严格控制经费使用，不得透支，透支部分由本人负责，本人无法解决由所在单位负责。贷款由项目负责人归还，不归还者由所在单位负责。对无故不能完成者及不执行上述条款者将影响本人及所在单位申报院科学基金。

第十条　项目日常管理由学科办负责。

南京医学院科学发展基金管理试行办法

1988 年 5 月

第一条　为适应科技体制改革的形势和培养人才的需要，促进我院的科学研究工作向更高层次发展，特设立《南京医学院科学发展基金》(以下简称“基金”)。

第二条　基金的经费来源：

(1) 学院每年划拨一定额度的经费；

(2) 课题经费中提取的部分科研管理费；

(3) 省教委下达的科研切块经费；

(4) 课题结余款的一部分；

(5) 接受个人或团体的捐赠。

第三条　基金面向全院、面向自然科学、资助应用研究、兼顾基础研究及有社会经济效益的开发研究。

第四条　基金采取专家评议、择优支持的办法，资助具备下列条件的研究项目：

(1) 具有重要意义或重要应用前景的研究工作，或通过资助开展工作后有可能获得国家自然科学基金、卫生部、省教委、省卫生厅等渠道资助的项目；

(2) 学术思想新颖，立题依据充足，研究内容和目标明确、具体、先进，技术路线合理可行，近期 (1—2 年) 内可望取得预期结果；

(3) 申请者 (与合作者) 具备实施该项研究项目的研究能力，基本工作条件、研究时间有保证；

(4) 经费预算合理、适当；

(5)申请者申请的课题连同已承担的研究课题一般不得超过两项；如已获得其他资助，项目进展不好的不给予资助。

第五条　基金优先支持新兴、交叉学科。鼓励跨学科、跨部门的合作研究，对于优秀青年科学工作者以及留学回国人员，在条件相似的情况下优先予以支持；基金资助的项目中，中青年教师将占较大比例。

第六条　基金实行限额资助，在择优资助的同时，兼顾到基础、临床、实验技术、预防医学等各方面学科发展的整体平衡。

第七条　基金采取无偿及有偿资助方式。凡属基础研究和应用性理论研究的课题采取无偿资助方式；凡属应用技术研究和开发研究课题采取部分偿还或无息贷款的方式，在取得经济效益后，分期分批全部或部分偿还，部分偿还金额不低于资助总金额的 40%。

第八条　基金一般每项资助额度为 500—5 000 元 (平均约 3 000 元)。资助经费额度一次拨给受资助项目的负责人，专款专用，由所在的部系、附院及教研室 (研究室、科室) 负责监督使用。

第九条　基金限于和申请书所报研究内容直接有关的支出，不包括学术交流和仪器设备更新扩充的费用。申请者要本着节约的原则，在充分利用已有研究条件的基础上编报经费预算。

第十条　申请者必须是实际主持和从事课题研究工作的业务人员。

第十一条　申请者应认真填写《南京医学院科学发展基金申请书》(附合同书) (一式 2 份)。申请者不能同时向本基金申请两个或两个以上需要资助的课题。

第十二条　申请书必须经申请者所在部、系、附院学术委员会审查、评议，并对申请书内容的科学意义和实用价值、实现研究方案的可行性、经费预算的合理性、基本工作条件能否保证等签署意见后，统一上报科研处审批。科研处每年受理一次申报，截止日期为当年 4 月 30 日。

第十三条　申请书审批结果由科研处负责通知申请者及所在部、系、附院、教研室 (研究室、科室)。

第十四条　对批准资助的课题，由科研处采

用合同制管理，即由甲方（科研处）、乙方（课题组）、丙方（部、系、附院）共同签订合同。合同必须在批准通知书发出后二周内签订，否则将视为自动放弃。

第十五条　申请者获准资助后必须按时开展研究工作，受资助期间因故终止研究工作，须经科研处同意，并退还资助款。未经批准，而不按时开展研究工作或擅自终止工作者，除必须退还全部拨款外(如属不可抗拒的原因则退回余额)，并将视为违反本基金管理规定，3年内取消申请资助权。受资助者调动工作，如在本院内，调入部门（单位）确能保证原课题继续开展研究的，经科研处同意，经费可以不退回；如调离本院，则须将余款退回。

第十六条　课题组负责人必须每半年向科研处书面汇报一次研究工作执行情况，应按期完成合同规定，并在结束时提交总结材料。无故逾期不报者，将按乙方无故终止合同处理，如因不可抗拒的客观原因，而不能按期完成者，应事先向科研处提交修正意见；如不能完成者，必须退还余额资助款。

第十七条　课题研究工作结束后，应及时向科研处提交下列资料：理论性成果，应提交研究工作总结报告及学术论文；应用性成果，应提交技术成果鉴定会全套资料。经初审合格后方可办理评定或鉴定事宜，并按合同规定，在取得经济效益后偿还资助款。

第十八条　受资助者所在单位（教研室、研究室、科室、部、系、附院）应关心受资助者的工作，并保证受资助者的基本研究条件。

第十九条　本办法自1988年7月1日起执行；解释权属科研处。

浙江农业大学科技发展基金试行条例

为了适应当前科技改革新形势的需要，调动广大中、青年教师科研积极性，发掘我校科研潜力，现根据“浙江省科学技术发展基金”的精神，结合我校的具体情况，制订《浙江农业大学科技发展基金》试行条例（下简称校基金）。

一、校基金主要来源

第一条　浙江农业大学科技发展基金主要来源：

(1)上级主管部门下拨的科研切块经费以及通过其他渠道获得的资金；

(2)校科技咨询收入的扩大再生产资金中以一定比例返回校基金；

(3) 有偿或部分有偿资助的课题回收的资金；

(4) 课题节余经费按一定比例扩充校基金。

二、校基金资助的范围和原则

第二条　凡我校在编教师与科研、管理人员都可申请本基金。

第三条　校基金主要资助有利于发挥我校的科研特色、在短期内能取得显著经济或社会效益的课题。优先资助如下课题：

(1) 具有重要的科学价值和实际意义，特别是结合当前发展农业生产中某些关键问题的预研究课题；

(2) 研究目标明确，研究方法或路线新颖，同国内研究不重复，经1—2年（最多不超过3年）研究可望取得结果及有较好开发前景的课题；

(3)有利于学科的发展和提高学术水平的基础性研究的课题；

(4)对研究基础较强的教师及学成归国人员提出的申请在同等条件下给予优先考虑。

第四条　校基金资助的形式分为有偿、部分有偿、无偿三种；

(1) 有偿资助系指那些技术上比较有把握、经过资助后即可获得经济效益的开发性技术研究课题，采用有偿制，即从成果转让或产品出售等收入中偿还；

(2) 部分有偿系指那些短期内能取得成果，但经济效益并不显著或短时间很难取得经济效益的应用研究课题，从成果转让或产品出售等收入中部分偿还；

(3) 无偿资助课题包括有显著的社会效益、有助于教学水平的提高、有利于提高申请课题的竞争能力以及有苗头能申请到省、部级单位资助的课题。

三、校基金的申请和评审

第五条 校基金申请项目审批事宜由科研处负责经办，并聘请有关学科领域副教授以上的教师或科研人员为委员，成立校基金评审委员会。

第六条 校基金实行定期申请审评的方法，每年 3 月份申请，4 月份审评，特别项目也可随时审批。

第七条 申请校基金必须提交申请书，申请书内容包括研究的目的意义、内容、计划进度、技术路线、主要技术经济指标、效益分析、研究经费概算（包括偿还计划）研究工作基础和研究组成员等，由所在系、所、部领导签署推荐意见。

第八条 申请经费在5000元以下的项目由校基金评审委员会审定，超过5000元（含5000元）的申请项目经校处领导审定。

四、校基金管理办法

第九条 经校基金评审委员会审定同意资助的项目，须填写申请书，由领导签署推荐意见，资助经费实行一次核定拨款。

第十条 受资助的课题每年年终必须提交总结材料一份（包括发表论文等情况），课题结束后交结题报告。没有提交年度总结材料的课题不予拨款。

第十一条 不能按时完成的课题必须说明原因，经科研处审核予以延续并列入校科研计划，原则上不再追加科研经费。

山东省农业科学院青年科学研究基金暂行管理条例

1987 年 5 月

第一章 总 则

第一条 为有利于发现、培养人才，促进青年科技人员迅速成长，特设立青年科学研究基金。

第二条 本基金重点资助与我省农业生产发展关系密切的应用开发研究课题。

第三条 本基金面向全院，凡年龄在 35 岁以下（特殊情况可扩大到 40 岁）的青年科技人员和从事软科学研究的青年科研管理人员均可按本条例规定申请资助。

第二章 课题的选择

第四条 选题原则：

(1)有利于青年科技人员提高理论学术水平和实际工作能力；

(2) 促进青年科技人员深入生产第一线，了解生产情况，提高解决实际问题的能力；

(3) 有利于促进青年科技人员向老、中年科技人员的学习与密切合作；

(4) 有利于国家科研任务的完成；

(5) 有利于提高现有仪器设备的利用率。

第五条 选题范围：

(1) 具有良好应用前景，符合“短、平、快”要求的应用研究或新技术开发研究课题；

(2)软科学研究课题和为新上国家研究课题提供科学依据的调研课题；

(3)院科技成果综合运用示范基地县和科技扶贫基点县的示范开发项目，以及旱作高产技术研究等项目；

(4) 具有一定学术意义的应用基础研究课题。

第六条 课题的评选标准：

(1) 符合上述选题原则和范围；

(2)立题根据充足，研究内容和目标明确具体，研究方法和技术路线先进、合理、可行，两年内可望取得预期成果和结果；

(3)申请者具备较强的研究能力和良好的职业道德，研究工作有一定基础，有一定的研究条件；

(4) 经费预算实事求是，本基金具有支持开题的能力。

第三章 课题的申报与审批

第七条 基金课题申请者须认真填报《山东省农业科学院青年科学研究基金申请书》，由两名同行高级科研人员推荐，经本单位学术委员会按本条例规定进行严格审查，负责人签署意见。主持人不得同时申请两个（含两个）以上的课题。

第八条 院科研处统一管理课题的申请。按

本条例规定进行初步筛选。

第九条　经初步筛选的课题由院学术委员会常委会审批，由院科研处下达实施。

第十条　课题的申请与审批于每年 4 月份集中办理。

第四章　基金的来源和使用

第十一条　青年科学研究基金的来源为院长基金，单位、团体和个人捐赠，基金课题的技术收入提成。

第十二条　资助课题经费由课题负责人所在单位管理，课题负责人掌握使用。要厉行节约，专款专用。

第五章　课题的管理

第十三条　研究课题本着协商自愿的原则，在1—2 名高级研究人员的指导下进行工作。

第十四条　课题的计划、实施和成果的申报按院科研管理的院定程序执行。

第六章　附　　则

第十五条　本条例自会布之日起执行，解释权归院科研处。

河海大学技术开发基金试行办法

一、总　　则

为了进一步贯彻“科学技术必须面向经济建设、经济建设必须依靠科学技术”的方针，适应改革开放的形势，满足社会对高校技术产品，特别是外向型新技术产品的需要；并为调动教职员工开发新技术的积极性，开发出更多更好的新技术产品，使科学技术尽快形成生产力，促进学校科研工作蓬勃发展，特设立“河海大学技术开发基金”(简称校开发基金)。

校开发基金属于有偿贷款性质，采用合同承包责任制，面向全校教职工和有组织保证下的研究生。

二、基金来源和使用

1. 从学校科研基金中每年拨20％的金额作为校开发基金；

2. 资助对象：技术基本成熟，具有开发和转产的条件，预计有较好的经济效益，并有偿还能力的项目。

本基金可对一个项目单独资助，也可对已有其他经费来源的项目进行资助。

3. 每项资助金额为0.5—1万元，个别项目经过论证，确因市场前景良好，产出巨大，在资助能力允许范围内，可不受此限。

4. 本基金对项目的资助一律采用无息贷款方式。项目完成后应尽快转产，取得经济效益，并偿还基金。

5. 凡受资助的项目完成后的创收，除偿还基金外，余额按学校有关科研收益分成办法提成。

三、项目的申请和评审

1. 本基金资助的项目实行个人申请，系（所）保证、同行评议、择优支持的原则。

申请者必须具有主持开发项目的能力；系、所必须承担全面管理和偿还贷款的责任。

2. 校开发基金由科技服务部统一受理，由校科研基金评审组评审，每年下半年集中评审一次（具体时间另行通知）。经费使用期限一般不超过2年。

3. 申请和评审程序：

(1) 个人填写“技术开发基金申请表”，经系、所认定并保证，交科技服务部，经评议批准后，由项目负责人到科技服务部办理签订合同、项目登记、领经费等手续。

(2) 项目审批：

由科技服务部负责将各单位填报的技术开发基金申请表分专业交校基金评审组进行评议。校基金评审组对每一申请项目一般请三位同行专家(其中至少有一位懂市场经营行情的)进行评议。着重对项目的意义、先进性、市场需求、经济效益、项目负责人有无完成任务的能力、经费及偿还计划是否合理等方面提出评议意见。校基金评审组在同行评议的基础上，提出评审意见，最后报校长审批。

四、项目管理

1. 凡经批准的技术开发基金项目，项目负责人与科技服务部签订合同一式5份［校3份，系、(所) 1份，项目负责人1份］，填写《河海大学科研项目登记表》一式2份（校1份，系1份），并编制具体工作计划。

2. 项目负责人每年(不到一年完成的项目在项目完成后）向科研处提交计划执行情况报告。凡不按时送交报告或发现计划执行不力又无具体措施，以及资金使用不当，科研处将停止资助并抽回已资助的基金。

3. 科研处及各系（所）可随时对项目执行情况进行检查、督促。

4. 技术开发基金的项目，除按上述管理要求外，其结束、成果评审、存档、结帐及收益分配按学校有关规定办理。

本办法自颁布之日起生效。

河海大学青年科学基金试行办法

为了培养人才，多出成果，促进优秀年轻教师脱颖而出，促进学校科学技术水平的提高，在学校科研基金中划拨30%的额度，设立河海大学青年科学基金（简称校青年基金)。

一、申请者条件

1. 年龄在35周岁以下（含35周岁)；

2. 已取得硕士学位(或具有助教以上专业技术职务者)，有主持研究工作的能力；

3. 学术思想活跃，有开拓、创新精神，有持之以恒的毅力。

二、资助范围

1. 校青年基金面向全校优秀青年教师和科研人员；

2. 资助基础研究和应用基础研究课题；

3. 鼓励优秀青年教师、科研人员在学科发展前沿进行新的探索，鼓励跨学科、跨系（所）的合作研究；

4. 鼓励优秀青年教师、科研人员积极申报国家、部基金项目，拟择优资助其中未获准的项目。

三、项目申请

1. 青年基金实行个人申请，系（所）推荐择优支持的原则；

2. 申请者须填写“河海大学青年科学基金项目申请表”或持国家、部基金申请书交科研处受理、初审，时间一般在第四季度（具体时间另行通知)；

3. 项目资助金额限在1万元以内，项目期限为两年。

四、项目管理

1. 经审定予以资助的项目，由项目负责人按照《河海大学项目登记表》各栏要求具体填写一式2份（一份存系（所)，一份交科研处)；

2. 科研处须经常去系（所）了解校科学基金项目进展情况；

3. 项目进展不力，将停止使用经费；

4. 项目结束，项目负责人须向科研处提交工作总结、研究报告及经费使用情况等；

5. 项目结束经教研室或系、所（国家队项目）组织审查验收；

6. 项目完成情况不好，未交报告者，两年内不得再次申请校青年基金。

五、其　他

1. 经费使用及其他条款等参照《河海大学科学基金试行办法》执行。

2. 有关条款解释权属科研处。

河海大学科学基金试行办法

为支持我校基础研究和应用基础研究工作的发展，更好地促进我校的生产科研工作，面向“四化”建设，多出成果，多出人才，使科学技术更好地为国民经济建设服务，特设立河海大学科学基金（简称校科学基金）。

一、申请者条件

1. 具备讲师、工程师以上专业技术职务者；

2. 能胜任项目负责人并是课题研究的实际主持者。

二、资助范围

1. 校科学基金主要用于全校水利水电基础研究和应用基础研究课题，以便形成我校学科特色，为申请国家、部基金和各种攻关任务、生产任务打好必要的基础。

2. 校科学基金重点支持：

(1) 科学意义或实用意义较大，在一两年内可以取得预期结果的基础研究或应用基础研究课题；

(2) 确有苗头，但尚未取得其他方面资助，无经费来源的基础研究和应用基础研究课题；

(3) 择优资助有科学意义、技术路线可行并近期可望有预期结果，因经费所限未获资助的国家、部基金申请项目。

三、经　　费

1. 经费来源：从学校科研基金中划拨 40%额度作为校科学基金。

2. 经费使用：

(1) 项目资助金额一般在 1 万元以内；

(2) 项目期限两年，总经费一次批，分年度拨款，专款专用，项目逾期，停止使用经费；

(3) 经费开支不包括设备、仪器购置，主要用于调研、试验、材料、电算，资料等费用；

(4) 校科学基金项目经费不得雇用临时工，不支出加班费。结余不得分成。

四、项目申请

1. 根据学校事业发展规划、科学技术发展规划及学科的发展，提出基础研究和应用基础研究课题；

2. 申请者须填写《河海大学科学基金项目申请表》或将所持国家、部基金申请书交至科研处，受理时间一般为第四季度（具体时间另行通知）。

五、项目评审

1. 申请表（申请书）由科研处受理、初审，然后按专业交同行专家评议，经校科研基金评审组评审，最后报校长审定。

2. 项目评审重点：

(1) 科学意义：能否促进和推动本学科的发展，有无导致重要发现或有意义的理论概括和现实可能性及其苗头，在研究方法上有无较大改进及创新的现实可能性；

(2) 实用价值的估价：预期结果可否成为继续研究的新发明或技术革新的重要基础，或有助于对新提出的技术进行正确的评估、预测，从而对技术、经济，产生间接、直接的积极影响，提高经济效益；

(3) 研究实力的衡量：项目承担者的素质和水平，有无完成任务的现实可能性。

六、项目管理

1. 经审定予以资助的项目，由项目负责人按照《河海大学项目登记表》各栏要求具体填写一式 2 份（一份存系、所，一份交科研处）；

2. 科研处须经常去系（所）了解校科学基金项目进展情况；

3. 项目进展不力，将停拨经费；

4. 项目结束由项目负责人向科研处提交工作总结、研究报告及经费决算等；

5. 项目结束经教研室或系（国家队项目）组织审查验收；

6. 项目完成情况不好、未交报告者，两年内不得再次申请校科学基金。

7. 有关条款解释权属科研处。

湖南大学科学基金管理办法

1991 年 4 月 28 日

为赶超世界先进水平，增加科学技术贮备，促进专业改造和学科的建设与发展，特为我校在职科技人员设立“湖南大学科学基金（含青年科学基金）”而制订本《办法》。

第一条　申请科学基金支持的研究项目，必须具备先进性、经济性和可行性，具有转化为国家资助或企业委托继续研究的可能性。

第二条　科学基金资助的形式，可分为拨款和贷款两种，亦可同时兼有；优先支持贷款的研究项目。

第三条　科学基金优先资助不具备副高级及其以上职称的在职科技人员，着重支持中青年在职科技人员(35岁以下的青年，35—50岁的中年)。

第四条　获准科学基金资助程序：(1) 认真填写《湖南大学科学基金申请书》(进行详细的可行性论证)；(2) 专家评审、筛选；(3) 各级科技主管领导审批；(4) 科研处备案、立项。

第五条　获准科学基金资助的研究项目负责人，每半年向科研处书面汇报一次研究项目进展情况，努力争取按时、按质、按量完成研究任务。

第六条　获准科学基金资助的研究项目，不得无故拖延、停、终止研究工作。否则，追回资助的全部经费，并在3年内不得申请资助。

第七条　科学基金资助的研究项目，其结题方式有两种：(1) 研究过程中，转化为国家资助或企业委托研究项目，视为自动结题，办理结题手续，停止使用资助经费及开始偿还贷款；(2) 研究达到预期目的，应及时向科研处报告，申请办理评审、鉴定等结题手续，交回结余资助经费〔汇总留作所在系(所)其他人员申请科学基金资助之用〕，按约偿还贷款。

第八条　科学基金资助的研究项目，研究经费实行单独建帐，专款专用；注意励行节约，杜绝浪费；资助经费的使用范围，严格按有关财务管理规定办理。

第九条　科学基金资助的研究项目，其研究成果受到保护，享受国家资助或企业委托研究项目同等待遇（给予表彰、申报奖励等不含提成）。

第十条　对积极将科学基金资助研究项目转化为国家资助或企业委托研究项目者，给予表彰或奖励；对积极将科学基金资助研究项目的研究成果推广应用，产生较大经济效益或社会效益者，给予表彰或奖励。

本《办法》自1991年5月1日起试行，解释权在科研处。试行中，根据实际效果进行修正或臻善。

湖南省农业科学院学术委员会工作条例

1991年11月14日

第一条　为了加强我院的科研工作，建设和发展我院的科研事业，更好地发挥科技人员在我院科研工作中的主人翁作用，推动我院学术空气的形成和发展，促进出成果、出人才、出效益，特制定本条例。

第二条　院学术委员会是我院的最高学术机构，对我院科研事业的发展负责。

第三条　学术委员会的任务：审议全院科研发展规划、年度计划、科研项目、科研成果的评审和推荐；培养人才和组织有关活动；指导各所学委会的工作。

第四条　院学术委员会在活动中提倡奉献、创新、求实、协作的思想作风和工作作风。

第五条　院学术委员会由院内学术水平较高的专家、学者组成，年龄一般不得超过60岁，委员人数为全院科技人员的5%左右。院学术委员由全院科技人员代表大会等额或差额选举，也可由各所科技人员民主选举，报院党委审定。院学术委员每届任期3年，可连选连任。院长可聘请学术委员会特邀委员。被聘院学术委员必须具备中级以上技术职务。

第六条　院学术委员会设主任委员1名，副主任委员若干名，秘书长1名；下设办公室，由秘书长领导。办公室设科管处，并设兼职秘书1名。院学术委员会可分若干学科组开展工作。

院学术委员会全体工作会议每年召开2至3次，全会闭会期间的日常工作，在主任领导下，由办公室处理，重大事件的处理结果在下次全会上通报。

第七条　院学术委员的权利和义务。

权利：院学术委员有举行学术活动或开辟专题学术讲座的权利；有优先获得有关学术资料、信息、科研课题论证报告、有关成果奖励材料并签署意见的权利；对全院、有关学科、专业的发展提供发展方案或意见和推荐人才的权利。

义务：院学术委员有对全院科研规划、年度科研计划、科研课题论证、科研成果鉴定、奖励材料提出审查意见，并对材料负责的义务；有科学评价、考察、评议科研成果应用情况和应用前景的义务；有发现、培养和推荐优秀科研、管理、经营人才的义务；有及时总结、传授科研、管理工作经验、开展科技咨询的义务；有主动维护国家利益、保守科研机密的义务。院学术委员会委员在科研活动中应积极工作，起模范带头和骨干作用。

第八条　院学术委员会对工作积极认真，为维护我院科技人员的合法权益作出了突出贡献；对调整全院科研工作方向。活跃学术空气做出了突出贡献的院、所学术委员，将根据以精神奖励为主、物资奖励为辅的原则给予适当的奖励。

第九条　院学术委员会的业务活动经费，每年从院长科教基金列支。

第十条　本条例自公布之日起执行。

华南理工大学自然科学基金暂行办法

1990年5月1日

第一条　为了促进我校的基础理论研究，加强学术研究气氛，培养又红又专的中青年教师，学校决定在科研业务费中划出一定额度的经费设立"华南理工大学自然科学基金"(以下简称"华工科学基金")，并制定本办法。

第二条　华工科学基金面向全校，用于资助从事自然科学基础研究和应用基础研究的45岁以下(含45周岁)的优秀中青年教师，特别是一些从国外学成归国的有志青年，使他们能够尽快打好研究工作基础。

第三条　华工科学基金择优支持以下各方面的基础研究和应用研究中带基础性工作的项目：

(1)有重要科学价值和重大应用前景，对我国科技、经济、社会发展有重大作用的研究项目；

(2)作过国内外情报资料调研和检索、立论根据充足、学术思想新颖、研究内容和目标明确具体、拟采取的研究技术路线和研究方法可行、与国内其他单位不重复或具有独到之处的研究项目；

(3)能带动新学科、新兴技术领域与新产业和形成和发展、加强我校科技能力的研究项目；

(4)针对我省自然条件与自然资源特点，对我省有普遍应用意义，或解决关键性科学技术问题的研究项目。

(5)符合我校科技发展战略方向及中近期规划和计划目标的前期探索性和基础性的研究项目，尤其是结合我国社会主义现代化建设需要，开拓高技术领域，促进空白、薄弱和交叉学科发展的研究工作，鼓励跨学科、跨单位的合作研究，对于学成归国的有志青年，予以优先考虑。

(6)对于进行开发的技术成果深入作机理研究、探寻规律，使之上升为科学理论认识，以利于进一步开发应用的研究项目。

第四条　对于具备以下条件的优秀青年科技工作者给予优先资助：

(1)年龄在35周岁以下(含35周岁)。

(2)已取得博士学位。

(3)学术思想活跃，有开拓、创新精神，可望成为未来的学术带头人。

(4)学风端正，工作勤奋。

(5)组织跨学科的课题，具有较好的合作精神。由申请者担任课题负责人，课题组成员以青年为主。

(6)申请者与合作者具备实施研究项目的研究能力，有必要的工作积累，基本工作条件和研究时间有可靠的保证。

符合上述条件的青年科技工作者在申请华工科学基金时，须由两名教授(或相应职称者)推荐，推荐者应认真负责地介绍申请者的业务素质、研究能力、科学作风和具备的条件。

第五条　华工科学基金实行专家推荐、同行评议、择优支持的原则。申请者和推荐者须按华工科学基金规定的格式要求，认真填写好《华南理工大学科学基金申请书》和《华南理工大学科学基金推荐书》。然后，交由申请者所在单位的学术委员会组织对申请书的审查工作，对申请书内容的真实性、申请资助的必要性、实现研究方案的可能性、经费预算的合理性以及本单位能否保证其基本工作条件和时间等进行评议，签署具体意见，加盖公章后各一式1份报送科研处计划科。

第六条 华工科学基金项目的申请书和推荐书由华南理工大学科研处负责受理、初审，并组织学科专家评审组评审，必要时组织答辩或现场调查，进一步核查申请者的业务素质和表现。

第七条 华工科学基金每年资助若干个项目，每个项目每年资助的最高金额不超过5000元，项目经费采取一次核定、分期拨款、年终结转、节余留用的办法，一般情况下可连续资助两年，申请项目实行定期申请，每年集中审批一次，审批时间为每年5月份。

第八条 对于刚从国外学成归国的青年教师在作了国内目前科技发展水平情况调查后，经申请均可报销1000—2000元差旅费。

第九条 在每年申请国家自然科学基金项目或广东省科委科学基金项目时，对于专家评议较好，而又因其他原因未获得资助且符合条件的，可转向申请华工科学基金。

第十条 获准资助的申请者接到通知后，须按规定的要求和时间填报研究工作计划及有关资料，然后才办理拨款手续，逾期者视为自动放弃接受资助。

第十一条 获得华工科学基金资助的教师，在每年申请国家自然科学基金项目或广东省科委科学基金项目时，应当以此课题继续向国家基金委或广东省科委提出申请，以便争取得到更高层次的基金资助。

第十二条 获得华工科学基金资助的项目，后经申请又获得国家自然科学基金或广东省科委科学基金资助的，原则上停止华工科学基金的继续资助，但对一些较特殊的情况，学校可考虑视其具体情况，再给予适当的经费资助，以示鼓励。

第十三条 获得华工科学基金资助的项目，如须使用测试中心或计算中心的仪器设备时，可给予适当优惠。

第十四条 华工科学基金资助的经费只能用于本项目的科研业务费和少量的实验材料费，不能用此经费购买仪器设备和进行实验室改装及支付劳务费，协作费等。

第十五条 华工科学基金资助经费按研究工作进度分年度拨给该课题，由所在单位监督使用，专款专用。开支范围和财务手续按学校规定的财务管理办法执行。申请者要本着节约的原则，在充分利用已有研究条件的基础上编报经费预算。

第十六条 申请者获准资助后，必须及时开展研究工作。受资助期间因故中止研究工作，须经主管部门同意，未能及时开展研究工作或擅自中止工作者，须退还全部拨款，已支出部分经费的，由受资助者所在单位负责偿还（如属不可抗拒的原因，可只退回余额）。

第十七条 受资助者如在校内调动单位，而调入单位又能确保原课题继续开展研究工作的，经主管部门同意后，可将经费转至新单位。如受资助者调离学校，且受资助单位未能找到合适人员顶替的，学校将收回全部余款。

第十八条 受资助者须在每年12月31日前书面报告研究工作进展、经费使用情况和下一年度的工作计划，在必要时，学校将组织有关专家和管理人员进行检查，如发现资助不当或不具备继续实施的条件时，可中止或取消资助。次年的经费将视当年执行的具体情况来定。在资助项目计划实施结束后，承担者应在两个月内，向科研处提交如下完整的材料，并配合科研处做好项目的归档工作：

（1）工作总结；

（2）学术论文或研究报告；

（3）资助经费决算明细表；

（4）项目资料档案材料。

凡反映研究成果的文章，报道和资料等均应注明“华南理工大学自然科学基金资助项目”的字样。

第十九条 受资助者在未完成该课题的研究任务时，原则上不能以别的课题申请华工科学基金。如须申请，可在前一个项目完成，提交总结资料及主管部门同意的基础上进行。对于成绩优异者，学校将视具体情况给予适当奖励。

第二十条 受资助者所在单位和推荐人应关心、支持受资助者的成长，对其研究工作和经费使用加强指导和检查，并在年度工作报告和研究工作总结上认真负责地填写评价意见。所在单位应保证受资助者的基本研究条件。

第二十一条 对于有重要意义的国际学术交流（在国内举行）、全国性青年学术交流和科技教育活动等，华工科学基金可视具体情况有选择地给予适当的会议费和差旅费的支持。

第二十二条 本办法自1990年5月1日起开始实施，解释权属华南理工大学科研处。

华西医科大学科学研究基金条例

1984 年 11 月

第一章 总 则

第一条 为了振兴川医，创建全国第一流的重点医科大学，根据《改革我院科研管理工作的意见》的有关规定，从 1985 年起设立华西医科大学科学研究基金。

第二条 设立学院科学基金，是为了充分发掘我院科研潜力，发现和培养人才，提高和发展我院教学、科研和医疗工作。

第三条 科学基金面向各系、部、医院（所、厂），具有助教以上职称的各级教师均可申请。

第四条 科学基金资助的课题，采用同行评议，择优支持的原则。每年集中在第四季度审批一次。

第五条 学院科学基金的来源，主要由学院的教育事业费按 2%的比例拨给专款，也可从科研课题的经费、科技成果、技术转让和对外科技服务等项的收入中提成筹集部分基金。

第二章 资助原则

第六条 学院科学基金主要用于资助与医学科学有关的自然科学方面的基础和应用研究，择优支持具备以下条件的研究课题：

(1) 有重要的科学价值或应用价值，能获得明显的经济效益或社会效益；

(2) 学术思想新颖，有创见，立论根据充足，研究技术路线清晰、可行；

(3) 研究的内容、方法及拟采取的技术路线应有所创新，不是简单重复国内外其他单位同类的研究工作；

(4) 研究工作已有一定工作基础，具备深入开展研究的条件和实力。

(5) 研究目标明确，研究步骤可行，研究周期短（一般在 2 年，不超过 3 年），预期可取得一定成果。

第七条 在相似条件下，对中青年科技人员提出的课题和跨系、部、多科性的协作课题优先给予资助。

第八条 凡申请本科学基金的教师所承担的课题数，连同已承担的国家重大研究课题，不得超过两项。

第三章 申请和评审

第九条 学院科学基金采取随时申请定期评审。对每年 10 月 31 日前接受的申请课题于 12 月底评审完毕，批准的课题列为次年的计划；10 月 31 日以后接受的课题作为下一年度的课题评审。

第十条 凡申请学院科学基金的教师必须填写《四川医学院科学基金申请书》。经所在教研室（研究室）评审和负责人签署意见后，交主管系（部、医院、所）的学术委员会初审，对课题的学术意义和应用价值、研究设计方案的可行性、经费概算是否合理、协作关系的可靠性等方面提出意见，报学院科研处。由科研处筛选后分送院学术委员会委员（或邀请同行科技人员）3—5 人进行书面评议，再由科研处提出综合审查意见，报主管院长审批。

第十一条 申请课题评审结果，由学院科研处通知申请者所在系（部、医院、所）。参与评审工作的有关人员对申请者的研究技术方案和评审意见应严加保密，不得外传。

第十二条 申请科学基金的科技人员，必须是直接主持并参与研究工作的课题负责人，不得由不参加研究工作的人员挂名。涉及与有关单位协作的课题，必须有双方签定的协议书。

第四章 经 费

第十三条 学院科学基金资助课题的研究经费和总额一般不超过两万元，实行一次核定，按年度分期拨款，专款专用，限于研究起止时期内使用。

第十四条 申请者在接到批准通知后，应按批准的资助金额、研究年限和评审意见，在半个月内报送具体的研究工作计划，经科研处同意后按计划给予拨款，如有特殊情况，不能在规定期限内报送研究计划的，应说明原因，过期者按撤销申请处理。

第十五条 资助经费的使用要精打细算，节约开支，申请资助的经费概算要列出详细的使用项目。开支范围为：与该课题直接需要的小型仪器设备、实验材料、实验室改建、课题出差、必要的临时工工资（3—6个月）；加班补助、资料费以及必须的办公费用。在规定范围内课题负责人有权支配经费的使用。

第十六条　资助课题的经费使用情况，于每年12月份报送实际支出情况。课题结束后，2个月内上报课题总结算送科研处核销。剩余经费留给申请者主持的研究工作使用，课题因故中断，核销或停止，应将其剩余部分交回科研处。

第五章　监督检查

第十七条　接受资助的课题所在系（部、医院、所）和教研室（研究室）应从时间、人力、物力等方面组织落实并加强监督和检查，课题申请者必须按计划进度保证完成，不得无故变更，课题计划确需进行调整时，需提出措施征得科研处同意后方可修改。

第十八条　资助课题申请者于每年6月和12月写出研究计划执行情况报告和下一年度的具体安排计划，如取得重大进展、成果或发现新的苗头应及时写出单项书面报告。

第十九条　对资助课题日常的监督、检查和考核，在各系（部、医院、所）主管科研的主任（院长、所长）领导下全权负责进行。

第二十条　资助课题结束后写出研究工作报告交科研处，若取得研究成果则按我院科技成果管理条例申请鉴定或评审，并将课题的各种原始资料如数据、图纸、实验记录等资料整理归档。

华西医科大学青年科学研究基金条例

1987年3月18日

第一章　总　　则

第一条　为促进我校优秀青年科技工作者更快地成长，多出人才、快出成果，适应国家经济建设和科技发展的需要，决定每年从事业费中安排一定数量的经费，从1987年起设立华西医科大学青年科学研究基金。

第二条　华西医科大学青年科学研究基金面向全校，用于资助从事基础研究应用研究（含社会科学和软科学的研究、学风端正、工作勤奋的优秀青年科技工作者。资助的课题应具备以下条件：

(1) 学术思想新颖，有创见性，立论根据充足；

(2) 目标明确，有先进、合理、可行的研究方案；

(3) 有一定研究工作基础，研究周期不超过3年，并可望取得预期成果或继续深入研究可能争取得到上一级基金的资助。

第三条　华西医科大学青年科学研究基金，采取个人申请、专家推荐、同行评审、择优支持的原则。鼓励不同学科、不同部门、跨单位（校内外）的合作研究。

第二章　申请与评审

第四条　凡年龄在35岁以下（含35岁），有独立开展研究工作能力，并能担任课题负责人的科技人员（不包括在读硕士、博士研究生），课题组成员以青年为主，并得到两名同行和有关学科副教授级以上的科技人员书面推荐者，均可申请。

第五条　申请者必须认真填写《华西医科大学青年科学研究基金申请书》。推荐者应对申请者和课题组主要成员的素质与研究能力、资助课题应具备的条件及经费预算是否合理签署具体意见。

第六条　申请书须经所在院（系、所）组织同行和相关学科专家评议。签署评审意见，由主管领导审核并对能否保证申请者研究计划实施所需的人力、物力、时间等基本条件签署意见，加盖公章后报送学校科研处。

第七条　对符合要求的申请书，学校科研处按不同学科、专业召集有关同行专家评审（会议或书面），经校学术委员会通过，报主管校长批准。

第八条　评审结果由学校科研处通知申请者所在院（系、所），参与评审的有关人员对申请者的研究技术方案和评审意见应严加保密，对申请者的查询一律不予受理。

第三章　经费与管理

第九条　华西医科大学青年科学基金资助课题的经费总额一般不超过1万元。实行一次核定，一次拨款，专款专用，由获得资助者负责支配，限于在研究起止年限内使用。

第十条　资助经费的使用要精打细算、节约开支。使用范围包括，该课题直接需要的小型实验仪器、材料、加工、测试、计算、资料及国内学术交流。不得用于奖金、劳保福利、补助工资、影相器材及大型设备的购置。

第十一条　受资助者所在院（系、所）负责保证、监督、检查课题的实施，并及时帮助解决执行中遇到的困难，学校在每年6月和12月进行全面检查。

第十二条　受资助者应于每年12月份提交书面研究计划执行情况。若取得重大进展或发现新的苗头，或预计将取得较大的经济效益和社会效益应及时写出单项书面报告，可另行申请增补经费。

第十三条　受资助者在研究计划结束后，应认真总结，写出研究工作报告(附上完成的论文、鉴定资料等)，经所在院（系、所）主管领导签署意见后报送学校科研处。成绩卓著者学校将给予奖励，并对进一步申请的课题优先资助。

第十四条　受资助者必须按计划完成研究任务，由于主客观原因须调整研究计划或不能按预定计划完成研究任务者，须及时说明情况，提出拟采取的措施，否则将根据具体情节追回拨款，撤销研究课题，并在一定的时间内停止再申请课题。

西安交通大学科学研究基金管理办法

1993年

第一条　为了迅速提高我校教师和科研人员的学术水平和科研能力，促进我校科研工作的发展，帮助青年科技工作者尽快脱颖而出，从我校实际情况出发，设立“西安交通大学科学研究基金”(以下简称校科学基金)。

第二条　校科学基金面向全校，用以资助从事自然科学和部分社会科学方面的基础研究和应用研究工作，重点资助45岁以下中青年教师提出的申请。

第三条　校科学基金资助有重要科学意义，学术思想新颖、立论根据充分，研究方法和技术路线合理、可行，可望在二三年内取得成果的申请项目。

每个申请者每次只能申请一项，已资助项目未完成前不能申请新的项目。

第四条　资助项目的经费开支范围只限于与该项目直接有关的科研业务费；实验、材料费和必须添置的小型设备费。

校科学基金资助项目不扣管理费，也不发劳务酬金。

第五条　申请校科学基金须按规定的格式填写申请书并由所在教研室(研究室)负责人推荐。申请金额一般不超过两万元，工作期限一般不超过两年，最长不超过三年。

第六条　各系对本系（所）各教研室（研究室）推荐的申请项目，应先进行形式审查，形式审查合格的项目交系学术委员会按以下内容进行初审：

（1）是否有重要科学意义或有重要应用前景，能否推动和促进学科发展，为争取国家和省部级科研项目奠定重要基础。

（2）研究方法和技术路线是否合理可行。

（3）有一定的研究工作基础。项目负责人和成员有一定研究能力。

（4）经费预算是否精打细算、实事求是。

第七条　经初审合格的项目送校科研处，由科研处交校科学基金评审委员会（简称校评委会）评审。

第八条　校评委会委员由各系学术委员会推荐55岁以下的正副教授(或相当职称的其他人员)组成。每个系推荐1—2名评审委员并相对稳定。评委会可根据需要按专业大类分组对申请项目进行评审。

第九条　校评委会评审校科学基金项目时，先由申请者（或委托他人）简单介绍申报项目内容并进行答辩，然后由评委按统一指标打分，

第十条　校科研处根据各年度可能用于校科学基金资助的金额数，分类按分数高低顺序择优资助。

第十一条 评审工作结束后，公布批准资助项目名称及经费数。

第十二条 根据校科学基金评审工作量的大小，将发给评审者一定的评审费。评审费在校科研基金中支出。

第十三条 校科学基金资助经费分二年核拨，专款专用，不得变相提成或挪为它用。由所在系（所）监督使用。如发现使用不当，即停止资助，所购仪器设备等物品留所在教研室（研究室）使用，剩余经费由科研处收回。

第十四条 申请者获得资助后，必须及时开展研究工作，受资助期间因故中止研究工作，须书面报告所在单位并经校科研处同意，擅自中止研究工作者，须退还全部拨款。已支出部分由受资助者偿还。受资助项目负责人如因调动工作、出国等不能继续开展研究工作，应由所在系（所）提出更换项目负责人或撤销资助项目的报告；报科研处审批。

第十五条 研究计划执行中，项目负责人每年须填报资助项目年度进展报告，由所在系（所）审核后于次年1月5日前统一报校科研处。对不按时报送年度进展报告者，学校将视情况缓拨或停拨下阶段研究经费。研究工作结束后2个月之内，要认真写出研究工作总结并附科研成果资料及经费决算表报科研处审查通过后结题。

第十六条 受资助者所在系（所）、教研室（研究室）、应关心支持研究工作的开展，对其研究工作和经费使用加强指导和检查；充分保证研究工作所需的人力、物力和工作时间等基本条件。

第十七条 校科学基金的经费主要来自学校科研发展基金及科学事业费等，也接受校内外团体和个人的捐赠。

第十八条 本办法自校长批准之日起实施，由科研处负责解释。

民间科技基金

中国科学技术发展基金会章程

1992年2月26日

第一条　宗旨：

本基金会作为民间集资促进科学技术发展的组织，旨在争取海内外关心中国科技事业发展的团体、人士的支持和赞助，通过资助科技人员社会化的创造发明，推动科技界、学会和各地科协等，组织会员开展学术研讨、技术开发、人员培训、奖励优秀科技人员，开展民间的科学技术活动，促进科学技术的发展和科学技术的社会化。

第二条　性质：

本基金会是非营利的民间科技组织，独立社团法人。

第三条　任务：

(1)与国内外民间科技性基金会建立友好往来与合作联系；

(2) 充分利用国内外民间渠道筹集资金；

(3)资助中国科协所属学会会员的创造发明活动；

(4) 资助会员中优秀中、青年科学家参加国际科技交流活动；

(5) 表彰、奖励在科技界做出突出贡献或取得显著社会效益、经济效益、学术成果的优秀科技人员；

(6)中国科学技术发展基金会对不具备成立基金会的全国性学会汇集其自筹用作专项基金的资金。

第四条　组织机构：

中国科学技术发展基金会属民间团体，不向政府申请设立专门的行政机构，不申请专门编制，不申请财政拨款。

基金会实行民主管理，设立理事会。理事长由中国科协提名，理事会通过；秘书长(法人代表)由中国科协委派，理事会通过。

理事会聘请国内著名科学家为名誉理事长和顾问，并吸收热心我国科技事业的海内外企业家参加理事会。

理事会下设三个工作委员会：①海内外集资与专项基金工作委员会；②奖励与宣传工作委员会；③项目与科研开发工作委员会，委员均由理事组成。

理事会设立秘书处为办事机构，下设若干部门。

第五条　理事会职权：

(1) 制定和修改基金会章程；

(2) 调整理事会成员，通过理事长、副理事长和秘书长；

(3) 确定名誉理事长和顾问；

(4) 听取并审议基金会的工作计划和工作报告；

(5) 审核年度预算和决算；

(6) 审定《集资管理办法》、《项目评审办法》、《表彰奖励办法》和获“振兴中华科技大奖”的名单。

第六条　基金来源：

(1) 国内外友好团体、企业和个人捐赠；

(2) 中国科协所属学会以及事业单位的赞助；

(3) 其他。

对捐赠的个人、团体，本基金会将赠送纪念品和证书。

第七条　基金使用管理和监督：

(1) 中国科学技术发展基金会设立独立会计，受中国科协的审计监督；

(2)基金会年度经费主要依靠基金增值和专项赞助，基金原则上不能动用，如确属必要，须经理事会 2/3 以上理事通过；

(3)基金会的办事机构开支由基金会的办公费解决，基金会办公费不能超过当年收入的 5%。

第八条　附则：

本章程经理事会正式通过之日起生效，解释权属于本会。章程修改权属于理事会。本会终止须经理事会讨论通过方可有效。

中国科学技术发展基金会集资管理办法

1993 年 3 月 1 日

中国科学技术发展基金会面向学会、协会、研究会和广大会员，鼓励、支持愿为振兴中华、发展科技的国内外各界友好团体、学会、协会、研究会、企事业单位和个人在本基金会内设立促进科技发展的各种基金。现根据国家对基金会的政策法规和本会的章程要求，特制定如下集资管理办法。

一、总　　则

第一条　本会按照“依靠社会、积极募集、不分时限、依愿设立、开展活动、要见成效、遵纪守法、服从管理”的原则接受各种现金和实物的捐赠。

第二条　本会的各种集资原则上均进入基金。本会基金包括无特定指向的捐赠基金和有特定指向的专项基金，专项基金有两种形式：一种是永久性捐赠的专项基金，由本会按捐赠人意愿管理和使用；另一种是有一定时限的专项基金，由基金所有者组成相应的管委会自主支配，本基金会进行监督和管理。本办法对这两种形式的集资基金均适用。

第三条　捐赠应具备的条件：

(1)资金与物品的来源必须符合我国法律和国际公约对民间基金会捐赠的有关规定。

(2) 基金的本金原则上不能动用，以增值部分用于学术交流、科研开发、奖励优秀科技人员和社会公益等其他符合本会章程的活动。

(3) 捐赠不分多少，个人捐赠 1000 元，团体捐赠 1 万元可进入基金；设立专项基金的金额起点为 20 万元人民币（或相应外币）。凡中国科协所属的学会、协会、研究会可以 10 万元人民币为起点，凡个人可以 5 万元人民币为起点。

二、捐　　赠

第三条　给本会的各种捐赠，本会均开具财政部门核准的收据。进入基金会的捐赠，双方签有“捐赠协议”，内容包括捐款、物的来源，基金使用的意向，我会对捐赠方的承诺等。

第五条　凡申请在本会设立专项基金的团体或个人，须报：①《专项基金设立申请表》；②管理办法；③管委会名单等材料。

在上报材料初审合格后，可以筹委会名义开展募集活动，待筹集资金达到基金设立起点并已进入本会帐户，并且双方签订捐赠协议后，专项基金即正式成立。

三、资　　助

第六条　本会的本金原则上不能动用，而以通过金融机构增值的部分做为活动费用。按本会章程规定，办事机构每年的行政开支不能超过增值收入的 5%。

第七条　本会对专项基金要保证其稳妥无风险性，同时对基金增值部分，按高于银行同期存款利率的 20%执行。对永久性捐赠可达 20%以上。

第八条　本会对有时限性的专项基金，要求最短不得少于一年，对其资助为每年一次，有特殊情况可半年一次，。本会对为专项基金用款一般不作零星报销。

第九条　本会资助分为两类：

(1) 计划内资助。本会依据捐赠协议向专项基金资助的费用，应填写《计划内资助申请表》，经审核批准后，财务方可办理资助款手续。

(2) 计划外资助。本会对具有一定影响的国际性学术交流活动和在国内产生重大影响的各种活动，给予专项资助。凡申请资助的团体应填写《计划外资助申请表》，经审核批准后，财务方可办理资助款手续。

四、活　　动

第十条　凡本会资助的活动均须冠以“中国科学技术发展基金会”的字样，也可书写专项基金设立单位联合举办的字样，但不得单独使用某某专项基金取而代之。凡专项基金管委会刻制的印章应冠以“中国科学技术发展基金会”字样。

第十一条　专项基金的活动年初应报书面计划，年底应报书面总结（文字数量及形式不限）。专项基金不是一级法人组织，故不得单独擅自签订经济协议及合同。

第十二条　专项基金管委会对本会资助的款项，应争取每年有1—2项在社会上或在某学科领域开展有一定影响的诸如：学术交流、决策咨询、科研开发、培训人才、奖励人才，社会公益等有意义的活动。

五、奖　　励

第十三条　无特定指向永久性捐赠：

(1) 捐资在20万元（人民币）以上者，可参加理事会，属社会知名人士或著名科学家可聘为顾问和名誉职务；颁发证书和金质纪念牌。举行新闻发布会，在报刊、电视上公布消息。

(2) 捐资在10万元（人民币）以上者，可参加理事会，颁发证书和银质纪念牌。专题见报。

(3) 捐资在5万元（人民币）以上者，颁发证书和铜质纪念牌，报上公布名单。

(4) 捐资在1万元（人民币）以上者，颁发证书。

(5) 捐资在1千元（人民币）以上者，赠精美收据并注册留名。

(6) 集资主导者，按集资总额10%给予奖励。

第十四条　有特定指向永久性捐赠：

(1) 为某奖项或活动捐资在50万元（人民币）以上者，其专项基金可派一名代表参加理事会，按捐赠者意愿设立奖项和奖杯；颁发证书和金质纪念牌。举行新闻发布会，在报刊、电视上公布消息。

(2) 为某奖项或活动捐资在20万元（人民币）以上者，可按捐赠者意愿设立奖杯；颁发证书和银质纪念牌。专题见报。

(3) 为某奖项或活动捐资在10万元（人民币）以上者，颁发证书和铜质纪念牌。报上公布名单。

(4)为某奖项或活动捐资在5万元(人民币)以上者，颁发证书和纪念牌。

(5)为某奖项或活动捐资在1万元(人民币)以上者，颁发证书。

(6) 集资主导者，按集资总额1%给予奖励。

第十五条　有特定指向时限性捐赠：

(1) 捐资在50万元（人民币）以上者，其专项基金可派一名代表参加理事会。

(2) 捐资在20万元（人民币）以上者，可设立专项基金。

(3) 集资主导者，按集资总额1‰给予奖励。

第十六条　奖励审批：

(1) 凡聘为副理事长、顾问及荣誉职务者，由秘书长报理事长审批；凡进入理事会的理事由秘书长审批。(2) 凡奖励金在5万元以上（含5万元）者由秘书长报理事长审批；5万元以下者由秘书长审批。

第十七条　本会为推动专项基金设置单位更好地开展工作，对有关人员及设立单位将给予奖励，其条件为：

(1) 团体——遵守本会章程和管理办法，在专项基金管理中无违纪行为；各项活动开展得活跃，有一定的社会效益，每年至少有1—2项有影响的活动，基金不断增加。

(2) 个人——遵守本会章程、管理办法和专项基金管理办法，积极工作，为专项基金举办有一定影响的活动。并为基金的扩大做出努力和成绩的人员。

(3) 专项基金的团体奖励，按基金数的0.5—1%掌握，奖金要求用于为专项基金活动制作的纪念品或奖品；专项基金的个人奖励，按基金数的1‰掌握。

六、审　　计

第十八条　本会有权对资助款项进行审计，专项基金管委会有义务向本会如实报告资助执行情况，并在年初报计划和预算，年底报总结和决算。本会按照国务院颁发的《基金会管理办法》中第八条“如果发现不按原定的协议使用资金，基金会有权减少、停止或者收回资助的资金。”监督执行。

七、附　　则

第十九条　本办法属本会内部的管理办法，

已经本会法定代表人审核，自 1993 年 3 月 1 日起执行。

附：1. 捐赠协议

2. 中国科学技术发展基金会专项基金设立申请表

3. 中国科学技术发展基金会专项基金资助金使用情况年报表

4. 参考资料：(1) 中国科学技术发展基金会茅以升科教基金管理办法

(2)中国科学技术发展基金会茅以升科教基金奖励办法

(3)中国科学技术发展基金会茅以升科教基金管委会名单

中国科学技术发展基金会资助管理办法

1993 年 3 月 1 日

一、总　　则

第一条　为推动科学技术活动的社会化，支持各地科技团体和个人开展学术交流、著书立说，举办具有重大影响的社会公益活动和培训奖励优秀科技人才，特制定以下资助管理办法。

第二条　凡中国科协所属学会、协会、研究会、有关单位以及会员个人，国内外友好团体、各界具有科技色彩的活动均可申请资助。

第三条　资助范围：

(1) 资助优秀中、青年科学家参加国际科技交流活动；

(2)资助中国科协所属学会在国内举办重大国际学术交流活动；

(3)资助中国科协所属学会重要科技书刊的出版；

(4) 资助科技界具有影响的社会公益活动；

(5) 表彰、奖励在科技界做出突出贡献或取得显著社会效益、经济效益，学术成果的优秀科技人员。

第四条　要求：

(1) 凡申请资助者均须按本管理办法提出申请，经审批后执行。

(2)凡获资助者在申请项目中应在各种宣传场合、新闻稿件，宣传纪念品上注有宣传本会的内容和明显标志。

二、申　　请

第五条　凡申请本会资助的项目须填写申请审批表一式二份，申请单位在详细填写每项内容后，经主要负责人签字并加盖公章后报本会。

第六条　本会随时受理申请项目，但申请时间须在项目实施前 3 个月报来本会。

第七条　申请者每年只能申请一次，凡计划外项目每次申请须交评审费 30 元，每项资助经费一般不超过 1 万元。

三、审　　批

第八条

(1) 5000 元以下资助（含 5000 元）由业务处提出评审意见报秘书长审批；

(2) 2 万元以下资助（含 2 万元）由业务处商有关部门提出评审意见报秘书长审批；

(3) 2 万元以上资助，由秘书长商有关部门提出意见报理事长或工作委员会主任审批。

第九条　申请项目的审批结果，由本会秘书长在报来申请一个月内通知申报单位，无论申请资助是否批准，申报材料概不退还。

四、实　　施

第十条

(1) 项目审批获资助后，申请单位应按本会要求实施，待申请单位将准备工作就绪(包括稿件、样品）报本会验收后，本会财务方可拨款。

(2) 凡本会资助的活动均需冠以“中国科学技术发展基金会”字样。

(3) 凡属由本会全额资助的有经济收益的项目，其收益由申请方与本会按 5：5 的比例分享。

五、附　　则

第十一条　本办法自 1993 年 3 月 1 日起施行。

第十二条　本办法的解释权属中国科学技术发展基金会。

中国科学技术发展基金会非职务科技研究开发项目资助管理办法

1993年1月12日

一、总　　则

第一条　为了发掘社会科研潜力，支持科技人员的非职务科技研究开发活动，特制定本办法。

第二条　凡中国科协所属学会、协会、研究会会员，从事不属于本单位的研究任务，不是无代价利用本单位的物质条件和未公开的技术资料的研究开发项目，均可申请资助，本会亦支持在校优秀研究生以个人名义开展应用技术的研究开发项目。

第三条　中国科学技术发展基金会（以下简称本会）按照“依靠专家、发扬民主、平等竞争、公正择优”的原则，遴选资助项目。获得资助的项目必须符合下列条件：

(1) 对科技、经济、社会发展有重要意义；

(2) 研究内容和研究方法具有创造性；

(3) 申请者与合作者具备相应的研究能力；

(4)研究项目已有相当的工作积累或已取得阶段成果，所需条件基本落实；

(5) 资助项目研究成果权属无争议。

第四条　本会近期重点支持应用研究和技术开发项目，特别是应用前景广、经济效益好、研究周期短，一二年内可望取得研究成果的项目。对已获专利权的申请项目，优先予以支持。

二、申　　请

第五条　凡申请本会资助者须填写立项申请书一式四份，经两名具有高级专业技术职称的同行专家推荐，全国性学会或省、自治区、直辖市和计划单列市以上学会归口审查筛选，学会负责人签属意见并加盖公章后报我会。在校研究生可由所在学校有关主管部门审查并签属意见。申请时须提供所在单位出具有非职务研究证明材料和研究开发条件落实情况的证明材料。每项申请交纳评审费50元，申请者如远离上述学会，可由所在地、市级科协办理上报手续，但须向省科协及相应省级学会备案。

第六条　本会随时受理申请项目，并根据申报情况，每年集中评审若干次。申请项目研究计划的执行期从批准之日计算。

第七条　每一名申请者每次只能申请一项资助，但可以作为项目组成员参加其他项目工作。每项资助经费一般不超过2万元。未完成已获资助项目，不得申请新项目。

三、评　　审

第八条　立项申请由本会秘书处负责受理并进行形式审查，不符合资助范围、超项申请和手续不完备的，不予受理。形式审查合格的，分别送请三名以上同行专家评议。

第九条　申请金额不足1万元的项目，本会秘书处可在同行评议的基础上审查核准。申请金额超过1万元的项目，由本会评审委员会在同行评议的基础上，对申请项目进行综合评审。根据评审项目的质量的经费可能，审定资助项目和资助金额，定期向理事会报告。评审会议可根据需要，聘请有关学科的专家参加。

第十条　申请项目的审批结果，由本会秘书处通知申报单位和申请者。无论申报项目获资助与否，申请材料及申请费概不退还。

四、实施及检查

第十一条　经评审选定的资助项目，由项目负责人、申报学会与本会签订合作协议，明确三方的责任与权益。

第十二条　项目负责人须按评审意见，填报研究计划和财务预算，作为检查依据，每半年简要报告研究工作进展和经费使用情况，年终全面报告项目进展情况和下年度工作计划。项目完成两个月内，报送研究工作总结。

第十三条　资助项目进展遇到困难须对原定研究内容、指标、年限进行修改的，项目负责人应及时提出申请，经申报单位同意后报本会审批。资助经费原则上不予追加。研究工作难以进展的项目，应报告本会，中止实施。项目负责人出国半年以上的，也应办理更换负责人或中止实施手续，否则回国后将不再受理其申请。

第十四条　申报单位有责任加强对资助项目的管理，本会将不定期地对研究工作进展及经费使用情况进行检查。项目负责人和申报单位有义务配合并提供真实情况。如发现有严重问题，本会将中止拨款或撤销资助。

五、经　　费

第十五条　获准资助的项目经费，按项目进展情况每半年拨至申报单位，受款单位须单独建帐，专款专用，项目结束后编制财会决算。

第十六条　本会资助经费只能用于同研究工作直接有关的材料购置、外协加工、仪器设备的租赁、资料购买、文件印刷及必要的咨询调研费等，不得用于购置固定资产和研究人员的劳务费。项目实施过程中的材料、半成品、成品所有权属本会。

第十七条　成果鉴定、申请专利所需费用，在项目做出成绩后另行申报，不含在项目资助费中。

六、成　　果

第十八条　资助项目完成后，项目负责人应将该项目的一套完整科技资料及研究成果的鉴定、获奖、获专利权的材料与发表论著等及时报送本会。

第十九条　资助项目获得成果后，项目负责人有权在有关科技文件和公开发表的论著上写明自己是成果的完成者，但须标注系由本会资助。研究成果的使用权、转让权、专利权由项目完成者与本会共同所有。

第二十条　资助项目研究成果的推广、转让所得纯收入，应先偿还项目资助费（包括成果鉴定与专利申请费用）；其余部分原则上按本会30%，完成者50%，申报单位20%的比例分成。

第二十一条　凡在完成资助项目中取得了成绩的科技人员，本会负责向其所在单位出具证明，作为晋升专业技术职称和奖励的依据。

七、附　　则

第二十二条　本办法自1993年1月12日起施行。

第二十三条　本办法的解释权属中国科学技术发展基金会。

中国科学技术发展基金会茅以升科技教育基金管理办法

第一条　宗旨：

茅以升科技教育基金(以下简称基金)的设立，旨在纪念茅以升教授一生为工程建设以及科研教育的贡献并继承其未竟事业，支持与资助有关科技普及教育活动、学术交流、人才培养、成果奖励从而促进我国科技教育事业的繁荣，优化社会科技教育环境，促进科技后备人才的成长。

本基金隶属于中国科学技术发展基金会。

第二条　任务：

(1) 资助和设立桥梁建设、科普活动以及科技馆等科技教育奖励项目；高等院校课外科技成果奖励项目；鼓励有关科技教育事业的开拓和开展，举办这方面的学术交流活动，奖励热爱科技教育事业的工程技术人员、教育工作者和优秀学生。

(2)资助基金捐献和设奖单位或个人有关国际科技交流活动以及邀请国际知名专家、学者来华进行学术活动。

第三条　组织：

基金管理委员会设：

名誉主任：2人，顾问：若干人，主任：1人；副主任：3人，委员：若干人。从委员中推选常务委员12—13人，主持委员会日常工作。秘书长：1人，副秘书长：4人，委员会每年召开一次。常务委员会每年召开两次。

管理委员会职责：

(1) 制定和修改本基金管理办法。

(2) 制定本基金的筹集、管理、使用的工作细则。

(3) 与国内外科技教育组织，基金组织建立友好合作关系。

中国科学技术发展基金会茅以升科技教育基金奖励条例

第一条　为纪念茅以升教授一生为工程建设和科研教育的贡献并继承其未竟事业，特设立桥梁、岩土力学、铁道科学技术、科技馆教育展项设计、交通工程等奖励项目和工程教育奖学金，以激励后备人才的成长，促进我国科技教育事业的发展。

第二条　奖励项目的申请人应是热爱祖国、拥护社会主义并具有优良品德的优秀科技工作者。申请人的成果应属于国内领先水平或在本地区成绩突出。

第三条　奖学金的申请人应具有：坚定正确的政治方向，爱国热忱和立志为建设社会主义现代化强国而奋斗的精神；学习勤奋、刻苦，成绩优异；良好的道德品质，模范遵守法纪，校规；积极参加体育锻炼，有健康的身体。

第四条　申报奖项和奖学金采用由有关单位向该奖项评审委员会推荐方法，不受理个人申请。

第五条　各奖项应设立评审委员会，负责制定本奖的评审条例和主持评审工作。各奖项评审委员会的评审条例和组成人选报基金管理委员会常委会审批。

第六条　各奖项的评审结果报基金管理委员会常委会审定后由基金管理委员会统一组织颁奖。

第七条　申请、推荐应当实事求是，严肃认真。如发现弄虚作假，经查明属实，基金管理委员会有权撤销其奖励，退回奖金。

第八条　本条例由基金管理委员会负责解释，并自管理委员会常委会通过之日起施行。

中国社会科学院青年语言学家评奖条例

1990年10月修订

第一条　本奖金授予对中国境内的某种或某些语言文字的现状或历史进行调查研究有成绩的中国青年学者。

第二条　获奖者在其获奖著作发表时的年龄应不超过45周岁。著者不止一人时，所有著者的年龄都不得超过45周岁。(在适当时期后，45周岁将改为40周岁)。

第三条　每两年评选获奖著作一次，于双数年份举行。参加评选的著作必须是在规定的评选日期以前五年之内发表的。

第四条　奖金暂定为特等奖4千元，一等奖2千元，二等奖1千元。

第五条　中国社会科学院设立青年语言学家评奖委员会。评奖委员会评选授奖著作时可以征求有关学科专家意见。评奖采取集体讨论和协商一致的方式通过。评奖委员会接受专家推荐优秀著作，但不接受著者本人申请。推荐优秀著作，专著书以一种为限，论文不超过两篇。

中国物理学会吴健雄物理奖奖励条例

1986年5月15日

第一条　为奖励我国青年物理学工作者的学术成就，加速物理学的发展，促进社会主义现代化建设，香港亿利达（ELITE）工业发展集团有限公司在我国设立“吴健雄物理奖”，授予在国内外重要学术期刊上已公开发表的优秀物理学研究成就（以近期为主，但不受时间限制）的作者个人或集体。

第二条　本奖以奖励我国青年物理工作者（可到35岁左右）所取得的实验物理的优秀研究成果为主，一般不授予我国学者在国外取得的物理学研究成果。

第三条　凡在发现新现象、阐明物理规律、运用规律解决关键问题等方面，取得优秀实验物理研究成果的个人或集体，可授予“吴健雄物理奖”。

第四条　本奖每两年颁发一次，奖金总额为

港币5万元，同时颁发荣誉证书和金质奖章。

第五条　各研究机构、高等院校、全国性学术团体或由副研究员（副教授）或相当于副研究员(副教授)以上水平的科技工作者5人联名,均可推荐请奖项目。

第六条　请奖项目由推荐单位或被推荐人的所在单位进行初审,初审前应经过5名以上同行专家（副研究员或副教授以上）的评议，对请奖项目的学术水平提出书面评价。

第七条　中国物理学会受亿利达工业发展集团有限公司的委托，设立“吴健雄物理奖”评选委员会，负责初审后请奖项目的评定工作，然后将评选结果送吴健雄教授审阅同意后，由中国物理学会授奖。

第八条　评奖当年9月30前，将初审后的请奖项目报送中国物理学会“吴健雄物理奖”评选委员会。同年12月底最后审定获奖项目。

第九条　本条例自中国物理学会常务理事会讨论通过颁布之日起生效。

第十条　本条例的解释权属于中国物理学会。

中国物理学会胡刚复、饶毓泰、叶企孙、吴有训物理奖章程

1991年7月9日修订

一、宗旨和名称

为纪念我国物理学界四位老前辈在开创我国物理学事业和创建中国物理学会所作出的贡献，鼓励为发展中国物理学事业、在科学和技术上作出突出贡献的中国物理学工作者，有助于我国物理学事业的发展，特设立四种物理奖：

1. 胡刚复物理奖（实验技术）；

2. 饶毓泰物理奖（光学、声学、原子和分子物理）；

3. 叶企孙物理奖（凝聚态物理）；

4. 吴有训物理奖（原子核和粒子物理）。

二、奖励办法

1. 物理奖每两年评选和颁发一次。每种奖每次评出不超过两项，一般只评一项。

2. 物理奖以精神鼓励为主，物质奖励为辅，每项奖发荣誉奖状一份，奖金若干。每个获奖者个人，发给奖章一枚。

三、组　　织

1. 中国物理学会成立胡刚复、饶毓泰、叶企孙、吴有训物理奖基金委员会，基金委员会成员由中国物理学会聘请。每届任期为4年。基金委员会的任务是：

(1) 负责募集和管理胡刚复、饶毓泰、叶企孙、吴有训物理奖基金；

(2) 确定奖励方针和办法；

(3) 确定和调整奖金数额；

(4) 协调四个评选委员会的评奖工作，审批各评选委员会评出的获奖项目和获奖人员；

(5) 颁奖。

2. 中国物理学会成立四个物理奖评选委员会：

胡刚复物理奖（实验技术）评选委员会；

饶毓泰物理奖（光学、声学、原子和分子物理）评选委员会；

叶企孙物理奖（凝聚态物理）评选委员会；

吴有训物理奖（原子核和粒子物理）评选委员会。

四个评选委员会成员均由中国物理学会聘请，每届任期为4年。评选委员会的任务是：

(1) 负责组织和收集各自领域物理奖的推荐；

(2) 经了解和初步审核，提出物理奖推荐候选项目，并向被推荐项目负责人收集详细申请奖励材料；

(3) 组织同行专家对候选项目的评议；

(4) 在推荐意见和同行专家评议基础上，评选委员会评选出得奖项目和得奖人员；

(5) 填写评选意见并报基金委员会。

四、基金来源和管理办法

1. 由基金委员会发出募集基金通告；

2. 基金募集对象以我国物理学有关部门、大专

院校、研究单位和企事业单位为主，也接受物理学会会员和社会各界人士个人赞助。

3. 物理奖基金原则上不能动用，以存款利息，支付物理奖奖金、奖状、奖章等必要费用。

五、物理奖推荐评选办法

1. 物理奖评选条件：

(1)前两年内曾经对我国物理学有关领域的发展作出最大贡献的成果，包括那些其重要性直到前两年内才显露出来的两年以前的工作，该成果应该是已经发表的。

(2) 多年来对我国物理学发展，在科学技术上作出突出贡献的物理学家。

2. 物理奖每项奖励，获奖者不得超过 3 人。

3. 物理奖评选分为三个步骤：第一步向评选委员会推荐，第二步由各评选委员会进行评选，第三步由基金委员会审批。

4. 每项物理奖须由 2 人以上推荐才能受理。

下列人员有权推荐物理奖：

(1) 基金委员会委员；

(2) 各有关评选委员会委员；

(3) 中国物理学会理事；

(4) 具有教授、研究员职称的物理学家。

各物理奖评选委员会、各地方物理学会、各分科学会应组织上述范围专家进行推荐；中国光学学会、中国声学学会均可组织有关专家进行推荐。

物理奖不采取本人或本人所在单位申请的办法。

5. 物理奖推荐、评选步骤：

(1)评选工作每两年进行一次，第一年推荐、评选，第二年发奖。

(2) 第一年的二月底前，由基金会向基金委员会委员、评选委员会委员、中国物理学会理事、地方物理学会及各分科学会等发出物理奖推荐、评选通知。进行推荐，推荐人负责填写出推荐书，于第一年 8 月底以前寄送各有关评选委员会秘书。

(3)各评委会根据推荐，经过初步了解审核，提出物理奖推荐候选项目。

(4) 评选委员会接到推荐书后，直接通知该项目主要负责人根据要求提供详细材料一式 4 份。

评选委员会在收到推荐项目详细材料后，将推荐项目随有关材料委托推荐人以外 4 位同行专家进行评议，提出初审意见，初审工作应于第一年 11 月底以前进行完毕。

(5) 评委会主任、副主任、秘书根据推荐意见、初审意见，提出正式参加评选项目，提请评选委员会进行评议和选拔。评委会于第一年 12 月底前评出得奖项目和得奖人员，填写评选意见，报基金委员会。

(6)第二年 1 月底以前基金委员会审批获奖项目，填写申批意见，正式确定获奖项目和获奖人员。

(7) 第二年上半年，在中国物理学会理事全体会议或代表大会期间颁发物理奖，在颁发大会上每项物理奖都要有一位主要得奖人员作一次学术报告。

6. 物理奖推荐、评选若干规定：

(1) 要提倡优良学风。推荐人、评委会委员都要对推荐、评选工作抱严肃认真、客观公正的态度，坚决反对评奖工作中出现各种不正之风。

(2) 评委会要重视调查和了解情况，力求避免在推荐工作中出现重大遗漏。对得奖项目和得奖人员的科学技术贡献务必审查清楚，确实可靠，避免出现不应有的错误。

(3) 基金委员会、评委会会议均以 2/3 以上委员参加投票（含 2/3）方为有效。物理奖评选和审批均采取无记名投票，全体委员半数以上赞成才算通过(委员人数以当时在国内实有人数为准)。评选和审批一般应在召开会议讨论基础上进行，特殊情况下可通信投票。

(4) 评选过程中的推荐人和推荐内容，初审和初审内容，评审会上的评议意见等评选活动的内部情况，均应保密，不能外传，以避免影响评选工作的正常进行。

江西省江铃科技奖励基金会章程

1992 年 6 月 10 日

第一章　总　　则

第一条　江西省江铃科技奖励基金会是由江西省科协和江铃汽车集团联合兴办的科技奖励基

金的管理机构，其宗旨是奖励为我省科技进步和经济发展做出突出贡献的优秀科技人才。

第二条　本基金会是非盈利的科技组织，独立的社团法人。

第二章　组织机构

第三条　本基金会的领导机构是理事会。理事会由江西省科协和江铃汽车集团双方协商产生，吸收政府有关职能部门的领导参加，每届任期3年。理事会可视情况需要，聘请省级领导或著名科学家担任名誉理事长和顾问。理事长由江铃汽车集团总经理担任，秘书长由江西省科协推荐，由理事会确认。秘书长为本基金会的法人代表。理事会下设办公室，在秘书长的领导下负责处理日常工作。

第四条　理事会的职权：

(1) 制定和修改本会章程；

(2) 通过正、副理事长、秘书长人选；

(3) 聘请名誉理事长和顾问；

(4)审议基金会的工作计划和经费预算、决算；

(5) 审定基金使用管理办法；

(6)与省科协常委会共同领导和监督评奖委员会的工作。

第五条　成立江西省江铃科技奖评奖委员会，负责评奖工作。该委员会主要由我省各学科专家组成，接受省科协常委会和理事会领导和监督。

第三章　基金的来源与使用

第六条　基金来源：

(1)江铃汽车集团捐赠120万元人民币作为奖励基金，购买江铃汽车集团的优先股股票，其年收益率可达15%。

(2) 其他收入。

第七条　基金主要用于表彰奖励有突出贡献的科技工作者，目前暂设三种奖励。

(1) 科技精英奖：为本基金会最高奖励，奖励在我省经济发展和科技进步中作出杰出贡献的拔尖人才。每3年评选一次，每次10名左右，每人奖人民币10 000元以上；

(2) 科技贡献奖：奖励在我省经济建设中应用科技成果转化为生产力成绩突出的科技人员。每年评选一次，每次20名左右，机械行业应占25%(其中汽车行业占30%左右)，每人奖人民币3000元以上。

(3) 青年科技奖：奖励35周岁以下、为我省经济发展勇于拼搏、成绩突出的优秀青年科技工作者。每两年评选一次，每次10名左右，机械行业应占25%(其中汽车行业占30%左右)，每人奖人民币2000元以上。

第八条　每年度用于奖励的经费是基金的增值部分。基金本身不得动用。

第九条　基金会不设专职办事机构，其日常工作由省科协负责。评奖活动的办公费用不得超过本年度基金增值部分的5%。

第十条　基金会设独立的会计，接受理事会和审计监督。

第四章　附　　则

第十一条　科技精英奖、科技贡献奖、青年科技奖的评奖条件和办法由基金会办公室制定，报省科协常委会和理事会审定批准。

第十二条　本基金会的终止由理事会决定，并按国家有关法规办理。本章程经理事会正式通过之日起生效。解释权属本会。

江西省江铃科技奖评选办法

1993年1月6日

第一条　为奖励在依靠科技进步、促进我省经济振兴和社会发展中做出贡献的优秀科技人才，在全省造成一个尊重知识、尊重人才的良好社会风尚，江西省科学技术协会与江铃汽车集团共同商定设立江铃科技奖。

第二条　江铃科技奖设科技精英奖、青年科技奖、科技贡献奖三种。

科技精英奖：奖励我省在依靠科技进步推动经济建设和社会发展中做出重大贡献的拔尖人才。科技精英奖每3年评选一次，每次奖励10人，每人奖金10 000元。

青年科技奖：奖励我省在依靠科技进步推动经济发展中勇于拼搏、成绩突出、年龄在35周岁以下的杰出青年科技工作者，青年科技奖每2年评选一次，每次奖励10人，每人奖金5000元。

科技贡献奖：奖励在我省经济建设中应用科技成果转化为生产力成绩突出的科技工作者，科技贡献奖每年评选一次，每次奖励20人，每人奖金3000元（其中机械行业不少于4名)。

第三条　具备下列条件之一者，可以申请科技精英奖：

1. 在科学技术领域中，做出了创造性贡献的学科或技术带头人，并在国内外产生了重要影响，其科技成果达到国内领先或国际先进水平。

2. 获省部级二等奖以上科技成果奖项目的主要完成者，该项目产生了重大经济效益或社会效益。

3. 承担省内重点科技项目或技改项目的主要技术负责人，该项目在国内外有较大的影响，并产生了重大的经济效益或社会效益。

4. 对我省的宏观发展战略及重大建设项目提出具有重要应用价值的咨询建议，经领导部门采纳并付诸实施，效益显著者。

5. 积极从事科学技术交流、科学普及、科技教育、科技咨询及科技社团工作，成绩卓著，在我省有较大影响的科技活动家。

6. 积极组织和促进科技成果转化为生产力，大力推行技术革新、技术改造，在我省的经济发展和技术进步中做出杰出贡献者。

7. 在科技体制改革中，积极探索，勇于实践，努力开拓，成绩突出，并产生重大影响的优秀科技管理工作者。

第四条　具备下列条件之一者，可以申请青年科技奖。

1. 学术上（自然科学）提出了新的思想和见解，发表后被认为达到国内或国外先进水平者。

2. 在科学技术活动中，勇于创新，做出重要贡献，并已取得重大经济效益和社会效益者。

3. 在传播科学技术知识和科技成果推广工作中成绩显著，取得重大的社会效益和经济效益者。

第五条　具备下列条件之一者，可以申请科技贡献奖。

1. 面对我省经济建设和社会发展，研究开发的科技成果（新产品、新技术、新工艺、新设计、生物新品种等)，具有国内先进水平，成果应用后取得重大经济效益和社会效益。

2. 在重大工程建设、重要设备研制和企业技术改造中，采用新的科技成果，或在引进、消化、吸收、开发、应用国外先进技术中做出创造性贡献，并取得重大经济效益和社会效益者。

3. 推广应用先进成熟科技成果，在科技兴农、科技兴企、科技扶贫等工作中做出了创造性贡献，并已取得显著的经济效益和社会效益者。

4. 在科技咨询、高科技开发和决策科学化中进行过创造性研究，并被采纳应用取得明显的社会效益和经济效益者。

第六条　科技精英奖、青年科技奖原则上不重复评奖。曾获青年科技奖和科技贡献奖的科技人员，如有新贡献可以申报科技精英奖或再重复申报科技贡献奖。同一年三种奖不得同时申报。

第七条　江铃科技奖的申报程序如下：

1. 全省科协系统所属学会、协会、研究会的会员和在我省工作的科技工作者，可根据申报条件向所在地、市科协或省级学会申报并填写江铃科技奖申请表。

2. 申报人必须提供以下申报材料（一式3份）

(1) 江铃科技奖励申请表；

(2) 科技成果的有关证明材料（获奖证书、各种论著及专家评价、社会效益和经济效益证明材料等)。

3. 省级学会或地市科协对申请奖励者进行资格审查，对合格者组织专家进行初审，提出审查意见，对符合条件者，填写候选人推荐表，连同个人申报材料，候选人申报费报省科协科技奖励工作办公室（精英奖每人80元，青年科技奖每人50元，科技贡献奖每人30元)。

第八条　江铃科技奖由江铃科技奖励评审委员会负责评审，按奖励限额确定获奖者名单。

第九条　经评审委员会评定的获奖名单，各省公布，自公布之日起一个月内如有异议，由评审单位提出处理意见，报江铃科技奖励评审委员会裁决，无异议或异议解决后，由省科协常委会和江铃科技奖励基金理事会核准，即行授奖。

第十条　江铃科技奖获得者由省科协和江铃汽车集团授予荣誉证书，颁发奖金，并通报获奖者所在单位，获奖事迹载入本人档案。

第十一条　江铃科技奖奖励经费从江铃科技奖励基金会中支付。

第十二条　弄虚作假或剽窃他人成果者，经

查明属实，撤销其奖励，收回奖励证书和奖金，并通报其所在单位。

第十三条　本办法自1993年起实行。

第十四条　本办法由江西省科学技术协会解释。

金岳霖奖学金评选奖励办法

1992年6月

根据金岳霖学术基金会章程第五条（二）的精神，5月8日理事扩大会决定：今年本会将颁发金岳霖奖学金。

1.奖励对象：国内高校哲学系逻辑专业的优秀本科生。

2.获奖条件：德智体全面发展，热爱逻辑专业，成绩优秀者。

3. 评选办法：

（1）由学生所在校系的领导和教师组成评委会，主持本校初评工作。评选前要向逻辑专业全体同学宣布金岳霖奖学金评选奖励办法；评选中要坚持标准，民主公正。

（2）每所学校评出获奖学金者两名，于1992年9月15日以前填好“金岳霖奖学金申请表”，报到金岳霖学术基金会，最后由基金会评审小组评定获奖学金者的等次。

4. 奖励办法：

（1）设一等奖1名，奖学金1000元；二等奖3名，奖学金各500元。同时向获奖学金者颁发奖状。

（2）1992年10月颁奖。

振兴中华科学教育基金会章程

1991年11月修订

1. 名称：本会由爱国华侨和友好人士发起组织，定名为振兴中华科学教育基金会。

2. 宗旨：本基金会的宗旨：

（1）为四化建设培养高级专门人才，资助国内优秀青年出国深造，或聘请国外专家在国内培训；

（2）奖励对中国现代化建设在科学技术上作出突出贡献者。

3. 基金：

（1）本会基金由热心为振兴中华，发展科技教育事业的华侨、港、澳、台同胞和友好人士自愿捐献；

（2）基金委托中国银行以最优惠利率储存，本金不得动用，以所得利息支付奖学金、奖金、聘请专家及必要的办会费用（基金具体管理办法详见本会与中国银行签订的协议书）。

4. 会员：捐献人民币10万元以上者，为本会会员；捐献不足10万元者为本会赞助人。凡是会员均由本会发给证书，赞助人则列入本会芳名录。

5. 组织机构：

（1）本会设会长一人，首任会长由主要发起人担任；副会长若干人，由捐献人民币100万元以上者担任，会长每届任期3年，期满后由会长、副会长协商产生下一任会长。

（2）本会敦请国务院侨务办公室、教育部、国家科学技术委员会和中国银行为永久顾问单位，并由其指定负责人担任本会顾问，支持和指导本会工作。

（3）为工作需要，由会长委任有关部门的主管工作人员任理事，组织理事会。理事会设理事长、副理事长，下设秘书处，处理日常会务。

6. 会址：本会设在中国北京，理事会认为工作发展需要时，可在香港和国外设立办事机构。

7. 奖学金、奖金发放原则：

（1）领受本会奖学金者，必须具有大学本科毕业资格，或具有同等学历的在职人员。由教育部择优向本会推荐，由理事会甄选录取。

（2）本会每年颁发“振兴中华科技奖”一次。由国家科委向本会推荐，由理事会议定（发放奖学金和奖金的办法详见实施细则）。

8. 章程修改：本章程在执行中发现有未尽之处，由正、副会长征求会员意见后修订之。

清华大学教育基金会章程

第一章　总　　则

第一条　为推动清华大学教育事业的发展，提高教育质量和学术水平，争取国内外的团体和个人的支持和赞助，特成立清华大学教育基金会，简称清华基金会。英译名为“Tsinghua University Education Foundation”，缩写为“TUEF”。

第二条　本基金会是民间非营利性组织，是独立的社团法人。

第三条　基金会会址：清华大学胜因院28号

第二章　基　　金

第四条　基金来源：

(1) 国外企业、社会团体和个人的自愿捐赠；

(2) 香港、澳门、台湾地区企业、社会团体和个人的自愿捐赠；

(3) 国内企业事业单位、社会团体和个人的自愿捐赠；

(4) 基金存入金融机构收取的利息及购买债券、股票的收入。

第五条　基金主要用于：

(1)资助改善教学设施，包括教学使用的房屋、仪器设备、图书资料。

(2) 资助基础研究、教学研究和著作出版。

(3)资助教师出国深造及参加国际学术合作和国际学术会议。

(4) 奖励优秀教师及优秀学生。

第六条　特定项目捐赠，可以按照捐赠者的愿望和意见定向使用。

第三章　基金管理

第七条　按照中国人民银行有关规定，设立本基金会专用的人民币帐户和外汇帐户。本基金会资金只用于第四条规定的范围，不得挪作他用。严格执行会计和审计制度。

第八条　基金的募集和使用要经过本基金会理事会严格审批。每年定期公布收支帐目。

第九条　特定捐赠项目的实际支出超过该项目捐赠金额，需要本会基金补足时，须经过本基金会理事会的批准。

第十条　本基金会对接受资助者使用资助资金的情况有权进行监督。如果发现不按原定协议使用资金，本基金会有权停止或减少提供或收回资助。

第四章　组织机构

第十一条　基金会实行民主管理制度，最高权力机构为理事会。

第十二条　理事会由理事长、副理事长、理事若干人组成。根据需要，基金会可聘请名誉会长和特约顾问。

第十三条　理事长、副理事长在理事中选举产生。名誉会长、特约顾问由理事长、副理事长推荐，经理事协商后聘请。理事协商产生。

第十四条　理事会职责：

(1) 制定、修改和解释基金会章程；

(2) 确定基金会的工作方针、任务和计划；

(3) 推选理事长和副理事长；

(4) 聘请秘书长和副秘书长；

(5) 听取理事长提出的工作报告；

(6) 决定基金会的其他重大事项。

第十五条　名誉会长指导基金会工作，理事长、副理事长主持基金会工作，秘书长、副秘书长负责日常事务。秘书长是法人代表。

第十六条　根据工作需要，基金会可设若干精干办事机构，具体处理基金会日常事务。

第五章　附　　则

第十七条　本章程经理事会讨论通过，报经中国人民银行和民政部核准后生效。修改亦同。

第十八条　基金会终止活动须经本基金会理事会讨论通过，并向有关部门办理手续。

第十九条　本章程解释权属于本会理事会。

科技出版基金

水利部科技专著出版基金试行条例

1991年9月5日

一、总　则

1. 为了促进水利科技事业的发展，支持水利科技专著的出版，适应水利建设的需要，特设立水利部科技专著出版基金。

2. 出版基金的来源，由水利部拨款20万元，水利电力出版社筹集10万元，共计30万元。此外，由基金委多渠道筹集。

3. 水利部设立科技专著出版基金委员会。

4. 出版基金的使用面向全国，专门用于资助有明显社会效益而印数较少（一般在3000册以下）的水利科技优秀著作的出版。

5. 水利科技专著的作者（或译者）可按照本条例规定的申请办法，向基金委员会办公室提出申请，经基金委员会聘请的专家评审委员会进行民主评议。按照公平竞争的原则，择优资助出版。

6. 接受本出版基金资助的出版物，统一安排在水利电力出版社出版。

7. 本条例由"水利部科技专著出版基金委员会办公室"解释。

8. 本条例自1991年10月1日起实施。

二、出版基金的资助对象

1. 学术水平高、内容有创见、在学科上居领先地位的水利基础学科理论专著。

2. 反映水利重大科研成果或填补我国水利科技某个空白领域的学术专著。

3. 在水利工程技术、经济管理方面有重大实用价值的专著。

4. 对我国水利科技发展有重要参考价值的国外水利科技著作的中译本。

三、出版基金委员会的组织机构与职能

（一）基金委员会

1. 基金委员会（简称基金委）成员由水利部有关领导和专家若干人组成。

2. 基金委负责基金的筹集和基金使用的检查。

3. 基金委每年向水利部提出书面工作报告，并以适当形式向社会通报，接受监督。

4. 基金委每届任期3年，期满后由水利部重新聘任，连聘者连任。

5. 基金委下设专家评审委员会和办公室，分别负责申请项目的评审工作和日常管理工作。

（二）专家评审委员会

1. 为组织好水利部科技专著出版基金申请项目的评审工作，在基金委下设专家评审委员会（简称专家委）。

2. 专家委的主要任务是：

(1) 掌握基金的资助方向，拟定基金的资助指南；

(2) 确定各专业基金资助的比例，审批基金申请项目和年度资助出版计划；

(3) 决定中断或取消资助项目；

(4) 宣传基金工作，扩大资金筹集；

（5）监督基金的使用，对基金委的工作提出建议。

3.专家委成员由基金委聘请勘测、规划、水文、水工、水电、农水、施工、经济等专业有较高学术造诣、热心并熟悉出版事业的专家，以及出版社编辑系统的领导共17—21人担任。

4.专家委成员均为兼职，任期与基金委相同，期满后由新成立的基金委重新聘任。

（三）基金委员会办公室

1.基金委员会办公室（简称基金办）是基金委的日常办事机构，设在水利电力出版社，由该社抽调数名编辑人员组成工作班子。

2.办公室负责基金资助项目的申报、评审等具体事务工作。基金委、专家委以及同行专家评议的业务活动经费，由办公室按规定从基金中支付。

3. 办公室负责向出版社移交获准申请项目的选题，向出版社办理出版基金资助的帐务手续。

4. 办公室每半年要向基金委和专家委提出书面报告，以接受监督和指导，不断改进工作。

四、出版基金的申请办法

1.申请者可在已有全部书稿、或部分书稿、或对拟写书稿已有总体设想并拟就详细写作提纲之后，向本基金办（地址在北京市二里沟三里河路6号，邮政编码100044）提出申请，索取《水利部科技专著出版基金申请书》。后两者必须具备在较短时期内完成书稿的条件。

2.申请者须填写上述的《申请书》一式3份。《申请书》和相应附件等文件，由申请者直接寄交本基金办。

3.申请者申报的书稿主要内容、稿面字数（含图，一般50幅图折合1万字，图版按占版面字数计）和交稿时间，在获准后要严格执行，不得突破和延期。

4. 申请者和主要合作者不能同时提出两项申请。如拟申请第二项，须在第一项交稿后提出。

5.申请者可以（但非必须）自请两名同行专家或高级编辑写出出书面推荐意见。

6. 欢迎申请者向所在单位或通过其他渠道筹集资金，支持出版。在申请项目条件相同的情况下，对已有专款资助和能提供资金支持的项目予以优先考虑。若提供资助金额超过该书需要的，欢迎作为捐赠纳入本基金，基金委定期向社会公布捐赠者名单，并向捐赠数额较大者颁发荣誉证书等，以示谢意。

7.基金办随时受理申请项目，并将评审结果以书面形式通知申请者。除原稿、样稿和其他申请者要求退还的材料外，申请书及其附件一律不退，由基金办留存备查。

8.凡获本出版基金资助的项目，均由水利电力出版社与申请者签订出版合同，并指定责任编辑保持经常联系。

9.出版基金资助费只用于弥补出版亏损，不供用作申请者撰写稿件所需的其他费用。为此，申请者无需提出资助金额，所需资助款额由专家委和基金办核定，直接拨给水利电力出版社。

五、出版基金申请项目的评审办法

1.评审工作坚持依靠专家，公平竞争，择优支持的原则。

2. 基金办收到申请书后，先进行初步审查筛选。明显不符合资助条件的申请项目，由基金办经办人签署意见，经基金办主任批准，书面通知申请者。

3.基金办本着确保公正的原则，将基本符合要求的申请项目送请3名以上的同行专家评议。同行专家对该项目的学术水平、应用价值、著述特点、写作水平及总体质量等作出评价，并提出可否给予资助的意见。

4. 基金办每半年汇总一次经同行专家评议过的申请项目。根据项目的具体情况，预算出资助金额，正式提交专家委评审。

5.专家委每半年或一年集中评审一次，出席人数必须超过总人数的2/3，否则其评审结果无效。

6. 专家委对每一个申请项目进行评审的具体程序是：基金办主任宣读《水利部科技专著出版基金申请书》和同行专家的评审意见；专家委委员详细审读各有关材料，并充分发表各自的意见；最后，进行无记名投票表决。赞成票数超过与会委员人数的2/3，方为有效。

7. 对于极个别无法按正常程序评审而又急需出版的著作，可由基金办提出，经基金办受理、核实、整理后，交专家委主任委员和两位副主任委员评审、核准，并由基金办将情况书面通报专家委委员。

8. 因学科、专业等方面的需要，经专家委主任委员和两位副主任委员同意，基金办可根据申请项目的内容，临时特邀数位对口专家评审，特邀对口专家的评审意见，由基金办主任向专家委主任委员和副主任委员报告，最后由他们审批。

9.对于已审批给予补贴的申请项目，由基金办负责将审批结果和补贴金额，分别通知申请者和水利电力出版社计财处，正式列选和拨款实施。

对于被审定不予补贴的申请项目，由基金办及时将审定结果通知申请者。

10.对于因故不能继续撰写或书稿几经修改仍达不到预定要求而需要中止合同的项目，经基金办主任审核后，报专家委主任委员批准，予以撤销。基金办将撤销情况书面通报专家委委员。

11.参加专家委工作的专家，本人如有申请项目，一律回避有关评审活动。参加评审的人员在申请项目内容没有公开发表以前应负责保密，不得引用，并不得外泄评审情况和评议意见。

12.年度评审工作结束后，由基金办开列给予出版基金补贴的申请项目和相应的资助金额，以及全年的资助总金额，上报水利部并向社会公布。

六、出版管理办法

（一）对获得出版基金资助的作者的要求

1.在接到批准书面通知后，1个月内与水利电力出版社签订约稿合同。

2.按出版基金委员会和水利电力出版社的要求，认真撰写书稿，保证书稿质量。

3.按约稿合同规定的日期交定稿。因故不能按期交稿的，应提前3个月向基金办申明，但延期最多不超过6个月。

4.因故不能继续撰写书稿的，应及时通知基金办。

5.经水利电力出版社审查，书稿未按要求撰写或未达到既定质量标准的，作者应负责修改。修改后仍达不到出版社要求的，水利电力出版社可直接报请专家委批准退稿。

（二）对水利电力出版社的要求

1.水利电力出版社应将接受出版基金资助的书稿作为重要书稿处理，保证出版质量，准时出书。

2.出版基金资助图书的封面和扉页，在其适当位置印出“水利部科技专著出版基金资助项目”的字样和徽记。

3.帮助做好出版基金的宣传、评价工作，及时总结经验。

国防科技图书出版基金管理办法

1991年7月30日

一、总　　则

第一条　为了促进国防科技事业的发展，加强社会主义物质文明和精神文明建设，确保国防科技优秀图书的出版，设立国防科技图书出版基金（以下简称出版基金）。

第二条　出版基金的使用，由国防科技图书出版基金评审委员会（以下简称出版基金评委会）负责审定。

第三条　经出版基金评委会审定给予资助的科技图书，由国防工业出版社列选出版。

第四条　出版基金按年度由国防科学技术工业委员会（以下简称国防科工委）从国防工业出版社上缴利润和技术基础科研费中批拨给国防工业出版社，专款专用。

二、出版基金使用

第五条　出版基金资助的科技图书是具有以下条件之一，而印数小、出版社难以负担亏损者：

1.学术水平高，内容有创见，在学科上居领先地位的基础科学理论图书；在工程技术理论方面有突破的应用科学专著。

2.学术思想新颖，内容具体、实用，对国防科技发展具有较大推动作用的专著；密切结合科技现代化和国防现代化需要的高新技术内容的专著。

3.有重要发展前景和有重大开拓使用价值，密切结合科技现代化和国防现代化需要的新工艺、新材料内容的科技图书。

4.填补目前我国科技领域空白的薄弱学科和边缘学科的科技图书。

5.特别有价值的科技论文集、译著等。

第六条　凡符合本管理办法第五条规定的科

技图书的编著者（个人，包括单个作者或多作者），均可提出申请。优先资助国防科技领域的编著者。原则上，不接受编著者为部门或单位提出的申请。

第七条　对于审定给予资助的科技图书，根据图书的内容和篇幅，按实际需要给予全部资助、部分资助或分期资助。

第八条　对于审定给予资助的科技图书，在审定后发现资助金额过多或发现申请者有不据实申报等不当行为，出版基金评委会有权减少资助金额、中断资助，直至撤销选题。

第九条　每年度审定的资助总金额，不超过本年度核拨的出版基金总金额。

第十条　出版基金的申请和评审工作，见《国防科技图书出版基金评审工作程序》。

三、出版基金评委会

第十一条　出版基金评委会在国防科工委领导下开展工作，由国防科技界有较高水平的专家（以下简称科技专家）和出版部门的专家（以下简称出版专家）等若干人组成；科技专家委员的人数占委员总人数的半数以上。

第十二条　出版基金评委会设主任委员一人，副主任委员若干人，秘书长一人。

第十三条　出版基金评委会负责掌握出版基金的使用方向，严格按照资助条件评审受理的图书选题，决定资助的图书选题和资助金额，以及决定中断或取消资助等。

第十四条　出版基金评委会下设办公室，负责受理出版基金的申请和处理日常工作。办公室设在国防工业出版社，由秘书长兼任办公室主任。

第十五条　出版基金评委会首届委员，由国防工业出版社征求有关方面意见后，提出推荐名单，由国防科工委批准、聘任；后续届委员的推荐名单，由在任届委员会提出，征求有关方面意见后，由国防科工委批准、聘任。

第十六条　出版基金评委会每届任期3年。为保持工作的连续性，每次换届至少有半数委员继续连任，但连任不超过3届。

四、附　　则

第十七条　本管理办法由出版基金评委会负责解释。

第十八条　本管理办法自国防科工委批准之日起生效，国防科工委1988年3月24日印发的《国防科技优秀图书出版补贴暂行办法》同时废止。

国防科技图书出版基金评审工作程序

1991年7月30日

第一条　为了实施《国防科技图书出版基金管理办法》（以下简称《出版基金管理办法》），制订本工作程序。

第二条　国防科技图书出版基金（以下简称出版基金）的评审使用，由国防科技图书出版基金评审委员会（以下简称出版基金评委会）全权负责。受理申请和处理日常事务，由出版基金评委会下设的办公室负责。

第三条　出版基金评审工作的依据是《出版基金管理办法》有关条款。

第四条　出版基金评审工作采取“会议评审”和“信函评审”两种方式进行。在每年召开的出版基金评委会会议期间，进行一次“会议评审”；在两次会议之间，至少组织一次“信函评审”。

第五条　出版基金评委会原则上每年召开一次会议。届时，必须有三分之二以上的委员出席，会议方为有效。

会议主要内容：

1. 进行“会议评审”；

2. 复核“信函评审”结果，着重复核“拟给予资助”的表决票数明显少于与会委员人数之半的申请图书；

3. 审核年度出版基金评审工作和使用情况；

4. 审查办公室日常工作报告；

5. 审议其他与出版基金评委会工作有关的问题。

上述内容，除第一项外，其他4项均以举手方式表决，“同意”或“不同意”超过与会委员人数的半数者为有效。

第六条　办公室随时受理申请。申请者应根

据出版基金的资助范围和申请条件，如实逐项填写《国防科技图书出版基金申请表》(以下简称《出版基金申请表》）各栏目，并附有关材料。

第七条 办公室受理申请后，应对《出版基金申请表》和有关材料逐一核实。对明显不属于资助范围的申请图书，应及时将有关材料退给申请者，并附函说明。《出版基金申请表》一律不退，存档备查。

第八条 办公室将整理好的每种申请图书的材料复印若干份，及时分送出版基金评委会每位委员一份。根据申请图书的内容和出版基金评委会委员的分工，办公室应在送给各委员的材料上注明或附表说明每种申请图书的责任主审委员。

第九条 “信函评审”的程序和有关规定：

1. 责任主审委员在收到办公室寄送的申请材料后，应及时审阅，提出“拟给予资助”、“不予资助”或“再议”的评审意见。对评审为“拟给予资助”的申请图书，同时提出撰著成书方面和交稿时限的要求；对其中具备全稿并撰著质量较高者，还应提出是否“确认给予资助”的建议。

责任主审委员在完成上述评审工作后，按要求把评审意见填写在《出版基金申请表》的相应栏目内，并尽快连同其他材料寄退办公室。

2. 办公室汇集责任主审委员的评审意见后，及时用信函将评审意见（附空白表决票）书面通知其他各位委员。各委员根据《出版基金申请表》和有关材料，参照责任主审委员的评审意见，对申请图书进行不记名投票表决，可投“弃权”票；并尽快将表决票寄退办公室。

3. 办公室按下述规定处理表决票：

(1)“拟给予资助”、“不予资助”或“再议”三者之一的票数超过三者之和总票数的半数者为有效，

(2)“拟给予资助”或“再议”二者之一的票数均不超过“拟给予资助”、“不予资助”和“再议”三者之和总票数的半数，但二者票数之和超过三者之和总票数的半数时，按“再议”论；

(3)“弃权”票不计入总票数；

4 责任主审委员无须投票，但按评审意见以一票分别计入上述三者之一的票数和三者之和总票数。

4. 对审定为“拟给予资助”的申请图书，凡具备全稿并撰著质量较高者，参照责任主审委员的建议，经报送主任委员或副主任委员审批后，即确认给予资助。

第十条 “会议评审”的程序和有关规定：

1. 各委员在收到办公室寄送的申请材料后，应及时审阅，并准备意见。每种申请图书的责任主审委员，还应把评审意见填写在《出版基金申请表》的相应栏目内。

2. 在出版基金评委会会议期间，按议程安排对每种申请图书进行评审。具体程序是：责任主审委员宣读《出版基金申请表》有关栏目内容、推荐和评价材料、评审意见，以及对具备全稿并撰著质量较高者是否“确认给予资助”的意见；其他委员发表评审意见；全体与会委员进行不记名投票表决，不得投“弃权”票。

3. 办公室按下述规定处理表决票：

(1)“拟给予资助”、“不予资助”和“再议”三者之一的票数超过与会委员人数的半数者为有效；

(2)“拟给予资助”和“再议”二者之一的票数均不超过与会委员人数的半数，但二者票数之和超过与会委员人数的半数时，按“再议”论。

4. 对审定为“拟给予资助”的申请图书，凡具备全稿并撰著质量较高者，以举手方式表决是否“确认给予资助”；“同意”或“不同意”超过与会委员人数的半数者为有效。

第十一条 由于学科、专业等方面因素，评审前需要外审的申请图书，由责任主审委员提出，经秘书长同意后，即可送出外审。

第十二条 对审定为“拟给予资助”的申请图书，自办公室发函通知申请者之日算起，限在一年时间内提供书稿；篇幅较大者，时限可再延长 6 个月。这时即取消“拟给予资助”资格。

对审定为“再议”的申请图书，自办公室发函通知申请者之日算起，限在半年时间内补充材料；然后仍由原责任主审委员评审。过时即取消“再议”资格。

第十三条 对审定为“拟给予资助”申请图书，编著者按出版基金评委会要求撰著成书后，复议确认工作由秘书长负责组织国防工业出版社参加评委会的委员和有关人员进行；原则上，每季度组织一次。

第十四条 办公室每季度一次定期将出版基金评委会的审定结果：不予资助、拟给予资助（连同撰著成书方面和交稿时限的要求）、确认给予资

助、否决拟给予资助等，用《简报》通报各委员，并同时用信函通知申请者。

对审定为“拟给予资助”和“确认给予资助”的申请图书，办公室及时将审定结果分别通知国防工业出版社总编室和财务处，以正式列选和拨款实施。

第十五条　每年的12月下旬，由办公室负责将本年度审定的给予资助的申请图书名称和相应的资助金额清单，以及全年的资助总金额，上报国防科工委主管部门备案。

第十六条　本工作程序中“申请图书”一词是指：只具书名或兼具编写纲目的“选题”；或书名、编写纲目皆具，并有部分或全部样稿的“书稿”。

第十七条　从受理申请至审定确认的整个评审过程中，出版基金评委会可以根据实际情况调整工作程序。

第十八条　本工作程序自国防科工委批准《出版基金管理办法》生效之日起执行。

山东科学技术出版社“泰山科技专著”出版基金申请办法

1. “泰山科技专著”出版基金面向全国，资助达到国内或国际水平的优秀科技专著的出版。

2. 出版基金按照专家评议，公平竞争、择优支持的原则，主要资助下列科学技术出版物的出版：

(1) 反映当代科学技术的进步、推动社会生产力的发展、能带来巨大社会效益的著作稿。

(2) 填补国内外科学技术空白、有较高学术价值的著作稿。

(3) 理、工、农、医及新学科、边缘学科等具有开拓性的科技著作稿。

(4) 挖掘、积累和弘扬祖国科学文化遗产的科技著作稿。

3. 申请者可在已有全部书稿(或部分书稿)，或有总体设想并拟就较详细的写作题纲（或目录）及写出部分样稿后提出申请，但后者必须具备在较短时期内完成书稿的条件，保证如期完稿。

4. 申请者须填写山东科学技术出版社“泰山科技专著”书搞列选审批表一式3份。审批表、详细写作提纲（或目录）、全稿或样稿及有关附件等材料，由申请者直接寄山东科技出版社“泰山科技专著”出版基金办公室（地址：济南玉函路16号，邮政编码：250002）。

5. 基金办公室随时受理“泰山科技专著”出版基金的申请。经基金办公室初步审查报请社编委会同意后，将符合要求的申请材料，送评审委员会进行评审，一般每年评审一次、评审结果由基金办公室书面通知申请者、经基金办公室初审和评审委员会评审未通过的选题，除审批表由基金办公室留存备查外、其他材料一律退还申请者。

6. 经评审委员会评审通过的选题，申请者必须保证书稿的质量，如经出版社审阅达不到基金资助出版的要求，出版社将拒绝资助出版。

7. 凡获出版基金资助出版的选题，均由出版社与申请者签定出版合同，并由责任编辑与作者保持经常联系。

8. 本办法自1992年1月1日起执行。

江苏省金陵科技著作出版基金章程

第一条　宗旨。

为了贯彻中共江苏省委、江苏省人民政府关于“科技兴省”的有关决定精神，有重点地支持优秀科技著作的出版，以促进科技进步，适应社会主义现代化建设的需要，特建立江苏省金陵科技著作出版基金。

第二条　基金和筹集。

本基金由江苏省科学技术委员会、江苏省出版总社和江苏科学技术出版社共同筹集。

基金集中存放在国家银行，每年提取一定的金额（详见细则）作为年度出版基金，统一使用。

为了扩大基金来源，将采取多种形式征集本基金。

第三条　基金的使用。

本基金限用于自然科学范围的优秀科技著作的出版补助（不含翻译、编译稿），以及有关申请基金书稿的审稿和管理费用。

本基金遵循“立足本省、面向全国、择优补助”的原则，给予经一定程序评审批准的科技著作出版时使用。

凡获得本基金补助的科技著作，统一安排在江苏科学技术出版社出版。

第四条　基金申请程序。

凡申请本基金者，必须符合申请条件（申请条件详见《江苏省金陵科技著作出版基金申请、审批办法》）由本人填写申请表，经作者单位推荐，有关专家评审组评审，本基金管理委员会讨论批准后方可获得基金补助。

第五条　基金管理机构。

成立江苏省金陵科技著作出版基金管理委员会，由省科学技术委员会、省出版总社、江苏科学技术出版社等单位组成。

基金管理委员会是管理、使用、筹集和审批本基金的权力机构。

管理委员会下设办公室，负责日常工作。

管理委员会的组织、职责等详见《江苏省金陵科技著作出版基金管理办法》。

第六条　基金标记。

本基金设有纪念标记，由管理委员会确定。

第七条　章程的制定和修改。

本章程由江苏省科学技术委员会、江苏省出版总社、江苏科学技术出版社与基金管理委员会共同制定。

本章程未尽事宜和实施办法由管理委员会修订和补充。

江苏省金陵科技著作出版基金管理办法

《根据江苏省金陵科技著作出版基金章程》中第六条规定，为了管好用好本基金，特制订本办法。

一、基金管理委员会

1. 由江苏省科学技术委员会、江苏省新闻出版总社、江苏科学技术出版社和其他大的集资单位共同协商，建立江苏省金陵优秀科技著作出版基金管理委员会，作为审批、管理本基金的权力机构。

2. 管理委员会成员，由委员会成员单位协商后选派。

3. 管理委员会由 9 人组成，其中主任委员 1 人，副主任委员 3 人，任期 3 年，可以连任，但不能超过两届。

4. 管理委员会每年召开一至二次会议。

5. 管理委员会的主要职责是：

(1) 制订和修改基金章程、基金管理办法及基金使用办法；

(2) 负责筹集基金并检查基金的使用、返还情况；

(3)严格掌握基金申请的范围和条件，讨论、审批基金的使用；

(4) 制订每年基金的使用计划；

(5) 领导、检查和督促办公室工作。

二、基金管理委员会办公室

1. 基金管理委员会下设办公室，负责处理有关日常工作；

2. 办公室设正主任 1 名，副主任 3 名，具体工作人员 3 名，办公地点设在江苏科学技术出版社内。

3. 办公室在基金管理委员会领导下进行工作，主要履行以下职责：

(1)执行管理委员会制订的年度计划和各项决定；

(2)接受并督促基金申请者按基金使用办法的规定办好申请手续，对申报的选题进行初步筛选；

(3) 负责对入选的书稿进行成本核算，确定基金补助数额及其他经济核算工作；

(4) 认真组织专家评审组对书稿的学术价值、社会效益等进行评议，并根据专家评估情况写出初审意见，进行综合平衡。

(5)负责处理专著基金使用的具体事务和退稿的善后工作；

(6)定期向管理委员会汇报年度计划执行情况和基金财务收支情况。

三、基金的管理

1. 本基金使用仅限于经基金管理委员会批准的科技专著的出版补贴以及经管理委员会研究同

意支付的有关对申请书稿的评审和管理费用。

2.为了确保专款专用，在江苏科学技术出版社内专门设置基金财务帐号，独立核算。

3.为使有限的基金，能支持较多的优秀科技专著的出版，凡取得基金资助的专著出版后，作者的全部或部分稿酬返还基金；出版社如在销售专著基金补贴的著作有所盈利，50%税后利润返还基金，力使基金增值。

4. 每年对申请书稿的评审管理费用不得超过当年度出版基金的5%。

四、其　他

有未尽事宜，由基金管理委员会讨论补充、修订。

江苏省金陵科技著作出版基金申请、审批办法

根据《江苏省金陵科技著作出版基金章程》中第五条规定，为使基金申请者了解和遵守本基金申请条件和申请、审批手续，特制定本办法。

一、基金申请条件

凡申请本基金的著作，必须是属于自然科学范围的科技专著，并具备以下条件之一者。

1. 在工、农、医卫、基础理论方面和新学科、高科技、新技术方面具有开拓性的、在国内外有影响的著作。

2.具有较高学术价值，并填补我国科技领域某些方面空白的著作。

3.反映先进科技水平和科研成果，对促进科技兴省具有显著社会效益和经济效益的著作。

4.在挖掘、积累和发展我国科学技术遗产方面具有重大价值的著作。

二、基金申请、审批手续

1. 基金申请者应根据基金章程和使用办法规定，对照申请范围和条件，认真填写基金申请表一式3份，并详细申述申请理由。

2. 基金申请者必须同时递交主管部门或工作单位（或有关专家）的推荐意见、自筹部分经费证明，连同选题、目录、样稿以及由个人或推荐单位支付的书稿评审费一起送交基金管理委员会办公室。

外省作者申请本基金，除须由本人工作单位推荐外，还须附该省、市科委推荐意见。

3.基金管理委员会办公室经初选后，送专家评审组评审。

4. 专家评审组为非常设机构，分理、工、农、医4个专业组，它对申请本基金的著作在学术水平、出版价值、社会效益、经济效益等方面提出评审意见，并提出基金资助的名次。

5. 由基金管理会委员办公室根据以上材料进行综合平衡，提出初审意见和基金补贴款额，定期汇总送基金管理委员会审定。

6.基金管理委员会根据第一、第二条要求进行讨论、审批，对省内外作者条件相近的书稿，本省的作者优先考虑；作者单位能给予资助的优先考虑；在书稿条件相同的情况下，本省作者优先补助。

7. 经基金管理委员会讨论后，由主任、副主任签署意见和批准金额后，由基金管理委员会办公室负责落实。

8. 获得本基金的申请者均由江苏科学技术出版社签订出版合同，并指定责任编辑负责联系。

三、基金申请者的义务

凡取得本基金资助出版的专著出版后，作者必须将全部或部分稿酬返还本基金（返还比例在申请基金的协议中确定），以确保有限的基金能支持更多的优秀科技专著的出版。

四、申请基金的协议

凡符合申请条件和手续，并自愿履行第三条义务的申请者，与基金管理会委员办公室签订协议。

凡获得本基金的申请者必须严格履行出版合同，如须增加书稿字数，不得超过原定字数的10%，如须延期交稿，不得超过原定日期的3个月，

否则将根据基金情况另行安排。

江苏省金陵科技著作出版基金章程和基金申请、审批、管理办法的实施细则

为了实施《江苏省金陵科技著作出版基金章程》、《江苏省金陵科技著作出版基金管理办法》和《江苏省金陵科技著作出版基金申请、审批办法》，特制订本细则。

第一条　基金使用范围：

1. 本基金限于自然科学范围的优秀科技著作的出版补助，不包括有关自然科学的翻译、编译著作。

2. 属于自然科学边缘学科的优秀著作，如符合本《细则》第三条精神的，亦可列入补助范围。

第二条　申请基金的对象：

1. 本基金遵循“立足本省、面向全国、择优补助”的原则，凡符合本《细则》第一条第1，2款精神的优秀科技著作的省内外作者均可申请本基金。

2. 对省内外申请本基金的书稿，条件相近时，作者单位能给予资助或作者能自筹部分资金者优先考虑；在其他条件相近的情况下，本省作者优先补助。

第三条　基金申请条件：

1. 科技专著。必须符合以下条件之一：

(1)对科技领域某一门类的基础理论有新的科学创见；

(2) 填补我国科技领域某方面空白的新学科、新理论；

(3) 对挖掘和发展我国科技遗产，具有重大积累和开拓价值。

2. 应用技术著作。必须符合以下条件之一：

(1) 经过示范试验和省级主管部门的鉴定，具有普遍推广意义和发展前途，并能创造较高社会经济效益的先进技术；

(2) 经省以上主管部门或科技部门鉴定，对促进科技进步，发展社会生产力具有开拓性的和很高经济效益的高新技术；

3. 工具书。一般的科技工具书不属申请本基金范围，符合以下条件之一的著作性工具书可申请：

(1) 具有较高学术价值，对传播新学科、新知识和先进科学技术有重大的作用；

(2) 具有较高学术价值和保留价值，对积累科学文化有重要意义。

第四条　申请、审批程序：

1. 申请要求。基金申请者必须办好以下手续，向基金管理委员会办公室提出申请：

(1) 认真填写基金申请表一式3份，详细申述申请理由；

(2) 递交主管部门或工作单位的推荐意见、科技成果鉴定书、获奖证书或能证明书稿学术水平的其他有关资料；

(3) 如申请者已自筹部分出版资金，须同时递交资助单位表明资助金额的证明信；

(4) 寄、送申请基金的书稿；

(5) 寄交评审费。

书稿字数在20万字以下（含20万字），交100元；

50万字以下（含50万字），交200元；

100万字以下（含100万字），交300元；

超过100万字，交500元。

2. 评审程序

(1) 基金管理委员会办公室（以下简称办公室）接到申请书稿后，在1个月内提出资格审查意见，并将符合申请条件和申请要求的书稿，送江苏科技出版社征求意见；

(2)江苏科技出版社在季度讨论选题时对申请书稿从出版要求提出意见后，由办公室送评审组评审；

(3) 评审组对办公室送评的申请书稿，从学术水平、出版价值、社会效益和经济效益等方面提出书面评审意见(疑难的书稿可另请权威人士评审)，对评审组通过的书稿由办公室报基金管理委员会最后评审；

(4) 管理委员会每年召开两次例会，对评审组通过的申请书稿进行最后评审，并采取无记名投票方式，决定批准申请的书稿，同时确定出版补助的金额和稿费返回本基金的比例，无记名投票必须超过管理委员会成员总数的半数才算有效；

(5)管理委员会最后通过的申请书稿，由正、副

主任委员签字；

（6）以上手续完备后，由办公室登入“申请金陵科技著作基金书稿评审出版流程表”一式两份（一份转出版社），并将申请书稿的全部档案（连同评审资料等）转送江苏科技出版社落实出版，同时将评审结果通知作者。

3. 落实出版

（1）江苏科技出版社对管理委员会批准的申请书稿，在半月内落实编辑室和责任编辑；

（2）由编辑室与作者分别情况签订出版合同（包括按基金章程规定将稿酬返回基金的比例）。合同一式3份，一份办公室存档，一份给作者，一份留出版社。

第五条　基金补助档次；

根据江苏科技出版社出版本申请书稿的亏损总额，分两个档次补助：

1. 全额补助。

2. 部分补助，不足部分由有关单位资助或自筹部分出版资金。

第六条　基金申请者的权利和义务；

1. 根据条件，可获得本基金出版补助的权利；

2. 全面履行与江苏科技出版社签订的出版合同；

3. 凡被批准本基金出版补助的作者，承担按章程规定将稿酬按比例返回本基金的义务。接受全额出版补助者返回50%以上稿酬，接受部分出版补助者，返回50%以下稿酬。

第七条　江苏科技出版社的权利和义务：

1. 有坚持条件接受申请本基金书稿的出版权利；

2. 全面履行与基金管理委员会批准本基金的申请者签订的出版合同；

3. 江苏科技出版社出版获得本基金补助的书稿出版后如有盈利，以50%的税后利润返回本基金。

第八条　扩大基金来源：

基金管理委员会可在政策允许的原则下，采取多种形式扩大本基金的来源；

1. 凡捐助本基金20万元以上的单位、准许该单位推荐一位负责人参加基金管理委员会，并给予该单位在批准本基金的申请书稿出版时署名，每年以适当方式给该单位宣传一二次。

2. 凡捐助本基金10万元以上的单位，给予该单位在申请书稿出版时署名，每年以适当方式给该单位宣传一次。

3. 凡捐助本基金5万元以上的单位，每年以适当方式给该单位宣传一次。

4. 国内外人士捐助本资金5万元（人民币）以上者，参照本条前三款处理。

第九条　基金管理：

1. 本基金由基金管理委员会集中管理，统一使用。

2. 审批出版基金以及申请书稿和评审费和管理费用的权力属于基金管理委员会。

3. 基金管理委员会每年第一季度检查、总结上一年的基金使用计划执行情况，第四季度讨论、制订下一年的基金使用计划和基金征集计划。

4. 基金管理委员会在江苏科技出版社内专设基金财务帐号，独立核算，确保专款专用，并委托该社确定一位兼职会计负责财务帐目。

5. 每年申请基金书稿的审稿和管理费用必须控制在年度出版基金总数的5%以内。

6. 基金管理委员会确定一位副主任委员分管财务工作，具体负责和检查督促兼职会计执行管理委员会确定的年度基金使用计划，并审批使用计划范围内的管理费用，每年第一次例会向管理委员会汇报财务工作。

7. 每年基金征集工作由管理委员会成员分工负责。

第十条　细则的解释和修订：

本细则的解释权和修订权属于基金管理委员会。

科学基金群众性学术团体

中国科学基金研究会章程

1992年12月21日

第一章　总　　则

第一条　本会定名为中国科学基金研究会，英文名称 Chins Association of Science Foundations (CASF)。

第二条　本会是科学基金（含科技基金、科技人才培养基金、科技出版基金、科技奖励基金等，下同）理论和管理工作者和群众性学术团体，接受国家科学技术委员会、中国科学技术协会和国家自然科学基金委员会的指导。

第三条　本会的宗旨是：遵循国家科技发展的战略、方针和政策，团结有志于科学基金制研究的有关人员，紧密结合我国实际，探讨科学基金制的理论和方法，交流科学基金工作经验，开展咨询服务，以提高我国科学基金管理水平，发展和完善中国科学基金制。

第二章　任　　务

第四条　本会坚持建立有中国特色科学基金制的方向，理论联系实际和实事求是的作风，民主办会的原则，开展学术研讨等各项活动。主要任务是：

一、总结和借鉴国内外科学基金工作的实践经验，开展科学基金工作经验交流和科学基金制理论的学术研讨活动；并就实施科学基金制中的重大问题向国家有关部门提出建议。

二、向科学基金管理部门及从事科学基金管理和研究人员提供信息咨询服务和业务培训。

三、与国外科学基金研究或管理组织建立联系并进行学术交流。

四、编辑出版科学基金学术刊物和信息资料。

第三章　会　　员

第五条　凡承认本会章程并符合会员条件，均可成为本会会员。

第六条　凡申请加入本会的个人或团体，须分别填写《中国科学基金研究会会员申请表》或《中国科学基金研究会团体会员申请表》，经批准后即成为本会个人或团体会员。团体会员单位的工作人员不是当然个人会员，入会者须个别履行申请入会手续。

第七条　会员条件

一、个人会员：热心科学基金事业并具有中级专业技术职称（或同等职务）以上的从事科学基金研究或管理人员；

二、团体会员：各类科学基金管理组织、受资助单位科学基金管理部门、地区性科学基金研究群众团体以及其他与科学基金工作有关的组织或团体等。

第八条　会员义务

一、遵守本会章程；

二、执行本会决议，积极参加本会活动，努力完成所承担的本会工作；

三、按规定缴纳会费。

第九条　会员权利

一、选举权和被选举权；

二、对研究会工作提出建议和批评；

三、优先参加本会的学术活动及取得本会的资料；

四、优先得到本会的业务培训和技术咨询。

第四章　组织机构

第十条　研究会的最高权力机构是会员代表大会。会员代表大会代表的名额分配和产生办法由常务理事会确定。会员代表大会每四年召开一次。其职责是：

一、制定研究会的工作方针和任务；

二、审议理事会的工作报告；

三、制定、修改章程；

四、选举新的理事会。

第十一条　理事会在会员代表大会闭会期间，领导研究会的工作，每年召开一次全体会议。理事由团体会员单位推荐，经民主协商后，提交会员代表大会选举产生。任期四年。

理事会的职责是：

一、组织实施会员代表大会决议；

二、制定研究会的活动计划并组织实施；

三、选举常务理事；

四、聘请名誉理事长、顾问、名誉理事；

五、审查会费和活动经费的使用；

六、召开会员代表大会并报告工作。

第十二条　理事会设理事长一名，副理事长若干名，秘书长一名，副秘书长若干名。理事会聘请德高望重的科技界老前辈和知名科学家担任名誉理事长和顾问；聘请为科学基金研究会发展做出突出贡献的人士为名誉理事。

第十三条　理事会设常务理事会，由理事会选举产生。常务理事会在理事会闭会期间行使理事会的职权。其职权是：

一、选举理事长、副理事长；

二、决定工作委员会和专业委员会的设置；

三、任命秘书长、副秘书长、直属和下属机构的负责人；

四、决策研究会的重大问题；

五、批准会员入会。

第十四条　常务理事会闭会期间，理事长（副理事长协助）领导研究会的日常工作。

第十五条　研究会办公室是研究会的常设办事机构，承办理事会交办的各项工作。

第十六条　理事会根据工作需要，可设立若干工作委员会，专业委员会。

第十七条　研究会挂靠国家自然科学基金委员会。

第五章　经　　费

第十八条　研究会的经费主要来自会费、海内外捐赠、有偿服务等合法收入及挂靠单位和其他单位的资助。

第六章　附　　则

第十九条　本章程经会员代表大会讨论通过后生效，修改权属会员代表大会，解释权属理事会。

第二十条　研究会的撤销，须经会员代表大会三分之二以上代表同意，报请国家科委批准、民政部注销后，停止活动。

第V部分

科学基金资助项目获奖研究成果及出版物

科学基金资助项目获奖研究成果一览表

本章主要收录1990年至1992年间各类科学基金资助项目获省部级以上的奖励成果，系1990年《中国科学基金年鉴》第Ⅴ部分科学基金资助项目获奖成果一览表（369—430页）的继续。由于受各单位提供情况所限，有些获奖成果，甚至有些重要成果可能未及收录，敬请谅解，俟在下卷中补辑。

自　然　科　学

一、国家自然科学基金

1. 数学物理科学

序号	成果名称	获奖名称（年度）	主要研究人员	所在单位
1	机器证明理论	第三世界数学奖（1989）	吴文俊	中国科学院系统研究所
2	不定点理论的研究（包括尼尔逊理论）	陈省身数学奖（1988）	姜伯驹	北京大学
3	一般代数曲面分类理论	陈省身数学奖（1989）	肖　刚	华东师范大学
4	整体域的类群和分圆单位群以及椭圆曲线的BCD猜想	陈省身数学奖（1990）	冯克勤	中国科学技术大学
5	新型非线性光学晶体——L-精氨酸磷酸盐（LAP）	国家发明奖一等奖（1988）	许　东、邵宗书、蒋民华等	山东大学
6	结构优化设计的理论与方法	国家自然科学奖二等奖（1991）	钱令希、程耿东、隋允康等	大连理工大学

序号	成果名称	获奖名称（年度）	主要研究人员	所在单位
7	新型稀土—铁金属间化合物研究	国家自然科学奖二等奖（1991）	杨应昌及其研究小组	北京大学
8	权为 3/2 的 Eisenstein 级数	国家自然科学奖三等奖（1989）	裴定一	中国科技大学研究生院
9	关于某些代数数域的结构	国家自然科学奖三等奖（1989）	冯克勤、陆洪文、张贤科	中国科技大学
10	典型群与紧李群上的调和分析	国家自然科学奖三等奖（1989）	龚　升、郑学安及其研究集体	中国科学技术大学
11	MBE 高质量 GaAs/AlGaAs 材料	国家科技进步奖三等奖（1990）	孔影梅、孙殿照、梁基本	中科院半导体研究所
12	自由边界问题	国家自然科学奖三等奖（1991）	姜礼尚、黄少云、陈亚浙	北京大学
13	时间序列分析及应用	国家自然科学奖三等奖（1991）	谢衷洁、程乾生、叶抗生	北京大学
14	若干非参数统计问题的研究	国家自然科学奖三等奖（1991）	阵希孺、赵林城	中国科学技术大学
15	导电高分子的电子关联和键结构	国家自然科学奖三等奖（1991）	孙　鑫、吴长勤、帅志刚、傅柔励	复旦大学中国科学院上海技术物理研究所
16	具有新型选择性吸收涂层与连集管的玻璃真空太阳能集热器	国家三发明等奖（1988）	殷志强、吴家庆、史月艳、王凤春	清华大学
17	用于云致干涉法中的闪耀衍射光栅及其试件栅的制备工艺	国家发明奖四等奖（1989）	傅承诵、吴振华、戴福隆等	清华大学
18	一种全玻璃真空太阳能集热管	国家专利局实用新型专利（1988）	殷志强、史月艳	清华大学
19	光折变材料钛酸钡单晶	中国科学院科技进步奖一等奖（1989）	吴　星、朱　镛、姜彦岛、张治国	中国科学院物理研究所
20	正则边界元方法与自适应边界元方法	中国科学院自然科学奖一等奖（1989）	余德浩	中国科学院计算中心
21	溅射法制备 Y（Gd）BaCuO 超导薄膜工艺、膜结构及超导	中国科学院科技进步奖一等奖（1990）	李宏成、李　林、赵伯儒、王端兰、张鹰子	中国科学院物理研究所
22	本原矩阵及一般布尔矩阵的组合理论	国家教委科技进步奖一等奖（1992）	邵嘉裕	同济大学
23	Fuzzy 紧化理论及相关代数问题	四川省科技进步奖一等奖（1988）	刘应明、罗懋康、李中夫	四川大学
24	弹塑性波的理论和应用研究	中国科学院科技进步奖二等奖（1986）	朱兆祥、王礼立、周光泉、李永池等	中国科学技术大学

序号	成果名称	获奖名称（年度）	主要研究人员	所在单位
25	强子动力学唯象模型	国家教委科技进步奖二等奖（1986）	刘连寿、蔡　勖	华东师范大学
26	多元函数逼近与高维数值积分	国家教委科技进步奖二等奖（1987）	王仁宏，周蕴时、梁学章	吉林大学
27	分区广义变分原理和分区混合有限元、样条有限元	国家教委科技进步奖二等奖（1987）	龙驭球、袁　驷、包世华、支秉琛等	清华大学
28	常微分方程理论的若干问题	国家教委科技进步奖二等奖（1987）	梁中超	青岛海洋大学
29	双星演化研究	中国科学院科技进步二等奖（1987）	黄润乾	中国科学院云南天文台
30	微分方程运动稳定性的代数方法	国家教委科技进步奖二等奖（1988）	廖晓昕	华中师范大学
31	结合环的链条件及其诣零性、交换性	国家教委科技进步奖二等奖（1988）	谢邦杰、牛凤文、郭元春、董乃昌	吉林大学
32	代数拓扑与动力系统中的若干问题	国家教委科技进步奖二等奖（1988）	孙以丰、何伯和、廖公夫	吉林大学
33	原子的共振荧光分布及超荧光拍	国家教委科技进步奖二等奖（1988）	彭金生	华中师范大学
34	在镇定理论中控制系统与具有滞后的控制系统的等价性	国家教委科技进步奖二等奖（1988）	刘永清、朱学峰	华南理工大学
35	常微分方程及泛函微分方程周期解、稳定性及振动解研究	国家教委科技进步奖二等奖（1989）	黄启昌等	东北师范大学
36	固体力学加权残值的理论及应用研究	国家教委科技进步奖二等奖（1990）	徐次达	同济大学
37	无序材料低温反常特性的理论研究	国家教委科技进步奖二等奖（1990）	吴　翔、陈　鸿	同济大学
38	数字信号处理的理论与方法	国家教委科技进步奖二等奖（1991）	周性伟	南开大学
39	大亮度高分辨双聚焦β谱仪	核工业部科技进步奖三等奖（1986）	孙汉城等	中国原子能科学研究院
40	人体腾空运动仿真软件系统	国家体委体育科技进步奖三等奖（1988）	洪嘉振、刘延柱、叶　平、吴　键等	上海交通大学
41	近海水域环流与温排水扩散研究	广东省自然科学奖三等奖（1989）	张涤明、章克本、黄　海、乔　林、詹杰民	中山大学
42	用光测力学法研究人体器官和簌骨骼的力学分析	上海市人民政府三等奖（1989）	赵清澄，丁祖泉	同济大学

序号	成果名称	获奖名称（年度）	主要研究人员	所在单位
43	类星体的成团分布	中国科学院自然科学奖三等奖（1990）	褚耀泉、朱杏芬	中国科技大学
44	数理统计学的微分几何方法	国家教委自然科学进步奖三等奖（1991）	韦博成	东南大学
45	一个新的组合能级密度公式	贵州省科技进步奖四等奖（1989）	陆海涛	贵州大学
46	多极板脉冲粒子束发生装置与金属改性研究	1985—1987年度甘肃省高校科技进步奖一等奖（1987）	江兴流、王天民	兰州大学

2. 化学

序号	成果名称	获奖名称（年度）	主要研究人员	所在单位
47	分子轨道图形理论方法及其应用	国家自然科学奖一等奖（1987）	唐敖庆、江元生	吉林大学
48	若干昆虫信息素结构、合成及应用	国家科技进步奖二等奖（1987）	周维善、林国强	中国科学院上海有机化学研究所
49	天花粉蛋白的化学——一级结构、二级结构、空间结构的研究	国家自然科学奖二等奖（1987）	汪　献、潘克桢等	中国科学院福建物质结构研究所
50	塔型立构件在萘化制苯酐流化床反应器中的应用	国家发明奖二等奖（1987）	金　涌、俞芷青、张　礼等	清华大学
51	食品包装级聚氯乙烯树脂生产和加工技术	国家科技进步奖二等奖（1988）	翁志学、潘祖仁、黄志明等	浙江大学
52	低钇混合稀土分离工艺	国家发明奖二等奖（1988）	李德谦、万　雄、彭春霖	中国科学院长春应用化学研究所
53	高纯度环氧丙烷三相精馏技术及设备	国家科技进步奖二等奖（1989）	周爱月、朱宝福、吴锦元等	天津大学
54	新型人造檀香208的合成研究	国家科技进步奖二等奖（1989）	谷运璀、肖友检、袁慧方等	轻工业部香料科学工业研究所
55	无气泡气固接触——稀相流态化、快速流态化、浅床流态化	国家自然科学奖二等奖（1989）	郭慕孙、李佑楚、刘淑娟等	中国科学院化工冶金研究所
56	群论方法在量子化学中的新应用	国家自然科学奖二等奖（1989）	张乾二、林连堂、王南钦等	厦门大学
57	具有新型塔内件的高效填料塔	国家科技进步奖三等奖（1987）	王树楹、袁孝竞、赵汝文	天津大学
58	高温合金的泡沫陶瓷过滤净化研究	国家科技进步奖三等（1988）	张立同、罗甘澍、成来飞、仇玉莹	西北工业大学

序号	成果名称	获奖名称（年度）	主要研究人员	所在单位
59	一类痕量稀土显色剂的合成及应用	国家发明奖三等奖（1989）	余席茂、蔡汝秀、吴法光	武汉大学
60	杜仲胶热塑功能胶板	全国发明奖铜牌（第五届全国发明展览会）	严瑞芳、薛兆弘、杨道安、翟文慧、田秀兰	中国科学院化学研究所
61	30万吨/年乙烯装置汽油分塔馏的技术改造	国家科技进步奖三等奖（1990）	王树楹、袁孝竞、赵汝文等	天津大学
62	稀土萃取分离工艺的进一步放大	国家科技进步奖三等奖（1991）	李标国、严纯华、徐光宪等	北京大学
63	胺类溶剂化萃取及其与中性萃取剂协同溶剂化萃取的研究	国家自然科学奖三等奖（1987）	于淑秋、陈家庸	中国科学院化工冶金研究所
64	分子筛晶化理论与新型分子筛研制	国家自然科学奖三等奖（1987）	徐如人、庞文琴	吉林大学
65	化学修饰电极的研究	国家自然科学奖三等奖（1987）	董绍俊、刘柏峰、许莉娟等	中国科学院长春应用化学研究所
66	HTV船型浮阀板的开发研究及其在原油常压塔中的应用	国家发明奖三等奖（1990）	段道顺、赵景芳、沈　复等	石油大学（华东）
67	苯胺类导电聚合物的合成、结构和性能	国家自然科学奖三等奖（1991）	王佛松、王宝忱、景遐斌、唐劲松、王利祥	中国科学院长春应用化学研究所
68	示波滴定	国家自然科学奖三等奖（1991）	高　鸿、杨昭亮、徐伟建、毕树平、祈　洪	南京大学
69	铝电解过程中若干物理化学问题的研究	国家自然科学奖三等奖（1991）	邱竹贤、姚广春、冯乃祥、张明杰、李庆峰	东北工学院
70	胰蛋白酶和BOWMAN-BIRK型抑制剂复合物系列立体结构	国家自然科学奖三等奖（1991）	唐有祺、李根培、徐筱杰、来鲁华、戚正武	北京大学中国科学院生化研究所
71	有机质谱在立体化学研究中的应用	国家自然科学奖三等奖（1991）	陈狄祖、陈能煜、华苏明、赵凡智、李　宏	兰州大学
72	钼铁硫原子簇化合物化学的研究	国家自然科学奖三等奖（1991）	徐吉庆、张致贵、牛淑云、孙春亭、刘喜生	吉林大学
73	金属配合物的合成和结构研究	国家自然科学奖三等奖（1991）	游效曾、朱龙根、孟庆金、徐　正、戴安邦	南京大学

序号	成果名称	获奖名称（年度）	主要研究人员	所在单位
74	有机质谱在立体化学研究中的应用	国家自然科学奖三等奖（1991）	陈耀祖、陈能煜、李　宏等	兰州大学
75	乙烯、α-烯烃新型高效催化剂聚合、共聚合及应用	国家自然科学奖四等奖（1987）	林尚安、王海华、陆　耘	中山大学
76	熔盐与合金的化学键理论	国家自然科学奖四等奖（1987）	陈念贻、江乃雄、刘洪霖等	中国科学院上海冶金研究所
77	NKC－O3AZ 乙醇脱水制乙烯催化剂及制备方法	国家发明奖四等奖（1988）	潘履让、李赫咺等	南开大学
78	马丁-侯状态方程的发展和应用	国家自然科学奖四等奖（1991）	侯虞钧、张　彬、吴国宏、张秉坚、胡望明	浙江大学
79	钼铁硫簇合物化学的研究	国家教委科技进步奖一等奖（1987）	徐吉庆、张致贵、刘喜生、牛淑云等	吉林大学
80	量子化学 CI 程序研制	陕西省科技进步奖一等奖（1987）	文振翼、王育彬、豆育升、杜奇石	西北大学
81	西北风毛菊属化学成分研究	国家教委科技进步奖二等奖（1987）	贾忠建、张宗平、郑荣梁等	兰州大学
82	炼油厂生产计划微机实施优化系统	国家教委科技进步奖二等奖（1987）	沈静珠、何小荣、陈丙珍	清华大学
83	硅溶胶胶粒生长规律及其应用	国家教委科技进步奖二等奖（1987）	陈荣三、柳海澄、王金晞、戴安邦、任定国	南京大学
84	新型稀土金属有机化合物的合成及其性质	中国科学院科技进步奖二等奖（1987）	陈文啓、张玉明、王玉玲、包晓华、金钟声	中国科学院长春应用化学研究所
85	痕量电分析方法和理论研究	国家教委科技进步奖二等奖（1988）	张祖训	南京大学
86	电子转移光氧化反应与异构化反应	中国科学院科技进步奖二等奖（1988）	曹　怡、张宝文、明阳福	中国科学院感光化学研究所
87	低价稀土离子铕（Ⅱ）f→f 跃迁发射及其判据	中国科学院科技进步奖二等奖（1988）	石春山、叶泽人	中国科学院长春应用化学研究所
88	无余量定向凝固叶片用 EC09 陶瓷型壳材料及其理论基础的研究	航空工业部科技进步奖二等奖（1988）	张立同、周万城、韩金深、马学文	西北工业大学
89	自由基和自由基离子反应的研究	甘肃省科技进步奖二等奖（1988）	刘有成、刘中立、雷学工等	兰州大学

序号	成果名称	获奖名称（年度）	主要研究人员	所在单位
90	哈密瓜香味成分和调香的研究	新疆自治区发明协会优秀科技成果银质奖（1988）	刘奎钫、潘晶明、许洪民、刘玉梅	新疆大学
91	新颖铁硫簇合物的合成、反应、结构与构象研究	国家教委科技进步奖二等奖（1989）	宋礼成、胡青眉	南开大学
92	共轭基团的结合律	中国科学院自然科学奖二等奖（1991）	蒋明谦、戴苹辰、虞志衡、褚元华	中国科学院化学研究所
93	HTV 高温高真空界面性能试验仪	航空工业部科技进步奖三等奖（1988）	成来飞、林猛华	西北工业大学
94	膜分相油中除水设备	北京市第三届发明展览会铜牌奖（1989）	刘青山、吴秋林	清华大学
95	高稳定宽温度酸性光亮镀锡 SNU-TNU-PNU 系列添加剂	江苏省科技进步奖三等奖（1989）	庄瑞舫、王克非	南京大学
96	天然产物质谱研究	国家教委科技进步奖二等奖（1990）	陈耀祖、陈能煜、华苏明、赵凡智、李　宏	兰州大学
97	N－磷酰氨基酸和肽的合成及其特性研究	中国科学院自然科学奖三等奖（1991）	赵玉芬、吉玖姣、奚士康、张德清、李立朴	中国科学院化学研究所
98	西北药用植物活性成分及生物碱研究	国家教委科技进步奖三等奖（1992）	贾忠建、张宗平、丁毅力等	兰州大学
99	几种药用植物和香料植物的化学研究	甘肃省科技进步奖三等奖（1988）	陈耀祖、田　暄等	兰州大学
100	西北特有植物化学成分研究	甘肃省科技进步奖三等奖（1990）	贾忠建、张宗平、丁毅力	兰州大学
101	生物标志化合物的合成研究	甘肃省科技进步奖三等奖（1992）	李裕林、李同双、梁晓天、胡连奇	兰州大学
102	固定化微生物细胞发酵生产胞外酶	广东科委生物技术专项奖（1988）	郭　勇、林　影、黄　鹂	华南理工大学
103	光交联树脂固定化细胞生产 α-淀粉酶和糖化酶	广东科委生物技术专项奖（1988）	郭　勇、林　影	华南理工大学

3. 生命科学

序号	成果名称	获奖名称（年度）	主要研究人员	所在单位
104	人体染色体脆点研究	国家科技进步奖二等奖（1989） 国家计划生育委员会科技进步奖一等奖（1988）	周宪庭、李　宁、许碧珍、李心治等	中国科学院遗传研究所
105	IgE 及其介导的免疫反应在流行性出血热发病机理中的作用	国家科技进步奖二等奖（1989）	王文余、马英骥、田景先、李相忠等	哈尔滨医科大学

序号	成果名称	获奖名称（年度）	主要研究人员	所在单位
106	外周血管上 KOPPA 及 PCP/SIGMA 受体及其功能研究	国家科技进步奖二等奖（1990） 国家教委科技进步奖二等奖（1990）	张安中	上海医科大学
107	豆科树木共生固氨生态生理及资源开发利用研究	国家科技进步奖二等奖（1992）	黄维南	福建省亚热带植研究所
108	病毒性心肌炎的临床实验性研究	国家科技进步奖三等奖（1989） 卫生部科技进步奖一等奖（1988）	杨英珍	上海医科大学
109	淋巴细胞克隆和白血病病毒感染细胞系的建立及其分化诱导研究	国家科技进步奖三等奖（1990） 国家教委科技进步奖三等奖（1990）	程　立	上海医科大学
110	羟甲芬太尼——一种新的高选择性 μ 阿片受体激动剂	国家自然科学奖二等奖（1991）	池志强、徐　珩、金文桥、朱友成、周德和	中国科学院上海药物研究所
111	家兔外膝体神经元回路的研究	国家自然科学奖二等奖（1991）	罗弗荪	中国科学院上海脑研究所
112	昆虫病毒理论及应用基础研究	国家自然科学奖二等奖（1991）	高尚荫、梁东瑞、卢文筠、齐义鹏、胡远扬	武汉大学
113	猪、鸡生产中营养物质转化规律及其影响因素	国家自然科学奖三等奖（1991）	许振英、单安山、霍贵成、李　杰、王　安	东北农学院
114	脑内多巴胺神经系统与四氢原小檗碱同类物的药理作用关系	国家自然科学奖三等奖（1991）	金国章、陈　燕、许守玺、张振德、方圣鼎	中国科学院上海药物研究所
115	植物离体雌核发育与胚囊分离的实验胚胎学研究	国家自然科学奖三等奖（1991）	杨弘运、周　嫦、闫　华、田惠桥、何才平	武汉大学
116	补肾法对老年男性下丘脑-垂体-性腺轴作用的临床和实验研究	卫生部重大科技成果奖乙级奖（1987）	沈自伊	上海医科大学
117	人鼻咽癌裸小鼠移植瘤——病株的建立及其主要生物学特色的研究	国家教委科技进步奖一等奖（1990）	曹世龙	上海医科大学
118	骆驼和牛生殖激素的正常数值及在某些繁殖障碍情况下的变化	农牧渔业部科技进步奖一等奖（1990）	陈北亨、万一鹤、蒋　寿、员杰贤等	甘肃农业大学
119	常用中药骨碎补的品种整理和质量研究	国家中医药局科技进步奖一等将（1991）	周荣汉、周铜水	中国药科大学

序号	成果名称	获奖名称（年度）	主要研究人员	所在单位
120	试管绵羊及试管中技术的研究	内蒙古科技进步奖一等奖（1991）	旭日干、张锁链、庞也非、廛洪武、刘东军	内蒙古大学
121	亚麻核不育的研究	内蒙古自治区科技进步奖一等奖（1990）	陈鸿山、王宜林、张　辉、罗中旺	内蒙自治区农业科学院
122	痛抑制神经元及其和痛兴奋神经元在痛觉调剂中的作用	国家教委科技进步奖二等奖（1987）	孙明智、李玉荣、王滨明、陈兰生等	哈尔滨医科大学
123	亚硒酸钠诱发大鼠白内障的机理研究	国家教委科技进步奖三等奖（1988）	张昌颖、侯书敏、张家萍、李风鸣、吴惠群	北京医科大学
124	多糖的结构与络合物的研究	国家教委科技进步奖二等奖（1988）	张翼仲	东北师范大学
125	吗啡的呼吸抑制机制研究	卫生部科技进步奖二等奖（1988）	张镜如	上海医科大学
126	肝肾肿瘤肿瘤栓塞疗法的基础研究	卫生部科技进步奖二等奖（1988）	林　贵	上海医科大学
127	胰岛素A,B链相互作用及A、B链重组的研究	中国科学院科技进步奖二等奖（1988）	邹承鲁、华庆新、王志珍、钱雁秋	中国科学院生物物理研究所
128	结合图象诊断进行人体断面解剖学研究	国家教委科技进步奖二等奖（1988）	郑思競	上海医科大学
129	电离辐射对淋巴细胞质膜识别功能的生物效应	核工业部科技进步奖二等奖（1988） 江苏省科技进步奖三等奖（1987）	茅子均、殷志伟、陆肇阳、耿永建等	苏州医学院
130	脉冲式电子耳蜗	北京国际发明展览会银质奖（1988）	王正敏、徐俊荣、高　华	上海医科大学眼耳鼻喉科医院
131	凝集素在正常人体组织和肿瘤组织的定位研究——功能性肿瘤性病理学探讨	上海市科技进步奖二等奖（1988）	张华忠	上海医科大学
132	山羊胚胎分割及同卵双生试验	陕西省科技进步奖二等奖（1988）	张　涌、钱菊汾、王建辰、王光亚、马保华	西北农业大学
133	奶山羊胚胎冷冻和移植	陕西省农牧业科研成果二等奖（1988）	王光亚、马保华、王建辰、钱菊汾、张　涌	西北农业大学
134	核糖体蛋白质的翻译特异性	中国科学院自然科学奖二等奖（1989）	童克忠、陈玲爱、翁曼丽、王　玮	中国科学院遗传研究所

序号	成果名称	获奖名称（年度）	主要研究人员	所在单位
135	休克与烧伤微循环研究	中国人民解放军总后勤部科技进步奖二等奖（1989）	赵克森	第一军医大学
136	豫南罗索残虫的实验研究及现场应用	解放军总后勤部科技进步奖二等奖（1989）	宋锦章、彭玉芳、田光兆、刘康南	华西医科大学
137	梯形自动加压钢板的研究及临床应用	吉林省科技进步奖二等奖（1989）	徐莘香、齐　斌、刘绍轩、董世纯	吉林工业大学
138	质粒DNA分析对葡萄球菌感染及新生儿金葡萄定值的研究	四川省科技进步奖二等奖（1989）	吴仕孝、唐　军、沈　犁	重庆医科大学
139	陕西畜禽有毒真菌及真菌中毒病研究	农业部科技进步奖二等奖（1990）	汪昭贤、谢毓芬、李长生、刘心一、秦　晟	陕西省畜牧兽医研究所
140	血管活性物质与门脉高压的实验研究	湖北省科技进步奖二等奖（1990）	李绍白、赵　秋、但自力、郭　冰、过晋源	同济医科大学
141	固体制剂含量的均匀度计量型检查方案的研究	辽宁省科技进步奖二等奖（1991）	罗　旭	沈阳药学院
142	中华根瘤菌的资源、分类、血清学、质粒和共生特性	农业部科技进步奖二等奖（1992）	葛　诚、徐玲玫、樊　惠、陶天甲、张景岚等	中国科学院土壤肥料研究所
143	中枢神经髓鞘形成及髓鞘机制的体外培养研究	上海市科技进步奖二等奖（1992）卫生部科技进步奖二等奖（1992）	沈馨亚	上海医科大学
144	皮肤恶性淋巴瘤分类	上海市科技进步奖二等奖（1992） 卫生部科技进步奖三等奖（1992）	邱丙森	上海医科大学
145	建立化学致突变、致癌物快速筛选方法—果蝇伴性隐性致死试验	铁道部科技进步奖三等奖（1986）	叶恩赐、艾裕和	上海铁道医学院
146	高粱热激反应与雄性不育的关系	中国科学院科技进步奖三等奖（1987）	张孔湉、李京京、傅鸿仪、李兆琚、黄　菲	中国科学院遗传研究所
147	植物愈伤组织呼吸代谢研究	甘肃省科技进步奖三等奖（1987）	梁厚果、刘良寰、毕玉蓉	兰州大学
148	脑脊液髓磷脂碱性蛋白抗体测定（ELISA）的临床意义	四川省科技进步奖三等奖（1987）	董为伟	重庆医科大学

序号	成果名称	获奖名称（年度）	主要研究人员	所在单位
149	先天性甲状腺功能低下的筛查——一种放免测定法的建立和应用	国家计划生育科技进步奖三等奖（1987）	王慕逖、刘皖君、施绪宝	同济医科大学
150	虫草蝙蝠蛾生物特性研究	中国科学院自然科学奖三等奖（1988）	沈发荣、杨跃雄、董大志、梁醒财、凌发瑶等	中国科学院昆明动物研究所
151	肝豆状核变性细胞模型的建立及其初步应用	卫生部科技进步奖三等奖（1988）	李采娟	上海医科大学
152	甘油开放血迷路屏障的研究	卫生部科技进步奖三等奖（1988）	葛贤锡、刘建中、沈云珍	上海市第六人民医院
153	水稻高产生理生态研究	辽宁省科技进步奖三等奖（1988）	高佩文、王伯伦、董　克、邹邦基等	沈阳农业大学
154	小鼠胚胎分割方法及同卵双生试验	陕西省农牧业科技成果三等奖（1988）	张　涌、钱菊汾、王建辰	西北农业大学
155	涡鞭毛虫（甲藻）染色体碱性蛋白研究	中国科学院自然科学奖三等奖（1989）	孙毓麟、范佩芳、张志新	中国科学院昆明动物研究所
156	恶性肿瘤中丙铜酸激酶的改变调控机制及其在诊断中的应用	卫生部医药卫生科技进步三等奖（1989）	陈息黎	上海医科大学
157	电离辐射损伤修复过程中甲二聚球蛋白与蛋白水解酶的变化研究	卫生部医药卫生科技进步三等奖（1989）	金为翘	上海医科大学
158	乳癌雌激素受体酶联雌二醇组化检测法	上海市科技进步三等奖（1989）	刘尚廉	上海医科大学
159	组织移植血循危象机制及防治研究	上海市科技进步三等奖（1989）	顾玉东	上海医科大学
160	系统性念株菌感染株抗原血症的研究	上海市科技进步三等奖（1989）	林飞卿	上海医科大学
161	探索研制新型人工瓣膜的力学基础研究	上海市人民政府三等奖（1989）	于颖敏、夏志皋	同济大学
162	阳虚、阴虚对针刺镇痛的影响及本质探讨	卫生部科技进步奖三等奖（1990）	李其松	上海医科大学
163	黄曲霉素 ELISA 测定及应用	国家教委科技进步奖三等奖（1990）	俞顺章	上海医科大学
164	放射性核素促排药 8102 的促排效果的毒理学研究	国家教委科技进步奖三等奖（1990）	孙梅贞	上海医科大学

序号	成果名称	获奖名称（年度）	主要研究人员	所在单位
165	医院内感染的防治研究	国家教委科技进步奖三等奖（1990）	张永信	上海医科大学
166	大剂量γ射线照射后血小板聚集反应早期激活机制及其拮抗对急性放射损伤的临床研究	国家教委科技进步奖三等奖（1990）	王洪复	上海医科大学
167	小花棘豆毒素的研究及其应用	新疆维吾尔自治区科技进步奖三等奖（1990）	喻梅辉、梁　锋、胡　冰、彭南石、许　键	新疆八一农学院
168	金属硫蛋白在铜、镉中毒与解毒中作用	国家教委科技进步奖三等奖（1992）	王宗元、王捍东、史德浩、刘文龙、陆小龙、吴维芳、任建新	江苏农学院
169	小麦显性不育与矮秆基因紧密连锁材料（矮败小麦）的选育	农业部科技进步奖三等奖（1992）	刘秉华、杨　丽	中国农业科学院
170	乳腺癌及癌前期的生物学特性研究	上海市科技进步奖三等奖（1992）	沈镇宙	上海医科大学
171	应用电子计算机三维重建和显微技术在人体器官的解剖研究	上海市科技进步奖三等奖（1992）	左焕琛	上海医科大学
172	肝巨噬细胞抗肝癌作用及肝癌患者免疫治疗	上海市科技进步奖三等奖（1992）	成令忠	上海医科大学
173	中枢胆碱能机制在高血压、心律失常与抗休克中的作用	上海市科技进步奖三等奖（1992）	李　鹏	上海医科大学
174	特发性肺间质纤维化发病机制的免疫组织化学研究	江苏省科技进步奖三等奖（1992）	侯　杰、戴玲娟、褚宏伟	南京市鼓楼医院
175	柯杞临床试验	宁夏回族自治区科技进步奖四等奖（1988）	戴寿兰、黎雪如、潘月英、杨宝珍、师贞梅	宁夏医学院
176	贵州林木外生菌根菌资源及菌种分离纯培养的初步研究	贵州省科技进步奖四等奖（1991）	何绍昌、陈朝碧、张　林	贵州省生物研究所
177	胃肠激素及前列腺素在预防胰岛B细胞损伤及糖尿病发病中的作用	卫生部科技进步奖（1987）	朱文玉	北京医科大学

序号	成果名称	获奖名称（年度）	主要研究人员	所在单位

4. 地球科学

序号	成果名称	获奖名称（年度）	主要研究人员	所在单位
178	中国贵州洞穴考察	法国洞穴联盟授与 MARTEL DESPLY 奖（1988）	张寿越、巴 赫、巴 端等	中国科学院地质研究所
179	波动方程法地震偏移成像的理论与应用	上海市人民政府一等奖（1990） 国家科技进步奖二等状、陈嘉庚奖（1991）	马在田、鲁景贵	同济大学
180	中国古代珊瑚分类演化及生物古地理	国家自然科学奖二等奖（1991）	王鸿祯、何心一、骆金锭、李耀西、陈建强	中国地质大学（北京）
181	《中国土壤》和《中国土壤图集》	国家自然科学奖二等奖（1991）	《中国土壤》编写组和《中国土壤图集》编制组	中国科学院南京土壤研究所
182	黄士与环境	国家自然科学奖二等奖（1991）	刘东生、安芷生、文启忠、韩家懋等	中国科学院地质所、中国科学院西安黄土与第四纪地质研究室、中国科学院地球化学研究所、国家地震局地质研究所
183	非线性大气动力学若干问题的研究	国家自然科学奖三等奖（1991）	刘式达、刘式适、郑祖光	北京大学、北京气象学院
184	《中国岩石圈动力学地图集》及《1：400万中国及邻近海域岩石圈动力学图》	国家自然科学奖三等奖（1991）	马杏垣、丁国瑜、高文学、张海根等	国家地震局地质所、国家地震局武汉地震研究所、国家地震局分析预报中心
185	我国近海沉积中钙质微体化石的分布及其古环境意义	国家自然科学奖四等奖（1988）	汪品先、闵秋宝	同济大学
186	广西桂林泥盆——石灰界线地层与古生物	中国科学院自然科学奖一等奖（1990）	俞昌民	中国科学院南京地质古生物研究所

序号	成果名称	获奖名称（年度）	主要研究人员	所在单位
187	长沙三峡与葛洲坝产沙特性及其推移质泥沙数量计算	国家教委科技进步奖二等奖（1987）	林承坤、陈宝冲、尹国康	南京大学
188	高层建筑与地基基础的共同作用	国家教委科技进步奖二等奖（1988）	赵锡宏、张向清	同济大学
189	电离层扰动剖面的短波广义射理的反演理论与算法	中国科学院自然科学奖二等奖（1989）	李 钧	中国科学院武汉物理研究所
190	雷电的电磁辐射研究	中国科学院自然科学奖二等奖（1990）	郭昌明、刘欣生、张 庶、郗委书	中国科学院兰州高原大气物理研究所
191	中国近海现代介形虫及其地质应用	国家教委科技进步奖二等奖（1992）	赵泉鸿、汪品先	同济大学
192	1987年日环食联合观测研究	中国科学院自然科学奖二等奖（1992）	季国良	中国科学院兰州高原大气物理研究所
193	西藏羊八井地热储量工程测试和地热源评价	中国科学院科技进步奖三等奖（1988）	沈显杰、柴俊杰	中国科学院地质研究所
194	康滇地轴层控铜矿成矿机理研究及数理统计分析	中国有色金属工业总公司科技进步奖三等奖（1989）	冉崇英、张智筠、高建国、黄美分等	昆明工学院
195	各向异性裂隙介质渗透性的研究与评价	地矿部科技进步奖三等奖（1990）	田开铭、万 力	中国地质大学（北京）

5. 材料与工程科学

序号	成果名称	获奖名称（年度）	主要研究人员	所在单位
196	最优励磁控制器	国家自然科学奖二等奖（1988）国家教委科技进步奖一等奖（1988）	王仲鸿、崔文进、韩英铎、卢 强	清华大学
197	火焰稳定船式直流煤粉燃烧器	国家发明奖二等奖（1989）	徐旭常、王云山、金茂庐	清华大学
198	超音速气体雾化装置与微细、中粗铝粉、铝合金粉雾化技术	国家科技进步奖二等奖（1989）	于桂复、李裕仁、柴世昌、王田珍等	航空航天部六二一研究所
199	高压汽水两相流与传热试验系统	国家科技进步奖二等奖（1991）	陈听宽、陈学俊、赵国凌等	西安交通大学
200	低温烧结压电陶瓷材料及应用	国家发明奖三等奖（1987） 电子部科技进步奖二等奖（1987）	桂治轮、李龙土、张孝文、高素华等	清华大学

序号	成果名称	获奖名称（年度）	主要研究人员	所在单位
201	机械振动信号处理程序及推广应用	国家科技进步奖三等奖（1988）	徐　敏、邱　阳等	上海交通大学、西安交通大学
202	等离子体化学气相沉积超硬膜的方法与装置	国家发明奖三等奖（1989）	李世直、赵　程、徐　翔等	青岛化工学院
203	连续退火——复烧工艺用CW－A防氧液	国家发明奖三等奖（1989）	王芷芳	天津大学
204	索道静、动张力测试技术	第四届全国发明展览铜牌（1989）	苏　鉴、相桂生、宋万明、罗成玲等	昆明工学院
205	半导体器件外引线断裂质量控制与断裂机理的研究及推广作用	国家科技进步奖三等奖（1990）	马营生、李有国、唐祥云	清华大学
206	电极过程动力学	国家自然科学奖三等奖（1987）	田昭武等	夏门大学
207	热等离子体条件下颗粒的传热与阻力	国家自然科学奖三等奖（1991）	陈　熙	清华大学
208	无机相图测定及计算的若干研究	国家自然科学奖三等奖（1991）	金展鹏、黄培云、赵继成、杜勇等	中南工业大学
209	钼铁硫原子簇化合物化学的研究	国家自然科学奖三等奖（1991）	徐吉庆、张致贵、牛淑云、孙春亭等	吉林大学
210	金属配合物的合成和结构研究	国家自然科学奖三等奖（1991）	游效曾、朱龙根、孟庆金、徐　正等	南京大学
211	尘土及颗粒对电接触可靠性影响及防护措施	国家自然科学奖三等奖（1991）	章继高、祝明德、温晓敏、李有青等	北京邮电学院
212	金属腐蚀电化学基础理论研究	国家自然科学奖四等奖（1987）	曹楚南、侯文涛、丁惠顾等	中国科学院金属腐蚀与防护研究所
213	单面自动埋弧法防止终端裂缝方法	国家发明奖四等奖（1987）	楼志文、闵　行等	西交交通大学
214	稀土合金相图和相关系的研究	国家自然科学奖四等奖（1987）	郑建宜、庄应烘、陈莱贞等	广西大学
215	测量高温下材料力学性能的光学装置	国家发明奖四等奖（1990）	金观昌等	清华大学
216	相变及界面有的内耗与超声研究	国家自然科学奖四等奖（1991）	王业宁、沈惠敏、陈小华、朱劲松等	南京大学

序号	成果名称	获奖名称（年度）	主要研究人员	所在单位
217	低频电磁场三维边值问题的分析和计算方法的研究	国家自然科学奖四等奖（1991）	王先冲、陈丕璋、马信山、宫　莲等	清华大学
218	空气冲击造型机	国家教委科技进步奖一等奖（1989）	吴浚郊、刘纯康、任邦弼、吴勤方等	清华大学
219	空间网络结构的稳定性、极限承载力和其合理形体的研究	国家教委科技进步一等奖（1990）	沈祖炎、胡学仁	同济大学
220	微重力凝固基础问题的地基模拟研究	中国科协中国青年科技奖一等奖（1991）	黄　稻等	西北工业大学
221	两相流动及燃烧的计算机模拟及应用	国家教委科技进步奖二等奖（1987）	周力行、张　健、林文漪、李荣先等	清华大学
222	混凝土力学行为综合设计	国家教委科技进步奖二等奖（1987）	黄蕴元、吴科如	同济大学
223	航天器内部液体晃动对控制系统的影响	国家教委科技进步奖二等奖（1989）	王照林、丁文镜、吴翘哲、魏金铎等	清华大学
224	多功能离子束增强沉积实验装置	国家教委科技进步奖二等奖（1991）	李文治、龙天漳、吕鸿才、李恒德等	清华大学
225	多功能 LMC 晶体生成研究装置	航空航天部科技进步奖二等奖（1991）	毛协民、傅恒志、刘　林、史正兴	西北工业大学
226	多用途板材三轴加载试验机	航空航天部科技进步奖二等奖（1991）	周贤宾、常和生、娄　嘉	北京航空航天大学
227	工程结构分析的非经典理论方法	国家教委科技进步奖二等奖（1992）	曹志远、周汉斌	同济大学
228	专家系统在工程建设中的应用研究	上海市人民政府二等奖（1992）	杨振山、洪宗辉、钱兆裕、陈秉钊等	同济大学
229	静电收集理论及其应用	浙江省科学技术进步奖三等奖（1986）	张国权、张歆伟、朴昌鹤、向晓东等	东北工学院
230	煤油滴汽化过程的多组分计算方法	航空航天部科技进步奖三等奖（1989）	李汝辉、董辉德、杨　帆、张振堂等	北京航空航天大学
231	压力容器有限元分析软件包	中国石油化工总公司科技进步奖三等奖（1989）、优秀软件一等奖（1989）	邵　敏等	清华大学
232	集装箱堆物水泥混凝土铺面结构设计理论和方法研究	国家教委科技进步三等奖（1990）	姚祖康、石小平	同济大学
233	PCVD 涂层工艺及应用技术研究	中国石油天然气总公司科技进步奖三等奖（1990）	徐　翔、赵　程、杨洪顺、李世直	青岛化工学院
234	高等级路面用改性沥青及其混合料的研究	上海市三等奖（1991）	严家伋、金树新	同济大学

序号	成果名称	获奖名称（年度）	主要研究人员	所在单位
235	多层结构电磁波吸收材料电匹配问题研究和参数优化设计程序包	国防科工委科技进步奖三等奖	李承祖、陈健华、赵风章	国防科技大学
236	三波段太阳射电高时间分辨率同步观测系统	中国科学院科技进步奖三等奖	谢瑞祥、杨开平、李维华、陈国强	中国科学院昆明分院
237	非晶态合金的结构和结构弛豫研究	云南省科学技术进步奖三等奖	王京汉、王佩军、邹　钢	云南大学
238	岩石声发射特性的研究	中国有色金属总公司科技进步四等奖	周昌达、彭　远、侯正猛、臧士勇等	昆明工学院

6. 信息科学

序号	成果名称	获奖名称（年度）	主要研究人员	所在单位
239	微波电路 CAD 及微波集成放大器的技术研究	国家科技进步奖二等奖（1988）、国家教委科技进步奖二等奖（1988）	高葆新、洪兴楠、陈兆武、吕洪国等	清华大学
240	实用专家系统	国家发明金奖（1989）	赵瑞清、马志方、刘大有、王　晖	吉林大学
241	分段压缩平面共腔条形激光器	国家发明奖三等奖（1988）	杜国同、杨德林、高鼎三	吉林大学
242	多机间文件保密通信的研究	国家科技进步奖三等奖（1989）	卢开澄、戴一奇、蒋沃峰	清华大学
243	计算机图形生成和几何造型的研究	国家自然科学奖三等奖（1991）	梁友栋、彭群生、汪国昭、陈家平	浙江大学
244	低频电磁场三维边值问题的分析和计算方法的研究	国家自然科学奖四等奖（1991）	王先冲、陈丕璋、马信山、宫　莲等	清华大学
245	系统建模方法及自适应控制系统研究	国家自然科学奖四等奖（1991）	冯纯伯、郑卫新、叶　桦、王海风	东南大学
246	毫米波无源电路的分析与应用	国家自然科学奖四等奖（1991）	李嗣范、戎敖生、洪　伟、陈忆元等	东南大学
247	启发式搜索算法	国家教委科技进步奖一等奖（1986）	张　钹、张　玲	清华大学
248	软件流水新方法研究	国家教委科技进步奖一等奖（1988）	苏伯琪、丁士元	清华大学
249	炼油厂加热炉容错计算机自适应控制系统	航天部科技进步奖二等奖（1987）	吴宏鑫、刘武标、李选荣	航空工业部502所
250	新型外差光纤陀螺及光纤陀螺噪声漂移特性研究	国家教委科技进步奖二等奖（1988）	彭纲定、林宗琦、黄上元	上海交通大学
251	分子三维模型微机系统	中国科学院科技进步奖二等奖（1988）	朱敏慧、张福贵、付　亨	中国科学院电子学研究所

序号	成果名称	获奖名称（年度）	主要研究人员	所在单位
252	毫米波鳍线的研究	江苏省科技进步奖二等奖（1989）	杨铨让	东南大学
253	近代开关理论及图形方法的研究	国家教委科技进步奖二等奖（1989）	吴训威、陈偕雄	杭州大学
254	微机显微图象处理及分析系统	四川省科技进步奖二等奖（1989）	游志胜、王开平、聂健荪	四川大学
255	智能型控制系统计算机辅助设计及现场调试通用装备	中国有色金属工业总公司科技进步奖二等奖（1991）	马润津、张永先、闫德刚、夏皓如等	北方工业大学
256	常微分求解专家系统	航空航天部科技进步奖三等奖（1989）	曹大卫、何华灿	西北工业大学
257	雷达图象模拟	中国科学院科技进步奖三等奖（1991）	舒士畏、洪　峻等	中国科学院电子学研究所
258	半导体硅单晶应力的研究	广东省自然科学奖（1988）	赵寿南、梁汉成、覃甘明、黄　岚	华南理工大学

二、机械工业技术发展基金

序号	成果名称	获奖名称（年度）	主要研究人员	所在单位
259	导电用稀土铝导线研究	机电部科技进步奖一等奖（1990）	黄崇琪、丁关森、沈建华、陈秀琴等	上海电缆研究所等
260	洗衣机电机机械化嵌线工艺及设备研究	机电部科技进步奖一等奖（1990）	韩大龙、汤德正、王伟修、徐生妹等	上海电器研究所等
261	HFB—1B型海洋浮标平台系统	机电部科技进步奖一等奖（1990）	曹恒永、吴茂萱、宋建明、吕富强等	山东海洋仪表研究所
262	结构件应用远程参数控制试验技术	机电部科技进步奖二等奖（1990）	汪慈荪、曹荣厚、高月华等	天津工程机械研究所
263	喷雾机轴流风机	机电部科技进步奖二等奖（1990）	陈松年、万培荪、吴　刚等	中国农机院等
264	降低柴油机噪声、振动的研究	机电部科技进步奖二等奖（1990）	杨万周、吴炎庭、杨怀德、李柯迈等	上海内燃机研究所等
265	带式输送机用垂直轴减速器系列研制	机电部科技进步奖二等奖（1990）	徐寄蓉、谷九清、佟家彦、瞿世福等	北京起重机械研究所等
266	容器中高应变梯度状态断裂疲劳规律试验研究	机电部科技进步奖二等奖（1990）	魏安安、雷英武、徐佩珠等	合肥通用机械研究所等
267	断裂力学在滚子轴承失效分析中的应用	机电部科技进步奖二等奖（1990）	景国荣、梅亚利、朱金华等	洛阳轴承研究所等
268	电子束材科表面改性的研究	机电部科技进步奖二等奖（1990）	唐传芳、周广德、丘宁茂等	北京机电研究所等
269	材料动态断裂性能研究及其在典型机械零件上的研究	机电部科技进步奖二等奖（1990）	孙国芳、戎忠良、廉　华等	上海材料研究所等

序号	成果名称	获奖名称（年度）	主要研究人员	所在单位
270	大机组运行故障诊断试验研究	机电部科技进步奖二等奖（1990）	邢　进、李秀云、孙世惠等	上海发电设备成套研究所
271	中型导步电动机更新系列关键技术研究	机电部科技进步奖二等奖　（1990）	章巽和、谭先德、金亚奇等	上海电器研究所
272	电动工具检测技术研究——磁带测功机及微机辅助试验系统	机电部科技进步奖二等奖（1990）	袁先达、刘国昆、金建中等	上海电动工具研究所等
273	聚酰氩胺薄膜规格系列化研究	机电部科技进步奖二等奖（1990）	曹爱爱、冯云生、屠恒舸等	桂林电器研究所
274	潜油电机绝缘材料国产化研究	机电部科技进步奖二等奖（1990）	朱启亚、冯开澄、潘玉亮等	广州电器研究所
275	小型阴极吸收密封式铅蓄电池	机电部科技进步奖二等奖（1990）	石玉坤、沈惠琴、刘淑华等	沈阳蓄电池研究所
276	XF/O 电容器多参数测试装置	机电部科技进步奖二等奖（1990）	孙敬武、房明珊、陶国兴等	上海仪器仪表研究所
277	微机自动洛式硬度计	机电部科技进步奖二等奖（1990）	金文博、马大邦、宋炳麟等	长春试验机研究所
278	拖拉机零件快速模拟试验方法的研究	机电部科技进步奖三等奖（1990）	冯锡曙、郑松林、李国英等	洛阳拖拉机研究所
279	叉车基础部件研究	机电部科技进步奖三等奖（1990）	张善科、陈守慧、张国领等	北京起重机械研究所
280	污水污物潜水电泵设计方法研究	机电部科技进步奖三等奖（1990）	关醒凡、谢达荣、张晓峰等	江苏工学院
281	中小功率增压柴油机工作过程参数优化研究	机电部科技进步奖三等奖（1990）	孙桂苓、邬静川、顾宏中等	上海内燃机研究所
282	新型电力液压推杆瓦块式盘式制动器系列研究	机电部科技进步奖三等奖（1990）	王致方、吕书然、吕芳芸等	焦作制动器厂
283	铁谱技术在轴承生产试验中的应用	机电部科技进步奖三等奖（1990）	金锡志、毛丹碧、程上彝等	杭州轴承试验中心
284	组合机床全系列通用部件的研究与开发	机电部科技进步奖三等奖（1990）	王景纲、陆俊明、王冠三等	大连组合机床研究所
285	新型高性能开式压力机的研究	机电部科技进步奖三等奖（1990）	卫志林、颜景浩、黄　涛等	济南铸锻所
286	故障诊断技术在冷镦工艺中的应用研究	机电部科技进步奖三等奖（1990）	李初琴、刘志刚	机械研究院
287	高速线材轧机用硬质合金热轧辊研究	机电部科技进步奖三等奖（1990）	张鹤年、封志奎、白佳声等	郑州机械研究所
288	650－750N/MM 高韧性无缝药芯焊丝研究	机电部科技进步奖三等奖（1990）	吕小礼、魏建军、苏立昭	郑州机械研究所

序号	成果名称	获奖名称（年度）	主要研究人员	所在单位
289	新型高性能减振降噪有色铸造合金研究及应用	机电部科技进步奖三等奖（1990）	顾　敏、何德坪、高光慧等	郑州机械研究所
290	大型（300×600）聚氨酯抛光片切片工艺研究	机电部科技进步奖三等奖（1990）	安成拜、夏兰舫、黄其圣等	合肥工业大学
291	WGZ－1L 型激光散射浊度仪	机电部科技进步奖三等奖（1990）	韩祖贤、杨祖德、马立人等	上海第二光学仪器厂
292	SSL 型砂粒度测定仪	机电部科技进步奖三等奖（1990）	杨志兴、胡一辅、李朋林	沈阳铸造研究所
293	变形传感器稳定性的研究	机电部科技进步奖三等奖（1990）	陈秉阳	长春试验机研究所
294	蒸汽、气体涡街流量计系列产品	机电部科技进步奖三等奖（1990）	姜仲霞、储利荣、刘桂芳等	重庆自动化仪表研究所
295	提高单向异步电动机离心开关等可靠性关键技术的研究	机电部科技进步奖三等奖（1990）	高孟秀、刘　蓉、林文硕等	广州电器研究所
296	9200 高压瞬态记录仪系统	机电部科技进步奖三等奖（1990）	黄耀山、江　寅、李进元等	上海电动工具研究所
297	电力半导体可靠性技术研究	机电部科技进步奖三等奖（1990）	王梦龙、程秀兰、高建峰等	西安电力电子研究所
298	电机铸铝转子压铸充型过程和压铸工艺	机电部科技进步奖三等奖（1990）	赵洪基、叶益良、黄力明等	上海电器研究所
299	高精度平面度测量技术研究	机电部科技进步奖一等奖（1991）	潘桂森、唐　华、王基云、蔡民觉等	北京机床研究所
300	1151 电容式变送器用恒弹性合金研究	机电部科技进步奖一等奖（1991）	徐群、周京波、付小蓉、许杭生等	重庆仪表材料研究所
301	ZJ45D 丛式井钻机	机电部科技进步奖一等奖（1991）	谢翔明、李远程、郑华安、赵卫东等	兰石厂、兰石所等
302	不锈钢表面转化膜技术对提高炼化设备抗腐蚀能力的研究	机电部科技进步奖二等奖（1991）	朱岳麟、熊常健、周建军等	兰州石油机械研究所
303	完善小型潜水电泵系列研究	机电部科技进步奖二等奖（1991）	曹武陵、于浙民、张巧英等	江苏工学院、上海电器研究所等
304	秸杆及饲草小型碱化调质工艺设备的研究	机电部科技进步奖二等奖（1991）	杨文大、刘宗贵、张玉凤等	呼和浩特畜牧机械研究所、信阳柴油机厂等
305	驱动式圆盘犁基础部件整机结构的研究	机电部科技进步奖二等奖（1991）	张性健、方文熙、周森岩等	福建农学院、江西机引农具厂等

序号	成果名称	获奖名称（年度）	主要研究人员	所在单位
306	引进的大中型拖拉机国内主要配套的研制	机电部科技进步奖二等奖（1991）	郑滨遂、刘公爵、曹本慧等	洛阳拖拉机所、成都仪表厂等
307	内燃机连杆热锻模具CAD/CAM	机电部科技进步奖二等奖（1991）	付沛福、张　宏、崔力生等	吉林工业大学、丹东518内燃机配件厂
308	PMS水泵综合测试系统	机电部科技进步奖二等奖（1991）	肖崇红、殷桂芳、王占国等	农机研究院、北京计算机服务中心
309	专用集成电路版图验证系统	机电部科技进步奖二等奖（1991）	王路露、岳惠敏、郑维刚等	北京自动化研究所
310	变曲率对数母线凸度滚子滚动型面工艺的研究	机电部科技进步奖二等奖（1991）	孙锡炎、韩希骅、朱惠中等	洛阳轴承研究所、洛阳工学院
311	精密机床主轴系统变形补偿技术	机电部科技进步奖三等奖（1991）	刘筱连、胡庆荣、甘锡英等	华中理工大学、宁江机床厂
312	CSS－125双面立式动平衡机	机电部科技进步奖三等奖（1991）	张　敏、马怀良、屈　涛等	长春试验机研究所
313	原子吸收分光度计故障分析与可靠性增长技术研究	机电部科技进步奖三等奖（1991）	郭建英、章治学、王杏芬等	哈尔滨科技大学、北京第二光学仪器厂、上海光学仪器厂
314	工业过程控制仪表专用电路	机电部科技进步奖三等奖（1991）	金建民、吴　哈、许向阳等	上海工业自动化研究所
315	工业用真空冷冻干燥机	机电部科技进步奖三等奖（1991）	林秀诚、赵鹤皋、郑贤德等	华中理工大学、浙江真空设备厂
316	新型电动单梁起重机系列产品开发	机电部科技进步奖三等奖（1991）	宫本智、杨光吉、徐格宁等	天津起重设备厂、太原重型机械学院
317	9500高压瞬态记录仪系统	机电部科技进步奖三等奖（1991）	黄耀山、江　寅、李进元等	上海电动工具研究所
318	SF6断路器喷口电寿命的模拟试验研究	机电部科技进步奖三等奖（1991）	贾继钧、李　明、赵长征等	沈阳工业大学

序号	成果名称	获奖名称（年度）	主要研究人员	所在单位
319	小功率换向器电动机提高工作寿命的研究	机电部科技进步奖三等奖（1991）	徐　俊、方一鸣、叶建雄等	广州电器所
320	小型交流变频调速异步电动机及SPWM装置研制应用、推广、生产	机电部科技进步奖三等奖（1991）	胡春雷、卓华生、范钦德等	上海电器研究所、天津电传研究所、西安电力电子研究所等
321	无换向器电机微机控制系统	机电部科技进步奖三等奖（1991）	叶澄中、章秀珍、董世华等	天津电气传动研究所
322	推土机整机可靠性评定技术研究	机电部科技进步奖三等奖（1991）	吴清可、徐纯祥、刘家奎等	机械院、鞍山红旗拖拉机厂等
323	扫雪机的开发与研制	机电部科技进步奖三等奖（1991）	窦　勇、林　云、李万全等	西宁高原工程机械研究所、宜春工程机械厂等
324	轮式拖拉机可靠性评定技术研究	机电部科技进步奖三等奖（1991）	顾履平、钱　进、范建华等	洛阳拖拉机研究所
325	牧草种子物理特性及加工工艺综合研究	机电部科技进步奖三等奖（1991）	唐云琪、米彩林、焦延奎等	呼和浩特畜牧机械研究所
326	小方捆机打结器部件研究	机电部科技进步奖三等奖（1991）	道尔吉、郑　钢、郭永等	呼和浩特畜牧机械研究所
327	降低拖拉机传动系振动系振动噪声的研究	机电部科技进步奖三等奖（1991）	苏清祖、王锦雯、宫镇等	江苏工学院、上海拖拉机厂
328	工艺应力与变形的光弹塑性模拟技术研究	机电部科技进步奖三等奖（1991）	赖曾美、张鸿床、卢志辉等	郑州机械所机械院
329	焊接构件振动消除应力研究	机电部科技进步奖三等奖（1991）	李庆丰、孟工戈、吴佳林等	哈尔滨焊接研究所
330	碱性酚醛树脂粘结剂硬化工艺及应用研究	机电部科技进步奖三等奖（1991）	余明伟、周万友、金广明等	沈阳铸造研究所
331	滚子链额定功率曲线编制	机电部科技进步奖三等奖（1991）	王义行、张广义、马锦华等	吉林工业大学、杭州链条总厂等
332	滑阀真空泵振动噪声机理研究	机电部科技进步奖二等奖（1992）	陈心昭、胡焕林、郭惠新等	合肥工业大学
333	耐高温高强度氮化硅结合碳化硅复合材料研究	机电部科技进步奖二等奖（1992）	陈玉顺、肖俊明、刘铭等	郑州磨具磨料磨削研究所

序号	成果名称	获奖名称（年度）	主要研究人员	所在单位
334	工程机械高原动力恢复及整机匹配性能研究	机电部科技进步奖二等奖（1992）	马绍贤、冯辉生、李鲁晋等	西宁高原工程研究所
335	新型大功率直流传动用变流器研制和850初轧机主传动电控装置	机电部科技进步奖二等奖（1992）	张松春、马济泉、李杏林等	天津电气传动研究所
336	工频有芯感应炉熔沟及炉衬耐火材料系列研究	机电部科技进步奖二等奖（1992）	郝长安、解通会、刘建军等	西安电炉研究所
337	热作模具钢性能和应用系列化研究	机电部科技进步奖二等奖（1992）	陈蕴博、李平安、施占华等	北京机电研究所、上海材料研究所、华东理工大学
338	机械工程材料高温及常温高压环境敏感断裂测试技术及性能评价	机电部科技进步奖二等奖（1992）	杨　武、张云柯、赵国珍等	上海材料研究所
339	螺旋弹簧可靠性研究	机电部科技进步奖三等奖（1992）	张英会、刘辉航、万文霞等	北京科技大学等
340	链条可靠性研究	机电部科技进步奖三等奖（1992）	柴邦衡、孟凡忠、林　树等	吉林工业大学
341	砂轮磨削性能检测方法及综合试验研究	机电部科技进步奖三等奖（1992）	朱　峰、王茹华、王春清等	郑州磨具磨料磨削研究所
342	高纯硒化镉光电导体材料研究	机电部科技进步奖三等奖（1992）	彭雨田、相机贵、陈广斌等	重庆仪表材料研究所
343	照相机系统可靠性研究	机电部科技进步奖三等奖（1992）	姚树棋、许陇云、许焕章等	杭放照相机械研究所、上海机械学院、上海照相机总厂
344	QDY－1气相电子衍射仪	机电部科技进步奖三等奖（1992）	喻凤翔、金安定、姚顺康等	上海电子光学研究所、南京师范大学
345	35KV及以下低压架空电缆和附件的开发	机电部科技进步奖三等奖（1992）	蒋佩南、朱中柱、吴曾权等	上海电缆研究所等
346	空心杯永磁直流伺服电动机系列研究	机电部科技进步奖三等奖（1992）	任　捷、朱奇珍、周彦瑜等	西安微电机研究所
347	SSBG－8901型双线高压脉冲示波器	机电部科技进步奖三等奖（1992）	黄贞核、李志清、王　蕾等	上海电动工具研究所

序号	成果名称	获奖名称（年度）	主要研究人员	所在单位
348	电动工具用换向器新材料研究	机电部科技进步奖三等奖（1992）	俞金娥、丁雅琴、俞虹等	上海电器所、上海电动工具研究所
349	装载机铲斗工作部件随机载荷的台架强化试验技术研究	机电部科技进步奖三等奖（1992）	高月华、黄晓敏、刘　伟等	天津工程机械研究所
350	焊条涂料和药芯焊丝生产用矿物原料质量分析及对焊接工艺性能影响研究	机电部科技进步奖三等奖（1992）	李春范、钱恒泽、俞韶华等	哈尔滨焊接研究所
351	金属覆盖层金相组织显示技术研究	机电部科技进步奖三等奖（1992）	林丽华、章国英、滕清泉等	上海材料研究所
352	耐200℃耐腐蚀弹性膜片材料研究	机电部科技进步奖三等奖（1992）	曹逸誉、朱德经、梁生根等	上海材料研究所
353	大型冲压件回弹皱曲机理研究	机电部科技进步奖三等奖（1992）	刘玉文、赵庭良、任国华等	吉林工业大学
354	中型高压电机用VPL浸渍树腊体系与线圈绝缘电热性能和应用工艺关系研究	机电部科技进步奖三等奖（1992）	陈益川、章慧珠、饶保林等	桂林电器研究所

三、轻工业科学技术发展基金

355	阿弗曼酮的合成（扩大试验）	轻工业部科学技术进步奖三等奖（1991）	郭茂道、龚学民、方丽明、徐乃琴等	轻工业部香料工业科学研究所
356	酸法制取氢溴酸（及溴化锂）中间试验	轻工业部科学技术进步三等奖（1992）	王俊瑞、吴志刚、杨连滨、王兆瑞	山东省制盐工业科学研究所、山东省莱州东风盐场

四、航空科学基金

357	格林函数方法研究及其在气动弹性及气动载荷计算中的应用	国家科技进步奖一等奖（1992）、航空航天部科技进步一等奖（1991）	刘千刚、杨永年、吴　凯、吴武杰等	西北工业大学
358	微透明高分子材料的光学各向异性研究方法与显微激光分析仪	国家发明四等奖（1990）、航空航天部科技进步奖二等奖（1990）	张　武、罗　建、林德宽、李建平	西北工业大学

序号	成果名称	获奖名称（年度）	主要研究人员	所在单位
359	韧性断裂细观力学的研究及应用	国家教委科技进步奖一等奖（1992）、航空航天部科技进步奖二等奖（1991）	郑长卿、冯苏宁、李小陵、王　魁等	西北工业大学
360	逆合成孔径雷达信号处理	航空航天部科技进步奖一等奖（1992）	朱兆达、邬小青、叶蓁如、余志舜	南京航空航天大学
361	振动控制中的非线性组合结构动力学	航空航天部科技进步奖二等奖（1989）	李岳峰、吴永建、胡海岩、吕民富	南京航空航天大学
362	辅助子结构宽频带减振技术研究（1989）	航空航天部科技进步奖二等奖（1989）	胡海岩、李岳峰、张阿舟	南京航空航天大学
363	自然层流翼型研究	航空航天部科技进步奖二等奖（1990）	乔志德、吕晓斌、李育斌、钟伯文等	西北工业大学
364	保偏光纤定向耦合器	航空航天部科技进步奖二等奖（1990）	张帷叙、施　雷、崔宝玮、王勋臣等	北京航空航天大学
365	光纤偏振器	航空航天部科技进步奖二等奖（1990）	张帷叙、王勋臣、崔宝玮、杜新政	北京航空航天大学
366	变结构控制的品质、鲁棒性及应用	航空航天部科技进步奖二等奖（1990）	高为炳、程　勉	北京航空航天大学
367	焊接瞬态热应变云纹测试技术及云纹图像计算机处理技术研究	航空航天部科技进步奖二等奖（1990）	吴　桥、曹　阳、刘纪达、刘　桂等	北京航空工艺研究所
368	管理专家仿真系统及其应用	航空航天部科技进步奖二等奖（1990）	冯允成、杜端甫、杨　光、柏彦奇等	北京航空航天大学
369	某型遥控/遥测/定位系统最佳群同步码的确定	江苏省科技进步奖二等奖（1990）	谢求成、郭桂启	南京航空航天大学
370	飞行器综合控制系统及其仿真试验研究	航空航天部科技进步奖二等奖（1991）	文传源、张明廉、梁　锋、申功璋等	北京航空航天大学
371	跨音速机翼及翼型的优化设计	航空航天部科技进步奖二等奖（1991）	张仲寅、付大卫、华　俊、章子林等	西北工业大学
372	大型柔性结构空间飞行器的动力学与控制研究	航空航天部科技进步奖二等奖（1991）	高为炳、程　勉	北京航空航天大学
373	飞机失速/尾旋及ACT研究	国家教科技进步奖二等奖（甲类）（1992）	史忠科、王培德、宫西卿、张勇等	西北业大学

序号	成果名称	获奖名称（年度）	主要研究人员	所在单位
374	结构非平稳随机响应研究	国家教科委技进步奖二等奖（1992）	方　同、张天舒、方建杰	西北工业大学
375	圆柱直、斜齿轮的三维优化修形	国家教科委技进步奖二等奖（1992）	方宋德、刘　更、张永才、蔺天存等	西北工业大学
376	大迎角分离机翼的亚音速气动特性计算方法及程序	航空航天部科技进步奖二等奖（1992）	熊善文、冯亚南、郑　波、夏雪湔等	北京航空航天大学
377	飞机机械操纵系统品质优化设计研究	航空航天部科技进步奖二等奖（1992）	王占林、王艺兵、冯亚昌、裘丽华等	北京航空航天大学
378	最佳 PCM 群同步码研究成果（$N=31$—64 位）	航空航天部科技进步奖二等奖（1992），江苏省科技进步奖二等奖（1992）	谢求成、雷仲魁、曹　杰、黄大庆等	南京航空航天大学
379	最佳 PCM 群同步码所段研究成果（$N=$ 31—42 位）	江苏省科技进步奖二等奖（1992）	谢求成、雷仲魁、曹　杰	南京航空航天大学
380	多光束全息干涉分析系统	航空航天部科技进步奖二等奖（1992）	蔡云良	南京航空航天大学
381	调制光束全息术	航空航天部科技进步奖二等奖（1992）	蔡云良	南京航空航天大学
382	磨削烧伤机理、改善措施及在线控制的研究	航空航天部科技进步奖三等奖（1989）	浦学锋、唐建设、王建华、徐鸿钧等	南京航空航天大学
383	应用旋翼周期型振型的复数坐标表示法研究直升机空中及地面共振	航空航天部科技进步奖三等奖（1990）	张晓谷、刘强、汪宗琪、徐敏等	南京航空航天大学
384	旋流加力燃烧室的试验和计算研究	航空航天部科技进步奖三等奖（1990）	谈浩元、黄先键、曹国铭、郭成富等	南京航空航天大学 624 研究所
385	航空蒸发循环制冷系统研究	航空航天部科技进步奖三等奖（1990）	陈德雄	南京航空航天大学
386	主动控制技术在振动控制中的应用	航空航天部科技进步奖三等奖（1990）	顾仲权、陈卫东、伍良生、周为民	南京航空航天大学
387	跨音速后掠翼抖振边界计算	航空航天部科技进步奖三等奖（1990）	张国富	南京航空航天大学
388	多功能微带天线	航空航天部科技术进步奖三等奖（1990）	王宝发、单体谦、袁晓梅、卢才成	北京航空航天大学

序号	成果名称	获奖名称（年度）	主要研究人员	所在单位
389	模拟旋转叶片内冷通道换热的机理研究	航空航天部科技进步奖三等奖（1991）	王宝官、丁小江、郑际睿等	南京航空航天大学
390	正交异性光弹性复合材料研究	航空航天部科技进步奖三等奖（1991）	陈棣忠、邓学彦、戴长滨、范明珠等	南京航空航天部大学
391	小裂缝萌生和疲劳扩展特性研究	航空航天部科技进步奖三等奖（1991）	郦正能、冠长河、何犹卿、罗芳毅等	北京航空航天大学
392	航空发动机数字控制系统软件开发环境的研究	航空航天部科技进步奖三等奖（1991）	毛可久、葛本修	北京航空航天大学
393	飞机外挂管理仿直系统	航空航天部科技进步奖三等奖（1991）	陆　颜、陈　铭、陈根社、朱建民等	西北工业大学
394	板材拉伸变形损伤、失稳与成形极限研究	航空航天部科技进步奖三等奖（1991）	胡世光、陈光南、宋明杰、龚桂仙等	北京航空航天大学
395	三维信息提取与三维图像重建	航空航天部科技进步奖三等奖（1991）	汪德宗、王金香、傅　山、张兰兰等	南京航空航天大学
396	决策表方法研究	航空航天部科技进步奖三等奖（1991）	夏国平、刘　鲁、刘晓虎、李维良	北京航空航天部大学
397	NHDB 数据库管理系统	航空航天部科技进步奖三等奖（1992）	林钧海、秦小麟、郭红英	南京航空航天大学
398	疲劳裂纹起始寿命公式与新的寿命估算方法	国家教委科技进步奖三等奖（1992）	郑修麟、凌　超、张保法、郑斯滔等	西北工业大学
399	飞行器非线性状态与参数估计理论及应用	国家教委科技进步奖三等奖（1992）	张友民、张洪才、史忠科、王培德等	西北工业大学
400	导弹现代控制的姿态运动特性研究	国家教委科技进步奖三等奖（1992）	曾颖超、熊　焰	西北工业大学
401	复杂磁系统中场——路模型的数据库方法及其修正的研究	国家教委科技进步奖三等奖（1992）	蒋忠玮、穆新华	南京航空航天大学
402	铝锂合金的性能优化	国家教委科技进步奖三等奖（1992） 陕西省教委科技进步奖一等奖	陈　铮、何　明、张宝昌、魏建峰	西北工业大学
403	故障树(FT)分析绘图系统	劳动部科技进步奖三等奖（1992）	张金钟、谢莉莉、刘　耕、王爱群	沈阳航空工业学院
404	航空发动机榫联接抗微动损伤修形及涂层	航空航天部科技进步奖奖三等奖（1992）	潘升材、朱如鹏、戴振东	南京航空航天大学

序号	成果名称	获奖名称（年度）	主要研究人员	所在单位
405	多维动态力学传感技术研究	航空航天部科技进步奖三等奖（1992）	金何林、张动桢、张宏勋、褚　涛	南京航空航天大学
406	JT-CAPP创成式计算机辅助工艺过程设计系统	航空航天部科技进步奖三等奖（1992）	冯菊芳、张朝仁、周志友、王波等	南京航空航天大学
407	双电极接触放电修整金属结合剂金钢石磨轮的研究	航空航天部科技进步奖三等奖（1992）	徐家文、彭存平、唐亚新	南京航空航天大学
408	飞机纵向人机闭环系统起飞着陆特性研究	航空航天部科技进步奖三等奖（1992）	冯亚昌、王占林、陈　刚、王　勇等	北京航空航天大学
409	K417材料缓进磨削烧伤机理及烧伤程度鉴别	航空航天部科技进步奖三等奖（1992）	徐鸿钧、徐西鹏、杨月珍	南京航空航天大学

五、江苏省自然科学基金

序号	成果名称	获奖名称（年度）	主要研究人员	所在单位
410	层板多孔应力集中与过盈配合研究	江苏省科技进步奖四等奖（1990）	樊蔚勋、吴剑国	南京航空航天大学
411	边界层转捩和分离的测量技术	江苏省科技进步奖四等奖（1991）	王铁成、沈宏霞、徐信学、郑发明	南京航空航天大学

六、陕西省自然科学研究经费

序号	成果名称	获奖名称（年度）	主要研究人员	所在单位
412	飞行管理系统及三维、四维制导研究	陕西省教委二等奖（1992）	申学仁、吴成富、陈怀民、肖顺达	西北工业大学
413	挤压油膜阻尼器的减振机理及振动控制研究	陕西省教委科技进步奖二等奖（1992）	和兴锁、贾振波、和兴民、杨月茜	西北工业大学
414	透视投影的基本方程及变换矩阵	陕西省教委科技进步奖二等奖（1992）	高满屯	西北工业大学
415	全功能数字控制发动机控制规律及计算机程序研究	陕西省教委科技进步奖三等奖（1991）	樊　丁、徐启华、屈卫东、李建勇等	西北工业大学
416	裂纹扩展微机测试系统的建立及其原理与应用	陕西省教委科技进步奖三等奖（1992）	路民旭	西北工业大学

序号	成果名称	获奖名称（年度）	主要研究人员	所在单位

七、北京市自然科学基金

	我国北方VA菌根真菌资源调查及研究	北京市科技进步奖二等奖（1992）	张美庆	北京市农科院土壤研究所
	悬索结构动力特性及地震反应研究	北京市科技进步奖二等奖（1992）	曹　资	北京工业大学
	传统建筑彩画研究	北京市科技进步奖三等奖（1992）	杨春风	北京市建筑设计研究所
	人类气管上皮细胞癌变模型的建立和癌变机制的研究	北京市科技进步奖三等奖（1992）	何　杨	北京市肿瘤防治研究所
	凝胶法探索新晶体材料的研究	北京市科技进步奖三等奖（1992）	王希敏	北京工业大学

八、吉林省应用基础研究基金

417	向日葵组织培养——离体动胚及花药培养	吉林省科技进步奖二等奖（1992）	吴天平	吉林省向日葵研究所

九、山西省自然科学基金

418	鸡传染性法氏囊病病毒单克隆抗性的研制及其应用	山西省科技进步奖一等奖（1990）	乔　忠、史振兴、詹丽娥、杨　静等	山西省农科院畜牧兽医研究所、中国人民解放军兽医大学军事兽医研究所
419	煤体渗透性的研究	山西省科技进步奖一等奖（1990）	马光弟、赵阳廉、段康廉、张文等	山西省矿业学院
420	柳氮磺胺吡啶栓的基础与应用研究	山西省科技进步奖二等奖（1990）	徐大毅、马文运、任晋斌、许卫红等	山西省药物研究所
421	食管胃吻合法的实验研究和临床应用	山西省科技进步奖二等奖（1990）	孙长恩、秦太昌、窦　平、李平宝	山西医学院第一附属医院第二附属医院

序号	成果名称	获奖名称（年度）	主要研究人员	所在单位
422	金针茹生物学特性及栽培方式研究	山西省科技进步奖三等奖（1990）	杨珊珊、李志超、李宜丰	山西省原平农业学院、山西农业大学
423	有限群及其极大子群	山西省科技进步奖理论一等奖（1990）	郭秀云、张宝林、郝成功、冯衍全等	山西大学
424	流体中微斑运动规律和微粒物理性质的研究	山西省科技进步奖理论一等奖（1990）	贺正辉、程明琦、索瑾、冀小平	太原工业大学
425	苹果树营养诊断与矫治技术研究	山西省科技进步奖理论一等奖（1990）	朱文勇、段泽敏、薛新平、吴树森等	山西省农科院果树研究所
426	新生儿耳廓微循环研究	山西省科技进步奖理论二等奖（1990）	王阿琚、郝翼中、阴怀清、范丽等	山西医学院第一附属医、第二附属医院
427	急性心肌梗塞后血流变学变化同心功能改变相互关系分析的研究	山西省科技进步奖理论二等奖（1990）	赵荣瑞	山西医学院

十、上海市科委自然科学基金

428	上海及邻区城市地质灾害中的构造、工程、地质、背景研究	国家教委科技进步奖三等奖（1990）	高灯亮、段光贤	同济大学
429	密源花粉资源与营养成分研究及应用	上海市二等奖（1991）	王开发、张玉兰	同济大学
430	上海深基坑的稳定与隆起	上海市二等奖（1991）	侯学渊、夏明耀	同济大学

十一、云南省科委应用基础研究基金

431	冬虫夏草人工培育研究	云南省科技进步奖三等奖（1988）	喻润清、沈发荣、杨跃雄、董大志等	中国科学院昆明动物研究所、德钦县科学技术委员会
432	巴西豆象的生物学习性及防治研究	云南省科技进步奖三等奖（1989）	周　兵、夏传国、文尚宇、赵淑芳等	昆明动植物检疫研究所

序号	成果名称	获奖名称（年度）	主要研究人员	所在单位
433	进口缅甸农产品仓贮甲虫种类	云南省科技进步奖三等奖	赵淑芳、蒋小龙、周力兵、夏传国等	昆明动植物检疫研究所
434	宇宙线空气簇射的时间结构及其对超高能宇宙线探测的应用	云南省科技进步奖三等奖（1989）	高晓宇、刘永钺	云南大学
435	水环境污染与水生脊椎动物细胞遗传学研究	云南省科技进步奖三等奖（1990）	贺唯顺、王蕊芳	中国科学院昆明分院
436	Outliers（异体点）理论及其在矿床预测中的应用	全国首届多元分析与时间序列一等奖（1990）	王学仁	云南大学统计系

十二、同济大学创业基金

437	城市规划与建筑管理信息系统及苏州古城容量研究	国家教委科技进步奖二等奖（1989）	陈秉钊、宋小冬	同济大学
438	ZA3 锌铝金理论研究及工业应用	国家教委科技进步奖二等奖（1989）	朱耀华、严　彪	同济大学
439	济南市西郊及山东部分城市地下水资源评论与合理开发研究	国家教委科技进步奖三等奖（1991）	吴林高、胡永懋	同济大学
440	高等级重交通道路修建水泥混凝土路面的研究	国家教委科技进步奖三等奖（1991）	姚祖康、石小平等	同济大学
441	结构混凝土非破损测强技术的推广应用	国家教委科技进步奖三等奖（1991）	李为杜等	同济大学
442	安全系统工程与应用	上海市三等奖（1988）	陈炳权、张敏祥	同济大学
443	超声波液轴向应力仪	上海市三等奖（1989）	王寅观、邵良华	同济大学

十三、福州大学科技发展基金

444	高效能单相异步发电机	国家发明奖三等奖（1992）	吴汉光、林孝义	福州大学

社 会 科 学

序号	成果名称	获奖名称（年度）	主要研究人员	所在单位
1	浊声源动态特性对合成音质的影响	中国社会科学院青年语言学家奖二等奖（1990）	杨顺安	中国社会科学院语言研究所
2	中古俗词语与古籍校点失误 魏晋南北朝词语考释方法论	中国社会科学院青年语言学家奖二等奖（1990）	蔡镜浩	苏州大学
3	福建省顺昌县境内方言的分布	中国社会科学院青年语言学家奖二等奖（1990）	冯爱珍	中国社会科学院语言研究所
4	释甲骨文“秸”、“羲”“蝗”“敖”、“找”诸字	中国社会科学院青年语言学家奖二等奖（1990）	刘　钊	吉林大学
5	语言交际中的艺术——语境的逻辑功能	中国社会科学院青年语言学家奖二等奖（1990）	王建平	中央党校
6	金瓶梅方言俗语汇释	中国社会科学院青年语言学家奖二等奖（1992）	李　申	徐州师范学院
7	回民乌鲁木齐语言志	中国社会科学院青年语言学家奖二等奖（1992）	刘俐李	新疆大学
8	试说齐国陶文中的“锺”和“溢”	中国社会科学院青年语言学家奖三等奖（1990）	吴振武	吉林大学

科技出版基金资助获奖图书一览表

一、泰山科技专著出版基金

1988—1992年，泰山科技专著已出版33种，在各级图书评奖中有21种45次获奖。

序号	获奖图书名称	获奖名称（年度）	作　者
1	抽象空间常微分方程	中国图书奖一等奖（1990年），北方十省市（区）优秀科技图书一等奖（1990），山东省优秀图书奖一等奖（1991年）	郭大钧、孙经先
2	中国古代井盐工具研究	中国图书奖一等奖（1991年），北方十省市（区）优秀科技图书一等奖（1991）	刘德林、周志征
3	中国飞蝗生物学	中国图书奖一等奖（1992年），北方十省市（区）优秀科技图书奖（1992年），全国首届兴农杯优秀农村科技图书奖荣誉奖（1992）	郭　郛、陈永林、卢宝廉
4	尿石症基础与临床研究	全国优秀科技图书奖一等奖（1992）	曹履诚、章绍舜
5	环境病理学	北方十省市（区）优秀科技图书奖（1992）	郑志仁等
6	心脏外科手术技巧	北方十省市（区）优秀科技图书奖（1992），山东省优秀图书奖三等奖（1992）	苏应衡等
7	应用板壳理论	北方十省市（区）优秀科技图书奖二等奖（1990）	成祥生
8	大气微波遥感	北方十省市（区）优秀科技图书奖二等奖（1990）	张瑞生
9	淋巴结病理学	北方十省市（区）优秀科技图书奖二等奖（1990），山东省优秀图书奖二等奖（1990）	梁国桢主编
10	水库样高度与规划的优化理论与应用	北方十省市（区）优秀科技图书奖二等奖（1990），全国优秀水利科技图书奖二等奖（1992）	董子敖
11	综合运输系统工程	北方十省市（区）优秀科技图书奖二等奖（1990）	陈汝龙
12	纤维缠绕原理	北方十省市（区）优秀科技图书奖二等奖（1991），山东省优秀图书奖三等奖（1991）	冷兴武
13	家畜血型及其应用	北方十省市（区）优秀科技图书奖二等奖（1991）	邹　峄
14	尿石症基础与临床研究	北方十省市（区）优秀科技图书奖二等奖（1991）	曹履诚等
15	酵母生物化学	北方十省市（区）优秀科技图书奖二等奖（1991）	陈思妘等
16	扭曲环带的拓扑性质	北方十省市（区）优秀科技图书奖二等奖（1991）	关　威
17	有机分子轨道理论	北方十省市（区）优秀科技图书奖二等奖（1992）	陈志行

序号	获奖图书名称	获奖名称（年度）	作　者
18	张量传热学	北方十省市（区）优秀科技图书奖二等奖（1992）山东省优秀图书奖三等奖（1992）	徐重光
19	热力学史	中国自然科学史优秀图书奖一等奖（1990）	
20	世界大洋经济头足类生物学	山东省优秀图书奖二等奖（1992）	董正之
21	单层厂房震例及其应用	山东省优秀图书奖三等奖（1992）	吴育才等

二、重庆出版社科学学术著作出版基金

22	中国近代工业史	全国优秀社科图书一等奖（1991）	祝慈寿
23	中国现代工业史	全国优秀社科图书一等奖（1991）	祝慈寿
24	中国自然科学的现状与未来	第五届中国图书奖二等奖，四川省最佳图书奖（1990）	全国基础性研究状况调研组
25	蜱螨学	第五届全国优秀科技图书奖二等奖	李隆术、李云瑞
26	胶东金矿成因矿物学与找矿	第五届全国优秀科技图书二等奖	陈光远、邵　伟
27	结构振动分析的矩阵摄动理论	第六届中国图书二等奖，四川省最佳图书奖（1991）	陈塑寰
28	从方法论看教育学的发展	全国第二届优秀教育图书二等奖	毛祖桓
29	劳动价值的动态定量研究	第二届全国计划单列市出版社优秀图书一等奖	
30	社会主义经济增长理论	第二届全国计划单列市出版社优秀图书一等奖	吴光辉等
31	中国明代新闻传播史	第二届全国计划单列市出版社优秀图书一等奖	尹韵公
32	艺术教育学	第二届全国计划单列市出版社优秀图书一等奖，四川省优秀图书奖（1990）	魏传义主编
33	儿童文艺心理学	第二届全国计划单列市出版社优秀图书一等奖，四川省优秀图书奖（1990）	姚全兴著
34	宏观控制论	全国计划单列城市出版社优秀图书一等奖（1989）	牟以石
35	莎士比亚绪论——兼及中国莎学	第五届全国单列市出版社优秀图书二等奖，四川省优秀图书奖（1991）	王佐良
36	中国北方晚更新世环境	西南西北地区科技图书一等奖，四种省优秀图书奖（1991）	郑洪汉等
37	头位难产	西南西北地区科技图书一等奖	
38	中国天牛幼虫	西南西北地区优秀科技图书奖一等奖	王永初、任秀珍
39	变形体非协调理论	西南西北地区优秀科技图书奖一等奖	郭仲衡、梁浩云
40	同伦方法引论	西南西北地区二科技图书奖一等奖	王则柯、高堂安

序号	获奖图书名称	获奖名称（年度）	作　者
41	中国企业运行的法律机制	四川省优秀图书奖（1991）	顾培东
42	马克思主义哲学与现时代	四川省优秀图书奖（1991）	蒋书楠主编
43	马克思主义的经济理论与中国社会主义	四川省优秀图书奖（1991）	李景源主编
44	科学社会主义在中国	四川省优秀图书奖（1991）	李凤鸣、张海山主编
45	马克思主义历史观与中华文明	四川省优秀图书奖（1991）	王戎笙主编
46	中国现代诗学	四川省第五届哲学社会科学优秀科研成果奖三等奖	吕　进
47	中国原始艺术精神	国际美术基金会博士论文奖	张晓凌

科学基金组织出版物一览表

全国性科学基金

出版物名称	出版年份	主编单位	出版单位
国家自然科学基金项目指南（中文版）	自1987年起按年度出版	国家自然科学基金委员会	科学出版社
Guide to programs	自1987年起按年度出版	同上	同上
中国科学基金	季刊（1987年创刊）	同上	同上
自然科学进展——国家重点实验室通讯（中、英文版）	双月刊（1990年创刊）	同上	同上
材料科学进展	双月刊	自然科学基金委员会材料与工程学部	同上
地球科学进展	双月刊	国家基金自然科学委员会地球科学部与中国科学院地学情报网、兰州文献情报中心合办	同上
生物科学信息	双月刊	基金委生命科学部与中国科学院生物科学与技术局、上海文献情报中心合办	同上
自然科学学科发展战略研究报告		国家自然科学基金委员会	科学出版社
地质科学	1990	同上	同上
原子分子物理学	1990	同上	同上
核技术	1990	同上	同上
光学与光电子学	1990	同上	同上
水利科学	1994	同上	同上
大气科学	1994	同上	同上
电工科学	994	同上	同上

出版物名称	出版年份	主编单位	出版单位
植物科学	1993	同上	同上
分析化学	1993	国家自然科学基金委员会	同上
国家自然科学基金重大项目简介（1986—1990）	1992	同上	科学出版社
国家自然科学基金资助要览（1986—1990）	1992	同上	北京大学出版社
国家自然科学基金资助项目优秀成果选编（1986—1990）	1992	同上	中国科学技术出版社
国家自然科学奖获奖项目简介（1987，1989）	1988，1990	同上	冶金出版社
国家科学技术奖励项目公报——自然科学奖（1991）	1992	同上	科学出版社
国家科学基金 ABC	1988	同上	厦门大学出版社
国家自然科学基金重点项目简介（一）	1993	同上	科学出版社
管理科学研究集萃	1993	同上	航空工业出版社
科学之星	1993	同上	海洋出版社
如何申请国家自然科学基金国际合作交流项目	1993	基金委刘才铨主编	科学出版社
Proceedings of the International Symposium on the Improvement and Development of Science Funding Systems	1993	国家自然科学基金委员会	航空工业出版社
proceedings of the International Seminar on Evaluation and Granting Policies for Development of Basic Disciplines	1993	国家自然科学基金委员会	航空工业出版社
国家自然科学基金项目统计（1986—1990）	1993	苏子仪、陈国清	华中理工大学出版社
华东科学基金管理研究	1992	华东科学基金管理研究会	复旦大学出版社
中国科学基金年鉴（1990 年版）	1991	中国科学基金研究会	科学出版社
国家自然科学基金资助项目汇编	1986 年起按年度出版	国家自然科学基金委员会	

出版物名称	出版年份	主编单位	出版单位
国家自然科学基金资助项目统计资料	1986 年起按年度出版	国家自然科学基金委员会	内部
国家自然科学基金青年科学基金资助项目汇编	1987，1988，1989	同上	内部
国家自然科学基金地区科学基金资助项目汇编	1989	同上	内部
国家高技术计划新概念新构思探索研究资助项目汇编	1987，1988，1990	同上	内部
国家自然科学基金资助项目研究成果汇编（一、二、三、四、五）		同上	内部
国家自然科学基金重大项目简介	（1986—1990）	同上	内部
国家自然科学基金委员会年报	（1986，1987，1988）	同上	内部
国家自然科学基金委员会年度报告	1988 年起每年一本	同上	内部
国家自然科学基金资助项目完成情况及成果统计资料	1990	同上	内部
科学基金工作参考资料（1—10）	（1987—1990）	同上	内部
国家自然科学基金管理办法汇编（一）	1992	同上	内部
国家 自然科学基金结束项目汇编（一、二、三）		同上	内部
科学前沿	1993	美国科学院编著 国家自然科学基金委员会翻译	内部

行业、部门科技基金

出版物名称	出版年份	主编单位	出版单位
机械工业技术发展基金项目成果专辑（1—4）	1989—1992	机械工业技术发展基金会	机械工业技术发展基金会机电新产品导报编辑部
轻工业科技发展项目指南	1991	轻工业部科技发展司	内部
水利技术开发基金项目成果汇编（第一辑）	1991	水利技术开发基金委员会	内部

出版物名称	出版年份	主编单位	出版单位
航空科学基金论文集（1，2）	1992	航空科学基金会办公室	航空工业出版社
航空科学基金论文集（3，4）	1993	同上	同上
航空科学基金资助项目研究成果汇编（1）	1993	同上	内部
航空科学基金项目指南（1989，1992）	1992	航空科学基金会办公室	内部
“八五”国防科学技术预先研究基金项目选题指南（兵器部分）	1991	中国兵器工业总公司	内部
(中山大学高等学术研究中心及香港中山大学高等学术研究中心基金会）十周年特刊（1983—1993）	1993	中山大学高等学术研究中心及香港中山大学高等学术研究中心基金会	内部
中国癌症研究基金会第一届学术大会论文汇编	1992	中国癌症研究基金会学术委员会	内部
中国癌症研究基金会第一届全国肿瘤护理学术交流会论文汇编	1993	同上	内部
中国癌症研究基金会第一届全国肿瘤康复治疗学术研讨会论文汇编	1993	《中国肿瘤杂志》编辑部	内部
美国国家科学基金会概况	1986	地震学联合科学基金考察组	中国科学技术出版社

地方科学基金

出版物名称	出版年份	主编单位	出版单位
北京市自然科学基金项目指南（含1990，1991项目汇编）	1992	北京市自然科学基金会	内部
北京市自然科学基金资助项目汇编	1992	同上	内部
天津市自然科学基金选题指南	1991年起按年度出版	天津市自然科学基金评审委员会	内部
天津市21世纪-青年科学基金选题指南	1991年起按年度出版	天津市21世纪-青年科学基金评审委员会	内部

出版物名称	出版年份	主编单位	出版单位
天津市21世纪青年科学基金论文集	1993	天津市科学技术委员会	《天津科技》杂志1993年增刊
内蒙古自然科学基金项目论文集(1986—1990)	1993	内蒙古自治区自然科学基金委员会	内蒙古大学出版社
浙江省自然科学基金项目指南	1989，1992	浙江省自然科学基金委员会	内部
浙江省自然科学基金获奖及鉴定项目简介（1988—1990）	1992	浙江省自然科学基金委员会	内部
浙江省自然科学基金资助项目论文摘要选编1	1992	同上	内部
江西省自然科学基金计划（1990—1991）	1992	江西省自然科学基金委员会	内部
江西省自然科学基金项目指南(1991—1992)		同上	内部
山东省自然科学基金项目指南(1990)		山东省自然科学基金委员会办公室	内部
山东省自然科学基金项目指南(1991—1992)		山东省自然科学基金委员会办公室	内部
湖南省自然科学基金项目指南	1993	湖南省科委 湖南省自然科学基金会 湖南省自然科学基金指南编写组	内部
广东省科委科学基金项目申请与管理指南（1991—1995）	1991	广东省科委	内部
云南省应用基础研究获国家自然科学基金资助项目研究成果汇编（1986—1990）（上、下册）	1991	云南省科委应用基础研究基金委员会	云南大学出版社
云南省应用基础研究基金项目指南（1991—1995）	1991	同上	内部
美国非营利组织经济问题	1988	中国科学技术发展基金会	内部
第一次全国民间基金会经验交流与研讨会资料汇编	1990	同上	内部
中国科学技术发展基金会资助指南	1993	同上	内部
中国科学技术发展基金会集资管理办法汇编	1993	同上	内部
民间基金会在中国如何发展	1993	中国科学技术发展基金会	内部

第Ⅵ部分

中国科学基金大事记（1979—1992）

中国科学基金大事记

1979 年

1月4日　中共中央在转发国家科委和中国科学院《1978—1985 年全国基础科学发展规划纲要》的批语指出，四个现代化的关键在于科学技术现代化。基础科学是整个科学技术发展的基础，不论是从当前还是从长远考虑，不搞基础科学的研究是不行的。我们在学习和消化引进的国外先进技术，努力发展我国农业、工业、医药卫生和国防等方面科学技术的同时，必须加强对基础科学的研究。

1981 年

4月16日　中央中央、国务院在转发国家科委党组《关于我国科学技术发展方针的汇报提纲》的通知中指出：科学技术要走在生产建设的前面。科学技术是生产力，国内外的经验证明，要建设现代化的国家，必须依靠科学技术。

5月15日　在中国科学院第4次学部委员大会期间，物理数学学部48名学部委员、生物学部41名学部委员分别联名写信给邓小平等中央和国务院领导，"建议由国家每年拨专款""设立中国科学院学部科学基金，"用来资助全国自然科学方面的基础研究和应用基础研究工作"。建议得到中央和国务院的支持，批准从1982年起，由国家拨专款，设立面向全国的中国科学院科学基金。

7月28日　中国儿童少年基金会成立，是解放后我国成立的第一个民间基金会。

11月14日　中国科学院主席团第二次会议通过《中国科学院科学基金试行条例》。

1982 年

3月2日　中国科学院科学基金委员会成立，卢嘉锡教授任主任，严东生研究员、谢希德教授任副主任，同时召开第一次全体委员会议，原则通过了《中国科学院科学基金试行条例实施办法》，责成基金会办公室根据讨论中提出的意见，修改后报基金会正副主任审定，发布施行。

5月　宋庆龄基金会在北京成立。

10月14—15日　中国科学院科学基金委员会召开第二次全体委员会议。听取科学基金申请、评审情况汇报，审批单项资助金额超过10万元的项目，审议《中国科学院科学基金试行条例实施办法补充修改意见》。当年共受理1 260项申请项目，申请总金额16 527万元。经中国科学院学部科学基金组和科学基金委员会审查，批准了首批资助项目504项，资助总金额2 830万元。

1983 年

1月　贵州省科学技术委员会设立贵州省科学技术发展基金，经费来自省政府拨款，3年350万元。

6月　孙冶方经济科学奖励基金设立。

6月　中国社会科学院青年语言学奖金设立。

8月　香港中山大学高等学术研究中心基金会在香港成立，扬振宁任董事长。

1984 年

7月　水利水电科学基金委员会成立。

7月6日　国家地震局地球物理研究所、工程力学研究所、中国科学院中国科学技术大学地球和空间科学系和北京大学地质系等四单位联合提出建议，共同集资，设立地震科学联合基金。

8月30日　经中华人民共和国卫生部批准，中国癌症研究基金会成立。

9月1日　国务院科技领导小组批准建立地震学联合科学基金会。

9月　中国残疾人福利基金会成立。

1985 年

1月　卫生部批准设立面向全国医药卫生行业的科学基金——卫生部科学研究基金。

1月　上海市人民政府批准成立上海工业技术发展基金会。

1月　夏鼐考古学研究成果奖金设立。

3月11日　中国科学院决定设立"中国科学院院内科学基金"，主要用于资助院属单位的基础研究和应用研究中的基础性工作。从1986年起，停止受理申请项目。

3月13日　《中共中央关于科技体制改革的

决定》公布。提出"按照不同类型科学技术活动的特点,实行经费的分类管理"。"对基础研究和部分应用研究工作,逐步试行科学基金制,基金来源,主要靠国家预算拨款。设立国家自然科学基金会和其他科学技术基金会,根据国家科学技术发展规划,应争取几年之后做到科研经费主要靠申请基金,国家只拨给一定额度的事业费,以保证必要的经费使用和公共设施费用。

3月　机械电子部机械工业技术发展基金委员会成立

7月16日　邓小平同志接见美籍物理学家李政道教授时指出,成立国家自然科学基金委员会大家都会赞成,不会反对。

7月19日　　水利部水利技术开发基金委员会成立。

7月　国务院正式批准试办博士后流动站,试行博士后制度。国家拨款2000万元人民币(内含200万美元外汇)作为博士后科学基金经费。

10月　国家测绘局测绘科学技术发展基金委员会成立。

国家社会科学基金会成立

11月　航空工业部决定从预研经费中划出部分经费设立航空科学基金。并成立航空科学基金理事会。

煤炭工业部成立煤炭科技发展基金委员会,设立煤炭科技发展基金,包括煤炭科学基金、煤炭技术开发基金和煤炭技术推广基金三部分。

11月　高等学校博士学科点专项科研基金开始实施。基金经费是1982年国务院批准对中央部门所属88所重点高等院校增拨的2 000万科研费。

11月　中国麋鹿基金会成立。中国国际人才交流基金会成立。

1986年

1月23日　国务院发布《关于科学技术拨款管理的暂行规定》。规定:主要从事基础研究和近期尚不能取得实用价值的应用研究工作的单位,其研究经费应该逐步做到主要依靠申请基金,国家只拨给一定额度的事业费,以保证必要的经常费用和公共设施费用。同时还规定凡建立面向全国的行业技术开发基金的部门,经国家科委批准,其减下来的事业费,全部留给行业主管部门用作技术开发基金。

1月　云南省科委从1986年起设立"应用基础研究专项经费,每年从科技三项费用中划出约5%的经费(每年约70万元),主要资助本省的应用基础研究项目和基本资料收集积累等基础性研究工作。

2月14日　国务院发出《关于成立国家自然科学基金委员会的通知》,任命唐敖庆教授为主任,对国家自然科学基金委员会的宗旨、任务、体制等作了明确的规定。

《人民日报》发表评论员文章《发展基础研究的战略性措施》,论述国家自然科学基金委员会成立的意义。

2月　国家气象局成立气象科学基金委员会,资助气象应用基础性、规律性研究。

3月5日　《人民日报》刊登国务院科技领导小组办公室负责人就设立国家自然科学基金委员会的有关问题答记者问。

3月　机械工业技术发展基金委员会成立,资助机械工业行业的基础技术(共性技术)、应用研究和重点技术开发项目。

6月　国务院批准中国社会科学院提出的《关于设立社会科学基金的请示报告》。10月27日召开全国哲学社会科学规划领导小组会议,通过了《国家社会科学基金暂行条例》,胡绳同志担任基金会主任。

6月　城乡建设部设立城乡建设科技发展基金,主要用于同国家自然科学基金委员会联合资助项目。

9月8日　山西省人民政府批准成立山西省自然科学基金委员会。

9月19日　国务委员、国家科委主任宋健同志在国家自然科学基金委员会的工作情况报告上批示:"基金会成立虽短,已取得了可喜的成绩,已迈出了重要一步。这对择优支持重要的基础应用研究有长远意义。保持高门槛,增加竞争性,也有利于大多数科技人员转向为当前经济建设服务"。

10月　国家自然科学基金委员会决定从1987年起设立青年科学基金项目,资助35岁以下具有博士学位或同等条件的优秀科研人员。

11月11日　国务委员、国家科委主任宋健同志在《机械工业技术发展基金会试行一年的报告》上批示:"祝贺基金会一年来取得的成绩。这样,基金会就有可能成为指导全国机械行业的领导机构之一。这证明中央关于改革的决定是完全正确的。希望基金会能继续前进，不断增加金额，形成指导机构工业技术发展潮流的强有力杠杆。五机部撤销后，基金会应更加兴旺而不应削弱。”

11月27日　原国务委员方毅同志在上述报告上批示：“这项措施很好，工作也很有成绩，应予表扬和推广，望继续努力，并向其他行业推广。”

12月　福建省科学技术委员会根据省政府的决定，设立省自然科学基金，成立福建省自然科学基金评审委员会，于当年评审出首批资助项目。

12月　国家教委设立“资助优秀年轻教师基金””，用于资助教育系统回国留学人员。

12月　内蒙古自治区人民政府批准成立内蒙古自治区自然科学基金委员会。

12月　四川省科学技术委员会设立四川省应用基础研究基金，并于当年评审出第一批资助项目。

12月24—27日　国家自然科学基金委员会第1次全体会议在京召开，方毅、宋健、严济慈、周培源等领导同志出席了开幕式，方毅、周培源同志作了重要讲话。

12月27日　党和国家领导人在人民大会堂接见国家自然科学基金委员会委员和全委工作人员，并一起照相。参加接见的有赵紫阳、万里、方毅、乔石、宋平、陈慕华、严济慈、张劲夫、宋健、周谷城、周培源等同志，陪同接见的有张寿、刘鸿儒、滕藤、卢嘉锡、严东生、高镇宁等同志。

12月　中国医学基金会成立。

12月　福建省自然科学基金评委会成立。

1987年

1月　贵州省科学技术发展基金经三年试行，取得经验，正式成立贵州省科学技术基金委员会。

1月　国家自然科学基金委员会发布第一部项目指南——《1987年度国家自然科学基金项目指南》。

2月　卫生部设立青年科学研究基金。

3月　国家医药管理局新药研究基金设立。

6月　中国人口福利基金会成立。

7月　《中国科学基金》杂志创刊，方毅同志题写刊名，宋健、严济慈、卢嘉锡等题词。

7月14日　金岳霖学术基金会成立

7月16日　国家计划委员会，中国科学院批准的科技促进经济发展基金会成立。这是以贷款及投资方式，对促进经济发展的有关科技成果推广项目提供财力资助的非赢利社会组织。

9月　上海市科学技术委员会和市财政局联合颁发《上海市自然科学基金试行条例》，设立上海市自然科学基金。

9月　上海市科学技术委员会设立“上海市青年科学基金”。

9月　广东省科学技术委员会设立广东省科委科学基金。

9月30日　地质行业科学技术发展基金委员会成立。

10月　霍英东教育基金会设立“青年教师基金和青年教师奖”，旨在鼓励高等院校的青年教师在教学及研究工作中做出优异成绩，促使优秀的青年教师脱颖而出，吸引留学人员学成及时回国。

10月27日至28日　中美基础科学合作联合工作组第6次会议在美国华盛顿举行，一致同意中国国家自然科学基金委员会为中美基础科学合作议定书的参加者。

12月25日　中国管理科学研究会决定成立科学基金研究分会，挂靠在国家自然科学基金委员会。这是全国有志科学基金管理工作、研究工作者的群众性学术组织。

12月　企业管理科学基金会成立。

12月　中国社会科学院设立冯至德语文学研究奖。该奖由冯至捐赠，资助中青年德语文学研究人员。

1988年

2月　甘肃省科委设立中青年科技以研究基金。

3月5日　管理科学研究会科学基金研究分会理事会召开第一次会议，正式开始工作。

3月24日　国防科技图书出版基金设立。

4月　浙江省政府批准成立浙江省自然科学基金委员会。

4月19日　中国科协振华基金会成立。

6月14日　山东省科学技术出版社泰山科技专著出版基金正式设立。

6月　重庆出版社设立科学学术著作出版基

金。

9月27日　国务院发布《基金会管理办法》。对民间基金会成立的条件、基金筹集和使用等作了明确的规定。

10月　在北京1988年国际发明展览会上，中国科学技术发展基金会首次以“振华杯”的名义向电脑五笔字型发明家、金奖获得者王永民同志颁发奖杯，开始了本会表彰民间科技活动杰出人才的工作。

10月　中华国际医学交流基金会成立。

11月4日　国务院批准设立数学专项基金（现称“数学天元基金”），每年拨款100万元，带帽下达，由国家自然科学基金委员会管理。

11月7日　国家自然科学基金委员会发布关于设立地区科学基金的暂行规定，决定从1989年起设立地区科学基金的用以资助少数民族地区、边远地区和科学基础薄弱地区的基础性研究工作。

12月6日　轻工业科学技术发展基金委员会成立。

12月　长白山学术著作出版基金会成立。

12月　河南省自然科学基金委员会成立。

12月　清华大学校友基金会成立。

1989年

2月　宋健同志在全国基础性研究工作会议讲话中，在谈到科学基金制时指出：“科学基金制的实行和推广，对克服部门分割，吃大锅饭、缺乏活力和低水平重复等弊端，起到了明显的作用。国家自然科学基金面向全国，公开竞争，实行科学家同行评议，择优支持的方法，支持了几万人的科学研究工作，对稳定基础性研究的局面，使基础性研究在新的形势下得到持续发展，起了十分重要的作用，充分显示了基金制的优点。近三年的实践证明，建立国家自然科学基金的决定是完全正确的。中国科学院与高等院校一些单位内部，也改变了按人头发配事业费的办法，由学术委员会评审课题，择优支持，加强了管理，引入了竞争机制，效果是好的”；要进一步完善科学基金制，健全专家评审系统，根据国家的发展战略和基础性研究的方针政策及规划、计划，确定投资重点，不断改进对项目申请的指导、评审管理制度，提高项目评审的科学性、公正性，管好用好基金。同时，还要发展行业基金、地方基金和私人基金，逐步形成基础性研究的基金支撑体系”；“对国家自然科学基金的拨款应该逐步增加。支持的重点应是学术水平高。探索性强，从其他渠道难以得到支持的基础性研究项目，逐步加大投资强度。”

2月　欧美同学会基金会成立。

3月4日　湖北省科学技术委员会设立湖北省自然科学基金，并成立评审委员会。

5月9—13日　中国管理科学研究会科学基金研究分会成立大会暨第一次学术研讨会在宁波召开。

5月　国际战略研究基金会成立。

5月　江西省人民政府批准设立江西省自然科学基金。

6月　云南省人民政府批准在1986年设立的“云南省科委应用基础研究专项经费”的基础上，增加经费，成立云南省科学应用基础研究基金委员会。

7月　首届泰山科技专著出版发行仪式在北京召开。

7月3日　山东省人民政府批准成立山东省自然科学基金委员会，挂靠山东省教委。

9月　天津市设立天津市21世纪——青年科学基金。

10月1日　霍英东教育基金会青年教师基金会和青年教师奖成立。

10月25日　广东省设立优秀科技专著出版基金。

11月　由中国科学技术发展基金会主办的首届“国际科学与和平周””活动在北京举行。

12月18日　地质行业科学技术发展基金会设立极地科学研究发展基金。

12月　地质矿产部设立极地科学研究发展基金会。

12月19日　中国共产党中央委员会总书记江泽民同志在国家科学技术奖励大会上讲话中指出：“要支持基础性科学研究，增强科技发展的后劲。实行保证其持续稳定发展的政策。要切实增加基础性科学研究的投资强度，确保中长期的探索性科研工作的稳定性。

12月26日　中国科学院科学出版基金专家委员会成立。

能源部设立电口科技发展基金。

12月　吉林省科委设立吉林省应用基础研究

基金。吉林省青年科学技术研究基金。

12月 马海德基金会成立。

12月 国家社会科学基金会设立青年社会科学研究基金。

12月 中国电影基金会成立。

12月 振兴中华教育科学基金会成立。

12月 中国预防性病艾滋病基金会成立。

1990年

1月4日 国家科委副主任朱丽兰同志在国家自然科学基金委员会第5次全体委员会议讲话中指出:从1986年2月国务院决定成立国家自然科学基金委员会以来,科学基金工作在实践中不断完善、日益壮大,取得了很大的成绩,充分显示了它的生命力。科学基金制是科技体制改革中的一项重要措施,并已成为我国科技事业必不可少的重要组成部分。

3月6日 《中国科学基金年鉴》编辑计划讨论会在中国社会科学院召开。

3月 北京市自然科学基金会成立。

5月 江西省自然科学基金会成立。

5月30日 在设立中国博士后科学基金一年的基础上,中国博士后科学基金会成立,邓小平同志书写了基金会会名。

6月 周培源教授向中国科学技术发展基金会捐款,该会决定在周老家乡宜兴芳桥后村小学设立"周培源奖学基金"。

7月3日 黑龙江省人民政府批准成立黑龙江省自然科学基金委员会

7月 中国科学技术发展基金会设立的"国际奥林匹克科学奖励基金"首次为1990年在竞赛中获奖的19名中学生颁奖。

8月 交通部交通科技发展基金会成立。

8月31日至9月2日 中国第一次民间基金会经验交流与研讨论在承德召开。

9月14日至18日 中国科学基金研究分会在河北昌黎召开"国家行业科技基金工作交流及研讨会"来自国家、行业基金会及有关专家共42人出席了会议。

10月 为表彰挽救失学少年辛勤工作的园丁,中国科学技术发展基金会为中国青少年发展基金会的"希望工程"设立"优秀教师奖励基金"。

11月 航空科学基金以众多基金成果参加在军事博物馆举办的国防科技预研成果展览会。

中国文物保护基金会成立。

12月 国务院任命著名科学家张存浩研究员为第二届国家自然科学基金委员会主任。

12月 天津市科委设立天津市自然科学基金。

1991年

1月 宋健同志在国家自然科学基金委员会第6次全体委员会上作"继续加强对基础研究的支持"的讲话。

1月 国家自然科学基金委员会第二届委员会组建,由26位委员组成。

1月 茅以升科技教育基金设立,并首次颁发了"北京青年科技奖"。

4月10日 中央宣传、思想工作领导小组会议决定,在全国哲学社会科学规划领导小组下设一个办事机构,负责制定全国哲学社会科学长期规划及年度计划方案、管理和筹措社会科学基金。

4月23日 国家主席杨尚昆同志参观"863""计划成果展览会时,参观了由国家自然科学基金委员会送展的新概念新构思项目的优秀成果。

4月25日 上海市科委公布《上海市青年科技启明星计划暂行管理办法》,将1987年9月设立的上海市青年科学基金用于实施这项旨在重点培养一批优秀青年科技人才的上海市青年科技启明星计划。

6月 中央机构编制委员会于1986年6月批准的中华社会科学基金会成立。

6月至9月 航空航天工业部发布《航空科学基金理事会组织章程》等一系列规章制度及管理办法。

7月 宋健同志在第二届国家自然科学基金委员会第一次全体会议期间,致函张存浩主任等,讲到了印度、美国两位著名科学家在科学研究中的作假行为。信中指出:"利用公款支持的机会,弄虚作假,骗取荣誉,不仅外国有,中国也会有","应该适时予以揭露,给予处理,以培养和规范科学界的严肃认真的科学态度和对人类的负责精神。要密切注意中国各项 基金(攻关、"863"、基金会等)所支持的研究项目,一旦发生这种现象,要组织调查,严格处理,以警效尤"。宋健同志要求国家科学基金会代为起草一个关于对科学研究中故意造假的判断准则和处理方法方面的规定。

7月　宋健同志、中国科协主席朱光亚同志、张存浩同志为《中国科学基金年鉴》题词，中国农工民主党主席、全国政协副主席卢嘉锡同志题写了书名。

7月29日　中央机构编制委员会批准设立全国哲学社会科学规划办公室，对外为“中华社会科学基金会”，设办公室主任（正局级）1人，副主任（副局级）2人，办公室编制20人，作为局级事业建制列入中宣部的编制序列。

7月30日　国防科工委在设立国防科技出版基金3年的基础上，批准成立国防科技图书出版基金评审委员会。

8月2日　能源部设立电力科技专著出版基金。

9月2日　陕西省科委设立省自然科学研究项目，试行科学基金制。

9月5日　水利部设立科技专著出版基金。

9月10日　中国兵器科学院兵器科技预研基金委员会成立。

9月2日　陕西省科委设立省自然科学研究项目，试行科学基金制。

11月26日—28日　在北京举行“基础学科发展评估与资助政策国际研讨会”，有来自美国、英国、德国、原苏联、印度、匈牙利和中国的70多位专家、学者参加会议。会议由国家自然科学基金委员会主办、世界银行特别贷款资助。

11月　国务院决定从1992年起为数学天元基金每年增拨款100万元。

12月12日—15日　全国哲学社会科学“八五”规划工作会议在北京召开。

会议讨论了如何加强社会科学研究和繁荣社会科学的有关问题，讨论并通过了《哲学社会科学“八五”国家重点课题规划》、《国家资助哲学社会科学研究项目管理暂行办法》。12月14日，中共中央总书记江泽民，中共中央政治局常委李瑞环会见了出席全国哲学社会科学“八五”规划工作会议和中国社会科学院工作会议的同志。江泽民总书记作了重要讲话。

12月　辽宁省科委设立辽宁省博士科研起动基金。

12月　江苏省政府批准设立江苏省金陵科技著作出版基金。

12月　《中国科学基金年鉴》(1990年)出版，《年鉴》记录了我国科学基金制的诞生、发展所走过足迹，收录了有关我国科学基金制宝贵的历史性文献资料，国务委员、国家各科委主任宋健同志、中国科协主席朱光亚同志、国家自然科学基金委员会主任张存浩同志为本书题词，中国农工民主党主席、原中科院自然科学基金委员会主任卢嘉锡同志为本书题写了书名。

1992年

1月21日　宋健同志在国家自然科学基金委员会名誉主任唐敖庆、主任张存浩、特邀顾问师昌绪1月17日联名信上批示：我们认为国家自然科学基金委员会，近几年来工作成绩显著。他们高举支持基础性研究（包括对人口、资源、环境等宏观系统性研究）的旗帜，支持了8万科技工作者，稳定地在基础性科学前沿拼博，取得了可喜的成就。今后应该继续加强对基金会的支持，保证其资金逐年有所增长，以便始终能保持一批科学家处于世界科学的前沿。我们将为此而努力奋斗。

李鹏总理1月24日批示：同意。江泽民总书记4月4日圈阅了此件。

3月18日　宋健同志为《国家自然科学基金优秀成果选编》题辞：深望各学科的基础性研究都选定战略目标，瞄准前沿，攀高峰，出成果，出人才。

4月24日　国务院办公厅发出通知批准1992年国家自然科学基金在1991年基数上增加五千万元，基金数额为二亿二千六百万元 5月21日—25日　中国兵器科学研究院兵器预研基金委员会成立暨第一次工作会议在上海召开。

5月25日　张存浩主任就国家自然科学基金制实施十周年纪念活动在中国新闻记者协会新闻发布厅举行新闻发布会，向中外记者发表讲话，委员会领导成员就各自分管的工作回答了记者的提问。中外记者80多人出席。

5月27日　国家自然科学基金委员会在人民大会堂云南厅举行纪念国家自然科学基金十周年座谈会。中共中央书记处候补书记温家宝同志出席了会议并发表讲话，国务委员宋健同志、全国政协副主席卢嘉锡同志，中国科学院副院长王佛松同志，全国科协主席朱光亚同志，科委副主任朱丽兰同志等近百名科学家出席了会议。诺贝尔奖获得者、著名物理学家李政道教授应邀在会上作“没有今日的基金基础科学，就没有明日的科技应用”的报告。

5月27日至6月1日　国家自然科学基金资助项目成果展览会在中国科技情报所展览厅举行，严济慈、卢嘉锡出席开幕式并剪彩。来自保加利亚、俄罗斯、捷克斯洛伐克、新西兰、德国、英国、瑞士、澳地利、芬兰、葡萄牙、印度、以色列、巴基斯坦、埃及、新加坡、日本、越南等17个国家的驻华使馆官员和联合国教科文组织的代表应邀参观了国家自然科学基金资助项目成果展览会。

5月29日　河北省人民政府批准设立河北省自然科学基金。

5月31日　纪念国家自然科学基金十周年学术报告会在北京科学会堂举行，特邀来宾、著名美藉华人物理学家杨振宁教授和数学家陈省身教授分别发表了演讲。

5月　中国科学技术发展基金会提出设立“中国科技之星”大奖的设想，经中国科协第四届书记处第20次会议讨论，决定在中国科协青年科技奖基础上由该会给予奖励，为此该会设立“中国科技之星”奖励基金。

6月27日　中国金融教育发展基金会成立。

7月1日　湖南省委机构编制委员会批准设立湖南省自然科学基金，归口省科委主管。

10月6日河北省自然科学基金委员会成立。

10月16日　中国科技发展基金会孙越琦科技教育基金在孙越琦先生百岁华诞之日宣告成立并首次颁发“能源大奖”和“优秀学生奖学金”。

10月26日—30日　“科学基金制定完善与发展国际讨论会“在北京举行，来自23个国家和地区的41名国外来宾和71名国内专家、学者汇聚一堂，以科学基金制的完善和发展为主题展开了讨论。31日下午，李鹏总理、宋健主任在人民大会堂接见了与会的国外来宾和部分国内代表。会议期间，基金委同泰国国家科学理事会、香港京港学主交流中心、俄罗斯科学院、巴基斯坦科学基金会、加拿大自然科学与工程研究理事会等科技组织和机构签署了一系列协议，为进一步扩大国际科技合作与交流创造了条件。

11月10日　江苏省人民政府批准成立江苏省自然科学基金委员会。

11月16日　经中国人民银行山东省分行批准，山东省泰山科技专著出版基金会正式成立。原泰山专著出版基金工作转入基金会。

12月16日—18日　国家自然科学基金委员会在北京召开管理工作会议，来自全国国家自然科学基金主要受资助单位的科技部门负责人及管理干部300多人参加了会议。会上表彰了在国家自然科学基金管理工作中成绩显著的18个先进集体和120名先进个人。

12月21日—22日　中国科学基金研究会经国家各部委批准和中华人民共和国民政部社 团登记注册，在北京西郊宾馆举行成立大会。暨第一届理事会会议。

第Ⅶ部分

基金会名录

全国性科学基金

国家自然科学基金委员会

设立日期　1986年2月
主　　任　张存浩
副 主 任　胡兆森　梁栋材　孙　枢　陈佳洱　金国藩
秘 书 长　梁　森
批准机关　国务院
基金来源　国家财政拨款
年度经费　2.44亿元（1990年）
资助方式　无偿资助
资助范围　基础研究、应用基础研究
项目类型　自由申请项目、青年科学基金项目、地区科学基金项目、高技术探索项目、重点项目、重大项目、数学天元基金项目及国际合作与交流项目
常设机构　国家自然科学基金委员会
编　　制　192人（专职）（1039人月）（兼职）
通迅地址　北京市海淀区花园北路35号东门（100083）
联 系 人　梁　森
电　　话　2010305
电　　传　222434　NSFCCN
传　　真　2010306
电报挂号　6199　北京

国家社会科学基金委员会

设立日期　1986年10月（1991年由中华社会科学基金会取代）
主　　任　胡　绳
批准机关　国务院
主管部门　中国社会科学院
基金来源　国家财政拨款
年度经费　1200万元（1990年）
资助方式　无偿资助
资助范围　社会科学课题研究以及扶持学科建设和历史文化遗产的抢救和整理工作
常设机构　国家社会科学基金办公室
编　　制　30人（兼职）
通讯地址　北京市建内大街5号（100732）
联 系 人　王子豪
电　　话　5137744-3169

青年社会科学研究基金

设立日期　1989年（1991年由中华社会科学基金会取代）
批准机关　国家社会科学基金会
主管部门　中国社会科学院
基金来源　国家社会科学基金拨款
年度经费　50万元（每年）
资助方式　无偿资助
资助范围　39岁以下青年的社会科学课题研究
通迅地址　北京市建内大街5号（100732）
联 系 人　王子豪
电　　话　513744-3169

中华社会科学基金会

设立日期　1991年6月
批准机关　中央机构编制委员会
主管部门　中央宣传部
基金来源　国家财政拨款
年度经费　1400万元（1992年）
资助方式　无偿资助
资助范围　全国的哲学、经济学等20个学科的基础性、应用性研究工作
项目类型　国家重点项目，一般基金项目，青年基金项目
常设机构　基金会办公室
编　　制　20人（专职）
通讯地址　北京阜成门北大街17号（100037）
联 系 人　刘占昌　蔡曙山
电　　话　8315533-548

中国博士后科学基金会

设立日期　1989年5月24日
理 事 长　沈克琦
副理事长　肖纪美　郝柏林
秘 书 长　杨　竫
批准机关　中国人民银行
主管部门　国家人事部（全国博士后管委会）

基金来源　国内外各种机构、团体、单位或个人的赞助和捐赠，各级政府部门资助，存款利息及各种收益等。
资助方式　无偿资助
资助范围　资助在站博士后研究人员的基础理论，应用基础和技术开发工作
常设机构　基金会办公室；基金筹集与交流合作处；基金评审与计划管理处
编　　制　15 人（专职）　6 人（兼职）
通讯地址　北京市中关村 934 楼 101 号（100086）
联 系 人　田野冬
电　　话　2550736
传　　真　8012666

行业、部门科技基金

机械工业技术发展基金会

设立日期　1985 年 3 月
主　　任　陶亨咸
副 主 任　陆燕荪　姚福生　朱森第　路甬祥
秘 书 长　毕东芬
批准机关　国务院原劳动人事部
主管部门　现机械工业部
基金来源　科技三项费用
年度经费　1500 万元（1992 年）
资助方式　无偿，部分有偿资助
资助范围　机械工业基础技术和重大产品开发项目
机械工业科技重大项目及行业重点项目
常设机构　机械工业技术发展基金会
编　　制　29 人（专职）　7 人（兼职）
通讯地址　北京市西城区三里河路 46 号机械工业部院内（100823）
联 系 人　毕东芬
电　　话　8595361
传　　真　8595368

水利部水利技术开发基金会

设立日期　1985 年
主　　任　徐乾清
副 主 任　戴定忠
秘 书 长　郑泽民
批准机关　水利部
主管部门　水利部
基金来源　科技三项费用
年度经费　200 万元（1992 年）
资助方式　无偿资助(90%)，部分有偿资助(10%)
资助范围　有关江河治理、开发，水利水电工程建设、管理的应用研究及技术开发
常设机构　办公室
编　　制　1 人（专职）　3 人（兼职）
通讯地址　北京市白广路二条一号水利部科教司（100761）
联 系 人　丁瑞麟
电　　话　3273322－4359

水利水电科学基金会

设立日期　1984 年 7 月
主　　任　张泽祯
副 主 任　郑泽民　窦国仁　赵佩钰
批准机关　原水利电力部
主管部门　水利部，能源部
基金来源　水利部科技三项费，能源部电力科技发展费
年度经费　100 万元（1992 年），二项各 50 万元
资助方式　全额或部分无偿资助
资助范围　应用基础 研究和部分应用研究
常设机构　水利水电科学基金办公室
编　　制　2 人（专职）
通讯地址　北京车公庄西路 20 号（100044）
联 系 人　谢良安
电　　话　8415522-919

城乡建设科学技术基金委员会

设立日期　1987 年
批准机关　建设一部（原城乡建设环境保护部）
主管部门　建设部科技司
基金来源　科技三项费，企、事业单位资助
年度经费　每年 40—45 万元
资助方式　与国家自然科学基金委员会联合开展项目资助
资助范围　建筑环境与结构工程中的应用基础，

研究开发项目及新产品研制
常设机构　城乡建设科技基金管理办公室
编　　制　5人（兼职）
通讯地址　北京百万庄建设部科技司科研处（100835）
联 系 人　陈宜明
电　　话　8393571
传　　真　8394530

地质行业科学技术发展基金委员会

设立日期　1987年9月30日
主　　任　王鸿祯
副 主 任　沈其韩
批准机关　地质矿产部
主管部门　地质矿产部科技司
基金来源　国家财政拨款
年度经费　100万元
资助方式　无偿资助
资助范围　应用基础研究（目前范围局限于地矿部系统的科研教学、生产单位）
项目类型　自由申请项目
常设机构　基金会办公室
编　　制　3人（专职）　9人（兼职）
通讯地址　北京市阜外百万庄大街26号（100037）
联 系 人　李兴岑（办公室主任）
电　　话　8326528
电　　传　22272　CAGSCN

轻工业科学技术发展基金会

设立日期　1988年12月6日
主　　任　甘子光
副 主 任　徐蓓蕾、马啸虎
秘 书 长　章　杰　　白　英
批准机关　轻工业部
基金来源　部分科技三项费用
年度经费　570万元　（1992年）
资助方式　全额资助、有偿资助和贷款
资助范围　基础研究、应用，研究试制和应用研究
项目类型　自由申请项目
常设机构　轻工业科学技术发展基金会办公室
编　　制　6人（专职）　20人（兼职）
通讯地址　北京市朝阳区光华路12号（100020）
联 系 人　章　杰
电　　话　5005905

交通科技发展基金会

设立日期　1990年8月
主　　任　张叔辉
主管部门　交通部
基金来源　科技三项费、行业开发费，部拨科技发展费，有偿合同回收的科技经费，社会集资、捐赠、利息等
资助方法　无偿、部分有偿、有偿资助，贷款
资助范围　软科学研究；应用研究，重点技术开发项目，重大成果的推广应用；新技术，新工艺，新产品，新材料的开发研究和应用；技术基础工作等
常设机构　交通部科技发展基金会项目处
通讯地址　北京复兴路交通部科技司（100845）
联 系 人　裴健康
电　　话　3261845

国家资助优秀年轻教师基金

设立日期　1986年
主　　任　张秀梅
主管部门　国家教委
基金来源　财政部拨款
资助方式　无偿资助
资助范围　教育系统回国留学人员
项目类型　学校主管部门按限额推荐
常设机构　国家教委科技管理中心
通讯地址　北京市西城区大木仓胡同37号（100816）
联 系 人　曹晓南
电　　话　605815
电　　传　6013350

高等学校博士学科点专项科研基金

设立日期　1985年
主管部门　国家教育委员会
基金来源　财政部拨款
资助方式　无偿资助
资助范围　理工、农林、医药、军工、文科各学科的博士导师开展科研工作和培养博士生
常设机构　高等学校科学技术基金办公室

通讯地址　北京市西城区大木仓胡同37号（100816）
联系人　初庆春
电　话　6013350

卫生部科学研究基金

设立日期　1985年1月
主管部门　卫生部
基金来源　科技事业费，卫生事业费，科技三项费
资助方式　无偿，有偿资助
资助范围　应用研究和应用基础研究；少量开发研究
项目类型　自由申请项目
常设机构　基金办公室
通讯地址　北京市西城区后海北沿44号卫生部科技司计划处（100725）
联系人　薛志福　邵　新
电　话　4011361

卫生部青年科学研究基金

设立日期　1987年2月21日
主管部门　卫生部
基金来源　科技三项费，卫生部部长基金
资助方式　无偿资助
资助范围　35岁以下优秀青年科技工作者在国内的基础研究，应用研究
常设机构　基金办公室
通讯地址　北京市西城区后海北沿44号卫生部科技司计划处（100725）
联系人　薛志福　邵　新
电　话　4011361

气象科学基金

设立日期　1986年2月
主管部门　国家气象局
基金来源　科技三项费
资助方式　无偿资助
资助范围　气象科学应用基础性、规律性（包括创新的预报方法）的研究
项目类型　自由申请项目，青年基金项目，院校基金项目
常设机构　气象科学基金办公室
通讯地址　北京西郊白石桥路46号国家气象局科技教育司科技发展处（100081）
联系人　王远忠　钟志武
电　话　8312277-2632

航空科学基金理事会

设立日期　1985年11月
理事长　何文治
副理事长　顾涌芬　周家骐　方宝瑞
秘书长　何怿晋
批准机关　航空工业部
主管部门　航空航天工业部科技司
基金来源　部分航空预研经费
年度经费　560万元（1992年）
资助方式　无偿资助
资助范围　航空科学技术的应用基础部和部分应用研究领域内新思想、新原理、新概念、新方法研究课题。
项目类型　自由申请项目
常设机构　航空科学基金办公室
编　制　8人（专职）
通讯地址　北京市761信箱10分箱（100012）
联系人　陈　勇
电　话　4232516，4236688-1232，1233，1236

地震科学联合基金会

设立日期　1984年9月15日
主管部门　国家地震局
基金来源　国家地震局地球物理所，工程力学所，中国科学技术大学地球科学系，北京大学地质系科研费
资助方式　无偿资助
资助范围　地震科学基础研究与基础性应用研究
项目类型　自由申请项目
常设机构　地震科学联合基金会办公室
通讯地址　北京复兴路63号（100036）
联系人　吴宁远　金恒起
电　话　8218360，8215522-2407

国家医药管理局新药研究管理中心

设立日期　1987年3月
主　任　戴庆骏
副主任　洪　琅
秘书长　王子厚
批准机关　中华人民共和国人事部

主管部门　国家医药管理局
基金来源　国家财政拨款，国家医药管理局自筹，企业集资
资助方式　无偿资助、部分有偿资助、货款
资助范围　创新药物（心血管、抗肿瘤、抗感染及抗炎免疫等药物，精神及神经系统用药，其它药物）的研究与开发
项目类型　自由申请项目
常高机构　管理中心办公室
编　　制　3人（专职）　　7人（兼职）
通讯地址　北京西城区北礼士路甲38号（100810）
联 系 人　曹立亚
电　　话　8313344-0409

国家测绘局测绘科学技术发展基金委员会

设立日期　1985年10月
主　　任　杨　凯
副 主 任　喻永昌
批准机关　国家测绘局
主管部门　国家测绘局科学技术处
基金来源　科技三项费，部分科学事业费，返还的有偿使用基金
资助方式　无偿，部分有偿，有偿资助
资助范围　资助测绘学科中的大地测量学，摄影测量与遥感学，工程测量学，地图制图学，，地理信息系统（GIS），测绘仪器设计与制造等基础研究，应用研究，开发研究，软科学研究
项目类型　自由申请项目
常设机构　测绘科技发展基金委员会办公室
编　　制　2人（专职）　　3人（兼职）
通讯地址　北京市百万庄国家测绘局内（100830）
联 系 人　孙承志
电　　话　8322026
传　　真　8311564

煤炭科学基金委员会

设立日期　1985年9月
主　　任　汤德金
副 主 任　张光尘
秘 书 长　王可寰
批准机关　煤炭工业部
主管部门　煤炭工业部、中国统配煤矿总公司
基金来源　行业拨款
年度经费　300万元（1992年）
资助方式　无偿，部分有偿资助
资助范围　基础研究，应用基础研究及重大项目的前期研究
项目类型　自由申请项目
常设机构　煤炭科学基金委员会，秘书处。
编　　制　2人（专职）　　2人（兼职）
通讯地址　北京和平里煤炭科学研究总院学术委员会（100013）
联 系 人　王可寰　张文秀
电　　话　4213840，4214931-624
电　　传　22504　CCMRI
传　　真　4219234

兵器预研基金委员会

设立日期　1991年9月10日
主　　任　陈鹏飞
副 主 任　张锐生
秘 书 长　方秉尧
批准机关　中国兵器工业总公司
主管部门　国防科工委
基金来源　国防科技预研费（兵器科技预研费）
年度经费　170万元（1992年）
资助方式　无偿资助
资助范围　兵器行业急需的应用基础研究和少部分探索性的应用研究
项目类型　自由申请项目
常设机构　中国兵器科学研究院预研基金办公室
编　　制　4人（专职）
通讯地址　北京2418信箱1分箱（100081）
联 系 人　郭昭华
电　　话　8425408
电　　传　22558　NISTICN
传　　真　841368

化工部科技兴化奖学金

设立日期　1991年5月7日
主　　任　贺国强
副 主 任　樊丽秋
批准机关　化工部
主管部门　化工部教育司
基金来源　吉林化学工业公司等化工企事业单位

的捐赠
年度经费　120万元（1992年）的利息
资助方式　奖励
资助范围　全国全日制普通高校化工类及相关专业的优秀学生300人左右。
常设机构　化工部教育司高教处
通讯地址　北京市朝阳区亚运村安慧里四区十六号楼（100723）
联 系 人　高阳
电　　话　4914455-1312
传　　真　4915657

地方科学基金

北京市自然科学基金委员会

设立日期　1990年3月
主　　任　高原
副 主 任　王以铭、高寿征
秘 书 长　戚康男
批准机关　北京市人民政府
主管部门　北京市科学技术委员会
基金来源　北京市财政拨款
年度经费　300万元（1992年）
资助方式　无偿资助及少数有偿资助
资助范围　应用基础研究，高新技术的技术基础以及部分基础研究。
项目类型　自由申请项目
常设机构　北京市自然科学基金委员会办公室
编　　制　8人（专职）　　4人（兼职）
通讯地址　北京市西城区西直门南大街16号（100035）
联 系 人　徐桂滨
电　　话　6023253

天津市自然科学基金

设立日期　1990年6月
主　　任　母国光
主管部门　天津市科学技术委员会
基金来源　科技三项费
年度经费　250万元（1992年）
资助方式　无偿资助
资助范围　应用基础研究，应用研究，基础研究
项目类型　自由申请项目
常设机构　天津市科委综合计划处
编　　制　兼职
通讯地址　天津市和平区和平路287号（300041）
联 系 人　赵军
电　　话　（022）303719

天津市21世纪——青年科学基金

设立日期　1989年10月
主　　任　石则昌
主管部门　天津市科学技术委员会
基金来源　科技三项费
年度经费　150万元（1992年）
资助方式　无偿资助
资助范围　应用基础研究，应用研究，基础研究
项目类型　自由申请项目
常设机构　天津市科委综合计划处
编　　制　兼职
通讯地址　天津市和平区和平路278号（300041）
联 系 人　魏政
电　　话　（022）303719

河北省自然科学基金委员会

设立日期　1992年5月29日
主　　任　安炳奇
副 主 任　魏建昆
秘 书 长　李万臣
批准机关　河北省人民政府
主管部门　河北省科委
基金来源　省财政专项经费，省科技三项费
年度经费　350万元（1992年）
资助方式　无偿资助
资助范围　基础性研究，重点是应用基础研究
项目类型　自由申请项目
常设机构　河北省自然科学基金委员会办公室
通讯地址　石家庄市富强大街33号河北省科委院内
联 系 人　张经彦
电　　话　615841

山西省自然科学基金委员会

设立日期　1986年9月

主　　任　刘锡山
副 主 任　杨桂通、周国生
秘 书 长　张雪涛
批准机关　山西省人民政府
主管部门　山西省科委
基金来源　省科技三项费用拨款
年度经费　125万元（1992年）
资助方式　无偿资助
资助范围　基础研究和应用基础研究
项目类型　自由申请项目
常设机构　山西省自然科学基金委员会秘书处
编　　制　3人（专职）
通讯地址　山西省太原市迎泽大街60号省科技大楼720室　（030001）
联 系 人　冯政光
电　　话　441291-297

内蒙古自治区自然科学基金委员会

设立日期　1986年(1991设立青年科学基金,每年区拨款10万元)
主　　任　方天祺
副 主 任　李铁生　斯力更　张治务　马成麟
主管部门　内蒙自治区科委
基金来源　区科委三项费用拨款
年度经费　50万元（每年）
资助方式　无偿资助
资助范围　基础研究和应用基础研究
项目类型　自由申请项目
常设机构　基金会办公室
通讯地址　呼和浩特市新华大街一号内蒙古科委科研计划处（010055）
联 系 人　徐振明　阿　牧
电　　话　667477

吉林省应用基础研究基金

吉林省青年科学技术研究基金

设立日期　1989年
主管部门　吉林省科委综合计划处
基金来源　省科技三项费
资助方式　无偿资助
资助范围　应用基础研究，35周岁以下青年科技人员（青年研究基金）
项目类型　自由申请项目
常设机构　吉林省科委综合计划处
编　　制　6人（兼职）
通讯地址　长春市民康路八号（130041）
联 系 人　刘淑琴
电　　话　875536

黑龙江省自然科学基金委员会

设立日期　1990年7月3日
主　　任　黄文虎
副 主 任　张恩诚　张　铨　董　浩
秘 书 长　张晓伟
批准机关　黑龙江省人民政府
主管部门　黑龙江省科学技术委员会
基金来源　省财政，省科委，省教委拨款
年度经费　140万元（1992年）
资助方式　无偿资助
资助范围　主要资助基础研究和应用基础研究，择优支持有重要科学意义和重要应用前景的研究工作。
项目类型　自由申请项目
常设机构　黑龙江省自然科学基金委员会办公室
编　　制　4人（专职）　13人（兼职）
通讯地址　哈尔滨南岗区中山路202号（150001）
联 系 人　杨廷双
电　　话　2632603

上海市自然科学基金与上海青年科学基金

设立日期　1987年
主管部门　上海市科委
基金来源　上海市科技发展基金，国内外捐赠
资助方式　无偿资助
资助范围　基础研究，应用基础研究
项目类型　自由申请项目
常设机构　基金会办公室
通讯地址　上海市福州路30号（20002）
联 系 人　李　跃
电　　话　212810

江苏省自然科学基金委员会

设立日期　1992年11月10日
主　　任　冯　端

副 主 任　李中和　刘冠群
副 书 长　吕绍荣
批准机关　江苏省人民政府
主管部门　江苏省科委
基金来源　省财政厅拨款
年度经费　300 万（1992 年）
资助方式　无偿资助
资助范围　基础性研究项目
项目类型　自由申请项目
常设机构　江苏省自然科学基金委员会办公室
编　　制　2 人（专职）　1 人（兼职）
通讯地址　南京市北京东路 39 号江苏省科委内（210008）
联 系 人　应春元
电　　话　6631352

辽宁省留学归国博士人员科研起动基金

设立日期　1991 年
主　　任　纪　中
批准机关　辽宁省人民政府科技领导小组
主管部门　省科委
基金来源　省财政拨款
年度经费　150 万元（1992 年）
资助方式　无偿资助
资助范围　已获博士学位人员从事自然科学研究基础、应用基础和应用研究
项目类型　自由申请项目
常设机构　省科委综合计划处
编　　制　7 人（专职）　1 人（兼职）
通讯地址　沈阳市东陵区南塔街 131 号（110015）
联 系 人　刘延春
电　　话　3845941
传　　真　3845635

浙江省自然科学基金委员会

设立日期　1988 年 4 月
主　　任　马　洵
副 主 任　阙端麟、苏纪兰、季道藩、李兆强
秘 书 长　朱明权
批准机关　省人民政府
主管部门　省科委
基金来源　省财政
年度经费　400 万元（1992 年）
资助方式　无偿资助
资助范围　基础与应用基础研究
项目类型　面上项目
常设机构　基金办公室
编　　制　3 人（专职）　3 人（兼职）
通讯地址　杭州市环城西路 91 号（310006）
联系人　宣晓冬
电　　话　5159093

福建省自然科学基金评委会

设立日期　1986 年 12 月
主　　任　柯　冲
副 主 任　林忠民　林文良　魏可镁　康仲函　万惠林
批准机关　福建省科委
主管部门　福建省科委
基金来源　科技三项费用
年度经费　200 万元（1992 年）
资助方式　无偿资助
资助范围　基础研究和部分应用基础研究，年轻拔尖人才给予优先考虑
项目类型　自由申请项目
常设机构　福建省科委科研处
编　　制　2 人（兼职）
通讯地址　福州市湖东路 7 号省科委科研处
联 系 人　杨　萍
电　　话　855687

江西省自然科学基金委员会

设立日期　1989 年 5 月
主　　任　王　生
副 主 任　魏家凤
秘 书 长　李　立
批准机关　省政府
主管部门　省科委
基金来源　科委科技三项费
年度经费　50 万元（1992 年）
资助方式　无偿资助
资助范围　（农业基础学科、医学基础学科、数学学科、物理学科、化学学科）基础理论研究和应用基础理论研究
项目类型　自由申请项目
常设机构　省自然科学基金委员会办公室

编　　制　3人（专职）
通讯地址　江西省南昌市科委自然科学基金办公室（330046）
联 系 人　王　岩
电　　话　66641

山东省自然科学基金委员会

设立日期　1989年7月3日
主　　任　马长贵
副 主 任　吴鸿章　迟范民　潘承洞　阮景纯
批准机关　山东省人民政府办公厅
主管部门　挂靠省教委
基金来源　省财政拨款
年度经费　150万元（1992年）
资助方式　元偿资助
资助范围　（数理、化学、医学、生物、地球、材料与工程、信息）基础研究和应用基础研究
项目类型　自由申请项目
常设机构　山东省自然科学基金委员会办公室（与省教委科研处含署办公室
编　　制　1人（专职）　1人（兼职）
通讯地址　济南市青年东路1号山东省教委科研处（250011）
联 系 人　李念祥
电　　话　（0531）617249

河南省自然科学基金委员会

设立日基　1988年6月
主　　任　许广先
副 主 任　孙尚俭
秘 书 长　齐超仁
批准机关　省政府
主管部门　省科委
基金来源　科技三项费
年度经费　130万元（1992年）
资助方式　无偿资助
资助范围　基础研究和应用基础研究
项目类型　自由申请项目
常设机构　省基金会办公室
编　　制　4人（兼职）
通讯地址　河南省科委计划处（450003）
联 系 人　王战营
电　　话　（0371）553368
电　　传　（0371）553368
传　　真　（0371）553368

湖北省自然科学基金评审委员会

设立日期　1989年3月4日
主　　任　崔　昆
主管部门　湖北省科委
基金来源　省财政拨款
资助方式　无偿资助
资助范围　全省自然科学基金研究
项目类型　自由申请项目
常设机构　基金办公室
通讯地址　武汉市武昌小洪山湖北省科委计划处（430071）
联 系 人　王红斌
电　　话　812591

湖南省自然科学基金委员会

设立日期　1992年7月1日
主　　任　张寅南
副 主 任　袁隆平　潘奇才　高珊增
秘 书 长　王腊生
批准机关　湖南省委机构编制务委员会
主管部门　湖南省科学技术委员会
基金来源　省财政拨款，省科委专项拨款
年度经费　50万元（1992年）
资助方式　全额资助
资助范围　基础与应用基础研究
项目类型　自由申请项目
常设机构　湖南省自然科学基金办公室
编　　制　3人（专职）　2人（兼职）
通讯地址　湖南省科委省基金会办公室（410001）
联 系 人　刘瑞生
电　　话　（0731）20223-225
电　　传　441428

广东省科委科学基金

设立日期　1987年9月
主管部门　广东省科委
基金来源　省科委科技三项费
资助方式　无偿资助
资助范围　全省自然科学基础研究和应用基础研

究

项目类型　自由申请项目

常设机构　省科委综合处兼管

通讯地址　广州市东风二路广东省科学馆内(510033)

联 系 人　梁宇宁

电　　话　3334100-325，3332567

传　　真　020-3334587

四川省青年科技基金会

设立日期　1991年

批准机关　中国人民银行四川分行

主管部门　四川省科学技术委员会

基金来源　科技三项费，社会集资

年度经费　科技三项费50万元(1992年)，社会集资2.5万元（1992年）

资助方式　无偿资助

资助范围　应用基础研究

常设机构　省科技委员会计划处

通讯地址　成都市学道街39号（610016）

联 系 人　杨德勋

电　　话　661673

电　　传　60104　SPCSTCN

贵州省科学技术基金委员会

设立日期　1983年

主　　任　汪福清

副 主 任　王庆延

秘 书 长　李　祥

批准机关　省人民政府

主管部门　省科技委员会

基金来源　省财政专项拨款

年度经费　120万元（1992年），其中科技三项费40万元

资助方式　无偿资助

资助范围　基础研究和应用基础研究；技术开发中关健的难度及风险性较大的应用研究

常设机构　省科学技术基金委员会办公室

编　　制　3人（专职）　8人（兼职）

通讯地址　贵阳市醒狮路11号（550002）

联 系 人　黄　明

电　　话　28342

传　　真　（0851）523657

云南省科委应用基础研究基金委员会

设立日期　1989年6月13日

主　　任　林文兰

副 主 任　朱维华　王义明　樊永言

秘 书 长　刘昌荣

批准机关　省人民政府

主管部门　云南省科委

基金来源　省财政，省科技三项费

年度经费　400万元（1992年)，其中省财政拨款200万元

资助方式　无偿资助

资助范围　资助（数理、化学、生命、地球、材料与工程、信息、管理）应用基础研究和部分基础研究

项目类型　面上（自由申请项目)、青年基金项目，基金重点项目

常设机构　省科委应用基础研究基金委员会办公室

编　　制　3人（专职）

通讯地址　昆明市北京路110号（650051）

联 系 人　黄文昆

电　　话　3136747

电　　传　64052　YITACCN

传　　真　0871-3136444

陕西省自然科学研究项目

设立日期　1991年

主管部门　省科委

基金来源　省财政拨款

资助方式　无偿资助

资助范围　陕西省自然科学基础研究和应用基础研究

项目类型　自由申请项目

常设机构　省科委综合计划处

通讯地址　陕西省西安市新城省科委

甘肃省自然科学基金

设立日期　1987年

主　　任　魏庆同

副 主 任　刘长缨　魏宝文

基金来源　科技三项费　省财政拨款

年度经费　125万元（1992年）其中省财政拨款30万
资助方式　无偿，部分有偿资助
资助范围　基础研究和应用基础研究
项目类型　科学基金项目，应用基础基金项目，人才培养基金项目。
常设机构　省科委综合计划处
编　　制　6人（兼职）
通讯地址　兰州市平凉路432号（730000）
联 系 人　陈　继
电　　话　485059

河南省普通高等学校优秀中青年教师奖励基金

设立日期　1990年7月
主　　任　李文成
主管部门　河南省教委
基金来源　省财政一次性拨款（20万元）
年度经费　利息
资助方式　奖励
资助范围　河南省普通高校优秀中青年教师
常设机构　省教委高教一处
通讯地址　河南郑州市花园路三号院（450003）
联 系 人　张高潮

青海省小岛奖学（励）基金理事会

设立日期　1989年9月
主　　任　班玛丹增
副 主 任　高　荣
批准机关　省人民政府办公厅
主管部门　省教育厅
基金来源　由日本国小岛镣次郎先生捐款500万日元
年度经费　使用利息
资助方式　奖励
资助范围　青海省普通高校优秀学生，每人500元人民币
常设机构　基金理事会办公室
通讯地址　青海省西宁市西大街66号青海省教育厅高教局（810000）
联 系 人　李维恒
电　　话　（0971）42338
传　　真　（0971）42550

青海省中小学幼儿教师奖励基金会

设立日期　1989年7月
主　　任　班玛丹增
秘 书 长　程庆麟
批准机关　省民政厅社团处
主管部门　青海省教育厅
基金来源　省财政一次性拨款，国家机关各部门的资助及企业、个人捐款
资助范围　奖励中小学幼儿优秀教师
常设机构　基金会办公室
通讯地址　省教育厅转省中小幼教师奖励基金会（810000）
联 系 人　张银生
电　　话　42931-599

民 间 科 技 基 金

马海德基金会

设立日期　1989年
会　　长　苏菲
主管部门　中国人民银行
基金来源　马海德个人赠捐和国内外捐赠
资助方式　奖励，资助
资助范围　对在我国消灭麻风病有促进作用的实验，临床和研究
联 系 人　潘春枝

中国科学技术发展基金会

设立日期　1988年4月19日
主　　任　高　潮
副 主 任　候祥麟　张存浩　聂力（女）　王治国
秘 书 长　沈晓丹
批准机关　中国人民银行
主管部门　中国科协
基金来源　自筹（自收自支）
资助方式　奖金，无偿，部分有偿资助
资助范围　开展学术交流，决策咨询，科研开发，培训人才，奖励人才，社会公益等有意义

的活动。
常设机构　中国科学技术发展基金会秘书处
编　　制　8人（专职）　2人（兼职）
通讯地址　北京友谊宾馆科学会堂308房间（100873）
联 系 人　靳晓明
电　　话　8498144

中华国际医学交流基金会

设立日期　1988年10月
主　　席　吴阶平
主管部门　中国人民银行
基金来源　捐赠
资助方式　无偿资助，奖励
资助范围　国际医学交流
项目类型　设有10项专项基金
常设机构　中华国际医学交流基金会
通讯地址　北京东四西大街42号（100710）
联 系 人　王建平
电　　话　5133311-286
电　　传　210080

中国社会科学院青年语言学家奖金

设立日期　1983年6月
主　　任　陈　坚
主管部门　中国社会科学院
基金来源　吕叔湘捐赠
资助方式　奖励
资助范围　对中国境内的某种或某些语言文字的现状或历史进行调查研究有成绩的中国青年学者
常设机构　中国社会科学院语言研究所科研处
通讯地址　北京建国门内大街5号（100732）
联 系 人　卢荣和
电　　话　5122808

中国社会科学院考古研究所夏鼐考古学研究成果基金

设立日期　1985年1月
主　　任　王仲祥
批准机关　中国社会科学院
主管部门　中国社会科学院考古研究所
基金来源　夏鼐个人捐赠
资助方式　无偿资助
资助范围　全国考古行业奖励
常设机构　中国社会科学院考古研究所科研处
编　　制　2人（兼职）
通讯地址　北京王府井大街27号（100710）
联 系 人　冯浩璋
电　　话　5234003
传　　真　5135532

中国人口福利基金会

设立日期　1987年6月
会　　长　原：王首道，换届拟任　谷　牧
副 会 长　原：周伯萍，换届拟任　刘汉彬　沈国祥等
秘 书 长　杨　团
批准机关　中国人民银行
主管部门　国家计划生育委员会
基金来源　社会各界捐赠
资助方式　奖励
资助范围　用于首届中华人口奖组织活动经费及奖励基金70万元
常设机构　中国人口福利基金会
编　　制　8人（专职）　2人（兼职）
通讯地址　本市海淀区大慧寺路12号（100081）
联 系 人　葛振江
电　　话　8312429
传　　真　8342429

中国金融教育发展基金会

设立日期　1992年6月27日
会　　长　尚　明
常务副会长　李皓原
秘 书 长　李皓原
批准机关　中国人民银行
主管部门　中国人民银行总行
基金来源　捐赠370万元（1992年）
资助范围　资助教育、教学科研、教材开发、优秀教师、学生
常设机构　秘书处，财务部，人事部，培训部，投资部
编　　制　4人（专职）　1人（兼职）
通讯地址　北京复兴门外二七剧场路南口七号楼（100045）

联系人　李荣华
电　话　8512997，8513080
传　真　8513077

中国癌症研究基金会

设立日期　1984年10月26日
主　席　陈敏章
理事长　李　冰
秘书长　李保荣
批准机关　中国人民银行
主管部门　中华人民共和国卫生部
基金来源　港澳同胞中的肿瘤患者，各界人士捐款（创建初期320万元）
资助方式　捐赠
资助范围　资助全国癌症普及教育、医疗、药品、食品研究、学术交流科研奖金。目前投放重点：学术交流，学术专著出版，医疗实体投资对老少边重点投资改善医疗条件
常投机构　秘书处
编　制　7人（专职）　15人（兼职）
通讯地址　北京朝阳区潘家园17号（100021）
联系人　李保荣
电　话　7783659
传　真　7713359

冯至德语文学研究奖

设立日期　1987年
评委会主任　张　黎
主管部门　中国社会科学院
资金来源　冯至捐赠
资助方式　奖金
资助范围　中青年德语文学研究人员
常设机构　评委会
通讯地址　北京建国门内大街5号中国社会科学院外国文学所（100732）
联系人　李永平
电　话　513774-42335

北京大学王力语言学奖金基金会

设立日期　1985年
主　任　唐非藩
副主任　王洪信
秘　书　耿振生
批准机关　北京大学社科处
主管部门　北京大学
基金来源　王力教授捐献稿费10万元
资助方式　奖励
资助范围　研究汉语或中国境内其他语言的历史与现状的优秀成果
常设机构　北京大学王力语言奖金基金会
通讯地址　北京大学中文系（100871）
联系人　耿振生

孙冶方经济科学奖励基金

设立日期　1983年6月19日
主　任　马　洪
主管部门　中国社会科学院
基金来源　孙冶方遗著稿费，单位，个人捐赠
资助方式　奖金
资助范围　在经济科学领域作出贡献的集体和个人
常设机构　奖励基金委员会办公室
通讯地址　北京阜外月坛北小街2号中国社会科学院经济所（100836）
联系人　冒天启　旷建伟
电　话　895323，895396

极地科学研究发展基金会

设立日期　1989年12月18日
名誉理事长　黄汲清
理事长　郭克礼
主管部门　地质矿产部
基金来源　募集
资助方式　无偿资助，奖励
资助范围　极地研究
常投机构　基金会秘书处
通讯地址　南京市南京地质矿产研究所
联系人　金庆民　杨锡庸

金岳霖学术基金会

设立日期　1987年7月14日
会　长　邢贲思
主管部门　中国社会科学院
基金来源　金岳霖著作稿费，国内外捐赠
资助方式　无偿资助

资助范围　逻辑学、现代哲学的重要科研项目，奖励逻辑专业的优秀大学生、研究生
常设机构　金岳霖学术基金会办公室
通讯地址　北京建国门内大街5号中国社会科学院哲学所（100372）
联 系 人　刘培育
电　　话　5137744—3019

国际战略研究基金会

设立日期　1989年5月
会　　长　陈　楚
秘 书 长　彭红伟
主管部门　中国人民银行
基金来源　国内外捐赠
资助方式　无偿资助
资助范围　国内国际战略研究领域重大课题，全民国防教育活动
常设机构　基金会办公室
通讯地址　北京市1530信息（100005）
联 系 人　倪　煌
电　　话　5130943，5130944，556320
传　　真　5130943

科技促进经济发展基金委员会

设立日期　1987年7月16日
主　　任　罗荣兴
副 主 任　顾立莹
总　　工　廖玉珍
批准机关　中国人民银行
主管部门　中国科学院
基金来源　中国科学院、国家计委、国家经贸共同拨款年度经费7370.00万元
资助方式　委托贷款（90%），投资（10%）
资助范围　新技术改造传统产业及高技术新产业，资助中国科学院各所及公司的开发项目
项目类型　开发、开展、中试、工试、生产
常设机构　科技促进经济发展基金会
通讯地址　北京市中关村南三街8号甲（100864）
联 系 人　陈小莉
电　　话　2564669

宣武科教基金会

设立日期　1987年6月
会　　长　郭　继
常委付会长　申伯华
秘 书 长　陈学明
批准机关　北京市社团办
主管部门　宣武区科协
基金来源　科教咨询服务，办班，组织科技技术转让及挂靠经济实体创收
资助方式　奖励
资助范围　用于科技人员、教师奖励及科研、教研工作资助
编　　制　4人（专职）　　5人（兼职）
通讯地址　宣武区南新华街13号旁门（区教育局转）（100052）
联 系 人　陈学明
电　　话　3013948

霍英东教育基金会青年教师基金和青年教师奖

设立日期　1989年10月1日
主管部门　霍英东基金会
基金来源　霍英东基金会捐赠
资助方式　无偿资助
资助范围　国内外高等学校各学科（军事除外）35岁以下已取得博士学位的中国籍教学、研究人员。
常设机构　基金会办公室
通讯地址　北京西城区大木仓胡同37号（100816）
联 系 人　丁雨秋
电　　话　6014631，658731-3050

基层单位科技基金

中国医科大学青年科学基金

设立日期　1987年
主　　任　张开来
基金来源　校财政拨款
资助方式　无偿资助
资助范围　35岁以下科技人员的应用研究和应用基础研究

项目类型　自由申请项目
常设机构　评审委员会
通讯地址　沈阳市和平区南京街5段3号(110001)
联系人　姜志温
电　话　369477

沈阳药学院，中青年科技发展基金

设立日期　1989年
批准机关　沈阳药学院
主管部门　沈阳药学院科研处
基金来源　院科技服务科研的筹集资金
年度经费　2.5万元（1992年）
资助方式　无偿资助
资助范围　资助院内40岁以下（含40岁）的教师和科技人员的基础理论研究，应用研究和技术开发项目
项目类型　自由申请项目
常设机构　沈阳药学院科研处
通讯地址　沈阳药学院（110015）
联系人　吕向一
电　话　396576

辽宁省海洋水产研究所科研基金

设立日期　1989年3月
主　任　吴敬南
基金来源　技术服务创收提成，科技三项费节余
资助方式　无偿资助
资助范围　所内应用基础研究，技术发展，人才培养
项目类型　自由申请项目
常设机构　科技办公室
通讯地址　大连市黑石礁街50号（116023）
联系人　谭克非
电　话　491238

长春地质学院五四青年地质学家奖

设立日期　1985年9月
主管部门　长春地质学院
基金来源　校友捐赠
资助方式　奖励
资助范围　院内地质研究成果
常设机构　办公室
通讯地址　长春市地质宫长春地质学院人事处(130026)
联系人　周洪仁
电　话　824781-445

哈尔滨医科大学科学研究基金

设立日期　1985年4月
主　任　张凤山
副主任　关光伟
批准机关　哈尔滨医科大学
主管部门　黑龙江省教育委员会
基金来源　高校教育事业费
年度经费　13万元（1992年）
资助方式　无偿资助（90%），有偿资助（10%）
资助范围　面向全校，择优支持
项目类型　一般研究基金，青年研究基金，分子生物技术研究基金，优秀回国人员基金，开发研究基金
常设机构　校科研处
编　制　3人（兼职）
通讯地址　哈尔滨市南岗区保健路44号(150086)
联系人　关光伟
电　话　6664182-226
传　真　（0451）65019

哈尔滨建筑工程学院青年教师科学基金

设立日期　1989年4月
主　任　张树仁
主管部门　哈尔滨建筑工程学院
基金来源　院发展基金
资助方式　无偿资助
资助范围　院35岁以下青年教师的基础研究、应用基础研究
常设机构　基金办公室
通讯地址　哈尔滨南岗区大直街144号（150006）
联系人　陈润明
电　旗　493739，493512-325

复旦大学社会科学青年基金

设立日期　1986年
主管部门　复旦大学
基金来源　校发展基金
资助方式　无偿资助

资助范围　校内文科各系，研究所，研究中心40岁以下的青年教师的研究课题
常设机构　复旦大学教务处
通讯地址　上海市邯郸路220号（200433）
联系人　张　毅
电　　话　5484906-2289
电　　传　33317　HUA FU CN

复旦大学自然科学青年基金

设立日期　1986年
主　　任　杨福家
副主任　陆剑英
秘书长　陆剑英
批准机关　复旦大学校务委员会
主管部门　复旦大学科学技术处
基金来源　校发展基金
年度经费　30万元（1992年）
资助方式　无偿资助
资助范围　资助在校从事自然科学基础性研究的年轻教师
项目类型　启动基金
常设机构　复旦大学科学技术处
编　　制　2人（专职）
通讯地址　上海邯郸路220号（200433）
联系人　薛洪俊
电　　话　5491224
电　　传　33317 HVA FU CN
传　　真　5491875

同济大学科学研究创业基金

设立日期　1986年1月1日
主　　任　沈祖炎
副主任　顾国维
秘书长　徐迪民
批准机关　同济大学
主管部门　学校科研处
基金来源　学校事业科研费（部分）教委三项费（部分）学校创收（部分）
年度经费　36.45万元（1992年）
资助方式　无偿资助70%，有偿资助30%
资助范围　中青年科研项目研究，基础研究、应用性基础研究，开发性研究
常设机构　校科研处
通讯地址　上海市四平路1239号（200092）
联系人　乔爱婷
电　　话　5455080-2875
电　　传　33488 TJIDCCN

华东师范大学自然科学基金

设立日期　1985年7月
主　　任　张瑞琨
副主任　方禹之
秘书长　丁世根
批准机关　华东师范大学
主管部门　华东师范大学科研处
基金来源　国家教委下达的科学事业费和学校创收基金的拨款；华东师大自然科学基金有偿创收上交部分
年度经费　45万元（1992年）
资助方式　无偿、部分有偿及有偿资助
资助范围　①有重要意义或应用背景的预研究；②在1—2年内可望获得经济效益的应用开发项目；③国家或地方基金批准的经费不足项目
常设机构　华东师范大学科研处
编　　制　4人（兼职）
通讯地址　上海市中山北路3663号（200062）
职系人　韩建水
电　　话　2577577-2631，2577918

上海第二医科大学医学卫生科研基金（含青年基金）

设立日期　1985年10月（校青年基金1987年设立）
主　　任　薛纯良
主管部门　上海第二医科大学
基金来源　校发展基金，机动费，捐赠
资助方式　无偿，部分有偿资助
资助范围　校内基础研究，应用研究，开发研究
项目类型　自由申请项目
常设机构　科研处
通讯地址　上海重庆南路280号（200025）
联系人　董云霓　李宣海
电　　话　3286590-250

第二军医大学青年科学基金

设立日期　1987年4月

主　　任　刘振全
副 主 任　陈新年
秘 书 长　朱　奎
批准机关　第二军医大学
主管部门　中国人民解放军总后勤部
基金来源　创收及科技开发
年度经费　175 万元（1992 年）
资助方式　无偿资助
资助范围　资助校内 35 周岁以下的青年教师，医务人员的基础研究和应用基础研究
常设机构　第二军医大学科研处
编　　制　3 人（兼职）
通讯地址　上海市翔殷路 594 号第二军医大学科研处（200433）
联 系 人　朱　奎
电　　话　（021）5490018-41092

上海工业大学科技发展基金委员会

设立日期　1986 年 9 月
主　　任　方明伦
副 主 任　董建平
秘 书 长　高志民
基金来源　从科技开发和服务净收入中提取一部分，完成纵向科研项目后的节余经费，纵向课题中提取 6％作为基金
年度经费　8 万元（1992 年）
资助方式　无偿，部分有偿，有偿资助
资助范围　基础研究，应用基础研究
常设机构　科研处
编　　制　4 人（兼职）
通讯地址　上海市延安路 149 号（200072）
联 系 人　龚礼明
电　　话　6631515-2527

华东理工大学科学研究基金

设立日期　1985 年 4 月
主　　任　戴干策
批准机关　华东理工大学
主管部门　科研处
基金来源　国家教委下拨的科学事业费，科技三项费和学校创收中用于科研的自筹资金
年度经费　84.8 万元（1992 年）
资助方式　无偿资助
资助范围　高技术领域，有新意的探索性研究及部分有应用前景的研究
常设机构　科研处计划科
编　　制　1 人（兼职）
通讯地址　上海梅陇路 130 号（200237）
联 系 人　吕自红
电　　话　4394280-2413

河海大学基金会

设立日期　1988 年 8 月
主　　任　金中青
副 主 任　董廷松
秘 书 长　東一鸣
批准机关　河海大学
主管部门　河海大学科研处
基金来源　从学校科研基金中划拨 40％额度作为校科学基金
资助范围　用以资助水利水电基础研究和应用基础研究课题，重点支持意义较大基础研究课题；支持确有苗头无任何经费来源的基础及应用基础研究的课题；支持因经费所限未获准的国家、部基金项目
项目类型　自由申请项目（内含科学基金；青年科学基金；技术开发基金）
常设机构　河海大学科研处
编　　制　2 人（专职）　2 人（兼职）
通讯地址　南京西康路 1 号（210024）
联 系 人　许　洁
电　　话　631000-50332
电　　传　34101　ECTUW CN
传　　真　315375

浙江大学科学研究基金会

设立日期　1985 年 12 月
批准机关　浙江大学
主管部门　浙江大学科研处
基金来源　科学事业费，校发展基金
资助方式　无偿资助
资助范围　资助具有开拓、创新内容，属于前沿边缘、交叉重点学科的基础性研究的起步工作

项目类型　重点项目，留学归国人员基金，青年基金，自由申请项目
常设机构　科研处计划科
编　　制　3人（兼职）
通讯地址　杭州玉古路20号（310027）
联 系 人　刘艳阳
电　　话　（0571）7042843
传　　真　（0571）7042843

浙江农业大学科技发展基金会

设立日期　1986年
主　　任　夏英武
批准机关　浙江农业大学
主管部门　浙农大科研处
基金来源　省教委拨款，校咨询费收入的5%，其他课题积余经费的一部分
资助方式　无偿资助，部分有偿资助
资助范围　应用基础研究；应用研究
常设机构　科研处
编　　制　1人（兼职）
通讯地址　杭州华家池浙江农业大学科研外（310029）
联 系 人　周素珍
电　　话　641733-2415
传　　真　（0086）0571-774636

福州大学科技发展基金委员会

设立日期　1986年4月（1988年设青年科技发展基金）
主　　任　魏可镁
副 主 任　吴汉光
秘 书 长　庄裕美
批准机关　福州大学
主管部门　福州大学科研处
基金来源　集资和部分财政拨款
年度经费　20万元（1992年）
资助方式　无偿资助(20%)部分有偿资助(30%)，全额有偿资助（50%）
资助范围　校内基础研究，应用研究，技术发展，人才培养
项目类型　自由申请项目，青年基金项目
常设机构　福州大学科研处计划科
编　　制　4人（专职）
通讯地址　福州市工业路523号福州大学科研处（350002）
联 系 人　郑志宏
电　　话　712045

福建省亚热带植物研究所所长基金

设立日期　1990年
主　　任　黄维南
主管部门　福建省亚热带植物研究所
基金来源　所事业费拨款
年度经费　13.6万元（1992年）
资助方式　无偿资助
资助范围　有学术意义，推广应用价值的基础研究，应用研究
常设机构　所长办公室
编　　制　兼职
通讯地址　福建厦门市湖里区（361006）
联 系 人　崔寿福
电　　话　（0592）621047

山东工业大学青年科学基金

设立日期　1991年
批准机关　山东工业大学
主管部门　山东省教委
资助方式　无偿资助
资助范围　自然科学，社会科学基础和应用基础研究，博士毕业生基金
常设机构　山东工业大学科研处
通讯地址　山东工业大学科研处，济南市经十路73号（250014）
联 系 人　博　玲
电　　话　611064（615081－3078）
电　　传　613623

山东农业科学院青年科研基金

设立日期　1987年5月
批准机关　山东农业科学院
主管部门　山东农业科学院
基金来源　院事业费拨款
年度经费　5万元（1992年）
资助方式　无偿资助
资助范围　用于培育青年科技人才，重点是与本省农业生产关系密切的应用，开发研

究

常设机构　校科研处

编　　制　10人（兼职）

通讯地址　济南市工业北路202号（250100）

联 系 人　丁汉凤

电　　话　86555-266

湖南大学科学基金（含青年科学基金）

设立日期　1986年5月

主　　任　赵立华

副 主 任　李树丞

秘 书 长　卢永文

批准机关　湖南大学

主管部门　湖南大学科技处

基金来源　校发展基金

年度经费　8万元（1992年）

资助方式　无偿、部分有偿和有偿资助

资助范围　基础研究型，应用型及开发型项目的前期研究

常设机构　科技处

编　　制　2人（兼职）

通讯地址　长沙市　湖南大学科技处（410012）

联 系 人　卢永文

电　　话　8883171-877

湖南省农业科学院院长科学基金

设立日期　1986年

主　　任　段德牒

副 主 任　田际榕

秘 书 长　田际榕

主管部门　湖南农业科学院

基金来源　省科委的科研切块专项经费和院属各单位部分上交开发收入

年度经费　26.5万元（1992年）

资助方式　无偿资助，部分资助

资助范围　自然科学中的应用基础、应用、开发研究

常设机构　院科研处

编　　制　1人（专职）　　2人（兼职）

通讯地址　长沙市东郊马坡岭湖南农科院科研处（410125）

联系人　邓　文

电　　话　（0731）662450

中山大学科学研究基金

设立日期　1987年

主管部门　中山大学

基金来源　科研事业费，委托项目拨款提成，教育事业费，捐赠

资助方式　无偿，有偿资助

资助范围　校内基础研究，应用研究，校内召开国际学术会议

常设机构　中山大学科研处

通讯地址　广州市新港西路中山大学科研处（510275）

联 系 人　张劲勋

电　　话　446300-609

中山大学高等学术研究中心基金会

设立日期　1983年8月

主　　席　扬振宁

副 主 席　冼为坚

常务副主席　李华钟

批准机关　香港政府

基金来源　香港工商企业界捐赠

资助方式　无偿资助

资助范围　资助中山大学理论物理、数学、人类学、古文字学等四个学科的基础研究

常设机构　由执行干事和秘书负责日常事务

编　　制　兼职

通讯地址　香港中文大学科学馆扬振宁办公室

联 系 人　汤展球，广州中山大学（510275）

电　　话　4446300-6495，1595

传　　真　4429173

华南理工大学自然科学基金

设立日期　1987年

主　　任　贾信真

副 主 任　宋公德、朱　葵

秘 书 长　吴期桃

批准机关　华南理 工大学

主管部门　华南理工大学科研处

基金来源　科研业务费20万元，学校发展基金20万元，其他渠道经费来源30万元

资助方式　无偿资助和部分有偿资助70%，有偿资助（贷款）30%

资助范围　基础研究，应用基础研究，应用开发研究，成果转化
常设机构　科研处计划科
编　　制　2人（兼职）
通讯地址　广州市五山华南理工大学（510641）
联 系 人　吴斯桃
电　　话　（020）5511266
传　　真　5516862

广州中医学院科学基金

设立日期　1986年
主管部门　广州中医学院
基金来源　卫生教育事业费的3%，科技开发，转让收入的30—40%，捐赠
资助方式　无偿资助
资助范围　应用基础研究
常设机构　科研处
通讯地址　广州市三元里（510407）
联 系 人　许卫华
电　　话　661233-267

华南热带作物科学研究院、华南热带作物学院科技基金

设立日期　1992年
主　　任　胡耀华
秘 书 长　周德藻
基金来源　从院事业费中提1%，三项科技费用机动费
年度经费　34万元（1992年）
资助方式　无偿资助
资助范围　基础研究，应用基础研究
常设机构　两院科研处
编　　制　1人（专职）　2人（兼职）
通讯地址　海南省儋州市两院内（571737）
联 系 人　罗金辉
电　　话　（0890）322455-73496

华西医科大学　科学研究基金及青年科学基金

设立日期　1985年校科学基金　1987年（校青年基金）
主管部门　华西医科大学
基金来源　校教育事业费和卫生事业费，科技成果，技术转让和对外科技服务收入提成费
年度经费　20万元（1992年）
资助方式　无偿资助
资助范围　基础研究，应用开发研究
常设机构　科研处计划科
编　　制　3人（兼职）
通讯地址　成都市人民南路3段17号（610041）
联 系 人　孙荣国
电　　话　581130-2313

贵阳市科学技术发展基金

设立日期　1986年　4月10日
主　　任　景诗鼎
批准机关　贵阳市人民政府
主管部门　贵阳市科委
基金来源　省科技三项费，回收货款，科技经营收入捐赠
资助方式　以有偿资助为主
资助范围　以资助全市的科技开发项目为主
常设机构　贵阳市科委科技开发处与成果推广处共管
通讯地址　贵阳市市府路14号（550002）
联 系 人　张忠益
电　　话　522361

昆明工学院科研发展基金委员会

设立日期　1986年1月10日
主　　任　扬显万
副 主 任　张文彬
秘 书 长　马骏骑
批准机关　昆明工学院
主管部门　昆明工学院科研处
基金来源　院教育事业费拨款，科技三项费用，集资，利息
年度经费　17.11万元（1992年）
资助方式　无偿，部分有偿和有偿资助，奖励
资助范围　奖励获奖成果，资助全院开发、应用研究项目，具有特色的基础研究项目
常设机构　科研处
编　　制　1人（专职）　3人（兼职）
通讯地址　昆明市环城北路文昌巷1号（650093）
联 系 人　易定芬

电　　话　（0871）5152740
传　　真　（0871）5152740

宁夏农林科学院青年科学基金

设立日期　1989年
主管部门　宁夏农林科学院
基金来源　部分科研业务费创收提成
年度经费　2.4万元（1992年）
资助方式　无偿资助
资助范围　35岁以下青年科技人员申请课题之用
项目类型　自由申请项目
常设机构　宁夏、农林科学院科研处
通讯地址　宁夏银川市西门外罗家庄（750002）
联 系 人　张一尘
电　　话　544253

福建省亚热带植物研究所所长基金

设立日期　1990年
主　　任　黄维南
基金来源　所事业费拨款
年度经费　13.6万元（1992年）
资助方式　无偿资助
资助范围　基础研究、应用基础研究
常设机构　所长办公室
编　　制　兼职
通讯地址　福建厦门市湖里区（361006）
联 系 人　崔寿福
电　　话　（0592）621047

科 技 出 版 基 金

广东优秀科技专著出版基金会

设立日期　1989年10月25日
理 事 长　赵元浩
常务副理事长　欧阳莲
副理事长　于　侃　邓昆肇　卢明高　刘婉玲
　　　　　何镇陆　高惠广　梁志耀
秘 书 长　欧阳莲
主管部门　广东省新闻出版局
基金来源　财政拨款，集资捐赠
资助方式　无偿资助
资助范围　优秀科技专著
常设机构　基金会办公室
通讯地址　广州市环市东路水荫路11号14楼1403室（510075）
电　　话　768688-570

中国科学院科学出版基金

设立日期　1989年12月9日
主　　任　卢嘉锡　苏世生
副 主 任　高景德　王　元　邹承鲁　陈述彭
　　　　　卢鸣谷　袁义谷
秘 书 长　丁乃刚
批准机关　中国科学院
主管部门　中国科学院出版图书情报委员会，中国科学院计划局
基金来源　中国科学院事业费拨款
年度经费　300万元
资助方式　无偿辅助出版亏损
资助范围　资助优秀的重要的自然科学和技术科学期刊和图书出版
常设机构　中国科学院科学出版基金专家委员会办公室
编　　制　5人（专职）
通讯地址　北京东黄城根北街16号（100707）
联 系 人　刘兴民
电　　话　4010680
电　　传　210247　SPBJ　CN
传　　真　4012180

水利部科技专著出版基金

设立日期　1991年9月5日
主　　任　徐乾清
副 主 任　李昌凡
批准机关　水利部
主管部门　水利部
基金来源　水利部拨款（占2/3），水利电力出版社捐助（占1/3）
年度经费　30万元
资助方式　出版补贴
资助范围　资助有明显社会效益而印数较少的优

秀水利科技著作的出版
常设机构 水利部科技专著出版基金评审委员会办公室
编 制 5人（兼职）
通讯地址 北京西城区二里沟三里河路6号（100044）
联系人 金 炎
电 话 8358031
传 真 （01）8316845

长白山学术著作出版基金会

设立日期 1988年12月
主 任 刘希林
副主任 许中田 许华应
主管部门 吉林省新闻出版局
基金来源 吉林出版社上缴税金
资助方式 无偿资助出版亏损
资助范围 学术水平高、发行量小、经济亏损大的学术著作
常设机构 基金会办公室
通讯地址 长春市斯大林大街102号（130021）
联系人 高 声
电 话 882607

山东省科学技术出版社“泰山科技专著”出版基金

设立日期 1989年6月
主 任 王为珍
副主任 尹兆长
主管部门 山东科学技术出版社
基金来源 省财政厅，山东省出版总社，山东科技出版社，山东省科委
年度经费 120万元（1992年）
资助方式 全额补贴出版
资助范围 基金面向全国具有国家或国际水平的科技专著的出版
常设机构 泰山科技专著出版基金办公室
编 制 2人（专职）
通讯地址 山东济南玉函路16号山东科技出版社（250002）
联系人 宋 涛
电 话 615651
传 真 （0531）615007

电力科技专著出版基金

设立日期 1991年8月2日
主 任 沈根才
副主任 王建忠
批准机关 能源部
主管部门 能源部
基金来源 电子科技发展基金（占2/3），水利电力出版社自筹（占1/3）
年度经费 30万元（1992年）
资助方式 出版补贴
资助范围 对发展电力工业有重要意义而印数较少的电力科技优秀著作（含翻译稿）的出版
常设机构 电力科技专著出版基金评审委员会办公室
编 制 6人（兼职）
通讯地址 北京市西城区三里河路6号（100044）
联系人 程忠智
电 话 8358031

江苏省金陵科技著作出版基金

设立日期 1990年
主 任 姚应才
副主任 戴金生 王於良 张崇高
批准机关 江办省省政府
主管部门 江苏省科委，出版总社，江苏科技出版社
基金来源 集资
资助方式 出版补贴
资助范围 自然科学范围内的优秀科技著作
常设机构 江苏省金陵科技著作出版基金办公室
编 制 兼职
通讯地址 江苏省南京市中央路161号江苏省科技出版社
联系人 胡世大 黎 雪
电 话 633229

国防科技图书出版基金评审委员会

设立日期 1988年3月
主 任 怀国模 黄 宁
副主任 殷鹤龄 高景德 陈芳允 曾 铎

秘 书 长　刘琯德
批准机关　国防科学技术工作委员会
主管部门　国防科工委综合计划部
基金来源　从国防工业出版社上激利润和技术基础科研费中批拨
年度经费　60万元（1992年）
资助方式　全额资助、部分资助或分期资助
资助范围　资助出版国防科技优秀图书
常设机构　国防科技图书出版基金评审委员会办公室
编　　制　2人（专职）
通讯地址　北京海淀区紫竹院南路23号（100044）
联 系 人　刘琯德
电　　话　8412244-226

重庆出版社科学学术著作出版基金

设立日期　1988年6月
主　　任　钱伟长
主管部门　国家新闻出版署、四川省新闻出版局
基金来源　重庆出版社利润
资助方式　无偿资助
资助范围　国际水平或国内先进水的学术专著的出版
常设机构　重庆出版社综合编辑室
通讯地址　重庆市长江二路205号（630050）
联 系 人　夏树人
电　　话　812001-145

西安交通大学学术专著出版基金委员会

设立日期　1988年3月
主　　任　王其平
副 主 任　杨莳百
秘 书 长　房立民
批准机关　西安交通大学
主管部门　西安交大出版社
基金来源　拨款和集资
年度经费　15万元（1992年）
资助范围　资助学术著作出版
常设机构　西安交通大学出版社
编　　制　1人（专职）　15人（兼职）
通讯地址　西安交通大学出版社（710049）
联 系 人　房立民
电　　话　335011-3316

第Ⅷ部分

附　　录

附录1　我国主要经济和科技指标摘要

表1-1　国民经济主要指标

项目	单位	1952	1978	1980	1985	1990	1991	1992
年底总人口	万人	57 482	96 259	98 705	105 851	114 333	115 823	117 171
年底社会劳动者人数	万人	20 729	40 152	42 361	49 873	56 740	58 360	59 432
职工人数	万人	1 603	9 499	10 444	12 358	14 059	14 508	14 792
国民生产总值	亿元		3 588	4 470	8 558	17 686	19 855	
国民收入	亿元	589	3 010	3 688	7 020	14 384	16 557	24 036
社会总产值	亿元	1 015	6 846	8 534	16 582	38 035	44 143	55 842
工业总产值	亿元	349	4 237	5 154	9 716	23 924	28 248	37 066
农业总产值	亿元	461	1 397	1 923	3 619	7 662	8 157	9 085
全社会固定资产投资总额	亿元		668.72	910.85	2 543.19	4 449.29	5 508.80	7 854.96
生产性	亿元				1 544.10	2 768.28	3 453.39	5 166.14
非生产性	亿元				999.09	1 681.01	2 055.41	2 688.84
住宅	亿元				641.63	1 164.48	1 417.41	1 716.91
国家财政收入	亿元	183.7	1 121.1	1 085.2	1 866.4	3 312.6	3 610.9	4 153.1
国家财政支出物价	亿元	176.0	1 111.0	1 212.7	1 844.8	3 452.2	3 813.6	4 389.7
总指数（上年＝100）								
零售物价总指数	%	99.6	100.7	106.0	108.8	102.1	102.9	105.4
职工生活费用价格总指数	%	102.7	100.7	107.5	111.9	101.3	105.1	108.6
职工工资总额	亿元	68.3	568.9	772.4	1 383.0	2 951.1	3 323.9	3 939.2
职工平均货币工资	元	445	615	762	1 148	2 140	2 340	2 711
能源生产总量	万吨标准煤	4 871	62 770	63 735	85 546	10 3922	104 844	107 256
能源消耗总量	万吨标准煤		57 144	60 275	76 682	98 000	102 300	108 900
社会商品零售总额	亿元	276.8	1 558.6	2 140.0	4 305.0	8 300.1	9 415.6	10 993.7
进出口总额	亿美元	19.4	206.4	381.4	696.0	1 154.4	1 357.9	1 656.1
进口额	亿美元	11.2	108.9	200.2	422.5	533.5	637.9	806.1
出口额	亿美元	8.2	97.5	181.2	273.5	620.9	719.1	850.0
在校学生数								
高等学校	万人	19.1	85.6	114.4	170.3	206.3	204.1	218.4
中等专业学校	万人	63.6	88.9	124.3	157.1	221.1	227.7	240.8

表 1-2　国民生产总值和指数

项目 年度	国民生产总值	国内生产总值	第一产业	第二产业			第三产业			人均国民生产总值（元）
					工　业	建筑业		运输邮电	商　业	
绝对值（亿元）										
1978	3 588.1	3 588.1	1 018.4	1 745.2	1 607.0	138.2	824.5	172.8	265.5	375
1979	3 998.1	3 998.1	1 258.9	1 913.5	1 769.7	143.8	825.7	184.2	220.2	413
1980	4 470.0	4 470.0	1 359.4	2 192.0	1 996.5	195.5	918.6	205.0	213.6	456
1981	4 773.0	4 775.1	1 545.6	2 255.5	2 048.4	207.1	947.0	211.1	227.9	480
1982	5 193.0	5 182.3	1 761.6	2 383.0	2 162.3	220.7	1 037.7	236.7	159.6	515
1983	5 809.0	5 787.0	1 960.8	2 646.2	2 375.6	270.6	1 180.0	264.9	171.0	568
1984	6 962.0	6 928.2	2 295.5	3 105.7	2 789.0	316.7	1 527.0	327.1	285.1	671
1985	8 557.6	8 527.4	2 541.6	3 866.6	3 448.7	417.9	2 119.2	406.9	577.0	814
1986	9 696.3	9 687.6	2 763.9	4 492.7	3 967.0	525.7	2 431.0	475.6	596.6	909
1987	11 301.0	11 307.1	3 204.3	5 251.6	4 585.8	665.8	2 851.2	554.9	714.2	1 042
1988	14 068.2	14 074.2	3 831.0	6 587.2	5 777.2	810.0	3 656.0	661.0	980.0	1 277
1989	15 993.3	15 997.6	4 228.0	7 278.0	6 484.0	794.0	4 491.6	786.0	1 012	1 430
1990	17 695.3	17 681.3	5 017.0	7 717.4	6 858.0	859.4	4 946.9	1 117.6	837.0	1 559
1991	20 236.3	20 188.3	5 288.6	9 102.2	8 087.1	1 015.1	5 797.5	1 277.0	1345.5	1 758
1992	24 036.2	24 020.2	5 744.0	11 575.2	10 128.4	1 446.8	6 701.0	1 402.1	1 411.6	2 063
指数（以上年为100）										
1978	111.7	111.7	104.1	115.0	116.4	99.4	113.8	108.9	123.1	110.2
1979	107.6	107.6	106.1	108.2	108.7	102.0	107.8	107.7	108.8	106.1
1980	107.9	107.9	98.4	113.6	112.7	126.7	106.0	105.7	98.7	106.5
1981	104.4	104.5	107.0	101.9	101.7	103.2	106.9	101.9	118.8	103.1
1982	108.8	108.5	111.5	105.6	105.8	103.4	110.6	111.7	94.1	107.2
1983	110.4	110.2	108.3	110.4	109.7	117.1	112.6	110.0	112.4	108.8
1984	114.7	114.5	112.9	114.5	114.9	110.9	117.1	115.0	113.9	113.2
1985	112.8	112.9	101.8	118.6	118.2	122.2	116.6	113.5	122.7	111.3
1986	108.1	108.5	103.3	110.2	109.6	115.9	111.1	112.8	106.7	106.6
1987	110.9	111.1	104.7	113.7	113.2	117.9	112.9	110.0	110.6	109.1
1988	111.3	111.3	102.5	114.5	115.3	108.0	113.6	113.3	112.5	109.5
1989	104.4	104.3	103.1	103.8	105.1	91.6	106.7	104.7	90.0	102.8
1990	104.1	103.9	107.3	103.2	103.4	101.2	102.1	108.6	93.7	102.5
1991	108.2	108.0	102.4	113.3	113.8	109.6	105.5	108.5	103.5	106.7
1992	113.0	113.2	104.1	120.9	120.5	123.8	109.6	109.1	107.5	111.6

注：1. 本表绝对数按当年价格计算，指数按可比价格计算。

2. 1980 年以后一、二、三产业和与国民生产总值的差额为国外净要素收入。

3. 各行业增加值中包括基本折旧和大修理基金。

表 1-3 分地区国民生产总值、国民收入

项目 地区	国民生产总值			国民收入		
	1990 (亿元)	1991 (亿元)	1991 年为 1990 年%	1990 (亿元)	1991 (亿元)	1991 年为 1990 年%
北京	500.72	558.58	107.50	366.95	405.31	106.54
天津	310.95	337.35	104.36	256.10	281.59	105.59
河北	836.94	960.59	109.01	702.40	792.22	108.28
山西	398.24	430.05	103.32	315.91	334.00	103.09
内蒙古	286.62	320.83	107.51	233.38	263.33	108.03
辽宁	964.89	1 073.16	105.54	783.79	869.75	104.57
吉林	393.90	424.05	104.88	336.91	357.36	103.63
黑龙江	656.84	731.86	103.85	564.14	617.60	102.54
上海	744.67	857.71	106.95	617.22	696.91	107. 80
江苏	1 315.82	1 452.57	107.94	1 137.92	1249.24	107.68
浙江	836.89	983.54	115.82	726.57	856.02	116.32
安徽	606 .54	600.20	96.34	519.15	506.49	95.46
福建	465.84	557.82	115.36	388.77	459.77	114.63
江西	417.15	461.27	107.88	354.03	390.73	107.37
山东	1 331.94	1 568.38	112.29	1 144.01	1 349.63	112.57
河南	895.74	993.08	106.96	753.76	836.11	106.70
湖北	792.54	858.47	104.54	661.33	706.24	104.02
湖南	702.64	785.83	107.77	591.38	651.37	106.94
广东	1471.84	1 780.56	117.33	1 132.21	1 380.31	118.50
广西	392.83	453.04	112.66	335.98	383.79	111.48
海南	95.01	107.93	112.40	76.98	87.68	110.86
四川	1 147.53	1 284.35	107.72	971.99	1 064.51	106.98
贵州	254.51	289.36	109.92	209.85	239.54	109.88
云南	395.99	432.86	106.58	352.42	381.77	105.70
西藏	24.45	30.53	101.60	18.76	25.94	112.03
陕西	374.85	430.85	110.93	302.72	343.52	109.03
甘肃	234.49	255.78	106.47	207.28	225.84	106.55
青海	66.34	72.58	104.69	49.41	52.87	103.17
宁夏	61.10	67.43	104.16	47.39	51.88	103.01
新疆	251.88	311.72	113.95	204.95	252.44	113.83

表 1-4　国家财政收支总额及指数

年度	总收入（亿元）	总支出（亿元）	收支差额（亿元）	指数（以上年为100）	
				总收入	总支出
1950	65.2	68.1	−2.9		
1951	133.1	122.5	10.6	204.1	179.9
1952	183.7	176.0	7.7	138.0	143.7
1953	222.9	220.1	2.8	121.3	143.7
1954	262.4	246.3	16.1	117.7	111.1
1955	272.0	269.3	2.7	103.7	109.3
1956	287.4	305.7	−18.3	105.7	113.5
1957	310.2	304.2	6.0	107.9	99.5
1958	387.6	409.4	−21.8	125.0	134.6
1959	487.1	552.9	−65.8	125.7	135.1
1960	572.3	654.1	−81.8	117.5	118.3
1961	356.1	367.0	−10.9	62.2	56.1
1962	313.6	305.3	8.3	88.1	83.2
1963	342.3	339.6	2.7	109.2	111.2
1964	399.5	399.0	0.5	116.7	117.5
1965	473.3	466.3	7.0	118.5	116.9
1966	558.7	541.6	17.1	118.0	116.1
1967	419.4	441.9	−22.5	75.1	81.6
1968	361.3	359.8	1.5	86.1	81.4
1969	526.8	525.9	0.9	145.8	146.2
1970	662.9	649.4	13.5	125.8	123.5
1971	744.7	732.2	12.5	112.3	112.8
1972	766.6	766.4	0.2	102.9	104.7
1973	809.7	809.3	0.4	105.6	105.6
1074	783.1	790.8	−7.7	96.7	97.7
1975	815.6	820.9	−5.3	104.2	103.8
1976	776.6	806.2	−29.6	95.2	98.2
1977	874.5	843.5	31.0	112.6	104.6
1978	1 121.1	1 111.0	10.1	128.2	131.7
1979	1 103.3	1 273.9	−170.6	98.4	114.7
1980	1 085.2	1 212.7	−127.5	98.4	95.2
1981	1 089.5	1 115.0	−25.5	100.4	91.9
1982	1 124.0	1 153.3	−29.3	103.2	103.4
1983	1 249.0	1 292.5	−43.5	111.1	112.1
1984	1 501.9	1 546.4	−44.5	120.2	119.6
1985	1 866.4	1 844.8	21.6	124.3	119.3
1986	2 260.3	2 330.8	−70.5	121.1	126.3
1987	2 368.9	2 448.5	−79.6	104.8	105.0
1988	2 628.0	2 706.6	−78.6	110.9	110.5
1989	2 947.9	3 040.2	−92.3	112.2	112.3
1990	3 312.6	3 452.2	−139.6	112.4	113.6
1991	3 610.9	3 813.6	−202.7	109.0	110.5
1992	4 153.1	4 389.7	−236.6	115.0	115.1

注：1. 各计划时期指数为该时期每年平均增长速度。

2. 1986 年，因某些冲减收入项目改列支出，收入与支出有虚增，与以前年度不尽可比，本年指数中已扣除这个因素。

表 1-5　国家财政科技拨款及占财政总支出的比重

（单位：亿元）

项目 年度	科技拨款总数	科研基建费	科技三项费	科学事业费	其　他	科技拨款占财政总支出的比重（%）
1953	0.56	0.29		0.27		0.3
1954	1.22	0.12		1.10		0.5
1955	2.13	0.21		1.92		0.7
1956	5.23	1.70		3.53		1.7
1957	5.23	2.25		2.98		1.7
1958	11.24	3.99		7.25		2.7
1959	19.15	6.82		12.33		3.5
1960	33.81	11.13		22.68		5.2
1961	19.49	3.95		15.54		5.5
1962	13.73	3.11		10.62		4.5
1963	18.61	4.76		13.85		5.5
1964	24.27	6.65		17.62		6.1
1965	27.17	6.90		20.27		5.8
1966	25.06	5.80		19.26		4.6
1967	15.35	1.79		13.56		3.5
1968	14.80	3.51		11.29		4.1
1969	24.15	4.56		19.59		4.6
1970	29.96	4.05		25.91		4.6
1971	37.68	4.27		33.41		5.1
1972	36.10	4.49		31.61		4.7
1973	34.59	3.07		31.52		4.3
1974	34.65	3.05		31.60		4.4
1975	40.31	2.67		37.64		4.9
1976	39.25	4.17		35.08		4.9
1977	41.48	3.90		37.58		4.9
1978	52.89	6.66		46.23		4.8
1979	62.29	9.40		52.89		4.9
1980	64.59	11.32	27.33	20.95	4.99	5.3
1981	61.58	10.46	24.12	22.72	4.28	5.5
1982	65.29	11.17	26.39	23.85	3.88	5.7
1983	79.03	10.59	35.42	26.66	6.36	6.1
1984	94.72	13.04	42.45	32.28	6.95	6.1
1985	102.59	16.94	44.35	34.02	7.28	5.6
1986	111.60	22.15	49.63	34.56	5.26	4.8
1987	112.82	24.81	50.60	29.50	7.91	4.6
1988	118.00	25.00	54.05	35.65	3.30	4.4
1989	127.87	17.91	59.13	41.96	8.87	4.2
1990	139.12	17.47	63.48	48.31	9.86	4.0
1991	156.23	18.00	74.08	53.80	10.35	4.1

注：1953—1979 年的科学事业费即科研经费。

表 1-6 科技经费按地区分布（1991 年） （单位：亿元）

类别 地区	科技经费总计	政府部门属研究与开发机构	大中型工业企业	高等学校
北京	52.7	39.9	10.0	2.8
天津	10.5	5.3	4.7	0.5
河北	8.3	2.6	5.5	0.2
山西	6.9	3.3	3.5	0.1
内蒙古	3.0	1.7	1.2	0.1
辽宁	31.1	10.4	20.0	0.7
吉林	9.5	5.1	3.9	0.5
黑龙江	9.1	3.5	4.7	0.9
上海	39.1	19.4	17.8	1.9
江苏	26.7	7.7	17.3	1.7
浙江	10.7	3.1	7.0	0.6
安徽	5.9	1.9	3.5	0.5
福建	4.6	1.6	2.9	0.1
江西	4.7	1.7	2.9	0.1
山东	22.0	6.4	14.9	0.7
河南	10.5	4.1	6.3	0.1
湖北	16.2	5.9	9.4	0.9
湖南	11.2	4.9	6.0	0.33
广东	20.4	8.9	11.0	0.5
广西	5.1	2.6	2.4	0.1
海南	0.5	0.5	—	—
四川	30.9	9.9	19.8	1.2
贵州	3.3	0.8	2.5	—
云南	5.2	2.5	2.6	0.1
西藏	0.1	0.1	—	—
陕西	15.4	7.3	6.9	1.2
甘肃	6.9	3.8	3.0	0.1
青海	1.2	0.5	0.7	—
宁夏	1.5	0.7	0.8	—
新疆	2.9	1.2	1.7	—
合计	376.1	167.3	192.9	15.9

注：数据中未包括国防科技工业系统研究开发机构，包括科技情报与文献机构。

表 1-7　全国科技活动主要基本情况

项目＼年度	1989	1990	1991	1992	为上年（%）	
					1991	1992
1. 科技机构数（个）	17 410	18 772	22 591	20 425	120.34	
科研单位	8 456	8 990	8 188	7 976	91.08	
大中型工业企业	7 215	8 116	8 792	9 432	108.33	
高等院校	1 739	1 666	5 611	3 017	336.79	
2. 科技活动人员数（万人）			232.92	228.50		
科学家、工程师			124.99	133.53		
3. 科技活动经费收入总额（亿元）	343.49	403.26	425.77	556.05	105.58	130.60
上级拨款	114.44	124.08	118.60	149.85	95.58	126.35
自筹资金	146.71	174.43	181.08	240.39	103.81	132.75
银行贷款	40.87	49.04	64.67	80.71	131.87	134.80
其他收入	41.47	55.71	61.42	85.10	110.25	138.55
4. 科技活动经费支出总额（亿元）	334.70	368.13	369.81	511.33	99.91	138.64
内部支出	318.72	340.52	358.83	472.36	105.38	131.64
劳务费			57.68	72.30		125.34
业务费			122.22	158.95		130.05
管理费			25.07	25.70		102.51
固定资产购建支出			83.26	103.23		123.98
研究与发展经费支出	112.31	125.43	143.30	169.0	113.45	118.76
5. 研究与发展经费支出						
占国民生产总值（%）	0.70	0.71	0.72	0.70		

注：1. 1992 年高等院校科技机构数不包括非主管部门批准的机构个数。

2. 1992 年从事科技活动人员数与上年统计口径不同，其主要原因是，1992 年人员数是按年末实有人数进行统计；1992 年人员数是按从事科技活动人员和直接为科技服务人员累计时间占全年工作时间 10% 人员统计的。

表 1-8　各地区科学技术活动单位数

（1991 年）　　（单位：个）

地区＼项目	科学研究与技术开发机构	大中型工业企业	企业办技术开发机构	高等学校	高校属研究与发展机构	科技情报与文献机构
全　国	**5 463**	**14 935**	**8 792**	**806**	**1 676**	**416**
北　京	427	522	331	37	151	42
天　津	148	494	304	16	27	11
河　北	141	691	483	35	48	13
山　西	200	271	175	20	24	14
内蒙古	131	235	101	15	19	14
辽　宁	356	1 059	670	44	86	16

（续表）

项目 地区	科学研究与技术开发机构	大中型工业企业	企业办技术开发机构	高等学校	高校属研究与发展机构	科技情报与文献机构
吉林	168	350	234	34	77	13
黑龙江	257	482	343	34	89	16
上海	250	1 023	416	38	115	14
江苏	317	1 430	900	53	182	16
浙江	155	723	420	25	43	13
安徽	187	430	279	28	35	19
福建	120	267	149	20	18	15
江西	116	304	190	23	32	13
山东	296	1 351	738	44	121	21
河南	182	418	312	36	27	15
湖北	259	591	448	41	79	13
湖南	177	502	327	35	53	14
广东	283	1 289	492	34	94	13
广西	146	330	136	18	45	20
海南	39	60	7	5	4	6
四川	277	870	549	50	107	33
贵州	105	200	102	19	12	10
云南	163	281	131	21	46	5
西藏	13			3		1
陕西	200	361	297	34	96	13
甘肃	127	169	146	14	22	8
青海	47	49	28	7		2
宁夏	56	59	26	7	9	4
新疆	120	124	58	16	15	9

表 1-9 全国科学研究与技术开发机构情况

项目	单位	1987	1988	1989	1990	1991
科学研究与技术开发机构						
机构数	个	5 568	5 275	5 354	5 416	5 463
职工人数	人	1 042 675	1 017 674	1 026 680	1 016 811	1 050 856
科学家工程师	人	374 245	397 245	416 005	438 610	470 253
其他科技人员	人	211 905	203 313	210 046	198 307	297 408
从事科技活动人员	人	713 132	752 856	763 017	757 028	775 612

（续表）

项目 \ 单位 \ 年度		1987	1988	1989	1990	1991
科学家工程师	人	341 109	362 325	375 503	389 181	395 046
其他科技人员	人	161 563	160 272	162 136	153 565	221 610
科技经费收入额	千元	11 554 085	14 124 458	16 349 662	18 698 058	22 842 956
政府拨款	千元	6 885 050	7 169 210	7 546 191	8 060 474	9 024 635
科技经费支出额	千元	10 846 573	13 017 375	14 908 630	16 939 185	20 698 935
资产建设支出	千元	3 457 427	3 566 035	3 662 501	3 754 411	3 138 159
课题数	个	11 943	120 146	121 985	104 489	109 880
自然科学技术领域						
机构数	个	5 222	4 933	5 011	5 084	5 127
职工人数	人	1 021 739	9 963 42	1 005 215	995 996	1 030 063
科学家工程师	人	361 686	383 538	401 647	424 350	456 354
其他科技活动人员	人	207 141	198 936	205 561	194 095	292 978
从事科技活动人员	人	695 943	734 899	744 472	739 188	757 652
科学家工程师	人	329 312	349 522	362 051	376 021	381 960
其他科技人员	人	157 832	156 588	158 330	150 137	217 899
科技经费收入额	千元	11 386 070	13 927 605	16 146 068	18 448 796	22 578 523
政府拨款	千元	6 723 737	6 984 130	7 358 630	7 830 369	8 785 437
科技经费支出额	千元	10 682 659	12 822 814	14 712 424	16 699 003	20 435 396
资产建设支出	千元	3 409 101	3 520 087	3 619 974	3 680 498	3 076 583
课题数	个	114 272	114 250	115 462	100 506	105 657
社会、人文科学领域						
机构数	个	346	342	343	332	336
职工人数	人	20 936	21 332	21 465	10 815	20 793
科学家工程师	人	12 559	13 707	14 358	14 260	13 899
其他科技人员	人	4 764	4 377	4 485	4 212	4 430
从事科技活动人员	人	17 189	17 957	18 545	17 840	17 960
科学家工程师	人	11 797	12 803	13 452	13 160	13 086
其他科技人员	人	3 731	3 684	3 806	3 428	3 711
科技经费收入额	千元	168 015	19 6853	203 594	24 9262	26 4433
政府拨款	千元	161 313	185 080	187 561	230 105	239 198
科技经费支出额	千元	163 914	194 561	196 206	240 182	263 539
资产建设支出	千元	48 326	45 948	42 527	73 913	61 576
课题数	个	5 671	5 896	6 523	3 983	4 223

注：1988 年、1989 年、1990 年、1991 年数据不含科技情报与文献机构。

表 1-10 各地区科学研究与技术开发机构数

（单位：个）

项目 地区	研究与开发机构		自然科学技术领域		社会、人文科学领域	
		地方属		地方属		地方属
全国	**5 463**	**4 381**	**5 127**	**4 092**	**336**	**289**
北京	427	86	375	8	52	5
天津	148	112	142	106	6	6
河北	141	120	140	119	1	1
山西	200	187	173	160	27	27
内蒙古	131	117	119	105	12	12
辽宁	356	308	334	286	22	22
吉林	168	148	147	127	21	21
黑龙江	257	234	238	215	19	19
上海	250	174	229	153	21	21
江苏	317	262	298	243	19	19
浙江	155	134	151	130	4	4
安徽	187	167	178	158	9	9
福建	120	115	115	110	5	5
江西	116	107	115	106	1	1
山东	296	276	286	266	10	10
河南	182	151	169	138	13	13
湖北	259	205	248	194	11	11
湖南	177	157	175	155	2	2
广东	283	246	270	233	13	13
广西	146	136	138	128	8	8
海南	39	31	37	29	2	2
四川	277	214	263	200	14	14
贵州	105	96	103	94	2	2
云南	163	145	148	130	15	15
西藏	13	12	12	11	1	1
陕西	200	137	196	133	4	4
甘肃	127	100	120	93	7	7
青海	47	41	43	37	4	4
宁夏	56	53	50	47	6	6
新疆	120	110	115	105	5	5

表 1-11 各地区科学研究与技术开发机构人员情况

(1991 年)　　　　　　　　　　　　　　　　　　　　(单位：人)

项目 / 地区				自然科学技术领域			社会、人文科学领域		
	职工人数	科学家工程师	其他科技人员	职工人数	科学家工程师	其他科技人员	职工人数	科学家工程师	其他科技人员
全　国	**1 050 856**	**470 253**	**297 408**	**1030 063**	**456 354**	**292 978**	**20 793**	**13 899**	**4 430**
北　京	189 599	102 865	50 476	183 657	98 481	49 578	5 942	4 384	898
天　津	36 120	15 760	10 654	35 572	15 440	10540	548	320	114
河　北	24 180	11 368	5 997	23 876	11 187	5 897	304	181	100
山　西	21 496	9 145	5 471	20 730	8 652	5 303	766	493	168
内蒙古	14 565	5 916	4 225	14 137	1 554	4 093	428	253	132
辽　宁	55 112	24 943	14 587	54 283	24 331	14 409	829	612	178
吉　林	31 627	12 905	7 605	30 713	12 302	7 352	914	603	253
黑龙江	26 790	12 022	6 898	25 920	11 456	6 699	870	566	199
上　海	93 203	40 876	23 470	91 617	39 792	23 070	1 586	1 084	400
江　苏	54 964	24 573	17 435	54 355	24 174	17 289	609	399	146
浙　江	19 210	8 976	9 425	18 978	8 811	5 441	232	165	40
安　徽	19 314	8 824	6 858	18 970	8 585	6 774	344	239	84
福　建	9 024	4 505	1 606	8 734	4 298	1 561	290	207	45
江　西	18 331	5 515	3 955	18 072	5 344	5 251	259	171	41
山　东	32 987	12 427	8 573	32 396	12 036	8 450	591	391	123
河　南	33 134	13 575	10 587	32 535	13 250	10 397	599	325	190
湖　北	48 510	19 897	16 518	47 898	19 547	16 323	612	350	195
湖　南	28 773	11 585	6 254	28 515	11 447	6 143	258	138	111
广　东	32 461	13 435	7 319	31 752	12 972	7 149	709	463	170
广　西	16 915	6 526	3 551	16 654	6 326	3 501	261	200	50
海　南	5 929	589	714	5 875	569	698	54	20	16
四　川	98 319	43 148	34 872	97 217	42 406	34 698	1 102	742	174
贵　州	10 745	4 573	2 919	10 499	4 420	2 849	246	153	70
云　南	17 628	7 796	4 853	17 106	7 441	4 750	522	355	103
西　藏	768	281	208	647	203	194	121	78	14
陕　西	70 711	31 311	26 497	70 286	43 159	26 376	425	241	121
甘　肃	21 300	8 716	5 335	20 777	8 470	5 224	523	246	111
青　海	4 044	1 920	1 030	3 849	1 838	960	195	82	70
宁　夏	5 621	1 882	1 142	5 357	1 693	1 100	264	189	42
新　疆	9 476	4 399	2 318	9 086	4 150	2 246	390	249	72

表 1-12　各地区科学研究与技术开发机构经费收入构成情况

（1991 年）　　　　（单位：千元）

地区＼项目	收入总额	自然科学技术领域				收入总额	社会、人文科学领域		
		政府拨款	事业收入	贷　款	其　他		政府拨款	事业收入	其　他
全　国	**22 578 523**	**8 785 437**	**10 816 070**	**1 769 558**	**1 207 458**	**264 433**	**239 198**	**18 096**	**7 139**
北　京	5 628 134	2 360 162	2 418 468	359 960	489 544	83 011	77 781	4 617	613
天　津	676 832	220 521	368 255	60 992	27 064	6 563	5 166	977	420
河　北	417 303	176 455	204 541	25 877	10 430	3 103	3 103	0	0
山　西	390 783	134 584	185 123	57 973	13 103	6 607	6 049	514	44
内蒙古	186 285	87 593	73 239	16 045	9 408	3 106	3 099	7	0
辽　宁	1 167 956	422 759	592 607	126 832	25 758	11 356	10 906	450	0
吉　林	500 329	206 052	233 576	46 106	14 595	8 697	8 067	2	628
黑龙江	374 418	169 916	176 798	19 523	8 181	12 879	8 869	314	3 696
上　海	2 439 492	743 778	1 349 027	233 263	113 424	15 314	13 228	1 855	231
江　苏	1 348 862	430 761	770 896	111 809	35 396	7 822	7 349	385	88
浙　江	400 252	161 436	202 455	25 511	10 850	4 097	3 900	197	0
安　徽	381 113	114 058	199 083	56 048	11 924	2 813	2 559	159	95
福　建	145 701	74 372	61 351	4 255	5 723	4 584	4 584	0	0
江　西	1 986 38	82 551	91 594	91 784	4 709	1 864	1 864	0	0
山　东	637 959	213 663	354 343	59 220	10 733	9 411	9 334	76	1
河　南	632 901	186 608	351 902	60 958	33 433	7 937	4 854	3 083	0
湖　北	805 207	366 713	367 709	49 650	21 135	5 510	5 216	248	46
湖　南	537 402	171 678	294 757	41 167	29 800	4 167	4 087	34	46
广　东	916 510	253 797	554 274	41 118	67 321	14 561	12 334	2 227	0
广　西	261 050	78 362	137 275	33 523	11 890	2 763	2 736	27	
海　南	43 127	17 516	21 748	3 292	571	1 844	1 844	0	0
四　川	1 874 484	952 495	750 712	102 789	68 488	1 240	11 824	616	0
贵　州	105 465	80 238	15 819	2 565	6 843	2 541	2 541	0	0
云　南	268 702	122 766	124 679	10 246	11 011	7 125	6 294	434	397
西　藏	10 153	9 750	298	0	105	3 647	2 779	75	793
陕　西	1 601 480	648 399	672 397	156 368	124 316	3 960	3 960	0	0
甘　肃	398 035	158 101	173 690	32 713	33 531	7 057	5 783	1 274	0
青　海	48 815	35 150	9 333	3 090	1 242	2 055	2 055	0	0
宁　夏	67 058	36 182	22 078	6 000	27 98	1 735	1 694	0	41
新　疆	114 077	69 021	38 043	2 881	4 132	5 864	5 339	525	0

表 1-3　各地区科学研究与技术开发机构经费收入与支出总额

（1991 年）　　　　　　　　　　　　　　　（单位：千元）

项目 地区	合计		自然科学技术领域		社会、人文科学领域	
	收入	支出	收入	支出	收入	支出
全　国	**22 842 956**	**20 698 935**	**22 578 523**	**20 435 396**	**264 433**	**263 539**
北　京	5 711 145	5 002 902	5 628 134	4 921 355	83 011	81 547
天　津	683 395	604 071	676 832	597 814	6 563	6 257
河　北	420 406	396 906	417 303	393 286	3 103	3 620
山　西	397 390	301 744	390 783	295 141	6 607	6 963
内蒙古	189 391	177 203	186 285	174 201	3 106	3 002
辽　宁	1 179 312	1 103 382	1 167 956	1 092 182	11 356	11 200
吉　林	509 026	482 191	500 329	473 929	8 697	8 262
黑龙江	387 297	358 022	374 418	346 443	12 879	11 579
上　海	2 454 806	2 302 962	2 439 492	2 287 464	15 314	15 498
江　苏	677 724	1 255 999	13 48 862	1 248 321	7 822	7 678
浙　江	404 349	373 470	400 252	369 363	4 097	4 107
安　徽	383 926	327 877	381 113	325 076	2 813	2 801
福　建	150 285	137 878	145 701	133 298	4 584	4 580
江　西	200 502	175 023	198 638	173 182	1 864	1 841
山　东	647 370	604 455	637 959	594 677	9 411	9 778
河　南	640 838	557 234	632 901	548 741	7 937	8 493
湖　北	810 717	766 191	805 207	760 986	5 510	5 205
湖　南	541 569	464 115	537 402	459 287	4 167	4 828
广　东	931 071	835 994	916 510	821 144	14 561	14 850
广　西	263 813	208 968	261 050	206 234	2 763	2 734
海　南	44 971	43 612	43 127	42 252	1 844	1 360
四　川	1 886 924	1 799 557	1 874 484	1 785 929	12 440	13 628
贵　州	108 006	105 408	105 465	102 876	2 541	2 532
云　南	275 827	269 979	268 702	263 234	7 125	6 745
西　藏	13 800	14 183	10 153	10 517	3 647	3 666
陕　西	1 605 440	1 450 443	1 601 480	1 446 146	3 960	4 297
甘　肃	405 092	361 198	398 035	354 032	7 057	7 166
青　海	50 870	49 701	48 815	47 869	2 055	1 832
宁　夏	68 793	53 453	67 058	51 586	1 735	1 867
新　疆	119 941	114 454	114 077	108 831	5 864	5 623

表 1-14　各地区科学研究与技术开发机构课题活动人员情况

（1991 年）　　　　（单位：人）

项目 地区	课题活动人员	科学家工程师	其他科技人员	自然科学技术领域			社会、人文科学领域		
				课题活动人员	科学家工程师	其他科技人员	课题活动人员	科学家工程师	其他科技人员
全　国	**413 592**	**269 545**	**112 895**	**402 254**	**260 004**	**111 496**	**11 338**	**9 541**	**1 399**
北　京	82 968	61 108	17 533	79 540	57 997	17 307	3 428	3 111	226
天　津	13 643	9 072	3 860	13 416	8 879	3 828	227	193	32
河　北	9 389	6 606	2 482	9 220	6 494	2 425	169	112	57
山　西	7 607	4 989	2 005	7 148	4 652	1 928	459	337	77
内蒙古	5 408	3 454	1 563	5 215	3 300	1 530	193	145	33
辽　宁	21 791	14 446	5 517	21 352	14 068	5 460	439	387	57
吉　林	11 263	7 487	2 750	10 762	7 057	2 683	501	430	67
黑龙江	11 336	7 608	2 855	10 892	7 237	2 785	444	371	70
上　海	34 950	23 085	8 238	34 082	22 349	8 142	868	736	96
江　苏	26 495	5 843	8 979	26 172	8 933	323	275	46	10
浙　江	8 203	5 755	2 075	8 062	15 559	5 624	2 056	141	131
安　徽	7 628	4 935	2 252	57 439	4 771	2 227	189	164	25
福　建	4 138	3 127	652	3 984	2 990	636	154	137	16
江　西	5 800	3 543	1 768	5 658	3 434	1 761	142	109	7
山　东	11 300	7 629	2 926	11 023	8 495	2 889	277	234	37
河　南	12 443	7 553	3 694	12 164	7 345	3 628	279	208	66
湖　北	19 646	11 532	6 880	19 323	11 305	6 828	323	227	52
湖　南	9 168	6 289	2 042	9 022	6 201	2 026	146	88	16
广　东	12 848	8 480	2 984	12 440	8 144	2 920	408	336	64
广　西	5 689	3 685	1 149	5 537	3 549	1 133	152	136	16
海　南	1 225	347	221	1 210	336	218	15	11	3
四　川	33 129	18 425	10 943	32 534	17 947	10 871	595	478	72
贵　州	4 151	2 754	1 180	4 002	2 646	1 139	149	108	41
云　南	6 939	4 288	1 994	6 615	4 017	1 956	324	271	38
西　藏	349	184	125	287	132	119	62	52	6
陕　西	29 144	16 311	11 592	18 934	16 144	11 563	210	167	29
甘　肃	1 771	5 696	2 799	8 850	5 506	2 749	256	190	50
青　海	1 755	1 149	435	1 680	1 099	410	75	50	25
宁　夏	1 638	1 061	387	1 491	945	365	147	116	22
新　疆	4 443	3 073	1 015	4 200	2 873	972	243	200	43

表 1-15　全国平均每万人口在校学生数和大中小学学生构成

项目 年度	各级学校在校学生数占全国人口（%）	平均每万人口中			大中小学学生占学生总数（%）		
		大学生（人）	中学生（人）	小学生（人）	大学生	中学生	小学生
1949	4.76	2.2	23	450	0.5	4.9	94.6
1952	9.47	3.3	55	889	0.4	5.8	93.9
1957	11.11	6.8	110	994	0.6	9.9	89.5
1965	18.09	9.3	197	1602	0.5	10.9	88.6
1978	22.18	8.9	690	1519	0.4	31.1	68.5
1980	20.69	11.6	575	1482	0.6	27.8	71.6
1985	17.60	16.1	481	1263	0.9	27.3	71.8
1986	17.39	17.5	495	1226	1.0	28.5	70.5
1987	16.87	17.9	494	1174	1.1	29.3	69.6
1988	16.20	18.6	473	1129	1.1	29.2	69.7
1989	15.65	18.5	448	1098	1.2	28.7	70.2
1990	15.35	18.0	447	1071	1.2	29.1	69.7
1991	15.19	17.6	451	1050	1.2	29.7	69.1
1992	15.17	18.6	457	1041	1.2	30.1	68.7

表 1-16　全国研究生数

（单位：人）

年度	在学人数	招生数	毕业生数
1952	2 763	1 785	627
1957	3 178	334	1 723
1962	6 130	1 287	1 019
1965	4 546	1 456	1 665
1978	10 934	10 708	9
1980	21 604	3 616	476
1985	87 331	46 871	17 004
1986	110 371	41 310	16 950
1987	120 191	39 017	27 603
1988	112 776	35 645	40 838
1989	101 339	28 569	37 232
1990	93 018	29 649	35 440
1991	88 128	29 679	32 537
1992	94 164	33 439	25 692

表 1-17 派出国和毕业回国留学生数

（单位：人）

年　度	派出国的留学生数	毕业回国的留学生数	年　度	派出国的留学生数	毕业回国的留学生数
1950	35		1974	180	70
1951	380		1975	245	186
1952	231		1976	277	189
1953	675	16	1977	220	270
1954	1 518	22	1978	860	248
1955	2 093	104	1979	1 777	231
1956	2 401	258	1980	2 124	162
1957	529	347	1981	2 922	1 143
1958	415	670	1982	2 326	2 116
1959	576	1 380	1983	2 633	2 303
1960	441	2 217	1984	3 073	2 920
1961	124	1 403	1985	4 888	1 424
1962	114	980	1986	4 676	1 388
1963	62	426	1987	4 703	1 605
1964	650	191	1988	3 786	3 000
1965	454	199	1989	3 329	1 753
1972	36		1990	2 950	1 593
1973	259		1991	2 900	2 069

表 1-18 国外主要检索工具收录我国论文总数及在世界上的位次

项目 / 年度	篇数					位次			
	合计	SCI	ISTP	ISR	EI	SCI	ISTP	ISR	EI
1985						26	19	27	
1986						25	14	27	
1987	9 017	4 880	1 774	85	2 278	24	14	31	10
1988	11 854	5 590	2 940	110	3 214	17	9	29	9
1989	12 232	6 776	2 139	130	3 187	15	13	28	8
1990	13 352	7 945	2 398	169	2 840	15	13	27	9
1991	11 783	6 630	2 780	227	2 146	15	13	25	9

注：《SCI》、《ISR》、《ISTP》、《EI》四种检索工具的英文名称为：

SCI：Science Citation Index

ISR：Index to Science Review

ISTP：Index to Science and Technical Proceedings

EI：Engineering Index

表 1-19 国外主要检索工具收录的我国科技人员在国内外期刊上发表论文数

（单位：篇）

项目＼年度	1985	1986	1987	1988	1989	1990	1991
《SCI》收录合计	3 788	4 349	4 800	5 590	4 597	6 055	5 408
国内发表	979	1 133	1 159	1 178	1 016	1 344	1 118
比重（%）	26	26	24	21	22	22	21
国外发表	2 809	3 216	3 721	4 412	3 581	4 711	4 290
比重（%）	74	74	70	79	78	78	79
《EI》收录合计				3 214	3 187	2 840	2 146
国内发表				1 717	1 778	992	679
比重（%）				53	56	35	32
国外发表				1 497	1 409	1 848	1 467
比重（%）				47	44	65	68

附录 2 国外科技指标摘要

表 2-1 西方六国 1970—1991 年国民生产总值（ANP）和国民收入（NI）

国家 / 年度	日本（亿日元）		美国（亿美元）		德国（亿马克）		法国（亿法朗）		英国（亿英镑）		意大利（100 亿里拉）	
	国民生产总值	国民收入	国民生产总值	国民收入	国民生产总值	国民收入	国民生产总值	国民收入	国民生产总值	国民收入	国民生产总值	国民收入
1970	751 520	610 297	10 171	8 335	6 757	5 304	7 968	6 214	519.6	401.14	67 489	—
1971	828 063	659 105	11 049	8 995	7 504	5 862	8 871	6 905	579.6	451.59	73 332	—
1972	965 391	779 369	12 157	9 929	8 246	6 435	9 901	7 665	648. 5	509. 522	80 146	—
1973	1 166 792	958 396	13 623	11 195	9 188	7 204	11 322	8 784	748.6	592.51	97.009	—
1974	1 381 558	1 124 716	14 743	11 988	9 837	7 697	13 071	10 090	845.3	674.48	122 094	—
1975	1 522 094	1 239 907	15 991	12 853	10 277	8 006	14 703	11 290	1 057.4	842.45	138 213	—
1976	1 711 525	1 403 972	17 855	14 355	11 238	8 782	17 035	12 980	1 252.2	989.77	174 355	—
1977	1 900 348	1 557 032	19 946	16 091	11 956	9 337	19 217	14 752	1 457.4	1 133.18	214 175	—
1978	2 087 809	1 717 785	22 545	18 298	12 894	10 072	21 973	16 707	1 685.0	1 307.34	253 515	—
1979	2 254 081	1 822 066	25 208	20 389	13 938	10 840	24 897	18 856	1 995.7	1 523.14	310 679	—
1980	2 453 600	1 995 902	27 421	21 982	14 774	11 396	28 209	21 177	2 314.6	1 734.79	388 459	321 382
1981	2 603 343	2 097 489	30 638	24 325	15 396	11 798	31 751	23 877	2 548.1	1 879.17	461 844	379 782
1982	2 734 615	2 193 918	31 798	25 225	15 903	12 142	36 280	27 105	2 787.6	2 054.76	541 851	443 957
1983	2 859 973	2 308 057	34 344	27 208	16 757	12 781	39 948	29 802	3 049.5	2 267.53	629 240	511 971
1984	3 057 253	2 436 089	38 015	30 583	17 633	13 471	43 384	32 319	3 263.1	2 438.05	721 024	588 048
1985	3 353 705	2 595 898	40 536	32 684	18 345	14 068	46 745	34 852	3 572.6	2 674.92	805 202	655 203
1986	3 396 853	2 693 947	42 777	34 379	19 361	14 976	50 527	37 932	3 850.1	2 847.27	892 906	728 252
1987	3 562 636	2 817 375	45 445	36 932	20 030	15 500	53 242	39 833	4 216.5	3 122.13	977 081	791 077
1988	3 792 300	2 995 894	49 082	40 026	21 080	16 355	57 234	42 509	4 678.5	3 467.30	1 084 333	871 596
1989	4 058 039	3 202 186	52 668	42 495	22 491	17 381	61 491	45 766	5 112.6	3 822.37	1 182 968	947 006
1990	4 352 543	3 429 676	55 429	44 683	24 391	18 853	64 687	48 000	5 444.2	4 142.30	1 295 801	1 028 519
1991	4 585 991	3 589 991	56 949	45 442	26 312	20 088	67 214	49 861	5 684.1	4 291.77	1 407 349	1 112 119

表 2-2　若干国家（地区）研究与展（R&D）经费及研究人员数

国家（地区）	年度	研究经费总额（R&D）		政府负担比率（%）	国防研究经费以外的政府负担比率（%）	占国民生产总值的比率（%）	研究人员数（人）	每千人口中的研究人员数（人）	研究人员的人均研究费（万日元）
		当地货币	亿日元						
日本	1989	—	109 093	17.1	16.4	(3.41) 2.69	461 643	3.7	2.363
	1990	—	102 896	16.5	15.7	(3.52) 278	484 346	3.9	2.496
	1991	—	127 201	16.8	16.0	(3.54) 2.77	504 966	4.1	2.519
	1992						518 869		
美国		百万美元							
	1989	140 763							
	1990	146 152	211 628	43.7	16.4	(3.37) 2.72	—	—	—
	1991 *	150 800	203 128	43.2	15.7	(3.46) 2.76	—	—	—
	1992 *	157 400	199 268	43.3	16.0	(—) —	—	—	—
		百万马克							
德国	1988	60 228	43 948	—	—	(3.68) 2.86	—	—	—
	1989	64 820	47 565	33.2	29.9	(3.74) 2.89	176 401	2.8	2.696
	1990 *	67 500	60 487	34.1	—	(3.61) 2.78	—	—	—
		百万法郎							
法国	1989	143 553	31 036	48.7	33.4	(3.14) 2.33	120 659	2.1	2.572
	1990	157 146	417 85	47.5	32.7	(3.27) 2.43	124 069	2.2	3.368
	1991 *	164 011	39 166	49.3	36.2	(3.29) 2.44	—	—	—
		百万英镑							
英国	1987								
	1988	10 328	23 579	36.7	22.1	(2.98) 2.21	124 800	2.2	1.889
	1989	11 429	25 852	36.5	21.6	(2.99) 2.24	121.000	2.1	2.137
	1990	12 136.5	31 361	38.5	21.7	(2.93) 2.23	118 100	2.1	2.655
		百万澳元							
澳大利亚	1986	3 348	3 787	59.2	—	(1.84) 1.31	34 830	2.2	1.087
	1987	3 659	3 710	57.0	—	(1.79) 1.27	35 999	2.2	1.031
	1988	4 187	4 208	54.5	—	(1.79) 1.28	38 631	2.3	1.089
		百万比利时法郎							
比利时	1988	91 265	3 181	26.7	—	(2.04) 1.66	16 646	1.7	1.911
	1989 *	102 519	3 587	28.9	—	(2.11) 1.71	17 583	1.8	2.041
	1990 *	108 546	4 703	27.6	—	(2.11) 1.71	18 465	1.9.	2.574
		百万加元							
加拿大	1989	8 828	10 285	44.3	—	(1.86) 1.42	62 510	2.4	1 654
	1990	9 380	11 641	44.0	—	(1.93) 1.47	—	—	—
	1991 *	9 673	11 375	44.8	—	(2.00) 1.50	—	—	—
		丹麦克郎							
丹麦	1987	9 933	2 101	45.9	—	(2.00) 1.48	9 775	1.9	2 149
	1988	10 913	2 078	45.7	—	(2.08) 1.55	10 369	2.0	2 004
	1989	11 892	2 244	45.5	—	(2.14) 1.61	10 962	2.1	2.047
		百万芬兰马克							
芬兰	1988 *	7 835	2 401	—	—	(2.50) 1.81	—	—	—

（续表）

国家（地区）	年度	研究经费总额（R&D）		政府负担比率（%）	国防研究经费以外的政府负担比率（%）	占国民生产总值的比率（%）	研究人员数（人）	每千人口中的研究人员数（人）	研究人员的人均研究费（万日元）
		当地货币	亿日元						
	1989	8 926	2 870	35.3	—	(2.65) 1.84	—	—	—
	1990*	9 843	3 728	—	—	(2.69) 1.93	—	—	—
		千万卢比							
印度	1986	2 668	3 564	88.0	—	(—) 1.03	85 000	0.1	419
		百万里拉							
意大利	1989	14 800 669	14 875	49.5	—	(1.56) 1.25	76 074	1.3	1 955
	1990	17 001 221	20 537	51.5	—	(1.65) 1.31	77 876	1.4	2 637
	1991*	19 658 121	21 349	52.0	—	(1.77) 1.40	—	—	—
		十亿韩元							
韩国	1987	1 878	3 302	—	20.3	(—) 1.77	52 783	1.3	625
	1988	2 347	4 112	—	17.7	(—) 1.86	56 545	1.4	727
	1989	2 705	5 559	—	17.1	(—) 1.92	66 220	1.6	839
		百万荷兰盾							
荷兰	1988	10 163	6 589	42.7	—	(2.82) 2.24	—	—	—
	1989	10 283	6 689	41.8	—	(2.66) 2.12	26 680	8.0	2 507
	1990	10 450	8 310	—	—	(2.56) 2.03	—	—	—
		百万新加坡元							
新加坡	1984	214	239	48.7	—	(—) 0.56	2 403	1.0	993
	1987	375	258	38.3	—	(—) 0.87	3 361	1.3	766
	1990	572	457	—	—	(—) —	4 329	—	1 056
		百万比塞塔							
西班牙	1989	339 324	3 953	46.8	—	(0.95) 0.76	32 914	0.8	1 201
	1990*	406 379	5 771	—	—	(1.02) 0.82	—	—	—
	1991*	475 958	6 168	—	—	(1.09) 0.88	—	—	—
		百万克郎							
瑞典	1987	30 553	6 969	36.9	—	(4.03) 3.05	22 725	2.7	3 067
	1989	34 903	7 298	38.4		(3.84) 2.91	25 089		2 909
	1991*	36 410	7 792	—		(3.49) 2.61	25 400		3 068
		百瑞士万法郎							
瑞士	1989	8 290	6 991	22.6		(3.21) 2.72	14 250		4 906
		百万铢							
泰国	1987	2 664	150	68.5			14 032		—
	1988	3 145	159	64.2			—		—
	1989	2 909	156	—		0.29	—		—
		百万新台湾币							
台湾	1988	43 839	1 965	—	56.6	(—) 1.22	35 437	1.8	555
	1989	54 789	2 862	—	47.7	(—) 1.38	39 742	2.0	720
	1990	71 548	3 852	—	45.8	(—) 1.65	46 071	2.3	836

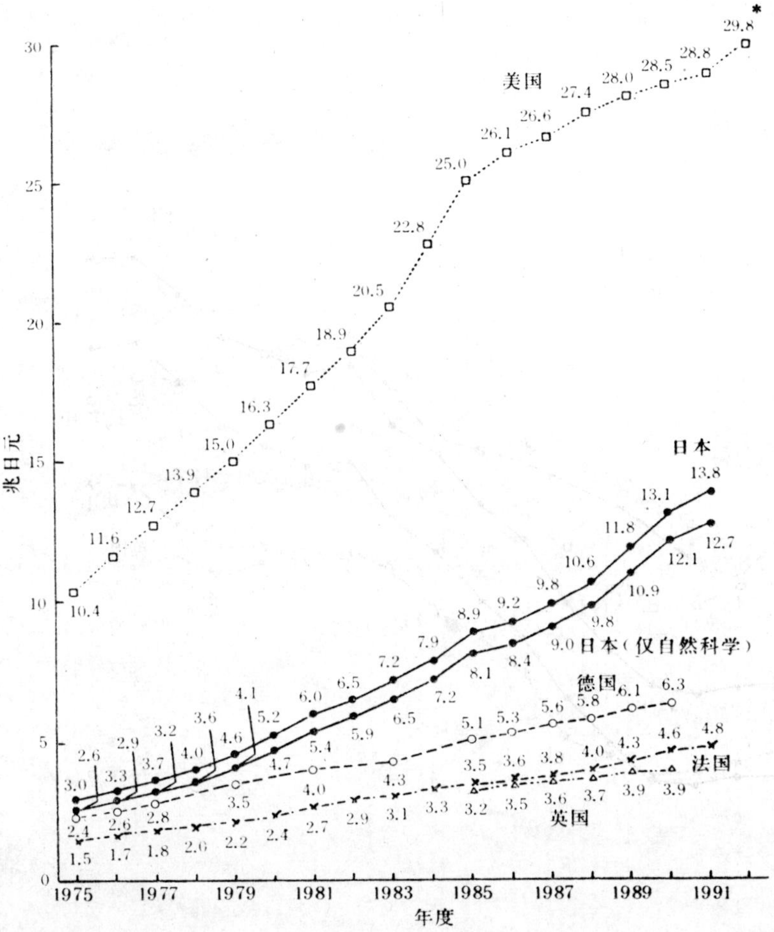

图 2-1　经济发达国家研究与发展经费（R&D）变化情况。

1）为了进行国际比较，各国都包括人文、社会科学，但对于日本，括号内的数字仅是自然科学的研究经费。

2）* 是估算值，※是暂定值。　　　3）换算成日元是依据 OECD 的购买力比价。

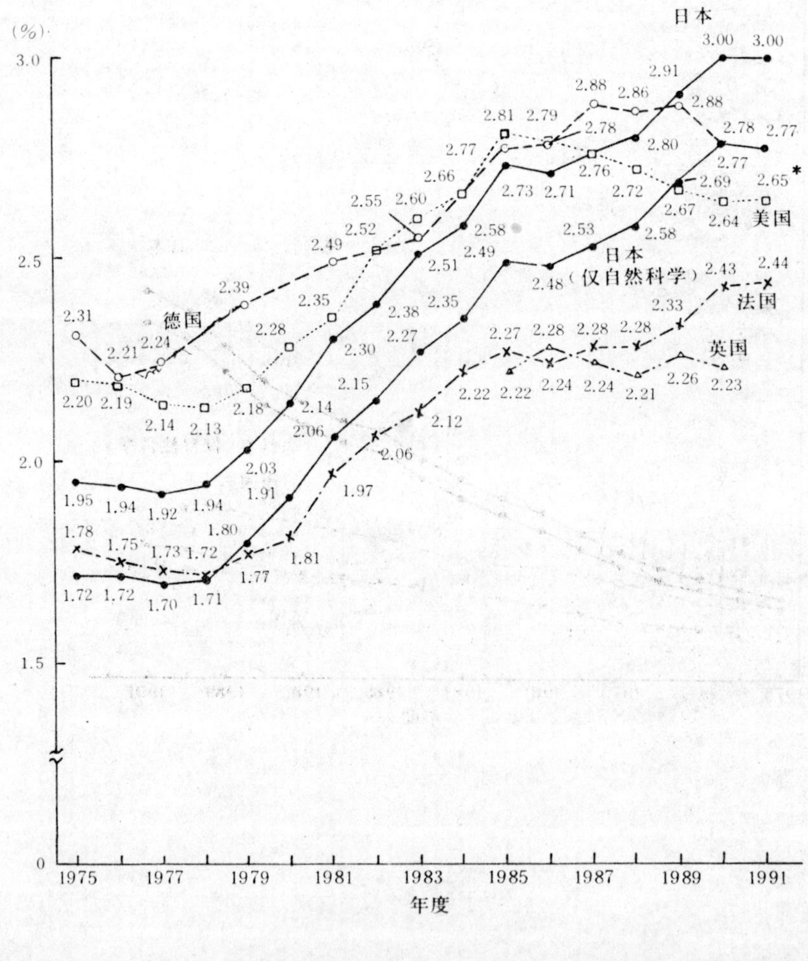

图 2-2　经济发达国家 R&D 对 GNP 比值的变化情况

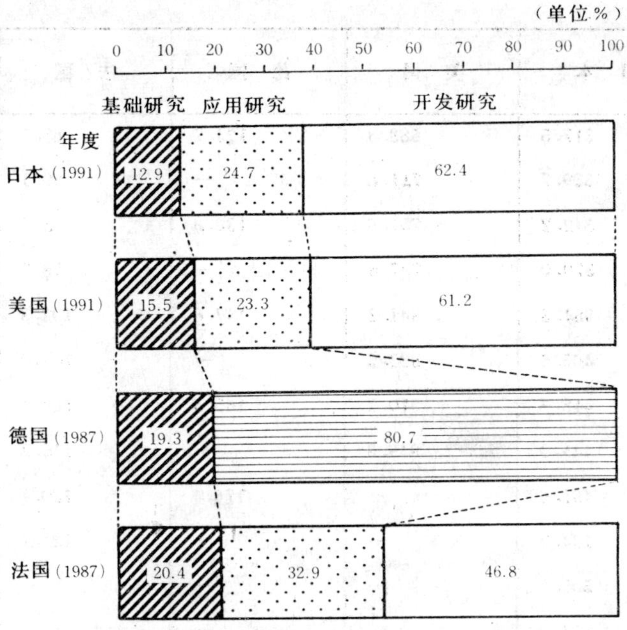

图 2-3 某些国家研究与发展经费按研究性质划分的组成比例

注：1）日本只是自然科学，美国、德国含人文、社会科学。

2）德国未区分应用研究与开发研究。

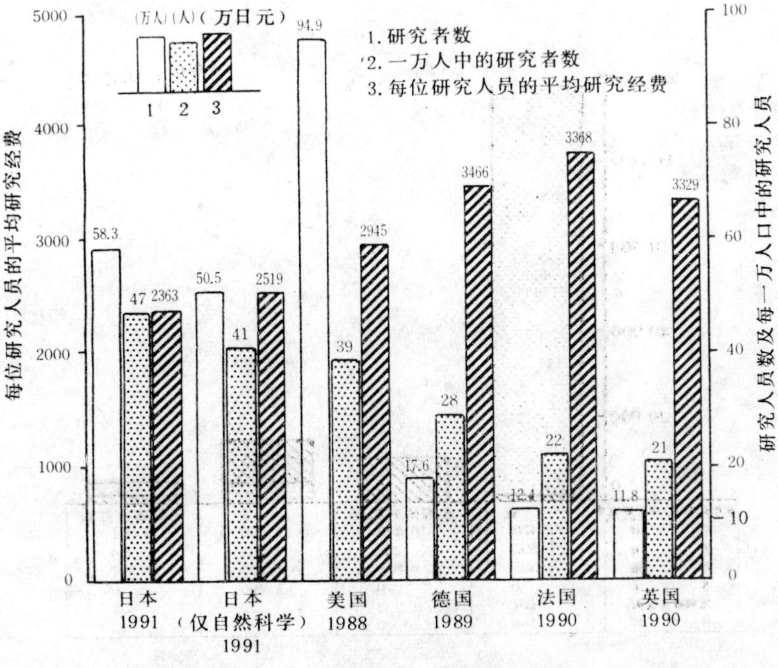

图 2-4 某些国家研究人员情况

1）为了进行国际比较，各国都包括人文、社会科学、但日本仅是自然科学的。

2）换算成日元是依据 OECD 的购买力比价

表 2-3　一些国家研究人员的变迁情况

（单位：千人）

年度＼国家	日本	美国	德国	法国	英国
1981	317.5	683.3	124.7	85.5	95.4
1982	329.7	711.8	—	90.1	—
1983	342.2	751.6	130.8	92.7	94.0
1984	370.0	797.6	—	98.2	—
1985	381.3	841.2	147.6	102.3	120.3
1986	405.6	882.3	—	105.0	123.4
1987	418.3	910.2	165.6	109.4	123.4
1988	441.9	949.3	—	115.2	125.4
1989	461.6	—	176.4	120.7	121.6
1990	484.3	—	—	124.1	118.1
1991	505.0	—	—	—	—
1992	518.9	—	—	—	—

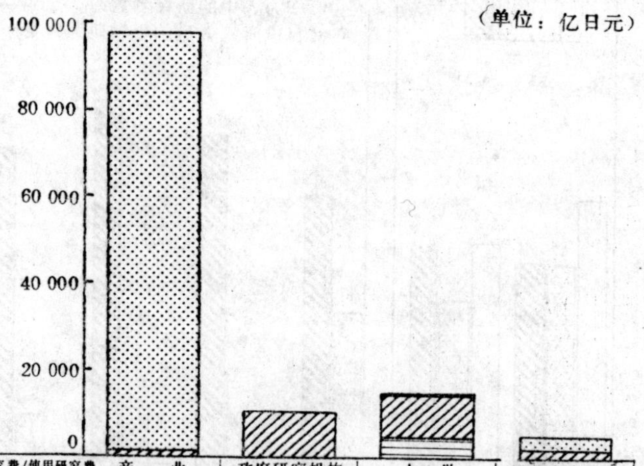

承担研究费/使用研究费	产业	政府研究机构	大学	民间研究机构
合计	97 430	10 112	14 608	5 051
产业	95 893	230	535	2 998
政府	1 335	9 879	8 753	1 407
大学	0	0	5 290	0
民间研究机构	101	2	27	631
外国	100	0	3	13

图 2-5　日本（1991 年）研究经费（R&D）的来源和投向

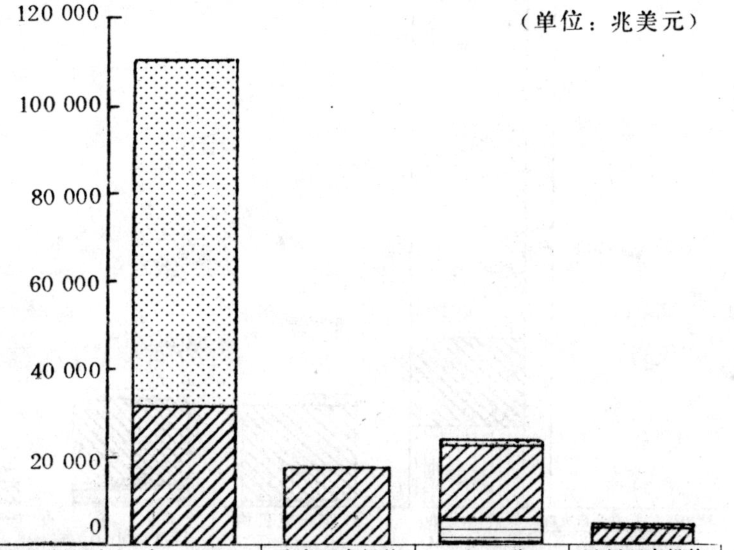

承担研究费/使用研究费	产业	政府研究机构	大学	民间研究机构
合计	110 300	17 600	24 100	5 400
产业	79 000	0	1 350	700
政府	31 300	17 600	16 000	3 300
大学	0	0	5 250	0
民间研究机构	0	0	1 500	1 400

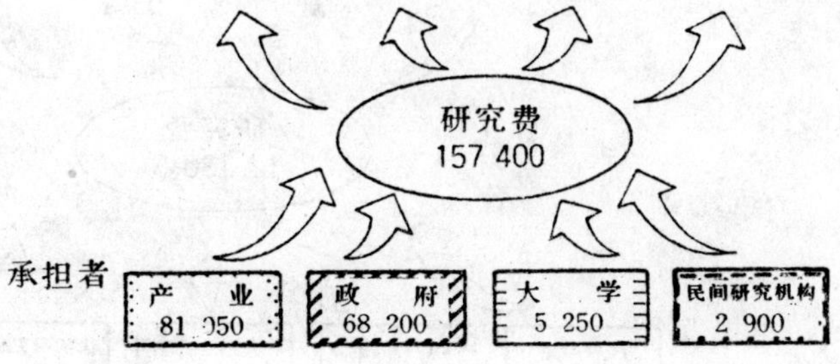

图 2-6 美国（1992 年）研究经费（R&D）的来源和投向

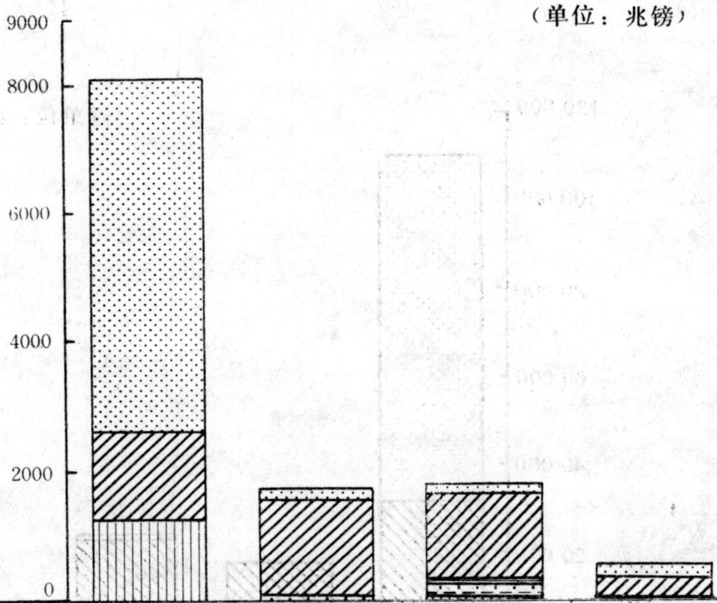

承担研究费/使用研究费	产　业	政府研究机构	大　学	民间研究机构
合　计	8 082.4	1 701.7	1 790.0	562.4
产　业	5 477.7	168.6	142.0	211.7
政　府	1 352.2	1 445.7	1 292.7	257.7
大　学	0.0	0.0	84.3	0.0
民间研究机构	0.0	57.3	179.0	75.0
外　国	1 252.5	30.1	92.0	18.0

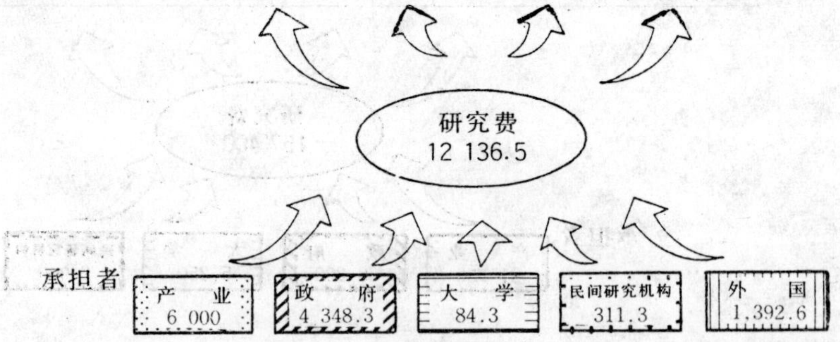

图 2-7　德国（1989）研究经费（R&D）的来源和投向

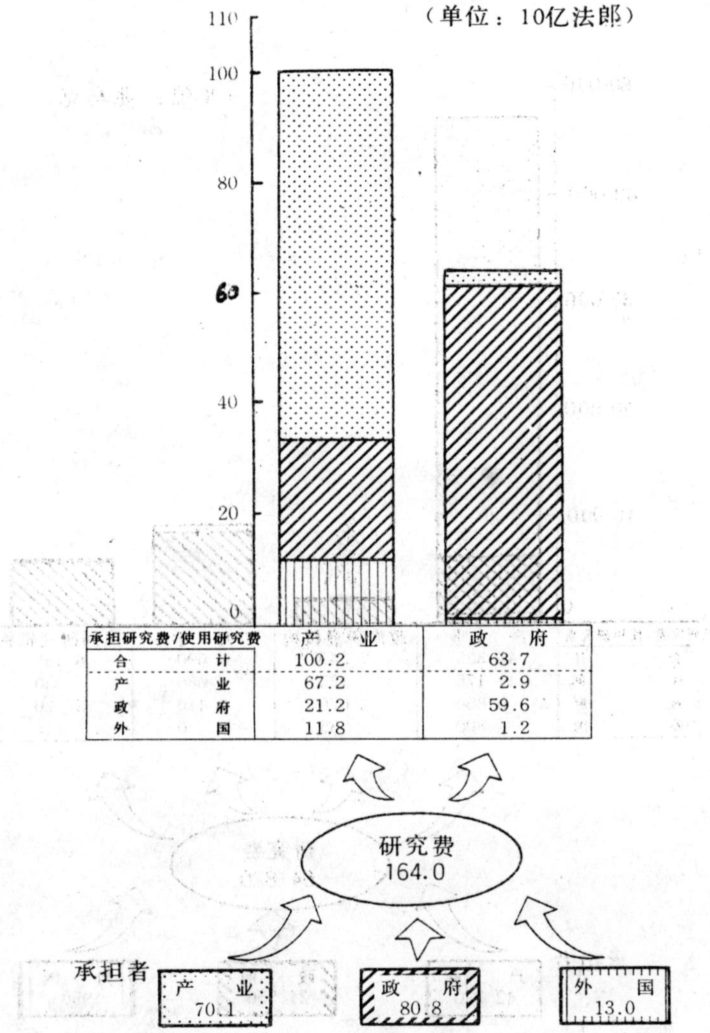

承担研究费/使用研究费	产业	政府
合计	100.2	63.7
产业	67.2	2.9
政府	21.2	59.6
外国	11.8	1.2

图 2-8　法国（1991 年）研究经费（R&D）的来源和投向

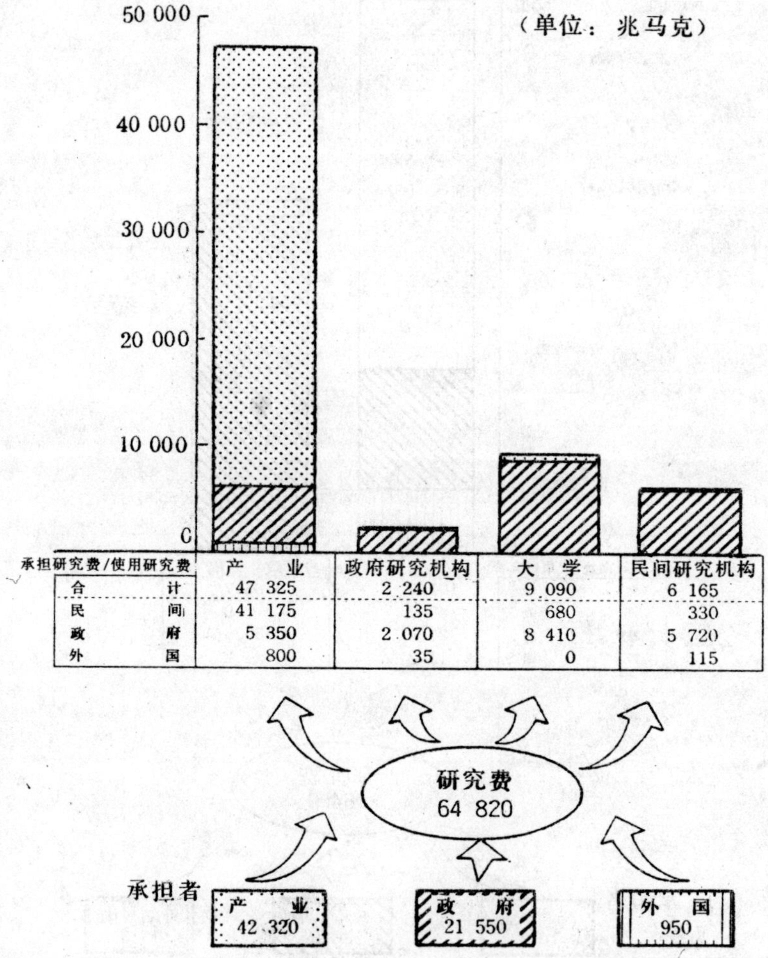

承担研究费/使用研究费	产 业	政府研究机构	大 学	民间研究机构
合 计	47 325	2 240	9 090	6 165
民 间	41 175	135	680	330
政 府	5 350	2 070	8 410	5 720
外 国	800	35	0	115

图 2-9　英国（1990 年）研究经费（R&D）研究经费（R&D）的来源和投向

附录 3　国外基金会简介

日本的科学基金会

日本的科研资助团何可分为官办、民办两大类。这些资助团体的名称一般称为基金会、事业团、财团等，到目前为止日本还没有成立国家科学基金会。日本的科技政策由科技厅制定，由各省厅分别管理相关领域。各个政府部门各自统管本行政业务范围内的各民间基金会。同时，各部门也用本身的经费创办一些基金或基金会，由政府部门出资创办的基金会一般都有专项法律规定其行为，所以这类基金会称为特殊法人或认可法人。但是，由于各部门的联系不紧密，管理体制不尽相同，又从来不统一公布所管辖的基金会数量，因此，很难正确统计日本究竟有多少基金组织，据日本资助财团资料中心的不完全统计，到1989年10月止，日本共有基金组织12 052家，其中由各中央政府部门主管的有 3 209家；由地方自治体或教育委员会等主管的有 8 843家。近年来，新创基金组织的数量呈逐年增加趋势。

一、日本官方科研资助机构

日本官方科研经费相对集中于文部省、科技厅、通产省三个部门。日本政府 1992 年度科技经费的分布情况如下

序号	部门名称	金额（亿日元）	所占比例（%）
1	文部省	9 221	46. 5
2	科技厅	5 518	25. 8
3	通商产业省	2 592	12. 1
4	防卫厅	1 270	5. 9
5	农林水产省	762	3. 6
6	厚生省	613	2. 9
7	邮政省	327	1. 5
8	运输省	225	1. 1
9	其他	378	1. 8

由于有些资金由多个行政部门管理，而各部门又都把这类资金算入自己的财政。所以，1992 年的实际经费合计为 21 347 亿日元。

从以上资料可以看出文部省、科技厅、通产省三家占总额的 83. 4%。日本最大的两个官办科研经费资助组织学术振兴会和新技术事业团即分属文部省及科技厅。

（一）学术振兴会

学术振兴会创建于 1967 年 9 月，隶属日本文部省（教育部），英语简称为 JSPS。日本的基础科研工作相对集中于各大学。学术振兴会的主要资助对象也是各个大学的教授，该会的资助面覆盖了包括公私立大

学和各省厅所属的研究所，1986年，学术振兴会的经费为465亿日元。主要的工作可概括为以下几类：

（1）培养、奖励优秀科技人才和年轻研究人员。

（2）资助日本国内的共同合作研究。

（3）协调、促进学术界的合作与联系。

（4）促进国际间的学术交流与合作。

（5）资助国立大学申请、实施专利。

（6）收集、提供学术信息，普及科研成果。

（7）对国内国际的学术振兴、交流事业进行捐赠。

（8）进行各种专项的学术奖励活动。

学术振兴会在国际合作方面主要资助：

（1）接待国外科学家赴日进行短期或长期的科研工作。

（2）派遣日本科学家到外国进行科研工作。

（3）资助国际合作项目。

（4）资助国际学术会议。

（5）资助双向交流项目和与发展中国家进行的学术交流活动。

日本学术振兴会与我国的中国科学院、中国社会科学院、国家教委之间订有交流协议，每年有固定的人员交换。但是，每项国际间的交流项目均需由日本科学家向学术振兴会申请外事费用，经学术振兴会批准后执行。

（二）新技术事业团

新技术事业团创建于1961年7月（其前身为理化学研究所开发部），隶属科技厅，英语简称为JRDC。创始之初，该团主要从事科研成果的转化、开发，从1981年该团开始组织本身的科研课题，1992年的经费总额已达171亿日元。现在，新技术事业团已形成了从基础性科研向应用基础研究扩展，到开发研究直至商品生产的一条龙管理体系，该团的眼光始终瞄准高科技和前瞻性科研课题，新技术事业团组织的科研项目有以下特点：

（1）项目数量少而投资大，以项目定预算，专款专用。

（2）承担新技术事业团科研项目的科学家可在事业团指定的领域、预算内自定课题及人员编制，有相对大的自主权。

（3）科研成果由事业团和科研人员共有。

（4）所有的科研课题均有商业背景。

新技术事业团从事的科研工作有如下几种类型：

（1）新思维、新概念型的萌芽科学问题。

（2）支持具有独创性的个人科研。

（3）为进行尖端科研成果的多领域广泛开发，应用研究支付实验费。

（4）促进国际科研交流活动。

新技术事业团的国际合作项目每年只立一项。

二、日本的民办科学基金会

日本的科研经费大部分来源于民间，近十年来，日本的中央及地方政府投向自然科学研究的经费与GNP值相比为0.5%，而民间企业则达2.5%左右，其原因在于：政府的经费出于国民缴纳的税金，而税金的使用如不获得较为明显的收益则可能成为众矢之的。因此，一般日本政府各部门向风险较大的基础科研投资十分谨慎，然而，日本的民办企业在最近几十年中利用国内外的各种政策和时机取得了长足的发展，尤其一些大企业的高额利润已为万夫所指。在这种情况下部分大企业或出于纳税问题的考虑，或为在公益方面作姿态而纷纷办起了不以营利为目的的财团，这种财团不仅出资巨大，而且资助基础研究的比例也比较大。

总体上讲，无论是日本政府部门还是民间团体，在其经济起飞的前期对于科学技术基本上是采取了拿来主义，走的是一条引进、消化、改造、为我所用的道路，这种途径见效快，投资少，风险小，但是，其缺点在于：很难引进最高新的技术，依赖性大，在有了一定的经济基础之后，日本在继续引进、追踪世界高科技的同时开始发展自身的研究，创新事业，这不能不说是一个进步，然而，这个时期的科研、创新还停留在应用技术的研究与开发阶段，在经济进一步发展，进而接近甚至超越美国时，日本的科技界认识到没有基础研究支持的科研是先 天不足的科研，只能永远跟在别人的屁股后面。为此，在80年代，部分日本民间财团开始资助一些前沿性的、风险较大的基础科研课题。

很多日本民办企业为了自己的生存与发展而拥有自己的科研开发机构。例如，丰田汽车公司就有自己的中央研究所。该所从事材料、物理、化学、环境等方面的基础性研究与应用开发，东芝公司的研究机构干脆就叫东芝基础研究所，需要说明的是：这些研究机构与基金会同样具有财团法人的资格，但是并不进行资助工作。

这里说的日本民间财团是指通过各种方式筹资创办的资助型基金会，由于民间财团分别由各级政府部门主管，而各部门又从未统一发表过基金会的数字，所以无从了解准确的财团总数，按照日本资助财团资料中心的分析，日本的民间基金会所作的工作大致可分为以下三类：

(1) 向其他个人、团休所进行的研究工作或其他活动提供资金。

(2) 向学生、研究生、留学生或青年研究人员颁发奖学金或无息、低息贷款。

(3) 对成绩卓著的个人、团体进行表彰或颁发纪念品、奖金。

以下是1990年度基本财产和资助额居前20位的日本民间财团：

序号	财团名称	总资产额	财团名称	总资助额
1	笹川和平财团	42 498 646	笹川和平财团	3 986 771
2	稻盛财团	16 892 515	中央竞马社会福祉财团	2 811 343
3	放送文化基金	13 430 440	车辆竞技公益资金纪念财团	1 286 350
4	车辆竞技公益资金纪念财团	13 259 655	日本生命财团	628 733
5	长尾自然环境财团	13 065 022	上原纪念生命科学财团	573 411
6	日本生命财团	12 367 107	丰田财团	475 769
7	河川环境管理财团	12 344 570	河川环境管理财团	444 000
8	丰田财团	11 707 768	电气通信普及财团	400 830
9	西武文化财团	10 906 910	三菱财团	383 000
10	饭岛纪念食品科学振兴财团	10 026 407	笹川纪念保健协力财团	378 997
11	三菱财团	9 621 740	冲绳县人才育成财团	346 010
12	电气通信普及财团	9 437 195	放送文化基金	334 765
13	吉田育英会	9 023 821	吉田育英会	325 015
14	日本证券奖学财团	7 766 622	清水基金	300 300
15	日产科学振兴财团	7 470 970	癌集学的治疗研究财团	279 898
16	日本心脏血压研究振兴会	7 386 521	谷口工业奖励会	250 775
17	石田财团	7 214 920	旭硝子财团	239 587
18	笹川纪念保健协力财团	6 466 383	日本证券奖学财团	232 024
19	托拉斯60	6 242 541	日产科学振兴财团	215 470
20	三菱信托山室纪念奖学财团	5 896 442	西武文化财团	210 141

以上诸基金会中只有丰田财团进行与中国有关的合作研究资助工作。此外，还有日本生命财团、笹川和平财团、旭硝子财团进行对我国留学生的奖学工作，下面就几个有特点的财团进行较为详细的介绍。

（一）资助基金会资料中心（Foundation Library Center of JAPAN）

该资料中心的主要任务是收集进行资助、表彰、奖学活动的财团法人、公益信托单位及其它法人单位的资料，广泛地向社会宣传其资助活动。

近年来在日本国内掀起了一股成立资助基金会、公益信托组织的热潮，社会各方面对此热潮的关心也逐渐增多。但是，由于信息不足，社会对这些组织的活动还未能尽知，如果能将资助活动的信息集于一处，不仅可便于人们使用，同时对于提供资助的基金会来说也有着有效地使用资金，发挥更大作用的好处，如果能疏通资助者与被资助者之间的信息交流，必能促进资助活动更加活跃。

基于上述目的，1985年11月20日各共识基金会合作成立了资助基金会资料中心。此后，该资料中心通过提供民间资助活动的资料和文献、收集和借阅、发行信息杂志及简报等信息服务，将资助活动的提供者与接受者连为一体，促进了社会对民间资助活动的了解，1988年4月1日经日本总理府许可，该资料中心成为财团法人。

（二）丰田财团（The Toyota Foundation）

该财团成立于1974年10月，汽车公司是为纪念首批丰田汽车出厂40周年而出资创立的，其会长就是日本著名企业家、丰田汽车的缔造者丰田英二。其常务理事兼事务局长山口日出夫曾于1992年秋来我国访问，并与我国国家自然科学基金委员会保持着友好关系，该财团进行关于交通安全、社会生活、社会福利、自然环境、教育文化等方面的研究及事业的资助活动，在日本是一个极其活跃的基金会。

在资助科研方面着重奖励优秀青年人才，重点资助跨学科、跨行业、跨国界大研究项目的预备性研究课题和由此而产生的综合研究课题。申请项目由评审委员会评审，最后由理事会决定，资助项目覆盖了所有自然科学领域和社会科学领域。

在国际合作方面，丰田财团的资助重点在东南亚地区，该财团打出的口号是："充分了解邻居"，在这个口号下，丰田财团对于柬埔寨、新加坡、菲律宾、越南、马来西亚、老挝以及印度、巴基斯坦、孟加拉、斯里兰卡、尼泊尔诸国进行了翻译出版等方面的资助。

现在，丰田财团与中国国家自然科学基金会共同资助3个双向合作项目（长江江豚保护、中国近代建筑史研究、毛乌素沙漠改造）。正在磋商一个有关杭州西湖人文景观及自然环境保护合作研究的共同资助问题，双方每年都有人员互访。同时，丰田财团还资助了许多我国在日本的留学、进修人员。在这些方面，丰田财团的山岗义典先生起了积极的作用。

（三）笹川和平财团（笹川日中友好基金）（The Sasakawa Peace Foundation）

笹川和平财团创立于1989年9月，它是基于日本船舶振兴会笹川良一会长的"国际社会激烈动荡，错综复杂，但只要加强国际间相互理解、交流、合作，世界和平必将到来"这一信念而设立的。

除一般事业外，为促进国际间的交流，对一些重要的国家和地区，设立了与财团的基本财产不同的特别基金，并广泛地开展着交流活动，"笹川日中友好基金"就是其中的一环，它设立于1989年12月。其目的是为加深两国人民在社会、文化、艺术、教育、经济、政治以及国际关系等方面的相互理解；加强对话；为探索改善两国人民的福利事业的途径，培养所需人才；增进相互信赖，建立牢固的纽带，为世界和平作出贡献。

笹川日中友好基金总额为50亿日元，由日本船舶振兴会捐赠。基金的运用，事业的实施所需费用均来源于基金的利息。

笹川日中友好基金的中方对口管理单位为中国国际友好联络会，基金对申请单位的资格、条件、格式不作具体规定。

（四）、笹川纪念保健协力财团（Sasakawa Memorial Health Foundation）

1986年，由日本笹川纪念保健协力财团出资，计划从1987年开始，1996年为止，每年用此项基金接受100名中国医务工作者赴日进行为期一年的进修，10年间计划共接受1000名，这项工作具体由财团法人日中医学协会组织实施。由我国卫生部负责推荐进修人员名单，日方将向进修人员提供往返国际旅费、日本国内交通费、住宿生活费以及其他必需的费用。在进修期间，进修人员必须遵守日本法律，努力完成学业，定期提出进修报告，进修结束后，立即回国为中国的医疗保健事业服务。

（五）日本科学协会（The Japan Science Socoety）

日本科学协会是一个成立较早的财团，迄今已有近70年的历史。它的出资者也是笹川良一先生，成立目的是：通过谋求国内外科学家、技术人士以及关心科技的人们之间的相互合作和发展友好关系，奖励科学研究，促进技术开发，推广科研成果以及对科学教育和文化发展作出贡献。

该财团的资助期为一年，它的资助对象包括理、农、工、人文、社会、文学、教育、艺术等。对可望在一年内取得一定成果的人文、社会、自然科学（不包括医学）或边缘学科的富有独创性、开拓性、具有独到见解的研究项目可准许延长至翌年，关于资助的另一个限制是受资助者应是在大学、研究机构（包括博物馆）从事研究工作的，年龄在35岁以下的青年研究人员（在日本的外国人也属资助对象之列）。我国在日本的留学人员中每年都有几十人得到该协会的资助。

（六）日本生命财团（Nippon Life Insurance Foundation）

日本生命财团是日本关西地区实力雄厚的民间基金会，其成立目的是为了在各方面综合性地改善人类生活的各种环境和条件；了解构成环境的各个方面对时代及社会的要求和需要；对各个领域的事业和研究提供资助。所以，该财团的资助活动集中于环境问题、老年福利问题、培养少年儿童问题、学术书籍出版等方面。

在资助外国人方面，该财团有指定学校、国籍及年龄方面的限制。该财团对在日本的研究生院从事法律、经济、经营等社会科学研究的中国、韩国、台湾、香港、东盟五国的留学生资助研究经费。而且，必须由指导教师向该财团提出申请，经评委会审议，由理事会决定，受资助者每月可得到5—10万日元的资助款，在受资助的人员中，中国大陆留学人员占了总数的一半以上。

（七）日本心脏财团　（Japan Heart oundation）

该财团是基于经济界有识之士及医学界代表的提议成立的基金会，无特定的企业捐助或支持，完全靠工作人员募捐式的集资。该财团以居住在日本的、年龄不满40岁的中青年研究人员为对象，对其心血管（心脏病、高血压、脑中风、动脉硬化症等）的基础、监床、预防方面有独创性的研究提供资助。同时，也对第一次到国外留学的未满35岁的日本青年学者提供资助。

此外，该财团还利用日本IBM提供的研究资助，隔年指定一个综合性课题，选出一名最适应于该课题的研究代表，并从应征者中评选出数名合作者，组成该指定课题的研究小组，基金会对该小组提供研究经费。但是，资助对象须居住在日本国内。

该财团公开接受资助申请，不过，需要有相关医院、研究机构、学校的推荐。

日本心脏财团为了促进与中国循环系统病学的交流，每年在日本或中国轮流召开“中日循环器疾病交流会”。此会在日本召开时，该财团资助中方代表的旅费及其在日期间的生活费；在中国召开时，资助日方代表的访华旅费。

该财团还出版定期刊物《健康的心脏》。

附录：日本部分民间财团名录

财团法人　资助基金会资料中心（Foundation Library Center of JAPAN）

地址：东京新宿区新宿2-1-14　ELEMENT新宿大厦　3楼

电话：(03) 3350-1857　　　传真　(03) 3350-1858

主管部门：总理府　　批准成立日期：1988，04，01

资金来源：基本财产的运营收入，会员费，基金会和企业的捐款及承接调查，书刊发行等事业收入。

会员：由资助基金会＝公益信托单位等正式会员，进行捐赠活动的企业法人及由其他单位组成的资助团体和个人会员构成，现有140个会员。

理事长：高桥寿常

专务理事：神田博

事务局长：宫林广

丰田财团（The Toyota Foundation）

地址：东京都新宿区西新宿 2-1-1　新宿三井大厦37楼

电话：(03) 3344-1701　　　传真：(03) 3342-6911

主管部门：总理府

批准成立日期：1974，10，15

笹川纪念保健协力财团（Sasakawa Memorial Health Foundation）

地址：东京都港区三田 3-12-12　笹川纪念会馆

电话：(03) 3452-8281　　　传真：(03) 3452-8283

主管部门：厚生省

批准成立日期：1974，05，04

日本科学协会（The Japan Science Society）

地址：东京都港区虎之门 2-9-16　日本消防会馆大厦3楼

电话：(03) 3502-1931　　　传真：(03) 3580-8157

主管部门：文部省

批准成立日期：1924，06，13

日本生命财团（Nippon Life Insurance Foundation）

地址：大阪府大阪市东区今桥 3-11-1　日本生命今桥大厦4楼

电话：(06) 204-4011　　　传真：(06) 204-4088

主管部门：总理府

批准成立日期：1979，06，22

捐资单位：日本生命保险相互会社

日本心脏财团（Japan Heart oundation）

地址：东京都千代田区丸之内 2-4-1　丸大厦 603

电话：(03) 3201-0810　　　传真：(03) 3213-3920

主管部门：厚生省

批准成立日期：1970，04，9（有特定公益增进法人的认定资格）

（王逸　白鸽）

巴基斯坦科学基金会

巴基斯坦科学基金会是根据国会条例于1973年成立的。其指导原则是，资助有创造性的科学工作者，增强国家科研实力，根据国家需要安排科学技术的转移、采纳和应用，以保障和改善国家的科研素质。

巴基斯坦科学基金会的职责范围，可归纳为10个方面。

(1)通过专家委员会对科学研究进行资助，资助的依据是研究项目的科学价值和研究人员提出的指标解释。

(2) 对社会事业性质的工作，如信息、编写工作进行资助。

(3) 制订相应的目标和计划。

(4) “三项服务”，即技术服务、信息服务和图书服务。

(5) 对科协组织（非政府性质的科学组织）进行资助。

(6) 组织科学论证工作。

(7) 负责科学宣传和普及工作。

(8) 组织相应的考察。

(9) 人才开发利用方面的工作。

(10) 国际合作方面的工作。

科学基金会由理事会领导。理事会由国家科学顾问委员会主席、4名科学家，以及总统提名的另外11名科学家组成，设主席1名。理事会主席即基金会主席。理事会常委由理事会主席、1名科学家、1名财务主任组成，均由巴基斯坦总统任命。

巴基斯坦科学基金会是实体组织，有资助、协调国内科学技术工作的功能，并同相应的国外组织联系。基金会除设有专门办事机构外，还有信息中心、自然历史博物馆以及国家科学中心三个辅助机构。

基金会的专家委员会由250位专家组成。

基金会预算费每年为200万巴基斯坦分比。

比利时国家科学研究基金会

比利时王国是一个工业发达的资本主义小国。地处欧洲西部，面积3万多平方公里，人口990万，国民生产总产值1201亿美元，人均1218美元。

比利时1985年科学政策预算总经费为568亿比利时法郎，占国家预算的3.1%，占国内生产总值的1.4%。企业对研究与开发的投资兴趣很大，按官方材料估计为367亿比利时法郎。比利时有8人获得诺贝尔物理、化学奖。

比利时国家科学研究基金会成立于1928年。是由银行家、企业家响应国王号召为加强本国科学研究，集资5亿比利时法郎作为基金而建立起来的，以资助个人或集体从事研究工作，并发放奖学金。直到1947年，由于物价上涨，货币贬值，基金会无法维持下去，而改由政府每年拨款方式，使基金会得以生存并不断发展。目前它已成为比利时政府为支持其科学研究发展的一种资助方式。

比利时国家科学研究基金会和另外3个基金会，即医学科学研究基金会、跨学科核科学研究所和集体基础研究基金会，是国家专门用以支持比利时科学家个人或研究小组从事自然科学和社会科学各领域的基础研究工作的机构。

比利时国家科学研究基金会主要资助以下两方面的工作：一是支持个人申请的研究工作；二是培养科

研人员的工作。比利时全国科学研究基金会1987年经费为11.5亿比利时法郎。基金会每年受理个人申请项目约1000项至1200项。课题命中率约为52%。基金会的个人研究资助费用，以研究人员的等级及任务不同而异，资助金额从5万比利时法郎到100万比利时法郎之间。个人资助获准后，有独立的财政支配权。

关于科研人员的培养分四级进行：即研究生、博士论文、正式科研人员（助研）和常任研究员。研究生经费，每两年申请一次。周期4年，博士论文一般两年。经过博士论文工作之后，即可聘任为正式的研究人员。

在比利时，对研究小组进行基础性研究工作的支持，是由前述的另外三个专门基金会承担的，即医学科学研究基金会，支持卫生、健康部门的研究工作；跨学科的核科学研究所，资助核科学、物理学、涉及大设备的化学（“重化学”）方面的工作；集体基础研究基金会则主要资助前两个基金会未涉及的人文科学和精细科学的基础研究。

对研究小组资助的费用1987年共计为21.5亿比利时法郎，其中跨学科的核科学研究所7.45亿比利时法郎，医学科学基金会6.99亿比利时法郎；集体基础研究基金会7.02亿比利时法郎。这三个基金会对课题的资助是通过合同方式进行的，一般合同期限是4年，最长可延长至6年。课题资助费用包括下面三个内容：工资、运行费和大设备费用。

比利时国家科学研究基金会及另三个专门基金会是相互独立而又有密切联系的，他们从工作内容、资助对象来讲互不重叠，而在项目择优、评审方法等方面都完全沿用相同的原则。

国家科学研究基金会每年两次受理科研项目的申请，负责审核项目的是由知名科学家组成的学术委员会。目前，按学科分为35个学术委员会，每个委员会由10位专家组成，必要时还可以聘任学术委员会以外的科学家协助工作。学术委员会除了通过讨论确定资助项目和优先课题，还要评议资助项目的年度报告和总结报告。

国家科学研究基金会理事会的主席由6所大学的校长轮流担任，任期1年。理事会由25人（包括轮流担任主席的6名校长）组成，任期3年。理事会代表基金会处理所有行政工作，并作出各种规定。理事会决议以多数票通过，票数相等时，主席所投票起决定作用。

理事会中由14人组成主席团，其中包括轮流任主席的6位校长和其余19位理事中的8位理事。主席团研究并向理事会提交一切应由理事会处理的问题。主席团和理事会会议均由主席召集。

理事会指定由7人组成国家科学研究基金会的财政咨询委员会，任期5年。

基金会理事会、主席团和财政咨询委员会的成员的职务都没有报酬。

国家科学研究基金会的章程可由理事会修改，但任何修改的建议，均须呈国王批准。

由于国家科学研究基金会的资金来源于政府有关部的拨款，为了保证资金的合理使用，国家向基金会派“政府委员”，对基金会进行严格有效的监督，并定期检查帐目。

比利时促进工农业科学研究理事会

(IRSIA)

比利时促进工农业科学研究理事会是一个官方机构，始建于第二次世界大战之后。机构的性质类似于比利时国家科学研究基金会，其任务是通过资助手段，引导、促进和鼓励那些有利于工农业发展的科学技术研究。

促进工农业科学研究理事会的管理部门是行政委员会。由18名成员组成，任期6年，皆由国王任命。其中5位来自工业界最有代表性的组织；5位来自领取工资劳动者的组织；3位来自农业劳动者组织；另外 5 位是工艺应用学院和农学院的院长们。

除了上述 18 位代表外，农业部、经济事务部和财政部各派 1 名代表作为政府专员参加促进工农业科学研究理事会

行政委员会是该理事会的决策机构，由它决定资助对象。其会长也是由国王任命的。会长配有 1 名秘书长和两位下属部门的负责人。一位主管工业研究部；另一位主管农业研究部。这两位部门领导人把工业、农业领域的专家、学者、顾问统筹掌管起来。

促进工农业科学研究理事会的经费来自国家掌握的两笔捐款：一笔捐款列入农业部门的预算中；另一笔捐款列入经济事务部的预算中。

理事会的资金在过去的几十年中，有较大的增加。1965—1966 年度用于促进农业科学研究的补助金为 1.43 亿法郎，而 1975—1976 年度上升为 4.29 亿法郎，到 1985—1986 年度则达到 9.8 亿法郎。用于促进工业发展的科学研究补助金，1965—1966 年度为 2.52 亿法郎，1975—1976 年度为 12 亿法郎，1985—1986 年度达 15.87 亿法郎。

促进工农业科学研究理事会可对协会、企业或具有法人资格的个人进行资助。

科研成果的专有权归被资助的受益者所有，而受益者应保证保护这些成果，并在有利于国民经济的工作上推广。

促进工农业科学研究理事会提供资助的办法是在该理事会与被资助者之间鉴定合同。这一合同的准备工作与申请说明书按照严格的职业保密原则进行。

理事会规章规定给予工业科研的补助金不能超过科研项目经费的 50%，除非由国王确定的特殊科研项目，拨给的补助金才可达到科研费用的 80%。而给予农业科研工作的补助金可达 100%。从实际情况看，2/3 的补助金拨给那些在进行具有竞争性和半竞争性科研工作的企业；

而另外 1/3 的补助金则给予合作性的科研项目。

促进工农业科学研究理事会对博士预备生提供专业资助金，对年轻的大学毕业生或进行应用研究的青年研究人员提供旅差费和研究资助金。用于上述范围的资助金 1985—1986 年度为 3.64 亿法郎。

促进工农业科学研究理事会在促进应用科研的任务中，还抓紧科研成果的有效传播和普及。

加拿大自然科学与工程技术研究理事会

加拿大联邦政府 1949 年从国家预算中列出了一笔经费用于培养科研人才，当时仅有奖学金一种资助形式。后来逐步扩展到对大学及工业企业的科研项目给以资助。这项工作当时是由加拿大国家研究理事会（NRC）负责的。

1978 年成立的加拿大自然科学与工程技术研究理事会（NSERC），独立于任何科研、教学机构，行使其科研资助的职责，以利于加强科研工作。NSERC 通过科技部长直接向议会报告工作。

NSERC 由理事会、评审委员会和理事会常设机构组成。按立法规定，NSERC 理事会由 22 人组成，理事会主席系政府官员，专职主持工作，任期 5 年。其他 21 名理事均系兼职，来自全国的大学、工业企业及科研机构，由政府聘请。每位理事任期 3 年，可延长 2 年。每年更换 1/3。

NSERC 下设有 40 个评审委员会。对每个申请项目是否给以资助及金额多少等，均由评审委员会分别、独立做出决定。每个评审委员会一般由 12 位委员组成，必须是该学科或专业的专家，自身能做科研工作。人选由各大学、工业企业或科研机构推荐，理事会选定后聘请，属荣誉性工作，兼职但无工资，任期 3 年，每年改选 1/3，以保持工作的连续性。其中有时也聘请外籍专家做评审委员会的委员。每个评审委员会的主任由该委员会推荐，NSERC 任命，任期 1 年。

NSERC 设有 140 名雇员的常设机构，负责处理日常事务性工作和执行理事会与各评审委员会的决定，但不参与也无权对申请项目做出资助与否的决定。下设三个业务处，即科研资助处、科研人才计划处

和重点研究项目处（或叫战略研究项目处）。这三个处又是各相应的评审委员会的秘书处。此处，还设有一些行政与辅助机构。

NSERC资助基础研究和部分应用研究，基金资助可分为四大类近20种形式。

(1) 研究资助是最重要的资助形式。1985年的经费是1.266亿加元，占总预算的57%。其中包括学科研究资助。

1985年共资助6012项各学科提出的研究项目；战略研究资助，目前列为战略研究资助范围的有7个领域：生物技术、通讯与计算机、能源、环境毒物学、食品与农业、工业材料与工艺、海洋；特别合作项目资助，用于支持能够开创一个新领域或者为了做出重大突破需要跨学科的甚至国际性合作的大项目；E. W. R. STEACIE纪念奖金，授予在大学工作的最出色的青年科学家与工程师，使他们可以自由从事研究工作两年，1985年有12人得到这种奖金。

(2) 培养科研人才的奖学金。1984—1985财政年度，共用了4700万加元，占总预算的15.5%，资助大学生、研究生、博士后研究生及大学教师等各类人员的研究工作，加速人才的培养。

(3) 研究基础设施资助包括设备资助、大型设备资助和大型设备安装资助以及基础设施运行资助4种形式。

(4) 大学—工业的合作与计划，用于促进大学研究人员与工业界开展合作研究与开发活动。该项资助在形式上多种多样，而在经费使用上很灵活。

希腊国家研究基金会

希腊国家研究基金会是为了促进希腊科学发展，依据私法，于1958年成立的。自1984年6月开始，归属希腊工业、能源和技术部的研究技术秘书处监督管理，基金会的所有活动均须向其作出简短工作报告。希腊国家研究基金会基金主要来源于主管的政府部门的国家财政预算，同时也有由其自己支配的基金来源。

1985年希腊国家研究基金会预算为7.78亿德拉克马（希腊货币）相当于572万美元。

希腊国家研究基金会的工作任务是：

(1) 管理6个研究中心（其中3个属人文科学方面，3个属自然科学方面）。

(2) 经营管理一所拥有各种研究领域的学术期刊的图书馆。

(3) 管理一个文献中心（由科技信息数据库连接着）。

(4) 参加欧洲科学基金会（ESF）的活动。

(5) 同欧洲组织进行学术项目的交流。

(6) 组织召开和参加学术及其他方面的活动（会议、讨论会等）。

希腊国家研究基金会的最高领导是基金会主席，并兼任基金会行政理事会的主任。在国际学术团体交往中，基金会主席代表基金会对外；他作为基金会行政理事会主任负责召集并决定理事会的议事日程。行政理事会是一个由12人组成的委员会，绝大多数成员是自然科学和人文科学领域的大学教授，由工业、能源和技术部部长任命，任期为3年，主要任务是决定研究基金会的行政和预算方面的总政策。希腊国家研究基金会的管理部门将权力委托给基金会行政理事会的一位成员，作为常务执行理事。执行整理的工作是在常务委员会和基金会各研究中心的领导们协助下进行的。

基金会下属6个研究中心，即新希腊研究中心、拜占庭研究中心、希腊和罗马古代研究中心、生物研究中心、有机化学研究中心、理论和物理学研究所。其科研经费等均由希腊国家研究基金会提供。

希腊国家研究基金会所属的图书馆不仅是供该研究中心的科研人员使用，而且也为在大学研究机构中的科研和大学人员及公众广泛使用。

基金会所属的文献中心与许多欧洲科技图书馆保持密切联系，管理着差不多希腊所有的大学、研究所、工业、私人和合作团体的各种专业的600多条同国际数据网络连接的国际数据库。在希腊参与欧洲共同体卫星传递文献资料等专业计划中，基金会的文献中心代表希腊政府予以执行实施。在以兴建科技信息的基础设施和程序为目标的一项国家项目中，基金会同联合国教科文组织（UNESCO）进行合作。

国际科学基金会

国际科学基金会(IFS)成立于1972年。它是一个非政府性组织，其成员系69个国家的82个科学院、国家研究委员会和科学协会，其中2/3属发展中国家，1/3属工业化国家。

该基金会由一个国际理事会主持工作，理事会每3年由全体成员代表大会选举产生。基金会主席由加拿大G·BUTLER担任。其15名成员由巴拿马、法国、国际科联理事会、澳大利亚、秘鲁、美国、瑞典、印度尼西亚、德国、摩洛哥、印度、埃塞俄比亚、塞内加尔、加拿大等各派一位代表组成基金理事会。

一、国际科学基金会组织的成员

阿根廷、澳大利亚、比利时、玻利维亚、巴西、喀麦隆、加拿大、智利、哥伦比亚、刚果、哥斯达黎加、丹麦、厄瓜多尔、埃及、埃塞俄比亚、芬兰、法国、德国、加纳、几内亚、内内亚比绍、圭亚那、海地、印度、印度尼西亚、伊朗、以色列、象牙海岸、牙买加、日本、约旦、肯尼亚、韩国、科威特、莱索托、利比里亚、马达加斯加、马拉维、马来西亚、黑西哥、摩洛哥、莫桑比克、尼泊尔、荷兰、尼日尔、尼日利亚、挪威、巴基斯坦、巴拿马、巴布亚新几内亚、秘鲁、菲律宾、沙特阿拉伯、塞内加尔、塞舌尔、索马里、斯里兰卡、苏丹、瑞典、瑞士、坦桑尼亚、泰国、突尼斯、乌干达、英国、美国、委内瑞拉、西印度群岛、赞比亚。

基金会基金的固定来源为：瑞典、美国、加拿大、德国、法国、澳大利亚、荷兰、尼日利亚、比利时、挪威和瑞士11个国家政府的资助。此外，一些国家性和国际性的开发机构如：世界银行、联合国开发计划署、联合国教科文组织、欧洲经济共同体农业和农村合作技术中心（CTA-EEC)、联合国大学、英国海外发展署、丹麦海外开发计划署和日本外务省均为该基金会组织提供基金费用和资助其项目。

二、国际科学基金会资助的科研领域

国际科学基金会为第三世界的杰出青年科学家提供资助，这些科研人员必须来自发展中国家，并在发展中国家的研究单位工作。基金会将七项与社会经济发展关系密切的科研领域作为优先资助计划项目：

（一）水产养殖

支持水产养殖有关的研究工作：水产养殖场地的选择；水产养殖设备的设计和建造；选种、饲养和对单种繁殖、多种繁殖或其他水生养殖系统生物可能产生病害的控制。同时支持与水产养殖有关的生物学、营养学和生态学方面的研究工作。

（二）动物生殖

此项研究包括动物的选种、繁殖和营养；兽医（保健和疾病）；生畜饲料的发展、生产及贮存；有关动物繁殖系统的研究。

（三）作物科学

资助有关农业作物、园艺作物、工业经济作物和果树栽培生产方面的研究工作；有关土壤改良、水利灌溉、肥料方面的研究；植物和微生物的关系，即菌根或固氮的研究；作物的病害和杂草的研究；关于遗传变种改良的研究；耕作制度的研究。

（四）林业

林业和农林业方面的研究包括森林学——林木生产、森林管理和农林系统；抗病虫害；森林土壤；树木与微生物的关系即，菌根或固氮；普通林产品。

（五）农业食品业物科学

此项研究包括农业食品的生产工艺和程序、微生物发酵、食品保存和包装；食品营养质量和成分的研究；毒物学和食品卫生方面的研究。

（六）天然产物

国际科学基金会资助医学、生物和工业制品有机化合物的鉴定、分离、特性和生产方面的研究；同时包括发展传统医药学；有关各国民间乡土植物、化学和药理学的调查及临床试验方面的研究工作。

（七）农村技术

此项研究领域的目的是发展国际科学基金会所资助的优先领域中的定向研究技术：在农村建设中更好地有效发展和利用当地材料资源并发展开发水资源，进行土地整治以及发展、利用替代能源方面的研究。

国际科学基金会提供下列性质的资助：

(1) 为研究人员提供购买设备、试验消耗物品和科研书籍等资助费，通常费用额度不超过 12 000 美元，并且可以连续申请资助 3 次。

(2) 国际科学基金会采购部可以代表受资助人安排购买和发送研究设备。

(3)国际科学基金会为其基金资助对象组织区域性学术讨论会和培训班。目的是将这些科学家集中起来，其中有高级科学家参加，由基金会给予资助，使他们有机会相互交流学术思想和最新技术。

(4) 基金会可为基金资助对象提供参加学术会议的旅费补贴。

研究基金申请表要直接提交给国际科学基金会秘书处，再由其送交国际科学基金会研究计划项目有关的各学科领域中国际上有经验的知名科学家，请他们对这些申请进行评审。

另外，作为国际科学基金会成员组织的各国家研究委员会和科学院也要对其本国提出的申请，在研究重点方面提出自己的意见。

基金会一般在每年 5 月和 11 月作出两次批准授予基金的决定。

一项基金资助申请被批准后，基金会、受基金资助者及其所在研究所（或有关类似单位）之间要签订一份正式书面协议。

协议规定，所资助基金由受资助者所在研究所进行管理，并且该研究所必须为受资助的研究人员提供为实施基金研究项目所需要的科研环境、条件和其他手段，支付此科研人员的工资。一般情况下，为实现基金研究计划购买的科研设备器材应归研究所所有。

批准资助的基金费用可以部分或全部转拨给受资助人员所在国或研究计划项目费用款内，亦可以在斯德哥尔摩用现金购买专用设备、研究用品。

受基金资助者在基金研究计划完成后，均须向基金会递交一份总结报告。就某一研究计划，再次提出基金资助申请时，应附上一份工作报告。

三、国际科学基金会可提供的出版物

(1)《受资助者姓名地址录》

——其中介绍所有受资助者姓名、地址及其研究计划项目名称。

(2)《国际科学基金会工作》

——简要介绍了各个科学领域，后附项目简介，以及各学科领域介绍。

(3)《科学情况报告》

——介绍一些受基金会资助人员的研究报告，属一般性资料的小册子。

(4)《研究资助申请书》

——介绍申请书填写格式、程序等问题。

研究计划的成果，包括所有的研究出版物、发明或专利的所有权将不属于国际科学基金会。

四、基金会工作语言及通讯

国际科学基金会的工作语言为英语和法语。所有向该基金会秘书处联系咨询事宜均可用上述两种语言或西班牙语。

向国际科学基金会秘书处索取各种补充资料或基金申请表格，通讯地址：

IFS-GREVTUREGATAN 19，S-114 38 STOCKHOLM SWEDEN

电 传：13722

欧洲科学基金会

欧洲科学基金会（ESF）是设在法国斯特拉斯堡的一个非政府性国际组织。该基金会的成员均属各国负责资助国家性科研工作的科学院和研究委员会，这些机构的基金来源于各国政府。欧洲科学基金会的工作所涉及的学术领域是非常广泛的，包括了人文科学、社会科学、生物医学和自然科学。

欧洲科学基金会目前拥有18个国家的48个成员组织。

欧洲科学基金会的任务是：

(1) 协助其成员组织调整科研计划。

(2) 确定需要促进的领域，尤其是自然科学跨学科的领域。

(3) 推动研究人员之间的合作和实验室之间的交流及人员流动，举办学术讨论会，管理由基金会成员组织同意的资助计划，并商谈解决安排共同使用专业研究设备。

(4) 协调和收集对基金会成员组织有用的信息数据。

(5) 加强信息的有效传播。

(6) 倡导为推进欧洲科学发展的开创精神。

(7) 保持同欧洲共同体和其他相应组织建立的联系。

欧洲科学基金会的一般预算费用是由基金会成员组织（按其所属国家国民纯收入的比例）提供的，另外一系列的专项活动经费是由自愿参加活动的成员组织支付的。欧洲科学基金会的计划是由其所有成员组织的代表大会通过决定的。这些计划由一个通过选举产生的常务理事会监管，并由一位秘书长所领导的国际性职员组成的基金会办事处负责协助实施。

欧洲科学研究理事会委员会建于1972年，1975年正式成为欧洲科学基金会的常委会。该委员会是由一些成员组织的科研行政领导官员和科学家混合组成的。每年各成员组织都派代表到欧洲科学研究理事会委员会会晤一次。委员会会晤的主要目的是交换国家科学政策和委员会成员中基金资助方面的信息。通常，这种信息交流会议都有美国科学基金会和加拿大国家科学和工程研究委员会的观察员到会。

欧洲科学基金会成员组织有：奥地利科学研究基金会、奥地利科学院、比利时国家科学研究基金会、丹麦皇家科学和文化科学院、丹麦人文科学研究委员会，丹麦农业和兽医科学研究委员会、丹麦医学研究委员会、丹麦自然科学研究委员会、丹麦社会科学研究委员会、丹麦技术研究委员会、芬兰科学院、法国国家科研中心、法国国家健康与医学研究院、法国原子能总署基础科学研究院、德国研究联合会、德国艺术和科学院联合会、德国马克斯—普朗克科学促进学会、希腊国家研究基金会、爱尔兰医学研究委员会、爱尔兰国家科学技术委员会、爱尔兰皇家科学院、意大利国家研究委员会、荷兰皇家艺术和科学院、荷兰基础科研促进组织、挪威科学与文学科学院、挪威科学与人文科学研究委员会、葡萄牙里斯本科学院、葡萄牙国家科学研究院、葡萄牙国家科学技术研究委员会、西班牙科学研究委员会、瑞曲研究计划与协调委员会、瑞典人文和社会科学研究委员会、瑞典皇家科学院、瑞典文学历史和文物科学院、瑞典医学研究委员会、瑞典自然科学研究委员会、瑞士国家科学基金会、瑞士科学院联合会、土耳其科学技术研究委员会、英国农业与食品研究委员会、英国科学院、英国经济和社会科学研究委员会、英国医学研究委员会、英国自然环境研究委员会、英国皇家学会、英国科学与工程科学研究委员会、南斯拉夫科学与技术科学院委员会、南斯拉夫加盟省科研工作自治委员会联合会，等等。

美国国家科学基金会

美国科学基金会（NSF）成立于1950年，是联邦政府的一个独立机构。美国国会规定它的职责是：全面利用资助作为手段，支持基础研究，改进科学教育，发展科学情报，增进国际科学合作，以便促进美国科学和科学教育的发展。

美国科学基金会作为联邦政府的一个机构，其基金预算直接由总统办公室预算局编制，由国会决定拨款。每年基金的数额由国家的经济状况、科技政策、联邦政府对国家科学基金会工作的评价等因素决定。1952年正式拨款时只有350万美元。基金会成立的第一个10年，基金数额增加了40倍。1960年至1970年的10年，则由1.5亿增至4.4亿美元，又增加了2倍。1980年达到9亿美元，比10年前又增加了1倍。80年代以来，美国科学基金会的经费以平均年增长9.7%的速度增加，1987年为16.9亿美元，1988年预算为18.9亿美元，预计到1992年，美国政府对国家科学基金会基础研究的预算为1980年的3倍。

美国科学基金会的最高决策和领导机构是国家科学委员会。国家科学委员会由25名成员组成，由总统任命并得到参议院批准。基金会主席是当然成员，为政府官员。其余24名委员为兼职，皆是来自大学、研究机构和企业的极有声望的人物，任期6年，每2年更换1/3。国家科学委员会每年开6次至9次会议，讨论制定国家科学基金会的政策、计划以及批准超过200美万元的大项目。

基金会管理机构由1个理事会、4个办公室和8个执行局（包括43个处）组成。共有1200名雇员（包括100多名非全时雇员）雇员中有300名科学家担任项目负责人，其中有1/3是轮换者。

美国科学基金会经过长期实践和不断改进，形成了目前的一套系统比较完整、而又机动灵活的评审程序。

美国科学基金会每年的受理和审批申请资助的基金项目是相当多的。1985年收到29 477份申请，批准了14 000项。申请人首先将填好的研究项目资助申请书递交基金会的资料服务外登记，然后由该处签发给有关项目部门进行审议。所有申请书均由1位基金会项目主任和其他3位至10位专家认真审议，有时还需要听取顾问委员会的评审意见，然后由项目主任对申请提出最后的处理意见。美国科学基金会在自己的档案和项目主任那里，掌握着9万多名科学家做为项目评审的专家。项目的最后处理意见还要经过比项目主任高一级的管理人员的审核才能宣布和执行。为了公平合理地选择资助最佳的研究项目，基金会制定了审议和评价申请项目的4条标准，即①研究能力，这是评价研究申请质量的关键；②研究项目的内在意义，侧重于基础研究项目，衡量该项目是否可能在所属学科及工程领域内导致新的发现或根本性的进展，或者对该领域及其他科学技术领域内的发展产生实质性的促进作用；③研究结果的应用性或相干性，主要是对应用研究项目而言，衡量该项目的研究工作是否对其他领域做出贡献，是否可以作为新技术或改进技术的基础，或者可以协助解决社会问题；④研究项目对科学与工程基础结构的影响，是指申请项目是否有助于加深理解或者提高国家科学与工程研究、教育以及人力基础方面的作用。

美国科学基金会还在自己的工作中，形成了与上述评审程序相配合的回避制度、人员轮换、拨款、专利申请和成果归属等制度。

美国科学基金会除了资助大量的研究项目以及与研究活动有关的其他方面资助外，还通过各种助学金、研究员津贴、优秀中心计划、教材改进计划和师资培训计划等，为美国培训了大批高水平的人才，对发展美国的科技起到很大的作用。美国科学基金会的科技情报收集和分析工作，为美国政府制定科研政策和科技规划服务的政策研究以及为国会提供的美国科学发展问题的报告，都是很有影响的。

美国科学基金会成立 37 年了，随着世界科学技术的发展、高技术的挑战和经济竞争的加剧、历尽沧桑，它经历了不断变化和发展的曲折过程。但由于它在促进美国科学发展、人才培养方面的卓著贡献，早已得到国会和总统的青睐，正进入兴旺发达的新时期。特别是 1968 年修改了基金会的发展章程，把资助范围从资助基础研究扩大到同时资助应用研究领域以后，几经调整，在资助方向和组织机构上，都有很大的变化。如 1981 年，设立了工程科学局，，1986 年成立了计算机、信息科学和工程局；同时，通过建立工程研究中心，大学—工业、企业联合研究中心等多种方式，吸引工业界对科研的关注和投资，为美国 21 世纪的科技进步和为未来培育优秀人才打下了良好的基础。

美国科学基金会在国际合作研究上也很活跃，已同世界上 30 多个国家签订了政府间的科学合作协议。美国科学基金会参加了中美科技合作委员会，并与中国科学院、中国社会科学院、国家科学技术委员会签署了中美基础科学合作项目。我国国家自然科学基金委员会除参加了中美科技合作及中美基础科学合作项目外，与美国科学基金会的双边合作及交流也正在积极进行。

洪堡基金会

洪堡基金会（AVH）是以法国著名学者洪堡（1769—1859）的名字命名，成立于 1960 年。

在第一、第二次世界大战中，它两次中断，同时于 1925 年和 1953 年两次重新建立。

洪堡基金会的权力机构是理事会。理事会由 1 名主席、7 名副主席和 1 名秘书长组成。主席和秘书长根椐理事会建议由联邦政府任命。7 名副主席是依照职务的因定人选，即德意志研究联合会主席、联邦外交部部长、联邦研技部部长、联邦德国各州文化部长常务会议主席、马普学会主席、德国大学校长联议会主席和德国科学交流中心主席。另外，联邦教育科学部部长作为列席代表参加理事会。

洪堡基金会的主要任务，是以提供研究奖学金的形式，资助年龄在 40 岁以下并已获博士学位的外国优秀青年科学家在联邦德国（包括西柏林）从事科学研究。每年约资助 400 名外国奖学金生。除此之外，还有德国与美国的特别合作项目，每年资助 50—60 名美国特别优秀的青年科学家；外国人文社会科学优秀学者研究奖（每年约 10 名）；德法、奥比双边合作项目；德国优秀青年科学家出国和国外洪堡客座科学家合作研究项目。

根据基金会现会章，该会任务是为外国优秀的青年科学家，到德意志联邦共和国和西柏林的大学和其他科研机构进行科学研究研究工作提供奖学金。洪堡基金会研究奖学金是世界性的，不论其性别、种族、宗教和世界观，不受专业和国籍限制，桃选的标准是申请者的学术水平。1975 年洪堡基金会提供的奖学金总共为 1850 万德国马克。

洪堡基金会的经费 94％来自联邦政府的财政拨款。联邦政府向洪堡基金会提供经费的部有：外交部、研技部、教育科学部、经济合作部。还有一小部分经费来自非国家机构和其他基金会的捐赠。基金会每年总的经费约 7000 万德国马克，其中 70％用于资助外国科学家，15％用于研究奖，5％用于资助德国青年科学家出国研究。

洪堡基金会设在联邦德国首都波恩市歌德斯堡区，现任主席保尔教授。

荷兰科学研究组织

荷兰科学研究组织（NWO）前身是荷兰基础研究促进组织（ZWO），是根据法律于 1950 年设立的。它的宗旨是促进荷兰所有知识领域包括自然科学、生命科学、社会和人文科学的基础研究，进行学术方面的协调工作并促使其在社会上更好地应用。此外，该组织在科学政策方面向政府提出建议。1986年荷兰议会通过一项提案，决定将ZWO改名为荷兰科学研究组织（NWO）。

荷兰科学研究组织的管理机构是理事会、常委会和办公室。

理事会决定该组织的总政策并任命执行其政策的常委会领导。理事会约由30位成员组成，一般每年召开3次会议。其成员有大学、教科部以及应用科学研究院（TNO）的代表，均由教科部任命。其中有5位代表不是高教系统的专业人员，而是在其他部门任职的著名人士，这5人和教科部代表（正式成员）均由理事会指定。

常委会是该组织的行政管理机构，负责决定计划和拨款，常委会和副主任由理事会的主席和副主席兼任，他们每两周同办公室主任会晤一次，讨论常委会决定提案。

NWO作为基金会在咨询方面有5个由有关学科专家组成的常设顾问委员会配合其工作。

办公室主任是常委会任命的，他兼任理事会和常委会的秘书长，有1名助理。

NWO下设25个学科或跨学科的基金会（详见于后。）这些基金会分别负责提出年度各学科研究发展规划和年度科研预算。NWO再根据上述报告拨给各基金会经费。NWO的经费是由教科部拨给的。其中90%以上的预算转给下属各学科基金会。基金会根据科研计划项目和科研人员的水平，择优予以科研经费、旅差费、学术成果出版经费等方面的资助。1985年经费预算为2.22亿荷盾。1986经费为2. 26亿荷盾。1987年约为2. 2亿，每年约能资助2000个至3000个项目。项目计划申请命中率为1/5，平均增均资助期限为3至4年。

NWO的专项研究人员基金，是为具有硕士和博士学位有才能的科研人员赴国外进修提供的经费，多数项目为期1年。候选人由专门录取委员会作出决定，每年选1次。

别外，1984年通过一个新计划，主要资助25岁至40岁的有才能的科研人员组成临时研究小组，资助期限一般为5年（例外可延长）。有一个专家委员会负责选择评议。此项基金目前已资助75名科研人员。

NWO一般准予科研人员出国进行3个月的短期工作和出访资助。接待国外的访问学者参加NWO下属科研单位工作，最长资助期限为1年。

NWO有一项出版基金，可资助科研人员发表学术论文、博士论文及出版科研成果（无商业背景）和学术期刊。但规定，科研成果获利后，须偿还资助费。

荷兰科学研究组织下属的25个基金会是：

技术研究基金会；历史研究基金会；考古研究基金会；语言学研究基金会；文学研究基金会；艺术史基金会；荷兰哲学研究基金会；研究与法律基金会；科学政策研究基金会；社会环境研究基金会；荷兰心理学和心理规律学基金会；荷兰经济研究基金会；社会和文化科学基金会；数学中心；物理基础研究基金会；化学研究基金会；地球科学研究基金会；同位素地质学研究基金会；射电天文学基金会；天文学基金会；荷兰空间研究组织；计算机科学研究基金会；医学研究基金会；生物学研究基金会；生物物理学基金会。

泰国国家研究理事会

泰国国家研究理事会（National Researeh Council of Thailand，简称 NRCT）于1959年成立。根据法律，理事会主席、副主席分别由总理、副总理担任，各部部长担任理事会顾问。理事会理事由下属10个专业委员会的委员组成，其日常管理工作由理事会办公室负责，在理事会执行委员会领导下工作。理事会执行委员会由10个专业委员会主席和5位由内阁任命的专家组成。

10个专业委员会是：

(1) 物理科学和数学。

(2) 医学科学。

(3) 化学和医药科学。

(4) 工程和工业研究。

(5) 农业和生物。

(6) 哲学。

(7) 法律。

(8) 政治和公共管理。

(9) 经济。

(10) 社会学。

研究理事会办公室是理事会常设办事机构，隶属科技环境部。由一位秘书长、两位副秘书长负责。该办公室设8个处，并管理3个研究中心。8个处是：研究项目和协调处；遥感处；信息处；政策研究和计划处；翻译外联处；研究评审和项目分析处；研究促进处；秘书办公室。3个中心是：泰国卫星遥感接收站（接收面覆盖菲律宾、印度尼西亚、马来西业等南亚和东南亚国家）；萨卡拉特（Sakaerat）环境研究中心；国家生物控制研究中心。

国家研究理事会的经费主要来自政府拨款。每年总经费约为4000万铢，约合160万美元。

其主要任务是：

(1) 制定国家研究政策。

(2) 资助研究。促进和鼓励公共及私人的研究，协调跨学科的研究。

(3) 做为信息和资料中心，提供服务。

(4) 与国内外有关组织进行科研合作。

经内阁批准，NRCT制定了第4个国家研究发展计划（1992—1996年），其政策强调以下五点：

(1) 支持适应国家长、短期发展需要的研究；

(2) 在公共和私人部门建立研究队伍和基础设施，增强国家的研究力量；

(3) 协调公共和私人部门共同感兴趣的问题研究，鼓励合作，加强竞争；

(4) 支持与国外的交流。

(5) 支持有效的、使社会更公正的项目。

NRCT资助的项目为以下类型。

(1) 一般研究项目。

(2) 急需研究资助项目。

(3) 合同研究资助项目。

(4) 应用科技于经济和社会发展的研究资助项目。

(5) 与国外合作的研究资助。

NRCT作为国家研究资助和信息中心，无论自然科学还是社会科学的研究著作都向研究人员开放，以避免重复浪费。它通过学术刊物、翻译出版物和通信，宣传研究成果，向公众传播科普知识。

NRCT已与世界上许多国家的科技组织，如：日本学术振兴会，德国德意志研究联合会、英国皇家学会等建立了协议关系。作为研究协调中心，它有审批国外研究人员在泰国进行研究工作的权力，并协调与国际组织的合作研究泰国的财政年度为每年的10月初至第二年的9月末，因而NRCT一般在每年12月到次年1月发布受理项目申请通知。申请的项目由NRCT的管理人员审核后送两名评审人进行评审。对项目的批准由相应的分委员会决定并负责管理。这些分委员会是由NRCT执行理事会任命的。最后对这些研究建议的批准将送到NRCT执行理事会给予承认。

地址：

National Research Council of Thailancl，196 Phaholyothin RD Chatuchak Bangkok 10900，Thailancl

Tel：(579) 1121-30，(579) 1370-9

Fax (662) 5613049

诺贝尔基金会

诺贝尔（Nobel，Aefred Bernhard）1833 年 10 月 21 日生，瑞典化学家、工程师和实业家。发明黄色炸药及其他威力更大的炸药。他是诺贝尔奖和诺贝尔基金会的创立人。

1895 年，诺贝尔去世的前一年他预留了遗嘱，死后将捐赠所有不动产设立基金，将该笔基金投资在安全证券上，以其利息为奖金，每年平均分为 5 份，赠予那些在物理学、化学、生理学或医学、文学和国际和平上有杰出贡献的人。遗嘱中指定了颁奖机构。

1896 年 12 月 10 日诺贝尔去世时，留下遗产为瑞典货币 3300 多万克郎。当时约合 900 万美元。

为具体执行诺贝尔遗嘱条文，1900 年 6 月 29 日由瑞典国王在瑞典议会上提议通过了奖金颁发机构的章程。在这个章程的指导下，瑞典成立了诺贝尔基金会。它是诺贝尔基金的合法所有者和实际管理者，并且是诺贝尔奖颁发机构的联合管理机构。基金会设管理委员会和理事会。管理委员会成员由理事们选举产生，并选举 1 名执行主任，是基金会的行政负责人。主席由国王任命。管理委员会的职责是：全权管理基金和一切产业；负责主要的投资政策和筹备每年一度的隆重的授奖仪式。理事会共有 15 名理事，由各奖金颁发机构挑选，每个机构选择 3 人，每届任期 2 年。理事会的主要任务是：审查管理委员会的年度报告和审计员的财务报告；对管理委员会当年的工作予以审核批准。

遵照诺贝尔的遗嘱，诺贝尔基金提供 5 项奖金，它们分别是：物理学奖、化学奖、生理学或医学奖、文学奖、和平奖。

诺贝尔基金会下设 4 个确定颁布奖金的机构，它们是：①瑞典皇家科学院，负责颁发物理学和化学奖；②瑞典皇家卡罗林外科医学院，负责颁发生理学或医学奖；③瑞典文学院，负责颁发文学奖；④挪威议会，负责颁发和平奖。

以上各颁奖机构分别设有诺贝尔奖评选委员会和诺贝尔研究所，每个委员会各有 3—5 名委员。委员会召集专家、学者开展评选工作。

1968 年增设经济学奖，从 1969 年 1 月 1 日生效。由瑞典皇家科学院兼管经济学奖的颁奖事宜。

1901 年 12 月 10 日，即诺贝尔逝世 5 周年时首次颁发诺贝尔奖。并定每年的 12 月 10 日，诺贝尔逝世周年纪念日的这一天举行隆重的授奖仪式，获奖者通常要亲自领奖。除和平奖在挪威的奥斯陆颁发外，其余各项奖均在瑞典的斯德哥尔摩颁发。

奖金的数额视基金会收入而定，其幅度是：从 11 000 英镑（31 000 美元）到 30 000 英镑（72 000 美元），已上升到 10 万美元以上。

奖金只发给个人，但和平奖也可发给机构。一笔奖金或者完全发给一个人；或者由两个人或更多的人分享（实际上从未超过三个人。也有一笔奖金要留到下一年颁发的情况，这样，就会在同一学术领域，一年之中有两笔奖金。如在规定日期内，受奖者谢绝接受奖金或未能领取时，要把奖金退回基金会。

诺贝尔奖从 1901 年首次颁奖，到 1992 年，共有 414 人获自然科学奖，其中物理学 142 人，化学 117 人，医学 155 人。

诺贝尔奖的评选依据是获奖候选人的学术水平和国际名望。获奖候选人应是“在前一年中在物理学、文学、化学、生理学或医学、文学和平事业和经济学领域，对人类做出最大贡献者。”

科研成果只限候选人生前完成的，但正式评出的获奖资格有可能在死后授予。获奖资格一经评定，不能因有反对意见而予以推翻。对某候选人的官方支持，无论是外交上的或是政治上的，均与评奖无关。

获奖资格不受其国籍、种族、宗教信仰或意识形态的限制；同一个人多次获奖也不受限制。

评选工作从上一年的初秋开始。首先由颁奖机构向有资格推荐候选个人的或单位发请柬，自我提名者无入选资格。候选人名单须于评奖当年的 2 月 1 日前以书面形式通知有关的评选委员会。根据提名开始评选工作，必要时可由评选委员会邀请某个国家的有关专家参加。评选委员会须将推荐书提交有关颁奖机构，只在少数情况下才把问题搁置起来。评选委员会的推荐意见通常会被采纳，但也不是绝对的。各个阶段的评议和表决都是保密的。

如果没有符合诺贝尔遗嘱中所要求条件的候选人，或世界局势有碍于评选工作进行时，则停止评选、颁奖活动。

基金会的行政管理

基金会的代表机构是管理委员会，工作地点在斯德哥尔摩，委员会由5名瑞典人组成。其中1人为委员会主席，由国王任命，其余人员由颁奖机构选出的理事们选举。管理委员会从其成员中选择1人作为执行主任。

任命1人作为由国王任命的那位委员的代表，2人作为其他委员的代表。

由理事们选举的委员会委员和他们的代表从5月1日起任期2年。

颁奖机构共任命15名理事，每届任期2年。其中由科学院先出6人，其他颁奖机构各选3人。还要任命代表，必要时代替理事。由科学院任命4名，其他颁奖机构名任命两名。

理事们要从他们中间选出1名担任主席，由科学院理事中的长者将他们召集在一起进行选举。

委员会的管理工作和财会帐目每年要由5位审计人员详细审查。由颁奖机构于当年年终以前各自任命1名审计员，由国王任命1人为首席审计员。

应由国王决定行政主任、委员会委员和审计人员的合理薪金。

有关上述章程规定以外的行管理方面的指令，由国王发布特殊条例。

韩国科学与工程基金会

韩国科学与工程基金会（Korea Science and Engineering Foundation，缩写为KOSEF）按韩国1976年通过的KOSEF法律和1977年2月14日总统颁布成立KOSEF的政令于1977年5月18日正式成立，隶属韩国科技部。

KOSEF的宗旨是：通过研究资助的方式，对韩国研究实力的发展、教育和国际合作做出贡献。

其1991年的年度总预算为803亿韩国元（Won），约合1.1亿美元，其中资助科学研究占45%；人才培养占3.4%；国际合作占1.4%；促进学术活动占3.3%；储备金占38.2%；其他占8.5%。

KOSEF的组织机构如下页图。

OSEF的主要任务是以下5个方面。

一、资助科学研究

对科学研究，包括基础研究、委托定向研究、科学研究中心、工程研究中心、应用研究进行资助，重点在择优。其资助类别有：

（一）个人基础研究项目

a. 基础研究项目：助理教授以上水平的研究人员可申请。根据他们的选题和研究能力进行资助。

b. 研究的种子基金：此项基金给予40岁以下近期获博士学位的研究人员开始其独立研究工作。受资助者只能获此项资助一次。

c. 研究生研究基金：具有特殊能力的博士研究生可获此项基金，帮助他们进行研究工作。

（二）委托定向研究资助

此项资助给予大学中在国家重点领域进行定向研究的科学家小组。这些领域有：

电子和电信；机械工程；精细化学、高分子和工艺过程；新材料；生物技术；能源和自然资源；公共

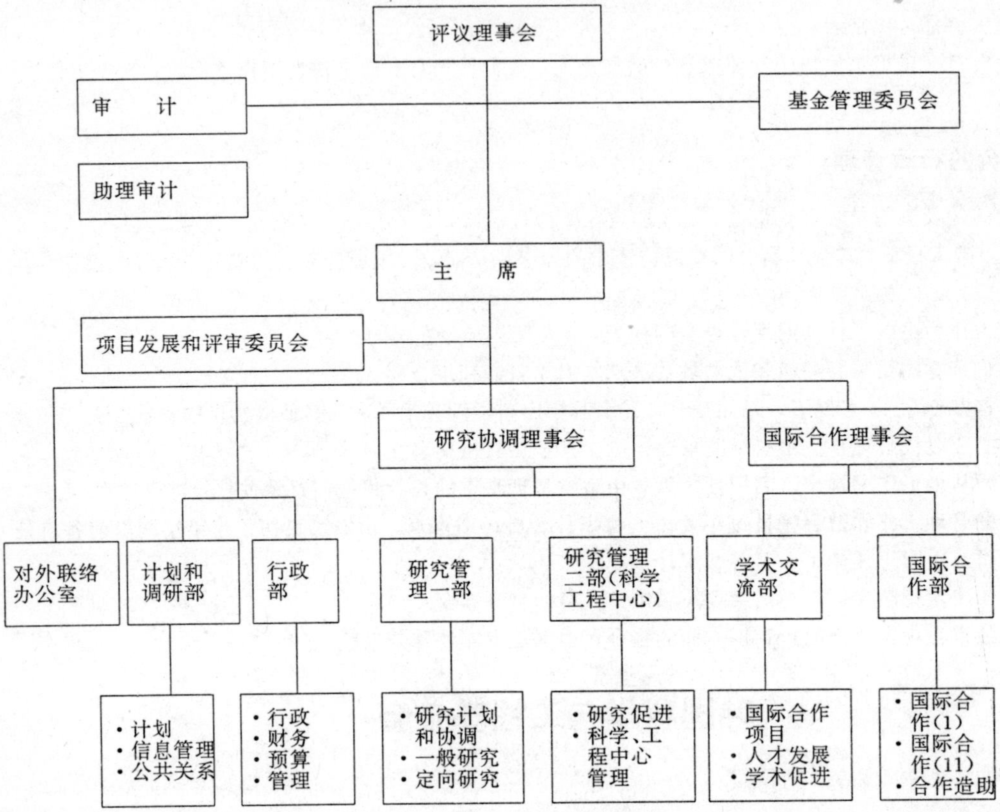

福利。

（三）资助科学和工程研究中心

KOSEF 在大学中，资助了若干在重要的战略领域中进行研究的科学和工程中心。主要任务是进行交叉学科的研究；进行科学加工程方面的教育；传播、记录和整理汇编技术；提供继续教育；与工业界和研究所合作。现设 13 个科学研究中心和 15 个工程研究中心。

科学研究中心有：

（1）拓朴和几何学研究中心。

（2）理论物理研究中心。

（3）半导体物理研究中心。

（4）有机化学研究中心。

（5）分子微生物研究中心。

（6）植物分子生物和生物技术研究中心。

（7）全球分析研究中心。

（8）生物功能分子中心。

（9）分子科学中心。

（10）细胞分类研究中心。

（11）癌症研究中心。

（12）材料资源研究中心。

（13）农业中的新生物材料研究中心。

工程研究中心有：

(1) 高级流体工程研究中心。

(2) 敏感技术研究中心。

(3) 卫星技术研究中心。

(4) 人工智能研究中心。

(5) 薄膜纤维和高级材料晶体生长研究中心。

(6) 生物工艺工程研究中心。

(7) 动物资源研究中心。

(8) 新药发展研究中心。

(9) 快速固化材料研究中心。

(10) 界面科学和材料工程中心。

(11) 高级控制和设施工程研究中心。

(12) 汽轮和动力机械研究中心。

(13) 催化技术研究中心。

(14) 自动化研究中心。

(15) 海洋工业发展研究中心。

资助的申请、评审程序为：

做资助项目计划⟶公布拟资助的领域⟶受理申请⟶选择评审专家⟶评审（第一轮：同行评论；第二轮。分委员会评审；第三轮：由项目发展和评审委员会最后评审）⟶选拔申请⟶资助。

研究的跟踪管理系统如下：

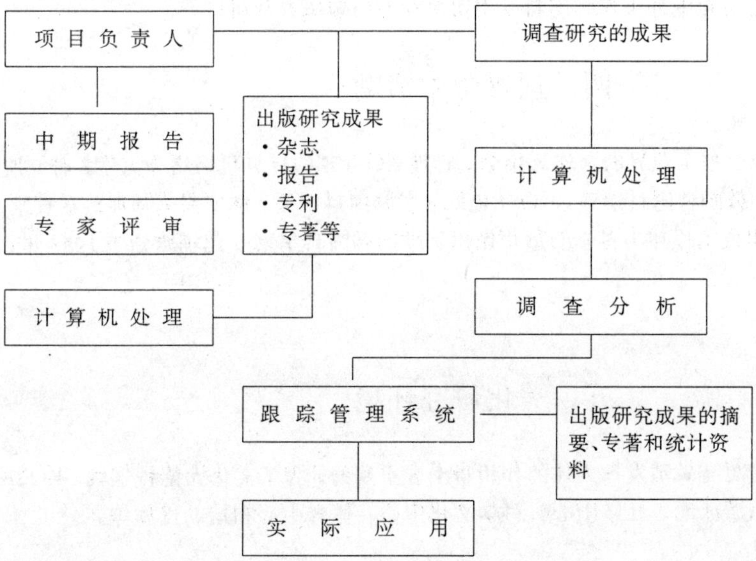

科学和工程研究中心的挑选程序如下页图。

二、培养研究人才

为迎接高技术时代的挑战，KOSEF 为培养国家丰富的人才资源进行资助，其中包括：博士后研究基金和资助居住在海外的韩国科学家回国工作。从 1982 年至 1990 年博士后研究基金资助海外博士后 1154

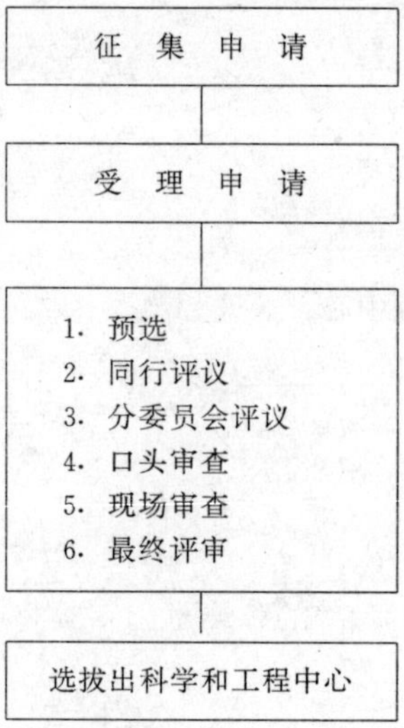

人，同期资助永久回国人员 742 人，临时回国人员 476 人。

三、国际合和

KOSEF 已与 14 个国家的科学组织，诸如：美国国家科学基金会、德国德意志研究联合会，英国皇家协会、埃及科学研究和技术科学院等建立了双边合作关系。它支持国际合作研究，联合召开研讨会，交换科学家，资助韩国科学学会与在国外工作韩国科学家协会在专门领域召开研讨会。

四、促进学术活动

发起并主办大学、研究所和工业界的合作讨论会。管理 KOSEF 的计算机网络为大学、研究所和工业界服务。为促进科学活动和鼓励韩国科学界，KOSEF 创立了韩国科学奖。这项奖奖励那些在数学、物理、化学和生命科学领域做出出色工作和为科学的进步做出贡献的韩国科学家 。此项奖始于 1987 年，其中设一个大奖和三个优胜奖。

选拔程序如下页图。

五、美化研究环境

改善工作和生活环境对更有效地发挥人才的作用得十分重要的。为了美化大德科学城，KOSEF 建立了许多社区设施，诸如室内游泳池、社区中心、科学文化中心、体育中心和运动设施等。

地　址：
Korea Science and Fngineering Foundation
180-1，Kajeongclong，Yousungku
Daejeon City，305-350，Korea
Tel：(042) 829-6300
Fax：(042) 861-8840

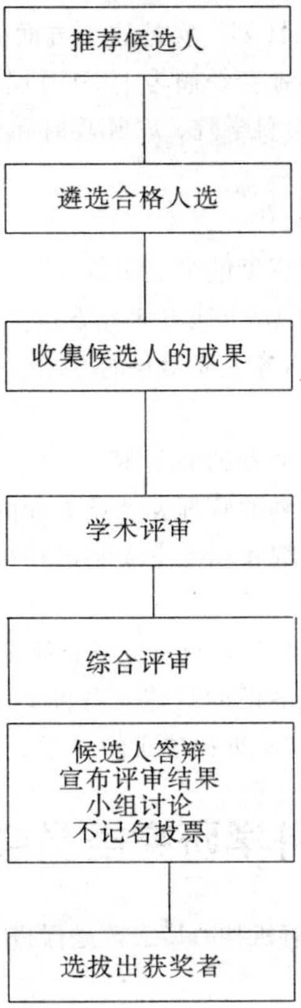

瑞士国家科学研究基金会

瑞士国家科学研究基金会（SNSF）创立于1952年。为了确保科研的独立性与管理的自主权，基金会是以私立基金会的形式存在的，但接受端士联邦政府的委托，按国家的研究法规，鼓励资助瑞士的大学以及大学之外的无商业目标的科研工作。为了支付科研项目所需费用，基金会从联邦政府所得的经费，每年约为1.9亿瑞士法郎（相当于4。66亿人民币）。大约资助1300个研究项目，支付2200个协作者的工资和300项奖学金。

瑞士国家科学研究基金的资助有一般性资助(约占整个资助费用的15%)和对国家研究计划项目的专业性的资助两大类。

一般性资助基金是在保持科研人员的科研活动的主动性下进行的，由个人申请，不受别人委托。其资助方式大致有以下几种：

(1) 科研资助费用于支持一些有水平的研究人员和研究组。每项资助的期限为1年至3年。这项经费约占国家基金会经费总数的75%。科研资助基金申请一年两次，每年的3月1日和10月1日为受理的截止期。1985年有728项申请被批准，资助金额为1.28亿瑞士法郎。

(2) 青年科研奖学金被指定授予35岁以下、完成其学业后赴国外进修的科研人员。

1985年共颁发了300项奖学金，总金额为1.125亿瑞士法郎。

(3) 出版物基金是用于资助有学术价值的专著，使其能够顺利发表，1985年有82项得到资助，总额为200万瑞士法郎。

(4) 人才基金只能用于资助从事研究工作的人员，作为在一定期限之内的研究补贴费。

国家研究计划（PNR）项目的特殊的专业性资助，与一般性资助项目不同，是由联邦委员会确定研究专题，并委托瑞士国家科研基金会付诸实施的。瑞士是从1975年开始制定国家研究计划，根据实际情况，为解决国家的紧迫性问题而确定若干定向的资助计划。实施这个方面的计划所用的经费为国家科研基金会经费总额的12%。1985年批准了96项，资助金会经额为1920万瑞士法郎。

国家科学研究基金会理事会有53位成员，由科学院、联邦政府和州自治政府以及其他单位的代表组成。每年召开三次理事会会议。主要任务是：

（1）选举研究委员会的成员（除了14位联邦代表之外）。

（2）根据申请基金数额，按学科组批准确定资助的最高数额。

国家科学研究基金会下设国家研究委员会和15个地方研究委员会。

国家研究委员会由60位成员组成，其中包括各主要学科的专家。分设4个学部和1个执行局。该委员会每年召开10次至12次会议。主要任务是：

（1）审议申请项目的学术水平及要求财政方面资助的范围。

（2）给予特殊专业性资助，即对国家研究计划的管理和实施方面的资助。

15个地方研究委员会由一些高等学校、科学院和瑞士意大利语和拉丁罗马语的代表组成，每年召开2次至3次会议。

主要任务是：批发初等科研人员的奖学金。另外，负责大学、研究院和国家基金会之间的信息交流。

瑞士国家科研基金会鼓励本国科研人员与世界的同行建立各种交流关系。在欧洲科学基金会中瑞士国家科学基金会代表瑞士50个资助单位，并在其中维护瑞士的科学研究利益。

瑞典自然科学研究委员会

瑞典自然科学研究委员会（NFR）是一个政府机构，其宗旨是促进、资助和协调自然科学领域的基础研究。

委员会的任务：

· 分配研究资金。

· 倡导特别项目的研究。

· 评价资助的研究项目。

· 支持和倡导国际合作。

· 促进研究成果的发表。

· 传播研究信息。

组织机构

理事会

理事会由包括主席在内的11名成员组成，主席和其中3名成员由政府任命，其他7名成员由科研界提名的选举团选举产生。

理事会的成员任期3年，可以连选连任两届。大多数委员都是仍在从事研究工作的科学家，代表着主要的学科领域和大多数的瑞典大学的学术水平。

理事会大约每年开会7次，决定预算、政策、申请资助的审批和其他日常重大问题。

理事会选出一位有活动能力的科学家任秘书长。秘书长作为联系人在与政府和国外科学界交往中起着重大作用。

项目委员会

除理事会外，还设有生物、物理和数学、地球科学、化学、能源和出版的项目委员会。项目委员会的成员，通常是由理事会任命的10名至15名科学家组成。项目委员会的主席通常是理事会的成员。项目委员会负责提出是否资助申请项目的建议并在其各自的学科领域内组织和评价研究项目。

跨学科研究和特别委员会

由秘书长主持的特别委员会就政策问题和跨学科研究的资助申请问题及定向研究向理事会提供咨询。这个委员会系由政府任命的理事会委员、应用研究部门的代表和仍在从事研究工作的科学家组成。

同时还成立了一些委员会以支持那些特别重要的领域内的研究工作及协调瑞典参加国际组织。

行政机关

秘书处座落在斯德哥尔摩的 Wenner－Gren 中心，由包括秘书长在内的大约 35 人组成，其中有大约 15 名专业人员。有些人具有他们各自主持的学科的博士学位。

资助研究

瑞典自然科学领域中基础研究方面有 1/3 的资助来自瑞典自然科学研究委员会，该委员会 1984—1985 年的预算是 260 000 万瑞典克郎（合人民币 44 000 千万)，另有 11.70000 万克郎（约 2 亿人民币）用于国际合作。

项目资助

委员会的主要活动是为基础研究提供资助。资助可给予个人，也可给予研究机构。可用于工资、研究设备、开办费和出差费等。

委员会每年资助 1000 多个项目。申请资助的项目由项目委员会审批。委员会根据所提项目的学术水平和有关科学家过去的工作情况，按原定方针所规定的研究优先领域等要素评价这些项目。理事会最后对是否资助作出决定。

昂贵的科学设备是通过一项与瑞典计划和研究协调委员会共同制定的计划来资助的。这项特殊的计划旨在提高瑞典大学的设备水平和资助大科学项目，如加速器和天文望远镜。

研究职位

委员会可以设立个人教授职位。这个职位由政府批准，以确保那些高水平的科学家能够获得有利的任队条件。

对那些具有助理教授水平的研究人员可以设立限期研究职位（最多 6 年)，以促进需要特别重视的领域的研究。

为鼓励那些开始从事研究工作而又有前途的年轻科学家，委员会也可资助那些刚刚取得博士学位的研究人员取得个人职位。

研究员基金和特别计划

授予博士生奖学金，以吸收博士生参加特定领域的研究。

博士后奖学金授予那些年轻的研究人员以给予他们去国外或者国内其他大学进修和研究的机会。这些奖学金也向希望访问瑞典的外国科学家开放。

还有一项为访问科学家设立的 NFR 计划，目的是为促进国际联系。这项资助拨给瑞典的研究机构，帮助资助的客座研究人员。

Tage Erlander Chair 是一项客座教授职位，每年授予一名优秀的外国科学家。

瑞典自然科学研究委员会与美国科学基金会和法国国家科研中心有交换计划。

旅差费资助是为瑞典科学家担任学术会议主席、主要发言人或参加科学考察和国际研究机构的活动而提供的。

国际评价

对瑞典自然科学研究委员会资助的研究工作进行国际评价开始于 70 年代后期，以帮助委员会分配资助。评价的目的是使委员会了解它所资助的项目按国际标准衡量的质量和未来的潜力。由所评学科领域各国专家组成独立小组进行评价。专家组要就下述问题作出报告：项目负责人和成员的能力；是否需要其他支持；不同领域的研究工作怎样受到地方的研究机构和国家级的研究机构这些普遍因素的影响。

情报和出版

支持研究成果的传播是瑞典自然科学研究委员会的另一项职责。委员会向科学杂志和科学书籍提供资助。资助一部分出版是通过北欧科学出版理事会进行的。瑞典自然科学研究委员会是瑞典研究委员会出版社的主办者之一。

除了对出版和项目的资助及对科学杂志和科研人员的资助外，瑞典自然科学研究委员会也资助那些学术界之外的科普项目和出版物。

国际合作

瑞典的研究发展经费只占世界研究与发展经费总数的百分之一。因此，国际合作，包括加入国际研究组织是十分重要的，特别是在保证瑞共参加那些需要昂贵设备才能进行的研究工作方面更是如此。研究委员会已参加了下面的国际研究组织：

欧洲核研究组织（CERN）；南欧天文台（ESO）；欧洲分子生物实验室（EMBL）；欧洲分子生物学联合会（CEBM）；欧洲非相干散射科学协会（EISCAT）；北欧光学望远镜（NOT）；欧洲科学基金会（ESF）；北欧自然科学研究委员会联合委员会（NOS—N）。

（白鸽编译）

瑞典行业研究基金会

瑞典企业界很早就认识到技术革新是瑞典工业生存的必不可少的条件。哪个企业采用新技术迅速，它的竞争能力就强。大企业有自己的研究和开发部，但中小企业很少能承担得起成本高的研究项目，开展技术研究工作往往缺乏合格的研究人员、资金和研究设备。而且，有些研究项目不可能短时间内成功并回收资金。不少技术难题是全行业都存在的，需要共同投资，共享科研成果，以解决共同问题。1940年，瑞典成立了一个委员会调查政府在科学技术研究领域中的作用。该委员会建议采取一种新的形式，即由工业界和政府共同资助成立独立的行业研究所。因为是由工业界和政府双方共同投资，共同决定研究计划，因此称之为合作研究所。企业界为支持研究所，相应成立了行业研究基金会，由与研究计划有关的同行业公司参加。

1968年瑞典国家技术发展局（STU）成立。它的任务之一就是支持合作研究所，给予计划和财政保证，使其不断发展以满足生产需要。根据社会需要又成立了一些跨行业的研究所，面向全社会，如包装研究所、环保研究所等。在1968年STU成立前，共有8个行业合作研究所，1991个跨行业合作研究所。1968年STU成立后，增建19个行业合作研究所，其中3个为跨行业合作研究所，16个为行业合作研究所。

行业研究基金会是由同行业公司自愿参加组成的，每个公司派1名代表作为成员，按一定原则，每年交付1份费用。每个成员可按工厂生产中技术关键和发展需要向基金会提出研究计划建议，也可专题委托给研究所另付专题研制费。基金会根据全行业发展需要提出研究计划，最后统一提出3年至5年总体科学研究计划，包括研究目标、计划进度、有关费用，提交STU。经双方同意，其金会和STU签订3年或5年长期合作协议，由双方共同建立董事会负责制订和执行计划。

STU在财政上给行业研究所的资助，一般为30—70%。通常情况下，工业界是行业研究所主要财政资助者。当建立一个新的行业研究所或制订一项新的综合性计划时，STU的资助占50%或更多些。对国家急需而公司又不太感兴趣的研究项目，则由STU资助主要费用。

澳大利亚研究委员会

澳大利亚研究委员会任务

澳大利亚研究委员会是澳大利亚最高竞争科研资助机构，主要资助对象是由高等教育部门承担的研究项目。除医学和牙科学之外，委员会向各学科的不同形式的研究项目提供经费资助。

·科研基金——资助个人和小组进行科学研究。

·科研奖学金——原则上资助博士水平的科研培训。

·科研助学金，其中包括伊利莎白二世最高探索基金。

·主要科研中心和重点教学科研中心。

·由研究院所负责的小额资助项目。

·主要科研设备和辅助设施。

·优先领域的科学研究。

·学术学会基金。

委员会通过下列机制支持科学研究的基本实施，即

·基础综合基金

·基础发展基金

·基础合作发展基金

澳大利亚研究委员会是国家董事会四个委员会之一，在科研政策和协调科研事务的政策及战略制定方面担当着重要角色。

“它的使命是制定、发展和帮助贯彻一个有效的国家科研体系，特别是在高等教育部门，这将对澳大利亚的社会、文化和经济的健康发展做出最大中能的贡献。

澳大利亚研究委员会机构设置

澳大利亚研究委员会有4个顾问委员会，其职责是对委员会的资助项目进行监督。

·科研基金委员会：负责面向个人和小组的科研经费资助项目。

·科研培训和职业委员会；负责科研奖学金、助学金和职业问题资助项目。

·研究院所基金委员会：负责主要科研中心、重点教学科研中心、小额资助项目、重大设备和设施资助项目。

·计划和评审委员会：负责协调经费预算、计划和评审、科研和优先领域资助项目。

每个委员会由1位董事会成员任主席。前3个委员会由来自科研界各领域的相关代表组成，计划与评审委员会只由委员会成员组成。

4个委员会的所有工作由学科广泛的专家小组来支持，每个小组由在科研领域有成就和有跨学科知识的人员组成。目前有4个专家组：

·生物科学组

·工程、地球和应用科学组

·社会科学和人文科学组

物理、数学和化学科学组

澳大利亚研究委员会与4个顾问委员会及学科组的关系是：

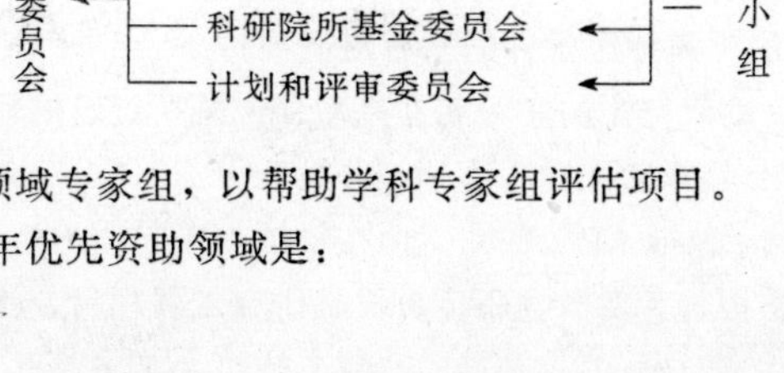

1989年又成立了优先领域专家组，以帮助学科专家组评估项目。

该委员会确定的1991年优先资助领域是：

·科学仪器设备。

·认识科学。

· 材料科学。

· 分子生物学和有关澳大利亚自然资源的管理技术。

· 澳大利亚与亚洲关系。

澳大利亚研究委员会成员

澳大利亚研究委员会在人员组成方面有着广泛的代表性。它的成员来自高等教育、工业、工会运动等部门。其中7名委员会委员有自然科学背景；3名有人文科学和社会科学背景；8名具有丰富的竞争科研资助体制工作经验，委员通常任期3年一届，委员会主席一般为全时工作，其他成员为兼职。

主席：Don Aittkinx 教授，澳在利亚科技委员会委员、科技协调委员会委员、合作研究中心委员会委员、澳大利亚科研基金委员会前主席，因委员会工作，目前暂时离开澳大利亚国立大学。

副主席：Mark Schapper 博士 CRA 高技术开发公司执行主任。

委员：

Robert Bluer 先生

国家职业教育与培训理事会理事的顾问。

Adrienne Clarke 教授

墨尔本大学植物细胞研究中心主任。

R. Dennis Gibson 教授

昆士兰技术大学副校长。

Bruce Mckellar 教授

墨尔本大学理论物理教授。

Michael Pitnam 博士

工业、技术、商业部首席科技顾问。

Graham Rigby 教授

联合微电子研究中心主任，新南威尔士电子工程大学教授。

Peter Sheehan 教授

昆士兰大学研究部学术主任。

John Taplin 博士

前交通部交通总监。

Geoff Wilson 教授

澳大利亚国防学院院长。

澳大利亚研究委员会政策咨询

1988年职业、教育、培训条例要求澳大利亚研究委员会对政府部长提出的与委员会有关各方面的问题进行调查、提供情报并向董事会进行咨询或对国家科研优先项目、科研政策和科研协调事务提供咨询。

委员会也可就自己本身的活动进行咨询。

根据要求，委员会所提供咨询的领域非常广阔，这些领域包括：

· 与澳大利亚科技委员会联合就国家科研方向问题提供咨询；

· 科研基金的适当分配；

· 与高等教育委员会联合就如何使现有的科研经费在将来转入竞争科研体系进行咨询。

委员会还与高等教育委员会进行合作就科研学术人员的活动分配问题进行调查。

委员会自己有一个系列评审项目，其中包括了今后15年战略计划中的所有学科。

澳大利亚研委员会资助项目

委员会的资助体系涉及面非常广泛，主要资助项目是：

· ARC 科研资助金：资助除医学和牙医学外的所有科研项目

· 澳大利亚研究生奖学金：资助研究生的学习和在高教研究院所进行的研究。

· ARC 助学金：用以资助博士后研究从员。

委员会建立了一系列评议项目，包括 ARC 资助活动在经济中所起作用的评议。到1991年初，委员会期望就各学科领域的科研现状提出报告。委员会还负责战略研究发展项目，就不同学科领域今后15年的研究方向提出意见。

澳大利亚研究委员会基金

委员会经费来源由联邦政府拨款，1991年的总拨款为2亿1千3百万澳元。委员会基金的90%以上提供给高等教育院所，1990年和1991年费用主要支出如下：（以1989年币值计算：百万万元）

	1990年	1991年		1990年	1991年
科研基金	66.4	84.0	学术机构基金	1.1	1.2
澳大利亚研究生奖学金	35.8	42.1	国家卫生医药研究委员会（NH & MRC）	4.3	7.1
ARC科研助学金	9.5	13.0			
重要研究中心和重点教学科研中心	15.6	18.6	评审费	0.4	0.5
			储备基金	1.2	7.0
基础设施	27.3	39.8	总计	161.6	213.3

高等教育院所的部分原有经费通过委员会的体系重新分配给NH & MRC。委员会的资助周期为3年。

（国际合作局　刘波译）

德意志研究联合会

德意志研究联合会（DFG）是联邦德国一个独立管理的科学组织，它的前身是一次世界大战后于1920年成立的德意志科学应急联合会。第二次大战期间曾一度解散，1949年重建，1951年和德国研究顾问委员会合并后称为德意志研究联合会，至今已有70余年的历史。

一、组织机构

德国研究联合会的预算虽然绝大部分来自联邦政府和邦政府，但它却是由德国学术界联合组成的一个民间机构，其组织结构可分为非行政组织与行政组织两部分。

（一）非行政组织

非行政组织指不直接执行行政业务的部分，包括：会员大会；评议会；管理委员会；总务委员会；专业委员会。

（1）会员大会。由现有的79个会员单位（其中高等院校58所、科学研究院、所13个，科学院5家，科学协会3个）各派出11名代表组成。会员大会每年由主席团主席召集一次。听取施政及成果报告、预算报告，选举主席团主席、副主席及评议会委员，接纳新会员等。

（2）评议会。由39人组成，其中36名委员由委员大会选举产生（任期3年），另有德国大学校长会议主席、德国科学学术会议主席及Max－Planck研究院院长3名当然委员。评议会的任务是：

（3）管理委员会。由71位委员组成（其中包括评议会的39名委员，联邦政府代表，邦政府代表，民间捐助团体代表等）。主要任务是：审定、总务委员会提交的德意志研究联合会的年度工作报告和年度决算，提交会员大会批准通过。

（4）总务委员会。由37位委员组成，其委员必须同时是管理委员会成员。总务委员会主管德意志研究联合会一般性项目资助的审批。主要是书面形式审批，对遗留问题采取会议方式集中审批，这种会议一般每30—40天举行一次。此外，还决定设立哪些评审专家委员会以及各专业委员会如何划分专业学科；负责提出研究联合会的全年财政经济计划，提交管理委员会审定。

(5) 专业委员会。专业委员会是研究联合会规范的专家评审系统，也是联邦德国最具权威性的评审专家队伍。其成员每4年在全国范围内，在统一时间，用统一方式，由无记名投票直接选举产生，凡在职的从事基础研究工作的科学家均有选举权和被选举权。当选的各专业委员会成员再选出各自的主任和副主任。目前，德意志研究联合会设立37个专业委员会，共有508名委员，代表180个专业学科。各专业委员会成员担当资助项目的评议人，其评审意见和建议是总务委员会最后决定项目资助与否的主要依据。

此外，还有几个主管某一方面工作的专门委员会，它们是：特殊研究资助批准委员会；单位站资助批准委员会；海森贝格项目选拔委员会，莱布尼茨资助奖提名委员会。

（二）行政组织

行政组织指实际执行行政业务的编制单位。德意志研究联合会实行主席团主席领导下的秘书长负责制。

(1) 主席团与秘书长。主席团由会员大会选举产生，由1名专职主席和若干名副主席组成，任期3年，可连选连任一届。它是联合会常务工作的最高领导集体。主席团下设秘书长，掌管财务及一般行政事务。

(2) 机关办公机构。设4个部，1个大组和5个直属组。

第一部：中心管理部——下设8个组，它们是总务组；会计审查组；

人事、组织组；法规、器材设备管理组。

第二部：学部——按人文社会科学、生物科学、自然科学、工程科学四大科学领域下设33个学科组，每个学科组定编1名学科主任，配1—2名秘书。

第三部：普通资助方法部——按科学图书馆、研究推动程序及出版、科学设备三部分，下设16个组。

第四部：特殊研究资助部（大型交叉学科领域研究）——下设6个组。

1个大组：科学对外关系大组——下设4个组。

5个直属组：主席团组、评议会组、秘书组、新闻出版组、内部审计组。

机关工作人员的定编数由管理委员会做出决定，两德统一后，工作范围扩大，任务加重，经1990年和1991年两次增加人员编制后，现总人数为475人。

二、资金和经费的使用

德意志研究联合会资助总经费的99%来自政府拨款，其中约60%由联邦政府提供（主要通过联邦科学教育部），约39%由联邦州政府提供。不同资助项目类别的款项，两级政府拨款的比例不同。例如，普通资助项目经费由联邦政府和州政府按各半的比例拨款；特殊研究项目（大型交叉学科领域研究）的经费，联邦政府拨款75%，州政府拨款25%；单位站资助经费经费，联邦政府提供65%，各州政府提供35%，其他一些专项资助经费也是按一定比例由两级政府分别拨款。

总经费中不到1%的资金主要是德国科学基金联合会的赞助款和私人捐赠金。

德意志研究联合会的年经费近年来一般按年5%增长，1991年已达13亿5千多万马克，但研究联合会还是疾呼经费的增长远不能满足实际需要，因为5%的年经费增长不可能使经过严格评审的高水平项目都能给予资助。高水平项目得不到资助。或不能得到全额资助，就意味着项目批准率和经费批准率双双进一步下降。1991年经费批准率已除到历史最低水平，46.6%。

从1970年—1991年的21年间，德意志研究联合会的财政年度是从1月1日到12月31日，当年经费当年使用。在总经费的管理使用上遵循的原则是，不把经费划块下达到各个学科，而是仅按资助项目类进行宏观控制，这是其积几十年之最重要的经验之一。这里以3种有代表性的资助项目类，普通资助项目、重点项目和特殊研究项目为例，按人文社会科学、生命科学、自然科学、工程科学四大科学领域分别列表比较一下几年的资助情况。

表 1　普通资助项目在各科学领域的分布及其比例

（金额单位：百万马克）

科学领域＼项目＼年度	1987				1989				1991			
	项目数	%	金额	%	项目数	%	金额	%	项目数	%	金额	%
人文、社会科学	608	13.1	87.9	19.8	1 186	25.8	96.5	19.4	1 068	19.7	91.6	15.2
生命科学	1 552	33.4	156.3	35.3	1 577	34.4	178.4	35.8	1 898	35.1	222.7	37.1
自然科学	1 182	25.4	105.9	23.9	1 159	25.2	110.9	22.2	1 597	29.5	144.6	24.1
工程科学	608	13.1	93.3	21.0	672	14.6	112.6	22.6	848	15.7	141.5	23.6
合　计	4 651	100	443.4	100	4 594	100	498.4	100	5 411	100	600.4	100

表 2　重点项目资助在各科学领域的分布及其比例

（金额单位：百万马克）

科学领域＼项目＼年度	1987				1989				1991			
	项目数	%	金额	%	项目数	%	金额	%	项目数	%	金额	%
人文、社会科学	181	10.6	19.8	9.6	218	13.5	29.7	15.1	187	12.4	24.3	13.1
生命科学	321	18.8	60.5	29.5	247	15.4	44.9	22.8	303	20.0	48.6	26.1
自然科学	553	32.3	66.3	32.3	523	32.5	53.7	27.2	516	34.2	55.0	29.5
工程科学	656	38.3	58.6	28.6	621	38.6	68.7	34.9	504	33.4	58.2	31.3
合　计	1 711	100	205.2	100	1 609	100	197.0	100	1510	100	186.1	100

*项目数按子课题数计。

表 3　特殊研究资助项目在各科学领域的分布及其比例

（金额单位：百万马克）

科学领域＼项目＼年度	1987				1989				1991			
	项目数	%	金额	%	项目数	%	金额	%	项目数	%	金额	%
人文、社会科学	18	11.3	31.0	9.5	20	12.0	38.1	10.9	19	10.7	35.4	9.0
生命科学	61	38.1	120.3	37.0	58	34.7	127.4	36.5	64	36.2	143.7	36.7
自然科学	45	28.1	92.5	28.5	49	29.3	96.5	27.7	51	28.8	108.8	27.8
工程科学	36	22.5	81.0	25.0	40	24.0	87.1	24.9	43	24.3	104.0	26.5
合　计	160	100	324.8	100	167	100	349.1	100	177	100	391.9	100

表 4　各资助项目类占总经费的比例

（金额单位：百万马克）

项目类别	1985 年		1987 年		1989 年		1991 年	
	金额	%	金额	%	金额	%	金额	%
普通项目	462.9	43.9	443.4	39.8	498.4	41.0	600.4	42.4
重点项目	192.1	18.2	205.2	18.4	197.0	16.2	186.1	13.1
特殊研究领域	305.3	28.9	324.8	29.1	349.1	28.7	391.9	27.6
其他项目类	94.5	9.0	142.0	12.7	172.3	14.1	240.4	16.9
合　计	1054.8	100	1115.4	100	1216.8	100	1418.8	100

三、资助项目类别

德意志研究联合会现在正在实施的资助项目类别有 20 余种。除了财力允许和具体国情需要外，根本原因是从有利于学科发展，有利于基础研究向广度、深度发展，有利于优秀人才培养等方面考虑。资助项目若按资助对象可分为三类：一是对项目；二是对人；三是对单位。对项目者，如普通项目、重点项目、研究小组等，均以申请课题的创新性和学术水平论高低决定资助与否。这就要求申请者必须在学术创新的前提下对研究期限、人员构成，研究方法以及经费预算拟订出详尽的研究计划。对人者，如各类奖学金以及奖学金性质的各专项资助等，多数不要求有研究计划，而主要根据申请者本人的水平或希望进一步深造的愿望提供奖学金（主要是人员费，无事业费）资助。对单位者，如特殊研究领域、学位站资助、科研辅助机构设施如实验动物饲养与研究中心、“流星号”海洋考察船、图书事业资助（包括向国外科研单位赠送科技书刊），是以单位为资助对象。根据经费使用的不同目的，受资助者可以是科学家个人，也可以是一个单位，其主要优点和重要作用是避免了经费流向的单一性和过分分散的平均使用，以保障一定数量的经费以高强度大款额集中投入。

资助项目类别若从点、面关系的角度看，其中有代表性的三种项目（普通项目、重点项目、特殊研究领域）构成三个主要层次。

（1）普通项目。这是资助量最大、面最广的一种项目。这一类项目以科学家个人研究为主，是广泛代表科学研究中科学家个人水平的基础项目，是形成其他合作性项目的根基和后盾。在保持一这资助强度的前提下，十分强调申请项目的批准率，否则将不能满足科学家的要求而殃及基础研究队伍的稳定

（2）重点项目。此项目系由不同地区、不同单位、不同专业科学家联合组织的合作研究课题。在总题目下，同行或专业相近的科学家进行跨地区、跨学校、所、系的合作。一个重点项目一般由 10 多位科学家组成，无特殊情况不能超过 30 人。一人一个子课题。因人数不等，资助金额也不同，少则几十万马克，多则几百万马克。1991 年平均一个重点项目资助 150 万马克以上。

（3）特殊研究领域。这是德意志研究联合会建立在各个州大学里的一种特殊的研究单位。它以所在大学为主，吸收校外相邻科研单位的科学家参加，共同开展的跨学科的科学研究。这种研究工作相对稳定，一般资助年限为 15 年，甚至更长。参加研究的科学家的人数因研究规模的不同而不同，少则 10 余人，多则好几十人，甚至上百人，但他们必须是以一所高校为主体的教授。以利于发挥高校在某方面人力和设备条件的优势为其特点。这样也便于考虑名州地方科学研究发展的需要，使特殊研究布点在全国各地大致保持均衡，以避免这种大型交叉学科领域的研究在地理分布上出现大的差距。

总之，德意志研究联合会现行的一整套从一般到重点、从单项到联合、从个人到合作的资助项目类别系列是经过长期实践逐步发展完善的，同时也是评议会的科学家在广泛征求专家、学者意见的基础上认真考虑和精心设计的结果，其中也包含了德意志研究联合会机关工作人员的一份辛劳。可以说，德意志研究

联合会系列配套的资助项目类别较好地体现了彼此相辅相成、相得益彰的内在关系和比较理想的实施效果。各资助项目类近5年来所占总经费的比例的情况大约是：普通项目40—44%，重点项目最多不超过19%，特殊研究领域在30%以下。

1987年以后，又陆续出台三种资助项目类，即黑斯项目、学位站资助和新老联邦州科学家之间的合作。同时，其中博士后项目和海森贝格项目的资助金额有较大增长。除上述这5种资助项目类外，还包括研究小组、莱布尼茨资助奖、图书事业资助（含向国外赠送书刊）、研究奖学金、进修奖学金、教授资格博士奖学金、出版资助、科研辅助机构资助、大型仪器资助项目、国际合作、客座教授以及学术会议、年会等科学活动的资助等，共19种。

四、申请方式、评审制度和审批程序

（一）申　请

由于资助项目类别很多，性质不同，要求也不一样，所以申请方式也各不相同。①普通项目由科学家个人自由申请，无须所在单位同意。②重点项目，要在建议设立的重点项目经评议会审查同意立项后，由德意志研究联合会通知各子课题的负责人在限定时间内同时提出申请。③特殊研究领域只有高校才有申请权，任何个人都无申请权。科学家共同拟订的申请，在学校报送德意志研究联合会之前，须经高校所在州文化部核准，因为建一个特殊研究领域，所在州财政必须承担25%的经费。研究小组由参加的科学家以集体的名义申请。④海森贝格项目由已获教授资格的博士或相同水平的科学家个人申请，并须有两位在职教授举荐。⑥莱布尼茨资助奖，任何个人都不能为自已提名或申请，只能建议他人作为评奖的候选人。⑦博士后项目由博士所在高校为他申请，并且根据各高校当年毕业博士人数的多少限额申请。⑧客座教授资助由各高校根据科研和教学需要为拟聘的外国科学家提出申请。⑨图书事业、科研辅助机构和学位站3种资助，由图书馆、博物馆、情报中心和科研辅助机构单位、高校通过项目汇总，拟出当年工作计划后，提出年度经费预算并申请。⑩大型仪器资助，个人和高校的系、研究所都可以提出申请。价值10万马克以上者为大型仪器。若个人申请，申请者本人对仪器的使用率必须占仪器通常使用时间的25%以上。⑪奖学金类、出版资助、学术会议以及其他单项资助一般由个人、学术团体或承办单位提出申请。出版、在德国召开国际性学术会议、科学家出国参加学术活动等资助一般不强调以受德意志研究联合会项目资助的科学家为限。

申请坚持①不用固定格式的申请书；②除博士后项目每4个月即1，5，9月份头5天受理申请一次外，其他任何项目都是随时申请，这是研究联合会坚持的一条重要管理原则。

他们认为，研究资助只有随时申请，随时评审，随时审批，让科学家尽快开展研究工作，才能赶上科研快速发展的需要。

（二）评　审

评审或评议是德意志研究联合会管理工作中极为重要的一个环节，是客观、科学地评价申请项目质量的唯一好办法。因此，德意志研究联合会的章程规定：任何申请都必须经过评议，即使是项目的延期也不例外，对一个受资助项目来说，评议包括受资助前的第一次项目评议，决定资助与否，以及受资助后一年（指普通项目）或两年（指重点项目、特殊研究领域）一次的中间阶段工作评议，决定下一年或以后两年是否继续给予资助。一个项目前后数次评议，特别是普通项目的评议，由同一批评议人负责到底。这样做是为了使熟悉该项目的评议人可以自始至终连续跟踪研究课题的进展情况，若发现问题或遇到难题，及时提出纠正或建议德意志研究联合会帮助解决。如果发现好苗头，则不失时机地给予促进。例如，普通项目若有突破性进展，评议人则建议在此基础上建立重点项目。变个人研究为合作研究。这也是德意志研究联合会为什么每建立一个重点项目都强调必须以普通项目的研究为基础的主要原因。

德意志研究联合会的评议方式有两种：①通讯评议；②会议评议或论证。普通项目和其他单项申请采用通讯评议的方式。一项申请一般由两位专业评议人评议，后送交评议人所属专业委员会的主任或副主任作裁决性评议。如果评议人意见不一致，主任亦难定夺，主任有权约请第三位评议人评议。评议人的评议意见不要求面面俱到，主要评议项目的创新性和科学意义。但要求文管简明扼要，表态明确，篇幅不超过打字机单面打字两负。

专业评议人承担评议工作，纯属义务，无任何报酬，而且必须在两个星期内完成一项申请的评议任务，但他们都很认真负责。

专业评议人的任务是很重的，平均每人每年约书面评议 30—40 项申请。

重点项目、特殊研究领域等合作型项目类采用会议评议的方式。评议小组由选举产生的专业评议人和特邀评议人组成，评议工作在专业委员会主任领导下进行。在对申请项目进行实质性评议前要先召开协调会、报告会。评议小组在会上与参加项目的科学家直接对话。这种会议有时要进行多次，然后才能转入实质性评议。这类项目的中间阶段工作评议一般两年进行一次。评议活动通过学术会议形式进行。原先评议小组成员全部参加，同时邀请同专业或相近学科的科学家，包括外国科学家参加。首先由项目负责人做阶段工作报告，然后由与会者对他们的工作做出全面评价。

无论是通讯评议，还是会议评议，都不允许评议人评议本系、本所科学家申请的项目，反之亦然，评议工作要求评议人公正，不抱偏见。评议意见对申请者保密。未获资助的项目，一般不向申请者说明原因，但必须反馈评议结果，或帮助申请者从其他渠道得到资助。

（三）审　批

凡是经评议人评议后建议资助的项目必须经过主管审批权的有关专门机构批准，任何个人和其他机构都无权审批。管审批项目的委员会即前面一节已提到的有三个：总务委员会、特殊研究领域资助批准委员会和学位站批准委员会绝大多数普通项目和单项资助的审批方式是随时逐项书面审批。审批手续程序化、规范化。统一格式的报批表，每 3—4 天集为一册，经秘书长或主席签发后，立即投送。总务委员会的委员们如有不同意见，限定在两个星期内批复，过期批复无效；若无异议，到时报批项目将自动生效。部分一时难以书面报批的项目留待总务委员会开会讨论裁决。大约每 30—40 天总务委员会开一次会，会上逐项讨论裁决遗留项目，每次约 100 余项，裁决方式是举手表决，以简单多数通过。特殊研究领域和学位站的建立与资助由各自主管的两个委员会开会讨论审批，一般上半年、下半年各开会一次。会上举手表决，以简单多数通过。

申请、评议、审批三个环节步步紧扣，严格按时间规定，循序进行，大大缩短了从申请到审批的周期。在正常情况下，普通项目和单项申请大约需要 3 个月时间，重点项目半年，特殊研究领域快则半年，慢则一年。项目一经批准，立即通知申请者。